Sciences économiques et sociales

SES 1re

Programme 2019

Sous la direction d'Isabelle Waquet

Tanguy Cornu
Professeur au lycée du Grand Nouméa, Nouvelle-Calédonie
Coordination scientifique de la sociologie et de la science politique

Thomas Fabre
Professeur au lycée Faidherbe, Lille (59)

Manon Faivre
Professeure au lycée Germaine Tillion, Le Bourget (93)

Stéphanie Fontaine
Professeure au lycée Charles de Gaulle, Poissy (78)

Damien Heurtevent
Professeur au lycée Chateaubriand, Rennes (35)

Sophie Laval
Professeure au lycée Senghor, Magnanville (78)

Maxence Morel
Professeur au lycée Libergier, Reims (51)

Olivier Robert
Professeur au lycée Faidherbe, Lille (59)

Agathe Roy
Professeure au lycée franco-allemand, Buc (78)

Miguel Sarzier
Professeur au lycée Camille Vernet, Valence (26)

Charlotte Vernet-Habasque
Professeure au lycée militaire de Saint-Cyr, Saint-Cyr-l'École (78)

Podcasts produits par Nouvelles Écoutes et écrits par Étienne Tabbagh

Les auteurs et les éditions Magnard remercient vivement les relecteurs pour leurs remarques et suggestions et les enseignants qui ont participé aux études menées sur le manuel.

MAGNARD

Programme de Sciences économiques et sociales
Classe de Première générale

Bulletin officiel spécial n° 1 du 22 janvier 2019

Questionnements	Objectifs d'apprentissage
	Science économique
Comment un marché concurrentiel fonctionne-t-il ?	• Savoir que le marché est une institution et savoir distinguer les marchés selon leur degré de concurrence (de la concurrence parfaite au monopole). • Savoir interpréter des courbes d'offre et de demande ainsi que leurs pentes, et comprendre comment leur confrontation détermine l'équilibre sur un marché de type concurrentiel où les agents sont preneurs de prix. • Savoir illustrer et interpréter les déplacements des courbes et sur les courbes, par différents exemples chiffrés, notamment celui de la mise en œuvre d'une taxe forfaitaire. • Savoir déduire la courbe d'offre de la maximisation du profit par le producteur et comprendre qu'en situation de coût marginal croissant, le producteur produit la quantité qui permet d'égaliser le coût marginal et le prix ; savoir l'illustrer par des exemples. • Comprendre les notions de surplus du producteur et du consommateur. • Comprendre la notion de gains à l'échange et savoir que la somme des surplus est maximisée à l'équilibre.
Comment les marchés imparfaitement concurrentiels fonctionnent-ils ?	• Comprendre, à l'aide d'exemples, les principales sources du pouvoir de marché (nombre limité d'offreurs, ententes et barrières à l'entrée). • Comprendre que le monopole est faiseur de prix et être capable de donner des exemples de monopoles (monopole naturel, institutionnel et d'innovation). • Comprendre, à l'aide de représentations graphiques et/ou d'un exemple chiffré, que l'équilibre du monopole n'est pas efficace. • Comprendre ce qu'est un oligopole et, à l'aide du dilemme du prisonnier, pourquoi les firmes en oligopole ont intérêt à former des ententes. • Comprendre que la politique de la concurrence, en régulant les fusions-acquisitions et en luttant contre les ententes illicites et les abus de position dominante, augmente le surplus du consommateur.
Quelles sont les principales défaillances du marché ?	• Comprendre que le marché est défaillant en présence d'externalités et être capable de l'illustrer par un exemple (notamment celui de la pollution). • Comprendre que le marché est défaillant en présence de biens communs et de biens collectifs, et être capable de l'illustrer par des exemples. • Connaître les deux principales formes d'information asymétrique, la sélection adverse et l'aléa moral, et être capable de les illustrer par des exemples (notamment celui des voitures d'occasion pour la sélection adverse et de l'assurance pour l'aléa moral). • Comprendre que la sélection adverse peut mener à l'absence d'équilibre. • Être capable d'illustrer l'intervention des pouvoirs publics face à ces différentes défaillances.
Comment les agents économiques se financent-ils ?	• Comprendre que le financement consiste à couvrir des besoins de financement par des capacités de financement. • Comprendre que le taux d'intérêt – à la fois la rémunération du prêteur et le coût du crédit pour l'emprunteur – est le prix sur le marché des fonds prêtables. • Savoir que le revenu disponible des ménages se répartit entre consommation et épargne et qu'ils peuvent dégager des besoins ou des capacités de financement. • Savoir ce qu'est l'excédent brut d'exploitation et comprendre que les entreprises se financent par autofinancement et financement externe (emprunts bancaires et recours au marché financier, en particulier actions et obligations). • Savoir que le solde budgétaire résulte de la différence entre les recettes (fiscales et non fiscales) et les dépenses de l'État ; comprendre que le déficit budgétaire est financé par l'emprunt et savoir qu'une politique de dépenses publiques peut avoir des effets contradictoires sur l'activité (relance de la demande / effet d'éviction).
Qu'est-ce que la monnaie et comment est-elle créée ?	• Connaître les fonctions de la monnaie et les formes de la monnaie. • Comprendre comment le crédit bancaire contribue à la création monétaire, à partir du bilan simplifié d'une entreprise et de celui d'une banque. • Comprendre le rôle de la banque centrale dans le processus de création monétaire, en particulier à travers le pilotage du taux d'intérêt à court terme sur le marché monétaire, et comprendre les effets que ces interventions peuvent produire sur le niveau des prix et sur l'activité économique.
	Sociologie et Science politique
Comment la socialisation contribue-t-elle à expliquer les différences de comportement des individus ?	• Comprendre comment les individus expérimentent et intériorisent des façons d'agir, de penser et d'anticiper l'avenir qui sont socialement situées et qui sont à l'origine de différences de comportements, de préférences et d'aspirations. • Comprendre comment la diversité des configurations familiales modifie les conditions de la socialisation des enfants et des adolescents. • Comprendre qu'il existe des socialisations secondaires (professionnelle, conjugale, politique) à la suite de la socialisation primaire. • Comprendre que la pluralité des influences socialisatrices peut être à l'origine de trajectoires individuelles improbables.
Comment se construisent et évoluent les liens sociaux ?	• Comprendre et pouvoir illustrer la diversité des liens qui relient les individus au sein de différents groupes sociaux (familles, groupes de pairs, univers professionnel, associations, réseaux). • Connaître les critères de construction des Professions et Catégories Socioprofessionnelles (PCS). • Comprendre et savoir illustrer le processus d'individualisation ainsi que l'évolution des formes de solidarité en connaissant la distinction classique entre solidarité « mécanique » et solidarité « organique ». • Comprendre comment les nouvelles sociabilités numériques contribuent au lien social. • Comprendre comment différents facteurs (précarités, isolements, ségrégations, ruptures familiales) exposent les individus à l'affaiblissement ou à la rupture de liens sociaux.

Quels sont les processus sociaux qui contribuent à la déviance ?	• Comprendre la distinction entre normes sociales et normes juridiques, et connaître la diversité des formes de contrôle social. • Comprendre que la déviance et/ou la désignation d'un acte comme déviant se définissent comme une transgression des normes et qu'elles revêtent des formes variées selon les sociétés et, en leur sein, selon les groupes sociaux. • Comprendre que la déviance peut s'analyser comme le produit de différents processus sociaux (étiquetage, stigmatisation, carrières déviantes). • Comprendre et illustrer la distinction entre déviance et délinquance. • Comprendre et illustrer les difficultés de mesure de la délinquance.
Comment se forme et s'exprime l'opinion publique ?	• Comprendre que l'émergence de l'opinion publique est indissociable de l'avènement de la démocratie : d'abord monopole des catégories « éclairées », l'opinion publique est désormais entendue comme celle du plus grand nombre. • Comprendre les principes et les techniques des sondages, et les débats relatifs à leur interprétation de l'opinion publique. • Comprendre comment le recours fréquent aux sondages d'opinion contribue à forger l'opinion publique et modifie l'exercice de la démocratie (démocratie d'opinion) et de la vie politique (contrôle des gouvernants, participation électorale, communication politique).
Voter : une affaire individuelle ou collective ?	• Être capable d'interpréter des taux d'inscription sur les listes électorales, des taux de participation et d'abstention aux élections. • Comprendre que la participation électorale est liée à divers facteurs inégalement partagés au sein de la population (degré d'intégration sociale, intérêt pour la politique, sentiment de compétence politique) et de variables contextuelles (perception des enjeux de l'élection, types d'élection). • Comprendre que le vote est à la fois un acte individuel (expression de préférences en fonction d'un contexte et d'une offre électorale) et un acte collectif (expression d'appartenances sociales). • Comprendre que la volatilité électorale revêt des formes variées (intermittence du vote, changement des préférences électorales) et qu'elle peut refléter un affaiblissement ou une recomposition du poids de certaines variables sociales, un déclin de l'identification politique (clivage gauche/droite notamment) et un renforcement du poids des variables contextuelles.
	Regards croisés
Comment l'assurance et la protection sociale contribuent-elles à la gestion des risques dans les sociétés développées ?	• Connaître les principaux types de risques économiques et sociaux auxquels les individus sont confrontés (maladie, accident, perte d'emploi, vieillesse). • Comprendre que l'exposition au risque et l'attitude face au risque (perception du risque, aversion au risque, conduites à risque) diffèrent selon les individus, les groupes sociaux et les sociétés, et être capable de l'illustrer pas des exemples. • Comprendre les effets positifs (bien-être, incitation à l'innovation) et négatifs (aléa moral) du partage des risques tant pour les individus que pour la société. • Connaître les principes (prévention, mutualisation et diversification) qui permettent la gestion collective des risques et savoir les illustrer par des exemples. • Connaître le rôle des principales institutions qui contribuent à la gestion des risques (famille, sociétés et mutuelles d'assurance, pouvoirs publics). • Comprendre que la protection sociale, par ses logiques d'assurance et d'assistance, contribue à une couverture des risques fondée sur le principe de solidarité collective.
Comment les entreprises sont-elles organisées et gouvernées ?	• Comprendre le cycle de vie d'une entreprise à partir de quelques exemples (création, croissance, changement de statuts juridiques, disparition). • Connaître et être capable d'illustrer la diversité des figures de l'entrepreneur : par leur statut juridique (entrepreneur individuel, micro-entrepreneur, chef d'entreprise) ; par leur position et leurs fonctions économiques (entrepreneur-innovateur, manager, actionnaire). • Comprendre les notions de gouvernance, d'autorité et de décentralisation/centralisation des décisions au sein d'une entreprise. • Comprendre qu'une entreprise est un lieu de relations sociales (coopération, hiérarchie, conflit) entre différentes parties prenantes (salariés, managers, propriétaires/actionnaires, partenaires d'une coopérative).

Objectifs d'apprentissage concernant l'utilisation des données quantitatives et des représentations graphiques

Calcul, lecture, interprétation :
- Proportion, pourcentage de répartition
- Taux de variation, taux de variation cumulé, coefficient multiplicateur, indice simple
- Moyenne arithmétique simple et pondérée

Lecture et interprétation :
- Indice synthétique
- Médiane
- Valeur nominale, valeur réelle (notamment, taux d'intérêt nominal et taux d'intérêt réel)
- Tableau à double-entrée
- Représentations graphiques : diagrammes de répartition, représentation de séries chronologiques
- Représentation graphique de fonctions simples (offre, demande, coût) et interprétation de leurs pentes et de leurs déplacements

SOMMAIRE

SCIENCE ÉCONOMIQUE

7 Comment se construisent et évoluent les liens sociaux ? 170

8 Quels sont les processus sociaux qui contribuent à la déviance ? 198

9 Comment se forme et s'exprime l'opinion publique ? 228

SAVOIR-FAIRE

MÉTHODES VERS LE BAC

Les informations relatives aux épreuves du baccalauréat seront actualisées sur les exemplaires élèves ainsi que sur le site www.ses.magnard.fr

Comprendre les consignes en SES

CALCULER	• Sélectionner la bonne opération et la réaliser avec rigueur. • Rédiger une phrase réponse restituant le résultat.	▶ **Exemple** Calculez le taux de variation du PIB entre deux dates.
OBSERVER / DÉCRIRE	• Observer le document support. • Rassembler et ordonner les éléments permettant de présenter une évolution, une situation, en utilisant si nécessaire des données chiffrées pour gagner en précision dans la description.	▶ **Exemple** Décrivez l'évolution des taux d'intérêt sur une période.
LIRE / RÉDIGER UNE PHRASE AVEC…	• Comprendre la signification de la donnée à lire. • Rédiger une phrase la plus rigoureuse possible : source, date, lieu, restitution de la valeur dans la bonne unité, interprétation des indicateurs si nécessaire (exemple : un taux de variation positif signifie que la valeur a augmenté entre deux dates).	▶ **Exemple** Rédigez une phrase avec la donnée entourée.
DÉFINIR	• Énoncer les propriétés essentielles de la notion. • Illustrer si nécessaire pour plus de clarté.	▶ **Exemple** Définissez la notion de masse monétaire.
ILLUSTRER	• Comprendre et donner un exemple pertinent de la notion, du mécanisme, du phénomène à illustrer.	▶ **Exemple** Illustrez la notion d'externalité négative.
REPRÉSENTER	• Ressembler les informations sur le phénomène à représenter et réaliser un schéma ou un graphique décrivant ce phénomène.	▶ **Exemple** Représentez graphiquement la fonction de demande sur un marché.
COMPARER	• Observer les éléments à comparer. • Rassembler et ordonner les points communs et les différences entre ces éléments.	▶ **Exemple** Comparez l'évolution du déficit public en France et en Allemagne entre deux dates.
DISTINGUER	• Observer les éléments à étudier. • Rassembler et ordonner les différences entre ces éléments.	▶ **Exemple** Distinguez les comportements électoraux des cadres et des ouvriers.
RÉSUMER	• Lire un texte et repérer les éléments essentiels. • Restituer ces éléments en un texte plus court où l'on retrouve le propos général.	▶ **Exemple** Résumez un texte ou une partie d'un texte.
SYNTHÉTISER	• Repérer les éléments de connaissance clés sur un sujet, un thème et les ordonner de façon à donner une vue d'ensemble de ce sujet/thème.	▶ **Exemple** Synthétisez le chapitre sur les processus conduisant à la déviance.
JUSTIFIER	• Énoncer des éléments de preuves, des arguments précis permettant de faire admettre la réponse apportée.	▶ **Exemple** Justifiez votre réponse à une question.
EXPLIQUER	• Énoncer des éléments permettant de saisir le sens d'une phrase, d'un phénomène, d'une notion, d'un mécanisme…	▶ **Exemple** Expliquez la phrase soulignée d'un texte.
ARGUMENTER / MONTRER QUE	• Rassembler des éléments de preuves, des arguments permettant de démontrer une proposition, si nécessaire en illustrant pour plus de clarté.	▶ **Exemple** Montrez que l'existence de pouvoir de marché est source de pouvoir de marché.
ANALYSER	• Présenter et décomposer un mécanisme, un fait. Proposer une explication de ce mécanisme, fait.	▶ **Exemple** Analysez l'évolution de l'abstention entre deux élections.
CRITIQUER	• Comprendre la position à critiquer et identifier les éléments qu'il est possible de remettre en cause. • Énoncer les arguments allant à l'encontre de cette position.	▶ **Exemple** Critiquez la mesure officielle de la délinquance.
DISCUTER	• Rassembler, puis ordonner les arguments en faveur et en défaveur d'une position.	▶ **Exemple** Discutez la pertinence des enquêtes de victimation pour mesurer la délinquance.

CHAPITRE 1

NOTIONS

marché concurrentiel, institution, offre, demande, preneur de prix, prix et quantité d'équilibre, coût marginal, profit, surplus du producteur, surplus du consommateur, gains à l'échange, taxe forfaitaire

Comment un marché concurrentiel fonctionne-t-il ?

Le marché est le lieu de rencontre des acheteurs et des demandeurs sur lequel se fixent les prix.

Les acheteurs et les vendeurs se rencontrent sur des marchés qui peuvent être concurrentiels.	Sur les marchés concurrentiels, le prix d'équilibre permet aux échanges de se réaliser.	Le marché concurrentiel est efficace : les agents économiques retirent des avantages de leurs échanges.	Les changements de l'offre et la demande modifient l'équilibre du marché.
↓	↓	↓	↓
Qu'est-ce qu'un marché concurrentiel ?	Comment un marché concurrentiel parvient-il à l'équilibre ?	Pourquoi la coordination par le marché est-elle efficace ?	Comment les modifications de l'offre et de la demande affectent-elles l'équilibre concurrentiel ?
DOSSIER 1	DOSSIER 2	DOSSIER 3	DOSSIER 4

SOMMAIRE DU CHAPITRE

ENTRER DANS LE CHAPITRE

vidéo

La Cité de l'économie :
« La concurrence » (2013).
Durée : 5 min 51 s
www.lienmini.fr/ses-1-001

Doc. 1 Un marché de Noël

▲ Marché de Noël à Strasbourg, Bas-Rhin (67), place de la cathédrale Notre-Dame (2013).

Doc. 2 Le NASDAQ

▲ Créé en 1971, Le NASDAQ est le premier marché boursier électronique à voir le jour dans le monde. Il s'y échange des actions des firmes du secteur des nouvelles technologies. Y sont cotées des firmes comme Google, Apple ou Facebook.

1 Qui sont les acheteurs et qui sont les vendeurs sur ces deux marchés ? (DOC. 1 et 2)

2 Le marché est-il nécessairement un lieu physique ? (DOC. 1 et 2)

3 À quoi servent chacun de ces deux marchés ? (DOC. 1 et 2)

4 À quelles conditions un marché est-il en concurrence parfaite ? (VIDÉO)

Qu'est-ce qu'un marché concurrentiel ?

OBJECTIF :
Savoir que le marché est une institution.

A Le marché : une institution centrale des économies modernes

Lieu de rencontre de l'offre et de la demande, le marché est une institution qui repose sur des règles que les agents économiques doivent respecter.

DOC.1 Définir le marché

Le marché est le lieu où l'on négocie le prix et où les échanges se font. Si quelqu'un veut me vendre un produit en me proposant un prix exorbitant, je peux aller voir son voisin et lui demander un meilleur prix pour le même objet. Inversement le producteur n'est pas l'otage de l'acheteur ; il peut attendre qu'un autre se présente. Un glissement s'est ensuite opéré depuis ce lieu physique pour désigner, d'une part, des marchés plus dématérialisés […] et, d'autre part, un concept économique, celui de l'équilibre de l'offre et de la demande par l'ajustement des prix. […] Il faut bien souligner qu'au départ du marché, il y a deux entités aux intérêts divergents : l'acheteur veut acheter bon marché et le vendeur veut vendre cher. Ils vont converger vers un prix qui rend possible la transaction car chacun voit qu'il ne peut trouver mieux : c'est le prix d'équilibre.

Augustin Landier *et alii*, *B.A.BA de l'économie contemporaine*, © Éditions Le Pommier, 2013.

▲ Marché des Capucins à Bordeaux, Gironde (33).

1 Décrire. Décrivez la scène représentée sur la photographie.

2 Analyser. Que fera un acheteur s'il trouve un produit trop cher ?

3 Expliquer. Pourquoi acheteurs et vendeurs ont-ils des intérêts divergents ? Comment le marché permet-il de résoudre ce conflit ?

4 Définir. Définissez ce qu'est un marché pour l'économiste.

DOC.2 Marchés et économie de marché

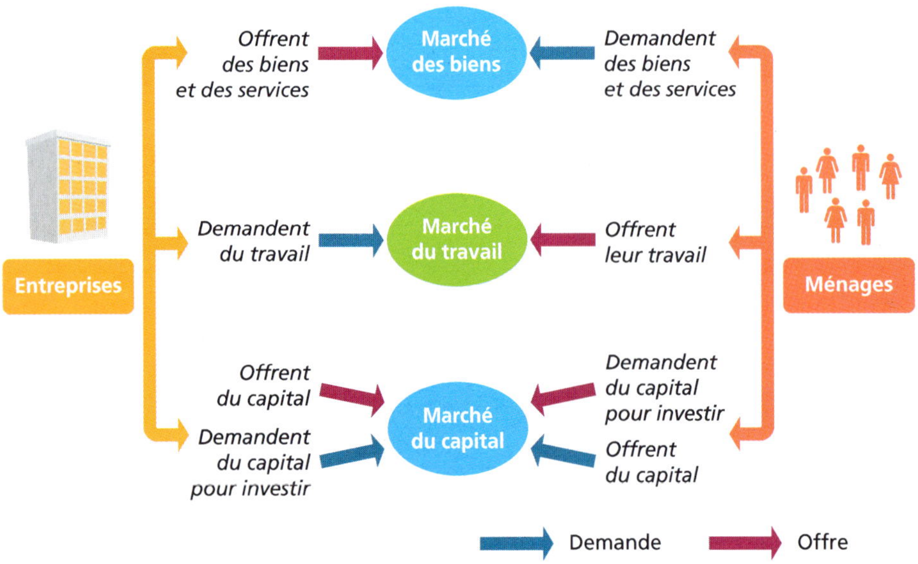

Sur le marché du capital, la confrontation de l'offre et de la demande de capital détermine le taux d'intérêt, soit le pourcentage des sommes prêtées et empruntées permettant de calculer les intérêts que l'on verse ou que l'on reçoit.

D'après Joseph Stiglitz, *Principes d'économie moderne*, De Boeck, 2015.

5 Comprendre. Sur le marché du travail, qui sont les offreurs et les demandeurs ? Quel prix ce marché fait-il émerger ?

6 Comprendre. À quoi le marché du capital sert-il ? Quel prix se fixe sur ce marché ?

7 Synthétiser. Qu'est-ce qu'une économie de marché ?

DOC. 3 Sans droits de propriété, pas de marché

Un droit de propriété confère à son détenteur le droit d'utiliser un bien et d'en jouir, de disposer des fruits de ce bien (revenu, récolte, etc.), mais aussi de le transformer, de le céder ou de le détruire. Par exemple, le propriétaire d'un appartement est libre de le louer, de s'y installer, de le vendre, d'y réaliser des travaux.

Pour qu'un marché existe, il faut que les droits de propriété soient bien définis face aux tiers et qu'ils soient protégés. Cela suppose un droit protecteur et une justice impartiale, autrement dit un État de droit. Sans cette garantie, les individus peuvent bien posséder certaines choses, ils courent le risque d'en être promptement dépossédés : ils vivent dans l'insécurité. Les entreprises, par exemple, n'auraient aucune incitation à investir, à embaucher de nouveaux salariés, à produire des biens conformes au souhait des consommateurs et à réaliser des profits. Même si les profits que rapporte une nouvelle usine sont considérables, aucune entreprise ne voudra en construire une si elle n'a pas la certitude qu'aucun autre agent économique ne pourra la lui prendre.

Miguel Sarzier, Magnard, 2019.

▲ **Denis Papin met au point en 1705 le premier bateau à roue à aubes motorisé par la vapeur. En 1707, alors qu'il naviguait sur le fleuve Weser, la guilde des bateliers locaux, inquiète de la concurrence que représente cette innovation, détruit son bateau. Les bateaux à vapeur ne seront exploités qu'à la fin du XVIIIe siècle.**

8 Définir. Qu'est-ce qu'un droit de propriété ? Donnez un exemple où l'utilisateur d'un bien (un logement, une terre) ne dispose pas de tous les attributs du droit de propriété.

9 Expliquer. Expliquez la phrase soulignée.

10 Illustrer. Pourquoi l'innovation de Denis Papin n'a-t-elle pas pu se diffuser dans l'économie au cours du XVIIIe siècle ?

DOC. 4 La protection de la propriété intellectuelle

Le brevet est un titre de propriété couvrant une invention. Son détenteur se voit accorder le monopole de l'exploitation de l'invention couverte, sur une période limitée (quinze à vingt ans selon les pays). L'inventeur peut soit exploiter lui-même l'invention, en commercialisation un produit qui l'intègre, soit accorder des licences d'exploitation à d'autres firmes. […]

Le brevet est une solution forcément imparfaite à une équation contradictoire. Il vise à favoriser simultanément l'innovation et la diffusion de la connaissance. L'innovation est valorisée grâce au monopole, lequel est contraire à la diffusion. Le brevet propose en conséquence un compromis : le monopole est limité dans la durée (après vingt ans, l'invention « tombe dans le domaine public »), et le brevet est accordé en contrepartie de la divulgation de l'invention. Le document est publié, donc accessible à tous, et il contient un descriptif suffisamment précis de la découverte pour que celle-ci puisse être « reproduite par un homme de l'art ».

Dominique Guellec, *Économie de l'innovation*, © Éditions La Découverte, coll. « Repères », 2009.

11 Expliquer. Pourquoi un agent économique n'est-il pas incité à produire de nouvelles connaissances ?

12 Comprendre. Quelle est l'utilité d'un brevet ?

13 Comprendre. Quel est le dilemme associé à la protection de la propriété intellectuelle ?

14 Discuter. Comment est-il possible de dépasser le dilemme du brevet ?

FAIRE LE POINT

Complétez avec : *intellectuelle • définis • marché • sécurité • échanges.*

- Droits de propriétés bien ……… → Bon fonctionnement du ………. => essor des ……… marchands
- Protection de la propriété ………… → Bon fonctionnement du ………. => essor des ……… marchands
- …………. juridique et physique → Bon fonctionnement du ………. => essor des ……… marchands

À RETENIR

- Le **marché** est le lieu de rencontre d'une **offre** et d'une **demande**. Leur confrontation fait émerger un prix qui permet des échanges marchands. Dans les économies modernes, l'allocation des ressources est essentiellement assurée par les marchés.
- Le marché est une **institution** : il est encadré par des règles que les agents économiques doivent respecter, notamment les droits de propriété.

OBJECTIF :
Savoir distinguer les marchés selon leur degré de concurrence.

B Du marché concurrentiel au monopole

Les nombreuses structures du marché s'écartent très souvent du modèle de la concurrence pure et parfaite en fonction du nombre d'acteurs présents sur le marché et de la diversité des produits.

DOC.1 Le marché concurrentiel : les hypothèses de la concurrence pure et parfaite

Le modèle de la concurrence pure et parfaite repose sur cinq hypothèses.

Hypothèses	Homogénéité des produits	Atomicité	Transparence de l'information	Fluidité	Parfaite mobilité des facteurs de production
Définition	Les biens satisfaisant un besoin spécifique sont identiques.	Un grand nombre de vendeurs et d'acheteurs sont présents sur le marché.	L'information est accessible à tous, immédiatement et sans coût.	Il n'existe ni barrières à l'entrée, ni barrières à la sortie.	Le travail et le capital peuvent se déplacer instantanément et sans coût d'un secteur à un autre.
Conséquences	La concurrence ne porte que sur les prix.	Aucun acheteur, aucun vendeur ne peut influencer le marché.	S'il existe sur le marché un bien au prix P, on ne peut le vendre (ni l'acheter) à un prix supérieur (inférieur) à P.	Les agents économiques sont libres d'acheter ou non, de vendre ou non.	Permet la réallocation des facteurs pour produire les quantités déterminées sur le marché.
Résultat	**Sur un marché concurrentiel, un prix de marché unique s'impose aux acheteurs et aux vendeurs. Les agents économiques sont preneurs de prix.**				

D'après Christine Lefebvre, « Les mécanismes du marché. La loi de l'offre et de la demande », © Dila, *Cahiers français, Découverte de l'économie*, n° 345, juillet-août 2008.

1 Comprendre. Que signifie l'hypothèse d'atomicité ?

2 Analyser. Pourquoi l'absence de fluidité empêche-t-elle la libre concurrence ?

3 Définir. Que signifie l'expression « preneurs de prix » ?

4 Expliquer. Pourquoi, sur un marché concurrentiel, les agents économiques sont-ils preneurs de prix ?

DOC.2 La diversité des structures de marché

Deux critères, le nombre de producteurs et la différenciation des produits, permettent de caractériser le monopole, l'oligopole et la concurrence monopolistique par rapport à la concurrence parfaite.

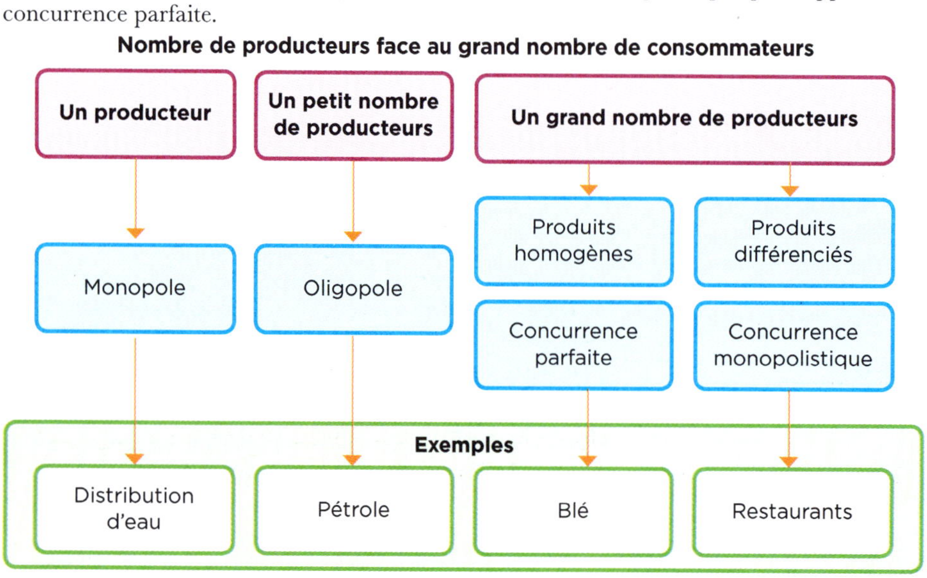

5 Distinguer. Qu'est-ce qui distingue un monopole d'un oligopole ?

6 Analyser. Quelle hypothèse de la concurrence parfaite n'est pas respectée dans les cas du monopole et de l'oligopole ? Les offreurs sur ces marchés sont-ils preneurs de prix ?

7 Analyser. Quelle hypothèse de la concurrence parfaite n'est pas respectée dans la structure de marché en concurrence monopolistique ? Les offreurs sur ce marché sont-ils preneurs de prix ?

DOC. 3 Distinguer les marchés selon leur structure

Le marché de l'automobile en France en 2015

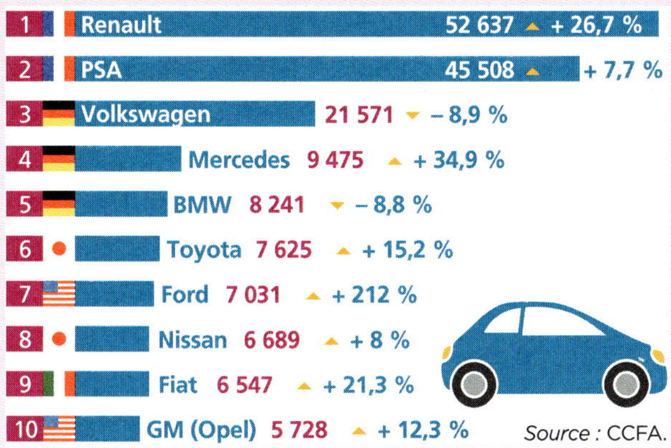

Source : CCFA.

Le marché des eaux en bouteille

Le marché du transport ferroviaire à grande vitesse en France

À partir de 2021, des opérateurs alternatifs pourront concurrencer la SNCF sur les liaisons TGV.

Le marché du blé

8 Synthétiser. À partir des quatre documents ci-dessus, recopiez le tableau suivant et complétez-le.

	Marché des eaux en bouteille	Marché français de l'automobile	Marché français du transport ferroviaire à grande vitesse	Marché du blé
Grand nombre d'offreurs ?				
Homogénéité des produits ?				
Structures de marché ?				
Les offreurs sont-ils preneurs de prix ?				

FAIRE LE POINT

Vrai ou faux ? Justifiez vos réponses.

1. Sur un marché concurrentiel, les offreurs peuvent fixer le prix qu'ils désirent.

2. Sur un marché concurrentiel, les biens proposés sont homogènes.

3. Un marché concurrentiel se caractérise par la présence d'un grand nombre d'offreurs et de demandeurs.

4. Une entreprise en monopole est preneuse de prix.

À RETENIR

- Le modèle du **marché concurrentiel** repose sur les hypothèses d'homogénéité, d'atomicité et de fluidité. Dans ces conditions, les agents économiques sont **preneurs de prix**.
- Lorsque, face à un grand nombre d'acheteurs, il existe un seul offreur (monopole), quelques offreurs (oligopole) ou des offreurs proposant des biens différenciés (concurrence monopolistique), les offreurs peuvent **influencer le prix**.

DOSSIER 2

Comment un marché concurrentiel parvient-il à l'équilibre ?

OBJECTIF : Comprendre la formation de la courbe de demande et savoir interpréter les pentes de cette courbe.

A La loi de la demande

Si les consommateurs cherchent à maximiser leur satisfaction, la consommation d'un bien diminue, en général lorsque son prix augmente.

DOC.1 Rationalité et raisonnement à la marge

Les économistes considèrent que les individus sont rationnels, c'est-à-dire qu'ils cherchent en permanence à maximiser leur satisfaction. Par exemple, le consommateur cherche à déterminer la quantité consommée qui va maximiser sa satisfaction. Pour ce faire, il compare le gain qu'il retire d'une unité supplémentaire (l'utilité marginale) avec le coût marginal qu'implique cette quantité supplémentaire (le prix payé sur le marché). Il consommera cette unité si et seulement si l'utilité marginale est supérieure au coût marginal.

Grady Klein et Yoram Bauman, *L'Économie en BD La microéconomie*, Eyrolles, 2014.

1 Définir. Que signifie l'hypothèse de rationalité ?

2 Expliquer. Comment un agent économique rationnel procède-t-il pour déterminer la quantité consommée qui maximise sa satisfaction ?

3 Analyser. À quelle condition, la consommatrice sur le dessin aura-t-elle intérêt à consommer un euro de plus pour des bananes ?

DOC.2 La loi de l'utilité marginale décroissante

Pour attirer les clients, certains restaurants proposent des formules à volonté sous la forme de buffets. Les clients peuvent se servir autant qu'ils le désirent sans avoir à payer de supplément. Avec un tel modèle économique, le restaurateur prend le risque que les clients consomment une quantité dont le coût de production dépasse le prix payé. Pourtant un grand nombre de restaurants à volonté sont rentables. Comment l'expliquer ? La plupart des clients vont consommer une quantité telle que le restaurateur pourra faire du profit parce que l'utilité marginale décroît avec les quantités consommées et qu'à partir d'un certain point elle devient même négative. Le client met alors un terme à son repas parce qu'au-delà ce serait la crise de foie ! Le tableau ci-dessous décrit l'évolution de l'utilité marginale pour un client de ce type de restaurant.

Assiette	1re assiette	2e assiette	3e assiette	4e assiette	5e assiette	6e assiette
Utilité marginale évaluée	10 €	5 €	1 €	- 1 €	- 5 €	- 10 €

D'après Paul Krugman, Robin Wells, *Microéconomie*, De Boeck, 2016.

4 Comprendre. Dans ce type de restaurant, pour le consommateur, quel est le coût d'une assiette supplémentaire ?

5 Définir. Énoncez la loi de l'utilité marginale décroissante.

6 Analyser. À partir du tableau, déterminez combien d'assiettes consommera le client. Justifiez votre réponse.

7 Synthétiser. Expliquez pourquoi les restaurants à volonté ne sont pas condamnés à la faillite.

DOC.3 La demande : une relation décroissante entre prix et quantités demandées

Iris veut savoir combien de kilos de fraises consommer pour maximiser sa satisfaction. Elle a intérêt à acheter des fraises tant que l'utilité qu'elle retire d'un kilo supplémentaire (utilité marginale) est supérieure à son coût marginal (le prix payé sur le marché). Quand l'utilité marginale est égale au prix, elle n'a plus intérêt à acheter car sa satisfaction est maximale.

Utilité marginale (1)	Quantités achetées	Coût marginal = prix de marché (2)	Évolution de la satisfaction d'Iris (1 - 2)
7	2 kilos	6	+ 1
6	3 kilos	6	0
5	4 kilos	6	- 1

Quand le prix au kilo est de 6 euros, acheter 2 kilos de fraises augmente sa satisfaction mais en acheter 4 kilos la diminue. Pour une satisfaction maximale, Iris doit acheter 3 kilos de fraises. Comme l'utilité marginale diminue quand la quantité demandée augmente, un prix faible incite à consommer plus. La demande est donc une fonction décroissante du prix. Cette relation est renforcée par le fait qu'une hausse du prix réduit le pouvoir d'achat du consommateur et l'incite à consommer des biens substituables.

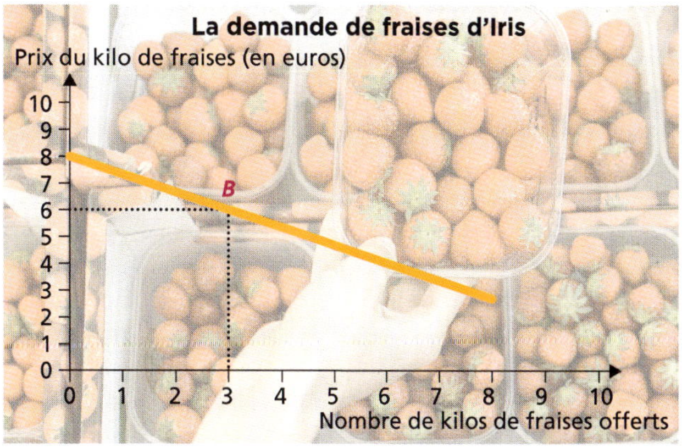

8 Observer. La loi de l'utilité marginale décroissante est-elle vérifiée dans cet exemple ?

9 Lire. Quelle est la quantité demandée par Iris pour un prix de 6 euros ? pour un prix de 2 euros ? Que peut-on en conclure sur la relation entre prix et quantité demandée.

10 Analyser. Citez 3 éléments explicatifs de la relation décroissante entre le prix et les quantités demandées.

DOC.4 Interpréter les pentes des courbes de demande

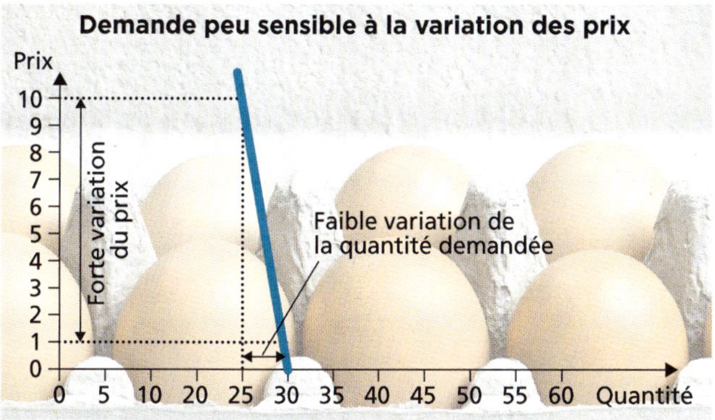

▲ Si un bien n'a pas de substitut et revêt un caractère indispensable, alors sa demande est très peu sensible à la variation des prix. La droite de demande a une forte pente négative.

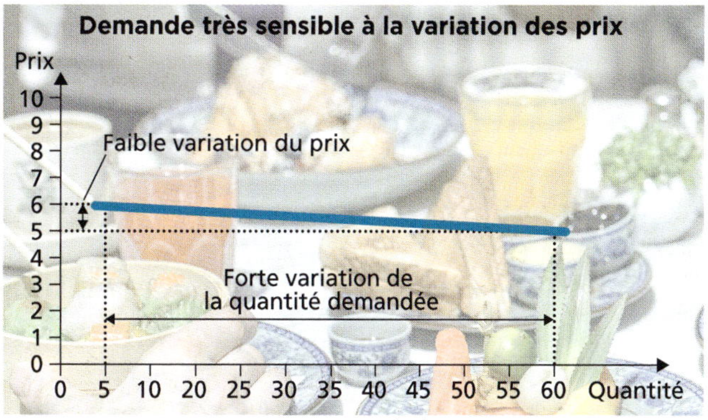

▲ Si un bien a un ou des substituts et (ou) ne revêt pas un caractère indispensable, alors sa demande est très sensible à la variation des prix. La droite de demande a une faible pente négative.

D'après Paul Krugman, Robin Wells, *Microéconomie*, De Boeck, 2016

11 Expliquer. Pourquoi la droite de demande d'œufs présente-t-elle une forte pente négative ?

12 Expliquer. Pourquoi la droite de demande de repas au restaurant présente-t-elle une faible pente négative ?

13 Illustrer. Illustrez par un graphique la courbe de demande d'essence des agents économiques vivant dans des territoires ruraux.

FAIRE LE POINT

Complétez avec : *utilité marginale • substituable • augmente • pouvoir d'achat • prix.*

La quantité demandée baisse quand le prix … . L'explication est triple : 1) la hausse du prix incite les agents économiques à remplacer la consommation de ce bien par un autre bien qui lui est … ; 2) la hausse du prix du bien, en réduisant le …, fait baisser la consommation de ce bien ; 3) la hausse du prix du bien incite à cesser de consommer les unités qui présentent une … inférieure au … payé.

À RETENIR

- Pour **maximiser sa satisfaction**, un consommateur demande toutes les unités pour lesquelles l'utilité marginale est supérieure ou égale au prix. Comme l'utilité marginale est décroissante, **la demande est une fonction décroissante du prix.**
- **La demande est très sensible à la variation du prix** si le bien n'est pas indispensable et s'il existe des biens substituables : la droite de demande est proche de l'horizontale. Elle est peu sensible dans le cas contraire ; la droite est proche de la verticale.

OBJECTIF :
Comprendre la formation de la courbe d'offre et savoir interpréter les pentes de cette courbe.

B La loi de l'offre

Si les producteurs cherchent à maximiser leur profit, la production d'un bien augmente lorsque son prix augmente.

DOC.1 La loi des rendements factoriels décroissants

La loi des rendements factoriels décroissants (également dénommée loi de la productivité marginale décroissante) peut s'énoncer comme suit : « À partir d'un certain niveau de production, la productivité marginale d'un facteur de production[1] décroît quand on l'augmente alors que l'autre facteur reste fixe. » Le graphique montre que l'accroissement de la production permis par un travailleur supplémentaire devient de plus en plus faible à partir du 3e travailleur et même négatif à partir du 7e travailleur.
Quand la productivité marginale d'un facteur diminue, il faut mobiliser davantage de ce facteur pour réaliser la même production. Chaque unité supplémentaire est ainsi plus coûteuse à produire. La loi des rendements factoriels décroissants signifie que les coûts marginaux de production sont croissants.

D'après Marc Montoussé & Isabelle Waquet, *Microéconomie*, © Bréal, 2014.

1. Hausse de la production permise par une unité supplémentaire de facteur de production.

Un exemple de loi des rendements décroissants

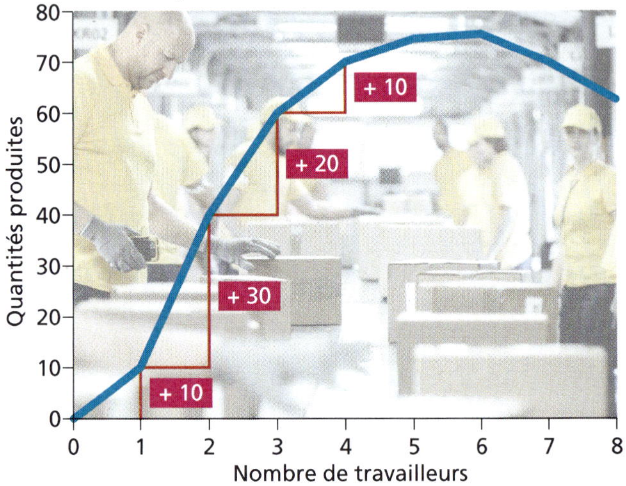

1 Observer. À l'aide du graphique et de quelques chiffres, montrez que les rendements factoriels sont croissants, décroissants, puis négatifs.

2 Expliquer. Quelle est l'incidence de la loi des rendements factoriels décroissants sur les coûts marginaux de production ? Justifiez votre réponse.

DOC.2 La détermination du volume de production optimal

Si le producteur est rationnel, il cherche à maximiser son profit égal à la différence entre les recettes totales (quantités x prix de vente) et le coût total (quantités x coût moyen).
Pour déterminer le volume de production optimal, soit la quantité produite qui maximise le profit, le producteur va comparer le gain qu'il retire de la vente d'une unité supplémentaire (recette marginale) avec le coût qu'implique cette unité supplémentaire (coût marginal). Sur un marché concurrentiel, les agents économiques sont preneurs de prix : la recette marginale est donc constante et correspond au prix de marché. De plus, comme les rendements factoriels sont décroissants, les coûts marginaux sont croissants.
Dans ces conditions, le producteur va continuer à produire tant que chaque unité supplémentaire génère un profit marginal (prix > coût marginal) permettant de faire progresser le profit total. Il cessera de produire davantage, lorsqu'il produira une unité dont le coût marginal est strictement égal au prix de marché. Pour ce volume de production, le profit total est maximum.

Un exemple de volume de production et de maximisation du profit

Unité produite	1re unité	2e unité	3e unité	4e unité	5e unité	6e unité	7e unité	8e unité	9e unité
Coût marginal	5 €	7 €	9 €	11 €	13 €	15 €	17 €	19 €	20 €
Recette marginale = prix	15 €	15 €	15 €	15 €	15 €	15 €	15 €	15 €	15 €
Profit marginal	10 €	8 €	6 €	4 €	2 €	0 €	- 2 €	- 4 €	- 5 €
Profit total	10 €	18 €	24 €	28 €	30 €	30 €	28 €	24 €	19 €

3 Définir. Définissez recette marginale, coût marginal, profit marginal, profit total.

4 Expliquer. Comment un producteur rationnel détermine-t-il le niveau de production qui maximise son profit ?

5 Analyser. Selon la phrase soulignée, quel volume de production permet de maximiser le profit ? Pourquoi ?

6 Calculer. Quel serait le niveau de production optimal pour un prix de 9 euros ?

DOC. 3 L'offre : une relation croissante entre le prix et les quantités offertes

Igor vend des fraises sur un marché concurrentiel. Combien doit-il produire de kilos de fraises pour maximiser son profit ? Le profit est maximal quand le volume de production est tel que coût marginal = prix de vente.

Prix du marché (1)	Quantités produites	Coût marginal (2)	Hausse du profit dû au dernier kilo produit (1) - (2)
5 €	3 kilos	4 €	+ 1 €
5 €	4 kilos	5 €	0 €
5 €	5 kilos	6 €	- 1 €

Quand le prix au kilo est de 5 euros, produire 3 kilos augmente son profit (coût marginal < prix). Produire 5 kilos diminue son profit (coût marginal > prix). Igor doit produire 4 kilos de fraises : pour cette quantité, son profit est maximum. En raison de la loi des rendements factoriels décroissants, les coûts marginaux de production sont croissants quand les quantités augmentent. Par conséquent, un prix plus élevé incite Igor à produire plus : l'offre est une fonction croissante du prix.

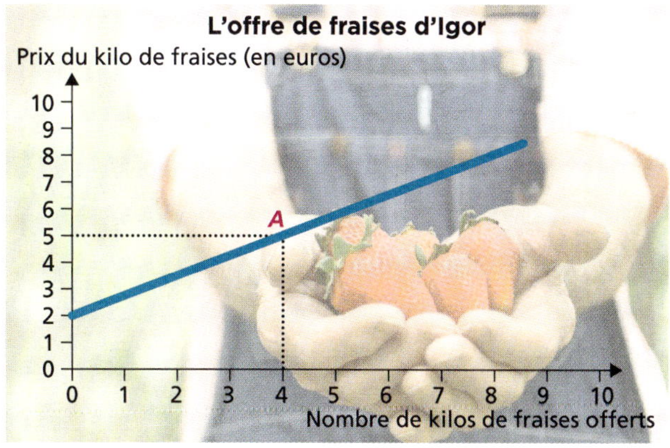

7 Observer. La loi des rendements factoriels décroissants est-elle vérifiée dans cet exemple ? Justifiez votre réponse.

8 Lire. Quelle est la quantité offerte par Igor pour un prix de 4 euros et pour un prix de 7 euros ? Que peut-on en conclure sur la relation entre prix et quantité demandée.

9 Analyser. Montrez que la relation prix/quantité offerte s'explique par la loi des rendements factoriels décroissants.

DOC. 4 Interpréter les pentes des courbes d'offre

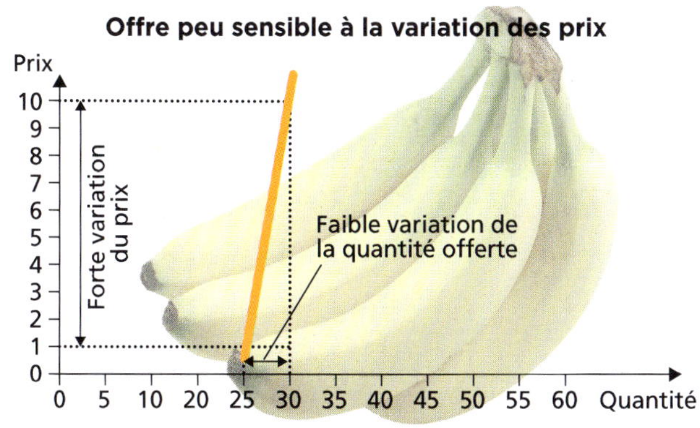

▲ Si les facteurs nécessaires à la production sont difficilement disponibles, l'offre est peu sensible à la variation des prix. La droite d'offre a une forte pente se rapprochant d'une droite verticale.

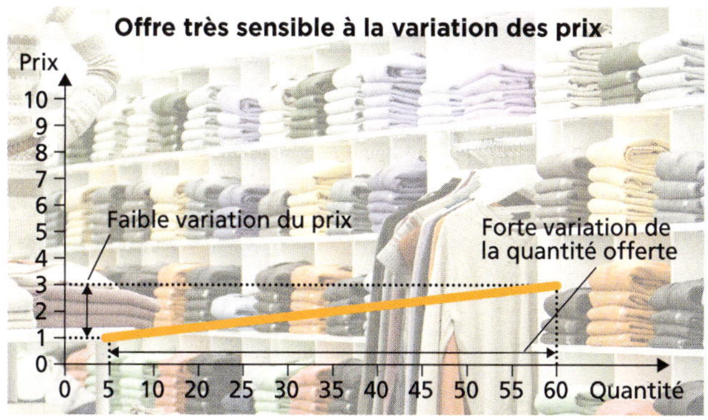

▲ Si les facteurs nécessaires à la production sont facilement disponibles, l'offre est très sensible à la variation des prix. La droite d'offre a une faible pente se rapprochant d'une droite horizontale.

D'après Paul Krugman, Robin Wells, *Microéconomie*, De Boeck, 2016

10 Analyser. Pourquoi la droite d'offre de bananes présente-t-elle une forte pente à court terme ?

11 Analyser. Pourquoi la droite d'offre de vêtements présente-t-elle une faible pente ?

12 Illustrer. Illustrez par un graphique la droite d'offre de chambres d'hôtel dans une ville en pleine saison touristique. Justifiez la pente de la droite.

FAIRE LE POINT

Complétez avec : *profit • coût marginal • recette marginale • optimal.*

Arbitrage

Prix = ... = ...

Volume de production ....

.... maximal

À RETENIR

- Le **profit est maximal** lorsque le volume de production est tel que le coût marginal est égal au prix de marché. Puisque les rendements factoriels sont décroissants, les coûts marginaux de production sont croissants et un prix plus élevé incite à produire davantage. **L'offre est une fonction croissante du prix.**
- **L'offre est très sensible à la variation du prix** si les facteurs nécessaires à la production sont facilement disponibles ; sa pente est alors faible. S'ils sont difficilement disponibles, l'offre est alors peu sensible à la variation du prix et sa pente est très forte.

OBJECTIF :
Comprendre la réalisation de l'équilibre sur un marché concurrentiel.

C L'équilibre concurrentiel

La confrontation, sur un marché concurrentiel, d'une multitude d'offres et de demandes individuelles permet un prix d'équilibre tel que l'offre totale du marché soit égale à la demande totale.

DOC.1 Des offres et demandes individuelles aux offres et demandes de marché

Lors d'un marché aux fraises, on retrouve Iris et Bilel qui désirent acheter des fraises mais aussi Igor et Sarah qui souhaitent vendre les fraises produites sur leur exploitation agricole.

La demande et l'offre de marché

Prix d'un kilo de fraises (en €)	Quantités demandées par :				Quantités offertes par :			
	Iris	Bilel	Iris et Bilel	Tous les acheteurs	Igor	Sarah	Sarah et Igor	Tous les demandeurs
1	8	13	21	800	0	1	1	100
2	7	10	17	570	1	3	4	280
3	6	8	14	400	2	5	7	400
4	5	6	11	300	3	7	10	500
5	4	5	9	230	4	9	13	580
6	3	3	6	170	5	11	16	670
7	2	1	3	130	6	13	19	740
8	1	0	1	100	7	15	22	800

1 Analyser. Pour un prix de 5 euros, expliquez comment sont obtenues les quantités demandées par Iris et Bilel, offertes par Igor et Sarah, demandées et offertes sur le marché.

2 Distinguer. Comment distinguer l'offre/demande individuelle et l'offre/demande de marché ?

DOC.2 La détermination du prix et de la quantité d'équilibre

En traçant sur un même graphique la courbe d'offre et de demande de fraises, il est possible de déterminer le prix et les quantités qui permettent d'équilibrer l'offre et la demande (point E sur le graphique).

Offre et demande sur le marché des fraises

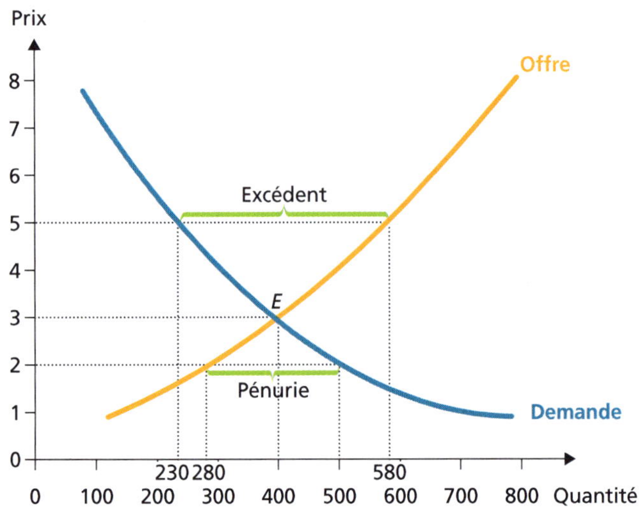

Un marché concurrentiel converge spontanément vers l'équilibre grâce à la flexibilité des prix. Si le prix est supérieur au prix d'équilibre, la quantité offerte est supérieure à la quantité demandée. Le prix va alors baisser, ce qui, en vertu de la loi de l'offre et demande, fera augmenter les quantités demandées et baisser les quantités offertes pour ramener le marché à l'équilibre. Dans le cas où le prix est inférieur au prix d'équilibre, c'est la quantité offerte qui est inférieure à la quantité demandée. Le retour à l'équilibre passera, dans ce cas, par une hausse du prix.

3 Lire. Quel est le prix et la quantité d'équilibre sur ce marché ?

4 Analyser. Qu'est-ce qu'un excédent ? Chiffrez cet excédent sur le marché aux fraises lorsque le prix est de 5 €. Dans cette situation, comment le marché permet-il le retour à l'équilibre ?

5 Analyser. Qu'est-ce qu'une pénurie ? Chiffrez cette pénurie sur le marché aux fraises lorsque le prix est de 2 €. Dans cette situation, comment le marché permet-il le retour à l'équilibre ?

DOC. 3 La finale de la League Europa en 2018

En mai 2018, l'Olympique de Marseille atteint la finale de la League Europa contre l'Athlético Madrid. L'UEFA, organisatrice de la compétition, a accordé 11 566 places à l'OM mais le club doit faire face à une demande qui est deux à trois fois plus importante. Les billets ont été accordés de façon prioritaire aux supporters les plus fidèles pour des prix compris entre 45 et 65 euros la place. Sur le marché noir, le prix d'une place pour cette finale a parfois atteint 400 €.

6 Analyser. La situation décrite dans ce document correspond-elle à un excédent ou à une pénurie ? Justifiez votre réponse.

7 Expliquer. Comment le marché aurait-il résorbé ce déséquilibre ?

DOC. 4 L'exclusion par les prix

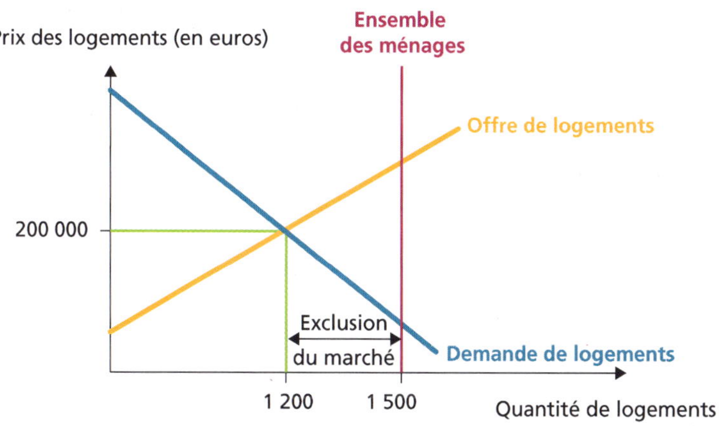

D'après Emmanuel Buisson-Fenet, Marion Navarro, *La Microéconomie en pratique*, © Armand Colin, 2018 pour la 3e éd., Malakoff.

Aujourd'hui, en France, les prix des logements sont trop élevés pour permettre à tous les ménages de se loger. Le mal-logement s'explique par de multiples facteurs. À l'équilibre, l'offre est égale à la demande, mais certains agents sont exclus du marché : tous les ménages qui désiraient un logement à un prix inférieur ne trouvent pas à se loger.

8 Lire. Ce marché du logement est-il à l'équilibre ?

9 Calculer. Quel est le nombre de ménages exclus du marché ?

10 Expliquer. Pourquoi ces ménages ne peuvent-ils pas payer le prix du marché ?

FAIRE LE POINT

Complétez avec : *déséquilibres • excédent • diminuant • pénurie • augmentant.*

Un marché concurrentiel résorbe automatiquement les ...... entre l'offre et la demande. En situation d'...... (offre > demande), la baisse du prix assure le retour à l'équilibre en ...... la quantité offerte et en ...... la quantité demandée. En situation de ...... (demande > offre), la hausse du prix permet un rééquilibrage de l'offre et de la demande.

À RETENIR

- Les **offres** et les **demandes** individuelles s'agrègent sur le marché pour donner naissance à l'**offre** et à la **demande** de marché, ce qui fait émerger un prix qui équilibre les quantités offertes et demandées.
- En cas de déséquilibre sur un **marché concurrentiel** (excédent ou pénurie), la flexibilité des prix permet un **retour automatique à l'équilibre**.

DOSSIER 3

Pourquoi la coordination par le marché est-elle efficace ?

OBJECTIF :
Comprendre les notions de gains à l'échange et de surplus du producteur, du consommateur.

A Les surplus du consommateur et du producteur

Les échanges entre les agents économiques procurent des gains à l'échange mesurés par les surplus du consommateur et du producteur.

DOC. 1 Les gains à l'échange

Une famille pourrait essayer de subvenir à tous ses besoins – cultiver ce qu'elle mange, coudre ses propres vêtements, se fournir elle-même en spectacles, écrire ses propres manuels d'économie. Mais essayer de vivre de cette manière serait extrêmement difficile. La clé d'un bien meilleur niveau de vie pour tout le monde est l'échange, par lequel les individus se répartissent entre eux les tâches et chaque personne fournit un bien ou un service qu'elle désire elle-même.

La raison pour laquelle nous avons une économie et non pas de nombreux individus autosuffisants, est qu'il y a des gains à l'échange : en divisant les tâches et en échangeant, deux personnes (ou 7 milliards) peuvent obtenir chacune davantage de ce qu'elles désirent qu'en essayant d'être autosuffisantes. Les gains à l'échange proviennent en particulier de cette division des tâches, que les économistes appellent la spécialisation – une situation dans laquelle chaque [...] personne se spécialise dans ce qu'elle sait faire le mieux. [...] Tant que les individus savent qu'ils peuvent trouver les biens et services qu'ils désirent sur le marché, ils sont disposés à renoncer à l'autosuffisance pour se spécialiser.

Paul Krugman, Robin Wells, *Microéconomie*, De Boeck, 2016.

1 Expliquer. Pourquoi en se spécialisant un individu devient-il plus productif ?

2 Expliquer. Pourquoi le marché est-il nécessaire à la spécialisation ?

3 Définir. Comment peut-on définir les gains à l'échange ?

DOC. 2 Le surplus du consommateur : l'exemple d'une vente aux enchères

Imaginez que vous êtes un commissaire-priseur et que vous mettez en vente aux enchères des lots de cartes postales datant de la Première Guerre mondiale. Quatre collectionneurs se présentent à la vente : Paul, John, George et Ringo. Chacun d'entre eux souhaite acheter un lot, mais chacun se fixe une somme limite maximale. Cette somme maximale que chacun est prêt à débourser pour acquérir est dénommée « disposition à payer ». John est disposé à payer 100 €, Paul 80 €, George 70 € et Ringo 50 €. Le commissaire-priseur ne connaît pas les dispositions à payer des différents acheteurs potentiels. La vente peut commencer et s'effectue selon le système des enchères montantes : chaque acheteur potentiel sortira du marché lorsque le prix de l'enchère excèdera sa disposition à payer. Vous proposez un prix de départ de 10 €. Ce prix ne permettant pas de départager les différents acheteurs, vous augmentez petit à petit le prix jusqu'à atteindre le montant de 81 € que seul John est disposé à payer : il remporte donc l'enchère et devient propriétaire du lot mis en vente. John est très satisfait puisqu'il a payé 81 € ce qu'il était disposé à payer 100 €. Il a réalisé un gain à l'échange que les économistes mesurent à travers le concept de surplus du consommateur (différence entre la disposition à payer et le prix de marché).

D'après Gregory Mankiw, Mark P. Taylor, *Principes de l'économie*, De Boeck, 2015.

▲ Vente aux enchères à l'hôtel Drouot, Paris.

4 Expliquer. Qu'est-ce que la disposition à payer ? Pourquoi diffère-t-elle selon les agents économiques ?

5 Expliquer. Qu'est-ce que le surplus du consommateur ? Que permet-il de mesurer ?

6 Calculer. Calculez le montant du surplus du consommateur dont bénéficie John.

7 Expliquer. Pourquoi John fait-il un gain à l'échange ?

DOC. 3 Gains à l'échange et surplus du consommateur

Graphiquement, le surplus du consommateur avant une baisse de prix correspond à l'aire, ABC, qui se situe sous la courbe de demande et au-dessus du prix de marché (aire en bleu dans le graphique). Une baisse de prix augmente le surplus du consommateur. D'une part, les acheteurs initiaux bénéficient d'un surplus additionnel (aire hachurée en bleu dans le graphique). D'autre part, de nouveaux acheteurs peuvent à présent acheter le bien et bénéficient d'un surplus (aire en vert dans le graphique).

D'après Paul Krugman, Robin Wells, *Microéconomie*, De Boeck, 2016.

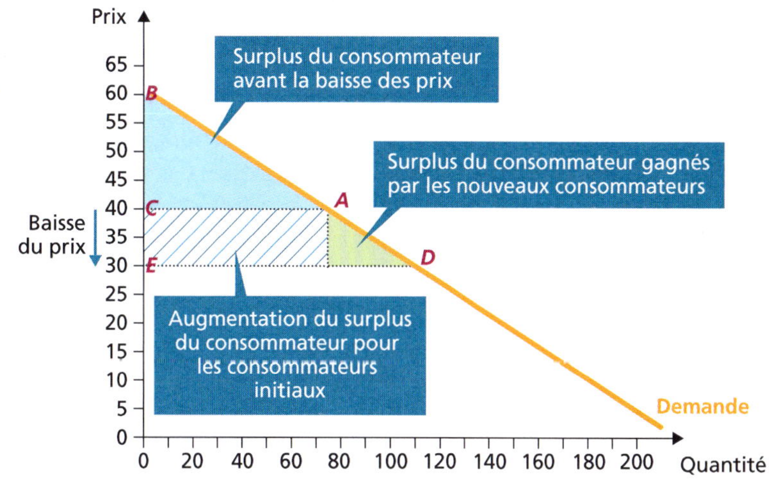

8 Analyser. Pourquoi un consommateur qui peut acheter à 65 fait-il un gain à l'échange avant et après la baisse du prix ?

9 Comprendre. À quoi les surfaces BAC et BDE correspondent-elles ?

10 Analyser. Quelles sont les deux raisons pour lesquelles une baisse de prix augmente le surplus du consommateur ?

11 Expliquer. Comment le surplus du consommateur évolue-t-il lorsque le prix augmente ? Pourquoi ?

DOC. 4 Gains à l'échange et surplus du producteur

Le surplus du producteur se situe au-dessus de la courbe d'offre et en dessous du prix de marché (surface BD0 avant la hausse du prix). Il s'explique par la différence entre le prix du marché et le prix minimum auquel le producteur est prêt à vendre son produit, le coût marginal. Une hausse de prix augmente le surplus du producteur. D'une part, les vendeurs initiaux bénéficient d'un surplus additionnel (aire hachurée en rouge dans le graphique). D'autre part, de nouveaux offreurs peuvent désormais vendre le bien et bénéficient de ce fait d'un surplus (aire en vert dans le graphique).

D'après Paul Krugman, Robin Wells, *Microéconomie*, De Boeck, 2016.

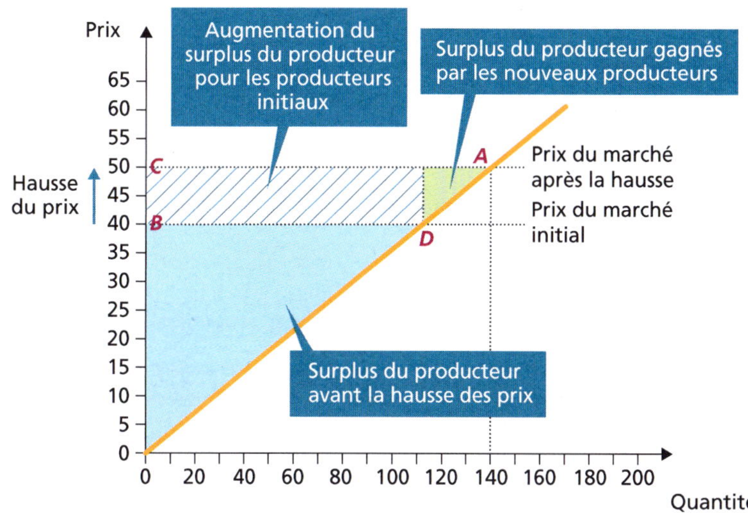

12 Analyser. À quoi les surfaces BD0 et CA0 correspondent-elles ?

13 Analyser. Quelles sont les deux raisons pour lesquelles une hausse de prix augmente le surplus du producteur ?

14 Expliquer. Comment le surplus du producteur évolue-t-il lorsque le prix baisse ? Pourquoi ?

FAIRE LE POINT

Complétez avec :
- *gains de productivité*
- *échanges marchands*
- *spécialisation.*

.... ↓ .... ↓ .... ↓ Gains à l'échange

À RETENIR

- L'**échange marchand** permet aux agents économiques de se spécialiser dans les activités où ils sont les plus efficaces. Ils deviennent chacun plus productifs et parviennent ainsi à obtenir par l'échange une quantité plus importante de biens qu'en situation d'autarcie. L'échange est donc mutuellement avantageux.
- Ces **gains à l'échange** sont mesurés par les **surplus du consommateur et du producteur**. Une hausse de prix fait augmenter le surplus du producteur et baisser celui du consommateur. Quand le prix baisse, c'est l'inverse.

DOSSIER 3

OBJECTIF : Comprendre que la somme des surplus est maximisée à l'équilibre.

B Le marché maximise la somme des surplus

Le marché concurrentiel permet une allocation efficace des ressources car tous les échanges mutuellement avantageux ont lieu. Par contraste, la réglementation des prix réduit les gains à l'échange et produit des situations de pénurie ou de surproduction.

DOC.1 Allocation optimale des ressources et coordination par le marché

Chaque individu met sans cesse tous ses efforts à chercher pour tout le capital dont il peut disposer, l'emploi le plus avantageux : il est bien vrai que c'est son propre bénéfice qu'il a en vue, et non celui de la société ; mais les soins qu'il se donne pour trouver son avantage personnel conduisent naturellement à préférer précisément ce genre d'emploi même qui se trouve être le plus avantageux pour la société. [...] En cela, comme dans beaucoup d'autre cas, il est conduit par une main invisible à remplir une fin qui n'entre nullement dans ses intentions. [...] Tout en ne cherchant que son intérêt personnel, il travaille souvent d'une manière bien plus efficace pour l'intérêt de la société, que s'il avait réellement pour but d'y travailler.

Adam Smith, *Recherches sur la nature et les causes de la richesse des nations* (1776), trad. Germain Garnier, http://classiques.uqac.ca/

Milton Friedman (1912-2006) montre à travers l'exemple du crayon à papier que la fabrication d'un objet a priori très simple nécessite la coopération d'un grand nombre de personnes sur toute la planète. La coordination de toutes ces actions individuelles est assurée par le système de prix produit par le marché.

1 Définir. Qu'est-ce que la main invisible ?

2 Expliquer. Expliquez la phrase soulignée.

3 Analyser. Comment le marché permet-il de coordonner les décisions des agents économiques ?

DOC.2 Le rôle régulateur des prix

Les prix […] permettent aux agents économiques de prendre des décisions optimales du point de vue du marché. En cas de rareté d'une ressource ou d'un bien, la meilleure chose est de laisser les prix de marché augmenter […]. Pourquoi ? Prenons l'exemple du prix du pétrole. S'il augmente de façon importante [...] il faudra que tout le monde tente d'économiser sur la consommation des énergies dérivées du pétrole : ne prendre sa voiture que si c'est nécessaire et privilégier les transports collectifs ou le covoiturage, investir dans des technologies de production plus économes. [...] Il faudra enfin forer des puits de pétrole plus éloignés tels que les sables bitumeux d'Alberta ou dans des zones sous-marines plus profondes. Pourquoi les agents économiques feraient-ils tous ces efforts si les prix étaient artificiellement maintenus à des niveaux faibles par leur gouvernement ? Bien sûr, ce gouvernement pourrait toujours, par décret, obliger les gens au covoiturage. Mais pourra-t-il contrôler tous les déplacements au supermarché ? [...] Bloquer les prix est la mauvaise réponse et même la pire car elle exacerbe la demande, donnant parfois lieu à des trafics où sur un marché parallèle s'établit au vrai prix du marché. […] En d'autres termes, la vérité des prix est indispensable.

Étienne Wasmer, *Principes de microéconomie*,

▲ Plateforme pétrolière en eaux profondes de Malo dans le golfe du Mexique au large des côtes de la Louisiane, aux États-Unis (mai 2018).

4 Comprendre. Quelle information la hausse du prix du pétrole transmet-elle aux agents économiques ?

5 Analyser. Comment les offreurs et les demandeurs réagissent-ils à la hausse du prix du pétrole ?

6 Expliquer. Pourquoi est-il préférable de laisser les prix augmenter ?

DOC.3 À l'équilibre, le surplus collectif est maximal

Surplus collectif maximal sur un marché à l'équilibre

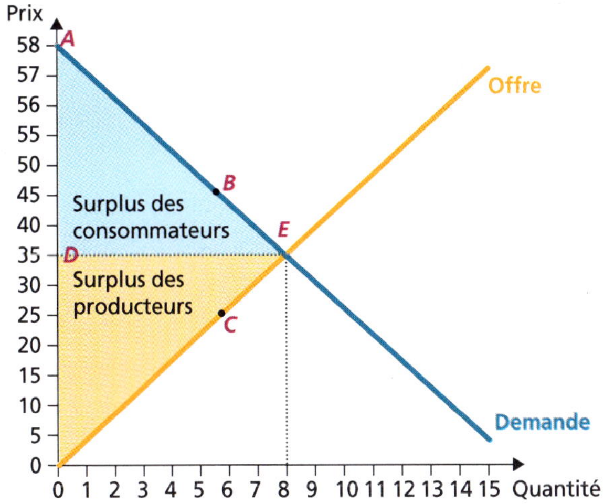

Le surplus collectif peut se définir comme la somme des surplus du consommateur et du producteur (l'aire bleue plus l'aire orange sur le graphique). Pour un prix de 45 €, ce marché est en situation d'excédent : seulement six unités sont demandées alors que 10 unités sont offertes. Le prix va donc baisser jusqu'au prix d'équilibre (35 euros) et permettre des échanges supplémentaires générant des gains à la fois pour les offreurs et les demandeurs (surface BCE). Désormais, le marché est à l'équilibre : le surplus collectif (AE0) est maximal parce que l'ensemble des échanges mutuellement avantageux sont réalisés. Il est alors impossible d'améliorer la situation d'un individu sans détériorer cette d'un autre.

7 Comprendre. À quoi le surplus collectif correspond-il ?

8 Définir. Qu'est-ce qu'un échange mutuellement avantageux ?

9 Expliquer. Expliquez pourquoi le surplus collectif n'est pas maximal lorsque le prix diffère du prix d'équilibre.

10 Synthétiser. Expliquez pourquoi la somme des surplus est maximisée à l'équilibre.

DOC.4 L'inefficacité des prix administrés : l'exemple des loyers plafonnés

Supposons que, soucieux de permettre aux ménages modestes de se loger en ville, le gouvernement fixe à 800 euros le loyer maximum autorisé. À ce prix, une pénurie de logements apparaît. Les propriétaires qui souhaitaient louer entre plus de 800 € et 1 000 € se retirent du marché. Par conséquent, des locataires disposés à payer un loyer de 1 000 à 1 200 € ne trouvent pas de logement à louer. Leur surplus respectif disparaît. La « perte sèche » (triangle rose dans le graphique) mesure la baisse du surplus de la collectivité, conséquence de la non réalisation d'échanges mutuellement avantageux.
Le plafonnement des loyers a aussi d'autres inconvénients. Faute de pouvoir augmenter les loyers, les propriétaires réduisent les dépenses d'entretien et les logements se dégradent. Comme certains locataires sont disposés à payer davantage, les propriétaires en profitent pour demander des « droits d'entrée » ou des « dépôts de garantie ». Chassé par la porte, le marché revient par la fenêtre.
Au final, le plafonnement de loyers entraîne une « mauvaise allocation » des ressources.

D'après Paul Krugman, Robin Wells, *Microéconomie*, De Boeck, 2016.

Prix plafond sur les loyers et surplus de la collectivité

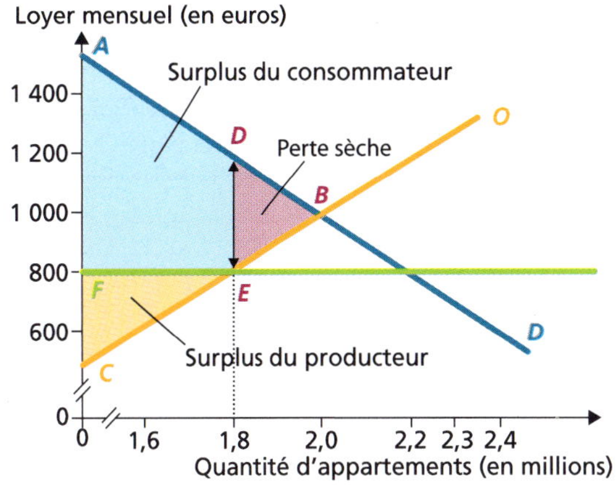

11 Observer. En observant le graphique, expliquez pourquoi un prix plafond crée une pénurie. À combien s'élève-t-elle ?

12 Comprendre. Montrez que la perte sèche est égale à la différence entre le surplus avant l'instauration du prix plafond et le surplus après cette instauration. Utilisez les lettres du graphique.

13 Analyser. Quels sont les autres inconvénients d'un prix plafond ?

14 Représenter et analyser. Représentez graphiquement un prix plancher (prix en dessous duquel on ne peut pas descendre) supérieur au prix d'équilibre et montrer qu'il engendre de la surproduction et une perte sèche.

FAIRE LE POINT

Vrai ou faux ? Justifiez vos réponses.

1. Les prix sont des indicateurs de la rareté de l'offre et de l'intensité de la demande.
2. Sur un marché concurrentiel à l'équilibre, les échanges mutuellement avantageux ne sont pas tous réalisés.
3. Un prix plafond (inférieur au prix d'équilibre) permet de consommer plus et moins cher.
4. Un prix plancher (supérieur au prix d'équilibre) engendre une surproduction ainsi qu'une perte sèche.

À RETENIR

- Sur un **marché concurrentiel**, les prix permettent de coordonner les décisions d'une multitude d'agents économiques et assurent de la sorte une allocation optimale des ressources. En effet, quand un marché est **à l'équilibre**, tous les échanges mutuellement avantageux sont réalisés si bien que le surplus collectif est maximal.
- Toute tentative de contrôle des prix est inefficace parce qu'elle empêche la réalisation d'échanges mutuellement avantageux, réduit le surplus collectif et génère une perte sèche.

DOSSIER 4

Comment les modifications de l'offre et de la demande affectent-elles l'équilibre concurrentiel ?

OBJECTIF : Savoir illustrer et interpréter les déplacements des courbes et sur les courbes.

A La dynamique de l'équilibre concurrentiel

Les facteurs de l'offre et ceux de la demande peuvent se modifier, déplaçant les courbes d'offre et de demande vers la droite ou vers la gauche. Les mécanismes du marché rétablissent l'équilibre.

DOC.1 Les déterminants de l'offre et de la demande

À prix donné, la quantité demandée varie avec...	À prix donné, la quantité offerte varie avec...
• **les goûts** : les préférences des consommateurs peuvent changer. Si une étude médicale démontre le bienfait d'un produit pour la santé, sa consommation peut augmenter. • **les revenus** : s'ils augmentent (diminuent), les consommateurs peuvent acheter plus (moins) de quantités du même bien. • **le prix des biens substituables :** si le prix des framboises baisse, les consommateurs achètent moins de fraises et plus de framboises. • **le prix des biens complémentaires :** si le prix de l'essence augmente, les consommateurs achètent moins de voitures. • **le nombre de consommateurs :** si la population augmente, la consommation de produits alimentaires augmente. • **les anticipations :** si les consommateurs pensent que le prix du bien va baisser, ils reportent leurs achats au lendemain, ce qui réduit les quantités demandées aujourd'hui.	• **les coûts de production :** en général, toute hausse (baisse) des coûts de production – prix des facteurs de production, progrès technique, fiscalité, subvention, etc. – baisse (augmente) la production. • **les prix des facteurs de production :** si les prix des facteurs de production augmentent, les coûts de production progressent et les entreprises produisent moins. • **la technologie :** en réduisant les coûts unitaires, le progrès technique rend profitable et donc effective une production plus élevée. • **les aléas naturels :** la prolifération d'insectes défavorable à la culture des fruits réduit la production. • **la fiscalité :** si les taxes payées par les entreprises augmentent, leur production diminue parce que les coûts de production augmentent. • **les subventions :** si les pouvoirs publics versent une aide financière aux entreprises, celles-ci peuvent augmenter leur production.

La courbe de demande se déplace vers la droite en cas de choc de demande positif ou vers la gauche (choc de demande négatif).

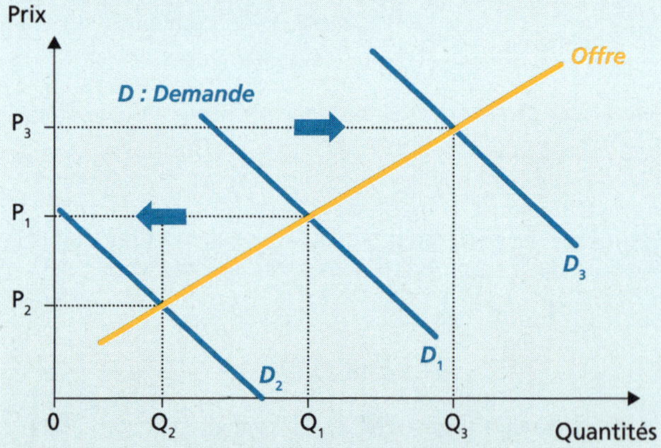

Le passage de l'équilibre P_1, Q_1 à l'équilibre P_2, Q_2 s'explique :
– par le déplacement de la droite D vers la gauche ;
– par la baisse du prix le long de la droite d'offre.

La courbe d'offre se déplace vers la droite en cas de choc d'offre positif ou vers la gauche (choc d'offre négatif).

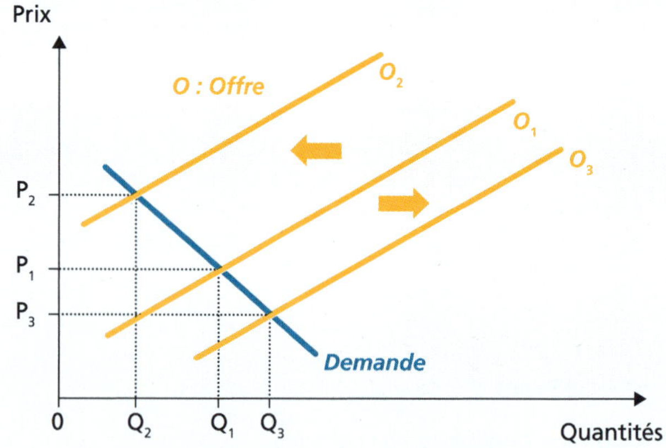

Le passage de l'équilibre P_1, Q_1 à l'équilibre P_2, Q_2 s'explique :
– par le déplacement de la droite O vers la gauche ;
– par la hausse du prix le long de la droite de demande.

1 Définir. Que signifie un choc d'offre positif ? un choc de demande négatif ?

2 Analyser. Comment la courbe de demande des oranges se déplace-t-elle si le prix des mandarines baisse ?

3 Analyser. Expliquez pourquoi, quand la demande passe de D_1 à D_3, le prix passe de P_1 à P_3.

DOC.2 Comment expliquer la hausse du prix du logement en France ?

Évolution entre 1991 et 2018 du prix du m² à Paris dans quelques arrondissements

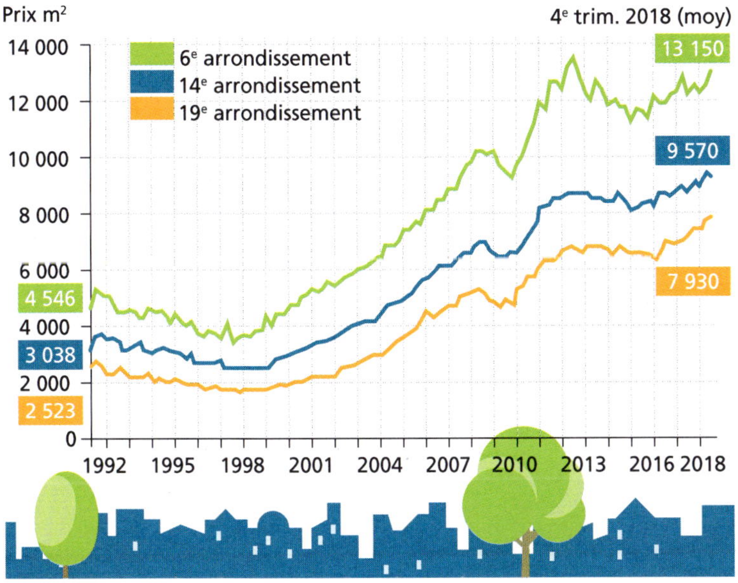

Source : http://m2paris.fr

vidéo

Dessine-moi l'éco : « Comment expliquer la hausse du prix du logement en France ? » (2014).

www.lienmini.fr/ses-1-002

4 Calculer. Calculez le taux de variation (en %) de la hausse du prix du m² à Paris dans le 6ᵉ, le 14ᵉ et le 19ᵉ arrondissement entre 1992 et 2018. SAVOIR-FAIRE 3 p.xxx

5 Comprendre. Quels facteurs affectent la demande de logements ? (VIDÉO)

6 Comprendre. Quels facteurs affectent l'offre de logements ? (VIDÉO)

7 Synthétiser. Expliquez pourquoi le prix du logement a beaucoup augmenté dans les grandes villes comme Paris.

DOC.3 Utiliser le modèle du marché concurrentiel pour conseiller l'action publique

Il existe deux façons de lutter contre la consommation de cannabis. Les pouvoirs publics peuvent interdire la vente de cannabis et arrêter les trafiquants (politique de répression). Ils peuvent aussi mener des campagnes d'information montrant les dangers du cannabis pour la santé. Les deux graphiques qui suivent montrent l'effet sur le marché de chacune de ces politiques.

8 Expliquer. Pourquoi la demande est-elle représentée sous la forme d'une droite à forte pente négative ?

9 Analyser. Quelle politique vous semble la plus efficace ? Pourquoi ?

Politique de répression

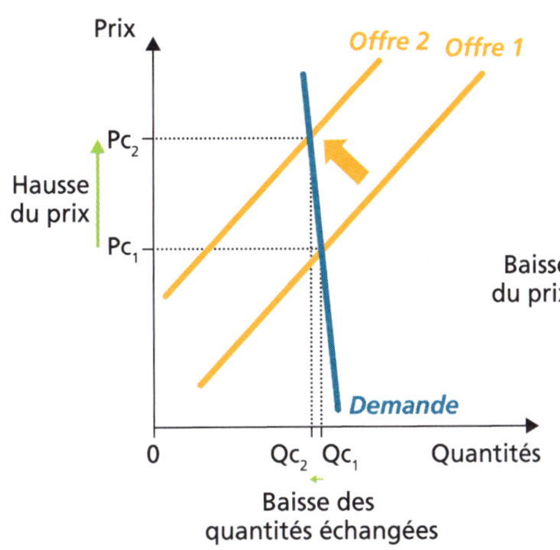

Politique de prévention

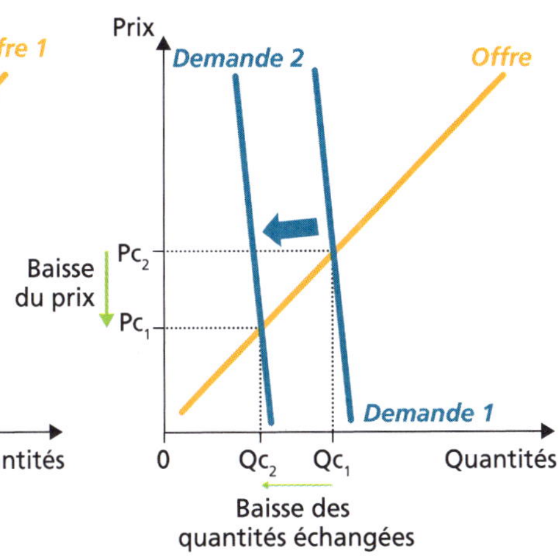

D'après Marc Montoussé, Isabelle Waquet, *Microéconomie*, Bréal, 2018.

FAIRE LE POINT

Faites une représentation graphique de l'évolution des courbes d'offre ou de demande dans les situations suivantes, puis indiquez comment varient les prix et les quantités d'équilibre.

- Hausse du prix des fèves de cacao et marché du chocolat.
- Apparition de nouveaux offreurs sur le marché des Smartphones.
- Hausse de la population et marché du logement.
- Baisse du prix du train et marché du transport aérien intérieur.

À RETENIR

- Les courbes d'**offre** ou de **demande** dépendent de multiples facteurs comme les coûts de production ou le nombre de producteurs pour l'offre, les goûts ou les revenus pour la demande.
- Quand un déterminant de l'offre (demande) évolue, cela génère un **choc d'offre (demande),** c'est-à-dire un déplacement de la courbe d'offre (demande) modifiant le prix et les quantités d'équilibre par déplacement le long de la courbe de demande (d'offre).

OBJECTIF :
Savoir illustrer et interpréter les effets d'une taxe forfaitaire sur l'équilibre du marché.

B Les effets d'une taxe forfaitaire

La mise en œuvre par les pouvoirs publics d'une taxe forfaitaire déplace les courbes d'offre ou de demande et modifie l'équilibre du marché.

DOC.1 Les effets d'une taxe forfaitaire sur l'offre et la demande

Les dirigeants d'un Parc Naturel décident d'instaurer une taxe forfaitaire[1] de 10 € que devront verser les moniteurs de canyoning pour chaque personne qu'ils encadrent. Cette taxe élève les coûts de production des moniteurs de 10 € et induit un déplacement vers le haut de la courbe d'offre dans la proportion de la taxe (passage de O_1 à O_2 dans le graphique). Le prix d'équilibre augmente, passant de 40 € à 45 €, et le nombre des sorties de canyoning diminue, à l'équilibre, de 250 à 225 sorties (point A sur le graphique). Bien que les moniteurs soient ceux qui paient la taxe, ils n'en supportent ici que la moitié du poids : le prix qu'ils reçoivent net de la taxe ne diminue que de 5 €, de 40 € à 35 € (point B sur le graphique). Les clients supportent l'autre moitié de la charge fiscale dans la mesure où le prix augmente de 5 €, de 40 € à 45 €.
Ce cas est particulier parce que, le plus souvent, le poids de l'impôt est inégalement réparti entre les offreurs et les demandeurs, en fonction des pentes des droites d'offre et de demande.

1. Impôt qui consiste à prélever le même montant à chaque contribuable.

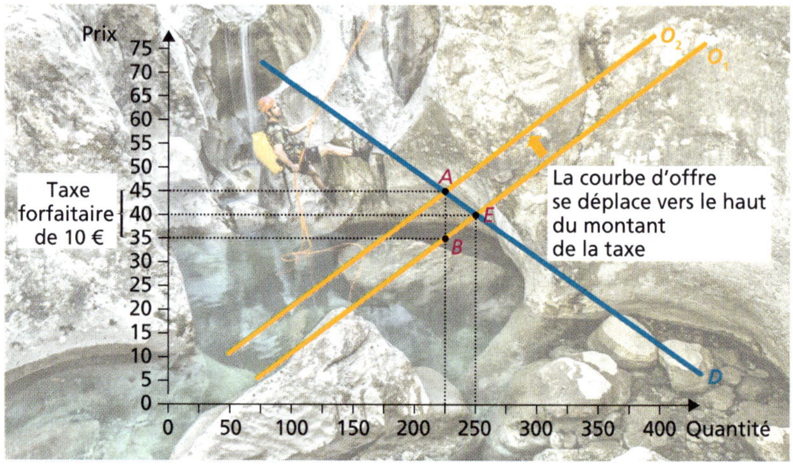

1 Observer. Quel déplacement la courbe d'offre subit-elle lorsqu'une taxe forfaitaire est appliquée au producteur ? Quel est l'effet sur le prix et la quantité d'équilibre ?

2 Analyser. Comparez le montant qui revient au producteur avant et après la mise en place de la taxe. Que constatez-vous ?

3 Analyser. Comparez le prix payé par le consommateur avant et après la mise en place de la taxe. Que pouvez-vous en conclure ?

DOC.2 La taxation de l'autoroute : principalement supportée par les offreurs

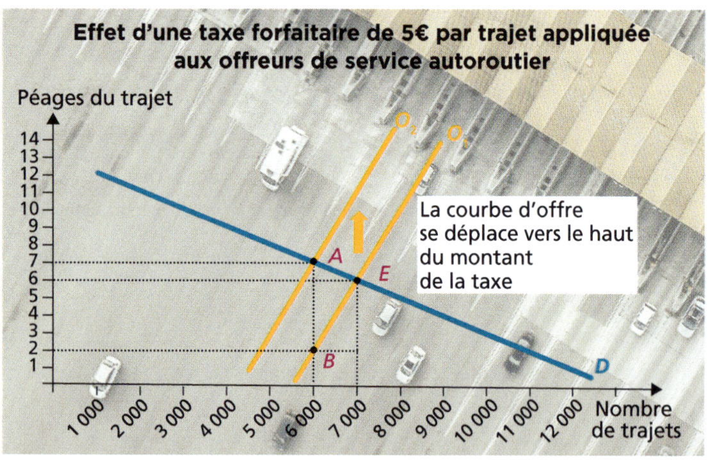

Avant la taxe, le prix du péage est de 6 € et 7 000 personnes empruntent l'autoroute chaque jour (point E sur le graphique). Après une taxe forfaitaire de 5 € par trajet, le prix du péage s'élève à 7 € et 6 000 personnes empruntent désormais l'autoroute chaque jour (point A sur le graphique). Le prix que l'offreur reçoit net de la taxe s'élève à 2 euros (point B sur le graphique). L'écart entre le prix payé par le consommateur après la taxe (A) et celui payé avant la taxe (E) correspond au poids de la taxe qui est supporté par le consommateur. L'écart entre le prix avant la taxe (E) et le prix net de taxe perçu par l'offreur (B) correspond à la partie de la taxe qui est supportée par l'offreur. C'est, ici, le producteur qui supporte l'essentiel de la taxe car l'offre est moins sensible à la variation du prix que la demande.

4 Observer. En observant la courbe d'offre, dites si la sensibilité au prix de l'offre de service autoroutier est forte ou faible. Comment peut-on l'expliquer ?

5 Observer. En observant la courbe de demande, dites si la sensibilité au prix de l'offre de service autoroutier est forte ou faible. Comment peut-on l'expliquer ?

6 Calculer. Quelle est la part de la taxe forfaitaire qui est prise en charge par les demandeurs ? par les offreurs ?

7 Synthétiser. Comment le poids de la taxe entre les offreurs et les demandeurs se répartit-il lorsque l'offre est beaucoup moins sensible au prix que la demande ?

DOC.3 L'écotaxe sur le carburant : principalement supportée par les consommateurs

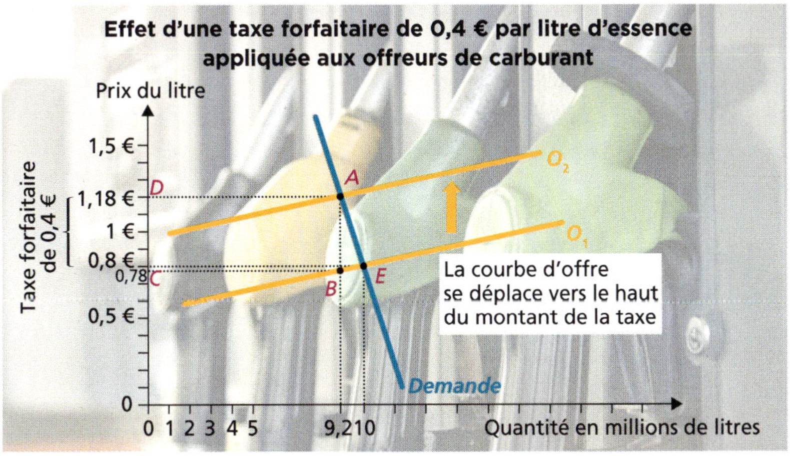

Avant la taxe, le prix du litre de carburant s'élève à 0,8 € et il s'échange 10 millions de litres (point E sur le graphique). Après la taxe, le prix du litre de carburant s'élève à 1,18 € et il s'échange désormais 9,2 millions de litre (point A sur le graphique). L'offreur reçoit hors taxe à reverser 0,78 € (point B sur le graphique). L'écart entre le prix payé par le consommateur après la taxe (A) – soit 1,18 € – et celui payé avant la taxe (E) – soit 0,8 € – correspond au poids de la taxe qui est supportée par le consommateur – soit 0,38 €. L'écart entre le prix avant la taxe (E) et le prix net de taxe perçu par l'offreur (B) correspond à la partie de la taxe qui est supportée par l'offreur (0,02 €). C'est, ici, le consommateur qui supporte l'essentiel de la taxe.

8 Observer. Quelle est la sensibilité au prix de l'offre du carburant ? Comment peut-on l'expliquer ?

9 Observer. Quelle est la sensibilité au prix de la demande de carburant ? Comment peut-on l'expliquer ?

10 Calculer. Quelle part de la taxe forfaitaire est prise en charge par les demandeurs ? par les offreurs ?

11 Synthétiser. Comment le poids de la taxe se répartit-il lorsque la demande est beaucoup moins sensible au prix que l'offre ?

DOC.4 L'acceptabilité sociale de la taxe carbone

Dès avant les « gilets jaunes », les Français rejetaient massivement l'augmentation de la taxe carbone et de la fiscalité diesel. [...] Cette fiscalité répondait à la recommandation constante des économistes : agir par les prix, en sorte que chacun d'entre nous, dans tous ses gestes, prenne en compte la préservation du climat. Mais elle a buté sur deux vices de construction.

Le premier a été l'iniquité entre les ménages qui auraient subi le renchérissement des carburants et ceux qui, détaxation du kérosène aidant, pourraient continuer d'aller passer le week-end à Berlin [en avion] pour quelques dizaines d'euros [...].

La deuxième raison a été le caractère régressif[1] de cette taxe. [...] Les couches moyennes et populaires, pour lesquelles énergie et transport pèsent lourd, allaient subir une perte de pouvoir d'achat marquée. Le gouvernement avait mis en place des mesures compensatrices, [...] essentiellement au bénéfice des 20 % les plus modestes. Ce sont les catégories situées juste au-dessus qui ont pris les ronds-points.

La leçon est claire : pour que la taxe carbone soit acceptée, il ne faut pas qu'elle rapporte à l'État. Il faut en redistribuer le produit pour la transition écologique[2] et la compensation des pertes de revenu trop lourdes. Chaque euro prélevé doit être rendu.

Jean-Pisani-Ferry, « Taxe carbone, pourquoi ça ne passait pas », © *Le Monde*, 8 février 2019.

1. Un impôt est qualifié de régressif lorsque le taux d'imposition diminue avec le revenu.
2. Seulement 20 % des recettes fiscales sur le carburant sont affectées au financement de la transition écologique.

12 Calculer. Expliquez pourquoi la recette fiscale générée par l'écotaxe correspond à l'aire du rectangle ABCD dans le document 3. Calculez son montant.

13 Analyser. À quoi l'aire ABE correspond-elle dans le document 3 ? (DOC.4, **p. 25**) Pourquoi peut-on dire que c'est le coût de la taxe pour la collectivité ?

14 Expliquer. Expliquez le passage souligné.

15 Analyser. Quelles sont les deux raisons pour lesquelles l'écotaxe est peu acceptée par la population ? Que faudrait-il faire de la recette fiscale pour accroître l'acceptabilité sociale de la taxe ?

FAIRE LE POINT

Vrai ou faux ? Justifiez vos réponses.

1. Une taxe prélevée sur les offreurs est dans tous les cas intégralement supportés par les offreurs.
2. Une taxe réduit les quantités offertes et demandées.
3. Une taxe prélevée sur les demandeurs déplace la courbe d'offre vers la gauche.
4. Une taxe est principalement supportée par les demandeurs lorsque l'offre est plus sensible au prix que la demande.

À RETENIR

- Le modèle du **marché concurrentiel** permet de comprendre que celui à qui on prélève la **taxe** (offreur ou demandeur) n'est pas forcément celui qui la supporte dans son intégralité. La répartition du poids de l'impôt est fonction de la sensibilité au prix de l'offre et de la demande.
- Quand l'offre est plus sensible au prix que la demande, la **taxe** est principalement supportée par les demandeurs (dans le cas inverse, ce sont les offreurs qui supportent essentiellement la taxe). La **taxe** permet de lever des recettes fiscales mais présente l'inconvénient d'engendrer une **perte de surplus collectif**.

SYNTHÈSE

Comment un marché concurrentiel fonctionne-t-il ?

NOTIONS

Institution : ensemble des règles qui encadrent les interactions humaines. Pour exister et fonctionner, le marché exige notamment que les droits de propriété soient bien définis et protégés.

Marché concurrentiel : marché sur lequel se rencontrent un grand nombre d'offreurs et de demandeurs qui échangent librement des biens homogènes dans un contexte de parfaite transparence de l'information.

Preneurs de prix : sur un marché concurrentiel, aucun acteur n'est en mesure d'influencer le prix de marché qui s'impose aux agents économiques, preneurs de prix.

Demande : la demande de biens ou de services est une fonction décroissante du prix.

Profit : différence entre la recette totale (prix x quantités) et le coût total (coût unitaire x quantités).

Coût marginal : dépenses occasionnées par la production d'une unité supplémentaire.

Offre : l'offre de biens ou de services est une fonction croissante du prix.

Prix et quantité d'équilibre : le prix qui se fixe sur un marché concurrentiel est un prix tel que l'offre égale la demande.

Gains à l'échange : la spécialisation permise par l'échange génère des gains de productivité qui permettent à tous les agents économiques d'obtenir davantage de biens et services qu'en situation d'autarcie.

Surplus du producteur : différence entre le prix que perçoit l'offreur sur le marché et le prix minimal auquel il est prêt à céder sa production (ce prix minimal correspond à son coût marginal).

Surplus du consommateur : différence entre le prix maximal que le demandeur est prêt à payer (ce prix maximal correspond à son utilité marginale) et le prix qu'il paye effectivement sur le marché.

Taxe forfaitaire : impôt dont le montant est identique pour tous quel que soit le niveau de revenu du contribuable.

1 Qu'est-ce qu'un marché concurrentiel ?

A. Le marché : une institution centrale des économies modernes

▶ Le marché est le lieu sur lequel se forme un prix permettant à des acheteurs et des vendeurs de s'entendre pour procéder à des échanges.

▶ Pour fonctionner, les marchés supposent que les droits de propriété soient bien définis et protégés et que le système juridique garantisse la bonne exécution des contrats.

B. Du marché concurrentiel au monopole

▶ Il est possible de distinguer différentes structures de marché selon leur degré de concurrence (du moins concurrentiel au plus concurrentiel) : le monopole (un seul offreur), l'oligopole (un petit nombre d'offreurs), la concurrence monopolistique (un grand nombre d'offreurs, mais des produits différenciés) et la concurrence parfaite (un grand nombre d'offreurs).

▶ Sur un **marché concurrentiel**, le prix s'impose aux agents économiques : les agents sont **preneurs de prix**.

2 Comment un marché concurrentiel parvient-il à l'équilibre ?

A. La loi de la demande

▶ Le consommateur cherche à maximiser sa satisfaction. Il consomme une unité d'un bien tant que l'utilité marginale qu'il en retire est supérieure ou égale au prix qu'il paye. Sa satisfaction est maximale pour la quantité qui permet d'égaliser utilité marginale et prix.

▶ Par ailleurs, la hausse du prix réduit le pouvoir d'achat du consommateur et l'incite à consommer des biens substituables. La **demande** est donc une fonction décroissante du prix. La sensibilité de la demande au prix dépend du caractère plus ou moins indispensable du bien et de l'existence ou non de biens substituables.

B. La loi de l'offre

▶ Le producteur cherche à maximiser son **profit**. Selon la loi des rendements factoriels décroissants, les **coûts marginaux** de production sont croissants.

▶ L'offreur produit toutes les unités générant un profit marginal, c'est-à-dire les unités dont le coût marginal est inférieur au prix de marché. Son profit est maximal pour la quantité qui égalise coût marginal et prix. L'**offre** est donc une fonction croissante du prix. L'offre est d'autant plus sensible au prix qu'il est facile d'obtenir les facteurs nécessaires à la production.

C. L'équilibre concurrentiel

▶ La confrontation de l'offre et de la demande donne naissance à un prix qui permet d'équilibrer les quantités demandées et les quantités offertes. On parle de **prix et de quantités d'équilibre**.

▶ En cas de déséquilibre, la flexibilité des prix permet un retour rapide à l'équilibre.

3 Pourquoi la coordination par le marché est-elle efficace ?

A. Les surplus du consommateur et du producteur

▶ En rendant possible la spécialisation, le marché permet aux agents économiques de devenir plus productifs. Par l'échange marchand, ils peuvent se procurer les biens qu'ils ne produisent plus auprès des autres agents économiques.

▶ L'échange marchand est mutuellement avantageux car il permet d'améliorer la situation de tous les coéchangistes : chacun dispose de plus de biens et services qu'en situation d'autarcie. Le marché génère donc des **gains à l'échange** que les économistes mesurent à travers le **surplus du consommateur** et le **surplus du producteur**.

B. Le marché maximise la somme des surplus

▶ La métaphore de la main invisible indique que le marché permet de transformer la recherche de l'intérêt personnel en l'intérêt général. Autrement dit, le marché, à travers son système de prix, permet à l'équilibre la réalisation de tous les échanges mutuellement avantageux si bien que la somme des surplus est maximisée.

4 Comment les modifications de l'offre et de la demande affectent-elles l'équilibre concurrentiel ?

A. La dynamique de l'équilibre concurrentiel

▶ L'offre dépend des coûts de production et du nombre de producteurs, la demande des goûts, des revenus des consommateurs et du prix des autres biens.

▶ Une modification de ces facteurs provoque un déplacement vers la gauche ou vers la droite des courbes d'offre ou de demande, ce qui modifie le prix et la quantité d'équilibre.

B. Les effets d'une taxe forfaitaire

▶ Celui sur qui la taxe est prélevée n'est pas forcément celui qui la supporte dans son intégralité. La répartition du poids de la **taxe forfaitaire** entre l'offre et la demande dépend du degré de sensibilité au prix de l'offre et de la demande. Si l'offre est plus sensible au prix que la demande, la taxe sera essentiellement supportée par les demandeurs, et réciproquement.

▶ La taxe augmente les recettes fiscales mais a un coût pour la collectivité.

SCHÉMA BILAN

Le marché concurrentiel : lieu de rencontre des acheteurs et des demandeurs sur lequel se fixent prix et mode de coordination efficace des échanges.

1. Qu'est-ce qu'un marché concurrentiel ?	2. Comment un marché concurrentiel parvient-il à l'équilibre ?	3. Pourquoi la coordination par le marché est-elle efficace ?	4. Comment les modifications de l'offre et de la demande affectent-elles l'équilibre concurrentiel ?
• Marché satisfaisant aux conditions de la concurrence pure et parfaite sur lequel les agents sont **preneurs de prix**. • Le marché est une **institution** : les droits de propriété doivent être bien définis et protégés.	• Loi de l'**offre** : la quantité offerte est une fonction croissante du prix. • Loi de la **demande** : la quantité demandée est une fonction décroissante du prix.	Le marché permet des **gains à l'échange**. → Les gains à l'échange sont mesurés par les **surplus du consommateur** et du **producteur**.	Les déterminants de l'**offre** (coûts de production, technologie, etc.), ceux de la **demande** (goûts, revenus, etc.) et la **fiscalité** peuvent déplacer les droites d'offre et de demande à droite ou à gauche.
Fixation du prix et réalisation des échanges marchands	La flexibilité des prix permet d'équilibrer en permanence les quantités offertes et demandées.	À l'équilibre, le marché maximise la somme des surplus.	Variation du prix et des quantités d'équilibre

POUR ALLER PLUS LOIN

SES & *SERIOUS GAME*

https://economics-games.com/games

Maximiser son profit en concurrence pure et parfaite *(Economic Games)*

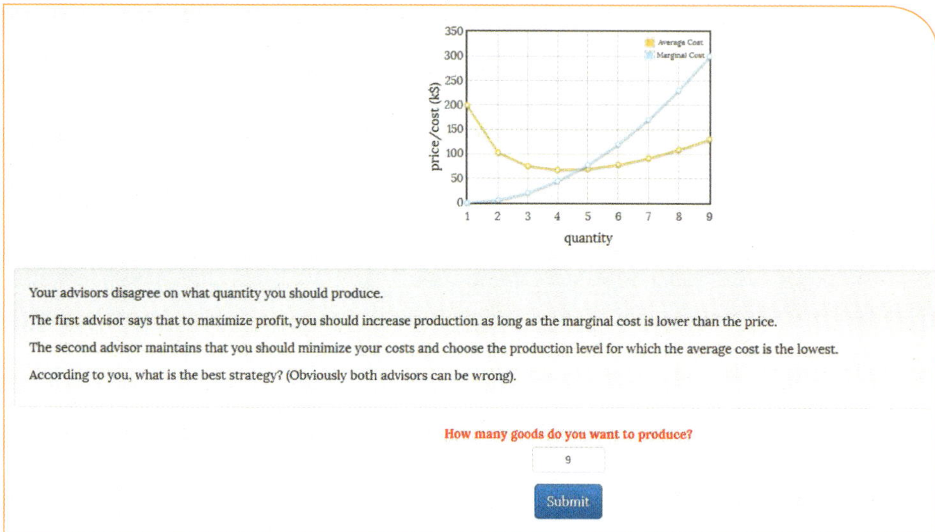

Le joueur gère une petite entreprise qui est en concurrence avec de nombreuses autres firmes sur un marché (atomicité du marché). Les consommateurs ne font pas de différence entre les biens proposés par les entreprises (homogénéité des produits) et sont informés de tous les prix (transparence de l'information) si bien qu'ils achètent aux entreprises ayant les prix les plus faibles. Sachant à quel prix ses concurrents proposent le bien, le joueur doit choisir son prix ainsi que la quantité qu'il souhaite produire pour maximiser son profit. Il doit ensuite déterminer le prix et la quantité qui maximisent son profit quand le prix de marché et les coûts de production changent.

À VOIR, À LIRE

La Guerre des graines

Stenka Quillet et Clément Montfort, 2014 (52 min).

Ce film documentaire sensibilise les citoyens sur les problèmes que pose le renforcement des droits de propriété intellectuelle des firmes multinationales sur les semences.

Toute l'éco en BD tome 2 : Le Marché, concurrence pure et parfaite

Maud Hopsie, Claire Fumat, Belin, 2018.

Qu'est-ce qu'un marché ? Quelles sont ses conditions de fonctionnement ? Que produit-on ? Autant de questions auxquelles Claire Fumat (formatrice en économie) et Maud Hopsie (dessinatrice) répondent chapitre par chapitre.

EXERCICES

1. Évaluer ses connaissances

Corrigés des exercices p. 372

Vrai ou faux ?

	V	F
1. L'agent économique rationnel cherche à maximiser son intérêt personnel.	☐	☐
2. Sur un marché concurrentiel, les acheteurs et les vendeurs exercent un pouvoir de marché.	☐	☐
3. La demande est une fonction croissante du prix.	☐	☐
4. Pour maximiser son profit, l'entreprise continue à produire jusqu'à ce que le coût marginal soit égal au prix de vente.	☐	☐
5. Le prix d'équilibre est celui qui est le plus bas possible.	☐	☐
6. En situation d'excédent, la hausse du prix permet le retour à l'équilibre.	☐	☐
7. Les gains à l'échange sont autorisés par la spécialisation que rendent possible les échanges marchands.	☐	☐
8. Le surplus du producteur correspond à la différence entre la disposition à payer et le prix de vente.	☐	☐
9. Une hausse de la fiscalité sur les entreprises déplace la courbe d'offre sur la droite.	☐	☐
10. Celui qui est ciblé par l'impôt est forcément celui qui supporte le poids de l'impôt.	☐	☐

2. Calculer un indice des prix à la consommation, un indice synthétique

Savoir-faire 5 et 6, p. 348-349

L'indice des prix à la consommation est l'instrument de mesure de l'inflation. Il permet d'estimer, entre deux périodes données, la variation du niveau général des prix des produits consommés par les ménages. Il est basé sur l'observation d'un panier fixe de biens et de services, actualisé chaque année. Chaque produit est pondéré, dans l'indice global, proportionnellement à son poids dans la consommation des ménages. On souhaite calculer l'indice des prix entre 2008 et 2018. On suppose que l'indice des prix est constitué par cinq grandes catégories de produit dont on connaît la part dans la consommation des ménages et l'évolution des prix en indices.

Part dans le budget des ménages de cinq grandes catégories de biens et de services et indice des prix de ces catégories de biens et services

Catégorie de biens et services	Part dans la consommation des ménages (en %)	Indice des prix en 2019 (base 100 en 2010)
Services	46	115
Tabac	2	110
Énergie	8	130
Alimentation	16	130
Produits manufacturés	28	110

Questions

1. Calculez l'indice prix à la consommation en 2019 (base 100 en 2010 en utilisant la moyenne pondérée).
2. Quel a été le taux d'inflation (en %) sur la période ?

3. Représenter des courbes d'offre et de demande

Savoir-faire 12, p. 356

Représentez les courbes d'offre et de demande ainsi que leurs déplacements sur les différents marchés indiqués. En déduire les conséquences sur les prix et les quantités échangées.

Marché considéré	Marché du blé	Marché de la restauration	Marché du transport aérien	Marché des couches jetables pour nourrissons
Évènement	Forte sécheresse aux États-Unis	Augmentation du coût du travail	Forte hausse du prix du train	Baisse de la natalité
Effet sur l'offre ou la demande	Diminution de l'offre			
Déplacement de la droite d'offre ou de demande	Déplacement sur la gauche de la courbe d'offre			
Évolution du prix et des quantités échangées	Hausse du prix du blé et baisse de la quantité échangée			

4. Utilité marginale, prix du marché et surplus du consommateur

CAS PRATIQUE

Un restaurant propose des tapas les jeudis soir. Gérald aime les tapas de ce restaurant, et l'utilité marginale qu'il retire pour une assiette de tapas est indiquée dans le tableau suivant.

Quantité de tapas (assiette)	Utilité marginale (évaluée en €)
1	10 €
2	8 €
3	6 €
4	4 €
5	2 €
6	0 €
7	-5 €
8	-10 €
9	-20 €

Questions

1. Si le prix d'une assiette de tapas est de 4 €, combien d'assiettes Gérald commandera-t-il ? Quel est alors le surplus du consommateur qu'il perçoit ?

2. Gérald revient au restaurant la semaine suivante, mais maintenant le prix d'une assiette de tapas est de 6 €. Combien d'assiettes Gérald commandera-t-il ? De combien diminue son surplus du consommateur par rapport à la semaine précédente ?

3. Il retourne au restaurant une semaine plus tard. Il découvre que le restaurant offre une formule à volonté pour 25 €. Gérald a-t-il intérêt à accepter cette offre ? S'il accepte, combien d'assiettes de tapas mangera-t-il ? Justifiez votre réponse.

4. Supposez que vous soyez propriétaire du restaurant et que Gérald soit un profil représentatif de l'ensemble de votre clientèle. Quel est le prix le plus élevé que vous pouvez exiger pour une formule à volonté tout en attirant toujours des clients ?

5. Construire un graphique à partir de fonctions

CAS PRATIQUE

Considérons que le marché des céréales est un marché concurrentiel.

Ce marché est modélisé par les deux fonctions suivantes dans lesquelles Qd représente la quantité demandée, Qo la quantité offerte et P le prix en euros pour un quintal (100 kg) de céréales :

$$Qd = 130 - 3P$$
$$Qo = 3P + 10$$

Alors que la demande reste inchangée, une forte sécheresse réduit significativement l'offre de blé qui est désormais modélisée par la fonction suivante :

$$Qo = 3P - 20 \text{ avec } Qo > 0$$

En réaction, les pouvoirs publics décident de fixer un prix plafond de 20 € pour un quintal de céréales.

Questions

1. Représentez sur un graphique (avec le prix en ordonnées et les quantités en abscisses) les fonctions d'offre et de demande définies ci-contre.

2. Graphiquement, déterminez le prix et la quantité d'équilibre.

3. Retrouvez par le calcul le prix et la quantité d'équilibre.

4. Représentez cette nouvelle fonction d'offre dans votre graphique.

5. Déterminez par le calcul le nouveau prix et les nouvelles quantités d'équilibre, puis commentez l'effet de ce choc d'offre.

6. Pourquoi les pouvoirs publics fixent-ils un prix plafond ?

7. Représentez graphiquement ce prix plafond.

8. Que constatez-vous au niveau des quantités offertes et des quantités demandées ?

MÉTHODE VERS LE BAC

Mobiliser ses connaissances

La partie 1 de l'épreuve de spécialité comporte une question de mobilisation de connaissance évaluée sur 4 points. C'est une question sans document.

Voici une liste de questions de mobilisation de connaissances portant sur le chapitre 1.

1. Comment le producteur détermine-t-il la quantité offerte sur un marché concurrentiel ?
2. Pourquoi la demande est-elle une fonction décroissante du prix ?
3. Comment l'équilibre se forme-t-il sur un marché concurrentiel ?
4. Pourquoi l'échange marchand génère-t-il des gains à l'échange ?
5. Montrez que le marché est une institution.
6. Comparez les notions de surplus du consommateur et de surplus du producteur.
7. Montrez que, sur un marché à l'équilibre, la somme des surplus est maximisée.
8. Présentez les effets qu'exerce sur le marché la mise en œuvre d'une taxe forfaitaire sur l'offre.
9. Pourquoi les offreurs et les demandeurs sont-ils preneurs de prix sur un marché concurrentiel ?
10. Présentez, à travers un exemple, les effets sur le marché d'une baisse de la demande.

À partir de cette liste, repérez, dans chaque question, la ou les notions du programme et déterminez le type de question posée en recopiant et en complétant le tableau ci-dessous.

Questions	Notions du programme	Définitions	Type de question : *illustrer, caractériser, comparer, analyser, expliquer*
1	offre, coût marginal, profit, prix	....	Analyser
2	....	....	....

Question : « Pourquoi la demande est-elle une fonction décroissante du prix ? »

Exemple de rédaction — **Voici un extrait d'une copie d'élève accompagnée des commentaires du professeur.**

La demande correspond à la quantité de biens et de services achetée par les consommateurs 1 *sur un marché. Tous les biens se caractérisent par une relation décroissante entre prix et quantité demandée* 2 *: quand le prix baisse, la quantité demandée augmente et, inversement, quand le prix augmente la quantité demandée diminue.* 3 *En effet, le consommateur est un agent économique rationnel* 4 *qui compare l'utilité marginale de la consommation avec son coût marginal* 5*, à savoir le prix* 6*. Sa satisfaction est maximale pour la quantité qui permet d'égaliser utilité marginale et prix* 7*. Aussi, quand le prix augmente, la quantité consommée diminue.*
Cette relation décroissante entre quantité demandée et prix est renforcée par le fait que la hausse du prix d'un bien réduit le revenu du consommateur 8 *et l'incite à consommer davantage de biens substituables* 9.

1 Attention, il ne faut pas confondre demande et quantité demandée. La demande est une relation entre les prix et la quantité demandée.
2 La grande majorité des biens se caractérise par une relation décroissante entre prix et quantité demandée, mais, pour certains biens, notamment les biens Veblen, quand le prix augmente, la quantité consommée augmente elle aussi.
3 Très bien, vous explicitez ce que signifie la demande comme fonction décroissante du prix.
4 Précisez les caractéristiques d'un agent rationnel.
5 Définissez utilité marginale et coût marginal et rappelez que l'utilité marginale est décroissante.
6 Très bien, le prix est un coût pour le consommateur et une recette pour le producteur.
7 C'est juste, mais vous devez préciser que toutes les unités offrant davantage d'utilité que ce qu'elles ont coûté ont été consommées.
8 Plus précisément, c'est son pouvoir d'achat qui est affecté.
9 Très bien.

Réécrivez le texte pour l'améliorer en tenant compte des commentaires du professeur.

FICHE MÉTHODE — Mobiliser ses connaissances

Il faut :
- Bien connaître son cours pour être capable de « mobiliser » ses connaissances.
- Définir les notions sur lesquelles portent la question et le type de question posée.
- Sélectionner parmi ses connaissances celles qui sont appropriées.
- Rédiger une réponse cohérente énoncée de façon logique.

Il ne faut pas :
- Réciter le cours.
- Restituer sans les rattacher au sujet des définitions apprises par cœur.
- Faire un développement structuré avec introduction et conclusion.

VERS LE BAC

Épreuve de spécialité

Partie 1 Mobilisation de connaissances et traitement de l'information (10 points)

• **Document** **Offre et demande d'un bien**

Le tableau ci-dessous détaille les coûts marginaux des producteurs et la disposition marginale à payer des consommateurs, c'est-à-dire le prix maximal que les consommateurs sont prêts à payer pour une unité supplémentaire du bien.

Unités	1	2	3	4	5	6	7	8	9
Disposition marginale à payer des consommateurs	27	24	21	18	15	12	9	6	3
Coût marginal des producteurs	7	8	9	10	11	12	13	14	15

• **Questions**

1. Pourquoi la courbe d'offre est-elle une fonction croissante du prix de vente ?
2. Représentez les courbes d'offre et de demande de ce marché dans un graphique avec les prix sur l'axe des ordonnées et les quantités sur l'axe des abscisses et déterminez le prix d'équilibre et la quantité d'équilibre.
3. Les autorités locales décident de mettre en œuvre une taxe forfaitaire de 4 € sur les offreurs. Représentez graphiquement l'effet de cette taxe forfaitaire sur le marché, caractérisez le nouvel équilibre et montrez que la taxe est majoritairement supportée par les consommateurs.

CONSEILS

- Votre explication doit partir de la logique de maximisation du profit par le producteur dans un contexte où les coûts marginaux sont croissants.
- La mise en œuvre d'une taxe forfaitaire sur les offreurs s'analyse graphiquement comme un choc d'offre négatif.
- Celui sur qui la taxe est prélevée n'est pas forcément celui qui la supporte, la répartition du poids de la taxe dépendant des sensibilités au prix respectives de l'offre et de la demande.

Partie 2 Raisonnement appuyé sur un dossier documentaire (10 points)

Sujet **À l'aide de vos connaissances et du dossier documentaire, vous montrerez comment fonctionne un marché concurrentiel.**

Doc. 1

Un marché est un mécanisme qui assure la coordination entre acteurs en produisant une information particulière : un prix, connu de tous, qui est un signal suffisamment précis pour que chacun prenne des décisions qui se révèleront compatibles avec les décisions prises par tous les autres. Les variations du prix engendrent des modifications des décisions de production et de consommation, de manière, si le marché fonctionne bien, à ce que soit rétablie une égalité entre l'offre et la demande lorsqu'elle a été rompue pour une raison quelconque.
Un marché est nécessairement organisé par des institutions et régi par des règles. Dans son modèle d'équilibre général, Walras imaginait ▸

un commissaire-priseur qui s'informait sur les offres d'achat et de vente à différents prix et affichait (produisait) le prix d'équilibre. C'est bien selon ce principe que fonctionne les Bourses, de matières premières, d'actions, etc. Mais il y a bien d'autres types de marchés, par exemple ceux où se forment les prix de ce qui se vend dans les supermarchés, ou le marché des automobiles.
La formation du prix sur un marché concurrentiel se modélise comme suit. La courbe de demande donne pour chaque prix la quantité demandée à ce prix. La courbe d'offre donne pour chaque prix la quantité offerte à ce prix. [...] Les hypothèses d'utilité marginale décroissante et de coûts marginaux décroissants conduisent à des courbes de demande décroissantes et des courbes d'offre croissantes. L'intersection des deux courbes détermine le prix d'équilibre du marché pour lequel l'offre est égale à la demande, ainsi que les quantités échangées à cet équilibre.

Pierre-Noël Giraud, *Principes d'économie*, La Découverte, 2016.

CONSEILS

- Ce texte rappelle que le bon fonctionnement du marché repose sur un certain nombre d'institutions.
- Il présente également la manière dont se forme l'équilibre concurrentiel, mais il faut compléter cette analyse en représentant l'offre et la demande dans un graphique tout en expliquant comment se forment les courbes d'offre et de demande.
- Le texte précise aussi le rôle des prix : ce sont des signaux qui, en incitant les agents économiques à modifier leurs comportements, permettent le rééquilibrage du marché quand cela est nécessaire.

Doc. 2 **Courbe d'offre et de demande à la Bourse de l'électricité en gros espagnole OMEL[1] le 21 septembre 2002 entre 12 h 00 et 13 h 00**

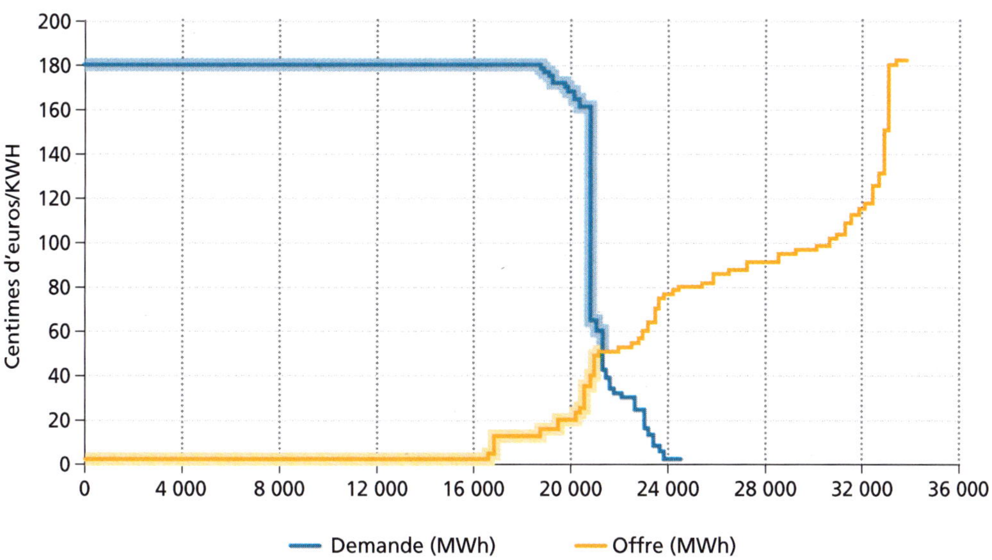

CONSEILS

- Servez-vous de ce document pour illustrer les propriétés d'un marché concurrentiel : offre croissante et demande décroissante ; prix et quantité d'équilibre déterminés par l'intersection des courbes d'offre et de demande ; surplus collectif maximal lorsque le marché est à l'équilibre.

1. Bourse sur laquelle s'échange l'électricité en gros en Espagne et au Portugal.

Note : MWh = mégawattheure KWH = kilowattheure, soit des quantités d'énergie. 1 MWh = 1 000 KWh.

Source : Pierre-Noël Giraud, *Principes d'économie*, La Découverte, 2016.

S'ENTRAÎNER

Étape 1 Analyser le sujet

- Définissez ce qu'est un marché concurrentiel et ses implications.

Étape 2 Analyser les documents

- Lisez les conseils donnés en marge des deux documents proposés.

Étape 3 Organiser ses connaissances pour répondre au sujet

- Récapitulez les idées que vous souhaitez développer dans un tableau en mobilisant vos connaissances personnelles et les informations tirées des documents.
- Il s'agit tout d'abord de rappeler que le fonctionnement du marché repose sur un certain nombre d'institutions. Puis, il faut montrer que la confrontation de l'offre et la demande détermine un prix et une quantité qui permettent d'équilibrer les quantités offertes et demandées de telle manière que le surplus collectif est maximal. Enfin, il faut rappeler que la flexibilité des prix permet un retour à l'équilibre lorsque les conditions d'offre ou de demande évoluent.

CHAPITRE 2

NOTIONS

pouvoir de marché, barrière à l'entrée, monopole, monopole naturel, monopole institutionnel, monopole d'innovation, oligopole, concurrence monopolistique, entente, abus de position dominante, politique de la concurrence, fusion-acquisition, concurrence imparfaite, économies d'échelle

Comment les marchés imparfaitement concurrentiels fonctionnent-ils ?

La concurrence imparfaite désigne toutes les configurations de marché qui diffèrent par au moins une caractéristique de la concurrence parfaite.

Certaines firmes ont un pouvoir de marché et peuvent notamment influencer le prix. La concurrence est imparfaite.
→ Le pouvoir de marché des entreprises : d'où vient-il et comment l'expliquer ? **DOSSIER 1**

L'entreprise en situation de monopole peut imposer un équilibre qui n'est généralement pas favorable pour la collectivité.
→ Comment fonctionnent les monopoles ? **DOSSIER 2**

Les entreprises en situations oligopolistiques adoptent des comportements stratégiques qui peuvent être plus ou moins coopératifs.
→ Comment fonctionnent les oligopoles ? **DOSSIER 3**

Les autorités publiques surveillent les comportements et les structures sur les marchés pour faire fonctionner efficacement la concurrence.
→ Comment les autorités régulent-elles la concurrence sur les marchés ? **DOSSIER 4**

SOMMAIRE DU CHAPITRE

DOSSIERS

ENTRER DANS LE CHAPITRE

Doc. 1 **L'embarras du choix**

> **podcast – Ça s'écoute**
>
> **Comment Netflix s'est-il imposé face à ses concurrents ?**
>
> Interview de Julien Pillot, spécialiste d'économie industrielle et numérique
>
> Durée : 5 min.
>
> www.lienmini.fr/ses-1-003

Doc. 2 **« Parmi les plateformes suivantes, laquelle préférez-vous utiliser pour consommer vos programmes de SVOD[1] ? »**

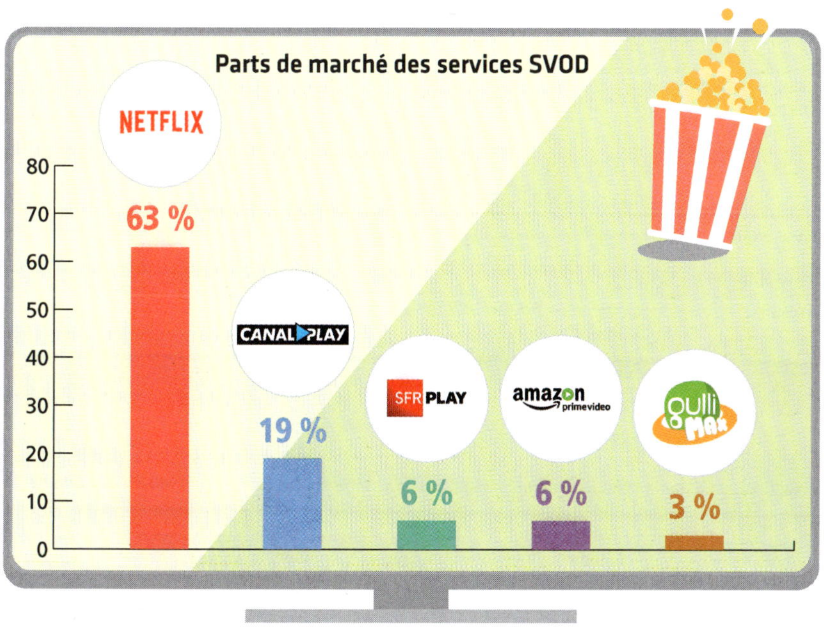

1. *Subscription video on demand.*

Champ : personnes de 15 ans ou plus consommant des programmes de SVOD, fin 2017.

Source : « Surfer en toute liberté », Le baromètre SVOD, NPA-Harris Interactive, 2018.

1 Quel avantage de Netflix la photographie illustre-t-elle ? (DOC. 1)

2 Quelle place l'entreprise Netflix occupe-t-elle sur le marché du streaming vidéo en France ? (DOC. 2)

3 Écoutez le podcast. Quels choix stratégiques ont permis à Netflix de s'imposer comme le leader du streaming vidéo ?

DOSSIER 1

Le pouvoir de marché des entreprises : d'où vient-il et comment l'expliquer ?

OBJECTIF : Comprendre et illustrer les principales sources du pouvoir de marché.

A Les sources du pouvoir de marché

Le pouvoir des firmes sur les marchés provient de plusieurs sources : barrières à l'entrée, nombre limité d'offreurs, ententes entre producteurs, produits différenciés.

DOC.1 Barrières à l'entrée et monopole

Fondée officiellement le 12 mars 1888 par l'aventurier britannique Cecil Rhodes pour exploiter les mines sud-africaines [...] la De Beers Consolidated Mines Limited connaît un succès fulgurant. Des accords commerciaux sont signés avec des marchands du *London Diamond Syndicate* qui se chargent d'écouler l'ensemble de la production de la De Beers. À l'époque, la société détient la propriété de quasi toutes les mines d'Afrique du Sud et contrôle rapidement 90 % des diamants bruts vendus dans le monde. [Dans les années 1930], la De Beers fonde la *Diamond Trading Company*, filiale londonienne de distribution des diamants bruts, et contrôle très rapidement l'ensemble de la chaîne d'approvisionnement. Dans la continuité de ces démarches, la *Central Selling Organisation*, voit le jour et se charge de mettre en place des pratiques commerciales anticoncurrentielles.

C'est ainsi qu'au fil des années, la De Beers dessine son monopole : en contrôlant la production mais aussi la vente et les prix des diamants bruts. Elle investit dans la recherche et la prospection, découvre des gisements de diamants dans d'autres pays d'Afrique. Dans les années 1980, alors à son apogée, elle représente encore 80 à 85 % de la production de diamants bruts mondiale.

Marianne Riou, www.rubel-menasche.com, 9 juillet 2015.

▲ Inventé en 1955 et qualifié en 1999 de « slogan du siècle » par *Advertising Age*, le slogan « *A diamond is forever* », a permis à la De Beers d'étendre son pouvoir de monopole en influençant la demande.

NOTION

Une **barrière à l'entrée** est un avantage technique, financier ou institutionnel qui rend difficile, voire impossible, l'entrée de nouveaux concurrents et protège les firmes déjà installées sur le marché.

1 Comprendre. Quelle hypothèse de la CPP l'existence de barrières à l'entrée remet-elle en cause ?

2 Analyser. D'où viennent les barrières à l'entrée qui protègent le monopole de la De Beers ?

3 Déduire. Quel est l'effet prévisible de cette configuration de marché sur le prix de vente des diamants ?

DOC.2 Un nombre limité d'offreurs

Part du marché mondial des Smartphones (premier trimestre 2018)

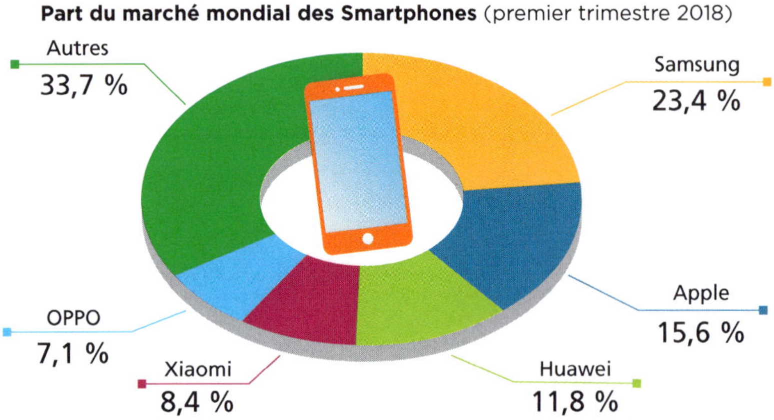

Source : *Worldwide Smartphone Market*, 2018.

4 Calculer. Au premier trimestre 2018, 334,3 millions de Smartphones ont été vendus dans le monde. Combien Samsung en a-t-elle vendu ? SAVOIR-FAIRE 1 p. 344

5 Interpréter. Quelle est la part de marché détenue par les 5 premiers producteurs de Smartphones ?

6 Analyser. Quelle condition de la concurrence parfaite n'est pas respectée sur le marché des Smartphones ?

DOC.3 Entente et pouvoir de marché

Ils se retrouvaient non loin du siège parisien de leur syndicat, le Groupement interprofessionnel des fabricants d'appareils d'équipement ménager (Gifam), dans les restaurants alentour ou le très chic salon de thé Ladurée. Il y avait là des dirigeants de six firmes pesant près de 70 % du marché : BSH (Bosch, Siemens, Viva, Neff), Candy Hoover, Eberhardt Frères (Liebherr), Electrolux (AEG, Arthur Martin), Indesit (Ariston, Scholtès) et Whirlpool, deux groupes qui ont fusionné depuis. Lors de ces réunions tenues entre septembre 2006 et avril 2009, ils s'entendaient pour relever de concert le prix de vente conseillé aux distributeurs et accroître ainsi leurs marges au détriment des consommateurs.
Alertée par la direction générale de la concurrence, de la consommation et de la répression des fraudes (DGCCRF) du ministère de l'Économie, l'Autorité de la concurrence a mené une enquête de quatre ans avant d'annoncer, jeudi 6 décembre, des sanctions pour un montant de 189 millions d'euros.

Jean-Michel Bezat, « Les fabricants d'électroménager lourdement sanctionnés pour entente sur les prix », © *Le Monde*, 6 décembre 2018.

▲ Dessin d'Aurel, publié dans *Le Monde*, 6 décembre 2018.

7 Définir. Qu'est-ce qu'une entente ?

8 Expliquer. Pourquoi l'entente est-elle nécessaire pour imposer un prix plus élevé sur le marché ?

9 Expliquer. Pourquoi les réunions entre ces producteurs se tenaient-elles en secret ?

DOC.4 Différenciation et pouvoir de marché

Dans les tests en aveugle[1], les consommateurs ne reconnaissent pas si la boisson qu'ils ont goûtée est du Coca-Cola ou du Pepsi-Cola. Le taux de bonnes réponses n'est pas plus significativement différent que si le choix s'était fait au hasard. [...]
La mention des marques change la donne sur les préférences. L'expérience grandeur nature le prouve puisque les consommateurs achètent plus de Coca que de Pepsi en supermarché, là où les deux marques sont présentes côte-à-côte. L'imagerie par résonnance magnétique confirme cet avantage [...]. La même zone du cerveau est mobilisée lorsque le sujet boit en aveugle du Coca-Cola et du Pepsi-Cola. En revanche, s'il sait que c'est du Coca-Cola, une nouvelle zone est excitée, révélant une émotion particulière. Pas de doute, les marques s'impriment dans nos cerveaux !
La préférence pour Coca-Cola tient donc vraisemblablement à la publicité. La firme d'Atlanta y consacre plus de 2 milliards par an, beaucoup plus que Pepsi-Cola et ce depuis des décennies. [...] Phénomène qui explique pourquoi le Coca-Cola est quasiment partout et quasiment tout le temps plus cher que le Pepsi-Cola.

François Lévêque, *Les Habits neufs de la concurrence*, © Éditions Odile Jacob, 2017.

1. Sans connaître la marque du produit goûté.

10 Comprendre. Dans les tests en aveugle, les consommateurs différencient-ils véritablement le goût du Coca-Cola de celui du Pepsi-Cola ?

11 Expliquer. Comment comprendre que le Coca-Cola soit plus acheté par les consommateurs alors qu'il est aussi plus cher ?

12 Analyser. D'où vient le pouvoir de marché de l'entreprise Coca-Cola ?

FAIRE LE POINT

Complétez avec « plus » **ou** « moins ».

1. ...... le nombre de firmes est élevé, ... faciles sont les ententes.

2. .... les biens des producteurs sont différenciés, ... le pouvoir de marché des producteurs est important.

3. ...... l'entrée est libre, ... intense est la concurrence.

À RETENIR

- Une entreprise détient un **pouvoir de marché** lorsqu'elle est en mesure d'influencer le prix sur le marché.
- Ce pouvoir découle souvent du nombre limité de producteurs qui peuvent instituer des **barrières à l'entrée** ou s'entendre entre eux sur les conditions de vente.
- Il découle aussi de la possibilité pour les firmes de différencier leurs produits pour qu'ils soient moins substituables.

OBJECTIF :
Comprendre les sources du pouvoir de marché ou de la concurrence imparfaite.

B Les différents types de concurrence imparfaite

Les économistes proposent des explications pour analyser les différentes modalités de fonctionnement des marchés imparfaitement concurrentiels.

DOC.1 La typologie de la concurrence imparfaite

	Nombre de vendeurs face à un grand nombre d'acheteurs		
	Un	Un petit nombre	Un grand nombre
Différenciation : Bien homogène	Monopole	Oligopole	Concurrence parfaite
Différenciation : Biens différenciés	-	Oligopole	Concurrence monopolistique

D'après Paul Krugman et Robin Wells, *Microéconomie*, De Boeck, 2016.

NOTION

Dans le cas symétrique où un seul acheteur fait face à un grand nombre de vendeurs, on parle d'un **monopsone**, et d'un **oligopsone** lorsqu'un petit nombre d'acheteurs fait face à un grand nombre de vendeurs.

1 Lire. Quelle est la différence entre un marché en concurrence parfaite et un marché en concurrence monopolistique ?

2 Illustrer. Quelle est, à votre avis, la structure des marchés suivants : le transport aérien, l'automobile, les cours de ski, le pétrole brut ? SAVOIR-FAIRE 1 p. 344

3 Illustrer. De quelle structure de marché un bassin d'emploi local, avec un gros employeur ou une grande centrale de distribution qui fait face à des fournisseurs très nombreux, se rapproche-t-il ?

DOC.2 Une conception dynamique de la concurrence

Les économistes commencent – enfin – à se débarrasser des œillères qui ne leur laissaient pas voir autre chose que la concurrence des prix. […] Dans la réalité capitaliste (par opposition avec l'image qu'en donnent les manuels), ce n'est pas cette modalité de concurrence qui compte, mais bien celle inhérente à l'apparition d'un produit, d'une technique, d'une source de ravitaillement, d'un nouveau type d'organisation. […]

L'action de cette modalité de concurrence dépasse celle de la concurrence des prix tout autant que les effets d'un bombardement dépassent ceux d'une pesée sur une porte et son efficacité est tellement plus grande que la question de savoir si la concurrence au sens ordinaire du terme joue plus ou moins rapidement devient relativement insignifiante : en tout état de cause, le levier puissant, qui, à la longue, rehausse la production en comprimant les prix, est d'un tout autre calibre.

[Cette] concurrence n'agit pas seulement quand elle se concrétise. […] L'homme d'affaires se sent placé dans une situation concurrentielle même s'il n'a pas de rival dans sa branche […] en fait, dans de nombreux cas, sinon dans tous, une telle pression virtuelle impose un comportement très analogue à celui que déterminerait un système de concurrence parfaite.

Joseph Schumpeter, *Capitalisme, Socialisme et Démocratie*, traduit par Gaël Fain, © Éditions Payot, 1951, 1990.

Joseph Schumpeter (1883-1950) développe la notion d'innovation pour expliquer les alternances de croissance et de ralentissement de l'activité économique. Il distingue : l'innovation de procédé (changement des méthodes de production), de produits, de nouveaux marchés, de formes d'organisation, de sources d'énergie.

4 Comprendre. Quelle forme de concurrence Schumpeter distingue-t-il de la concurrence par les prix ?

5 Analyser. Pourquoi cette autre forme de la concurrence est-elle si efficace ?

6 Expliquer. Expliquez le passage souligné.

DOC.3 L'exemple d'un centre commercial

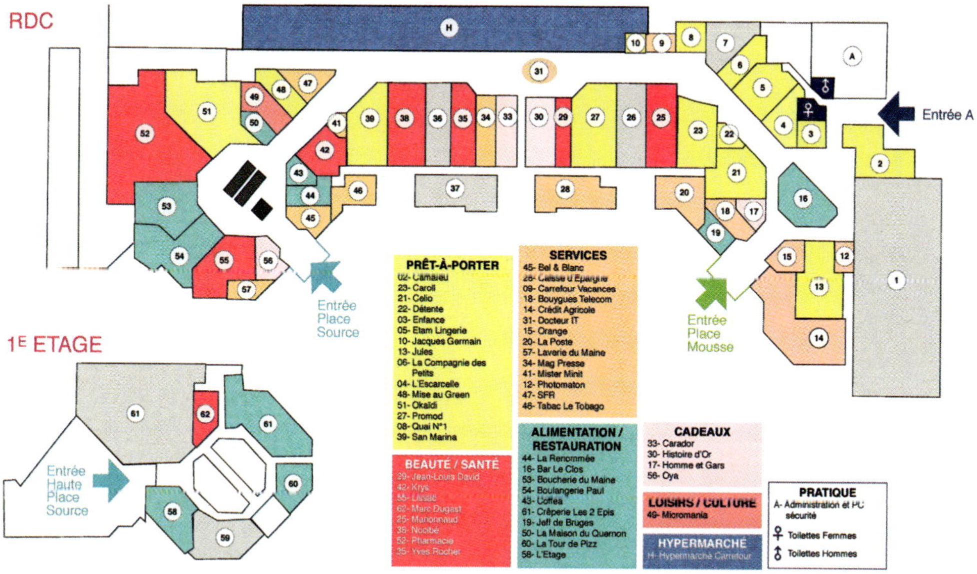

Source : www.grandmaine.com/infos-pratiques/plan-du-centre

7 Observer. Repérez les différentes enseignes vendant des biens qui pourraient sembler substituables. Le sont-ils vraiment ? Pourquoi ?

8 Analyser. Dans quelle mesure ces entreprises ont-elles le pouvoir de faire les prix ?

9 Comparer. Qu'est-ce qui rapproche ces marchés de la concurrence monopolistique ? de l'oligopole ?

DOC.4 Le lowcost : une « innovation disruptive » ou de rupture

Le lowcost s'inscrit en réaction à la tendance naturelle des opérateurs classiques à monter en gamme et à complexifier leur offre, oubliant au passage que les clients ne sont pas toujours demandeurs. En ce sens, le lowcost peut être qualifié « d'innovation disruptive » : il entre par le bas du marché avec un produit volontairement dégradé, en s'adressant à des clients qui n'achètent pas ou plus le produit classique. […] Le lowcost vient ainsi défier les entreprises traditionnelles, en les obligeant à mieux justifier leur proposition de valeur aux yeux des clients : leurs produits tiennent-ils vraiment toutes leurs promesses, au regard de leur prix plus élevé ?

Emmanuel Combe, « Le lowcost constitue un formidable aiguillon de concurrence sur les marchés », © *Le Monde*, 23 septembre 2018.

NOTION

Innovation disruptive

Au sens large, l'innovation est qualifiée de « disruptive » lorsqu'elle remet en cause brutalement l'équilibre d'une branche d'activité, son modèle d'affaire et les entreprises qui y sont installées.
Au sens strict, elle désigne un processus par lequel une entreprise de petite envergure aux ressources limitées est à même de rivaliser avec des compagnies établies. En entrant « par le bas du marché », elle peut croître dans l'indifférence des firmes installées qui sont engagées dans une montée en gamme pour atteindre les clients les plus rentables. Quand elles réagissent, il est trop tard, et la petite entreprise d'hier est désormais capable de les concurrencer y compris sur le cœur de leur clientèle en enrichissant son offre.

vidéo

Benoit Sarazin : « Qu'est-ce qu'une innovation de rupture ? » (2015).

www.lienmini.fr/ses-1-004

10 Définir. Qu'est-ce qu'une « innovation disruptive » ? (VIDÉO)

11 Illustrer. Donnez d'autres exemples d'innovations disruptives.

12 Analyser. En quoi l'exemple du lowcost constitue-t-il une illustration de la conception dynamique de la concurrence analysée par Schumpeter ? (DOC. 2)

FAIRE LE POINT

Associez à chaque marché son modèle théorique.

Marché de la téléphonie mobile •	• Monopole
Marché du roman policier •	• Oligopole
Marché des jeux de grattage •	• Concurrence monopolistique

À RETENIR

- Les économistes ont proposé une typologie simple de la concurrence imparfaite autour de trois configurations idéales : le **monopole**, l'**oligopole** et la **concurrence monopolistique**.
- Au-delà des structures du marché, les conditions de la concurrence évoluent en permanence sous l'effet des **innovations**. La libre entrée sur un marché et la simple possibilité d'une innovation peuvent exercer une pression concurrentielle sur les entreprises installées.

DOSSIER 2

Comment fonctionnent les monopoles ?

OBJECTIF :
Caractériser les monopoles naturel, institutionnel, d'innovation.

A Le monopole dans tous ses états

Il y a monopole lorsqu'un seul offreur d'un bien homogène fait face à une multitude de demandeurs. Le monopole pur de la théorie existe rarement, mais nombreuses sont les configurations de marché qui présentent les caractéristiques d'un monopole.

DOC.1 Un monopole naturel : la distribution du gaz

Au début du XIXe siècle, quand l'exploitation du gaz en était à ses débuts, les entreprises se faisaient concurrence pour trouver des clients. Mais cette concurrence ne dura pas longtemps ; l'offre locale de gaz devint rapidement un monopole presque partout en raison des coûts fixes importants qu'impliquaient les infrastructures urbaines pour distribuer le gaz. Dans la mesure où le coût du réseau de distribution ne dépendait pas de la quantité de gaz vendue par une entreprise, les firmes ayant un volume de vente plus important avaient un avantage en termes de coût : elles étaient en mesure de répartir les coûts fixes sur un volume plus important, et avaient un coût total moyen plus faible que les firmes de plus petite taille. [...]
Dans un secteur caractérisé par des économies d'échelle[1], les entreprises de plus grande taille sont davantage profitables et éliminent les plus petites. Pour la même raison, les entreprises installées ont un avantage en matière de coût sur tout nouvel entrant potentiel. [...] Un monopole créé et maintenu par des économies d'échelle est appelé monopole naturel.

Paul Krugman, Robin Wells, *Microéconomie*, De Boeck, 2016.

1. Situation dans laquelle le coût unitaire de production baisse lorsque la quantité produite (l'échelle de production) augmente.

1 Expliquer. Pourquoi le coût total moyen des entreprises de distribution du gaz baisse-t-il quand le volume des ventes augmente ?

2 Justifier. Pourquoi un tel monopole est-il qualifié de « naturel » ?

3 Illustrer. Donnez d'autres exemples de tels monopoles naturels.

DOC.2 Monopole d'innovation : le cycle de vie du médicament

NOTION

Un **brevet** est un titre de propriété industrielle qui offre à son détenteur le droit d'exploiter son innovation et empêche les autres producteurs de l'exploiter sans son autorisation. En France, le brevet est délivré par l'Institut national de la propriété intellectuelle (INPI) pour une durée maximale de 20 ans, à partir de la date du dépôt.

4 Analyser. Qu'est-ce qui empêche l'entrée de concurrents sur le marché du médicament ?

5 Expliquer. Pour quelles raisons les médicaments inventés par les laboratoires pharmaceutiques sont-ils protégés par des brevets ?

6 Justifier. Pourquoi peut-on parler d'un « monopole temporaire » pour qualifier la situation des laboratoires pharmaceutiques ?

DOC.3 Un monopole institutionnel : les jeux d'argent et de hasard

L'organisation du marché des jeux d'argent et de hasard en France

	Réseau physique	Internet
Jeux de tirage et de grattage	Monopole Française des Jeux	Loto, Euromillions, Keno (tirage), jeux de grattage (morpion), etc.
Paris sportifs	Monopole Française des Jeux	Opérateurs en ligne, paris à cote et mutuels
Paris hippiques	Monopole PMU	
Jeux de casino	Casinos – Jeux de cercle	Opérateurs en ligne, jeux de cercle (poker)
	Casinos – Machines à sous, blackjack, roulette…	Interdit

Monopole ■ Ouvert à la concurrence en 2010, périmètre de l'Argel ■ Interdit

Source : rapport de la Cour des Comptes, « La régulation des jeux d'argent et de hasard », octobre 2016.

En France, les jeux d'argent et de hasard sont fortement réglementés pour des raisons d'ordre public (lutte contre la fraude ou le blanchiment[1] d'argent par exemple) et de santé publique (lutte contre l'addiction au jeu, protection des mineurs…). L'État français a ainsi accordé des monopoles à certains opérateurs publics comme la Française des Jeux. Il réglemente aussi strictement l'accès au marché (droits d'installation des casinos notamment).

La Cour de Justice de l'Union européenne considère ce secteur d'activité comme une activité de services qui doit être soumise aux règles de la concurrence : la France a adopté la loi de 2010 qui ouvre le secteur des jeux en ligne à la concurrence.

1. Délit qui consiste à masquer l'origine frauduleuse d'une somme d'argent.

7 Observer. Sur quels segments du marché des jeux et de hasard, la Française des Jeux détient-elle un monopole ?

8 Analyser. Quel a été l'effet de la loi de 2010 sur le marché des jeux d'argent et de hasard ?

9 Expliquer. Pour quelles raisons l'État français accorde-t-il un monopole à la Française des Jeux ?

DOC.4 Un monopole local

Les marchés présentent une dimension géographique dont l'analyse de la concurrence ne peut s'abstraire pour une raison évidente : le coût des déplacements de transport. Des entreprises distantes l'une de l'autre ne pourront pas servir la même clientèle et celle-ci ne pourra pas faire jouer la rivalité entre les deux […]. À l'instar des supermarchés, le coût est directement supporté par les acheteurs qui viennent motorisés et plus rarement à pied. Pour les entreprises de production, les marchandises doivent être livrées. Prenons deux entreprises aussi efficaces l'une que l'autre, l'une sera pénalisée par le surcoût logistique qu'une localisation différente entraîne pour servir un client donné : les deux entreprises ne seront pas en concurrence parfaite.

François Lévêque, *Les Habits neufs de la concurrence*, © Éditions Odile Jacob, 2017.

Éloignement géographique et concurrence : l'exemple du prix du gazole dans deux portions d'autoroute

	Nombre de stations	Distance (en km)	Densité des stations essence	Prix moyen gazole (en €)
A1 Lille-Paris	6	221	forte	1,428
A36 Mulhouse-Beaune	5	235	assez faible	1,463

Note : dans son enquête, l'association de consommateur CLCV notait que le prix du carburant était en moyenne 10 % plus élevé sur les autoroutes par rapport au reste du marché.

Source : CLCV, 2014.

10 Lire. Quelle relation l'étude de l'association CLCV permet-elle d'établir entre la densité de stations et le prix moyen du gazole ?

11 Analyser. Pourquoi la distance géographique empêche-t-elle les consommateurs de faire jouer la concurrence entre les stations ?

12 Justifier. Pourquoi peut-on parler d'un monopole « local » dans le cas d'un supermarché ?

FAIRE LE POINT

Complétez avec : *économies d'échelle • barrière à l'entrée • réglementaire • innovation • monopole.*

Le pouvoir de …… d'une firme provient de l'existence d'une …… . Elle peut reposer sur des ……, une protection ……, une …… technologique.

À RETENIR

- Un **monopole** peut découler du fonctionnement naturel de la concurrence en cas d'économie d'échelle (**monopole naturel**) ou résulter d'une décision réglementaire (**monopole institutionnel**).
- Une **innovation** technologique, souvent protégée par un brevet, confère un monopole temporaire au producteur.
- Les coûts liés à la distance créent des monopoles locaux.

OBJECTIF : Comprendre que l'équilibre du monopole n'est pas efficace.

B Des monopoles faiseurs de prix et souvent inefficaces

Le monopole est faiseur de prix et conduit à un équilibre social qui est en général inefficace. Il peut toutefois, dans certaines conditions, présenter des avantages.

DOC. 1 Un équilibre inefficace

Le choix du monopole De Beers

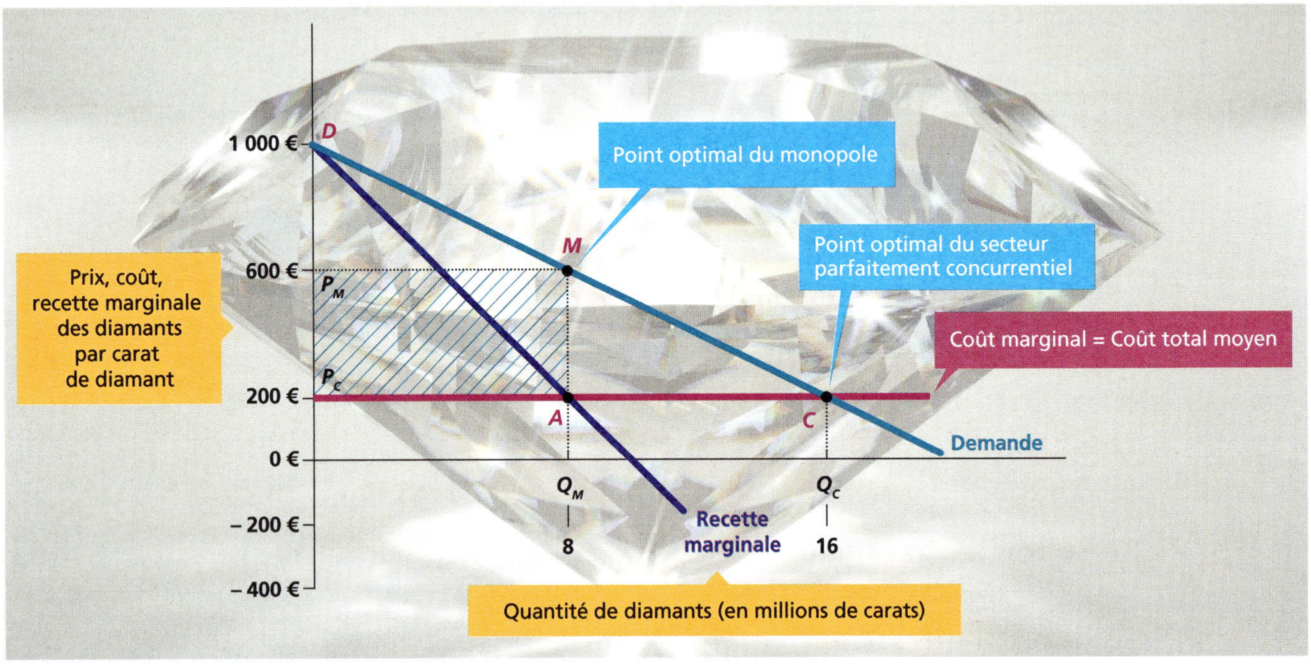

Étant seule sur le marché, la firme De Beers, en situation de monopole, fait face à l'ensemble de la demande qui est décroissante (droite bleue). Pour chaque quantité de diamants que De Beers veut écouler, la fonction de demande lui impose un prix à accepter (prix en fonction de la quantité). Le pouvoir de marché du monopoleur n'est donc pas total : il peut décider du prix ou de la quantité mais, s'il décide de l'un, l'autre lui est imposé.

Si l'entreprise De Beers veut vendre un diamant supplémentaire, elle doit accepter de proposer un prix plus bas, ce qui réduit la recette qu'elle retire des autres unités vendues. La recette marginale que De Beers retire de cette vente est dès lors toujours inférieure au prix de vente de cette unité (droite violette).

Pour simplifier, on fait l'hypothèse qu'il n'y a pas de coûts fixes et que les coûts variables sont strictement proportionnels aux quantités produites. Ainsi, le coût marginal est constant et toujours égal au coût total moyen (droite rose).

Pour faire un profit maximal, De Beers produit tant que la dernière unité rapporte plus (recette marginale) qu'elle ne coûte (coût marginal). La quantité optimale en monopole est donc Q_M=8. Pour écouler cette quantité, De Beers doit de ce fait pratiquer le prix P_M de 600 €. Le profit du monopole, égal à la différence entre la recette totale (prix x quantités) et le coût total (coût moyen x nombre d'unités vendues), peut alors être représenté par la surface du rectangle $P_M MAP_C$.

La perte de surplus des consommateurs (surface $P_M MCP_C$) n'est que partiellement compensée par la rente (le profit) du producteur. Le monopole entraîne donc une perte sèche pour la collectivité représentée par le triangle AMC.

D'après Paul Krugman et Robin Wells, *Microéconomie*, 2016.

1 Comprendre. Le monopoleur fixe-t-il à sa guise le prix et la quantité du bien qu'il produit ?

2 Expliquer. Pourquoi l'entreprise De Beers a-t-elle intérêt à produire 8 millions de carats ?

3 Calculer. Calculez le profit total réalisé par l'entreprise De Beers. Pourquoi peut-on le représenter graphiquement par l'aire du rectangle $P_M MAP_C$?

4 Expliquer. Pourquoi l'équilibre en situation de concurrence parfaite est-il censé se faire au point C ?

5 Comparer. Comparez le niveau du prix et de la quantité d'équilibre en situation de concurrence parfaite et en situation de monopole.

6 Représenter. Désignez par des lettres le surplus du consommateur en situation de concurrence parfaite et en situation de monopole.

7 Justifier. Montrez que le monopole occasionne un transfert de bien-être du consommateur au producteur et une perte sèche pour la société.

DOC. 2 Monopole et qualité

QUESTION : *Pour chacun des qualificatifs suivants, diriez-vous qu'il s'applique plutôt bien ou plutôt mal aux taxis ?*

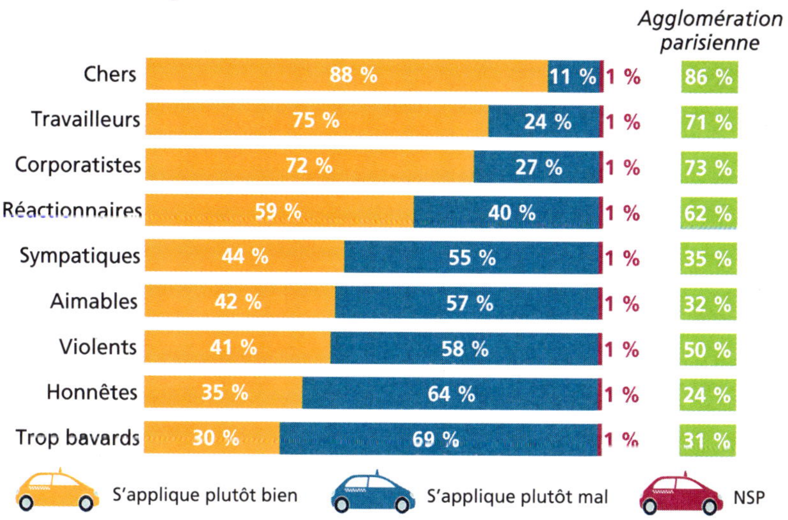

Source : sondage ODOXA réalisé pour le journal *Le Parisien*, juin 2015.

podcast

Nouvelles écoutes - Spla$h :
« Pourquoi les taxis sont-ils si désagréables ? » (2015).
www.lienmini.fr/ses-1-005

8 Lire. Quel constat peut-on établir quant à la qualité du service de taxi d'après le sondage ODOXA ?

9 Expliquer. Comment l'existence du monopole des taxis peut-elle être considérée comme une des causes de la mauvaise qualité du service rendu au consommateur ?

10 Analyser. L'existence du monopole des taxis peut-elle aussi se justifier pour assurer la qualité du service ?

DOC. 3 Rente d'innovation et rente de situation

Les États-Unis ont connu au cours des vingt dernières années une augmentation de la concentration dans la majorité des industries. L'exemple le plus frappant est celui des technologies de l'information, avec l'émergence de géants planétaires (Google, Apple, Facebook, Amazon, Microsoft). Mais le phénomène est général. Dans la grande distribution, la part des 50 plus grosses entreprises a augmenté de 10 % ; dans la finance, celle des 10 plus grandes banques de prêts aux particuliers et aux entreprises a augmenté de 30 % à 50 %, etc.

L'hypothèse optimiste serait d'y voir la manifestation d'une compétition accrue et d'une augmentation des rendements d'échelle. L'hypothèse pessimiste serait d'y voir un accroissement des barrières à l'entrée de certains marchés, du pouvoir de monopoles et des rentes qui en découlent. […] La seconde hypothèse semble être la bonne. La faiblesse chronique de l'investissement depuis le début de la reprise malgré des taux de rendement élevés du capital s'explique en partie par une incitation à préserver ces rentes en limitant le rythme d'expansion des capacités productives. […]

Le processus schumpétérien de création destructrice a ralenti : la part des emplois dans les entreprises de moins de 5 ans a décliné de 20 % à 10 %, et le taux d'entrée de nouvelles entreprises a décliné de 14 % à 8 %.

Emmanuel Farhi, « L'essor des rentes de monopole nuit à la croissance », © *Le Monde*, 16 décembre 2017.

NOTIONS

- **Destruction créatrice** : concept forgé par Joseph A. Schumpeter pour décrire la dynamique d'évolution du système capitaliste sous l'effet des vagues incessantes d'innovations. Celles-ci provoquent conjointement l'apparition de nouveaux biens, secteurs, entreprises et emplois et la destruction d'anciens.
- **Rente** : surplus de revenu qui découle d'une situation privilégiée (accès à une ressource, protection juridique, avantage technologique…).

11 Expliquer. Comment l'hypothèse optimiste permettrait-elle de rendre compte de la hausse de la concentration aux États-Unis ?

12 Justifier. Pourquoi l'observation concernant le rythme de l'investissement invalide-t-elle cette hypothèse ?

13 Expliquer. Pourquoi le chiffre sur la répartition des emplois traduit-il un ralentissement du processus de destruction créatrice ?

14 Argumenter. Doit-on lutter de la même manière contre les rentes de situation et contre les rentes d'innovation ?

FAIRE LE POINT

En situation de monopole, pour chacun des éléments suivants – prix d'équilibre, quantités d'équilibre, surplus du consommateur, surplus du producteur, surplus total et qualité de la production – **précisez s'ils sont plus ou moins élevés qu'en situation de concurrence**.

À RETENIR

- Le **pouvoir de marché** du monopoleur est contraint par la demande. Il lui permet toutefois d'imposer un équilibre qui lui est plus favorable au détriment du consommateur et de son **surplus**.
- La situation est le plus souvent inefficace pour l'ensemble de la société : le prix est plus élevé, les quantités moindres et l'existence d'une perte sèche pour la collectivité réduit le bien-être total.

Comment fonctionnent les oligopoles ?

OBJECTIF :
Comprendre pourquoi les oligopoles ont intérêt à former des ententes et dans quelles conditions elles se constituent.

A Des stratégies coopératives

Sur un marché oligopolistique, les entreprises peuvent avoir intérêt à s'entendre pour prélever une rente. Malgré des difficultés, ces ententes peuvent être stables, comme le montre le dilemme du prisonnier.

DOC. 1 Découverte du dilemme du prisonnier

Vous êtes dirigeant de l'entreprise A Telecom et vous n'avez qu'un seul concurrent, l'entreprise B Telecom. Vos coûts sont par ailleurs supposés identiques. L'activité des Télécom présente d'importants coûts fixes liés à la construction et à l'exploitation d'un réseau gourmand en infrastructures. Une fois ces coûts fixes supportés, le coût d'exploitation lié à un utilisateur supplémentaire n'est pas très élevé et vous avez intérêt à conquérir des parts de marché pour réduire le coût unitaire de chaque utilisateur.
En fixant le prix de l'abonnement mensuel à 15 euros, au lieu de 30, vous pouvez convaincre davantage de clients de souscrire un abonnement. L'effet de cette politique tarifaire dépend toutefois du choix de votre concurrent, l'entreprise B Telecom. Le tableau suivant donne les profits annuels, en milliards d'euros, que vous et votre concurrent pouvez obtenir sur ce marché en fonction de vos choix tarifaires.

		Prix de l'abonnement mensuel de B Telecom	
		30 euros	15 euros
Prix de l'abonnement mensuel de A Telecom	30 euros	(3 ; 3)	(-1 ; 4)
	15 euros	(4 ; -1)	(1 ; 1)

Damien Heurtevent, Magnard, 2019.

La petite histoire du dilemme du prisonnier

D'où vient l'appellation du jeu. Tout simplement de l'anecdote que raconta le mathématicien américain **Albert Tucker** en 1950 :

« Deux hommes, accusés d'avoir conjointement violé la loi, sont détenus séparément par la police. Chacun est informé que :

1. Si l'un des deux avoue et que l'autre non, le premier aura une récompense d'une unité alors que le second aura une condamnation de deux unités,
2. Si les deux avouent, chacun aura une condamnation d'une unité

En même temps, chacun a de bonnes raisons de croire que :

3. Si aucun des deux n'avoue, chacun repartira libre. »

Nicolas Eber, *Introduction à la microéconomie moderne*, De Boeck, 2016.

COMPRENDRE

1 Vous jouez avec un-e camarade selon les règles suivantes. Il n'y a qu'un tour de jeu. Chaque joueur prend sa décision de façon isolée sans pouvoir discuter avec l'autre joueur. Les deux joueurs jouent de façon simultanée. Que faites-vous et pourquoi ?

La rationalité voudrait que chaque entreprise pratique un prix de 15 €. C'est la meilleure décision pour chaque firme étant donnée celle de l'autre. Si B Telecom choisit 30 €, A Telecom a intérêt à choisir 15 € (gain de 4 au lieu de 3). Si B Telecom choisit 15 €, A Telecom a encore intérêt à choisir 15 € (gain de 1 au lieu de -1).

2 Même question mais en introduisant la possibilité de négocier avant de jouer. La prise de décision reste secrète et simultanée. Le résultat du jeu est-il différent ? Pourquoi ?

La possibilité de négocier permet d'essayer de convaincre le concurrent/partenaire de l'intérêt commun à s'entendre. Il reste que chaque entreprise a toujours intérêt à ne pas respecter l'éventuel accord. D'un point de vue rationnel, le résultat est donc inchangé. L'intervention d'une norme sociale (la loyauté, le respect des engagements...) peut éventuellement entraîner des modifications. Mais le résultat est instable.

3 Même question mais le jeu simultané avec négociation est répété 5 fois de suite. Quelle stratégie adoptez-vous ? Pourquoi ?

La répétition du jeu peut faire prendre conscience des pertes occasionnées par une stratégie de défection et inciter à davantage de coopération. D'un strict point de vue rationnel, chacun peut craindre que l'autre ne fasse défection au dernier coup du jeu. Mais si chacun a la conviction que l'autre fera défection au dernier coup, il a intérêt lui-même à faire défection à l'avant-dernier coup, et ainsi de suite. Rationnellement, chacun a donc intérêt à faire défection, et ce, dès le premier coup.

1 Justifier. Montrez que les valeurs inscrites dans le tableau sont cohérentes avec les caractéristiques du marché des télécoms décrites dans le texte.

2 Déduire. Pourquoi les entreprises ont-elles intérêt à s'entendre sur un marché oligopolistique ?

3 Expliquer. Les ententes étant illégales, cette coopération est-elle facile à mettre en œuvre ?

4 Analyser. Dans la vie économique, est-il facile de savoir quand le jeu va se finir sur un marché oligopolistique ?

5 Représenter. Écrivez la matrice des gains correspondant à l'exemple donné par Albert Tucker.

DOC 2 Portrait-robot d'un cartel[1]

- Les cartels se développent en général sur des marchés comprenant un petit nombre d'offreurs et rassemblent quelques entreprises, en général les principaux leaders du secteur. [...] Il est plus facile de négocier un accord lorsque les membres du cartel sont peu nombreux. [...] Un trop grand nombre de participants accroîtrait les coûts de détection d'éventuels tricheurs.
- Les cartels émergent souvent sur des marchés présentant une faible élasticité-prix[2] de la demande et une forte homogénéité des produits. [...] La hausse du prix liée à la cartellisation permet de réaliser des profits supranormaux, sans diminuer fortement la quantité demandée. [...] Il est [aussi] plus facile de s'entendre sur les prix lorsque les produits sont comparables dans leurs caractéristiques et leurs usages.
- Les fluctuations de la demande et la présence d'économies d'échelle peuvent être propices à la collusion. En effet, en présence de coûts fixes, une baisse de la demande se traduit rapidement par des pertes, tandis qu'une baisse des prix initiée par une firme serait rapidement suivie par les concurrents, aggravant encore la situation initiale.
- En dernier lieu, l'existence d'obstacles à l'entrée et à la sortie (de nature juridique ou économique) constitue une condition favorable à l'apparition d'un cartel. En effet, dans le cas contraire, toute velléité d'augmenter le prix au-dessus du prix concurrentiel, conduirait aussitôt à l'entrée de nouvelles firmes sur le marché.

Emmanuel Combe, *La Politique de la concurrence*, © Éditions La Découverte, 2016.

1. Forme d'entente parfaite entre firmes qui conduit à la fixation en commun du prix, au contrôle et à la répartition des quantités vendues.
2. Demande peu sensible à la variation du prix.

6 Expliquer. Pourquoi les entreprises ont intérêt à former un cartel ?

7 Expliquer. Pourquoi est-il difficile de faire fonctionner un cartel ?

8 Expliquer. Pourquoi, en cas de coûts fixes importants, les entreprises ont-elles intérêt à baisser les prix ? Pourquoi cette baisse des prix est-elle dangereuse pour les firmes ?

9 Justifier. Pourquoi un cartel a-t-il peu de chance de se constituer sur le marché d'un bien présentant une forte élasticité-prix de la demande ?

DOC 3 Segmenter le marché : une forme d'entente implicite

Pour comprendre les effets de la segmentation et de la différenciation sur la concurrence, rien de mieux que la parabole du marchand de glaces. Deux glaciers doivent choisir leur emplacement sur une plage où les clients sont répartis uniformément. S'ils se placent aux extrémités, chacun bénéficiera d'une clientèle en partie propre car les vacanciers du bord de mer souhaitent marcher le moins possible pour acheter leur cornet. Moins de clients potentiels mais aussi moins de concurrence, donc une meilleure marge unitaire. Un bon compromis peut être pour les marchands de s'installer à une distance raisonnable l'un de l'autre, par exemple entre le milieu et chaque extrémité de la plage. [...]
Pour l'espace-produit, c'est la même chose. [...] Si les céréales se distinguent par deux caractéristiques, la douceur sucrée et leur craquant, les variétés sont à placer dans un espace à deux dimensions (cf. schéma). Deux forces opposées s'exercent. Se rapprocher de son rival permet de s'adresser à plus de clients mais avive la concurrence, donc diminue le profit unitaire. Inversement, s'en éloigner réduit la demande adressable mais aussi la concurrence. Se différencier un peu mais pas trop est une des solutions classiques à ce problème.

François Lévêque, *Les Habits neufs de la concurrence*, © Éditions Odile Jacob, 2017.

Représentation spatiale de quelques céréales pour petit-déjeuner (d'après R. S. Pindyck)

D'après Robert S. Pindyck, *Lecture Notes on Bundling and Brand Proliferation*, 2018. *http://web.mit.edu/rpindyck/www/Courses/BBP_18.pdf*

10 Comprendre. Quel avantage aurait un marchand de glaces à se positionner le plus loin de son concurrent ? Quel inconvénient ?

11 Expliquer. Explicitez le parallèle établi par l'auteur entre l'espace de la plage et « l'espace produit » des céréales.

12 Analyser. En quoi la segmentation du marché peut-elle être considérée comme une forme d'entente implicite ?

FAIRE LE POINT

Vrai ou faux ? Justifiez vos réponses.

1. Les ententes constituent une forme particulière de cartel.
2. L'impossibilité de différencier les biens rend plus facile la constitution d'un cartel.
3. Plus le nombre de firmes est grand, plus les ententes sont aisées.
4. La différenciation des biens peut servir à segmenter le marché et réduire la concurrence.

À RETENIR

- Sur un **marché oligopolistique**, les entreprises ont intérêt à s'entendre pour atteindre un profit total plus élevé. La théorie des jeux montre que de telles **ententes** peuvent être difficiles à mettre en place et à faire durer car, individuellement, les entreprises n'ont pas intérêt à respecter les accords.
- Toutefois, certaines conditions sont propices à des accords formels (cartels) ou informels.

OBJECTIF :
Comprendre que les stratégies d'ententes ne sont pas les seules stratégies possibles pour les entreprises en oligopole.

B Des stratégies non coopératives

Si elles ne peuvent pas s'entendre, les entreprises en situation oligopolistique développent des stratégies pour défendre leur pouvoir et leur position sur le marché.

DOC.1 La guerre des prix entre Airbus et Boeing

2017 aura été synonyme de records pour Airbus. [...] Alors que l'année commençait mal pour l'avionneur européen (problèmes de gouvernance et une série d'enquêtes sur des soupçons de fraude), il a mis les bouchées doubles en fin d'année pour tenter de battre sur le fil Boeing en matière de commandes et boucler sur une note positive. Plusieurs contrats annoncés fin décembre ont permis de confirmer la commande historique de 430 appareils de la part de la société de financement Indigo Partners pour le compte de quatre compagnies aériennes, qui ont probablement bénéficié de remises importantes du constructeur européen, soucieux de rattraper le retard sur son rival américain.

Aurélie M'Bida, « Airbus VS Boeing, le grand match 2017 », *L'Usine Nouvelle*, 15 janvier 2018.

Airbus-Boeing : le match éternel des commandes d'avions

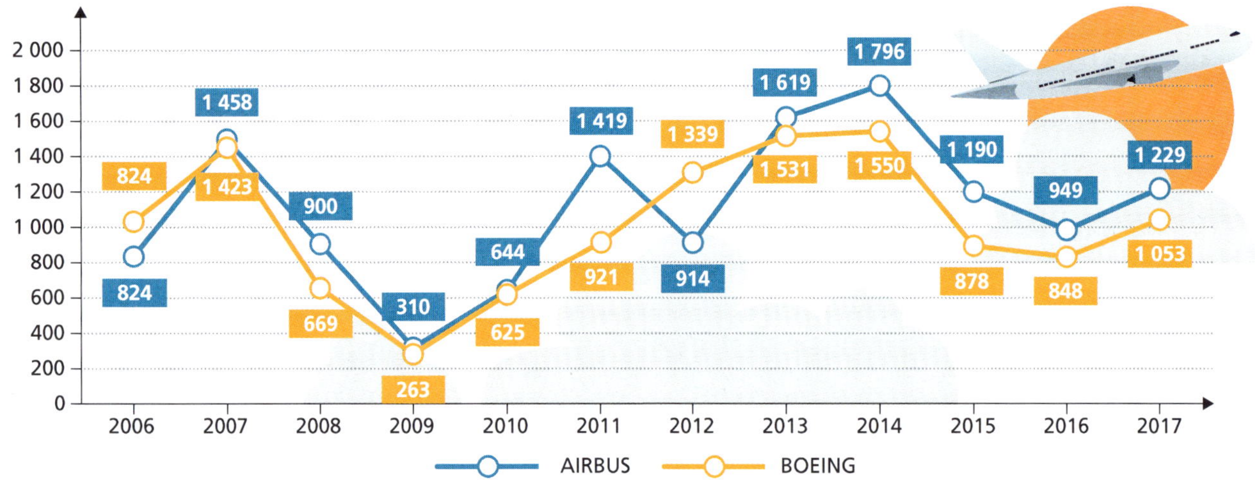

Note : commandes annuelles (brutes) d'avions civils de plus de 100 places.

Source : données recensées par l'Insee auprès des constructeurs et actualisées pour 2017.

1 Définir. À quelle configuration de marché le marché aéronautique correspond-il ?

2 Comprendre. Comment Airbus a-t-elle réussi à dépasser Boeing sur l'ensemble de l'année 2017 ?

3 Expliquer. Comment expliquer les faibles écarts entre les commandes enregistrées par les deux compagnies ?

DOC.2 « Le premier rafle la mise »

[Uber] voit le jour en 2009 à San Francisco. En huit ans, elle s'est implantée dans 570 villes et dans plus de 50 pays.

En première analyse, la stratégie d'Uber est contre-intuitive. L'application d'Uber, contrairement aux systèmes d'exploitation comme Windows ou Android, ne correspond pas à un coût fixe tel que seule l'assurance d'un débouché dans plusieurs pays permet de l'amortir. En fait, l'application doit être ajustée à chaque marché, ce qui entraîne des coûts additionnels spécifiques. [...] Mais le modèle d'affaires et la technologie d'Uber sont imitables. Des premiers concurrents, Lyft et Side-Car n'ont pas tardé à apparaître aux États-Unis. Pour rester en tête, il faut grandir très vite, et donc servir le plus grand nombre de marchés locaux de la planète.

L'avantage au premier entrant réside ici dans la connaissance de la marque. Plus la marque sera diffusée, plus nombreux seront les consommateurs qui téléchargeront l'application de demande de courses sur leur téléphone intelligent. [...] L'avantage de notoriété de la marque est décisif car, [...] plus il y a d'abonnés Uber, plus il est intéressant d'être chauffeur Uber (il y a ainsi plus de chances d'obtenir une course) et plus il y a de chauffeurs Uber, plus il est intéressant d'être abonné Uber (il y a ainsi plus de chances de trouver vite un véhicule).

Le tour de force d'Uber est d'avoir installé sa marque dans le monde entier [...] à une vitesse phénoménale et à un coût modeste [...].

François Lévêque, *Les Habits neufs de la concurrence*, © Éditions Odile Jacob, 2017.

4 Analyser. Y a-t-il des économies d'échelle significatives dans l'activité d'Uber ?

5 Justifier. Justifiez le titre du document.

DOC.3 Montée en gamme : l'exemple des croisiéristes

Avec une croissance annuelle de 7 % quasi constante depuis le début des années 1980, le marché mondial de la croisière est tel une galaxie en expansion scintillant dans le grand univers du voyage… En 2017, le cap des 26 millions de passagers a été franchi et les chiffres pour 2018 sont prometteurs tant les compagnies de croisières rivalisent d'audace et d'inventivité pour proposer à une clientèle friande de nouveautés, des navires toujours plus… quelque chose. Ceux que la croisière amuse opteront pour le « toujours plus grand » avec, dernière folie en date (mars 2018), le *Symphony of the Seas* : […] 362 mètres de long, 2 775 cabines et suites (de 13 à 141 m^2), 21 restaurants et 30 kilomètres de coursives à arpenter pour 9 000 âmes embarquées, dont 2 175 membres d'équipage.

[...] Là où l'autre géant des mers, européen cette fois, le *MSC Meraviglia* (315 mètres), vante son parc d'attractions et sa promenade surplombée d'un ciel virtuel en LED de 480 m^2, le *Seven Seas Explorer* affiche 2 500 œuvres d'art, 250 lustres en cristal, une collection de vases Lalique, un service de table griffé Versace et, à l'entrée du restaurant asiatique Pacific Rim, un rare moulin à prières tibétain acquis pour 500 000 dollars…

Bénédicte Menu, « La vogue des croisière ultraluxe », *lefigaro.fr*, 25 septembre 2018.

▲ Sorti des chantiers de Saint-Nazaire en 2018, le *Symphony of the Seas* est le dernier né de la surenchère à laquelle se livrent les grands croisiéristes sur un marché très concentré (les trois premières compagnies de croisière se partagent les quatre cinquièmes du marché mondial). Avec un nombre de couchettes décuplés, ces bateaux géants permettent de baisser le coût d'une journée-passager et d'enrichir l'offre de services à bord.

6 Synthétiser. De quelle façon les croisiéristes se font-ils concurrence ?

7 Analyser. Pourquoi les croisiéristes commandent-ils toujours des bateaux plus grands et plus beaux ?

8 Analyser. De quelle façon les données sur la croissance du marché de la croisière permettent-elles de comprendre la forme prise par la concurrence ?

DOC.4 La prolifération des marques comme barrière à l'entrée

L'industrie des céréales pour petits déjeuners est un oligopole différencié. Les trois premières entreprises, Kellog's, General Mills et Pepsico, réalisent 63% des ventes mondiales qui frôlent les 30 milliards de dollars [...]. En testant une nouvelle variété chaque jour, il vous faudrait presque 10 ans pour les goûter toutes ! [...] Comment expliquer cette profusion […] ? Donnons tout de suite la réponse : parce que les consommateurs, qui ont des goûts différents, demandent de la variété et parce qu'en introduisant une nouvelle variante, l'entreprise réduit la concurrence de nouveaux entrants. [...]

L'idée générale est que, dans les industries différenciées, la réaction des entreprises à une menace de nouveaux entrants est de multiplier les marques plutôt que de baisser les prix. [...] Elles laissent entre elles, ou plutôt entre leurs variétés, une distance suffisamment grande pour leur assurer un profit positif, mais suffisamment petite pour qu'un nouvel entrant qui s'intercalerait entre deux variétés perde de l'argent. Selon les économistes […] de la *Federal Trade Commission*, une telle stratégie dite de préemption est préjudiciable aux consommateurs. [...] Le trop plein de variétés est obtenu à un prix et à un coût trop élevé : marges excessives des producteurs et économies d'échelle perdues.

François Lévêque, *Les Habits neufs de la concurrence*, © Éditions Odile Jacob, 2017.

9 Justifier. Pourquoi l'auteur emploie-t-il le terme « prolifération » ?

10 Expliquer. Pour quelle raison les firmes installées ont-elles intérêt à multiplier les marques ?

11 Discuter. Quels sont les avantages et les inconvénients pour les consommateurs de la multiplication des variétés de céréales ?

12 Expliquer. Pourquoi la *Federal Trade Commission* considère-t-elle la prolifération des marques de céréales comme néfaste ?

FAIRE LE POINT

Complétez avec : *montée en gamme* • *guerre des prix* • *cartel* • *segmentation.*

	Concurrence par les prix	Concurrence par la qualité
Stratégie coopérative		
Stratégie non coopérative		

À RETENIR

- Sur un marché oligopolistique, les firmes peuvent adopter des **stratégies non coopératives** pour défendre ou gagner des parts de marché face à leurs concurrents.
- La course à la taille, la montée en gamme ou la prolifération des marques sont des alternatives à la guerre des prix.

DOSSIER 4

Comment les autorités régulent-elles la concurrence sur les marchés ?

OBJECTIF : Comprendre la politique des autorités de la concurrence.

A La surveillance des comportements des firmes

Les autorités de la concurrence surveillent les comportements des firmes sur les marchés. Elles interdisent la plupart des ententes et condamnent les abus de position dominante.

DOC.1 Pourquoi faut-il sanctionner les pratiques anticoncurrentielles

Souvent surnommée le « gendarme de la concurrence », l'Autorité[1] veille à réprimer les ententes et les comportements abusifs, dont l'impact peut être considérable sur l'économie et notamment pour les consommateurs et les PME. Lorsque cela est nécessaire, elle n'hésite pas à prononcer des amendes, qui remplissent un double objectif : sanctionner le comportement de l'entreprise en cause et dissuader les autres opérateurs économiques de se livrer à de telles pratiques. Les cartels peuvent conduire à des hausses importantes de prix pour les consommateurs (de l'ordre de 20 à 25 %) ainsi qu'à une limitation de leur choix, et ce, parfois, sur de longues périodes. Ces pratiques nuisent également aux entreprises situées en aval dans la mesure où elles aboutissent dans certains cas à majorer le coût de leurs intrants (produits intermédiaires, ou des matières premières qu'elles achètent. [...] Enfin, les pratiques de cartel nuisent à l'efficacité du marché, en diminuant les incitations des entreprises à s'améliorer. Au final, les ententes et les abus entraînent une perte de compétitivité, d'innovation et ont des effets néfastes sur l'emploi.

Autorité de la concurrence, *Rapport d'activité 2017*, 2018.

1. L'Autorité de la concurrence est une autorité administrative indépendante qui prend la suite en 2008 du Conseil de la concurrence créé en 1986.

NOTIONS

- Une **entente** est caractérisée par une concertation entre plusieurs acteurs économiques qui décident d'agir ensemble pour ajuster leurs comportements, au lieu de concevoir leur stratégie commerciale de façon indépendante.
- Contrairement aux ententes, qui sont des pratiques bilatérales ou multilatérales, les **abus de position dominante** sont en général des pratiques unilatérales émanant d'un acteur économique qui use de sa position de force sur un marché pour le verrouiller, pour évincer ses concurrents ou pour empêcher l'arrivée de nouveaux entrants.

www.autoritedelaconcurrence.fr, 2018.

1 Distinguer. Qu'est-ce qui différencie une entente d'un abus de position dominante ?

2 Résumer. Pour quelles raisons les ententes et les abus de position dominante sont-ils nuisibles selon l'Autorité de la concurrence ?

3 Expliquer. Comment le contrôle des pratiques anticoncurrentielles permet-il d'augmenter le surplus des consommateurs ? (CHAPITRE 1 P. 23-25)

DOC.2 Les amendes pour entente et abus de position dominante

Évolution des sanctions pécuniaires prononcées depuis 2009
(en millions d'euros)

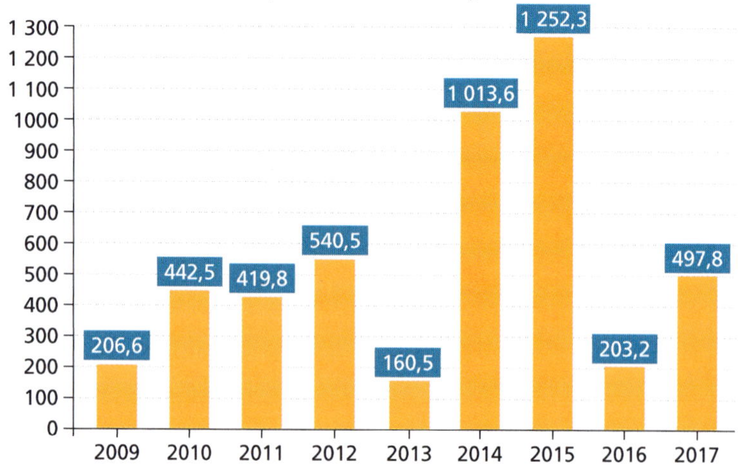

Source : Autorité de la concurrence, *Rapport d'activité 2017*.

En 2017, l'Autorité de la concurrence a particulièrement sanctionné trois fabricants de sol en lino. Après six ans d'enquête, les entreprises Gerflor, Forbo et Tarkett ont reçu une **amende de 302 millions d'euros pour des ententes illégales**. De hauts responsables de chaque fabricant se retrouvaient secrètement dans des hôtels. Ils s'accordaient sur les prix et les stratégies à adopter face aux concurrents. Ces pratiques ont duré près de 20 ans.

www.francetvinfo.fr, 25 juin 2018.

4 Calculer. Calculez le montant moyen des sanctions infligées par l'Autorité de la concurrence entre 2009 et 2017. SAVOIR-FAIRE 7 p. 350

5 Commenter. Commentez l'évolution des sanctions pécuniaires infligées par l'Autorité de la concurrence.

DOC. 3 À la recherche de la sanction optimale

Le point de départ de cette approche apparaît relativement intuitif : un agent rationnel (c'est-à-dire qui compare les coûts et les bénéfices de ses actions) et neutre au risque n'a aucun intérêt à violer la loi si le gain qu'il retire de l'infraction est inférieur à son coût espéré, représenté par la sanction monétaire multipliée par la probabilité d'être arrêté. [...] Par exemple, si la probabilité de détection est d'un tiers, la sanction optimale doit atteindre au moins trois fois le gain illicite. [...]

Le cadre analytique étant posé, déterminons à présent le niveau optimal des sanctions qu'il conviendrait d'infliger à un cartel. Concernant la probabilité de détection, une probabilité de 15% constitue l'approximation la plus couramment retenue. Pour ce qui est du gain illicite, les économistes estiment qu'un cartel conduit à une hausse du prix de 20% en moyenne. Sur la base de ces paramètres, la sanction dissuasive est comprise entre 63% et 110% du chiffre d'affaire sur le marché selon la valeur de l'élasticité-prix de la demande. [...] Si l'on compare ces résultats avec la pratique des autorités antitrust, le verdict semble sans appel : au regard de la probabilité de détection, les amendes infligées restent souvent peu dissuasives, comme en témoigne le fort taux de récidive en Europe.

Emmanuel Combe, *La Politique de la concurrence*, © Éditions La Découverte, 2016.

6 Analyser. Sur quels paramètres les autorités de la concurrence peuvent-elles jouer pour dissuader la constitution des cartels ?

7 Analyser. Pourquoi le montant de la sanction dissuasive dépend-elle de l'élasticité-prix de la demande ?

8 Lire. Les sanctions infligées par l'Autorité de la Concurrence sont-elles assez élevées ?

DOC. 4 Miner les ententes

La plupart des ententes ont jusqu'à présent été découvertes grâce au programme de clémence de la Commission, qui permet aux entreprises de notifier leur propre participation à une entente contre une réduction de l'amende qui leur est infligée. En mars 2017, la Commission a mis en place un nouvel outil de lancement d'alertes anonyme, qui donne aussi la possibilité aux particuliers ayant connaissance de l'existence ou du fonctionnement d'une entente ou d'autres types de violations des règles concernant les pratiques anticoncurrentielles de contribuer à la cessation de telles pratiques [...].

Le nouveau système augmente les chances de détection et de poursuite et permet donc de dissuader les entreprises de s'engager ou de demeurer dans des ententes ou d'exercer d'autres types de comportements anticoncurrentiels illégaux. Ces renseignements peuvent permettre à la Commission de clôturer ses enquêtes plus rapidement et avec davantage d'efficience, au bénéfice des consommateurs et de l'économie de l'Union en général.

Commission européenne, *Rapport sur la politique de Concurrence 2017.*

▲ **En 2016, l'entreprise MAN (groupe Volkswagen) a bénéficié du programme de clémence et échappé à l'amende record infligée aux 5 autres constructeurs (Volvo-Renault, Daimler, Iveco, DAF et Scania) pour s'être entendus sur le prix des camions entre 1997 et 2011. Après la condamnation de Scania en 2017, l'amende totale a atteint 3,8 milliards d'euros.**

9 Analyser. En remobilisant les enseignements du dilemme du prisonnier, analysez comment le programme de clémence influence l'interaction stratégique entre les entreprises qui pourraient s'entendre ?

10 Expliquer. Qu'apporte en plus le nouveau système d'alerte ?

FAIRE LE POINT

Complétez avec : *baisse du surplus du consommateur • moindre innovation • abus de position dominante • quantité plus faible.*

Pratiques anticoncurrentielles
→ Ententes | ....
→ .... | Prix plus élevé | ....
→ ....

À RETENIR

- Les **ententes** et les **abus de position dominante** conduisent à un équilibre socialement inefficace, préjudiciable pour les consommateurs et coûteux pour l'ensemble de l'économie.
- Les autorités publiques surveillent donc ces pratiques et les sanctionnent pour dissuader les entreprises d'y avoir recours. Elles améliorent ainsi le **surplus du consommateur** et, au-delà, le bien-être social.

DOSSIER 4

OBJECTIF :
Comprendre le rôle des autorités de concurrence dans la régulation des fusions-acquisitions et la lutte contre les abus de position dominante.

B Le contrôle des concentrations

Les autorités de la concurrence exercent un droit de regard sur les opérations de fusions et acquisitions. Elles tentent de lutter contre l'apparition de positions dominantes tout en intégrant les avantages qui peuvent en découler.

DOC.1 Un arbitrage pouvoir de marché/baisse des coûts

Une concentration n'a pas pour seul effet potentiel de réduire la concurrence et d'accroître les prix : elle est également susceptible de diminuer les coûts de production. Il s'agit alors de savoir dans quelle mesure et à quelles conditions cet effet d'efficacité est pris en compte par les autorités antitrust.
Il revient à Williamson (1968) d'avoir mis en évidence l'arbitrage fondamental entre pouvoir de marché et efficacité. Considérons un cas d'école : deux firmes ayant la même fonction de coût (coût marginal égal à C_0) et se faisant concurrence en prix évoluent sur le même marché. Avant la fusion, le prix d'équilibre P_0 est égal au coût marginal et la quantité produite équivaut à Q_0.

Les deux firmes décident de fusionner, ce qui se traduit par :
- un effet d'efficacité : le coût marginal diminue de C_0 à C_1 ;
- un effet pouvoir de marché : les firmes se trouvent désormais en situation de monopole, ce qui se traduit par une hausse du prix de vente à P_1.

Du point de vue du consommateur, la fusion entraîne une perte nette de surplus, représentée par l'aire A_1. Mais la fusion permet d'accroître le profit des producteurs d'un montant égal à l'aire A_2. Si l'aire A_2 est plus importante que l'aire A_1, la fusion entraîne une amélioration du bien-être total.

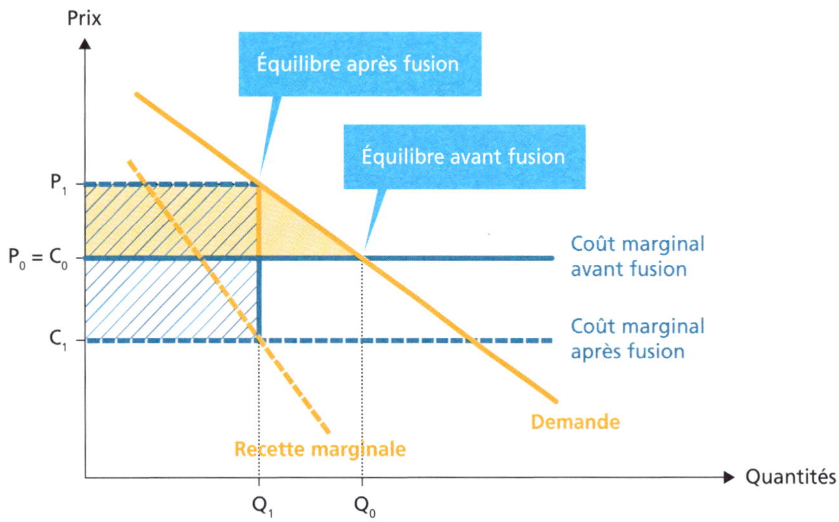

La droite de recette marginale a été rajoutée sur le graphique d'origine pour le rendre plus explicite.

A_1	Perte de surplus du consommateur
A_2	Hausse de profit du producteur

D'après Emmanuel Combe, *La Politique de la concurrence*, © Éditions La Découverte, 2016.

POUR LIRE LE GRAPHIQUE
Le nouvel ensemble issu de la fusion maximise son profit comme le monopoleur étudié p... .
Il choisit la quantité qui égalise son coût marginal et sa recette marginale (Q_1). Pour l'écouler, il doit respecter la contrainte imposée par la demande des consommateurs et fixer le prix P_1 qui est supérieur au prix de concurrence parfaite, P_0.

NOTION
Fusion-acquisition : opération de concentration d'entreprises qui découle soit d'un rapprochement entre entreprises auparavant indépendantes, soit d'un rachat d'une entreprise par une autre.

1 Justifier. Pourquoi les coûts de production peuvent-ils diminuer à la suite de la fusion ?

2 Expliquer. Pourquoi le prix après fusion (P_1) n'est-il plus égal au coût marginal C_1 ?

3 Expliquer. Expliquez les représentations graphiques de l'évolution du surplus de producteur et du consommateur.

4 Analyser. La concentration peut-elle conduire à une amélioration du bien-être total ?

5 Analyser. De quoi le bilan de la concentration pour la société dépend-il ?

DOC. 2 La défense du surplus du consommateur d'abord

En pratique, les autorités de la concurrence adoptent plus volontiers une démarche centrée sur le seul surplus du consommateur, même lorsque les gains d'efficience résultant de la fusion sont pris en compte. En d'autres termes, les gains d'efficience ne sont considérés qu'à la condition qu'ils évitent une hausse des prix et donc une dégradation du surplus des consommateurs. Comment expliquer une telle prudence des autorités ? [...]
En premier lieu, les gains d'efficacité sont particulièrement difficiles à estimer, notamment dans un contexte d'information asymétrique[1] entre les parties et l'autorité antitrust. En second lieu, les nombreuses études empiriques sur l'impact des concentrations sur la fonction de coût mettent en évidence un fort taux d'échec des fusions-acquisitions et une surestimation des gains attendus d'une fusion.

Emmanuel Combe, *La Politique de la concurrence*, © La Découverte, 2016

1. Lorsqu'une des deux parties à un contrat détient des informations que l'autre n'a pas. Ici : les entreprises qui fusionnent et les autorités de la concurrence.

6 Définir. Qu'est-ce qu'une information asymétrique (CHAPITRE 3 P. 76-77) ?

7 Résumer. Les gains en termes d'efficience peuvent-ils facilement être connus par les autorités ?

DOC. 3 Des autorisations sous condition

L'Autorité a donné son feu vert à l'acquisition du groupe Bricorama par la société ITM Équipement de la Maison, propriétaire des enseignes Bricomarché et Brico Cash. Cette autorisation a néanmoins été assortie de l'obligation de céder des magasins afin de préserver l'intérêt des consommateurs.
Si l'opération ne soulevait pas de problème de concurrence sur le marché de l'approvisionnement auprès des fournisseurs, compte tenu de la part de marché limitée de la nouvelle entité au niveau national, l'Autorité a, en revanche, estimé qu'elle créait des doutes sérieux d'atteinte à la concurrence dans plusieurs zones : Cahors, Belley, Goudan-Polignan, Lannion et Soissons.
Dans ces zones, la nouvelle entité aurait détenu des parts de marché très importantes et les consommateurs auraient été privés d'une offre alternative susceptible d'exercer une pression concurrentielle suffisante, ce qui potentiellement aurait pu favoriser une augmentation des prix. Afin de remédier à ces préoccupations de concurrence, ITM Équipement de la Maison s'est engagée à céder à un concurrent 5 points de vente Bricorama et à résilier un contrat de franchise Bricorama, en favorisant la conclusion d'un nouveau contrat de franchise par un réseau concurrent.

Autorité de la Concurrence, décision 17-DCC-215 du 18 déc. 2017.
Économie augmentée : Nouvelles perspectives, Synthèse 2017.

Autorité de la concurrence	Nombre de décisions sur les concentrations (2009-2017)
Autorisations sans conditions	1 669
Autorisations sous conditions	65
Total	1 734

Source : Autorité de la concurrence, *Rapport d'activité 2017*.

8 Comprendre. Y avait-il un risque d'atteinte à la concurrence sur l'ensemble du territoire français ?

9 Analyser. Quel type de monopole ce projet de fusion risquait-il de faire apparaître ? (DOC. 4, DOSSIER 2, P. 45)

10 Analyser. Comment l'Autorité de la concurrence a-t-elle contré ce risque ?

11 Calculer. Ce type d'autorisation sous conditions est-il fréquent ? Justifiez par le calcul d'un pourcentage.

FAIRE LE POINT

Vrai ou faux ? Justifiez vos réponses.
1. La concentration d'entreprises est toujours synonyme de perte de bien-être pour la collectivité.
2. Une concentration d'entreprises peut faire baisser le prix de vente pour le consommateur.
3. Les autorités de la concurrence sont surtout attentives aux profits des firmes.

À RETENIR

- Les autorités de la concurrence régulent les **fusions-acquisitions** en mettant en balance leurs avantages en termes d'efficience et leurs risques en termes de réduction de la pression concurrentielle et de réduction du **surplus du consommateur**.
- Face à l'incertitude des gains d'efficience, elles veillent d'abord à défendre les intérêts des consommateurs en s'assurant que les **opérations de concentration** permettront une baisse des prix sur le marché.

SYNTHÈSE

Comment les marchés imparfaitement concurrentiels fonctionnent-ils ?

NOTIONS

Pouvoir de marché : capacité, pour une entreprise, à influencer le prix du marché et à le fixer au-delà de son niveau de concurrence parfaite.

Entente : accord entre entreprises sur un marché qui vise à s'entendre sur le prix de vente et/ou les quantités vendues.

Barrière à l'entrée : avantage technique, financier ou institutionnel qui rend difficile, voire impossible, l'entrée de nouveaux concurrents et protège les firmes déjà installées sur le marché.

Concurrence imparfaite : ensemble des situations de marché dans lesquelles au moins une hypothèse de la concurrence parfaite n'est pas respectée.

Monopole : structure de marché caractérisée par l'existence d'un seul offreur face à une multitude d'acheteurs.

Oligopole : structure de marché caractérisée par un petit nombre de vendeurs en situation d'interaction stratégique.

Concurrence monopolistique : structure de marché caractérisée par un grand nombre de firmes, la libre entrée et sortie du marché, et par l'existence de biens différenciés.

Innovation : mise en œuvre d'un nouveau produit, d'un nouveau procédé de production, d'une nouvelle méthode de commercialisation ou d'une nouvelle méthode organisationnelle.

Économies d'échelle : situation dans laquelle le coût unitaire de production baisse lorsque la quantité produite (l'échelle de production) augmente.

Monopole naturel : situation de monopole qui découle « naturellement » du jeu de la concurrence et de la sélection des firmes les plus efficaces. L'existence d'économies d'échelle offre un avantage décisif au plus gros producteur qui finit par évincer tous ses concurrents.

Monopole institutionnel : situation de monopole qui découle d'une protection réglementaire qui réserve le marché à un seul producteur.

Monopole d'innovation : situation de monopole qui découle de l'innovation d'un producteur qui lui confère une avance décisive sur ses concurrents, éventuellement protégée par un brevet.

Abus de position dominante : pratique consistant, pour une entreprise, à utiliser son pouvoir de marché pour imposer des conditions déloyales aux consommateurs ou aux autres producteurs.

Politique de la concurrence : ensemble des interventions des autorités publiques pour maintenir un degré suffisant de concurrence sur les marchés. Elle comprend la surveillance des pratiques des entreprises et la régulation des formes de concentration.

Fusion-acquisition : opération de concentration d'entreprises qui découle soit d'un rapprochement entre entreprises auparavant indépendantes, soit d'un rachat d'une entreprise par une autre.

1 Le pouvoir de marché des entreprises : d'où vient-il et comment l'expliquer ?

A. Les sources du pouvoir de marché

▶ L'origine du **pouvoir de marché** des firmes est multiple. Il peut découler du nombre limité d'entreprises présentes sur le marché et, éventuellement, de l'existence d'une **entente** formelle ou informelle entre elles.

▶ Il peut également provenir de la capacité qu'ont les firmes de différencier leurs produits pour les rendre plus difficilement substituables.

▶ Ce pouvoir de marché est d'autant plus fort que les firmes sont protégées par des **barrières à l'entrée** qui empêchent des firmes concurrentes de venir les concurrencer.

B. Les différents types de concurrence imparfaite

▶ La **concurrence imparfaite** regroupe toutes les configurations de marché qui dérogent, par au moins une caractéristique, au modèle de la concurrence parfaite. Les économistes distinguent trois types idéaux : le **monopole**, l'**oligopole** et la **concurrence monopolistique**. Ces modèles représentent des configurations idéales qui visent à éclairer le fonctionnement des marchés réels forcément plus complexes.

▶ D'autres économistes, comme Joseph Schumpeter, ont insisté sur le caractère dynamique de la concurrence qui passe, au-delà du nombre d'entreprises présentes sur le marché, par l'apparition régulière d'**innovations**. Ces dernières remettent en cause les positions acquises sur les marchés et exercent une pression sur les comportements des firmes installées.

2 Comment fonctionnent les monopoles ?

A. Le monopole dans tous ses états

▶ Si le monopole pur de la théorie est rare, de nombreux exemples dans la réalité présentent des caractéristiques qui s'en rapprochent.

▶ Les économies d'échelle, liées notamment à des coûts fixes importants sont un puissant moteur de constitution de monopoles qui sont alors qualifiés de « **naturels** ». Les **monopoles institutionnels** sont le résultat de barrières réglementaires qui empêchent l'entrée de nouveaux concurrents. L'avance technologique d'une firme, issue de l'innovation, et éventuellement protégée par un brevet, offre à l'entreprise un monopole technologique temporaire : il s'agit d'un **monopole d'innovation**. Enfin, l'existence de coûts liés aux déplacements confère aux entreprises un pouvoir de monopole local.

B. Des monopoles faiseurs de prix et souvent inefficaces

▶ Le pouvoir de marché du monopole n'est pas sans limites. Il est contraint par la disposition à payer des consommateurs. Le monopoleur peut toutefois imposer un prix plus élevé qu'en concurrence parfaite. Il en découle une quantité échangée plus faible.

▶ Cet équilibre n'est, le plus souvent, pas efficace. Il entraîne une perte de surplus pour le consommateur que la rente du monopoleur ne compense pas. C'est l'ensemble de la société qui subit une perte de bien-être. Le monopole peut toutefois résulter de l'innovation et engendrer des gains d'efficacité en cas d'économies d'échelle importantes.

3 Comment fonctionnent les oligopoles ?

A. Des stratégies coopératives

▶ Sur un marché oligopolistique, les firmes ont intérêt à s'entendre pour imposer un prix plus élevé aux consommateurs et ainsi augmenter conjointement leurs profits. Le dilemme du prisonnier – structure de jeu dans laquelle chaque joueur a intérêt individuellement à ne pas coopérer même si collectivement les deux joueurs auraient intérêt à le faire – montre toutefois que cet équilibre n'est pas toujours stable. Chaque firme a, en effet, individuellement intérêt à ne pas respecter les termes de l'accord.

▶ Ces ententes seront d'autant plus probables que le nombre d'entreprises est limité, que le bien est peu différenciable et que l'horizon du marché est long.

B. Des stratégies non coopératives

▶ Faute de pouvoir s'entendre, les entreprises développent des stratégies pour défendre ou accroître leur pouvoir de marché. Elles peuvent s'engager dans une guerre des prix, une course à la taille ou une montée en gamme. Ces stratégies non coopératives ne sont pas forcément défavorables au consommateur.

4 Comment les autorités régulent-elles la concurrence sur les marchés ?

A. La surveillance des comportements des firmes

▶ Les autorités publiques de la concurrence, comme l'Autorité de la concurrence en France, ont pour mission de surveiller les pratiques des firmes et de sanctionner les pratiques anticoncurrentielles que sont les ententes et les **abus de position dominante**. On parle de **politique de la concurrence**.

▶ Elles disposent pour cela de moyens d'enquête et n'hésitent pas à jouer sur les conflits d'intérêt entre les firmes par l'intermédiaire de procédures de clémence. Les sanctions doivent être suffisamment dissuasives tout en évitant de menacer l'équilibre des marchés et le surplus du consommateur.

B. Le contrôle des concentrations

▶ Les autorités sont également investies d'un pouvoir de régulation des concentrations. Elles étudient l'impact des projets de **fusion** entre entreprises et mettent en balance les éventuels gains d'efficacité et le risque de réduction de la pression concurrentielle.

SCHÉMA BILAN

Lorsqu'une des caractéristiques de la concurrence parfaite n'est pas vérifiée, la concurrence est imparfaite. Les conséquences peuvent être néfastes pour la collectivité, ce qui justifie la politique de concurrence.

1. Le pouvoir de marché des entreprises : d'où vient-il et comment l'expliquer ?	2. Comment fonctionnent les monopoles ?	3. Comment fonctionnent les oligopoles ?	4. Comment les autorités régulent-elles la concurrence sur les marchés ?
Une origine multiple : nombre limité d'entreprises sur le marché, ententes, différenciation des produits, barrières à l'entrée	**Trois types de monopoles :** • le monopole naturel • le monopole institutionnel • le monopole d'innovation	**Des stratégies coopératives** Selon le dilemme du prisonnier, intérêt des entreprises à s'entendre, mais ententes instables	**Sanctions** des ententes et des abus de position dominante par les autorités publiques de la concurrence
Trois modèles • le monopole • l'oligopole • la concurrence monopolistique	**Des monopoles coûteux** • prix plus élevés qu'en concurrence pure et parfaite, quantités plus faibles • perte de surplus pour le consommateur	**Si pas d'ententes,** développement de stratégies non coopératives : guerre des prix, augmentation de la taille, montée en gamme	**Contrôle** des concentrations et des fusions. Mise en balance des gains d'efficacité et des atteintes à la concurrence

POUR ALLER PLUS LOIN

SES & SERIOUS GAME

https://ncase.me/trust/

Le jeu de la confiance est une variante du dilemme du prisonnier. Dans ce jeu, chaque joueur peut coopérer et mettre une pièce dans une machine. Dans ce cas, l'autre joueur récupère 3 pièces. Il y a un gain net pour les deux joueurs, mais l'un des deux gagne et l'autre perd. L'idéal serait, bien sûr, que les deux coopèrent, ce qui multiplie les pièces de chacun des joueurs. Mais chacun peut chercher à profiter des pièces de l'autre sans utiliser les siennes pour gagner encore plus.

Votre stratégie dépendra sans doute du nombre de tours de jeu, ou encore des possibilités de discuter ou non… et de ce que vous anticipez de la stratégie de l'autre. Un large domaine à explorer. À vous de jouer !

The Game of Trust (Le jeu de la confiance)

À VOIR, À LIRE

L'irrésistible ascension d'Amazon

Film documentaire de David-Carr Brown, 2018 (1 h 27).

Ce documentaire diffusé sur Arte présente l'histoire de la croissance fulgurante d'Amazon.

Les Habits neufs de la concurrence. Ces entreprises qui innovent et raflent tout

François Lévêque, Odile Jacob, 2017.

Ce livre illustre les ressorts de la concurrence dans nos économies d'aujourd'hui en s'appuyant sur de nombreux exemples qui permettent de rendre vivante la théorie économique des marchés.

EXERCICES

1. Évaluer ses connaissances

Corrigés des exercices p. 372

Vrai ou faux ?

	V	F
1. On parle d'économies d'échelle quand le coût total diminue avec la hausse de la production.	☐	☐
2. Les autorités de la concurrence interdisent systématiquement toutes les ententes.	☐	☐
3. On parle de concurrence imparfaite dès lors qu'une des conditions de la concurrence parfaite n'est pas respectée.	☐	☐
4. Les stratégies non coopératives des entreprises sont toujours défavorables aux consommateurs.	☐	☐
5. Comme le monopoleur est seul sur le marché, il peut imposer le prix le plus élevé qu'il veut.	☐	☐
6. Un monopole d'innovation est, en général, temporaire.	☐	☐
7. Le monopole vend moins et plus cher que l'entreprise en situation de concurrence parfaite.	☐	☐
8. La concurrence monopolistique désigne la concurrence des grandes entreprises entre elles.	☐	☐
9. La différenciation des produits est un moyen de se démarquer de la concurrence.	☐	☐
10. En concurrence imparfaite, le surplus du consommateur est en général plus faible qu'en concurrence pure et parfaite.	☐	☐

2. Construire un diagramme de répartition

Savoir-faire 10, p. 354

Ventes de véhicules automobiles sur le marché français en juin 2018

Constructeurs	Nombre de véhicules
PSA	77 762
Renault	76 177
Volkswagen	29 156
Fiat Chrysler	13 019
Toyota	9 925
BMW	8 731
Ford	7 274
Daimler	6 699
Nissan	6 672
Autres	16 807

Source : Comité des Constructeurs Français d'Automobiles, 2018.

Questions

1. Calculez la part de marché des différents constructeurs.
2. Représentez, dans un diagramme circulaire ou dans un diagramme à bande, la répartition du marché automobile français en juin 2018.

3. Interpréter une série chronologique

Savoir-faire 11, p. 355

Évolution du nombre d'abonnés Netflix

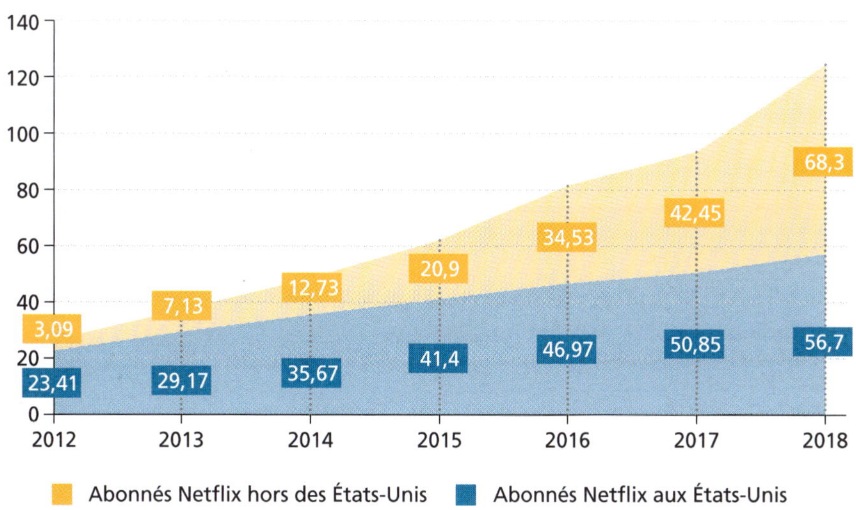

Source : données Netflix, 2018.

Questions

1. Caractérisez l'évolution du nombre total d'abonnés Netflix.
2. Calculez le taux de croissance annuel moyen du nombre d'abonnés Netflix aux États-Unis d'une part et dans le reste du monde d'autre part.
3. Montrez que les abonnements en dehors des États-Unis constituent le principal relai de croissance de l'entreprise Netflix aujourd'hui.

L'INFOGRAPHIE DU CHAPITRE

GAFA : nouvelle économie, nouvelles règles ?

	Google	Apple	Facebook	Amazon
Création	1998	1976	2004	1994
	94 % des recherches sur internet	15 % du marché des smartphones mais 92 % de ses profits	1,4 milliard d'utilisateurs	5 milliards de colis pour son seul service Prime
Bénéfice net (2016) en milliards de dollars	19,48	45,69	10,22	2,37
Chiffre d'affaire (2017) en milliards de dollars	111	229	41	178
Employés	72 000	114 000	17 000	566 000

Innovations de rupture/ Investissement

	Google	Apple	Facebook	Amazon
Télécom & IT	Fiber	Apple Sim	WhatsApp	Cloud Drive
Santé	Calico	HealthKit	Move	Marketplace
Vente	Shopping express	iBeacon	Facebook "Buy" Button	Grocery Delivery
Énergie et services publics	Smart home	Solar Power	Internet.org project	Fulfillment by Amazon
Médias et divertissement	Play	iTunes Radio	Oculus	Gamers Video platform
Finances	Wallet	Apple Pay	Friend-To-Friend Payment[1]	Payments API
Mobilité, voyages et loisirs	Car	CarPlay	Messenger + Uber integration[1]	Media app for connected cars

Source : Statistica, https://kubraconsult.blog, 2017.

EXERCICE

C'est le grand procès des GAFA, dressez la liste des arguments de l'accusation et celle de la défense en vous appuyant sur les informations de cette infographie et les réponses aux questions préparatoires.

Questions préparatoires

- Par quelles caractéristiques les GAFA sont-elles des entreprises originales ?
- À quoi le pouvoir de marché des GAFA se mesure-t-il ?
- Comment expliquer une telle concentration sur leur marché respectif ?
- Qu'est-ce qui oppose une rente de situation et une rente d'innovation ?

MÉTHODE VERS LE BAC

Traiter la partie 1 de l'épreuve de spécialité

Sujet Concurrence et baisse des prix : l'exemple de la téléphonie mobile.

Baisse des factures mobiles consécutives à une concurrence plus dynamique *(en euros HT)*

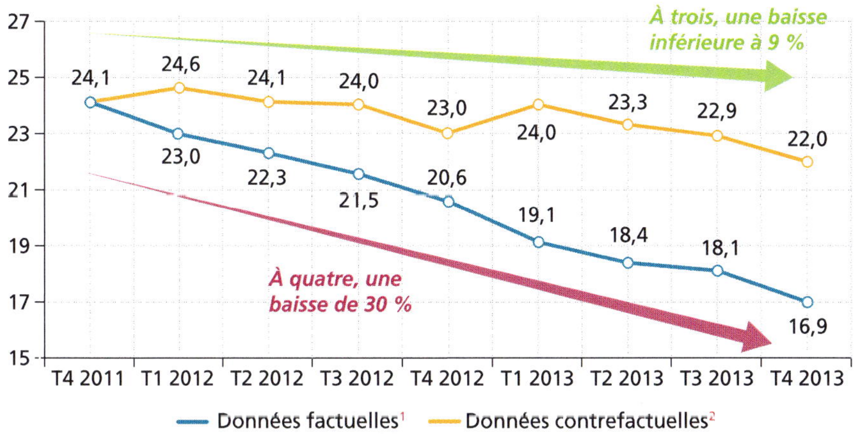

1. Données observées suite à l'entrée sur le marché en 2012, d'un quatrième opérateur Mobile, Free.
2. Données estimées si Free n'était pas rentré sur le marché de la téléphonie mobile.

Source : UFC-Que-Choisir.

1. Exprimez, en %, l'importance de la baisse des prix dans les 2 scénarios distingués par l'UFC-Que-Choisir sur l'ensemble de la période étudiée.

2. À l'aide du document, vous évaluerez l'importance de la concurrence dans l'explication de la baisse des prix dans la téléphonie mobile.

Travail sur les questions

- **Lisez** bien tout le sujet et évitez de vous lancer tout de suite dans les calculs. Lire le titre, identifier la source, comprendre précisément la légende, et repérer la période.
- **Interrogez**-vous ici sur la relative ancienneté des données mais elles se comprennent comme l'étude d'un évènement historique : l'entrée de Free sur le marché qui passe alors de 3 à 4 opérateurs.
- Les 2 courbes représentent donc 2 scénarios dont les données sont différentes : les premières sont observées, les secondes sont estimées. **Formulez** une phrase pour une donnée de chaque courbe pour vous assurer d'avoir bien compris.
- Passez aux calculs demandés. La question est précise : il faut calculer en % et sur l'ensemble de la période.

Exemple de rédaction

Voici un exemple de copie d'élève accompagnée des commentaires du professeur.

Sans l'entrée de Free, la baisse des prix entre fin 2011 et fin 2013 aurait été de 9,5%.
(22,0 – 24,1)/22,0 x 100 = 9,5 %
À la suite de l'entrée de Free, la baisse des prix observée entre 2011 et 2013 a été de 42,6%. **1**
(16,9 – 24,1)/16,9 x 100 = 42,6 %
La concurrence semble être un facteur essentiel permettant d'expliquer la baisse des prix. **2**
Le document, intitulé « Baisse des factures mobiles consécutive à la dynamisation de la concurrence » montre en effet que la baisse des prix a été beaucoup plus forte dans la téléphonie mobile grâce à l'entrée d'un quatrième opérateur, Free, sur le marché. **3**
En effet, alors que les prix ont effectivement baissé de 7,2 euros, soit 42,6 % entre 2011 et 2013 après l'entrée de Free, l'UFC que Choisir a calculé que cette baisse n'aurait été que de 2,1 euros, soit moins de 10 % sans cette entrée. **4**

1 Faux. Attention, le calcul des % de variation n'est pas symétrique. Prenez la valeur de départ, pas d'arrivée ! Redonnez la formule. Les phrases sont justes et assez précises.

2 Il est bon en effet de formuler tout de suite l'idée générale de la réponse.

3 Il serait bon de présenter un peu le document : indicateur, période, source, contexte…

4 Erreur de calcul reprise. Bien pour la justification et le 2e calcul. Autres calculs possibles.
La réponse est un peu courte. Quelles autres causes de la baisse des prix ? Quelle importance relative ?

Pour les remarques 1, 3 et 4, cherchez ce que l'élève aurait dû ou pu écrire pour améliorer sa réponse.

Rédigez maintenant la réponse à la partie 1 de l'épreuve de spécialité en tenant compte de la Fiche méthode ci-dessous.

FICHE MÉTHODE Traiter la partie 1 de l'épreuve de spécialité

- La réponse doit être structurée. Elle commence par l'idée générale qui donne la réponse que vous entendez donner à la question et se décline éventuellement en sous-idées qui peuvent conduire à construire plusieurs paragraphes
- Le document mérite d'être présenté. Même si ce n'est pas explicitement demandé et que cela ne doit pas être formel, c'est utile pour pouvoir l'utiliser efficacement.
- Les idées avancées sont justifiées par la mobilisation de données extraites du document ou calculées à partir du document, et du document seulement.
- On attend de vous une sélection des données les plus pertinentes (tout n'est pas utile), de la rigueur dans leur utilisation (précision des formulations), et une capacité d'interprétation (on dégage une tendance, on calcule des indicateurs, on compare des données…) pour éviter la paraphrase et justifier précisément votre réponse.

VERS LE BAC Épreuve de spécialité

Partie 1 Mobilisation de connaissances et traitement de l'information (10 points)

• **Document** **Vente de glaces sur la Côte d'Azur**

Un marchand de glaces est en situation de monopole sur une plage de la Côte d'Azur. Il doit choisir le prix auquel il vend ses cornets.

Ses coûts de production se composent de :
- coûts fixes : location du camion de glaces, énergie, salaire du vendeur (150 € par jour) ;
- coûts variables : glaces et cornets (0,2 € par cornet de glace).

Par ailleurs, il sait par expérience que la quantité de cornets achetés par les vacanciers dépend du prix du cornet. À 3 € le cornet, il ne vend que 50 cornets dans la journée. À chaque fois qu'il veut vendre 50 cornets supplémentaires, il est obligé de diminuer le prix de 50 centimes d'euros.

1	2	3	4	5	6	7
Prix d'une boule de glace (en €)	Nombre de cornets de glace achetés par les consommateurs	Recette totale du monopoleur	Recette supplémentaire du monopoleur engendrée par les 50 derniers cornets de glace	Coût total du monopoleur = coûts fixes + coûts variables	Coût supplémentaire engendré par les 50 derniers cornets de glace	Profit total du monopoleur
P	Q	RT = P x Q	Rm	CT	Cm	Π = RT - CT
3	50					
2,5	100					
2	150					
1,5	200					
1	250					
0,5	300					

• **Questions**

1. Quelles sont les différences pour une entreprise entre une situation en concurrence pure et parfaite, une situation de monopole et une situation d'oligopole ?
2. Complétez les colonnes 3, 4, 5, 6 du document.
3. On suppose que le marchand de glaces ne peut choisir que des multiples de 50 centimes pour le prix de ses cornets comme dans le tableau. En vous appuyant sur un raisonnement à la marge, quelle quantité de cornets a-t-il intérêt à vendre et quel prix doit-il fixer pour obtenir le profit le plus élevé ? Vérifiez votre réponse précédente en remplissant la colonne n°7 du tableau.

CONSEILS

- Il faut bien lire l'énoncé pour ne rien laisser de côté.
- Deux choses à noter :
  - On vous fait remplir les colonnes progressivement et dans l'ordre (les questions et les calculs s'enchaînent).
  - On raisonne à la marge mais par paquet de 50 cornets de glace.
- Expliquez bien vos calculs.

Partie 2 Raisonnement appuyé sur un dossier documentaire (10 points)

Sujet **À l'aide de vos connaissances et du dossier documentaire, vous montrerez que les sources de pouvoir de marché des firmes sont multiples.**

Doc. 1 Soupçon de cartel de banques sur les obligations en dollars en Europe

Un petit parfum d'Euribor, ce scandale d'entente sur les dérivés de taux d'intérêt qui coûta cher, des dizaines voire des centaines de millions à plusieurs grandes banques. La Commission européenne a annoncé ce jeudi 20 décembre qu'elle avait communiqué à « quatre banques », qu'elle n'a pas citées, ses griefs concernant des soupçons d'entente sur les prix d'obligations souveraines libellées en dollars américains. […]

« La Commission craint qu'à différentes périodes entre 2009 et 2015, les quatre banques aient échangé des informations commerciales sensibles et coordonné leurs prix concernant des obligations supra-souveraines, souveraines et d'agences libellées en dollars américains, connues sous le nom d'"obligations SSA". » […]

L'affaire ressemble furieusement à celle du scandale Euribor. La Commission avait enquêté sur des soupçons d'entente sur les produits dérivés de taux d'intérêt en euro, qui a duré entre septembre 2005 et mai 2008 : son enquête avait révélé que sept banques y avaient participé à des degrés divers (Barclays, Crédit Agricole, HSBC, JPMorgan Chase, Deutsche Bank, RBS et Société Générale). […]

Elle avait expliqué que « les traders […] entretenaient des contacts réguliers au moyen de forums de discussion ou de services de messagerie instantanée. Leur objectif était de fausser le cours normal des éléments constitutifs des prix des produits dérivés de taux d'intérêt en euro. »

Delphine Cuny, *La Tribune*, 20 décembre 2018.

CONSEILS

- Le texte fournit 2 exemples de cartel dans le secteur bancaire qui pourront être mobilisés pour illustrer le propos. C'est une source possible de pouvoir de marché. Le texte évoque d'ailleurs ses effets sur le prix.
- Demandez-vous pourquoi de tels cartels se répètent dans ce secteur.

Doc. 2 Parts du marché mondial détenues par les différents systèmes d'exploitation pour téléphones mobiles (en %)

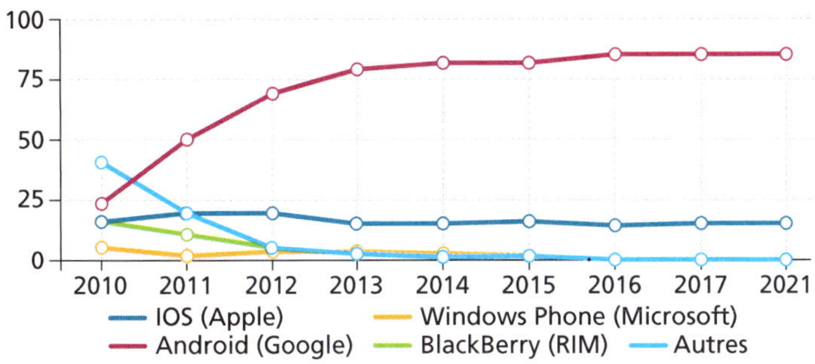

Sources : IDC, www.zdnet.fr/actualites/chiffres-cles, 2017.

CONSEILS

- Le graphique présente l'évolution depuis 2010 des parts de marché des systèmes d'exploitation pour téléphones mobiles. Les données 2017 sont provisoires et, ensuite, ce sont des projections.
- Caractérisez l'état du marché des systèmes d'exploitation pour mobiles aujourd'hui.
- Faites une phrase avec une donnée du graphique.
- Analysez ensuite l'évolution de ce marché depuis 2010 : Android a-t-il toujours dominé le marché ?
- Interrogez-vous : d'où peut provenir cette domination ?

S'ENTRAÎNER

Étape 1 Analyser le sujet

- Avant de lire les documents, il faut commencer par réfléchir au sujet. Ici, il faut d'abord définir « pouvoir de marché des firmes ». Ensuite, il faut s'interroger sur le terme « sources » : quelle peut être l'origine du pouvoir de marché ? D'où vient ce pouvoir de marché.
- Dans ce type d'épreuve, le sujet est toujours formulé de façon positive (« Montrez »). Le propos devra sans doute être organisé autour de différentes sources qu'il faut identifier.
- Avant d'analyser les documents, cherchez dans vos connaissances quelles sont ces sources possibles. Vous les retrouverez peut-être dans les documents ce qui vous indiquera comment les utiliser.

Étape 2 Analyser les documents

Les documents doivent être utilisés précisément et « travaillés » pour éviter la paraphrase.

- Commencez par regarder le titre, la source, la date pour les contextualiser. Résumez l'idée générale du texte en pensant au lien qu'il peut y avoir avec le sujet. Ici les ententes apparaissent comme une source possible de pouvoir de marché, les firmes pouvant alors collectivement se comporter comme un monopole.
- Analysez le document statistique en dégageant le constat général, en sélectionnant des données pertinentes pour le justifier et en cherchant des calculs à faire pour l'exploiter sans le paraphraser. Pensez cela en lien avec le sujet et faites le lien avec des mécanismes théoriques. Ici, le caractère très concentré du marché peut être identifié comme une autre source de pouvoir de marché. L'évolution du marché des systèmes d'exploitation pour mobile fait penser au mécanisme du « *The winner takes all* » propre aux nouvelles technologies et qui repose sur des économies d'échelle et des effets de réseau. Le caractère innovant du produit Android peut aussi être une explication de sa conquête du marché et du pouvoir de l'entreprise Google.

Étape 3 Organiser ses connaissances pour répondre au sujet

- Le propos doit être organisé. Il faut d'abord une introduction qui pose l'intérêt de la question. Elle commence par une accroche, enchaîne avec les définitions et annonce le plan. Ensuite, il faut constituer un petit nombre de paragraphes articulés.
- Ici, il convient d'organiser la réponse autour des différentes sources possibles du pouvoir de marché : le petit nombre d'acteurs, la possibilité d'entente, l'existence de barrières à l'entrée, l'innovation, la différenciation des biens… Il est possible, et sans doute souhaitable, de regrouper certains éléments et de trouver une progression logique entre eux.

CHAPITRE 3

NOTIONS
défaillances du marché, information asymétrique, externalités, biens collectifs, biens communs, sélection adverse, aléa moral

Quelles sont les principales défaillances du marché ?

Les défaillances du marché sont des situations dans lesquelles le marché concurrentiel ne parvient pas à allouer de façon optimale les ressources.

Les activités des agents économiques peuvent avoir des conséquences, positives ou négatives, pour la collectivité.	Certains biens et services sont accessibles gratuitement ou sans contrepartie monétaire directe.	Dans une situation d'échange, une des parties peut disposer de plus d'informations que l'autre.
↓	↓	↓
Pourquoi le marché ne prend-il pas en compte les externalités ? DOSSIER 1	Pourquoi le marché est-il défaillant en présence de biens collectifs et de biens communs ? DOSSIER 2	Pourquoi les marchés dysfonctionnent-ils en présence d'asymétries d'information ? DOSSIER 3

SOMMAIRE DU CHAPITRE

ENTRER DANS LE CHAPITRE

vidéo
France TV éducation : « Cliquer, c'est polluer » (2018).
Durée : 3 min 10 s
www.lienmini.fr/ses-1-006

Doc. 1 La pollution électronique

▲ Agbogbloshie, dans la banlieue pauvre d'Accra, capitale du Ghana, est l'une des plus grandes décharges électroniques au monde.

Doc. 2 La pollution numérique

Vidéo, mail, téléphone… une consommation polluante énorme

Internet pollue autant qu'un grand pays industriel

Sources : ADEME, Greenpeace, Cleanfox.

?

1 Que deviennent nos déchets électroniques ? Où sont-ils envoyés ? Pourquoi ? (DOC. 1)

2 Comment un geste aussi anodin qu'un clic pour envoyer un mail participe-t-il au réchauffement climatique ? (DOC. 2)

3 Pourquoi cliquer entraîne-t-il des émissions de gaz à effet de serre ? Ces émissions ont-elles un coût pour la société ? (VIDÉO)

DOSSIER 1

Pourquoi le marché ne prend-il pas en compte les externalités ?

OBJECTIF :
Comprendre que le marché est défaillant en présence d'externalités et être capable de l'illustrer par un exemple.

A La présence d'externalités

En présence d'externalités (ou effets externes), le marché est défaillant : il n'incite pas à réduire la production des biens et services qui entraînent des externalités négatives et n'encourage pas celles qui génèrent les externalités positives.

DOC. 1 L'émission de dioxine : une externalité négative

Les firmes qui fabriquent et vendent du papier créent aussi [...] un produit chimique qui s'appelle de la dioxine. [Quand] la dioxine se répand dans l'environnement, elle augmente le risque de cancer, de malformations fœtales et d'autres problèmes de santé dans la population. [...]

Une externalité apparaît lorsque l'action d'une personne influence le bien-être d'un tiers qui ne paie ou ne reçoit rien en contrepartie. Si l'impact sur le tiers est défavorable, il s'agit d'une externalité négative, s'il est avantageux, il s'agit d'une externalité positive. [...] L'intérêt du marché dans une situation donnée s'étend bien au-delà du bien-être des acheteurs et des vendeurs qui participent à ce marché, il intègre aussi le bien-être des tiers qui sont affectés indirectement. Comme les acheteurs et les vendeurs négligent les effets externes de leurs actions dans leurs décisions d'achat et de vente, l'équilibre du marché n'est pas efficace en présence d'externalités. Cela signifie que l'équilibre ne parvient pas à maximiser les avantages retirés du marché par l'ensemble de la société. L'émission de dioxine dans l'environnement par exemple est une externalité négative.

Gregory Mankiw, Mark P. Taylor, *Principes de l'économie*, De Boeck, 2015.

NOTIONS

Un marché est inefficace s'il ne parvient pas à allouer les ressources de façon optimale. Cette inefficacité peut provenir de la **concurrence imparfaite** car les producteurs disposent d'un pouvoir de marché ou de **défaillances de marché** comme les **externalités**.

1 Analyser. Dans quelles situations un marché peut-il être inefficace ?

2 Définir. Qu'est-ce qu'une externalité ?

3 Expliquer. Pourquoi l'émission de dioxine dans l'environnement est-elle une externalité négative ?

DOC. 2 Des exemples d'externalités positives et négatives

Visionnez la vidéo

vidéo Draw my economy : « Les externalités ».
www.lienmini.fr/ses-1-007

4 Analyser. Pourquoi l'apiculteur et le l'arboriculteur bénéficient-ils tous les deux d'une externalité positive ?

5 Expliquer. Pourquoi la pollution de l'usine chimique est-elle une externalité négative liée à l'activité économique ?

6 Expliquer. Comment la Cour suprême du Tennessee tranche-t-elle le conflit lié à la pollution de l'usine de cuivre ?

7 Illustrer. Pourquoi le comportement consistant à jeter sur la voie publique l'emballage d'une glace que l'on vient d'acheter est-il une externalité négative liée à la consommation ?

DOC.3 Les effets de la pollution sur la mortalité

Selon une étude publiée en octobre 2017 par «The Lancet», un décès sur six à l'échelle de la planète est attribuable à une forme de pollution (air, eaux, sols ou milieu professionnel).

Particules fines et décès attribuables à ces particules dans quelques pays de l'Union européenne à 28 en 2016

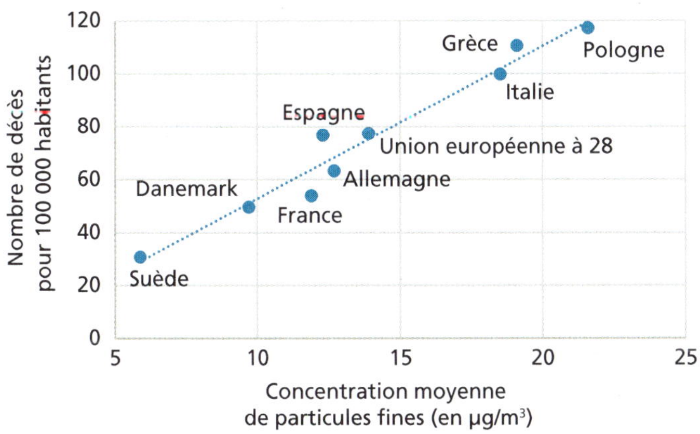

Source: La qualité de l'air en Europe. Rapport 2018, Agence européenne de l'Environnement, 2018.

1. Particules fines d'un diamètre inférieur à 2,5 micromètres.

▲ La pollution des eaux et des sols à Manille aux Philippines (2018).

8 Lire. Faites deux phrases avec les données chiffrées du graphique pour la Suède et la Pologne.

9 Déduire. Quelle relation peut-on mettre en évidence à partir de ce graphique?

10 Analyser. S'agit-il d'une simple corrélation statistique (lien entre deux variables) ou d'une relation de causalité (une des deux variables est la cause de l'autre)?

DOC.4 Le coût social des externalités négatives

Lorsqu'une entreprise pollue en produisant un bien, [...] le prix auquel va se vendre le bien dépendra seulement des coûts de production du bien [...], n'intégrant donc pas le coût lié à la dégradation des ressources naturelles. En effet, l'entreprise n'a pas à payer pour utiliser ces dernières: une entreprise dont la production conduirait au rejet de produits chimiques dans une rivière ne va pas intégrer dans ses coûts l'impact négatif qu'a sa production sur l'environnement ou sur d'autres activités économiques, comme la pêche [...].

Le coût social de production du bien est supérieur à son coût privé. On parle [...] d'une «externalité négative». La régulation par le marché conduit à une surproduction des biens générant de telles externalités.

Il peut aussi exister des externalités positives. [Par exemple], l'apiculteur profite des arbres plantés par l'arboriculteur et obtient un miel de meilleure qualité gratuitement, tandis que l'arboriculteur profite des abeilles de l'apiculteur qui pollinisent ses arbres. Chacun bénéficie de l'activité économique de l'autre sans avoir à payer pour cela. [...] En cas d'externalités positives, le bénéfice social est supérieur au bénéfice privé et le marché conduit à une sous-production des biens.

Marion Navarro, Vincent Barou, Laurent Braquet, Nicolas Danglade, *Bled Sciences économiques et sociales*, © Hachette, 2015.

11 Définir. Définissez coût privé, coût social, bénéfice social, bénéfice privé.

12 Expliquer. Pourquoi le coût social d'un bien produit par une entreprise qui pollue est-il supérieur au coût privé?

13 Comprendre. En cas de pollution, le prix de vente est-il trop faible ou trop élevé? La production est-elle trop forte ou trop faible?

14 Synthétiser. Pourquoi, en présence d'externalités négatives et positives, le niveau de production n'est-il pas optimal?

FAIRE LE POINT

Complétez avec: *privés • externalité • optimal • fortes • faible • sociaux.*

Un producteur à l'origine d'une ... négative supporte les coûts ... liés à sa production, mais non les coûts ... de l'externalité pour la collectivité. Le prix de vente est par conséquent trop ..., la demande et la production sont trop ... par rapport au niveau ... .

À RETENIR

- Une **externalité** est une répercussion de l'activité économique (production, consommation) d'un agent économique sur le bien-être d'autres agents sans compensation monétaire.
- Les **externalités négatives (positives)** constituent une défaillance du marché: les agents produisent ou consomment une quantité excessive (insuffisante) de biens ou services par rapport au niveau qui serait socialement optimal. L'allocation des ressources est donc sous-optimale.

B Moyens d'intervention des pouvoirs publics pour remédier aux externalités

OBJECTIF :
Être capable d'illustrer l'intervention des pouvoirs publics face à ces différentes externalités.

Les pouvoirs publics interviennent pour sanctionner les agents à l'origine d'externalités négatives et récompenser les agents à l'origine d'externalités positives.

DOC.1 Quels instruments les pouvoirs publics mobilisent-ils face aux externalités ?

	Réglementation	Taxes	Marchés de quotas
Modalités	• Encouragement ou interdiction d'une activité ou d'un comportement qui provoquent des externalités positives ou négatives.	• Principe « pollueur-payeur » : écotaxes sur les activités polluantes pour réduire la pollution.	Permis d'émissions polluantes attribués aux entreprises : • une entreprise qui a trop de permis par rapport à son niveau de pollution peut les revendre ; • une entreprise qui n'en a pas assez doit en acheter.
Exemples	• Les normes qualité dans l'industrie automobile (les pots catalytiques). • Interdiction de fumer dans les lieux publics.	• La taxe carbone en France sur les émissions de dioxyde de carbone. • La taxe sur les paquets de cigarettes.	• Le marché de permis d'émission de CO_2 dans l'Union européenne.
Intérêts	• La plus aisée à mettre en œuvre. • Très efficace pour mettre un terme à une activité aux effets irréversibles et agir dans l'urgence.	Un double « dividende » : • incitation à réduire la pollution ; • recette fiscale qui peut permettre à l'État de financer des activités de dépollution.	• Le prix des permis augmente si l'offre de permis est inférieure à la demande : polluer coûte plus cher, dépolluer devient plus rentable.
Limites	• La norme touche tous les agents économiques, qu'ils soient vertueux ou non. • Elle peut ne pas être respectée (limitations de vitesse en cas de pic de pollution). • Elle nécessite des coûts de contrôle.	• Aucun effet sur la pollution si le montant est trop faible. • Conséquences injustes en termes d'équité (la fiscalité pèse davantage sur les ménages les plus pauvres).	• Le prix des permis baisse si l'offre de permis est supérieure à la demande : polluer devient peu coûteux.

D'après Matthieu Grandclaude, *Premiers pas en économie*, coll. « Les bleus », © Ellipses, 2014.

1 Comprendre. Parmi ces instruments lequel agit par la contrainte, lesquels agissent par l'incitation ?

2 Comprendre. Quels instruments permettent d'internaliser les externalités ?

3 Lire. Quels sont les instruments utilisés pour réduire la consommation de cigarettes ?

4 Argumenter. Pourquoi ces trois types d'instruments peuvent-ils être considérés comme complémentaires ?

DOC.2 La taxe carbone en France

Créée en 2014 en France, la taxe carbone est une taxe environnementale sur les émissions de dioxyde de carbone. C'est une taxe pigouvienne[1], fondée sur le principe pollueur-payeur. Son objectif est d'augmenter le prix des énergies fossiles (pétrole, charbon, gaz) et des biens qui utilisent ces énergies, pour limiter les effets négatifs des gaz à effet de serre sur le climat. La hausse des prix, proportionnelle au contenu des biens en CO_2, envoie un <u>signal-prix</u> aux producteurs et aux consommateurs, les incitant à réduire leur consommation et à s'orienter vers les produits générant moins d'émissions de CO_2. Il s'agit donc de modifier les comportements des acteurs économiques. Néanmoins, fin 2018, à la suite de l'action du mouvement des gilets jaunes, les hausses de la taxe carbone 2019 ont été suspendues.

1. A. C. Pigou (1877-1959), économiste britannique, ayant développé le principe du pollueur-payeur. Il est le premier à défendre le principe d'une taxe pour internaliser le cout social des externalités.

5 Comprendre. Que signifie le principe du « pollueur-payeur » ?

6 Analyser. Quels sont les objectifs de la taxe carbone ?

7 Expliquer. Que signifie l'expression soulignée ?

DOC.3 La taxe carbone en France : quels effets ?

Montant de la taxe carbone en France
(en euros par tonne de CO_2)

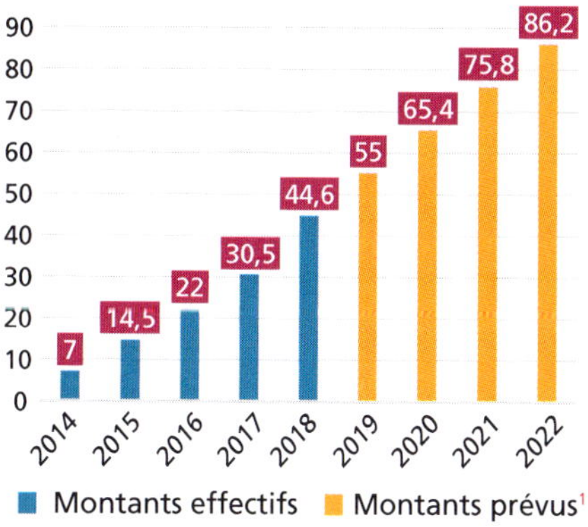

1. Montants suspendus fin 2018.
Source : www.ecologique-solidaire.gouv.fr (2018).

Les effets de la taxe carbone sur l'offre des transporteurs routiers

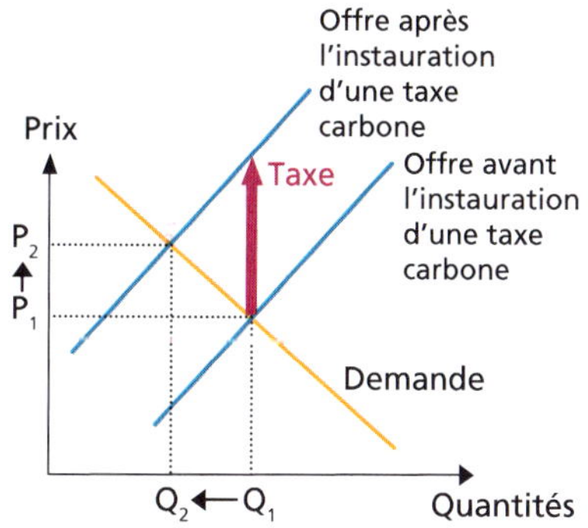

Les effets de la taxe carbone sur la demande de véhicules diesel

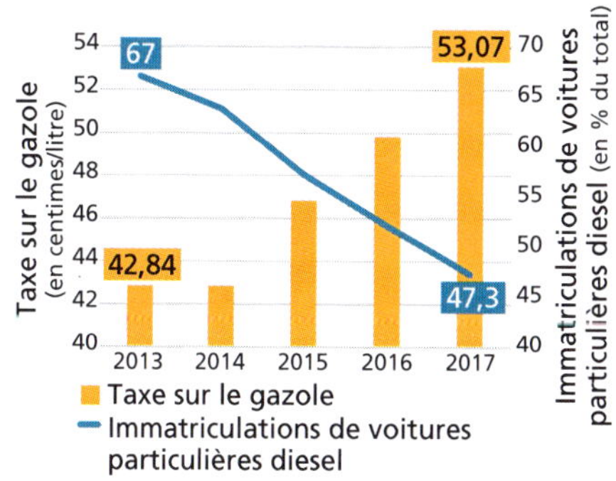

Source : Comité des Constructeurs Français d'Automobiles, *L'industrie automobile française, Analyse et statistiques* 2018.

8 Calculer. Calculez la hausse en % du montant de la taxe carbone de 2014 à 2018 et justifiez-la.

9 Expliquer. Pourquoi l'instauration d'une taxe carbone déplace-t-elle la droite d'offre des transporteurs routiers sur la gauche et quels en sont les effets sur le prix ?

10 Observer et calculer. Quelle relation peut-on mettre en évidence entre l'évolution de la taxe sur le gazole et la demande de véhicules diesel ? Justifiez cette relation par des calculs de taux de variation SAVOIR-FAIRE 3 p. 344.

11 Conclure. La hausse progressive de la taxe carbone permet-elle de limiter la pollution ?

DOC.4 Le bonus vélo en France : une subvention pour lutter contre la pollution

Depuis le 19 février 2017, une aide (jusqu'à 300 euros) peut être accordée par l'État aux acquéreurs d'un vélo à assistance électrique (selon le niveau de leurs ressources).

Nombre de vélos à assistance électrique vendus en France (en milliers)

2007 : 10	2016 : 134
2012 : 46	2017 : 255

12 Expliquer. Pourquoi l'État a-t-il instauré un « bonus » pour l'acquisition d'un vélo à assistance électrique ?

13 Comprendre. Montrez que ce « bonus » vélo est une subvention visant à encourager une externalité positive.

14 Calculer. Que représente le prix d'un vélo à assistance électrique (prix moyen de 1 564 euros en 2017) par rapport à celui d'un vélo (prix moyen de 640 euros) ? SAVOIR-FAIRE 1 p. 344

15 Analyser. Le « bonus » vélo vous semble-t-il efficace ? Justifiez votre réponse par un calcul.

FAIRE LE POINT

Indiquez pour chacune de ces mesures si elle relève de la réglementation, de la taxation (y compris les subventions) ou du marché de quotas d'émission.

1. L'État accorde un crédit (remboursement) d'impôt pour des travaux de rénovation énergétique.
2. La Commission européenne délivre des permis d'émission de CO_2 aux grandes entreprises les plus polluantes.
3. L'État interdit aux commerçants de donner aux clients des sacs en plastique.

À RETENIR

- Les pouvoirs publics cherchent à modifier les choix individuels à l'origine d'externalités. Ils peuvent agir par la contrainte en **réglementant**.
- L'intervention publique est aussi incitative, par la **taxation** et les **marchés de quotas** d'émission. Ces deux instruments économiques permettent de modifier les comportements en internalisant des externalités.

DOSSIER 2

Pourquoi le marché est-il défaillant en présence de biens collectifs et de biens communs ?

OBJECTIF : Comprendre que le marché est défaillant en présence de biens collectifs.

A Les biens collectifs : des biens qui ne peuvent pas être produits par des entreprises privées

Les biens collectifs ne peuvent être ni produits par les entreprises privées, ni échangés sur le marché en raison de leurs caractéristiques.

DOC.1 La typologie des biens

Il existe quatre types de biens qui dépendent de deux caractéristiques :

- la rivalité ou la non rivalité. Si la consommation du bien par une personne rend impossible, en même temps, sa consommation par une autre personne, le bien est rival. Il est non rival dans le cas contraire ;
- l'excluabilité ou la non excluabilité. Si le producteur du bien peut empêcher une personne d'utiliser le bien, le bien est excluable. Il est non excluable dans le cas contraire.

Caractéristiques	Rivaux	Non rivaux
Excluables	**Biens privés** • boite de sauce tomate dans un supermarché • automobile	**Biens de club** • abonnement à une chaine de télévision payante • logiciel
Non excluables	**Biens communs** • thon rouge dans la mer • biodiversité	**Biens collectifs ou biens publics purs** • feu d'artifice • défense nationale

Magnard, 2019.

Le barrage de Serre-Ponçon (Hautes-Alpes) abrite la plus grande retenue d'eau en Europe (1,27 milliard de m^3). Il irrigue chaque année 100 000 hectares de terres cultivables.

1 Distinguer. Qu'est-ce qui distingue un bien collectif d'un bien privé ? un bien collectif d'un bien commun ? un bien collectif d'un bien de club ?

2 Expliquer. Pourquoi un barrage est-il un bien collectif ?

DOC.2 L'incapacité des entreprises à produire les biens collectifs

L'éclairage des voies publiques est considéré comme un **bien collectif** car...

→ ... il est **impossible d'empêcher les agents d'en bénéficier**.

→ ... un agent qui en profite **ne réduit pas la consommation** des autres usagers.

→ Les entreprises privées ne produisent pas ce service car elles **ne peuvent le faire payer aux usagers**.

→ Les biens collectifs **essentiels** sont donc généralement fournis par l'État. → **L'éclairage public est fourni « sans contrepartie monétaire directe ».**

D'après *Économistes*, coll. « Les Grandes idées tout simplement », Dorling Kindersley, 2013.

Le phare de Cordouan en Charente-Maritime.

3 Comprendre. Pourquoi l'éclairage public et un phare sont-ils des biens collectifs ?

4 Expliquer. Une entreprise peut-elle produire et vendre un bien collectif ? Pourquoi ?

5 Expliquer. Que signifie « sans contrepartie monétaire directe » ?

DOC.3 Le comportement de passager clandestin ou de « free rider »

[Dans le cas des biens collectifs], chaque individu tente de se comporter en passager clandestin [...]. Prenons le cas de deux individus A et B qui habitent dans la même rue et à qui l'on demande s'ils souhaitent bénéficier d'un éclairage public la nuit, en contrepartie d'une contribution volontaire.

		Individu B	
		Payer	Ne pas payer
Individu A	Payer	10,10	2,15
	Ne pas payer	15,2	5,5

La meilleure solution pour les deux individus serait qu'il y ait de l'éclairage nocturne[1], ce qui procure à chacun une utilité[2] de 10. La pire solution pour les deux individus est qu'il n'y ait pas d'éclairage nocturne : bien qu'ils économisent le paiement de la contribution volontaire, leur utilité individuelle diminue à 5 car il n'y a aucun éclairage public. Mais chaque individu préfère bénéficier de l'éclairage public sans avoir à le payer et en laissant son voisin le soin de payer la totalité de la contribution volontaire : dans ce cas, celui qui « triche » obtient une utilité de 15, tandis que celui qui paie pour les deux voit son utilité réduite à 2. Dans une telle configuration, il est probable que chacun refuse de payer la contribution volontaire : il n'y aura pas d'éclairage public et chaque individu aura une utilité de 5.

Emmanuel Combe, *Précis d'économie*, coll. « Major référence », © PUF, 2017.

1. Financé par les deux.
2. Satisfaction.

Lecture : les chiffres représentent l'utilité d'un éclairage public la nuit en le payant ou non. Le 1er chiffre correspond à l'individu A, le 2nd à l'individu B.

6 Définir. Définissez un comportement de passager clandestin.

7 Lire. Faites deux phrases avec les chiffres en couleur.

8 Comprendre. Que se passe-t-il si tous les agents qui ont intérêt à la production d'un bien collectif se comportent en passager clandestin ?

9 Analyser. Pourquoi le libre jeu du marché conduit-il à une situation sous-optimale ?

DOC.4 Les biens collectifs mondiaux

Les biens publics mondiaux (BPM) sont définis comme des biens ayant des caractéristiques de non rivalité et non exclusion, non seulement entre individus à l'intérieur d'un pays, mais aussi entre populations de pays différents. Ainsi les premiers biens publics mondiaux identifiés sont liés aux risques environnementaux globaux, indépendants des frontières : la lutte contre le réchauffement climatique, contre la pollution des océans, contre les épidémies ou la conservation de la diversité biologique. [...] L'idée s'impose que les choix et les actions dans un pays peuvent avoir des conséquences sur le niveau de bien-être dans les autres pays du monde et que les BPM ne peuvent être gérés que par l'action conjointe de plusieurs pays, voire de tous. Mais en l'absence de gouvernement mondial légitime [...], il faut que les États du monde coopèrent et s'entendent.

Sophie Thoyer, « La montée en puissance de la notion de bien public mondial », *L'Encyclopédie du développement durable*, encyclopedie-dd.org, 26 janvier 2011.

Donald Trump a annoncé le jeudi 1er juin 2017 que les États-Unis se retiraient de l'accord sur le climat signé par 195 pays à Paris en 2015 lors de la COP21. Cet accord vise à limiter la hausse des températures à 1,5 d'ici 2100.

10 Définir. Qu'est-ce qu'un bien collectif mondial ?

11 Expliquer. Expliquez la phrase soulignée. Les biens collectifs mondiaux ne concernent-ils que les individus au sein d'un pays ?

12 Débattre. Que pensez-vous du comportement des États-Unis en 2017 ?

FAIRE LE POINT

Indiquez, pour chacun de ces biens ou services, s'il s'agit d'un bien : privé, de club, commun ou collectif. Justifiez vos réponses.

1. un big mac
2. une digue face à la mer
3. une ligne téléphonique
4. des arbres dans une forêt

À RETENIR

- Un **bien collectif** se caractérise par la non rivalité (la consommation d'un agent n'empêche pas celle des autres) et la non excluabilité ou non exclusion (il est impossible d'en empêcher l'accès). Les entreprises privées ne produisent pas de tels biens car elles ne peuvent pas se rémunérer.
- L'allocation des ressources est sous-optimale car un bien utile à la population n'est pas produit.

DOSSIER 2

OBJECTIF :
Comprendre que le marché est défaillant en présence de biens communs, et être capable de l'illustrer par des exemples.

B Les biens communs : des biens rivaux qui conduisent à une surexploitation des ressources

Les producteurs privés, dans une logique de maximisation de leurs intérêts individuels, sont conduits à surexploiter certains biens communs en l'absence de droit de propriété.

DOC. 1 Les deux caractéristiques des biens communs

Au sens strict, en science économique, les biens communs sont les biens qui sont caractérisés à la fois par la rivalité et par la non exclusion. Ce ne sont donc pas des biens collectifs [...]. Les pâturages communs (*commons*) dans l'Angleterre pré-industrielle ne faisaient pas l'objet d'une exclusion par les prix (jusqu'aux enclosures[1]), mais l'herbe mangée par un troupeau ne pouvait pas être mangée par un autre (rivalité). L'eau destinée à l'irrigation est dans beaucoup de communautés agricoles un bien commun. On applique aujourd'hui ce concept aux ressources halieutiques[2] (le thon rouge de Méditerranée, les baleines).

Alain Beitone, « Biens publics, biens collectifs, Pour tenter d'en finir avec une confusion de vocabulaire », *Revue du MAUSS permanente*, 22 avril 2014.

1. La clôture des terrains communaux, début XIXe siècle.
2. Qui concernent la pêche.

1 Distinguer. Distinguez les biens communs des biens collectifs.

2 Expliquer. Pourquoi les ressources halieutiques sont-elles un bien commun ?

DOC. 2 La « tragédie des communs »

▾ Évolution des stocks mondiaux de poissons de 1974 à 2015

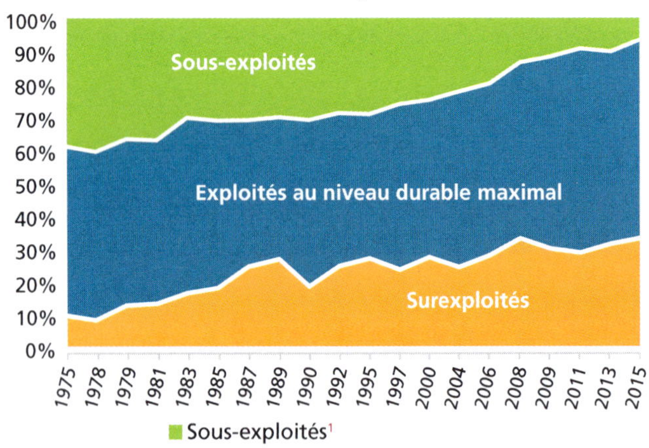

■ Sous-exploités[1]
■ Exploités au niveau durable maximal
■ Surexploités

Source : FAO, *La situation mondiale des pêches et de l'aquaculture 2018. Atteindre les objectifs de développement durable*, 2018.

1. Des stocks sont sous-exploités s'ils permettent le renouvellement et la hausse des stocks futurs. Ils sont exploités au niveau durable maximal s'ils permettent uniquement le renouvellement des stocks futurs. Ils sont surexploités s'ils conduisent à une baisse des stocks futurs.

Visionnez la vidéo

vidéo **Wildruf Film pour WWF :** « Nonoy et le monstre des mers », 2017.

www.lienmini.fr/ses-1-008

COMPRENDRE

La **« tragédie des communs »** illustre une situation où, en l'absence de droit de propriété (les « communs » appartiennent à tout le monde), les agents économiques sont conduits à surexploiter les ressources naturelles.

3 Lire. Comment les stocks mondiaux de poissons sous-exploités et surexploités évoluent-ils de 1975 à 2015 ?

4 Comprendre. En quoi le court-métrage « Nonoy et le monstre des mers » illustre-t-il la « tragédie des communs » ?

5 Expliquer. Pourquoi les pêcheurs auraient-ils intérêt à limiter leurs prises de poissons ?

6 Argumenter. Quelles sont les principales victimes de la surpêche ?

DOC. 3 La tragédie des communs aux niveaux national et mondial

L'empreinte écologique : surface nécessaire pour produire les biens et services consommés sans dégrader l'environnement. Pour la France, en 2018, 1,7 fois sa superficie.

Surface nécessaire aux besoins de...

La population mondiale

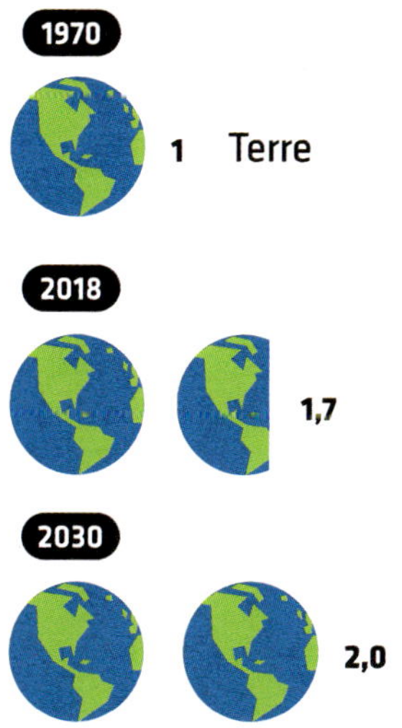

La population par pays en 2018

France	1,7
États Unis	2,3
Inde	2,5
Allemagne	2,8
Espagne	2,9
Chine	3,8
Royaume-Uni	4,0
Suisse	4,5
Italie	4,6
Japon	7,8
Corée du Sud	8,5

Lecture : le Japon consomme en 2018 7,8 fois plus de ressources qu'il n'est capable d'en produire sans dégrader l'environnement.

En France, sources de l'empreinte écologique en 2018

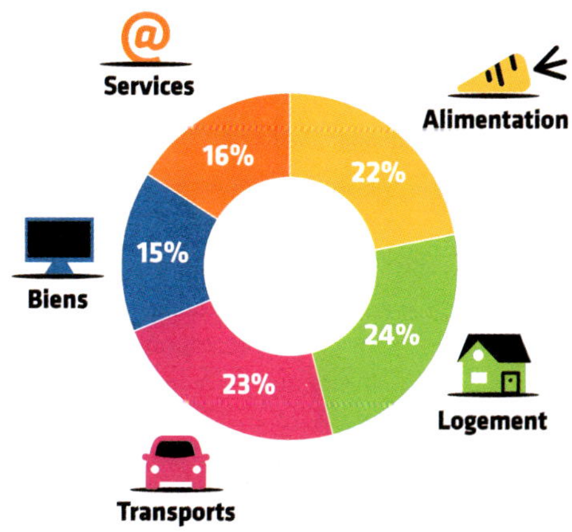

Lecture : en 2018, 16 % de l'empreinte écologique des Français sont dus à la consommation de services.

Le jour du dépassement au niveau mondial

Jour du dépassement : date où la consommation de l'humanité en ressources dépasse ce que la planète est capable de produire ou renouveler en un an sans dégrader l'environnement.

1970	**30 décembre**
1998	**13 octobre**
2018	**1er août**

Le jour du dépassement pour quelques pays en 2018

Qatar	**9 février**
États-Unis	**15 mars**
France	**5 mai**
Mexique	**29 août**
Viêtnam	**21 décembre**

« À partir du 5 mai 2018, la France entrera en déficit écologique. » (WWF)

Source : Global Footprint Network, www.footprintnetwork.org

7 Lire. Donnez la signification du jour de dépassement écologique pour la planète en 2018.

8 Décrire. Comment ce jour a-t-il évolué depuis 1970 ?

9 Argumenter. Comment la « tragédie des communs » se manifeste-t-elle au niveau de chaque pays et au niveau mondial ?

10 Observer. Quelles sont les deux principales sources de l'empreinte écologique de la France ? Illustrez par des chiffres.

11 Expliquer. Le jour du dépassement écologique est-il plus tardif dans les pays en développement ou dans les pays développés ? Proposez une explication.

FAIRE LE POINT

Complétez le schéma avec : *rivalité • collectifs • communs • non rivalité.*

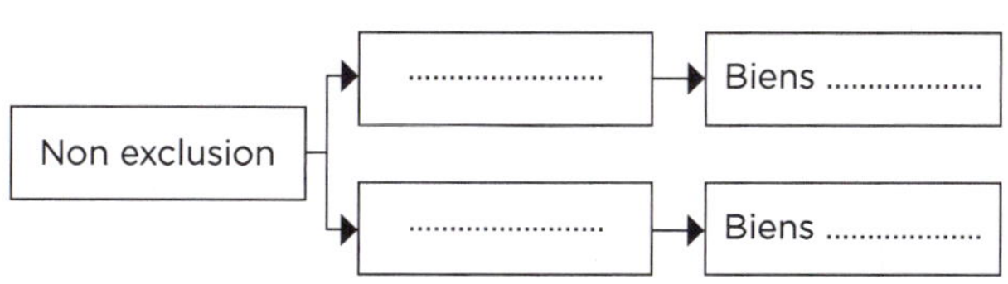

À RETENIR

- Un **bien commun** se caractérise par la rivalité (la ressource consommée par un agent n'est plus disponible pour les autres) et la non excluabilité ou non exclusion (il est impossible d'en empêcher l'accès).
- Du fait de la non rivalité, les agents économiques, qui cherchent à maximiser leur intérêt individuel, sont conduits à surexploiter les **biens communs** (« tragédie des communs »). L'allocation des ressources est donc sous-optimale.

OBJECTIF :
Être capable d'illustrer l'intervention des pouvoirs publics pour fournir des biens collectifs et protéger les biens communs.

C L'intervention des pouvoirs publics pour fournir les biens collectifs et protéger les biens communs

Face à l'impossibilité pour les entreprises privées de produire les biens collectifs, les pouvoirs publics prennent en charge leur fourniture. La « tragédie des communs » oblige l'État à encadrer l'usage des biens communs.

DOC.1 Une taxe pour surmonter les comportements de passager clandestin

Les habitants d'une petite ville espagnole, Hereza, aiment les spectacles de feux d'artifice du 6 janvier, au moment de l'Épiphanie, et chacun des 500 habitants accorde une valeur de 10 euros à l'évènement. Le coût de production de ce spectacle est de 1 000 euros. Comme 5 000 euros correspondent à l'avantage retiré, il est économiquement efficace pour la ville de Hereza d'organiser le spectacle.
Le marché privé aboutirait-il tout seul à un tel résultat efficace ? Probablement pas. Imaginez que Conchita, entrepreneur de la ville, décide de monter le même type de spectacle. Il aurait certainement du mal à vendre ses billets pour ce spectacle car ses spectateurs potentiels se rendraient compte rapidement qu'ils pourraient voir le feu d'artifice sans billet. Comme ce bien n'est pas excluable, les habitants sont incités à être des profiteurs, en d'autres termes, des passagers clandestins. [...] La solution au problème est claire : les autorités locales peuvent promouvoir un festival pyrotechnique en levant une taxe. Supposez que la mairie ait recours à ce mécanisme et réussisse à percevoir en moyenne 2 euros [...] de la part des habitants de la ville ; ils serviront à financer le spectacle du feu d'artifice. Chaque habitant y gagne en bien-être, qui se monte alors à 8 euros – en fait, 10 euros représentant la valeur du spectacle moins 2 euros au titre de la taxe. L'organisateur peut aider la ville à atteindre la situation efficace en endossant le rôle d'un employé public, alors qu'il n'y parvenait pas en tant qu'entrepreneur privé.

Gregory Mankiw et Mark P. Taylor, *Principes de l'économie*, De Boeck, 2015.

1 Comprendre. Pourquoi un feu d'artifice est-il efficace et socialement désirable ?

2 Expliquer. Pourquoi un entrepreneur privé aurait-il du mal à vendre ses billets ?

3 Analyser. Comment la production des biens collectifs doit-elle être financée et mise à la disposition des usagers ?

DOC.2 Trois modalités de fourniture des biens collectifs

La gestion directe par un monopole public

Les pouvoirs publics produisent eux-mêmes le bien collectif, financé par les impôts et les taxes.

Le marché public

Les pouvoirs publics confient la fourniture du service à un opérateur privé, qu'ils rémunèrent. L'entreprise s'engage à respecter un cahier des charges (ensemble d'obligations).

La délégation de service public

Les pouvoirs publics confient la fourniture du service à un opérateur privé qui doit respecter un cahier des charges et qui fait payer son service directement aux usagers.

Les pouvoirs publics, notamment les communes, ont, pour certains services collectifs, comme la collecte des déchets, le choix entre ces trois modes de gestion.

4 Comprendre. Tous les biens collectifs sont-ils produits par les pouvoirs publics ? Donnez des exemples.

5 Observer. Par qui la collecte des déchets dans les communes peut-elle être gérée ?

6 Observer. Quelle est la différence entre le marché public et la délégation de service public ?

7 Expliquer. Quelles peuvent être les obligations, inscrites dans le cahier des charges, que les entreprises privées de transports scolaires doivent respecter ?

DOC.3 La gestion des biens collectifs mondiaux

De nombreux services qui contribuent à la préservation de l'environnement sont des biens collectifs. Ainsi en est-il de la politique climatique. En effet, il s'agit d'un bien non rival (le fait qu'un individu bénéficie de la stabilité du climat n'empêche pas un autre d'en bénéficier) et d'un bien non excluable (il n'est pas possible d'exclure un individu ou un pays de l'avantage social que constitue la réduction des émissions de GES[1] par un autre individu ou un autre pays). Par conséquent, personne ne va produire spontanément cette politique climatique. Dans la plupart des cas, la production des biens collectifs est prise en charge par une autorité publique […] et financée par les prélèvements obligatoires. Pour la politique climatique, le cas est plus complexe car, comme il n'existe pas de gouvernement mondial, il n'est pas possible d'imposer par la contrainte règlementaire la mise en œuvre de cette politique et, seule, la coopération entre États peut conduire à une action concertée de réduction des émissions de GES.

Marion Navarro, « Biens collectifs et externalités », *Comprendre l'économie. Concepts et mécanismes, Problèmes économiques hors-série n°7*, © Dila, La Documentation française, février 2015.

1. Gaz à effet de serre.

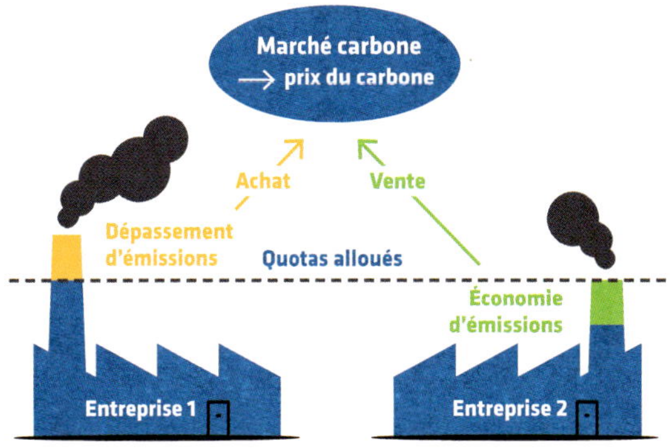

Source : Caisse des dépôts.

Pour respecter les engagements du protocole de Kyoto (2005) de réduction des émissions de gaz à effet de serre, l'Union européenne crée un marché de quotas d'émission.

vidéo

ADEME : « Le système d'échange de quotas d'émission de CO_2 en Europe » (2015).

www.lienmini.fr/ses-1-009

8 Comprendre. Pourquoi la préservation du climat est-elle un bien collectif mondial ?

9 Expliquer. Pourquoi la politique climatique est-elle plus complexe que la production d'un bien collectif à l'échelle nationale ?

10 Illustrer. Comment la coopération entre États se manifeste-t-elle au sein de l'UE ?

11 Expliquer. Expliquez le fonctionnement des quotas d'émission au sein de l'UE.

DOC.4 Les instruments pour préserver les biens communs

Mesures	La réglementation	La privatisation des biens communs
Exemples pour les ressources halieutiques	• La réglementation des équipements (la taille des mailles des filets) • Les dates d'ouverture des pêches • La limitation du nombre de bateaux autorisés à prendre la mer • Des quotas de pêche	Distribuer aux exploitants des zones de pêche de manière à les responsabiliser (solution adoptée aux États-Unis). Il s'agit d'une attribution de droits de propriété.
Intérêt	Concilier le droit d'usage et la préservation de la ressource	
Limites	• Des coûts de contrôle et de surveillance élevés • La nécessité d'une coopération entre États	

D'après Pierre-André Corpron (dir.), *Économie, sociologie et histoire du monde contemporain*, Bréal, 2017.

vidéo

Le Monde : « D'où vient la guerre de la coquille Saint-Jacques ? » (2018).
Les pêcheurs normands et les britanniques s'opposent car la réglementation n'est pas la même de part et d'autre de la Manche.

www.lienmini.fr/ses-1-010

12 Distinguer. Quelle mesure agit par l'incitation, par la contrainte ?

13 Expliquer. Pourquoi les deux mesures nécessitent-elles des contrôles et une surveillance ?

14 Analyser. Quel est l'effet d'une réglementation en l'absence de coopération entre États ?

FAIRE LE POINT

Complétez avec : *droits de propriété • responsabiliser • institutions • communs • surexploitation • réglementations.*

Les pouvoirs publics mettent en place des … afin d'éviter la … des biens … : il peut s'agir de … qui en encadrent l'usage ou de l'attribution de … afin de … les producteurs.

À RETENIR

- Les **pouvoirs publics** assurent la fourniture des **biens collectifs** financés par des prélèvements obligatoires et la préservation des **biens communs**, par la réglementation ou la privatisation (attribution de droits de propriété).
- La gestion des biens collectifs mondiaux et des biens communs nécessite une coopération entre États.

DOSSIER 3

Pourquoi les marchés dysfonctionnent-ils en présence d'informations asymétriques ?

OBJECTIF :
Connaître les deux principales formes d'information asymétrique, la sélection adverse et l'aléa moral, et être capable de les illustrer par des exemples.

A Les informations asymétriques et leurs conséquences sur les échanges

L'échange repose sur la confiance, ce qui suppose une information transparente. Dans des situations d'asymétries d'information, un des partenaires à l'échange dispose de plus d'informations que l'autre. Les échanges sont perturbés et le marché peut disparaître.

DOC.1 Des exemples d'information asymétrique

Les économistes utilisent le mot défaillance (ou échec) de marché en référence à une situation dans laquelle le marché livré à lui-même ne réussit pas à produire une allocation des ressources efficace. Une cause possible d'échec de marché réside dans […] l'information asymétrique. Il est très fréquent qu'un individu, une entreprise, une organisation en sache plus que les autres au sujet de différentes choses. En économie, l'existence d'une différence dans l'accès à une information est appelée asymétrie d'information. […]
Les exemples de telles asymétries abondent. Un travailleur connaît mieux l'effort qu'il consacre à son travail que son patron. Le vendeur d'une voiture d'occasion connaît mieux l'état de son véhicule que l'acheteur. Le premier cas est un exemple d'*actions cachées* alors que le second cas est un exemple de *caractéristiques cachées*. Dans chacun de ces cas, la partie non informée (l'employeur, l'acheteur de la voiture) voudrait connaître l'information pertinente mais la partie informée (le travailleur, le vendeur de voiture) peut être incitée à la dissimuler.

Gregory N. Mankiw, Mark P. Taylor, *Principes de l'économie*, De Boeck, 2015.

▲ Une voiture, dite en très bon état général, est proposée à la vente à un prix inférieur de 5 000 euros à sa cote officielle.

1 Définir. Définissez information asymétrique.
2 Comprendre. Sur quoi l'asymétrie d'information peut-elle porter ? Illustrez par des exemples.
3 Analyser. Pourquoi le prix d'une voiture d'occasion ne reflète-t-il pas toujours sa vraie valeur ?

DOC.2 Le marché des voitures d'occasion et la sélection adverse

L'acheteur d'une voiture d'occasion dispose de **moins d'information** que le vendeur.
→ Cette [asymétrie] **crée de l'incertitude** pour l'acheteur…
→ … qui **rechigne à payer cher** une voiture d'occasion quelle qu'elle soit.
→ Les vendeurs **retirent** donc du marché les bons véhicules…
→ … et le marché **s'effondre** parce que…
→ **… les bonnes occasions sont rares.**

Économistes, coll. « Les grandes idées tout simplement », Dorling Kindersley, 2013.

L'économiste américain Georg Akerlof, dans son ouvrage *The Market of Lemons* (1970), montre que l'asymétrie d'information est à l'origine d'une sélection adverse (l'agent qui subit l'asymétrie d'information sélectionne les mauvais produits) et d'une baisse des échanges, voire d'une disparition du marché. La sélection adverse peut mener à l'absence d'équilibre.

4 Comprendre. Pourquoi l'acheteur rechigne-t-il à proposer un prix élevé aux vendeurs ?
5 Expliquer. Expliquez l'expression « les mauvais produits chassent les bons ».
6 Argumenter. En proposant un prix faible, quel type de véhicule l'acheteur risque-t-il de sélectionner ?
7 Déduire. Pourquoi le marché des voitures d'occasion peut-il s'effondrer ?

DOC. 3 Le marché de l'assurance et la sélection adverse

8 Calculer. Montrez que la prime d'assurance de 1 000 euros correspond à la moyenne des dépenses de santé des trois personnages. SAVOIR-FAIRE 7 p. 350

9 Calculer. Quel doit être, pour l'assureur, le montant moyen de la prime d'assurance si M. Durand refuse de s'assurer ?

10 Expliquer. Mme Masson va-t-elle s'assurer après la hausse du montant de la prime ? et M. Lambert ?

11 Observer. Que se passe-t-il pour l'assureur si tous ses assurés ont, comme M. Lambert, des dépenses de santé importantes ?

12 Déduire. Dans ces conditions, pourquoi le marché de l'assurance risque-t-il de ne pas être équilibré et de disparaître ?

DOC. 4 Le marché de l'assurance et l'aléa moral

Le principe […] de l'aléa moral (risque moral, traduction de *moral hazard*) ne résulte pas d'une information cachée sur la [caractéristique d'un individu], mais sur ses actions. Les situations sont très courantes. On peut en énumérer certaines. […]

Un assureur […] réfléchit au fait d'accepter un contrat assurant le centre sportif qui emmène des clients étrangers au sommet du mont Blanc. Idéalement, il aimerait que […] le guide de haute montagne prenne toutes les précautions, vérifie le matériel, annule la randonnée si la météo est variable, et ainsi de suite. Mais du point de vue du guide, suivre à la lettre toutes ces consignes, à supposer que l'on puisse même en écrire le détail, est coûteux, nécessite du temps et peut même lui faire perdre des clients s'il est exagérément prudent par rapport à ses concurrents. L'assureur n'a pas de moyen direct de vérifier si les précautions ont été prises directement, car l'information précise est trop coûteuse à collecter. L'effort inobservable est ici la prudence du guide et son professionnalisme.

Le même exemple se retrouve pour l'assurance automobile : […] la compagnie d'assurance souhaite que les conducteurs roulent prudemment, fassent des pauses, ne doublent pas imprudemment, mais ne pourra jamais le vérifier complètement. La prudence de la conduite de l'agent n'est pas observable directement par l'assureur. […]

On pourrait dire, pour résumer, […] que l'aléa moral est une situation dans laquelle un agent agit différemment selon qu'il est ou non observé.

Étienne Wasmer, *Principes de microéconomie*, Pearson, 2017.

13 Comprendre. Pourquoi le guide de haute montagne n'adopte-t-il pas le comportement attendu par l'assureur ?

14 Expliquer. Pourquoi un conducteur couvert par une assurance automobile peut-il être amené à prendre des risques ?

15 Déduire. Expliquez en quoi consiste l'aléa moral sur le marché de l'assurance.

FAIRE LE POINT

Complétez avec : *sélection adverse • absence d'équilibre • baisse des échanges • asymétries • aléa moral.*

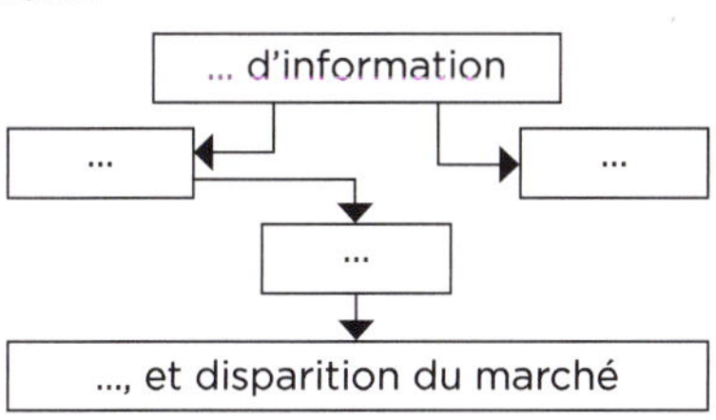

À RETENIR

- Une **information asymétrique** (ou asymétrie d'information) est une situation où l'un des partenaires de l'échange dispose de plus d'informations que l'autre. Il s'agit d'une **défaillance du marché**.
- Si l'asymétrie porte sur des caractéristiques cachées, un phénomène de **sélection adverse** apparaît : l'agent non informé sélectionne les produits ou les individus de mauvaise qualité. Les échanges baissent, le marché peut disparaître (absence d'équilibre).
- Les asymétries d'information portent aussi sur le comportement (inadéquat ou risqué) des acteurs, qu'il est difficile de contrôler : l'agent non informé subit un **aléa moral**.

OBJECTIF : Être capable d'illustrer l'intervention des pouvoirs publics face aux informations asymétriques.

B Les stratégies pour surmonter l'information asymétrique

Face aux informations asymétriques, les partenaires de l'échange mettent en place des stratégies pour que l'information devienne plus transparente. C'est aussi l'objectif de la réglementation publique sur l'information.

DOC. 1 Les différentes stratégies pour lutter contre la sélection adverse

Une stratégie est le filtrage, qui consiste à utiliser des informations observables pour déduire l'information privée. Si vous demandez à acheter une assurance santé, la compagnie d'assurance vous demandera des renseignements sur votre état de santé pour essayer de « filtrer » les clients en moins bonne santé – ceux qu'elle refusera d'assurer ou qu'elle assurera uniquement pour des primes très élevées. […]
Une autre stratégie est pour les bons candidats de faire quelque chose pour signaler leur information privée […]. Les vendeurs de voitures d'occasion qui ont une bonne réputation offrent souvent des garanties – la promesse de réparer les voitures qu'ils vendent si un problème survient pendant une période de temps donnée. Ce n'est pas seulement une manière d'assurer leurs clients pour des dépenses éventuelles ; c'est une manière d'être crédibles […].
Finalement, en présence de sélection adverse, il peut être très intéressant de se bâtir une bonne réputation : un vendeur de voitures d'occasion indiquera souvent la date depuis laquelle il est en activité pour montrer que cela fait longtemps qu'il satisfait ses clients. Les nouveaux clients seront donc davantage disposés à acheter ses voitures et à les payer davantage.

Paul Krugman, Robin Wells, *Microéconomie*, De Boeck, 2016.

1 Comprendre. Quelle stratégie la compagnie d'assurance met-elle en place pour inciter l'assuré à révéler son information ?

2 Décrire. Quelle stratégie les vendeurs de voiture d'occasion utilisent-ils pour révéler leur information privée ?

3 Expliquer. Pourquoi un vendeur de voitures d'occasion a-t-il intérêt à avoir une bonne réputation ?

DOC. 2 Lutter contre la sélection adverse : la réglementation de l'information

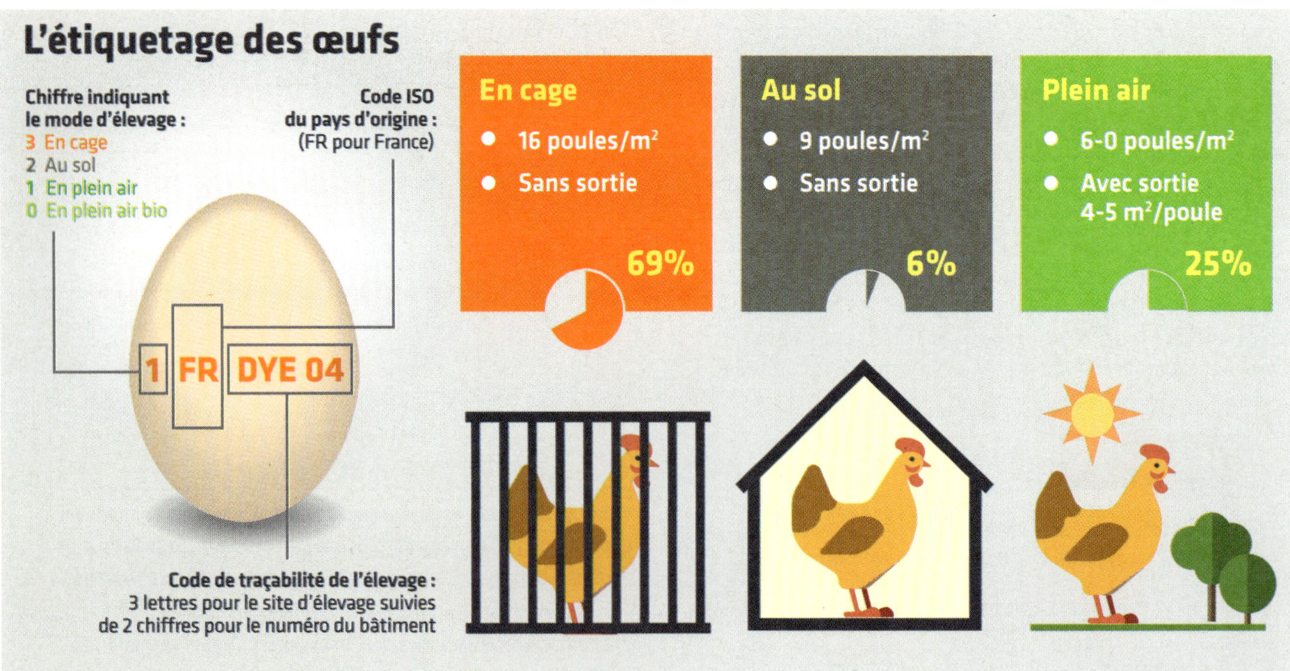

4 Décrire. Quelles informations l'étiquetage des œufs donne-t-il aux consommateurs ?

5 Expliquer. Pourquoi la réglementation de l'information permet-elle de lutter contre la sélection adverse.

DOC.3 Les stratégies des compagnies d'assurance automobile

Le bonus-malus

Le bonus-malus fait augmenter ou baisser votre cotisation d'assurance automobile en fonction du nombre de sinistres que vous avez causés. Le « coefficient réduction-majoration » (CRM) récompense les conducteurs vertueux en leur accordant une remise de 5 % par an. En revanche, il pénalise chaque accident responsable par une augmentation de la prime de référence de 25 %.

www.april.fr

La progression du bonus au fil des années sans sinistres responsables[1]

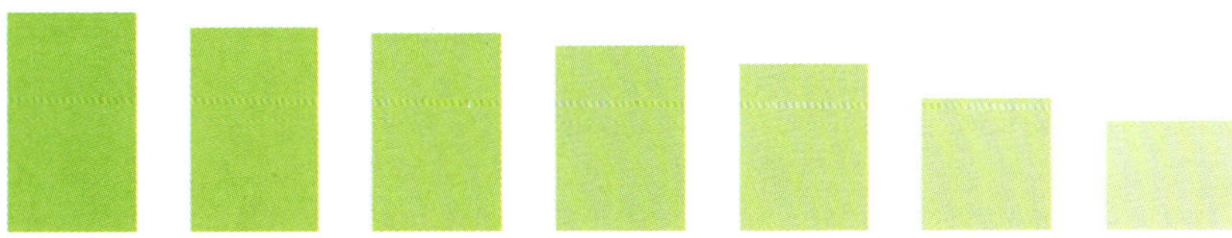

Bonus	1	0,95	0,90	0,85	0,80	0,60	0,50
Prime	500 €	475 €	450 €	425 €	400 €	300 €	250 €
Année	1	2	3	4	5	10	14

Source : www.april.fr

1. Dans l'hypothèse d'une prime de référence de 500 €, de 14 années d'assurance sans sinistres responsables et en l'absence de révision ou de majoration des cotisations.

6 Calculer. Vous aviez un bonus de 0,68 et payiez 340 € d'assurance automobile, mais vous avez causé un accident responsable dans l'année : calculez votre nouveau coefficient réduction-majoration et votre nouvelle cotisation d'assurance.
SAVOIR-FAIRE 2 et 3 p. 345 et 346

7 Analyser. Les compagnies d'assurance cherchent-elles à surmonter une situation de sélection adverse ou d'aléa moral ? Justifiez.

DOC.4 Les franchises dans la restauration rapide

La plupart des restaurants de fast-food – 85 % des enseignes Mc Donald's – sont des franchises. C'est-à-dire qu'un individu a payé la société mère pour le droit de gérer un restaurant vendant ses produits ; on peut penser qu'il est une ramification d'une entreprise géante, mais il est en fait propriétaire d'une petite entreprise. […] Ne serait-ce donc pas plus profitable pour Mc Donald's d'embaucher simplement des managers pour gérer des restaurants ?

Il se trouve que non, car le succès d'un restaurant dépend beaucoup du travail fourni par le manager, des efforts qu'il fait pour choisir les bons employés, garder l'endroit propre et attirant pour les clients, etc. Mc Donald's serait-il en mesure d'obtenir ce niveau d'effort de la part d'un manager salarié ? Probablement pas. Le problème est le risque moral : le manager sait s'il fait le maximum possible à son poste ; mais pas les hauts responsables, qui subissent les coûts d'un restaurant mal géré. Un manager, qui perçoit son salaire même sans faire tout son possible pour bien faire marcher son restaurant, n'est donc pas incité à fournir cet effort supplémentaire […].

La franchise résout ce problème. Un franchisé, dont la richesse dépend de l'activité et qui peut profiter personnellement de son succès, est incité à travailler très dur.

Paul Krugman, Robin Wells, *Microéconomie*, De Boeck, 2016.

8 Comprendre. Quel risque d'asymétrie d'information la direction de Mc Donald's cherche-t-elle à éviter par la pratique des franchises ?

9 Expliquer. Pourquoi est-il plus profitable pour Mc Donald's de recourir à des managers franchisés plutôt qu'à des managers salariés ?

FAIRE LE POINT

Vrai ou faux ? Justifiez vos réponses.

1. Une banque doit étudier le profil des clients auxquels elle accorde un crédit.

2. Un candidat à l'embauche n'a pas besoin d'adresser un curriculum vitae à un employeur éventuel.

3. Un concessionnaire automobile n'a pas intérêt à rémunérer ses vendeurs avec une commission sur les ventes.

4. Les normes de sécurité sur les jouets sont utiles aux consommateurs.

À RETENIR

- Face aux **informations asymétriques** et à la **sélection adverse**, l'agent non informé (ex : société d'assurance) tente d'inciter l'agent informé (l'assuré) à révéler son information privée ; l'agent informé peut, de lui-même, révéler son information, ou y être contraint par la réglementation publique de l'information.
- Face aux situations d'**aléa moral**, l'agent non informé tente d'impliquer personnellement l'agent informé afin qu'il adopte les comportements attendus.

SYNTHÈSE

Quelles sont les principales défaillances du marché ?

1 Pourquoi le marché ne prend-il pas en compte les externalités ?

A. La présence d'externalités

▶ Une **externalité** (ou effet externe) est une répercussion de l'activité économique d'un agent sur le bien-être d'autres agents, sans compensation monétaire. Les agents à l'origine d'externalités négatives ne sont pas incités à les réduire, car ils ne supportent pas le coût social de leur activité. Quant aux agents à l'origine d'externalités positives, ils ne sont pas encouragés à les amplifier, car ils ne tirent aucun bénéfice de l'avantage social de leur activité.

▶ Les externalités négatives (ou positives) sont une **défaillance du marché** : les agents produisent et consomment une quantité excessive (ou insuffisante) de biens ou services. L'allocation des ressources est sous-optimale.

B. Moyens d'intervention des pouvoirs publics pour remédier aux externalités

▶ Les pouvoirs publics cherchent à remédier aux externalités en modifiant les choix individuels. Ils peuvent agir par la contrainte en réglementant, mais ce moyen manque de souplesse et nécessite des coûts de contrôle.

▶ L'intervention publique peut aussi être incitative : taxes (exemple de la taxe carbone) pour lutter contre les externalités négatives et subventions pour encourager les externalités positives ; mise en place de marchés de quotas d'émission (permis d'émissions polluantes attribués aux entreprises).

▶ La taxation et les marchés de quotas cherchent à internaliser les externalités. Il s'agit de modifier par des compensations monétaires les comportements des individus en leur faisant prendre en considération les effets externes de leurs actions.

2 Pourquoi le marché est-il défaillant en présence de biens collectifs et de biens communs ?

A. Les biens collectifs : des biens qui ne peuvent pas être produits par des entreprises privées

▶ Un **bien collectif** est un bien non rival (la consommation d'un agent n'empêche pas celle des autres) et non excluable (il est impossible d'en empêcher l'accès).

▶ Du fait de la non excluabilité, les entreprises ne produisent pas ces biens car elles ne peuvent se rémunérer. Aucun individu ne finance volontairement la production du service car les agents adoptent un comportement de passager clandestin. Le marché est défaillant et l'allocation des ressources, sous-optimale.

B. Les biens communs : des biens rivaux qui conduisent à une surexploitation des ressources

▶ Un **bien commun** est rival (le bien consommé par un agent n'est plus disponible pour les autres) et non excluable (il est impossible d'en empêcher l'accès).

▶ Du fait de la non rivalité, les agents économiques qui cherchent à maximiser leur intérêt individuel, surexploitent les biens communs (« tragédie des communs ») : le marché est défaillant et l'allocation des ressources, sous-optimale.

C. L'intervention des pouvoirs publics pour fournir les biens collectifs et protéger les biens communs

▶ Les pouvoirs publics imposent aux agents économiques de financer la fourniture des biens collectifs par les prélèvements obligatoires. La préservation des biens communs nécessite l'intervention de l'État (réglementation, privatisation).

▶ La coopération entre États est nécessaire pour fournir des biens collectifs mondiaux comme le climat et protéger les biens communs.

NOTIONS

Externalité : une répercussion négative ou positive de l'activité économique d'un agent sur le bien-être d'autres agents, sans compensation monétaire.

Défaillances du marché : situations dans lesquelles le marché ne parvient pas à allouer de façon optimale les ressources.

Bien collectif : bien non rival (la consommation d'un agent n'empêche pas celle des autres) et non excluable (il est impossible d'en empêcher l'accès).

Bien commun : bien rival (le bien consommé par un agent n'est plus disponible pour les autres) et non excluable (il est impossible d'en empêcher l'accès).

Information asymétrique (ou asymétrie d'information) : situation d'échange dans laquelle l'une des parties dispose de plus d'informations que l'autre.

Sélection adverse : situation dans laquelle l'agent non informé propose un prix qui conduit à sélectionner les produits de mauvaise qualité.

Aléa moral : situation dans laquelle l'agent non informé ne peut pas observer ou contrôler le comportement de l'agent informé. Celui-ci peut en profiter pour adopter un comportement inadéquat ou risqué.

3 Pourquoi les marchés dysfonctionnent-ils en présence d'informations asymétriques ?

A. Les informations asymétriques et leurs conséquences sur les échanges

▶ Les **informations asymétriques** (ou **asymétries d'information**) sont des situations où l'un des partenaires à l'échange dispose de plus d'informations que l'autre.

▶ Si l'asymétrie porte sur des caractéristiques cachées, elle provoque un phénomène de **sélection adverse** : l'agent non informé sélectionne des produits de mauvaise qualité. Dans le domaine de l'assurance, des individus peuvent ne pas révéler leur véritable état de santé. Les échanges baissent faute de confiance et le marché peut disparaître (absence d'équilibre). Il s'agit d'une défaillance du marché.

▶ **L'aléa moral** porte sur le comportement (inadéquat ou risqué) des acteurs qu'il est difficile d'anticiper et de contrôler.

B. Les stratégies pour surmonter l'information asymétrique

▶ Pour surmonter la sélection adverse, l'agent non informé incite l'agent informé à révéler son information privée ; l'agent informé peut lui-même révéler son information ou y être contraint par la réglementation.

▶ Face aux situations d'aléa moral, l'agent non informé tente d'impliquer personnellement l'agent informé afin qu'il adopte les comportements attendus.

NE PAS CONFONDRE

Sélection adverse et aléa moral : on parle de sélection adverse (ou d'antisélection) lorsque, sur un marché, le manque d'information pousse les individus à n'échanger que des produits de mauvaise qualité (l'agent non informé sélectionne mal les produits ; le marché ne joue pas son rôle dans l'affectation optimale des ressources). Par exemple, les prix à la baisse amenant les vendeurs de voitures de qualité à se retirer, le marché de la voiture d'occasion ne sélectionne pas les meilleurs produits, au contraire : il y a antisélection.
On parle d'aléa **moral** lorsque l'information asymétrique pousse l'agent informé à ne pas respecter tout à fait l'accord conclu avec l'agent non informé. On peut donner l'exemple d'une personne assurée qui va prendre plus de risques pour sa santé ou dans sa façon de conduire. Ici, l'assuré ne respecte pas l'accord tacite passé avec son assureur.

SCHÉMA BILAN

Les défaillances du marché sont des situations dans lesquelles le marché concurrentiel ne parvient pas à allouer de façon optimale les ressources.

1. Pourquoi le marché ne prend-il pas en compte les externalités ?
↓ **Externalité** => Coût/avantage au niveau de la collectivité sans compensation monétaire
↓ Niveau de production/ consommation sous optimal

2. Pourquoi le marché est-il défaillant en présence de biens collectifs et de biens communs ?
↓ **Biens collectifs :** non rivalité et non excluabilité
↓ Comportement de passager clandestin
Absence de rentabilité pour les entreprises privées
↓ **Biens communs :** rivalité et non excluabilité
↓ « Tragédie des communs » : surexploitation des ressources

3. Pourquoi les marchés dysfonctionnent-ils en présence d'informations asymétriques ?
↓ Information non transparente pour l'un des échangistes entraînant des situations de **sélection adverse** ou d'**aléa moral**)
↓ Baisse des échanges, absence d'équilibre, risque de disparition du marché

INTERVENTION DES POUVOIRS PUBLICS

- ↓ **Réglementation, taxation ou attribution de quotas d'émission**
- ↓ **Organisation de la fourniture de ces biens par les pouvoirs publics**
- ↓ **Réglementation, privatisation, coopération entre les États**
- ↓ **Incitations, réglementation publique de l'information**

4. La guerre des étoiles

CAS PRATIQUE

Chaque année, un célèbre guide gastronomique attribue aux chefs de restaurants, une, deux, trois étoiles, ou aucune! En raison du niveau d'exigence à atteindre pour obtenir une première étoile, les chefs doivent supporter des coûts financiers (embauche de personnels issus des plus grandes écoles d'hôtellerie-restauration, rénovation de la salle de restauration…) et psychologiques (stress, mise au point de nouvelles recettes, concurrence des autres chefs…). Malgré cela, la plupart d'entre eux n'hésitent pas à se lancer dans une véritable course aux étoiles: l'obtention d'une étoile permet d'accroitre significativement la clientèle, malgré le prix généralement élevé des repas.

◂ Anne-Sophie Pic (la seule femme trois étoiles en France) est la chef la plus étoilée au monde (avec sept étoiles pour quatre restaurants).

Questions

1. Quel type de défaillance du marché la notation par le guide gastronomique cherche-t-elle à surmonter? Justifiez votre réponse.
2. Vous arrivez dans une ville où vous n'avez aucun contact. Pour dîner, vous avez le choix entre deux restaurants: aucun d'eux n'a d'étoiles. Ils proposent la même carte, mais un repas coûte 100 euros dans le premier restaurant et 150 euros dans le second restaurant.
   a) Lequel des deux restaurants avez-vous intérêt à sélectionner si vous êtes rationnel?
   b) Quel risque prenez-vous en sélectionnant ce restaurant?
3. Pourquoi, malgré les coûts élevés, les chefs engagent-ils une guerre des étoiles?

5. Le Mexique: champion mondial du «refresco»

CAS PRATIQUE

Matin, midi et soir, sous toutes les latitudes, la bouteille de soda de 3 litres trône sur toutes les tables, celle de l'homme d'affaires comme celle de l'ouvrier. Selon l'Organisation mondiale de la santé, chaque habitant consomme 163 litres de soda par an, soit sept fois plus que la moyenne mondiale… Cette addiction est en partie à l'origine d'une épidémie d'obésité (selon l'Unicef, le Mexique compte le plus d'enfants obèses au monde).
Outre ces conséquences sur la santé, cette consommation de soda a un impact sur les ressources en eau, car fabriquer un litre de soda nécessite au moins deux litres d'eau. Or le réseau d'eau au Mexique est déjà vétuste et peu entretenu. Conséquence de ce manque d'eau potable, le pays détient le record mondial de consommation d'eau en bouteille, avec 234 litres par an et par habitant. Cette consommation d'eau a des conséquences catastrophiques sur l'environnement. Selon l'organisation *Food and Water Watch*, 21 millions de bouteilles en plastique sont ainsi jetées chaque année au Mexique. 20 % sont recyclées, le reste terminant dans des décharges, ou simplement dans la nature.

Questions

1. Construisez un schéma présentant les effets de la production et de la consommation de sodas.
2. Comment interpréter économiquement ces effets?
3. Vous êtes à la tête du gouvernement mexicain: quelle(s) mesure(s) proposeriez-vous pour réduire ces effets?

3 Pourquoi les marchés dysfonctionnent-ils en présence d'informations asymétriques ?

A. Les informations asymétriques et leurs conséquences sur les échanges

▶ Les **informations asymétriques** (ou **asymétries d'information**) sont des situations où l'un des partenaires à l'échange dispose de plus d'informations que l'autre.

▶ Si l'asymétrie porte sur des caractéristiques cachées, elle provoque un phénomène de **sélection adverse** : l'agent non informé sélectionne des produits de mauvaise qualité. Dans le domaine de l'assurance, des individus peuvent ne pas révéler leur véritable état de santé. Les échanges baissent faute de confiance et le marché peut disparaître (absence d'équilibre). Il s'agit d'une défaillance du marché.

▶ **L'aléa moral** porte sur le comportement (inadéquat ou risqué) des acteurs qu'il est difficile d'anticiper et de contrôler.

B. Les stratégies pour surmonter l'information asymétrique

▶ Pour surmonter la sélection adverse, l'agent non informé incite l'agent informé à révéler son information privée ; l'agent informé peut lui-même révéler son information ou y être contraint par la réglementation.

▶ Face aux situations d'aléa moral, l'agent non informé tente d'impliquer personnellement l'agent informé afin qu'il adopte les comportements attendus.

NE PAS CONFONDRE

Sélection adverse et aléa moral : on parle de sélection adverse (ou d'antisélection) lorsque, sur un marché, le manque d'information pousse les individus à n'échanger que des produits de mauvaise qualité (l'agent non informé sélectionne mal les produits ; le marché ne joue pas son rôle dans l'affectation optimale des ressources). Par exemple, les prix à la baisse amenant les vendeurs de voitures de qualité à se retirer, le marché de la voiture d'occasion ne sélectionne pas les meilleurs produits, au contraire : il y a antisélection.
On parle d'aléa **moral** lorsque l'information asymétrique pousse l'agent informé à ne pas respecter tout à fait l'accord conclu avec l'agent non informé. On peut donner l'exemple d'une personne assurée qui va prendre plus de risques pour sa santé ou dans sa façon de conduire. Ici, l'assuré ne respecte pas l'accord tacite passé avec son assureur.

SCHÉMA BILAN

Les défaillances du marché sont des situations dans lesquelles le marché concurrentiel ne parvient pas à allouer de façon optimale les ressources.

1. Pourquoi le marché ne prend-il pas en compte les externalités ?
↓
Externalité => Coût/avantage au niveau de la collectivité sans compensation monétaire
↓
Niveau de production/ consommation sous optimal
↓
INTERVENTION DES POUVOIRS PUBLICS
↓
Réglementation, taxation ou attribution de quotas d'émission

2. Pourquoi le marché est-il défaillant en présence de biens collectifs et de biens communs ?
↓
Biens collectifs : non rivalité et non excluabilité
↓
Comportement de passager clandestin
Absence de rentabilité pour les entreprises privées
↓
INTERVENTION DES POUVOIRS PUBLICS
↓
Organisation de la fourniture de ces biens par les pouvoirs publics

↓
Biens communs : rivalité et non excluabilité
↓
« Tragédie des communs » : surexploitation des ressources
↓
INTERVENTION DES POUVOIRS PUBLICS
↓
Réglementation, privatisation, coopération entre les États

3. Pourquoi les marchés dysfonctionnent-ils en présence d'informations asymétriques ?
↓
Information non transparente pour l'un des échangistes entraînant des situations de **sélection adverse** ou d'**aléa moral**)
↓
Baisse des échanges, absence d'équilibre, risque de disparition du marché
↓
INTERVENTION DES POUVOIRS PUBLICS
↓
Incitations, réglementation publique de l'information

4. La guerre des étoiles

CAS PRATIQUE

Chaque année, un célèbre guide gastronomique attribue aux chefs de restaurants, une, deux, trois étoiles, ou aucune ! En raison du niveau d'exigence à atteindre pour obtenir une première étoile, les chefs doivent supporter des coûts financiers (embauche de personnels issus des plus grandes écoles d'hôtellerie-restauration, rénovation de la salle de restauration…) et psychologiques (stress, mise au point de nouvelles recettes, concurrence des autres chefs…). Malgré cela, la plupart d'entre eux n'hésitent pas à se lancer dans une véritable course aux étoiles : l'obtention d'une étoile permet d'accroitre significativement la clientèle, malgré le prix généralement élevé des repas.

◂ Anne-Sophie Pic (la seule femme trois étoiles en France) est la chef la plus étoilée au monde (avec sept étoiles pour quatre restaurants).

Questions

1. Quel type de défaillance du marché la notation par le guide gastronomique cherche-t-elle à surmonter ? Justifiez votre réponse.
2. Vous arrivez dans une ville où vous n'avez aucun contact. Pour dîner, vous avez le choix entre deux restaurants : aucun d'eux n'a d'étoiles. Ils proposent la même carte, mais un repas coûte 100 euros dans le premier restaurant et 150 euros dans le second restaurant.
   a) Lequel des deux restaurants avez-vous intérêt à sélectionner si vous êtes rationnel ?
   b) Quel risque prenez-vous en sélectionnant ce restaurant ?
3. Pourquoi, malgré les coûts élevés, les chefs engagent-ils une guerre des étoiles ?

5. Le Mexique : champion mondial du « refresco »

CAS PRATIQUE

Matin, midi et soir, sous toutes les latitudes, la bouteille de soda de 3 litres trône sur toutes les tables, celle de l'homme d'affaires comme celle de l'ouvrier. Selon l'Organisation mondiale de la santé, chaque habitant consomme 163 litres de soda par an, soit sept fois plus que la moyenne mondiale… Cette addiction est en partie à l'origine d'une épidémie d'obésité (selon l'Unicef, le Mexique compte le plus d'enfants obèses au monde).

Outre ces conséquences sur la santé, cette consommation de soda a un impact sur les ressources en eau, car fabriquer un litre de soda nécessite au moins deux litres d'eau. Or le réseau d'eau au Mexique est déjà vétuste et peu entretenu. Conséquence de ce manque d'eau potable, le pays détient le record mondial de consommation d'eau en bouteille, avec 234 litres par an et par habitant. Cette consommation d'eau a des conséquences catastrophiques sur l'environnement. Selon l'organisation *Food and Water Watch*, 21 millions de bouteilles en plastique sont ainsi jetées chaque année au Mexique. 20 % sont recyclées, le reste terminant dans des décharges, ou simplement dans la nature.

Questions

1. Construisez un schéma présentant les effets de la production et de la consommation de sodas.
2. Comment interpréter économiquement ces effets ?
3. Vous êtes à la tête du gouvernement mexicain : quelle(s) mesure(s) proposeriez-vous pour réduire ces effets ?

MÉTHODE VERS LE BAC

Préparer le grand oral

Comment structurer son discours : les étapes-clés

Les discours ont traditionnellement été divisés en cinq étapes-clés selon les règles de la rhétorique classique. C'est donc un modèle à connaître et à adapter selon l'oral que vous préparez.

1 Le commencement

- Le début d'un discours a un double but : susciter l'attention de son public et le mettre dans de bonnes dispositions. Il peut prendre différentes formes : l'hommage (A), l'insistance sur l'enjeu du discours (B) ou l'effet de surprise (C).
- Ensuite, on annonce le sujet et le plan, comme à l'écrit.

Exemples

« Je suis heureux d'être aujourd'hui parmi vous… » (A)
« La question des énergies renouvelables prend toute son importance… » (B)
« Taxer : un instrument impopulaire mais efficace » (C)

Pour le grand oral, vous devez privilégier la 2e forme (B) : l'introduction des enjeux du thème choisi, sauf si vous voulez aller, par exemple, à l'encontre d'une idée reçue ou énoncer une idée forte (C).

2 L'argumentation et la réfutation

On raconte les faits concernant le sujet.

Exemple

« Dans le cadre d'un travail sur la pollution, nous avons d'abord préparé… »

Pour le grand oral, cette étape permet notamment de présenter son travail de recherche.

3 La narration

Il s'agit de développer ses arguments et de réfuter ceux de la thèse adverse.

Exemple

« Contrairement à ce que l'on pense, les acteurs privés… »

Cette étape est « le cœur » de votre présentation. Les arguments doivent être pertinents et illustrés par des exemples variés.

4 La conclusion

La fin du discours a un double but : résumer la thèse et montrer au public que le discours est terminé.

Évitez surtout des formules vides comme « Voilà… ».

EXERCICE Jeu de rôles : commencer un discours

Par groupes de deux, imaginez des sujets en lien avec le chapitre et préparez chacun une introduction pour les traiter (soit B, soit C).

Sujets possibles :

- Pour lutter contre la pollution, faut-il taxer ou réglementer ?
- Que faire pour lutter contre l'épuisement des réserves de poissons ?
- Comment assurer un bon fonctionnement du marché des voitures d'occasion ?

VERS LE BAC

Dissertation

Sujet **En quoi le marché peut-il être défaillant ?**

Doc. 1

Au milieu du dix-neuvième siècle, Londres était devenue la plus grande ville du monde avec près de 2,5 millions d'habitants. […] Tous ces gens produisaient beaucoup de déchets – et on ne savait pas quoi en faire à part les déverser dans la Tamise, le fleuve qui traverse la ville. N'importe qui pouvait en sentir les résultats. Et le fleuve ne sentait pas seulement mauvais – il contribuait à la diffusion de maladies dangereuses telles que le choléra et la typhoïde. Les quartiers de Londres situés à proximité de la Tamise avaient des taux de mortalité due au choléra plus de six fois plus élevés que ceux des quartiers davantage éloignés. Et la grande majorité des Londoniens prélevaient l'eau qu'ils buvaient de la Tamise. D'après les réformateurs, la ville avait besoin d'un système d'égouts capable d'extraire les eaux usées du fleuve. Mais aucun acteur privé n'était prêt à mettre en place un tel système […]

L'été chaud de 1858 causa ce que l'on appela par la suite la Grande puanteur, qui fut telle qu'un journal médical rapporta le cas d'un « homme terrassé par l'odeur pestilentielle[1] ». Même les privilégiés et les puissants en souffrirent. Le Parlement se réunissait dans un bâtiment près du fleuve. Après des efforts infructueux pour arrêter l'odeur en couvrant les fenêtres de rideaux imbibés de produits chimiques, le Parlement approuva finalement un projet de système d'égouts et de stations de pompage pour évacuer les eaux usées en dehors de la ville. Le système inauguré en 1865 améliorera considérablement la qualité de vie dans la ville ; les épidémies de choléra et de typhoïde qui étaient fréquentes disparurent complètement. Après avoir été le fleuve urbain le plus répugnant du monde, la Tamise devint le plus propre, et l'ingénieur en chef du système de traitement des eaux usées, Sir Joseph Bazalgette, fut glorifié pour avoir « sauvé davantage de vies qu'aucun autre fonctionnaire victorien[2] ». On estima à l'époque que le système de Bazalgette augmenta de 20 ans l'espérance de vie moyenne d'un Londonien.

Paul Krugman, Robin Wells, *Microéconomie*, De Boeck, 2016.

1. Infecte.
2. Fonctionnaire exerçant sous le règne de la reine Victoria, de 1837 à 1901, au Royaume Uni.

CONSEILS

- Ce document fait référence à deux défaillances du marché qu'il s'agit d'identifier.
- Interrogez-vous sur la manière dont les pouvoirs publics sont intervenus pour pallier ces défaillances : les investissements réalisés et leur mode de financement.

Doc. 2 Structure du prix de l'essence et du gazole en France en mai 2018

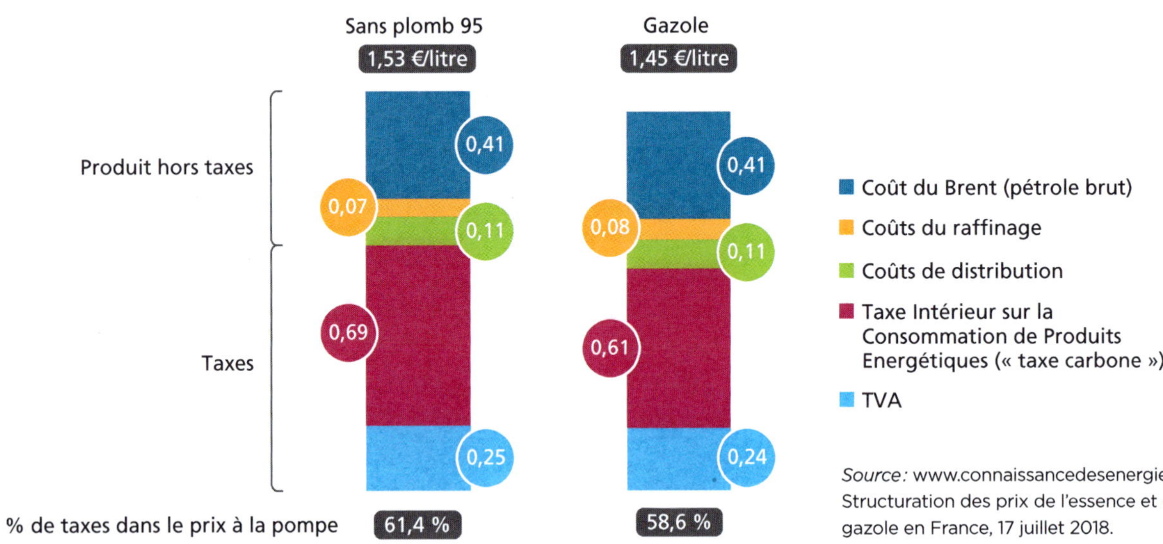

Source : www.connaissancedesenergies.org, Structuration des prix de l'essence et du gazole en France, 17 juillet 2018.

CONSEILS

- Distinguez les données exprimées en euros des données exprimées en %.
- Donnez un ordre de grandeur du poids de la taxe carbone dans le prix du litre de carburant.
- Justifiez l'instauration d'une taxe carbone.

Doc. 3 **La consommation et la perception des produits biologiques en France en 2016** (en % des réponses obtenues)

D'une manière générale, pensez-vous être très bien, assez bien, assez mal ou très mal informé sur les produits biologiques ?			
Très bien	Bien	Assez mal	Très mal
5	50	39	4

Diriez-vous que vous avez assez d'information concernant … (réponses « non, plutôt pas » et « non, pas du tout)					
Les lieux de vente des produits biologiques	L'impact sur la santé de l'agriculture biologique	L'impact environnemental de l'agriculture biologique	L'origine des produits biologiques	La règlementation en agriculture biologique	Le contrôle des produits biologiques
31	36	39	45	56	57

Source : D'après Agence Bio, *Baromètre de consommation et de perception des produits biologiques en France édition 2017*, février 2018.

CONSEILS

- Lisez les intitulés des lignes pour identifier la défaillance du marché à laquelle le document renvoie.
- Effectuez un regroupement pour évaluer le pourcentage de consommateurs assez mal ou très mal informés sur les produits biologiques.
- Repérez pour quels types d'informations les consommateurs s'estiment majoritairement plutôt pas ou pas du tout informés.

Doc. 4 **Nombre de décès prématurés** (pour 100 000 habitants) **dus à la pollution de l'air intérieur et extérieur par région en 2016.**

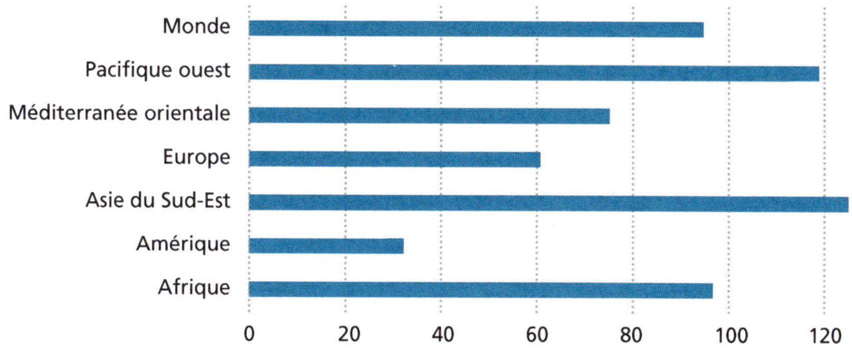

Source : Organisation Mondiale de la Santé, 28 août 2018.

CONSEILS

- Faites une phrase avec la donnée permettant d'apprécier la situation au niveau mondial.
- Situez le nombre de décès dans chaque région par rapport à cette moyenne mondiale.
- Interrogez-vous sur le niveau particulièrement élevé du nombre de décès en Asie du Sud-Est par rapport au nombre de décès en Europe et en Amérique.

S'ENTRAÎNER À LA DISSERTATION

Étape 1 Analyser le sujet

- Le sujet porte sur les défaillances du marché : il faut les évoquer toutes.
- Définissez les défaillances du marché et listez-les.
- Le sujet commence par « En quoi » : il faut d'expliquer pourquoi le marché est défaillant et comment les pouvoirs publics ou les acteurs privés remédient à ces défaillances.

Étape 2 Analyser les documents

- Lisez les conseils donnés en marge des quatre documents.
- Repérez les documents qui décrivent une défaillance du marché, en précisant laquelle, et ceux qui proposent une solution à ces défaillances (un même document peut décrire une défaillance et proposer une solution).

Étape 3 Organiser ses connaissances pour répondre au sujet

- Vos connaissances personnelles sont indispensables car les documents ne traitent pas de l'ensemble des défaillances du marché.
- Montrez que ces défaillances entraînent une allocation sous-optimale des ressources et que la sélection adverse peut provoquer un dysfonctionnement des marchés.
- Mentionnez les instruments dont disposent les pouvoirs publics ou les acteurs privés pour remédier à chacune de ces défaillances.
- Construisez un plan. Évitez un plan listant les différentes défaillances et les solutions. Optez pour une 1re partie répondant à la question *Pourquoi des défaillances du marché ?* et une 2de à la question *Comment remédier à ces défaillances ?*.
Dans cette 2de partie, évitez de présenter les solutions défaillance par défaillance mais essayez de regrouper les solutions en distinguant par exemple les réponses monétaires ou réglementaires, la prise en charge par les pouvoirs publics, les solutions privées.

CHAPITRE 4

NOTIONS
capacité et besoin de financement, taux d'intérêt nominal, taux d'intérêt réel, revenu disponible brut, épargne, excédent brut d'exploitation, autofinancement, solde budgétaire, solde public, marché financier, coût du crédit, dépenses publiques, effet d'éviction, marché des fonds prêtables

Comment les agents économiques se financent-ils ?

Le système de financement de l'économie met en relation les agents qui ont des capacités de financement avec ceux qui ont des besoins de financement pour financer les activités économiques.

Les agents économiques qui n'ont pas assez de ressources doivent trouver des financements pour investir.	Les ménages et les entreprises peuvent se financer par leur épargne, par le crédit bancaire, et pour les entreprises par le marché financier.	L'État doit financer son déficit et peut mener une politique de hausse des dépenses publiques.
↓	↓	↓
Comment fonctionne le système de financement de l'économie ? **DOSSIER 1**	Comment les ménages et les entreprises se financent-ils ? **DOSSIER 2**	Le financement de l'État et les conséquences d'une politique de dépenses publiques **DOSSIER 3**

SOMMAIRE DU CHAPITRE

Entrer dans le chapitre

podcast – Ça s'écoute

Comment trouver de l'argent pour monter son affaire ?

Interview de Caroline Rey, créatrice de la marque de mode « 17h10 »

Durée : 4 min. 37 s.

www.lienmini.fr/ses-1-011

Doc. 1 Musique et financement participatif

▲ Le groupe Feu! Chatterton a récolté 5 586 euros par 188 contributeurs en 2014 sur la plateforme de financement participatif KissKissBankBank pour financer la production de leur premier CD de quatre titres. Aux Victoires de la musique (Paris Zénith, le 12 février 2016), ils sont nominés pour la « victoire du groupe ou artiste révélation scène ».

Doc. 2 Financer des projets par le biais de donateurs

▲ Dessin de Tommy, paru dans *Colibris le mag*, juin 2018.

1 La somme récoltée par Feu! Chatterton pour financer leur premier CD de quatre titres vous semble-t-elle élevée ? Chaque contributeur a-t-il fourni une somme importante ? (DOC. 1)

2 Quels avantages les plateformes de financement participatif présentent-elles ? (DOC. 2)

3 Écoutez le podcast. Quelles sont les différentes étapes de financement à l'origine de cette jeune entreprise ?

DOSSIER 1

Comment fonctionne le système de financement de l'économie ?

OBJECTIF : Comprendre les notions de besoin et capacité de financement.

A Besoins et capacités de financement des agents économiques

Certains agents disposent de capacités de financement, d'autres de besoins de financement. Il est possible d'étudier ces capacités et ces besoins pour un ensemble d'agents (ménages, entreprises, administrations publiques) et pour la Nation (ensemble des agents économiques).

DOC. 1 Capacités et besoins de financement

Les agents économiques diffèrent fortement entre eux par leurs capacités d'épargne et par leurs besoins de financement. Ainsi, une entreprise innovante qui a développé un prototype de nouvelle machine a besoin d'argent pour passer à la production industrielle, construire une usine, créer un réseau de distribution, payer des salariés avant d'avoir commencé à vendre ses produits, etc. De même, une municipalité qui se développe peut souhaiter construire une route ou une école même si ses ressources fiscales ne lui permettent pas de les payer immédiatement. Inversement, nombre d'autres agents épargnent durant leur vie active, par exemple en vue de leur retraite.

Frederic Mishkin, *Monnaie, banque et marchés financiers*, Pearson, 10e éd., traduction-adaptation de C. Bordes, D. Lacoue-Labarthe, N. Leboisne et J.-C. Poutineau, avec P.-C. Hautcœur et X. Ragot, 2013.

Rond point de l'Espace de La Haye-Fouassière (Loire-Atlantique), coût : 400 000 euros.

NOTIONS

- **Épargne** : p. **105**.
- **Investissement** : achat d'un bien de production durable pour une entreprise, de biens durables pour les ménages (ex : logement), d'écoles, de routes, d'hôpitaux par exemple pour les administrations publiques.
- **Capacité (besoin) de financement** : p. **105**.

1 Définir. Expliquez ce que signifie une situation dans laquelle un agent économique a un besoin de financement.

2 Expliquer. Pourquoi est-il souvent difficile pour les agents de financer leurs investissements ?

3 Illustrer. Donnez des exemples d'investissement pour les ménages, les entreprises, les administrations publiques.

DOC. 2 L'épargne de Svitlana

C'est pour des raisons économiques que Svitlana a quitté son Ukraine natale en 1999. […] Saisissant une occasion de venir au Canada, la jeune femme a mis le cap sur Toronto. Objectif : préparer la venue au pays de son mari et de leurs deux enfants, dans l'espoir d'y mener une vie plus facile.

Pendant quatre ans, elle a réduit ses dépenses de manière extrême. Les titres de transport en commun et sa part d'un loyer partagé avec des amies représentaient l'essentiel de ses dépenses. Les vêtements, les meubles, les accessoires de maison ? Tous des dons. L'épicerie ? Elle se nourrissait en grande partie de pains invendus à la boulangerie où elle travaillait. Son seul luxe : un billet pour un concert ou un spectacle à l'occasion. […] elle économisait. La professeure de musique estime que, pendant ces quatre années, elle arrivait à mettre de côté les trois quarts de son revenu annuel, qui, du reste, n'était pas très élevé. L'usage qu'elle comptait faire de cet argent était clair : acheter une maison et une voiture pour la famille, et un piano à queue pour pouvoir donner des cours privés chez elle.

Anne-Hélène Dupont, « Les épargnants extrêmes », *Les affaires*, mai 2016.

4 Lire. Quelle part de son revenu annuel Svitlana consacrait-elle à sa consommation ?

5 Comprendre. À votre avis, Sviltana dégageait-elle une capacité ou un besoin de financement avant le financement de ses investissements ? Pourquoi ?

6 Réfléchir. L'épargne de Sviltana sera-t-elle, à votre avis, suffisante pour financer ses investissements ?

DOC. 3 Des entreprises en besoin de financement

En France, si les start-up[1] et PME[2] du numérique représentent un véritable levier de croissance, 53 % d'entre elles ont eu des difficultés à se financer en 2015. C'est 10 % de plus qu'en 2014. Ce problème touche surtout les PME. Faute d'accès aux financements, elles n'arrivent pas à se développer pour devenir des ETI[3].

Les start-up et PME du numérique se caractérisent par des besoins de financements particulièrement élevés qui peuvent parfois rebuter les investisseurs. Ce sont en effet les investissements en faveur de l'innovation (56%) et du développement commercial sur le marché intérieur (59%) qui sont privilégiés par ces entreprises. Des dépenses souvent conséquentes qui nécessitent des apports tout aussi importants.

D'après Paul Louis, « Les start-up et PME peinent toujours à se financer », *lefigaro.fr*, 27 avril 2016.

1. Jeune entreprise innovante dans le secteur des nouvelles technologies.
2. Petites et moyennes entreprises (moins de 250 salariés et moins de 500 millions d'euros de chiffre d'affaires annuels selon l'Insee).
3. Entreprises de taille intermédiaire, entre 250 et 4 999 salariés et moins de 1,5 milliard d'euros de chiffre d'affaires selon l'Insee.

▲ Locaux de Criteo, start-up française spécialisée dans le ciblage publicitaire (29 octobre 2013).

7 Expliquer. Pour quelles raisons les start-up ont d'importants besoins de financement ?

8 Comprendre. En quoi les difficultés de financement des PME pèsent-elles sur leurs perspectives d'avenir ?

vidéo

Dessine-moi l'éco : « Les sources de financement des entreprises » (2015).
www.lienmini.fr/ses-1-012

DOC. 4 Les besoins de financement des agents économiques et de la Nation en France en 2017

Ménages[1]
Capacité de financement
+ 61 milliards

Sociétés non financières[2] **(SNF)**
Besoin de financement
- 8,3 milliards

Administrations publiques[3] **(APU)**
Besoin de financement
- 61,4 milliards

Autres secteurs
Besoin de financement
- 4,1 milliards

↓

Besoin de financement de la Nation
- 12,8 milliards

← **Reste du monde**
Capacité de financement
+ 12,8 milliards

1. Les ménages dégagent toujours une capacité de financement depuis les années 1950.
2. Les sociétés non financières ont, depuis 1974, sauf exception, des besoins de financement.
3. Les administrations publiques (administrations centrales, locales et de Sécurité sociale) ont toujours, depuis 1974, un besoin de financement.

Source : Insee, *Comptes nationaux*, 2017.

9 Calculer. Retrouvez le résultat du besoin de financement de la Nation.

10 Observer. Quel secteur institutionnel présente les besoins de financement les plus importants en 2017 ?

11 Expliquer. Comment le besoin de financement de la Nation est-il financé ?

12 Analyser. Pourquoi l'épargne de la Nation et du reste du monde sont-elles égales à l'investissement de la Nation et du reste du monde ?

FAIRE LE POINT

Vrai ou faux ? Justifiez vos réponses.

1. Un agent économique présente une capacité de financement quand son épargne est supérieure à ses investissements.

2. Les entreprises peuvent avoir des besoins de financement pour financer leurs investissements.

3. La France est en situation de capacité de financement en 2017.

4. Tous les secteurs institutionnels ont un besoin de financement en 2017.

À RETENIR

- Un agent est en **capacité de financement** quand son épargne est supérieure à ses investissements. Il présente un **besoin de financement** dans le cas contraire.
- Si les entreprises présentent en général des **besoins de financement** en raison de l'importance de leurs investissements, les ménages dégagent collectivement une **capacité de financement**.
- Si la Nation présente un **besoin de financement**, celui-ci est financé par le reste du monde.

OBJECTIF : Comprendre que le taux d'intérêt est le prix sur le marché des fonds prêtables.

B Les circuits de financement et le marché des fonds prêtables

Le système financier met en relation les agents à capacité de financement avec les agents à besoin de financement, directement ou indirectement. Le taux d'intérêt se fixe sur le marché des fonds prêtables.

DOC.1 Le système financier : financement direct et indirect

Le système financier permet de transférer l'épargne des uns vers l'investissement des autres. Il existe deux grands circuits de financement : la finance directe et la finance indirecte.

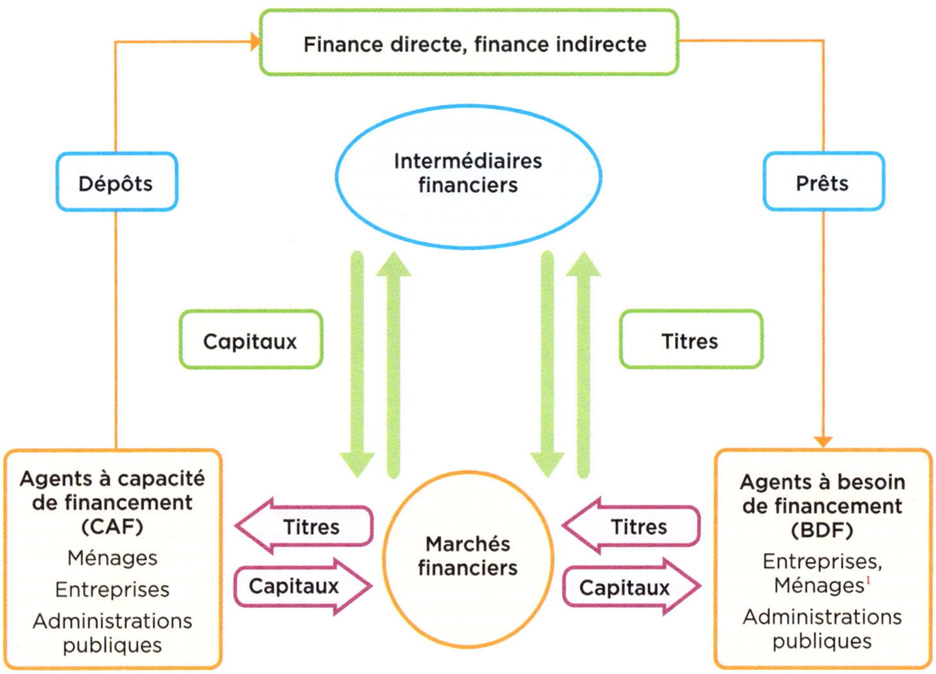

1. Les ménages ne peuvent pas émettre de titres.

Source : F. Mishkin, *Monnaie, banque et marchés financiers*, Pearson, 10e éd, 2013.

POUR LIRE LE SCHÉMA

- **Finance directe :** mise en relation des agents à CAF et à BDF, sans intermédiaire, sur les marchés financiers. Les agents à BDF offrent des titres (actions, obligations) achetés par les agents à CAF. Ces titres peuvent être revendus sur les marchés financiers (marché des capitaux)
- **Finance indirecte :** prêts des intermédiaires financiers (banques notamment) aux agents à BDF grâce aux dépôts (épargne) des agents à CAF.
- **Titres :**
  - **Action :** titre de propriété du capital social d'une entreprise.
  - **Obligation :** titre de créance émis par des entreprises ou un État.

1 Analyser. Quelle est la différence entre la finance directe et la finance indirecte ?

2 Comprendre. Quelles sont les trois possibilités qui s'offrent à une entreprise qui a besoin d'un financement pour acheter des machines et qui ne dispose pas de suffisamment d'épargne ?

3 Expliquer. Comment les intermédiaires financiers sont-ils rémunérés lorsqu'ils accordent un prêt ?

4 Observer. Les intermédiaires financiers interviennent-ils sur les marchés financiers ?

DOC.2 Le taux d'intérêt : un coût pour l'emprunteur, un revenu pour le prêteur

Pour [un agent économique], prêter ses disponibilités lui permet d'obtenir un intérêt. En fait, l'existence de cet intérêt peut même l'inciter à épargner davantage, pour consommer plus dans le futur, lors du remboursement de son prêt. L'emprunteur quant à lui [peut] réaliser un projet productif à l'aide des fonds qu'il emprunte [...] et accepter de payer en intérêts une partie de ces profits supplémentaires [...]. En l'absence de système financier, ces deux agents ne pourraient pas réaliser une transaction mutuellement avantageuse, ce qui empêcherait l'un de recevoir des intérêts, l'autre de réaliser un investissement rentable. L'existence du système financier est également bénéfique pour des emprunteurs qui ne réalisent pas d'investissement productif. Par exemple, nombre d'acheteurs de logement ne disposent pas de l'épargne nécessaire pour réaliser un tel achat sans s'endetter. Plutôt que d'épargner pendant des années avant d'acheter un logement, ils souhaitent s'endetter pour pouvoir acheter leur logement dès le moment où ils en ont besoin.

Frederic Mishkin, *Monnaie, banque et marchés financiers*, Pearson, 10e éd., traduction-adaptation de C. Bordes, D. Lacoue-Labarthe, N. Leboisne et J.-C. Poutineau, avec P.-C. Hautcoeur et X. Ragot, 2013.

5 Expliquer. Que signifie la phrase soulignée ?

6 Comprendre. Pourquoi les agents à BDF acceptent-ils de payer un taux d'intérêt pour utiliser l'épargne des agents à CAF ? Pourquoi les agents à CAF acceptent-ils de prêter aux agents qui en ont besoin ?

DOC. 3 Le marché des fonds prêtables

POUR LIRE LE GRAPHIQUE
Le marché des fonds prêtables est une représentation simplifiée du marché financier où se confrontent une offre de fonds ou de capitaux émanant des agents qui disposent d'épargne et une demande de fonds ou de capitaux, émanant des agents qui souhaitent emprunter pour investir.

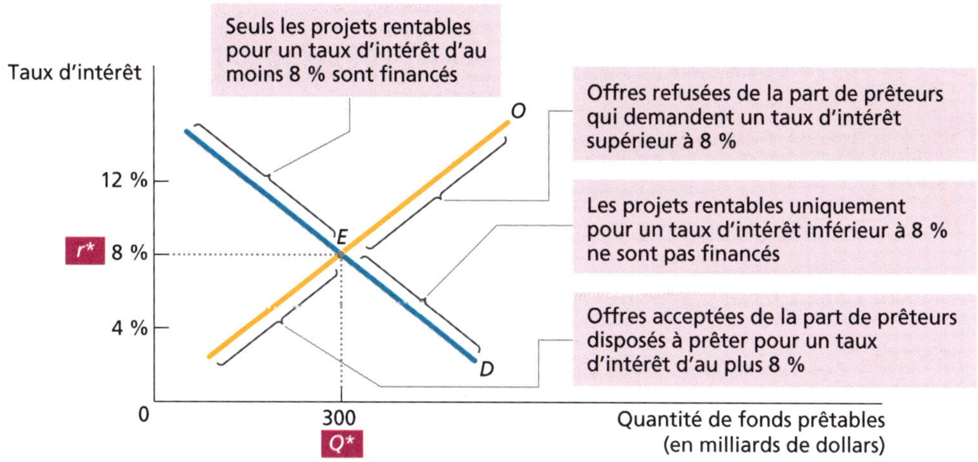

Source : P. Krugman, R. Wells, *Macroéconomie*, De Boeck, 3e éd, 2016.

7 Expliquez. Pourquoi la courbe d'offre est-elle croissante et celle de demande décroissante ?

8 Analyser. Comment le marché parvient-il à l'équilibre ?

9 Expliquer. Que se passe-t-il à l'équilibre pour un emprunteur qui estime que son investissement rapportera moins de 8 % de gains supplémentaires pour un dollar investi ?

10 Représenter. Reproduisez ce schéma, puis représentez une augmentation de l'offre de fonds prêtables par le déplacement de la courbe d'offre. Que constatez-vous sur l'évolution du taux d'intérêt d'équilibre ?

DOC. 4 Taux d'intérêt nominal et réel

Le taux d'intérêt nominal est un pourcentage sur une somme prêtée ou empruntée. Il permet le calcul des intérêts que l'emprunteur doit verser au prêteur. Par exemple, un taux d'intérêt nominal de 4 % par an pour un prêt de 100 remboursable au bout d'un an signifie que le prêteur recevra 104. Si les prix n'augmentent pas, le pouvoir d'achat des 100 euros prêtés augmente de 4 %. Si les prix augmentent de 2 %, le prêteur reçoit toujours 104 mais son pouvoir d'achat est de 102 (+ 2 %). Le pouvoir d'achat du taux d'intérêt est le taux d'intérêt réel, égal au taux d'intérêt nominal moins le taux d'inflation[1]. Il peut être négatif si le taux d'inflation excède le taux d'intérêt nominal.

Mais, au moment du prêt, le taux d'inflation futur n'est pas connu. Les économistes tiennent compte des anticipations sur l'évolution des prix et le taux d'intérêt réel est égal au taux d'intérêt nominal moins le taux d'inflation anticipé.

Magnard, 2019.

1. L'inflation désigne l'augmentation générale des prix.

11 Comprendre. Pourquoi vaut-il mieux tenir compte du taux d'intérêt réel que du taux d'intérêt nominal pour faire le choix d'un prêt ou d'un emprunt ?

12 Comprendre. Connaît-on le taux d'intérêt réel lorsqu'on s'engage pour un emprunt ou un placement ? Dès lors, comment peut-on l'estimer ?

13 Calculer. Une entreprise emprunte 10 000 euros pour un an à un taux d'intérêt nominal de 8 %. Si durant cette année la hausse générale des prix est de 3 %, quel sera le taux d'intérêt réel ? Quelle somme devra-t-elle alors rembourser en valeur réelle ? Quelle somme aurait-elle dû rembourser si les prix n'avaient pas augmenté ? Que pouvez-vous en conclure ?

14 Analyser. Dans quel cas le taux d'intérêt réel est-il négatif ?

FAIRE LE POINT

Complétez avec : *faible • nominal • taux d'inflation • négatif • forte • taux d'intérêt d'équilibre.*

Sur le marché des fonds prêtables, l'offre de fonds est d'autant plus ... que le taux d'intérêt est élevé, tandis que la demande de fonds est d'autant plus ... que le taux d'intérêt est élevé. L'intersection des deux courbes détermine le ... et la quantité de fonds d'équilibre. Le taux d'intérêt réel est le taux d'intérêt ... auquel on retranche le taux d'inflation. Ce taux peut être ... si le taux d'intérêt nominal est inférieur au ... .

À RETENIR

- La finance directe, sans intermédiaire financier, et la finance indirecte, par les intermédiaires financiers, permettent aux **agents à capacité de financement** de financer ceux à besoin de financement.
- Sur le marché des fonds prêtables, l'offre et la demande de fonds s'égalisent pour un taux d'intérêt d'équilibre.
- À la différence du **taux d'intérêt nominal**, le **taux d'intérêt réel** tient compte du taux d'inflation.

DOSSIER 2

Comment les ménages et les entreprises se financent-ils ?

OBJECTIF : Comprendre que les ménages se financent grâce à leur épargne et par des emprunts bancaires.

A Épargne et emprunts des ménages

Le revenu disponible des ménages se partage entre consommation et épargne. Les ménages ont des comportements d'épargne différents et peuvent avoir recours au crédit pour consommer ou pour acheter un logement.

DOC.1 Des revenus primaires à l'épargne des ménages

Des revenus à la capacité de financement en 2017 (en milliards d'euros)

+ Revenus primaires des ménages[1] : + 1 603,6 Mds d'euros

+ Transferts versés[2] : + 567,6 Mds d'euros

– Impôts et cotisations sociales : – 782,2 Mds d'euros

+ Revenu disponible brut des ménages : = + 1 389 Mds d'euros

– Consommation : – 1 191 Mds d'euros

+ Épargne brute : = + 198 Mds d'euros

– Formation brute de capital fixe (logement notamment) : – 130,8 Mds d'euros

+ Capacité de financement[3] : + 61 Mds d'euros

1. Revenus du travail (salaires), revenus de la propriété (intérêts, dividendes, loyers), revenus mixtes (revenu brut des entrepreneurs individuels).
2. Prestations sociales et transferts courants.
3. Pour calculer la capacité de financement, il faut tenir compte de divers ajustements comptables (– 6,2 milliards).

Source : Comptes nationaux annuels 2017, Insee.

1 Calculer. Reconstituez le calcul qui permet d'aboutir au revenu disponible brut des ménages en 2017.

2 Calculer. Quelle part du revenu disponible brut l'épargne représente-t-elle ?

3 Analyser. À quels usages les ménages peuvent-ils destiner leur épargne ?

4 Réfléchir. Les ménages dégagent une capacité de financement. Cela signifie-t-il qu'ils ne sont pas endettés ?

DOC.2 Des comportements d'épargne différents selon le revenu et l'âge

Taux d'épargne[1] selon les tranches de revenus en France en 2011

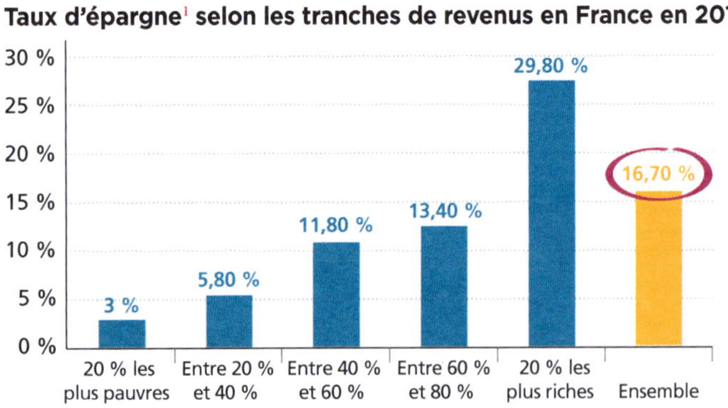

1. Taux d'épargne = épargne/revenu disponible brut x 100.

Taux d'épargne selon l'âge en France en 2011

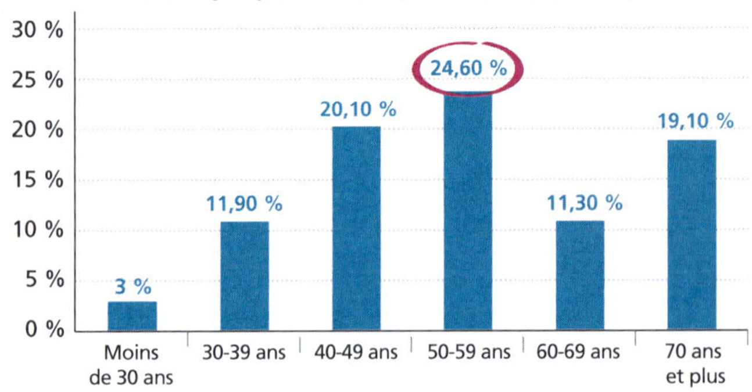

Source : Insee, Observatoire des inégalités.

5 Lire. Faites une phrase avec les données entourées.

6 Observer. Quel lien peut-on établir entre le niveau de revenus des ménages et leur taux d'épargne ? Comment l'expliquer ?

7 Observer. Comment le taux d'épargne évolue-t-il entre 30 et 59 ans ? Comment l'expliquer ?

8 Analyser. Comment expliquer que le taux d'épargne décroisse de 60 à 69 ans pour remonter après 70 ans ?

DOC.3 Crédits aux ménages et endettement

Taux de détention de crédits[1] des ménages en France (en %)

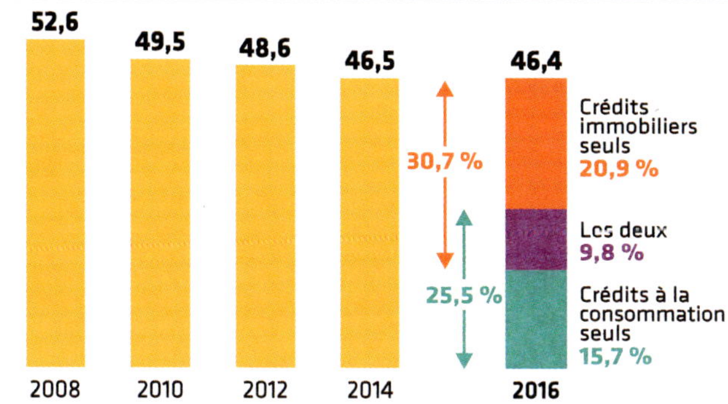

1. Nombre de ménages détenant un crédit/ nombre total de ménages. Les crédits sont principalement des crédits bancaires et d'organismes de crédit.

Source : L'observatoire des crédits aux ménages.

Évolution du taux d'endettement des ménages en France (en % du revenu disponible brut)

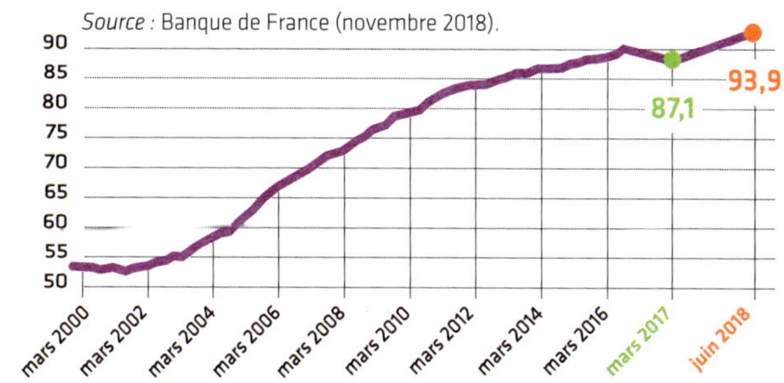

Les banques continuent de proposer des taux d'emprunt très attrayants. Les ménages peuvent avoir intérêt à s'endetter au maximum pour profiter de taux d'intérêt réels négatifs (*Les Échos*, 15 juin 2018).

Profil type des ménages surendettés en 2017

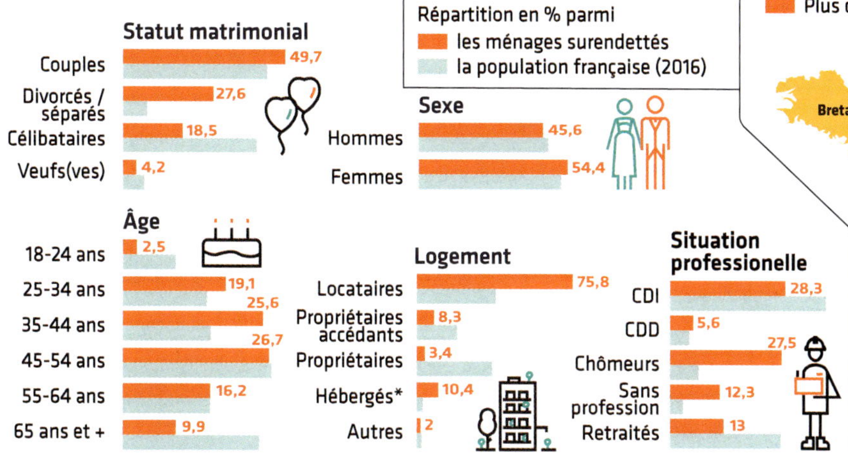

Source : Banque de France (février 2018).

* dont occupants à titre gratuit

Taux de surendettement pour 100 000 habitants

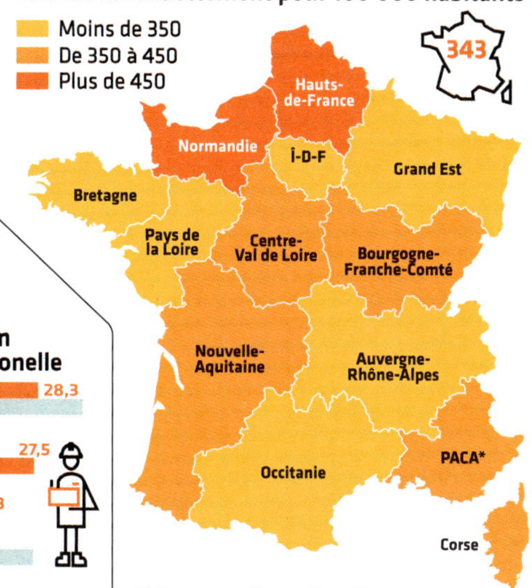

** Provence - Alpes - Côte d'Azur

9 Définir. Que signifie : taux de détention de crédits des ménages, taux d'endettement, taux d'intérêt réel (DOC.4, p. 93) ?

10 Commenter. À l'aide d'hypothèses explicatives, montrez :
- que de nombreux ménages recourent au crédit ;
- que le taux d'endettement a fortement augmenté depuis 2000.

11 Rédiger. Dressez le portrait-type d'un ménage surendetté.

FAIRE LE POINT

Vrai ou faux ? Justifiez vos réponses.

1. Tous les ménages dégagent une capacité de financement.

2. Les ménages les plus jeunes sont ceux qui épargnent le plus.

3. L'épargne des ménages est égale à leur revenu disponible moins leurs dépenses de consommation.

4. Près de la moitié des ménages français a recours au crédit.

À RETENIR

- L'**épargne** des ménages est égale au **revenu disponible brut** moins les dépenses de consommation, la **capacité (ou besoin) de financement** à l'**épargne** moins les investissements.
- Les ménages épargnent plus ou moins selon leur âge ou leurs revenus par exemple.
- Lorsque l'épargne est insuffisante, les ménages ont recours au **crédit** pour financer leurs projets, notamment immobiliers. La demande de crédit dépend du contexte économique (évolution du chômage ou du pouvoir d'achat) et du niveau des **taux d'intérêt réel**.

OBJECTIF :
Comprendre les notions d'excédent brut d'exploitation et d'autofinancement.

B Le financement interne de l'entreprise : l'autofinancement

L'excédent brut d'exploitation (EBE) est le profit d'exploitation de l'entreprise qu'elle tire de son activité productive. Quand une partie de l'EBE permet de dégager une épargne pour financer les investissements, l'entreprise peut s'autofinancer.

DOC.1 De la production à l'excédent brut d'exploitation (EBE)

Les sociétés non financières en France en 2017 (en milliards d'euros)

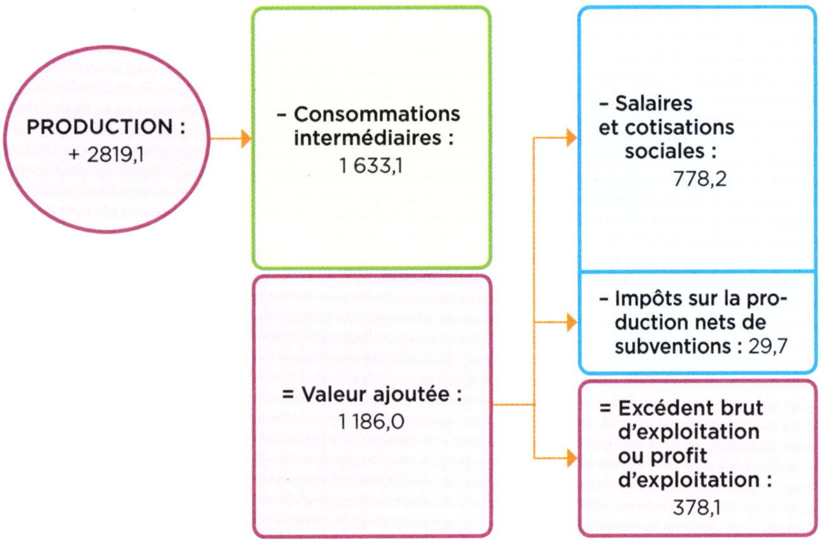

Source : Insee, Comptes de la Nation, 2018.

POUR LIRE LE SCHÉMA

- **Production** : chiffre d'affaires (total des ventes) + variation des stocks.
- **Consommations intermédiaires** : produits achetés par les entreprises, détruits ou transformés au cours du processus de production et incorporés dans le produit final.
- **Valeur ajoutée** : production – consommations intermédiaires ou richesse produite par l'entreprise. Elle sert à rémunérer tous les acteurs qui ont participé à la production : les salariés, les prêteurs, les actionnaires, les administrations publiques.
- **Excédent brut d'exploitation** ou **profit d'exploitation** : ce qui reste à l'entreprise une fois payées toutes les charges liées à l'exploitation.

1 Calculer. Reconstituez par le calcul la valeur ajoutée et l'excédent brut d'exploitation en 2017.

2 Analyser. Faut-il déduire les charges financières pour calculer l'EBE. Pourquoi ?

3 Calculer. Calculez les parts respectives de la rémunération des salariés et de l'EBE dans la valeur ajoutée.

DOC.2 De l'excédent brut d'exploitation à l'épargne

Les sociétés non financières en France en 2017 (en milliards d'euros)

	Excédent brut d'exploitation ou profit d'exploitation :	378,1
–	Impôts sur le revenu et le patrimoine :	– 49,8
–	Revenus nets de la propriété (intérêts, dividendes) :	– 33,1
–	Divers :	– 26,8
=	Épargne :	268,4

Source : Insee, Comptes de la Nation, 2018.

NOTION

Épargne : ce qui reste à l'entreprise une fois rémunérés ses actionnaires (dividendes), les prêteurs (intérêts), les administrations publiques (impôts sur les bénéfices principalement) et qui est disponible pour financer la formation brute de capital fixe, pour faire des prêts ou acheter des titres (actions, obligations), pour rembourser les emprunts.

4 Calculer. Retrouvez à partir de l'EBE le montant de l'épargne.

5 Comprendre. Montrez que l'EBE sert à rémunérer les actionnaires, les prêteurs et les administrations publiques.

6 Comprendre. À quoi peut servir l'épargne ?

7 Calculer. Calculez la capacité ou le besoin de financement des sociétés non financières en 2017 sachant que le montant de la FBCF est de 278,8 milliards d'euros (et compte-tenu d'ajustements divers : + 2,1 milliards). Que pouvez-vous en conclure ?

DOC.3 Évolution du taux d'autofinancement des sociétés non financières

Taux de marge, d'investissement et d'autofinancement des sociétés non financières de 1950 à 2017

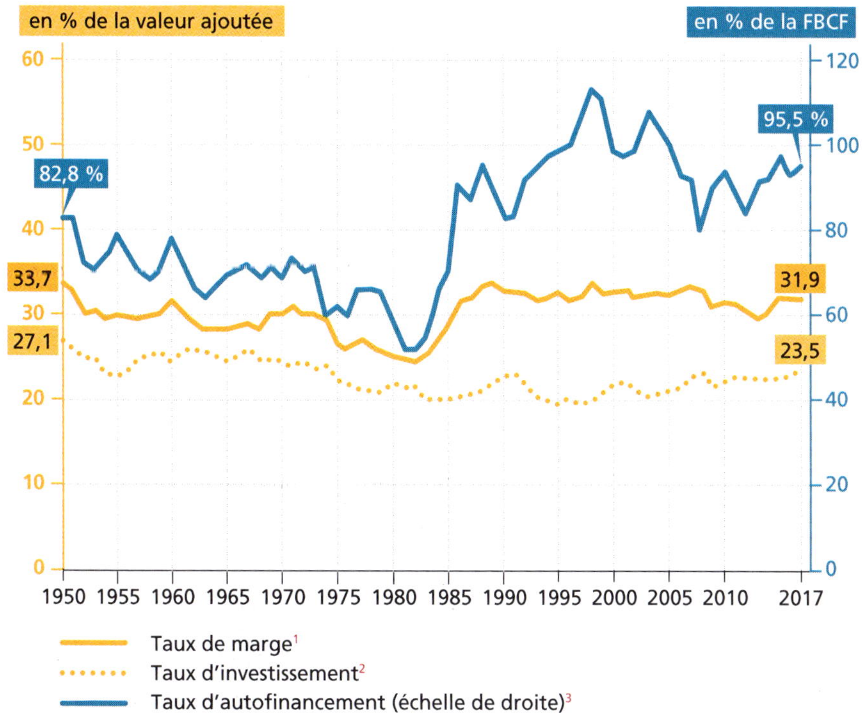

Source : Insee, Comptes nationaux - base 2014.

1. Excédent brut d'exploitation (EBE) / valeur ajoutée brute (VA).
2. Formation brute de capital fixe (FBCF) / valeur ajoutée brute (VA).
3. Épargne brute / formation brute de capital fixe (FBCF).

Champ : France, sociétés non financières, hors entreprises individuelles.

POUR LIRE LE GRAPHIQUE

- **Autofinancement** : lorsqu'une entreprise finance totalement ou partiellement ses investissements par son épargne.
- **Formation brute de capital fixe** : ou investissement productif, achat de biens de production.
- **Taux d'autofinancement** : rapport entre l'épargne des entreprises et le montant de leurs investissements.

8 Comprendre. Que signifie un taux d'autofinancement supérieur à 100 % (comme par exemple entre 1996 et 1999) ?

9 Lire. Faites une phrase avec les données du graphique pour 2017 sans utiliser les termes « taux de marge », « taux d'investissement » et « taux d'autofinancement ».

10 Observer. En mettant en relation l'évolution des trois courbes, expliquez la hausse du taux d'autofinancement à partir du début des années 1980.

DOC.4 Difficultés de financement et frein à l'investissement des petites sociétés

Au-delà des spécificités liées au secteur d'activité, si une partie importante des petites sociétés n'investit pas, cela peut être lié à une contrainte économique. Ainsi, l'excédent brut d'exploitation (EBE), qui permet notamment de financer l'investissement, est nettement plus faible pour les sociétés non investisseuses. Par ailleurs, un quart des sociétés de moins de 10 salariés qui n'investissent pas ont un EBE nul ou négatif. Ceci écarte toute possibilité d'investir par l'autofinancement ou via l'endettement, l'obtention d'un prêt étant plus difficile dans ces conditions.

Hervé Bachéré, « 11 400 sociétés concentrent 75% de l'investissement », *Insee Focus*, juillet 2015.

11 Expliquer. Pourquoi les petites entreprises ne parviennent-elles pas à s'autofinancer ?

12 Expliquer. Pourquoi les entreprises ayant un EBE nul ou négatif ont-elles davantage de difficultés à obtenir un prêt ?

13 Argumenter. Expliquez pourquoi un EBE nul ou négatif peut avoir des conséquences néfastes sur l'avenir d'une entreprise.

FAIRE LE POINT

Réalisez un schéma en mettant en relation ces notions : *épargne • impôt sur les bénéfices • dividendes nets versés • épargne • excédent brut d'exploitation • intérêts nets versés.*

NB : intérêts nets versés ou dividendes nets versés = intérêts ou dividendes versés sous déduction des intérêts ou dividendes reçus.

À RETENIR

- L'**excédent brut d'exploitation** (EBE) désigne le profit de l'entreprise liée à son exploitation, donc à son activité productive. Il est égal à la valeur ajoutée moins toutes les charges d'exploitation.
- L'**épargne** est égale à l'EBE moins les intérêts et les dividendes versés ainsi que les impôts sur les revenus. Quand l'épargne finance les investissements, on dit que l'entreprise **s'autofinance**.
- Selon les périodes et leur situation, les entreprises dégagent des niveaux plus ou moins élevés d'EBE, ce qui influence leurs possibilités d'**autofinancement**.

OBJECTIF : Comprendre les différents modes de financement externes des entreprises.

C Les différents financements externes de l'entreprise

Quand l'autofinancement est insuffisant pour financer les investissements, les entreprises peuvent souscrire des emprunts auprès des banques ou se procurer des capitaux sur les marchés financiers.

DOC. 1 Le financement externe de l'entreprise

Toutes les entreprises doivent se financer lors de leur création, pour assurer leur trésorerie quotidienne, c'est-à-dire le décalage entre leurs encaissements et leurs décaissements, et financer leurs investissements.

Financement externe des entreprises				
Financement direct ou par le marché			**Financement indirect ou intermédié**	**Crowfunding**
Émissions de titres à la **Bourse** sur le marché primaire (moyen et long terme)		Émissions de titres sur le **marché monétaire** (court terme surtout)	Crédit bancaire → à court terme, un à deux ans → à moyen (3 à 7 ans) et long terme (plus de 7 ans)	Prêts, participation au capital, sur des plate-formes Internet. Projet < 1 million d'euros, Apport par souscripteur : 1 000 euros
Titres de propriété : actions	Titres de créances : obligations	Titres de créances négociables		
Financement sur fonds propres	**Financement par endettement**			**Financement participatif**

POUR LIRE LE SCHÉMA

- **Bourse :** marché financier sur lequel s'échangent des actions et des obligations. Les nouveaux titres sont vendus sur le marché primaire et revendus sur le marché secondaire.
- **Action :** titre de propriété du capital social d'une entreprise qui l'émet. L'actionnaire perçoit une partie des bénéfices de l'entreprise sous forme de dividendes au prorata de sa part dans le capital et vote lors de l'assemblée générale des actionnaires.
- **Obligation :** titre de créance émis par des entreprises ou un État. Le détenteur d'une obligation perçoit des intérêts et est remboursé à terme de la somme prêtée. Il peut revendre ses obligations sur les marchés financiers (à la Bourse).
- **Marché monétaire :** lieu où sont surtout échangés des titres à court terme par les banques et les grandes entreprises qui émettent des TCN (titres de créances négociables).
- **Financement sur fonds propres :** comprend aussi l'autofinancement. Une entreprise non cotée à la Bourse peut augmenter son capital social en vendant de nouvelles parts sociales aux propriétaires de l'entreprise.

Répartition de la dette des SNF en mars 2017 (en % selon l'origine)

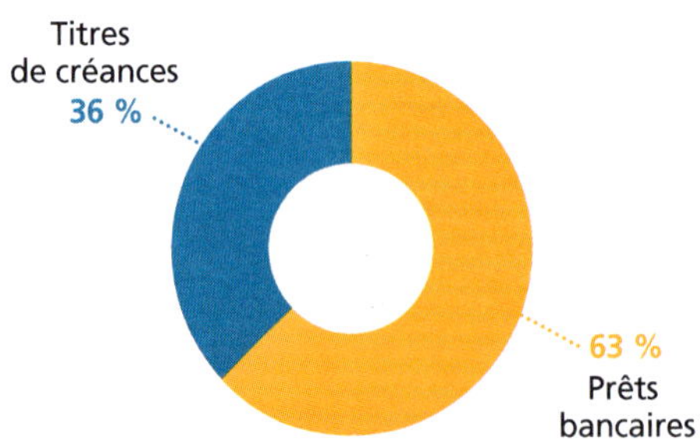

Données sur les flux de financement externe des SNF en 2017

- Crédits bancaires accordés : 54 milliards d'€, surtout aux PME.
- Émissions d'obligations et de TCN : 25 milliards d'€.
- Émission d'actions des sociétés cotées en France : 14 milliards d'€.
- Financement participatif : 336 millions d'euros collectés.

Source : Banque de France.

Dette des SNF : 1 611,8 milliards d'€ en mars 2017, dont 1 008,3 milliards en prêts bancaires, 603,5 en titres de créances, 72 % du PIB (taux d'intérêt bas qui incite les entreprises à s'endetter).

Source : Banque de France.

vidéo

Banque de France : « Le financement des entreprises » (2017).
www.lienmini.fr/ses-1-013

1 Définir. Définissez : financement par fonds propres, financement par endettement.

2 Distinguer. Quelle est la différence entre une action et une obligation ?

3 Expliquer. Après avoir donné un exemple de financement à long terme et un exemple de financement à court terme, expliquez à quoi servent ces financements.

4 Commenter. Les entreprises se financent-elles surtout par financement bancaire, obligataire, émissions d'actions ou par financement participatif ? Pourquoi ?

5 Analyser. Comment expliquer l'importance de l'endettement des entreprises ? Cet endettement peut-il être dangereux ?

DOC. 2 Financement par l'émission d'actions : Toshiba

Toshiba, en grande difficulté financière depuis la faillite de sa filiale nucléaire américaine Westinghouse, augmente son capital de 600 milliards de yens (environ 4,5 milliards d'euros), pour restaurer sa solvabilité, sa capacité à payer ses dettes. L'entreprise japonaise va émettre 2,28 milliards de nouvelles actions, soit environ la moitié du nombre de ses actions existantes, et les vendre au prix unitaire de 262,8 yens (- 10 % par rapport au cours de clôture du groupe vendredi). L'opération doit permettre à Toshiba de limiter son exposition à la débâcle de Westinghouse, en lui permettant de payer les garanties sur les énormes dettes de Westinghouse exigées par les créanciers de cette ancienne filiale, qui a déposé le bilan cette année. Le recours à une augmentation de capital aussi importante pose le problème d'une dilution de la valeur des actions.

D'après « Toshiba : une méga-augmentation de capital de 600 milliards de yens (4,5 milliards d'euros) », *www.latribune.fr*, 19 novembre 2017.

vidéo
Dessine-moi l'éco : « La Bourse et le financement des entreprises » (juin 2012).
www.lienmini.fr/ses-1-014

6 Analyser. Pourquoi l'entreprise Toshiba présente-t-elle un important besoin de financement ?

7 Calculer. Calculez approximativement le nombre d'actions de l'entreprise Toshiba en circulation avant l'augmentation de capital et après l'augmentation.

8 Comprendre. Quelle part des bénéfices de la société un actionnaire recevait-il par actions avant l'augmentation de capital ? Quelle part recevra-t-il après cette augmentation ? Faites le lien avec l'expression soulignée.

9 Analyser. Quels peuvent être les motifs d'une augmentation du capital ?

DOC. 3 Avantages et inconvénients des différents modes de financement

Modes de financement	Avantages	Inconvénients
Autofinancement	• Aucun coût. Indépendance conservée.	• Épargne qui peut être insuffisante.
Crédit bancaire	• Accessible aux entreprises et adapté à leurs besoins. • Surtout utilisé par les PME qui n'ont pas les moyens d'accéder à la Bourse.	• Coût : taux d'intérêt + coûts de transaction dus aux négociations avec la banque. • Délais d'obtention, nécessité de rembourser.
Crédit obligataire	• Liberté de définir le montant et de convenir de l'échéance. Importance des possibilités de collecte de fonds.	• Accès nécessaire aux marchés financiers. Coût : taux d'intérêt. • Nécessité de rembourser.
Émission d'actions	• Importance des possibilités de collecte de fonds. • Pas de coût pour l'entreprise sauf publication d'informations auprès de l'AMF (autorité des marchés financiers).	• Entrée de nouveaux actionnaires (dilution du pouvoir et des dividendes). • Nécessité de distribuer des dividendes qui réduisent l'épargne. • Accessible uniquement aux grandes entreprises cotées.
Financement participatif	• Rapide, différentes modalités (entrée au capital, prêt) adaptées aux besoins de chaque entreprise • Pas d'intermédiaire bancaire.	• Limité dans ses montants : - maximum 1 million d'euros par projet ; - 1 000 euros par souscripteur.

10 Réfléchir. Vous êtes une petite entreprise. Quel mode de financement allez-vous choisir ? Pourquoi ?

11 Analyser. Vous êtes une grande entreprise. Vous décidez de lancer une augmentation de capital. Quels sont les avantages et les inconvénients de ce choix par rapport à un emprunt obligataire ?

FAIRE LE POINT

Associez mode de financement et contrepartie.

Émission d'actions •	• Remboursement et versement d'intérêts
Émission d'obligations •	• Financement par l'épargne de l'entreprise
Crédit bancaire •	• Droit de vote aux assemblées générales, rémunération par le versement de dividendes
Autofinancement •	• Émission sur le marché financier, remboursement et versement d'intérêts

À RETENIR

- Les **financements externes** permettent aux entreprises d'utiliser les capacités de financement d'autres agents.
- Le **crédit bancaire** est le mode de financement le plus fréquent.
- L'**émission d'actions** (augmentation de capital) et **d'obligations** (emprunts) sur le marché boursier élargit les possibilités de financement des grandes entreprises.
- Le **financement participatif** met en relation les entreprises et des agents en capacité de financement via des plateformes en ligne. Il reste limité dans ses montants.

OBJECTIF :
Distinguer solde budgétaire et solde public.

Le financement de l'État et les conséquences d'une politique de dépenses publiques

A Solde budgétaire et solde public

La différence entre les recettes de l'État et ses dépenses correspond au solde budgétaire ; la différence entre les recettes des administrations publiques et leurs dépenses, au solde public.

DOC.1 Le budget et le solde budgétaire

Le budget de l'État est un document établi par le gouvernement et voté par le Parlement qui prévoit et définit les dépenses et les recettes que l'État a le droit d'engager et de percevoir pour l'année à venir.
Tous les ans, les services de l'État préparent un « projet de loi de finances » qui est soumis à l'Assemblée nationale puis au Sénat à l'automne. Le Parlement peut proposer des modifications avant d'adopter une « loi de finance initiale ». Cette loi peut être révisée au cours de l'exercice par une loi rectificative, pour tenir compte d'évènements imprévus ou pour modifier la politique budgétaire de l'État. On parle alors de budget « révisé ». Le budget de l'État se solde par un déficit budgétaire si les dépenses excèdent les recettes. Dans le cas contraire, on parle d'un excédent. Un budget est en équilibre lorsque les recettes sont égales aux dépenses.

D'après le site *www.lafinancepourtous.com*, juillet 2018.

▲ Ouverture des États Généraux à Versailles le 5 mai 1789. Tableau d'Auguste Couder (1790-1873), 1839.
Le 26 août 1789, l'Assemblée constituante vote la Déclaration des droits de l'homme et du citoyen dont l'article 14 pose le principe du consentement populaire à l'impôt.

1 Comprendre. Pourquoi le budget de l'État prend-il la forme d'une loi de finances votée par le Parlement ?

2 Réfléchir. En décembre 2018, sous la pression du mouvement des « gilets jaunes », le président de la République a annoncé plusieurs mesures : annulation de la hausse de la CSG pour certains retraités, hausse de la prime d'activité, défiscalisation des heures supplémentaires. Ces mesures ont-elles un impact sur le budget 2019 ? Une loi rectificative a-t-elle été votée ?

3 Définir. Définissez « déficit budgétaire ».

DOC.2 Les chiffres-clés du budget 2018

Recettes et dépenses du budget de l'État 2018 (voté en décembre 2017)

Recettes de l'État : 242,9 milliards d'euros	-	Dépenses de l'État : 329,6 milliards d'euros	=	Solde budgétaire : – 86,7 milliards d'euros

4 Observer. Quelle est la recette la plus importante de l'État ? S'agit-il d'un impôt sur le revenu ou sur la dépense ?

5 Observer. Quelles sont les deux missions de l'État les plus importantes ?

6 Comprendre. Le solde budgétaire est-il excédentaire ou déficitaire ? L'État a-t-il un besoin ou une capacité de financement ?

Principales recettes de l'État en 2018 (en %)		Principales dépenses de l'État par mission en 2018 (en %)	
Taxe sur la valeur ajoutée	52	Éducation et recherche	30
Impôt sur le revenu	24	Défense et sécurité	19
Impôt sur les sociétés	9	Politiques sociales[1]	16
Taxe intérieure sur les produits énergétiques	5	Développement durable	3

1. Cohésion des territoires, solidarité, insertion, égalité des chances.

Source : Direction du budget, 2018.

DOC.3 Le déficit public au sens de Maastricht

En 2017, le déficit public en France représente 2,6 % du PIB, les recettes publiques 53,8 % et les dépenses publiques 56,4 %. Près de 45 % des dépenses publiques sont consacrées à la protection sociale (dont les retraites) et 14 % à la santé.
Depuis le traité de Maastricht, signé en février 1992, ratifié par la France en septembre 1992 par référendum et entré en vigueur le 1er novembre 1993, les pays de l'Union européenne qui participent à l'Union économique et monétaire (UEM) doivent respecter des « critères de convergence » dont deux concernent le déficit public (pas plus de 3 % du PIB) et la dette cumulée de l'ensemble des administrations publiques (pas plus de 60 % du PIB).

Capacité ou besoin de financement des administrations publiques (APU) en 2017

(en milliards d'euros)	2014	2015	2016	2017
État	- 74,3	- 73,3	- 73,8	- 64,3
ODAC[1]	2,6	- 2,5	- 2,9	- 1,0
APUL[2]	- 4,8	- 0,1	3,0	0,8
ASSO[3]	- 7,4	- 3,8	- 2,2	5,0
Ensemble des APU	- 83,9	- 79,7	- 75,9	- 59,5

1. Organismes divers d'administration centrale. 2. Administrations publiques locales.
3. Administrations de Sécurité sociale.

Source : « Les comptes des administrations publiques en 2017 », *Insee Première*, mai 2018.

7 Analyser. Montrez que le déficit public est égal à la différence entre les recettes et les dépenses publiques à l'aide des données du texte.

8 Observer. Quelle est l'administration publique qui dégage le besoin de financement le plus important ?

9 Commenter. Quelle est la dépense la plus importante des administrations publiques ?

DOC.4 Des déficits à la dette publique française

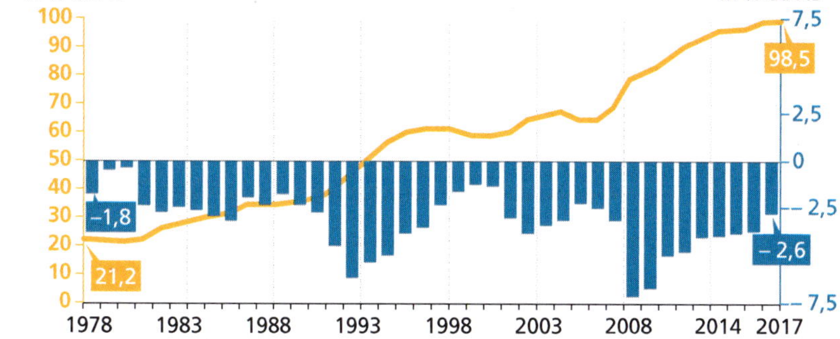

▲ La dette publique est l'ensemble des engagements financiers des administrations publiques. C'est un stock alimenté par des flux : les déficits, les remboursements. Les APU doivent emprunter sur les marchés financiers en émettant des obligations (long terme) et des bons du Trésor (court terme) et verser des intérêts aux prêteurs.

Source : Insee, 2018.

Le financement de la dette publique en 2017 (en % du total)

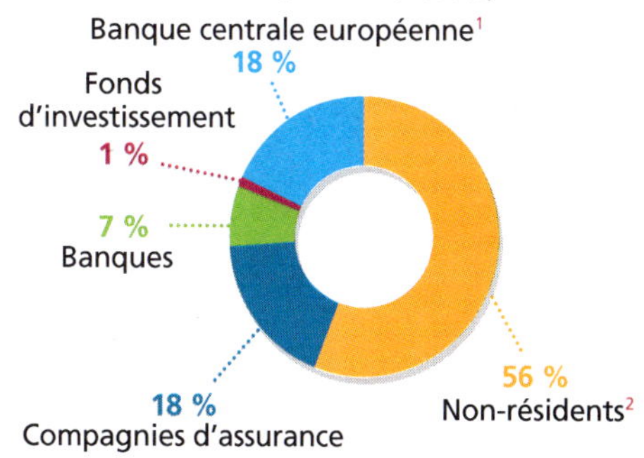

1. Qui, depuis 2014, peut racheter des obligations d'État, sur le marché secondaire.
2. Surtout des investisseurs institutionnels (fonds de pension, d'assurance, fonds spéculatifs ou détenus par des États).

Source : D'après *Alternatives économiques*, novembre 2018.

10 Lire. Commentez l'évolution de la dette publique de 1978 à 2017 en utilisant les chiffres du graphique.

11 Calculer. Quel est le poids de la dette de l'État dans la dette publique ?

12 Analyser. Quelle relation pouvez-vous mettre en évidence entre déficit public et dette publique ?

13 Analyser. La France satisfait-elle aux critères de Maastricht ? (DOC.3)

14 Comprendre. Comment les administrations publiques se financent-elles ? Quels en sont les risques ?

FAIRE LE POINT

Vrai ou faux ? Justifiez vos réponses.

1. Solde budgétaire et solde public sont des termes équivalents.
2. Depuis 1978, les administrations publiques sont toujours en déficit.
3. La charge de la dette est le premier poste du budget de l'État.
4. Les dépenses publiques représentent en 2017 plus de la moitié du PIB.

À RETENIR

- Le **solde budgétaire** est la différence entre les recettes de l'État et ses dépenses. Si les recettes sont inférieures aux dépenses, il s'agit d'un déficit budgétaire.
- Le **solde public** est la différence entre les recettes et les dépenses de toutes les administrations publiques.
- En cas de déficit public, les administrations publiques ont un **besoin de financement financé par des emprunts** sur les marchés financiers et qui alimente la dette publique.

DOSSIER 3

OBJECTIF : Montrer les effets positifs d'une hausse des dépenses publiques.

B Les avantages d'une politique de hausse des dépenses publiques

En cas de ralentissement de l'activité économique, une hausse des dépenses publiques peut être bénéfique sous l'effet des stabilisateurs automatiques et d'une intervention délibérée de l'État.

DOC. 1 Les stabilisateurs automatiques

Les recettes et les dépenses publiques exercent spontanément une action contra-cyclique[1] sur l'activité économique.

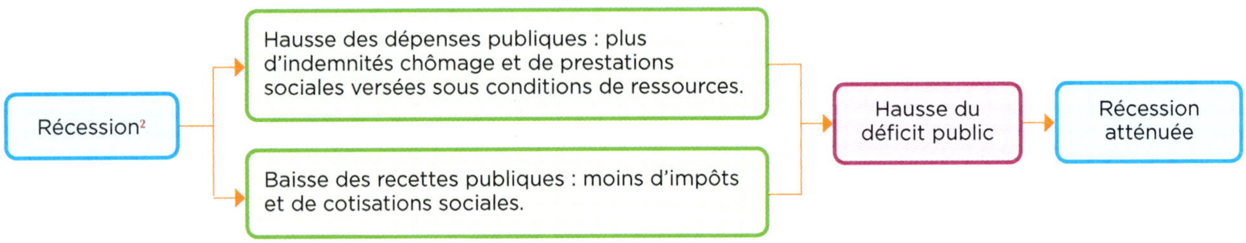

Cet effet est d'autant plus élevé que le poids des dépenses publiques dans le PIB est important et que les dépenses publiques augmentent fortement en période de récession.
Mais ce mécanisme de stabilisation automatique ne fonctionne pleinement que si les ménages et les entreprises ne modifient pas leur comportement de consommation et si les taux d'intérêt[3] ne sont pas affectés par la croissance des dépenses publiques en période de récession.

D'après www.viepublique.fr.

NOTION

La **politique budgétaire** consiste pour un État à agir par l'intermédiaire du budget sur les variables macroéconomiques, PIB, chômage, évolution des prix.

1. Qui va à l'encontre du cycle économique (alternances de phases de récession et de croissance). 2. Ralentissement de la croissance du PIB et montée du chômage. 3. Lorsque la hausse des dépenses publiques creuse le déficit, les APU doivent emprunter davantage, ce qui augmente le taux d'intérêt (hausse de la demande de fonds prêtables).

1 Illustrer. Illustrez par des exemples la diminution des recettes fiscales et la hausse des dépenses publiques en situation de récession.

2 Comprendre. Pourquoi les stabilisateurs automatiques atténuent-ils la récession ?

3 Analyser. En 2009, au moment de la crise, le PIB baisse de 2,9 % en France, de 5,6 % en Allemagne. Comment les stabilisateurs automatiques peuvent-ils contribuer à expliquer ces écarts sachant que le poids des dépenses publiques en France dans le PIB est supérieur de plus de 10 points à celui de l'Allemagne ?

4 Schématiser. Réalisez un schéma sur le même modèle que le schéma ci-dessus montrant les effets des stabilisateurs automatiques en période d'expansion.

DOC. 2 Les plans de relance au cours de la crise de 2008

Des plans de relance ont été mis en place dans la quasi-totalité des pays touchés par la crise. Aux États-Unis, un plan de relance massif de plus de 800 milliards de dollars est annoncé, tandis que les gouvernements européens adoptent des mesures chiffrées à 200 milliards d'euros, avec de fortes divergences entre les pays, à la fois en termes de montants concernés et de modalités. Ainsi, le plan britannique est principalement orienté vers le soutien au pouvoir d'achat des ménages (75 % du montant des mesures), alors que la France privilégie le soutien aux entreprises.
Au total, ces différents plans ont soutenu l'activité et l'emploi ; la Commission européenne estime ainsi que les plans de relance européens ont permis à la zone euro de bénéficier de 0,75 point de PIB en plus en 2009 et d'environ 0,4 point en 2010. De même, aux États-Unis, environ 3 millions d'emplois ont été sauvés grâce au plan de soutien à l'activité.

« D'une crise à l'autre : des subprimes à la crise mondiale », *Cahiers Français n° 359 les politiques à l'épreuve de la crise*, © La Documentation française, 2010.

5 Analyser. Ces plans de relance s'appuient-ils sur une politique de stabilisateurs automatiques ou sur une politique volontaire de hausse des dépenses pubiques ?

6 Illustrer. Donnez un exemple de mesure de soutien au pouvoir d'achat des ménages, et un exemple de mesure de soutien aux entreprises.

7 Illustrer. Pourquoi le soutien au pouvoir d'achat des ménages peut-il être favorable à l'activité économique ?

8 Argumenter. Les plans de relance européens ont-ils eu un effet positif sur l'activité économique ?

DOC. 3 L'effet multiplicateur des politiques de relance sur l'activité économique

Les plans de relance s'appuient sur l'analyse keynésienne du multiplicateur.

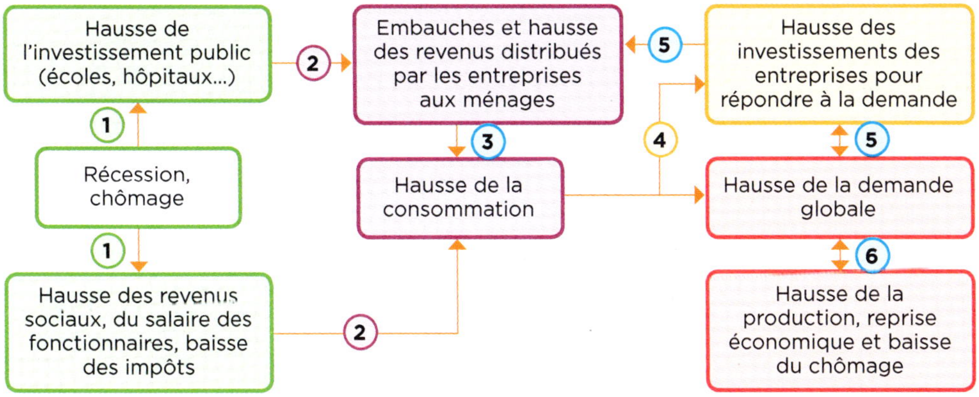

Lecture : les numéros renvoient aux étapes de la mise en œuvre de la politique budgétaire expansionniste.

John Maynard Keynes (1883-1946) montre, au moment de la crise de 1929, que l'État peut, par des mesures de relance de la demande, mettre en place un processus vertueux : hausse de l'investissement public et des revenus distribués par l'État, plus de consommation, nouveaux investissements et revenus. La hausse de la demande globale (consommation et investissement) permet une hausse de la production et une baisse du chômage.

9 Illustrer. Quelles sont les mesures prises par l'État pour agir sur la demande ?

10 Comprendre. Pourquoi la hausse des revenus des ménages et de l'investissement public accroit-elle la consommation, puis l'investissement des entreprises ?

11 Expliquer. Pourquoi l'économie connaît-elle un cercle vertueux ?

12 Critiquer. Quel effet la hausse des dépenses publiques, si elle est financée par l'emprunt, a-t-elle sur le solde public ? Pourquoi peut-on espérer que cet effet soit temporaire ?

DOC. 4 Les effets des plans de relance pendant la crise de 2008-2009

	Plan de relance net[1] (en % du PIB de 2008)	Évolution du PIB (en % par rapport à l'année précédente)				Taux de chômage (en % de la population active)				Solde public (en % du PIB)	
		2007	2008	2009	2010	2007	2008	2009	2010	2007	2010
Allemagne	3	3,4	0,8	- 5,6	3,9	8,6	7,4	7,7	6,9	0,2	- 4,2
France	0,6	2,4	0,2	- 2,9	2,0	8,0	7,5	9,1	9,3	- 2,6	- 6,9
Italie	0	1,4	- 1,3	- 5,1	1,1	6,1	6,7	7,8	8,4	- 1,5	- 4,2
Royaume-Uni	1,4	2,4	- 0,5	- 4,2	1,7	5,4	5,7	7,6	7,9	- 5,2	- 9,3
États-Unis	5,6	1,8	- 0,3	- 2,8	2,5	4,6	5,8	9,3	9,6	- 2,7	- 10
Japon	2	1,7	- 1,1	- 5,4	4,2	3,8	4,0	5,1	5,1	- 2,5	- 6,7

1. Différence entre les hausses de dépenses publiques et celles des recettes par rapport au PIB. L'Italie a accru ses dépenses de 0,3% de son PIB mais, parallèlement, elle a augmenté ses recettes de 0,3%, ce qui conduit à un plan de relance net de 0% de son PIB.

Sources : OCDE, Commission européenne.

13 Lire. Faites une phrase à l'aide des trois données entourées.

14 Comparer. Comparez le solde public de l'Allemagne en 2007 avec ceux des autres pays.

15 Analyser. Tous les pays ont-ils mis en œuvre des plans de relance de même ampleur ? Illustrez avec des données du tableau.

16 Expliquer. Expliquez les effets de la crise économique sur les soldes publics ?

FAIRE LE POINT

Ces mesures prises par les pouvoirs publics relèvent-elles d'une politique de relance, d'austérité ou d'une politique laissant jouer les stabilisateurs automatiques ?

1. En période de récession, les pouvoirs publics peuvent laisser les prélèvements obligatoires diminuer et les prestations sociales augmenter, creusant ainsi le déficit public.

2. En période d'expansion et d'inflation, les pouvoirs publics peuvent augmenter les prélèvements obligatoires et désindexer les prestations sociales des prix.

3. En cas de crise économique, les pouvoirs publics peuvent baisser la taxe sur la valeur ajoutée (TVA) et augmenter le SMIC.

À RETENIR

- Dans une situation de récession, l'État peut laisser jouer les **stabilisateurs automatiques** : hausse des dépenses, baisse des recettes, hausse du déficit, ce qui amortit la baisse d'activité.
- L'État peut mener une **politique de relance volontariste** en augmentant ses dépenses, notamment d'investissement, en s'appuyant sur l'analyse du multiplicateur.
- Une politique de relance augmente le déficit public, sauf si la reprise engendre des rentrées fiscales supplémentaires.

OBJECTIF : Comprendre qu'une politique de relance peut avoir des effets négatifs.

C Les risques d'une politique de hausse des dépenses publiques

Une politique de hausse des dépenses publiques entraîne des effets d'éviction au détriment des acteurs privés, ce qui nuit à la reprise de l'activité économique surtout si la dette est excessive.

DOC.1 La consommation : effet d'éviction et achats à l'extérieur

1 Effet d'éviction : les ménages épargnent au lieu de consommer

[Quand] l'État emprunte pour financer sa relance, [...] les agents savent qu'à terme le taux d'imposition augmentera pour rembourser cet emprunt. En prévision des impôts futurs, les agents augmentent aujourd'hui leur épargne. [...] L'efficacité de la relance est contrecarrée par les [...] agents, [qui] raisonnent de manière intertemporelle et même intergénérationnelle : les agents savent que le recours à l'emprunt est synonyme d'une imposition différée dans le temps qui pèsera… sur les générations futures.

Emmanuel Combe, *Précis d'économie*, © PUF, 2017.

2 Quand la reprise profite à l'extérieur

Dans des économies très ouvertes sur l'extérieur, la hausse de la demande globale due à celle des dépenses publiques ne profite pas toujours aux entreprises résidentes. Les ménages peuvent acheter des biens de consommation à l'extérieur comme les entreprises pour leurs dépenses d'investissement ou de consommations intermédiaires. L'exemple de la relance Mauroy, Premier ministre de François Mitterrand, en 1981, est un vrai cas d'école : + 10 milliards de francs injectés dans l'économie sans effet notable sur l'activité économique mais avec un déficit commercial record et une forte inflation.

Charlotte Vernet-Habasque, Magnard, 2019.

NOTION

Une hausse des dépenses publiques peut provoquer une baisse de la consommation et de l'investissement privé : c'est l'**effet d'éviction**.

1 Comprendre. Pourquoi les ménages augmentent-ils leur épargne quand l'État augmente ses dépenses publiques ?

2 Analyser. Quelles sont les conséquences de la hausse de l'épargne sur la consommation ?

3 Expliquer. Pourquoi la hausse des dépenses publiques peut-elle profiter à l'étranger ?

4 Expliquer. Quelles sont les deux raisons pour lesquelles les effets du multiplicateur peuvent être limités ?

DOC.2 L'effet d'éviction des dépenses publiques sur l'investissement privé

Le marché des fonds prêtables et la demande de fonds prêtables de l'État

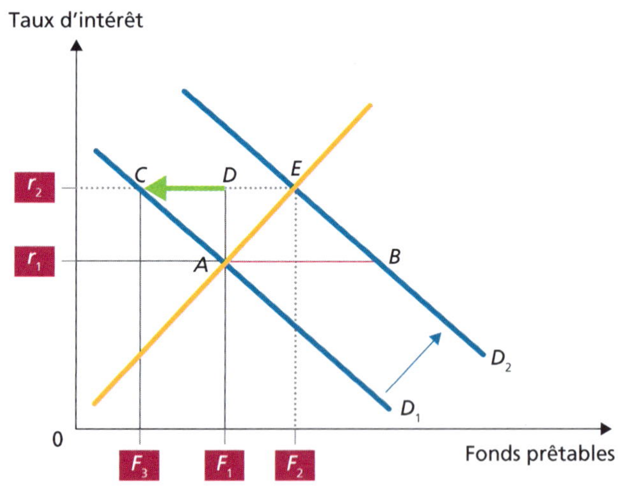

POUR LIRE LE GRAPHIQUE

Le financement de la hausse des dépenses publiques par l'emprunt provoque un déplacement de la courbe de demande sur le marché des fonds prêtables vers la droite (D_1 => D_2) et une hausse du taux d'intérêt (r_1 => r_2), ce qui réduit les possibilités de financement des entreprises.

À l'équilibre, l'État emprunte CE égal à AB ou F_3F_2 et les entreprises OF_3. Les emprunts privés diminuent de CD et le financement des investissements est plus difficile. C'est l'**effet d'éviction**.

5 Décrire. Quels sont les équilibres entre l'offre et la demande de fonds prêtables quand l'État n'est pas emprunteur, quand il emprunte pour financer ses dépenses publiques ?

6 Observer. Quels sont les montants des fonds empruntés par les entreprises avant la hausse du taux d'intérêt ? après la hausse du taux d'intérêt ?

7 Observer. Quel segment de droite représente sur le graphique l'effet d'éviction ?

8 Comprendre. Pourquoi l'effet d'éviction peut-il nuire aux capacités d'investissement des entreprises et à l'activité économique ?

DOC.3 Les dangers d'une dette publique excessive

Comme les individus, les États doivent faire face à leurs échéances de remboursement, comprenant les intérêts sur la dette accumulée. Lorsqu'un État est hautement endetté, ces paiements d'intérêts peuvent être substantiels.
Un État ayant des charges d'intérêt élevées doit prélever davantage d'impôts ou dépenser moins [...] – ou bien il doit emprunter encore davantage pour couvrir la différence. Mais un État qui emprunte pour payer les intérêts de sa dette accroît encore son niveau d'endettement. Ce processus peut finir par mettre un État dans la situation où les prêteurs se posent des questions sur sa capacité à rembourser. [...] Le résultat peut être un défaut de paiement – l'État cesse de payer ce qu'il doit. [...] [Ou des taux d'intérêt très élevés comme] en 2010-2013, pour [la Grèce : 10 % à 10 ans sur la dette publique]. [...]
Si un État lourdement endetté parvient à éviter le défaut de paiement, un fardeau d'endettement important l'oblige généralement à faire des coupes franches dans ses dépenses ou à augmenter les impôts, des mesures politiquement impopulaires qui [...] finissent par déprimer l'économie. [...]
L'État devrait essayer de compenser des déficits budgétaires les mauvaises années par des excédents budgétaires les bonnes années, [...] un budget approximativement équilibré à terme.

Paul Krugman, Robin Wells, *Macroéconomie*, De Boeck, 2016.

▲ Dessin de Chappatte, paru dans *Le Temps* (octobre 2012).

9 Analyser. Quelles sont les différentes raisons pour lesquelles un endettement public excessif présente des risques ?

10 Réfléchir. Qu'est-ce qu'une bonne politique budgétaire ? Pourquoi ?

DOC.4 Politique de relance par la demande ou politique d'austérité ?

	Politique de relance par la demande	Politique d'austérité par freinage de la demande
Arguments	• Si croissance faible, chômage élevé, peu d'inflation => relance possible sans risque inflationniste. • Déficits publics et dette finançant des dépenses indispensables à la cohésion sociale.	• Inefficacité des politiques de relance : persistance dans certains pays d'une croissance faible et d'un chômage élevé. • Déficits publics trop élevés et dette importante.
Mesures	• Hausse des dépenses publiques. • Baisse des impôts.	• Baisse des dépenses publiques. • Hausse des impôts.
Avantages	• Reprise et baisse du chômage si multiplicateur efficace.	• Réduction des déficits et de la dette => baisse des taux d'intérêt. • Ralentissement de la hausse des prix.
Inconvénients	• Multiplicateur souvent peu efficace. • Risque d'inflation. • Déficits publics alimentant la dette publique => hausse des taux d'intérêt. • Incapacité des États à rembourser leur dette => politique d'austérité.	• Risque de chômage et de baisse des prix. • Coupes dans des mesures nécessaires à la cohésion sociale. • Mesures impopulaires.

11 Débattre. À l'aide de ce tableau et des parties B et C de ce dossier, organisez un débat sur les politiques de relance et d'austérité. Formez des groupes de six élèves, trois pour les politiques de relance, trois pour les politiques d'austérité. Présentez clairement à l'oral : les objectifs de chacune de ces politiques, les conditions de réussite et les raisons qui vous conduisent à rejeter l'autre politique.

FAIRE LE POINT

Vrai ou faux ? Justifiez vos réponses.

1. L'accroissement des besoins de financement des administrations publiques peut entraîner une hausse des taux d'intérêt.
2. Une relance par la consommation peut échouer si les consommateurs préfèrent épargner.
3. Quand un État connaît des déficits publics successifs, sa dette publique n'est pas modifiée.
4. Les États peuvent toujours emprunter sans risque sur les marchés financiers.

À RETENIR

• Une politique de hausse des dépenses publiques peut entraîner des **effets d'éviction** : hausse de l'épargne des ménages, hausse du taux d'intérêt sur les marchés financiers rendant plus difficile le financement des entreprises.
• Si les **déficits publics** sont trop importants ou récurrents certains États peuvent avoir des difficultés à financer leur dette car les prêteurs doutent de la capacité des États à rembourser et exigent des taux d'intérêt élevés.

SYNTHÈSE

Comment les agents économiques se financent-ils ?

NOTIONS

Capacité et besoin de financement : un agent dégage une capacité de financement quand ses investissements sont inférieurs à son épargne, un besoin de financement dans le cas contraire.

Marché financier : marché de capitaux sur lequel des agents économiques s'échangent des titres.

Épargne : pour un ménage, différence entre le revenu disponible brut et la consommation. Pour une entreprise, différence entre l'excédent brut d'exploitation d'une part et les revenus distribués aux prêteurs et aux actionnaires plus les impôts sur le revenu et le patrimoine d'autre part.

Taux d'intérêt réel : taux d'intérêt nominal - taux d'inflation ou taux d'intérêt nominal - taux d'inflation anticipée.

Taux d'intérêt nominal : pourcentage de la somme prêtée que le débiteur (le créancier) chaque année verse à (reçoit de) son créancier (débiteur) jusqu'au remboursement de la dette.

Marché des fonds prêtables : représentation simplifiée du marché financier sur lequel se forme le taux d'intérêt par confrontation entre une offre et une demande de fonds prêtables.

Revenu disponible brut : revenus primaires - prélèvements obligatoires (impôts directs et cotisations sociales) + revenus de transferts.

Excédent brut d'exploitation : profit d'exploitation de l'entreprise, c'est la valeur ajoutée moins toutes les charges liées à la production (salaires et cotisations sociales, impôts sur la production nets de subventions).

Autofinancement : part de l'épargne qui finance l'investissement d'une entreprise.

Emprunt : crédit accordé à un agent qui doit rembourser la somme empruntée à l'échéance convenue et s'acquitter d'un taux d'intérêt pendant la durée de l'emprunt.

Solde budgétaire : différence entre les dépenses et les recettes de l'État.

Dépenses publiques : dépenses effectuées par l'État, les administrations de Sécurité sociale, les collectivités territoriales et les administrations et organismes qui leur sont rattachés.

Solde public : différence entre les dépenses et les recettes des administrations.

Effet d'éviction : lorsque la hausse des dépenses publiques se fait au détriment des ménages (hausse de l'épargne en prévision de futures hausses d'impôt) et des entreprises (quand les emprunts de la puissance publique augmentent le taux d'intérêt).

1 Comment fonctionne le système de financement de l'économie ?

A. Besoins et capacités de financement des agents économiques

▶ Les agents dégagent une **capacité** (**un besoin**) **de financement** si leur épargne est supérieure (inférieure) à leurs investissements.

B. Les circuits de financement et le marché des fonds prêtables

▶ Le système financier met en relation les agents qui disposent d'une capacité de financement avec ceux qui ont un besoin de financement. On distingue le financement direct par les **marchés financiers** (émission et achats de titres) du financement indirect par les banques (prêts bancaires).

▶ Les agents qui disposent d'une épargne peuvent la mettre à disposition des agents moyennant une rémunération : le taux d'intérêt, qui représente aussi le coût des fonds empruntés. Le **taux d'intérêt réel** est égal au **taux d'intérêt nominal** moins le taux d'inflation.

▶ Le **marché des fonds prêtables** est une représentation du marché financier où se confrontent une offre de fonds, de capitaux émanant des agents qui disposent d'épargne et une demande de fonds, de capitaux, émanant des agents qui souhaitent emprunter pour investir. Sur ce marché se fixe un taux d'intérêt d'équilibre.

2 Comment les ménages et les entreprises se financent-ils ?

A. Épargne et emprunts des ménages

▶ Le **revenu disponible brut** des ménages est égal aux revenus primaires plus les revenus sociaux moins les prélèvements obligatoires. Lorsque le revenu disponible brut est supérieur aux dépenses de consommation, les ménages dégagent une **épargne**.

▶ Cette épargne ne suffit généralement pas à financer les projets, notamment immobiliers des ménages qui doivent aussi emprunter et s'endetter.

B. Le financement interne de l'entreprise : l'autofinancement

▶ L'**excédent brut d'exploitation** (EBE), ou profit d'exploitation, est égal à la valeur ajoutée moins les charges d'exploitation (rémunération des salariés, impôts sur la production nets de subventions).

▶ En déduisant de l'EBE, les intérêts versés, les impôts sur les bénéfices et la rémunération des propriétaires (dividendes), on obtient l'épargne des entreprises. Lorsque l'épargne finance en tout ou en partie les investissements, on parle d'**autofinancement**.

C. Les différents financements externes de l'entreprise

▶ On distingue le financement par fonds propres (émission d'actions) et l'autofinancement, du financement par endettement (émission d'obligations, titres de créance, **emprunts** bancaires) et du financement participatif.

▶ Chacun de ces modes de financement a des avantages et des inconvénients.

3 Le financement de l'État et les conséquences d'une politique de dépenses publiques

A. Solde budgétaire et solde public

▶ La différence entre les recettes de l'État et ses dépenses constitue le **solde budgétaire**. Si on considère les recettes des administrations publiques (État, administrations locales et administrations de Sécurité sociale) moins les **dépenses publiques**, on obtient le **solde public**.

▶ Lorsque les recettes sont supérieures (inférieures) aux dépenses, on parle d'excédent (de déficit).

▶ Des déficits prolongés entraînent une hausse de la dette publique.

B. Les avantages d'une politique de hausse des dépenses publiques

▶ La hausse des dépenses publiques peut permettre d'accroître la consommation, l'investissement du pays et sa production. L'État peut atténuer les effets d'un ralentissement de l'activité grâce aux stabilisateurs automatiques en laissant ses dépenses augmenter et ses recettes diminuer sans modifier sa politique budgétaire.

▶ Il peut aussi accroître volontairement ses dépenses pour stimuler la consommation des ménages, l'investissement des entreprises et la production. Cette politique de relance a été légitimée par J. M. Keynes avec le multiplicateur keynésien.

▶ Néanmoins, ces politiques de hausse de dépenses, non financées par l'emprunt, augmentent les besoins de financement des administrations publiques.

C. Les risques d'une politique de hausse des dépenses publiques

▶ Les **effets d'éviction** limitent l'efficacité de la hausse des dépenses publiques. L'augmentation de la demande de fonds prêtables par l'État peut provoquer une hausse des taux d'intérêt, ce qui peut réduire les investissements des entreprises. Si les agents anticipent des hausses des prélèvements obligatoires, ils épargnent davantage et consomment moins.

▶ L'accumulation de déficits publics conduit à un endettement excessif qui rend difficile l'accès aux marchés financiers pour les États et peut les conduire à mener une politique d'austérité.

NE PAS CONFONDRE

- **EBE et épargne de l'entreprise** : l'EBE est le profit d'exploitation (valeur ajoutée moins charges d'exploitation) ; l'épargne est ce qui reste à l'entreprise une fois rémunérés les prêteurs et les actionnaires et payés les impôts sur le revenu et le patrimoine.
- **Taux d'intérêt réel et nominal** : le taux d'intérêt réel est le taux d'intérêt nominal moins le taux d'inflation.
- **Action et obligation** : l'action est un titre de propriété, l'obligation un titre de créance.
- **Emprunt bancaire et emprunt obligataire** : l'emprunt bancaire est un emprunt auprès d'une banque ; l'emprunt obligataire est un emprunt émis sur le marché financier.
- **Solde budgétaire et solde public** : le solde budgétaire est la différence entre les recettes et les dépenses de l'État ; le solde public entre les recettes et les dépenses des administrations publiques.

SCHÉMA BILAN

Le système de financement de l'économie met en relation les agents et leur permet de financer leurs activités.

1. Comment fonctionne le système de financement de l'économie ?

- Mise en relation des agents à **capacité de financement** avec ceux à **besoin de financement**
  ↓
  - Financement direct sur les **marchés financiers**
  - Financement indirect par les banques
- Rencontre sur le **marché des fonds prêtables** des agents qui offrent des fonds et de ceux qui en demandent
  ↓
  Taux d'intérêt qui équilibre le marché

↓ Le marché des fonds prêtables modélise l'équilibre entre l'offre et la demande de fonds.

2. Comment les ménages et les entreprises se financent-ils ?

- **Épargne** des ménages = **revenu disponible brut** moins consommation
  ↓
  Endettement auprès des banques si l'épargne est insuffisante
- Épargne des entreprises = **excédent brut d'exploitation** moins intérêts, dividendes, impôts sur le revenu
  ↓
  - Financement sur fonds propres
  - Financement par endettement

↓ Ménages et entreprises recourent aussi à des financements externes (crédits bancaires, obligations, actions).

3. Le financement de l'État et les conséquences d'une politique de dépenses publiques

- • Déficit budgétaire, = recettes moins dépenses de l'État
  • Déficit public = recettes moins dépenses des APU
  ↓
  Déficits répétés → hausse de la dette de l'État et de la dette des APU
- Effets de la hausse des **dépenses publiques**
  ↓
  - **Effets positifs** : relance de l'activité économique
  - **Effets négatifs** : pas de relance, hausse de la dette de l'État et de la dette des APU

↓ Le financement des dépenses publiques limite leurs effets positifs et peut présenter des risques.

POUR ALLER PLUS LOIN

SES & *SERIOUS GAME*

https://www.performance-publique.budget.gouv.fr/sites/performance_publique/files/files/flash/cyber-budget/minefi_start.swf

Cyber-budget : contrôlez les finances de l'État en tant que ministre du Budget

Ministre du Budget, vous devez traverser quatre grandes étapes de la constitution et de la gestion du budget de l'État : préparation de la loi de finance, programmation du budget, passage de la loi à l'Assemblée nationale, et perspectives sur l'avenir. Tout en parcourant la ville pour remplir ces missions, vous recevez des conseils qui vous font prendre conscience des problématiques budgétaires (difficulté de l'équilibre, arbitrages à effectuer).

À VOIR, À LIRE

La Dette, film documentaire

Sophie Mitrani et Nicolas Ubelmann, 2013 (1 h 10).

En 2010, la crise de la dette éclate en Grèce, et se propage peu à peu sur tout le continent, menaçant les fondements mêmes de l'Union européenne. Mais d'où vient la dette ? Quelles logiques et quels intérêts se cachent derrière ce mot ? Fruit de trois années d'enquête, le film tente de répondre à ces questions.

Liquidations à la grecque

Petros Markaris, Seuil Policiers, 2012.

Enquête policière sur des assassinats de financiers sur fond de crise grecque.

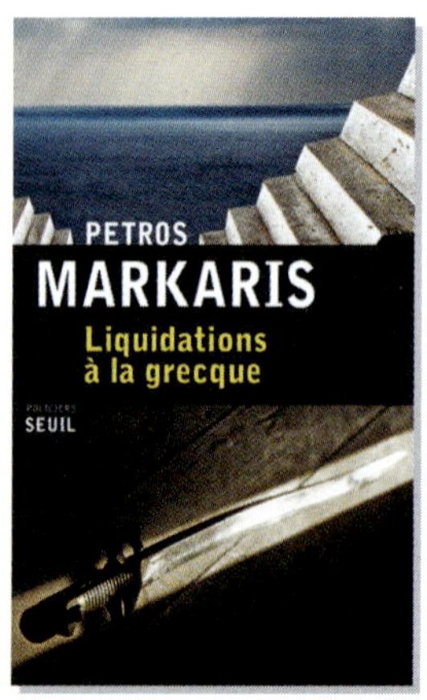

1. Évaluer ses connaissances

Corrigés des exercices p. 372

Vrai ou faux ?

	V	F
1. Le besoin de financement d'une entreprise est la différence entre la valeur ajoutée et la rémunération des salariés.	☐	☐
2. Les stabilisateurs automatiques consistent à augmenter les investissements publics pour relancer l'activité.	☐	☐
3. Les ménages peuvent émettre des titres sur le marché financier.	☐	☐
4. Le titulaire d'une action reçoit des intérêts.	☐	☐
5. L'autofinancement consiste, pour une entreprise, à financer tout ou partie de ses investissements, par son épargne.	☐	☐
6. La dette publique s'explique par les déficits publics accumulés au cours des années.	☐	☐
7. Le financement par endettement comprend les emprunts bancaires et les emprunts obligataires.	☐	☐
8. Les politiques de relance consistent à augmenter les dépenses publiques.	☐	☐
9. Les stabilisateurs automatiques sont peu efficaces si le poids des dépenses sociales dans le PIB est élevé.	☐	☐
10. Au cours d'une crise économique, les dépenses de l'État augmentent et ses recettes diminuent si les choix budgétaires ne sont pas modifiés.	☐	☐

2. Savoir lire un tableau à double entrée

Savoir-faire 13, p. 358

Dépenses publiques par fonction en 2016 (en % du PIB)

	Allemagne	France	Italie	Royaume-Uni	Finlande	Zone euro
Services généraux	5,8	6,1	7,9	4,6	8,1	6,3
Défense	1,0	1,8	1,3	2,0	1,3	1,2
Ordre et sécurité publics	1,6	1,6	1,9	1,8	1,2	1,7
Affaires économiques	3,1	5,6	4,0	3,0	4,5	4,2
Protection de l'environnement	0,6	0,9	0,9	0,7	0,2	0,8
Logement et équipements collectifs	0,4	1,1	0,7	0,7	0,3	0,6
Loisirs, culture, cultes	1,0	1,2	0,8	0,6	1,4	1,1
Enseignement	4,2	5,4	3,9	4,7	6,1	4,6
Santé	7,2	8,1	7,0	7,6	7,2	7,1
Protection sociale (hors santé)	19,3	24,4	21,1	15,8	25,6	20,0
Total	**44,2**	**56,4**	**49,4**	**41,5**	**56**	**47,6**

Source : Eurostat.

Questions

1. Faites une phrase avec la donnée entourée.
2. Quel type de dépenses publiques représente la part la plus importante des dépenses dans les pays européens ?
3. En utilisant la ligne « Total », caractérisez la situation de la France par rapport à la moyenne des pays de la zone euro et aux autres pays présentés dans le tableau, en ce qui concerne la part des dépenses publiques dans le PIB.
4. Quel est le principal poste des dépenses publiques qui explique la situation de la France par rapport aux autres pays ?

3. Inflation et intérêts cumulés

CAS PRATIQUE

Un gagnant à la loterie se voit proposer deux possibilités de versement pour son gain :
– il peut choisir de recevoir la somme de 100 000 euros immédiatement ;
– il peut choisir 3 versements de 35 000 euros chacun : le 1er, l'année 1 ; le 2e, l'année 2 ; le 3e, l'année 3.

Questions

1. Supposons que l'on anticipe que les prix soient plus élevés de 3 % après un an au moment du 2e versement et de 6 % après 2 ans au moment du 3e versement (en comparaison avec l'année 1). Des deux possibilités, laquelle est la plus avantageuse ? Calculez la valeur réelle des 3 versements, compte tenu de l'inflation à venir.
2. Imaginons maintenant que le gagnant choisisse de recevoir son gain en une fois et de le placer sur un compte épargne. Ce dernier propose un taux d'intérêt réel de 1 % qui reste inchangé au cours des 3 années. De quelle somme disposera-t-il au début de l'année 2 ? S'il conserve cette somme sur son livret, combien possédera-t-il au début de l'année 3 ?

L'INFOGRAPHIE DU CHAPITRE

Le financement participatif en plein essor

Le financement participatif permet à des particuliers de financer des projets via des plateformes Internet. En 2014, en France, un cadre juridique a été défini pour cette activité : un prêt ne peut excéder 1 000 euros par personne et par projet, et aucun projet ne peut excéder 1 million d'euros.

Répartition des formes de financement participatif en 2017

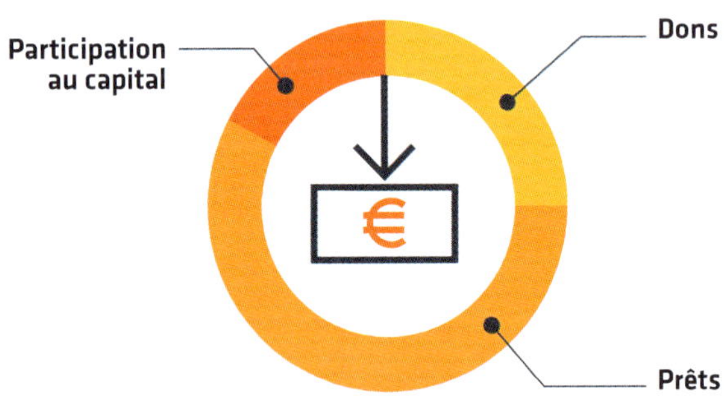

Évolution récente des fonds récoltés en France par le financement participatif

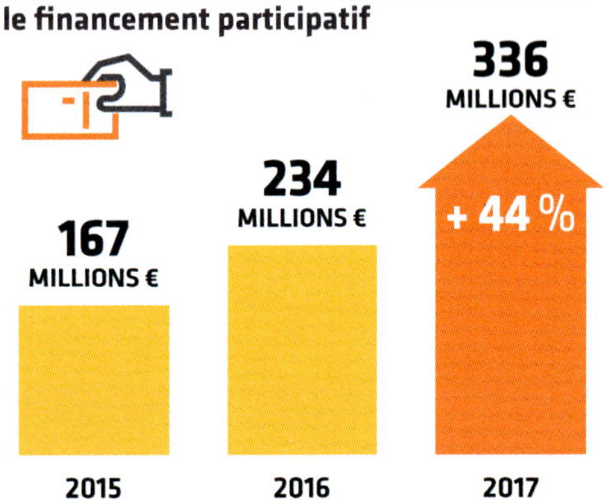

Porteurs de projets en 2017
(en millions d'euros)

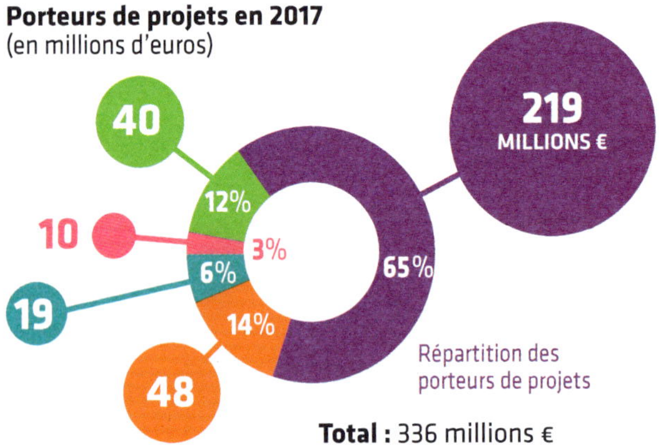

Nombre de projets financés

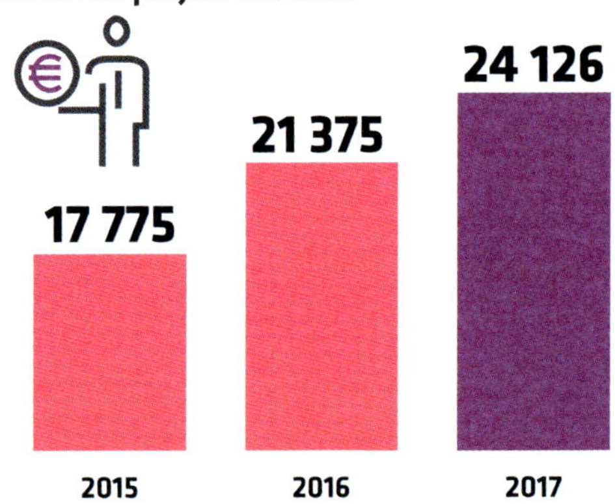

Source : le baromètre du crowdfunding, 2017 KPMG.

MISE EN ACTIVITÉ

Voici quelques situations d'agents en besoin de financement. Pour chacune, dites si le financement participatif est adapté (éventuellement sous quelle forme) ou si le prêt bancaire est préférable. Justifiez vos réponses.

- Une start-up souhaite lancer un produit innovant : elle ne sait pas encore si les consommateurs seront intéressés par son produit, elle n'a pas d'expérience préalable et ne dispose pas d'épargne. Elle a besoin de 40 000 euros pour lancer son projet.
- Une PME, créée en 1994, est bien implantée sur le marché du bois de chauffage. Elle dispose de clients fidèles, d'une épargne d'un montant de 700 000 euros et enregistre de nombreuses commandes pour l'année à venir. Elle a besoin de 2 millions d'euros pour de nouvelles machines.
- Un groupe d'élèves souhaite financer un projet humanitaire au Cameroun. Ils ont besoin de 7 500 euros pour la rénovation d'une école.
- Une grande entreprise a réalisé 45 millions d'euros de chiffre d'affaires l'année précédente. Elle a besoin de 3 millions d'euros pour ses investissements et dispose d'une épargne de 1,5 million d'euros.
- Un jeune auteur de bande-dessinée souhaite éditer sa première œuvre. L'impression revient à 9 000 euros pour 300 exemplaires. Il dispose d'une épargne personnelle de 2 000 euros.

MÉTHODE VERS LE BAC

Lire et analyser le sujet

Sujet Quels sont les déterminants de l'épargne des ménages ?

Exemple de rédaction

Voici un extrait d'un brouillon d'élève accompagné des commentaires du professeur.

Chapitre ? Le sujet se rapporte au chapitre 4 « Comment les agents économiques se financent-ils? » 1

Notions-clés ? Deux mots-clés : « épargne » et « ménages ». L'épargne désigne la partie non consommée du revenu disponible, un ménage est constitué d'une ou plusieurs personnes vivant sous le même toit, selon l'Insee. 2

Nature du sujet ? Il faut déterminer les causes et les conséquences de l'épargne des ménages. 3

Cadre spatio-temporel ? Le sujet est théorique, son libellé ne contient pas de cadre spatio-temporel précis. On peut donc se servir des documents pour en définir un et il faut s'appuyer sur des faits pour développer l'argumentation. 4

Reformulation ? Quelles sont les causes et les conséquences de l'épargne des ménages ? 5

1 TB. Bonne identification du chapitre.

2 La définition de l'épargne est juste, celle des ménages également, mais ici plus que la définition de l'Insee le candidat doit songer aux ménages comme secteur institutionnel, notamment à leurs fonctions dans le circuit économique : les ménages reçoivent des revenus en contrepartie de leur travail et de leur capital qu'ils consomment et épargnent.

3 Erreur d'identification du type du sujet, ici il ne s'agit pas de traiter les conséquences de l'épargne des ménages, mais uniquement d'en présenter les différentes motivations. Il s'agira d'un sujet de type analyse partielle détaillant les différents motifs d'épargne des ménages.

4 TB.

5 La reformulation est fausse : les conséquences sont hors sujet. Il faudra écrire : « Pour quelles raisons les ménages épargnent-ils » ?

Rédigez l'analyse du sujet en tenant compte des remarques du professeur.

Sujet Comment les ménages et les entreprises comblent-ils leurs besoins de financement ?

Vous jouez maintenant le rôle du professeur évaluant le travail d'un camarade sur le sujet proposé ci-dessous. Dites si les différentes étapes de l'analyse du sujet vous semblent ou non correctes.

1. *Chapitre ? Le sujet se rapporte au chapitre 5 : « Qu'est-ce que la monnaie et comment est-elle créée ? »* ☐ correct ☐ incorrect
2. *Notions-clés ? Un mot-clé : besoin de financement. Un agent économique présente un besoin de financement lorsque ses investissements sont inférieurs à son épargne.* ☐ correct ☐ incorrect
3. *Nature du sujet ? C'est un sujet de type analyse partielle qui suppose de décrire les différents moyens de financement offerts aux entreprises et aux ménages.* ☐ correct ☐ incorrect
4. *Cadre spatio-temporel ? La France depuis les années 1970.* ☐ correct ☐ incorrect
5. *Reformulation ? Par quels moyens les ménages et les entreprises financent-ils leurs investissements ?* ☐ correct ☐ incorrect

Pour les points que vous avez évalués « incorrects », proposez une correction.

FICHE MÉTHODE Lire et analyser le sujet

Une lecture correcte du sujet (partie 2 de l'épreuve de spécialité ou dissertation) est la première et principale étape qui déterminera la qualité de votre travail. La lecture analytique du sujet se décompose en plusieurs étapes :

1. Identifiez le chapitre ou (les) chapitres de votre cours pouvant être mobilisés pour répondre au sujet.
2. Identifiez et définissez les notions-clés du sujet.
3. Identifiez la consigne et/ou la nature du sujet : les sujets peuvent être de nature différente. Il s'agit le plus souvent de sujets de type analyse (analyse complète : constat, causes, conséquences ; analyse partielle : focalisation sur l'un de ces points) ; ou de sujets de type discussion (débat argumenté du type *Oui/Mais* ou *Non/Mais* ou *Oui/sous certaines conditions*).
4. Identifiez le cadre spatio-temporel du sujet. S'il n'est pas explicitement mentionné dans le libellé du sujet, le cadre spatio-temporel peut souvent être défini à l'aide d'un examen rapide du dossier documentaire.
5. Reformulez le sujet pour bien en cerner toutes les composantes.

VERS LE BAC

Épreuve de spécialité

Partie 1 Mobilisation de connaissances et traitement de l'information (10 points)

• **Document** **Les différents coûts d'une entreprise qui produit des boîtes de chocolat**

Une entreprise produit des boîtes de chocolats. En 2017, elle a vendu 50 000 boîtes au prix unitaire de 10 euros. Pour fabriquer ses produits, elle a effectué au cours de l'année les dépenses suivantes :
• cacao : 60 000 euros ;
• lait : 40 000 euros ;
• garnitures diverses des chocolats : 20 000 euros ;
• salaires des quatre employés : 30 000 euros chacun ;
• cotisations sociales sur les salaires versés : 10 000 par salarié ;
• emballages : 40 000 euros ;
• électricité : 40 000 euros ;
• impôts sur la production : 40 000 euros.
Cette entreprise doit également régler 10 000 euros d'impôts sur les bénéfices pour l'année 2017.

• **Questions**

1. Pour quelles raisons une entreprise peut-elle souhaiter dégager une épargne ?
2. Calculez la valeur ajoutée, l'excédent brut d'exploitation et le bénéfice net de cette entreprise.
3. Les propriétaires de cette entreprise souhaitent recevoir 50 % du bénéfice net pour leur rémunération. Calculez le montant de cette rémunération et déduisez-en celui de l'épargne de cette entreprise en 2017.

CONSEILS

- Traitez bien les différentes questions dans l'ordre car les réponses aux premières questions sont nécessaires pour les calculs suivants.
- Définissez chaque notion avant de la calculer afin d'être certain des éléments de votre calcul.

Partie 2 Raisonnement appuyé sur un dossier documentaire (10 points)

Sujet **À l'aide de vos connaissances et du dossier documentaire, vous présenterez les différents moyens par lesquels les entreprises peuvent financer leurs investissements.**

Doc. 1

Les entreprises de petite taille utilisent habituellement le crédit bancaire pour acheter de nouveaux équipements. Le bon côté du crédit est qu'il est habituellement adapté aux besoins de l'emprunteur. Avant d'obtenir un crédit une petite entreprise doit généralement discuter de son projet, de ses profits avec le prêteur. Le résultat est un crédit qui satisfait les besoins de l'emprunteur et qui correspond à sa capacité de ▸

remboursement. Le mauvais côté du crédit est qu'accorder un crédit à une entreprise implique généralement des coûts de transaction[1] élevés tels que la négociation des termes du crédit, la vérification de la solvabilité de l'emprunteur, etc. Afin de minimiser ces coûts les emprunteurs de taille importante optent souvent pour une approche plus directe : les obligations.

[...] Un émetteur d'obligations vend un certain nombre d'obligations à un taux d'intérêt et une date de maturité[2] donnée à quiconque est disposé à les acheter, un processus qui permet d'éviter les négociations coûteuses sur les termes d'un crédit avec plusieurs prêteurs individuels.

P. Krugman, R. Wells, *Macroéconomie*, De Boeck, 3e ed, 2016.

1. Les coûts de transaction désignent les coûts qu'implique toute transaction marchande en plus du prix d'achat. Par exemple ceux liés à la négociation, à la recherche du partenaire, etc.
2. Date à laquelle l'obligation devra être remboursée.

CONSEILS

Ce texte présente deux formes différentes de crédit aux entreprises, prenez soin de les distinguer : toutes les entreprises n'ont pas accès à ces deux types de financement.

Doc. 2 Évolution du taux de marge et du taux d'autofinancement des sociétés non financières en France (2005-2017)

	Taux de marge des SNF (EBE/VA x100)	Taux d'autofinancement des SNF (épargne brute/FBCF x 100)
2005	32,3	99,6
2006	32,5	93,2
2007	33,3	91,8
2008	33	79,5
2009	30,8	90,1
2010	31,4	93,7
2011	31,1	89,4
2012	30,3	83,6
2013	29,7	91,8
2014	30,3	91,7
2015	32	97,5
2016	31,9	92,9
2017	31,9	95,5

Champ : France, sociétés non financières, hors entreprises individuelles.
Source : Insee, Comptes nationaux - base 2014.

CONSEILS

- Pour rappel, l'EBE est distinct de l'épargne ; une partie de l'EBE rémunère les propriétaires et n'alimente donc pas l'épargne. Néanmoins, le montant de l'EBE est lié à celui de l'épargne possible.
- La présentation du taux de marge et du taux d'autofinancement dans le même tableau vous invite à les mettre en relation et suggère que les entreprises doivent dégager un profit suffisant pour avoir recours à l'autofinancement.

S'ENTRAÎNER

Étape 1 Analyser le sujet

▶ Il faut définir les termes « entreprises », « investissement » et « financement ». Le sujet invite à décrire dans leur intégralité l'ensemble des possibilités de financement des entreprises. Il ne s'agit pas de discuter des avantages et des inconvénients de chaque type de financement, vous pouvez néanmoins préciser s'ils sont plus ou moins faciles d'accès pour les entreprises.

Étape 2 Analyser les documents

▶ Voir les conseils donnés en marge des documents. Attention ! Les documents n'abordent pas l'intégralité des formes de financement possibles pour les entreprises : il faudra donc mobiliser ses connaissances personnelles pour intégrer l'augmentation de capital et, éventuellement, le financement participatif.

Étape 3 Organiser ses connaissances pour répondre au sujet

▶ Le sujet appelle un plan thématique dans lequel vous devez séparer les différents modes de financement.

▶ Vous devez éviter de développer plus de trois parties. Il vous faudra donc rapprocher certains modes de financement dans une même partie. Ainsi que le suggère le document 1, vous pouvez traiter ensemble les crédits bancaire et obligataire qui présentent les mêmes caractéristiques. De même, vous pouvez évoquer dans une même partie le financement participatif et l'augmentation de capital qui sont tous deux des financements externes qui ne passent pas par des intermédiaires financiers (bien qu'ils ne présentent pas les mêmes modalités).

VERS LE BAC

Dissertation

Sujet **Quels sont les effets positifs et négatifs des politiques d'augmentation des dépenses publiques ?**

Doc. 1 **Taux de chômage, croissance économique et dépenses publiques**

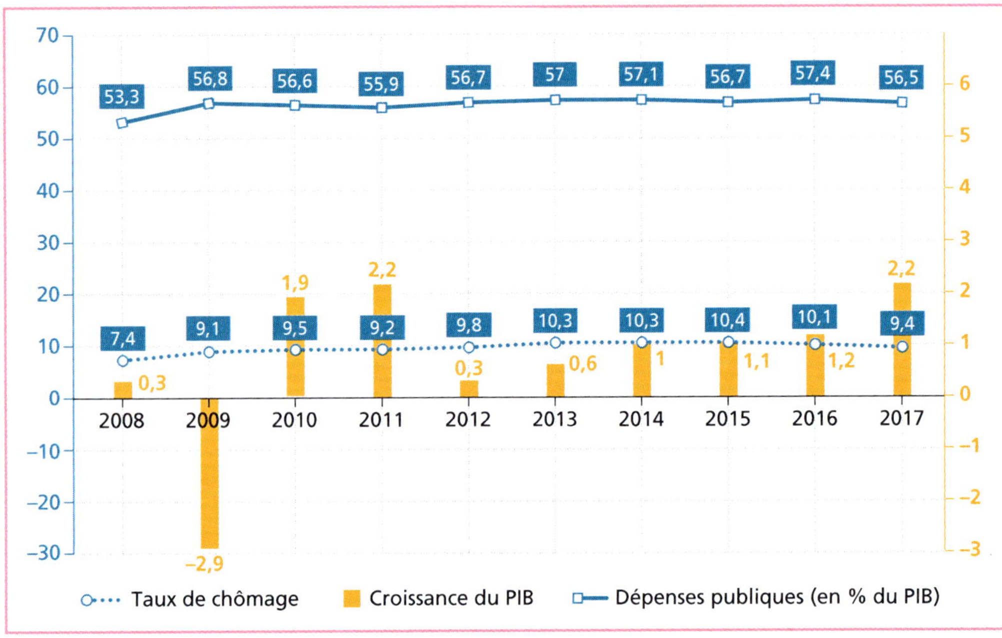

Source : Insee, Comptes nationaux, base 2014.

CONSEILS
- Il faut rechercher les grandes tendances de ces trois indicateurs : le chômage, la croissance du PIB et celle des dépenses publiques.
- Vous vous demanderez si la hausse des dépenses publiques a un effet positif sur l'activité économique et sur l'emploi.

Doc. 2 **Déficit public, dépenses publiques, prélèvements obligatoires et dette publique en France depuis 2008** (en % du PIB)

	2008	2009	2010	2011	2012	2013	2014	2015	2016	2017
Déficit public	- 3,3	- 7,5	- 7	- 5,2	- 4,9	- 4	- 3,9	- 3,6	- 3,4	- 2,6
Dépenses publiques	53,3	56,8	56,6	55,9	56,7	57	57,1	56,7	56,4	56,5
Prélèvements obligatoires	42,1	41,2	41,5	42,7	43,9	44,9	44,8	44,5	44,6	45,3
Dette publique	68,2	79,2	81,6	85,2	89,5	92,3	94,9	95,6	96,3	96,8

Source : Insee, Comptes nationaux, base 2014.

CONSEILS
- Il faut commencer par identifier les périodes de hausse de la dépense publique (2009-2010, puis 2013-2014) pour observer les effets sur les autres indicateurs ces années-là et celles qui suivent directement.
- Ce document met en lumière les conséquences négatives pour les finances publiques des politiques de hausse de la dépense. On peut prolonger la réflexion en pensant aux conséquences de la hausse des prélèvements obligatoires ou de la dette publique sur l'activité économique d'un pays.

Doc. 3

En économie financière, [l'effet d'éviction] désigne le fait qu'un emprunteur important, lorsqu'il développe ses besoins d'emprunts, est susceptible d'attirer une partie croissante de l'épargne vers lui, provoquant du même coup, pour les autres emprunteurs, l'obligation de payer plus cher. Et cette surenchère dans les taux d'intérêt élimine à son tour les emprunteurs les moins bien placés.

L'effet d'éviction est mis en avant surtout pour souligner la concurrence déloyale qu'un emprunteur public peut susciter vis-à-vis d'emprunteurs privés (entreprises) qui ne peuvent pas offrir les mêmes garanties que lui.

Alternatives économiques, *L'économie de A à Z, le dictionnaire en ligne*, www.alternatives-economiques-education.fr.

CONSEILS

- Ce document évoque l'effet d'éviction financière par la hausse des taux d'intérêt qui est un effet négatif possible de la hausse des dépenses publiques.
- Vous pouvez compléter la réflexion en songeant à une autre forme d'éviction lorsque les agents économiques augmentent leur épargne pour faire face à la hausse des prélèvements obligatoires qui, selon eux, suivra la politique de hausse des dépenses publiques.

Doc. 4 Le cercle vertueux de la relance budgétaire

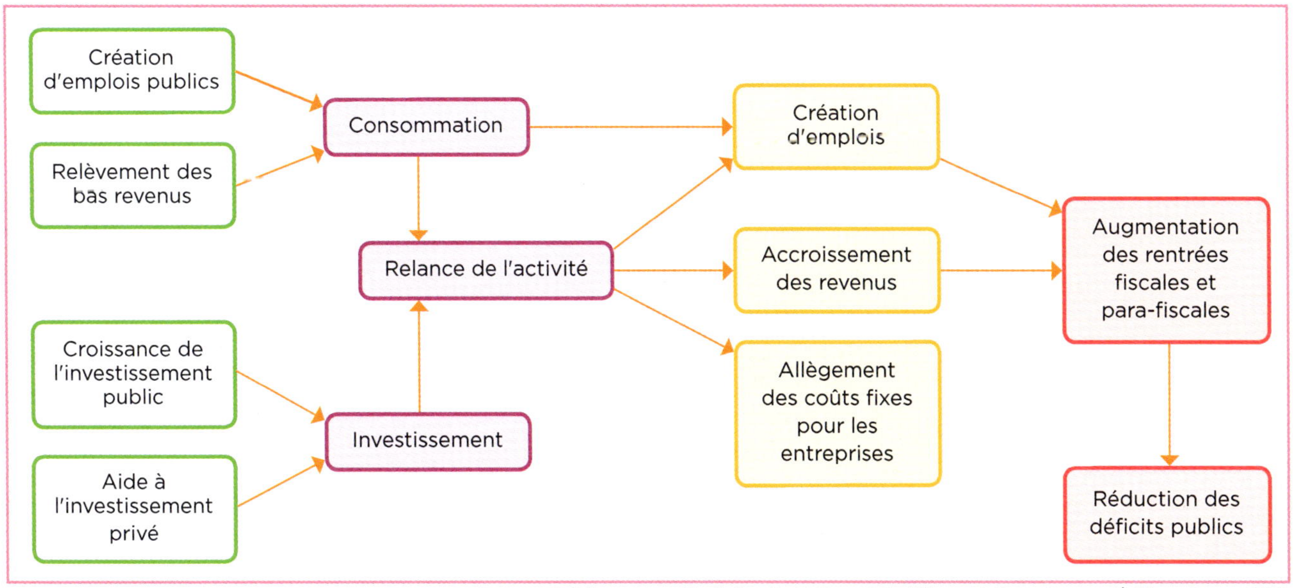

Source : Schéma reconstitué d'après M. Beaud, *Le Mirage de la croissance*, Éditions Syros, 1983.

CONSEILS

- Ce document permet de préciser les mécanismes par lesquels la hausse de la dépense publique doit agir positivement sur l'activité économique.
- On peut aussi songer à l'effet multiplicateur analysé par J. M. Keynes pour étoffer l'utilisation de ce schéma.

S'ENTRAÎNER À LA DISSERTATION

Étape 1 Analyser le sujet

- Il faut préalablement définir les dépenses publiques en intégrant l'ensemble des administrations publiques. Il faut distinguer différentes modalités d'intervention : stabilisateurs automatiques et politique volontaire de hausse des dépenses, le sujet ne porte que sur cette seconde forme d'intervention.
- Le sujet invite à réfléchir à toutes les conséquences positives ou négatives de ces politiques. Il faudra également mobiliser ses connaissances personnelles, par exemple avec le multiplicateur keynésien ou les conséquences de la crise de 2008.

Étape 2 Analyser les documents

Lisez les conseils en marge des 4 documents proposés.

Étape 3 Organiser ses connaissances pour répondre au sujet

- Le plan en deux parties est fortement suggéré dans l'intitulé du sujet : il faut rassembler les effets positifs dans une partie et les effets négatifs dans une autre.
- Le document 4 permettra de construire la partie consacrée aux effets positifs à laquelle on pourra ajouter le multiplicateur keynésien et des exemples tirés de la crise de 2008 (dépenses de l'États ayant permis de préserver une partie des emplois et de l'activité économique dans les pays développés). Le document 1 peut être utilisé dans les deux parties, à la fois pour montrer un effet positif des dépenses sur la croissance en France après 2008, mais aussi leur faible effet sur le chômage.
- Les documents 2 et 3 seront utilisés pour pointer les effets négatifs de ces politiques sur la dette publique, le déficit, le niveau de prélèvements obligatoires et l'investissement des entreprises (par le biais de l'effet d'éviction). Des connaissances personnelles sur le cas grec, mais aussi sur les autres formes d'éviction (*cf.* conseils du document 3) pourront renforcer cette partie.

CHAPITRE 5

NOTIONS
Banque centrale, création monétaire, fonctions de la monnaie, formes de la monnaie, marché monétaire, monnaie, politique monétaire, taux d'intérêt sur le marché interbancaire, taux d'intérêt directeur

Qu'est-ce que la monnaie et comment est-elle créée ?

Indispensable aux échanges, la monnaie est créée par les banques, encadrées par la Banque centrale.

La monnaie est indispensable aux échanges.	La monnaie est créée par les banques.	La création monétaire est régulée par la Banque centrale.
↓	↓	↓
Quelles sont les fonctions et les formes de la monnaie ? **DOSSIER 1**	Comment la monnaie est-elle créée ? **DOSSIER 2**	Quel est le rôle de la Banque centrale dans le processus de création monétaire ? **DOSSIER 3**

SOMMAIRE DU CHAPITRE

ENTRER DANS LE CHAPITRE

Doc. 1 Du troc aux achats en gros, les stratégies des Argentins pour faire face à l'inflation

▲ Troc sur le marché de Monte Grande, dans la province de Buenos Aires en Argentine.

vidéo

Pour l'Eco :
« La monnaie – qui décide de la masse monétaire ? avec Etienne Tabbagh » (2018)
Durée : 2 min 54 s
www.lienmini.fr/ses-1-015

Doc. 2 La pive : une monnaie locale

▲ La pive est une monnaie locale qui circule sous forme de billets au côté de l'euro dans l'ensemble de la Franche-Comté. C'est un moyen d'échange accessible à tous, consommateurs, commerçants, entrepreneurs, collectivités, associations. Dessin de Rodho, paru lors d'une campagne de communication en mars 2016 pour la monnaie locale « La Pive ».

?

1. En quoi le troc consiste-t-il ? (DOC. 1)
2. Quels sont les intérêts d'une monnaie locale ? (DOC. 2)
3. Peut-on échanger tous types de biens et services avec une monnaie locale ? (DOC. 2)
4. Qu'est-ce qui définit la monnaie ? (VIDÉO)

DOSSIER 1

Quelles sont les fonctions et les formes de la monnaie ?

OBJECTIF : Analyser les avantages de la monnaie par rapport au troc.

A Les avantages de la monnaie par rapport au troc

Les avantages de la monnaie par rapport au troc permettent de favoriser le développement des échanges.

DOC.1 Le troc : un système d'échanges compliqué

Supposons une économie sans monnaie où cinq personnes effectuent des échanges en troquant des biens contre d'autres biens.

Pour échanger, il est nécessaire de comparer la valeur d'un bien par rapport à celle de chacun des autres biens, de calculer son **prix relatif** par rapport à chacun des autres biens.

1 Observer. Combien d'échanges Paul doit-il réaliser pour obtenir des jeans ?

2 Calculer. Combien de prix relatifs faut-il calculer avant de procéder aux échanges ? Vérifiez que ce nombre de prix est égal à $n(n-1)/2$ où n représente le nombre de biens à échanger.

3 Calculer. Si le nombre de biens est de 100, quel nombre de prix relatifs faut-il fixer ? Même question si le nombre de biens est de 1 000.

4 Comprendre. Pourquoi le troc est-il un système d'échanges compliqué ?

DOC.2 Le problème de la « double coïncidence des besoins » dans un système de troc

La monnaie joue un rôle central dans l'émergence des *gains à l'échange*, dans la mesure où elle rend les échanges indirects possibles. Prenez l'exemple d'un chirurgien cardiaque qui veut acheter un nouveau réfrigérateur. Le chirurgien a des services de valeur à offrir – des opérations du cœur. Le propriétaire du magasin a des biens de valeur à offrir : des réfrigérateurs et d'autres appareils ménagers. […] Dans un système de troc, un chirurgien cardiaque et un propriétaire de magasin d'appareils ménagers ne pourraient échanger que si le propriétaire du magasin se trouvait avoir besoin d'une opération du cœur et si le chirurgien se trouvait avoir besoin d'un nouveau réfrigérateur. On appelle cela le problème de la « double coïncidence des besoins » : dans un système de troc, les deux parties ne peuvent échanger que si chacune désire ce que l'autre a à offrir. La monnaie résout ce problème : les individus peuvent échanger ce qu'ils ont à offrir contre de la monnaie et échanger de la monnaie contre ce qu'ils veulent. […] La monnaie rend plus facile l'exploitation des gains à l'échange [et] augmente le bien-être.

Paul Krugman, Robin Wells, *Macroéconomie*, De Boeck, 2016.

5 Expliquer. Pourquoi « la double coïncidence des besoins » facilite-t-elle les échanges dans un système de troc ?

6 Analyser. Que se passe-t-il si les besoins des échangistes ne coïncident pas ?

DOC. 3 La monnaie : un bien échangeable contre tous les autres

La monnaie est un bien échangeable contre tous les autres biens, un instrument de paiement qui permet d'acquérir n'importe quel bien et service. Les produits ne s'échangent pas contre des produits mais contre de la monnaie qui, à son tour, s'échange contre des produits. Dans les économies modernes, nul ne peut refuser la monnaie pour effectuer un paiement ou rembourser une dette.

7 Comprendre. Si la monnaie n'existait pas, que devriez-vous faire pour acheter un Smartphone ?

8 Expliquer. Pourquoi est-il commode de fixer les prix en euros ?

9 Lire. Le vendeur de Smartphones peut-il refuser d'être payé en euros ? Pourquoi ?

DOC. 4 Les multiples avantages rendus par la monnaie

Le **troc** oblige à trouver quelqu'un qui recherche ce qu'on a à offrir et qui possède ce dont on a besoin.

→ **Avec la monnaie, fini le troc car la monnaie permet…**

- … d'**acheter** des biens à n'importe quel vendeur, de vendre sa marchandise à toute personne intéressée.
- … de la **conserver** pour des achats ultérieurs.
- … de **définir la valeur** des biens.

En l'absence de monnaie, les hommes n'ont d'autre choix que de recourir au troc pour se procurer des biens ou des services. Cette pratique a encore cours aujourd'hui, […] lors d'un échange de services entre voisins ou dans une foire, par exemple. En revanche, il est difficile d'imaginer qu'un tel système puisse régir le commerce de toute une société. […]
Il a été décidé d'instaurer la monnaie en tant que moyen d'échange, celle-ci permettant de se procurer le bien que l'on recherche sans avoir à en céder un autre. […] Sans cette souplesse des échanges, les civilisations évoluées n'auraient jamais pu se développer.

D'après Ouvrage collectif, *Économistes*, coll. « Les Grandes idées tout simplement », Dorling Kindersley, 2013.

10 Expliquer. Pourquoi la monnaie facilite-t-elle les échanges ?

11 Décrire. Quels sont les deux autres avantages de la monnaie ?

12 Comprendre. Dans quels contextes le troc peut-il subsister ? Illustrez.

FAIRE LE POINT

Vrai ou faux ? Justifiez vos réponses.

1. Dans un système de troc, l'un des biens joue le rôle de monnaie.
2. Le troc freine les échanges.
3. Grâce à la monnaie, on peut acheter et vendre immédiatement n'importe quel bien ou service.
4. La monnaie ne permet pas de résoudre le problème de la « double coïncidence ».
5. La monnaie permet d'évaluer plus facilement la valeur des biens et services que dans un système de troc.

À RETENIR

- Le **troc**, qui consiste à échanger un bien ou service contre d'autres biens ou services, freine les échanges : en raison du problème de la double coïncidence des besoins, il faut parfois effectuer de multiples échanges pour se procurer les biens et services désirés et calculer le prix de chaque bien ou service par rapport aux autres.
- La **monnaie** est un instrument qui facilite les échanges et permet des gains à l'échange car les biens et services s'échangent contre de la monnaie. La monnaie présente deux autres avantages : elle permet d'évaluer la valeur des biens et services ; elle peut être conservée pour effectuer des échanges ultérieurs.

OBJECTIF :
Connaître les fonctions de la monnaie.

B Les fonctions économiques de la monnaie

La monnaie est un actif liquide utilisé comme moyen de paiement. Elle remplit trois fonctions économiques : c'est un intermédiaire des échanges, une unité de compte et une réserve de valeur.

DOC. 1 La monnaie : un instrument de paiement, un actif liquide

Un instrument de paiement

La monnaie est un instrument de paiement indéterminé (permettant d'éteindre n'importe quelle dette ou d'acheter n'importe quel bien), universel accepté par tous [...] et immédiat (la monnaie est échangeable sans transformation et sans risque en capital).

Christian Ottavj, *Monnaie et financement de l'économie*, © Hachette, 2014.

Un actif liquide

La monnaie se définit d'après ce qu'elle permet de faire : est considéré comme monnaie tout actif qui peut être facilement utilisé pour acheter des biens et services. [...] Un actif [est] liquide s'il peut être facilement converti en monnaie. La monnaie est liquide par définition. [...] Vous pouvez voir la différence entre la monnaie et d'autres actifs en vous demandant comment vous payez vos courses. La personne à la caisse acceptera des billets en échange de lait ou de pizzas surgelées – mais elle n'acceptera pas de certificats d'actions ou de timbres de collection. Si vous voulez convertir des certificats d'actions ou des timbres de collection en provisions, vous devez les vendre – les échanger contre de la monnaie – et ensuite utiliser la monnaie pour acheter vos provisions.

Paul Krugman, Robin Wells, *Macroéconomie*, De Boeck, 2016.

1 Expliquer. Expliquez les termes soulignés.

2 Expliquer. Pourquoi la monnaie est-elle liquide par définition ?

3 Déduire. Pourquoi des certificats d'actions ou des timbres de collection ne sont-ils pas de la monnaie ?

DOC. 2 Les trois fonctions économiques de la monnaie

Intermédiaire des échanges	Unité de compte	Réserve de valeur
Les biens et services s'échangent contre de la monnaie. La monnaie permet de faciliter les échanges et de les augmenter.	La monnaie permet d'évaluer la valeur de tous les biens et services (leur prix) dans une unité commune. Elle établit ainsi une échelle des valeurs.	La monnaie peut être conservée sans perdre de valeur. Son utilisation peut être différée dans le temps.

vidéo

Dessine-moi l'éco :
« Le Bitcoin est-il une monnaie comme les autres ? » (2015).

Créé en 2009, le Bitcoin est la première crypto-monnaie au monde, avec plus de 25 millions d'utilisateurs : elle permet des transactions cryptées sur Internet.

www.lienmini.fr/ses-1-016

4 Illustrer. Pour chacun des actes suivants, quelle est la fonction remplie par la monnaie : Sam verse 1 000 euros sur son livret A. Victor fait ses courses au supermarché. Nacima compare toujours les prix sur Internet avant d'effectuer un achat. Les parents de Bakary consacrent tous les mois 10% de leurs revenus à des placements en vue d'acheter un appartement. Myriam examine le prix des jupes dans un magasin.

5 Expliquer. Pourquoi le bitcoin remplit-il les fonctions d'une monnaie (VIDÉO) ?

6 Expliquer. Pourquoi le bitcoin est-il une monnaie très différente de l'euro et pourquoi son utilisation comporte-t-elle des risques (VIDÉO) ?

DOC.3 Hyperinflation allemande et perte de confiance dans la monnaie

L'hyperinflation qui a frappé l'Allemagne de 1922 à 1924 a profondément marqué les mentalités. […] L'État allemand finança en partie la guerre par l'émission de monnaie, provoquant de ce fait une poussée inflationniste[1]. […] Au début de 1919, les prix avaient un peu plus que doublé par rapport à l'avant-guerre. […] La fin de la guerre se traduit par une recrudescence de l'inflation : le niveau des prix est encore multiplié par cinq environ entre début 1919 et le milieu de 1921. […] L'hyperinflation ne commence qu'en août 1921 : les prix doublent au cours des cinq derniers mois de l'année. Puis ils triplent au cours des sept mois suivants. […]
Entre août 1922 et décembre de la même année, multiplication par six. Puis par... un milliard de décembre 1922 à décembre 1923. […] Le prix du kilo de pain varie d'une heure à l'autre et dépasse, en décembre 1922, cent milliards de marks. On ne compte plus les billets de banque : pour payer, on les pèse. Autant dire que la monnaie officielle n'existe plus.

Denis Clerc, « 1922-1924 : l'hyperinflation allemande »,
© *Alternatives économiques* n° 114, 1er février 1994.

1. Hausse des prix due à l'émission de monnaie : forte hausse de la demande sans que l'offre puisse y répondre.

▲ En Allemagne, en 1923, il faut des milliers de marks pour acheter des produits de première nécessité.

7 Calculer. Par quel coefficient les prix ont-ils été multipliés en Allemagne entre 1914 et 1922 ?

8 Déduire. Quelle est la conséquence de cette hyperinflation sur le pouvoir d'achat de la population et la confiance dans la monnaie ?

9 Rechercher. Peut-on encore avoir des phénomènes d'hyperinflation ?

DOC.4 Qu'est-ce qu'une « bonne » monnaie ?

Une « bonne » monnaie est une monnaie acceptée, reconnue comme moyen d'échange au sein d'une communauté. Elle doit présenter certaines qualités :

- **Qualités physiques** (inaltérabilité[1], divisibilité).
- **Liquidité** : un actif est liquide s'il peut être utilisé ou transformé rapidement et sans coût en moyen d'échange.
- **Confiance dans la valeur de la monnaie** qui conserve son pouvoir d'achat.

1. Qui conserve ses qualités physiques au cours du temps.

10 Expliquer. Pourquoi les œufs sont-ils une très mauvaise monnaie, contrairement à des pièces métalliques comme l'or ?

11 Justifier. Une maison et une voiture sont-elles des actifs liquides ?

12 Déduire. Montrez que chacune des qualités de la monnaie lui permet de remplir correctement ses trois fonctions.

FAIRE LE POINT

Associez chaque proposition à une fonction de la monnaie.

1. Paul achète un litre de lait.
2. Lilou conserve 10 % de son salaire en espèces à son domicile pour faire face à ses dépenses quotidiennes.
3. Mario consulte un site Internet pour comparer le prix des iPhones.
4. Amina ouvre un livret d'épargne.
5. Le supermarché modifie quotidiennement l'affichage des prix des carburants en fonction de l'évolution des cours du pétrole.

a. Intermédiaire des échanges
b. Unité de compte
c. Réserve de valeur

À RETENIR

- La **monnaie** est un actif liquide qui peut être utilisé immédiatement et sans coût comme **moyen de paiement**.
- Elle remplit **trois fonctions économiques** : instrument des échanges, unité de compte et réserve de valeur.
- Pour remplir correctement ses fonctions, elle doit être acceptée au sein d'une communauté et doit présenter **certaines qualités** : liquidité, mais aussi inaltérabilité et divisibilité, confiance dans sa valeur.

DOSSIER 1

OBJECTIF : Connaître les formes de la monnaie.

C Les formes de la monnaie

Au cours de l'histoire, la monnaie a pris des formes diverses : coquillages, étoffes, pièces d'or et d'argent, monnaie fiduciaire et, aujourd'hui, monnaie scripturale. La tendance à la dématérialisation de la monnaie s'est progressivement accentuée.

DOC.1 L'évolution des formes de la monnaie dans le temps

Les différentes formes de la monnaie

Les monnaies-marchandise

- Apparition vers le VI millénaire av. J.C. avec le développement d'une économie basée sur l'agriculture et l'élevage. Exemples : fourrures, dents d'animaux, bétail, céréales.
- Monnaies encombrantes, coûteuses à produire, et souvent périssables.

Les monnaies métalliques

- Métaux précieux comme l'or ou l'argent, inaltérables, facilement transportables et fusibles (qui peut fondre) et ayant les caractéristiques du « bon » intermédiaire des échanges.
- Circulation d'abord sous forme de lingots, puis de pièces (lingots divisés en pièces) et enfin de monnaies « frappées » d'une inscription indiquant le poids de la pièce (et donc sa valeur).

La monnaie scripturale

- Constituée par les dépôts à vue, convertibles à tout moment en billets, que les agents non financiers possèdent dans les établissements de crédit en contrepartie des billets déposés et des crédits accordés par les banques.
- Elle circule entre les agents principalement au moyen de chèques, de cartes bancaires, de virements.

Le retrait d'argent liquide dans un distributeur transforme de la monnaie scripturale en monnaie fiduciaire. Avec la monnaie fiduciaire et la monnaie scripturale, on assiste à une **dématérialisation** de la monnaie.

La monnaie fiduciaire

Du latin *fidès* : confiance

- Constituée par des pièces (monnaie divisionnaire) et des billets. Au départ, le billet est un certificat représentatif de métaux précieux, déposés dans les coffres des banques. À partir du XVIIe siècle, les banques s'aperçoivent que les titulaires des certificats ne réclament pas en même temps leur conversion en or. Elles vont émettre, à l'occasion de crédits, une quantité de billets dont la valeur est supérieure à celle des métaux précieux.
- Aujourd'hui, la monnaie fiduciaire qui a « cours légal » (moyen de paiement qui ne peut être refusé) n'est plus gagée sur l'or mais est émise par la Banque centrale. Elle repose sur la confiance envers celle-ci : la valeur réelle d'un billet est bien inférieure à la valeur des biens qu'il permet d'acheter.

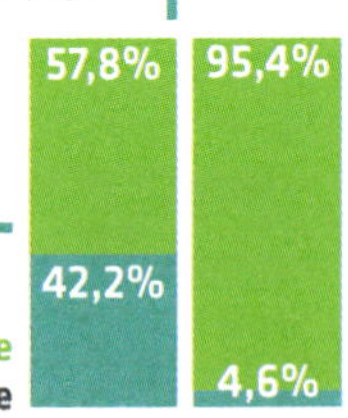

Part des monnaies fiduciaire et scripturale dans les moyens de paiement en France

Source : webstat.banque-france.fr

Source : D'après Dominique Plihon, *La Monnaie et ses mécanismes*, La Découverte, 2017.

1 Décrire. Quels sont les inconvénients des monnaies-marchandise ?

2 Décrire. Quels sont les avantages des monnaies métalliques en or ou en argent ?

3 Expliquer. Comment les billets sont-ils devenus de la monnaie fiduciaire ?

4 Argumenter. Pourquoi la monnaie scripturale est-elle liquide, comme les pièces et les billets ?

5 Observer. Le chèque est-il de la monnaie scripturale ?

6 Calculer. Montrez, par un calcul de votre choix, l'essor de la monnaie scripturale en France de 1960 à 2018.

7 Argumenter. Pourquoi assiste-t-on à une dématérialisation de la monnaie ?

DOC. 2 Les moyens de paiements scripturaux en France

Répartition du nombre de transactions par moyen de paiement en 2016 (en %)

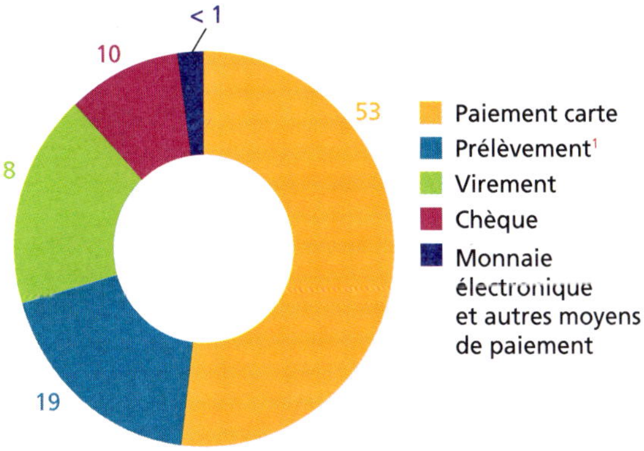

Volume des transactions par moyen de paiement en France (en milliards de transactions) **de 2006 à 2016**

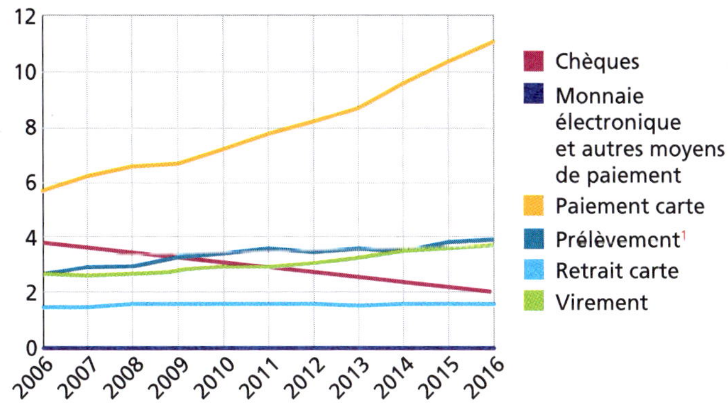

1. Paiement automatique sur le compte bancaire.

Source: Cartographie des moyens de paiement scripturaux. Banque de France, données 2016, bilan de la collecte 2017

8 Observer. Quel est le moyen de paiement privilégié par les Français?

9 Illustrer. Donnez un exemple de prélèvement.

10 Observer. Depuis 2006, quels sont les deux principaux changements observés dans les moyens de paiement scripturaux? À votre avis, pourquoi?

11 Expliquer. Regardez la vidéo. Pourquoi en Suède n'utilise-t-on pratiquement plus de monnaie fiduciaire? Quels en sont les avantages et les inconvénients?

vidéo

FranceTVinfo:

«Suède: vers la fin de l'argent liquide» (14/02/2017).

www.lienmini.fr/ses-1-017

DOC. 3 L'évaluation de la masse monétaire

Pour mesurer la masse monétaire qui représente les ressources monétaires dont disposent les agents non financiers (ménages, entreprises, administrations publiques) pour consommer et investir, il faut tenir compte des **actifs monétaires** (monnaie fiduciaire et monnaie scripturale) et des **actifs quasi-monétaires** (actifs financiers transformables rapidement et quasiment sans coût en actifs monétaires). Ces actifs sont classés selon leur degré de liquidité et leur risque de perte en capital.

12 Décrire. Donnez un exemple d'actif monétaire très liquide et sans risque de perte en capital.

13 Comparer. Pourquoi faut-il intégrer les actifs quasi-monétaires dans la masse monétaire?

14 Calculer. Calculez la part de M1 dans le total de M3 et celle des dépôts à vue dans M1. Qu'en concluez-vous?

Les agrégats monétaires[1] dans la zone euro en septembre 2018 (en milliards d'euros)

M3 = 12 198 dont titres négociables à moins de deux ans: 62[1]

M3 = M1 + M2 + placements assez liquides mais avec un léger risque de perte en capital (ex: titres de créances négociables sur le marché monétaire[2] à moins de deux ans)

M2 = 11 577 dont placements à vue et à court terme: 3 408

M2 = M1 + placements à vue et à court terme (ex: livret A, livret jeune, dépôts à terme d'une durée inférieure à deux ans)

M1 = 8 169 dont dépôts à vue: 7 017

M1: **Actifs monétaires** = la **monnaie au sens strict, parfaitement liquide**
Monnaie divisionnaire + monnaie fiduciaire + monnaie scripturale

Source: sdw.ecb.europa.eu.

1. Marché où s'échangent des titres à court terme.
2. Mesure des différentes composantes de la masse monétaire au niveau d'une zone monétaire.

FAIRE LE POINT

Complétez avec: *monnaie fiduciaire • confiance • dématérialisée • chèque • monnaie scripturale • cartes bancaires.*

Aujourd'hui, la monnaie la plus utilisée est la … . C'est une monnaie … qui circule grâce à des supports variés comme le … ou les … . Elle repose sur la … des agents économiques dans le système monétaire tout comme la … .

À RETENIR

- Les **formes de la monnaie** ont changé au cours de l'Histoire: monnaies-marchandise, métalliques, monnaie fiduciaire (billets et pièces) et monnaie scripturale (dépôts à vue détenus par les agents non financiers). La monnaie se dématérialise.
- La **masse monétaire** comprend, en plus des monnaies fiduciaire et scripturale, des actifs financiers relativement liquides dont le risque de perte en capital est faible.

DOSSIER 2

Comment la monnaie est-elle créée ?

OBJECTIF :
Comprendre que la monnaie est créée lors d'opérations de crédit bancaire par les banques et qu'il existe des limites à cette création.

A Le crédit bancaire : source de la création monétaire

Les banques créent de la monnaie scripturale quand elles accordent des crédits aux ménages, aux entreprises, à l'État et à l'extérieur. La masse monétaire augmente si les flux de création monétaire l'emportent sur les flux de destruction.

DOC. 1 Crédit bancaire aux entreprises et création de monnaie scripturale

Une banque commerciale accorde un crédit de 10 000 euros à l'entreprise de Monsieur Martin.

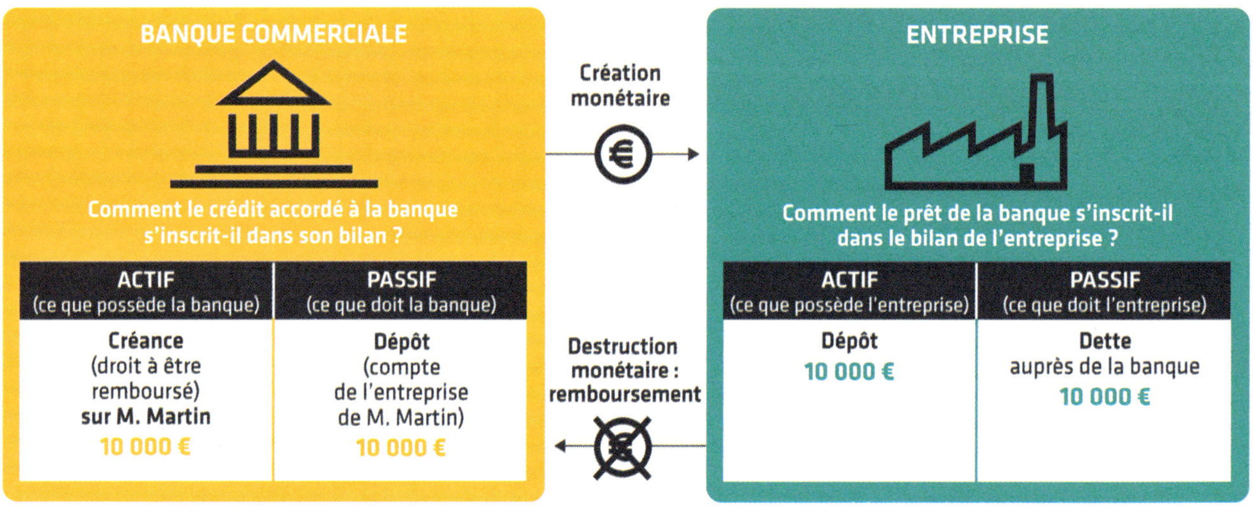

Aujourd'hui, les banques ne sont plus de simples intermédiaires qui accordent des crédits aux clients à partir des dépôts reçus.
Elles créent de la monnaie en accordant des crédits et ce sont ces crédits qui entraînent des dépôts. Ainsi, ce sont désormais « les crédits qui font les dépôts », et non plus l'inverse.
Comment une banque crée-t-elle de la monnaie ? Imaginons qu'elle accorde un crédit de 10 000 euros à l'entreprise de M. Martin. Elle écrit sur du papier ou sur un écran d'ordinateur deux opérations symétriques : à son passif, elle inscrit les 10 000 euros que M. Martin est autorisé à retirer sur le compte qu'elle lui a ouvert, à son actif, elle inscrit la créance qu'elle détient sur M. Martin.
La banque a donc créé de la monnaie scripturale. Il n'y a pas eu d'épargne préalablement au crédit. La banque, enfin, n'a pas besoin de détenir dans ses caisses la somme correspondante. Elle a créé de nouveaux moyens de paiement qui vont circuler dans l'économie.
Le remboursement de l'emprunt conduit à une opération symétrique de destruction monétaire : la banque annule sa créance à l'actif de son bilan et M. Martin annule sa dette au passif de son bilan.
La banque a créé de la monnaie scripturale sans épargne préalable au crédit. La banque n'a pas besoin de détenir dans ses caisses la somme correspondante. Elle a créé de nouveaux moyens de paiement qui vont circuler dans l'économie. On dit que « les crédits font les dépôts ».
Les opérations de crédit réalisées par les banques aux entreprises comme aux ménages représentent donc une source majeure de création monétaire. Si elles prêtent en revanche des ressources qu'elles possèdent déjà, il n'y a pas création monétaire. La création monétaire repose sur la transformation de créances en moyens de paiement ou en monétisation de créances.

D'après Jean-Yves Capul, Olivier Garnier, *Dico SES*, Hatier, 2017.

1 Décrire. À quelle occasion une banque crée-t-elle de la monnaie scripturale ?

2 Argumenter. À quelles conditions y a-t-il création monétaire ? Vous expliquerez dans votre réponse pourquoi la monnaie est créée *ex nihilo* (à partir de rien).

3 Justifier. Justifiez l'expression « les crédits font les dépôts ».

4 Expliquer. Pourquoi la création monétaire se traduit-elle par la monétisation d'une créance sur l'entreprise de M. Martin ?

5 Déduire. Quelles sont les conséquences du remboursement du crédit octroyé par la banque à l'entreprise de M. Martin ?

DOC. 2 Les trois sources de la création monétaire

Les banques créent de la monnaie scripturale quand elles accordent des crédits aux entreprises et aux ménages mais aussi à l'État et à l'extérieur

1. Titres d'emprunt (titres obligataires) à court terme émis par l'État par l'intermédiaire du Trésor public et remboursables à échéance avec des intérêts. Ils peuvent être achetés par les banques.

2. Monnaies des autres pays.

Comment les banques créent-elles de la monnaie scripturale quand elles reçoivent des devises étrangères ?

Soit un producteur français X, qui exporte aux États-Unis et qui reçoit des dollars. Dans la mesure où le dollar n'a pas cours légal en France, le producteur X demande à sa banque de convertir les dollars en euros, au taux de change (prix du dollar en euro) en vigueur : la banque crée de la monnaie scripturale, en créditant son compte en euros, et acquiert en contrepartie une créance sur les États-Unis.

D'après Emmanuel Combe, *Précis d'économie*, coll. « Major service public », © PUF, 2017.

6 Décrire. Outre le crédit bancaire à l'économie, quelles sont les deux autres sources de création monétaire ?

7 Expliquer. Pourquoi l'État peut-il avoir besoin d'emprunter en émettant des bons du Trésor ?

8 Représenter. Sur le modèle du bilan simplifié de l'entreprise Martin, faites un tableau représentant le bilan de l'État après la vente aux banques de bons du Trésor.

9 Argumenter. Quel est l'effet de la conversion des dollars en euros sur la masse monétaire en France ?

DOC. 3 Des flux permanents de création et de destruction monétaires

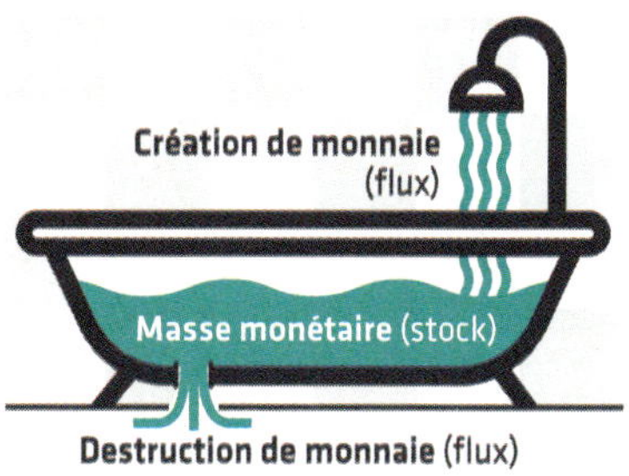

▲ **Évolution de l'agrégat M1 au sein de la zone euro** (indice base 100 en 2015)

Source : data.oecd.org.

NOTIONS

- Un **flux** est un ensemble d'opérations (création et destruction monétaire) enregistrés au cours d'une année.
- Un **stock** mesure une grandeur économique, ici la masse monétaire, à une date donnée.

vidéo

Cité de l'économie : « La création monétaire par les banques ».

www.lienmini.fr/ses-1-018

10 Expliquer. Pourquoi le remboursement d'un crédit à l'économie donne-t-il lieu à une destruction monétaire ?

11 Comprendre. Appuyez-vous sur les documents 1 et 2 pour décrire les deux autres types d'opérations qui donnent lieu à une destruction monétaire.

12 Lire. Donnez la signification de la donnée « 118,4 » en 2017.
SAVOIR-FAIRE 5 p. 348

13 Déduire. Pourquoi la masse monétaire augmente-t-elle dans la zone euro ?

FAIRE LE POINT

Vrai ou faux ? Justifiez vos réponses.

1. Les banques créent de la monnaie fiduciaire.
2. L'octroi d'un crédit bancaire se traduit par l'inscription d'une créance à l'actif de la banque.
3. Les dépôts font les crédits.
4. Quand une banque achète des bons du Trésor, elle crée de la monnaie scripturale.

À RETENIR

- Les banques créent de la monnaie scripturale quand elles accordent des **crédits** à l'économie, aux entreprises et aux ménages, à l'État, et quand elles acquièrent une créance sur le Trésor public ou sur l'extérieur.
- Ce sont les crédits qui font les dépôts et non l'inverse.
- Le total de ces flux de **création monétaire** doit être comparé aux flux de destruction monétaire pour évaluer l'évolution de la masse monétaire : celle-ci augmente lorsque les flux de création sont supérieurs aux flux de destruction.

DOSSIER 2

OBJECTIF : Comprendre que la création monétaire n'est pas illimitée.

B Les limites de la création monétaire par les banques

Le pouvoir de création monétaire des banques n'est pas illimité.
Les banques doivent conserver une partie de leurs dépôts sous forme de réserves, ce qui limite leurs possibilités de création monétaire.

DOC.1 Les raisons des limites de la création monétaire

Le pouvoir de création monétaire des banques est limité pour quatre raisons principales.

La BCE contrôle la création monétaire : les banques doivent déposer des **réserves obligatoires** (1 % de leurs dépôts) sur leur compte à la BCE. Moins de dépôts, c'est moins de possibilités de créer de la monnaie scripturale.

LA BANQUE DES BANQUES

Toutes les banques de la zone euro ont un compte à la Banque centrale européenne (BCE) qu'elles utilisent pour les règlements interbancaires et où elles déposent les réserves obligatoires.

Quand une banque accorde un crédit, l'entreprise ou la personne qui en bénéficie dépense l'argent obtenu, qui alimente les dépôts du bénéficiaire sur le compte d'une autre banque. Certaines banques se retrouvent avec plus d'argent reçu que d'argent parti vers d'autres établissements, et d'autres avec moins. Les **règlements interbancaires** se font par compensation entre les banques par l'intermédiaire de leurs comptes à la BCE qu'il faut approvisionner.

Les banques doivent détenir assez de billets et de pièces pour les clients qui viennent en retirer régulièrement. Elles doivent donc garder en **réserves, sous forme de monnaie fiduciaire**, une partie de leurs dépôts.

Si une banque manque de liquidités, elle peut **acheter des liquidités** sur le marché interbancaire, moyennant un taux d'intérêt. L'opération a un coût qui vient diminuer la rentabilité des crédits et limiter la création monétaire.

Le marché monétaire et le marché interbancaire

- Le **marché monétaire** est le marché du financement à court terme. Il est accessible aux entreprises et aux banques qui peuvent émettre des titres de courte durée.
- Le **marché interbancaire** : compartiment du marché monétaire réservé aux banques qui y achètent et y revendent des liquidités moyennant un taux d'intérêt.

Offre de liquidités par des banques ayant des excès de liquidités → **Sur le marché interbancaire se fixe un taux d'intérêt qui équilibre l'offre et la demande de liquidités** ← **Demande** de liquidités par les banques ayant des besoins de liquidités

Une banque doit conserver sous forme de liquidités de quoi payer les billets retirés par ses clients et alimenter le compte qu'elle détient à la Banque centrale pour respecter les réserves obligatoires, et régler ses paiements interbancaires.

Source : D'après Jézabel Couppey-Soubeyran, « Qu'est-ce que la monnaie et qui la crée ? », *Alternatives économiques hors-série n°105*, avril 2015.

1 Comprendre. Pourquoi une banque doit-elle garder sous forme de liquidités une partie de ses dépôts ?

2 Expliquer. Pourquoi le recours au marché interbancaire est-il coûteux et restreint-il les possibilités de créer de la monnaie scripturale ?

3 Calculer. Supposons que les emprunteurs retirent sous forme de billets 10 % des crédits accordés. Quelle somme une banque qui a accordé un million d'euros de crédit doit-elle détenir en liquidités ?

4 Analyser. Peut-elle se contenter de détenir cette somme ?

DOC.2 La création de monnaie par les banques et le taux de réserves

Sans les banques, il n'y aurait pas de dépôts à vue, et la quantité de billets en circulation serait égale à l'offre de monnaie. Dans ce cas, l'offre de monnaie serait intégralement déterminée par l'impression et la frappe de la monnaie par l'État. Mais les banques existent, et elles influencent l'offre de monnaie de deux manières par le biais de la création des comptes bancaires à vue.

Premièrement, les banques retirent une partie de la monnaie en circulation : les billets qui restent dans les coffres des banques, contrairement à ceux qui sont dans les portefeuilles des individus, ne font pas partie de l'offre de monnaie.

Deuxièmement, et de manière beaucoup plus importante, les banques créent de la monnaie en acceptant les dépôts et en accordant des crédits – autrement dit elles contribuent au fait que l'offre de monnaie est plus importante que la valeur des billets en circulation.

Mais l'offre de monnaie par les banques est limitée par les réserves qu'elles sont obligées de détenir.

Le taux de réserves est le rapport entre les réserves bancaires et les dépôts des clients.

Paul Krugman, Robin Wells, *Macroéconomie*, De Boeck, 2016.

5 Analyser. Si un individu dépose 1 000 € de liquidités dans une banque et ouvre un compte bancaire, comment évolue dans un premier temps l'offre de monnaie ?

6 Expliquer. Expliquez le passage souligné.

7 Définir. Définissez « taux de réserves ».

DOC.3 La création monétaire : un multiple des dépôts bancaires

Prenez l'exemple de Silas, un avare qui a sous son lit une boîte à chaussures remplie d'argent liquide. Supposez que Silas se rende compte qu'il serait plus sûr, et également plus pratique, de déposer cet argent dans une banque et d'utiliser sa carte de crédit pour faire des courses. Supposez qu'il dépose 1 000 € sur un compte bancaire à vue. Quel impact aura cette décision de Silas sur l'offre de monnaie ? On suppose que le taux de réserves de la banque est de 10 %.

	Billets en circulation	Comptes bancaires à vue	Offre de monnaie	Création monétaire
Étape 1 : Silas conserve son argent sous son lit.	1 000 €	0 €	1 000 €	0 €
Étape 2 : Silas dépose son argent à la banque A qui prête 900 € à Marie, qui fait des achats dans un magasin.	**900 €**	**1 000 €**	**1 900 €**	**+ 900 € = 1 000 € - (1 000€ x 10 %)**
Étape 3 : Le propriétaire du magasin dépose les 900 € à la banque B, qui prête 810 € à Mirna, qui fait aussi des achats dans un magasin.	810 €	1 900 €	2 710 €	+ 810 € = 900 € - (900 € x 10 %)

Combien les banques ont-elles créé de monnaie scripturale ?

Il suffit d'additionner :

Dépôt initial Banque A	= 1 000 €
Prêt - Banque A	= 900 € [= 0,9 x 100 €]
Prêt - Banque B	= 810 € [= 0,9 x 90 €]
Prêt - Banque C	= 729 € [= 0,9 x 81 €]
...	...
Offre de monnaie totale	= 10 000 €

Dans cet exemple, lorsque les 1 000 euros de [dépôts] engendrent 10 000 euros de monnaie, le multiplicateur monétaire est égal à 10*, soit 1/0,1 où 0,1 est le taux de réserves.

Paul Krugman, Robin Wells, *Macroéconomie*, De Boeck, 2016.

8 Comprendre. Faites une phrase avec les données en gras.

9 Expliquer. Pourquoi les banques détiennent-elles un certain pourcentage de leurs dépôts en réserves ? (DOC.1 **p. 126**)

10 Calculer. Quelle est l'offre de monnaie totale créée à partir d'un dépôt de 1 000 euros si le taux de réserves est de 8 % ?

11 Calculer. On suppose que la banque baisse son taux de réserves à 5 %, quelle est l'offre de monnaie totale créée ? Que pouvez-vous en conclure ?

FAIRE LE POINT

Vrai ou faux ? Justifiez vos réponses.

1. Le pouvoir de création monétaire est illimité.
2. Plus les clients retirent une partie importante du crédit sous forme de billets, plus la création de monnaie scripturale est faible.
3. Les banques ne peuvent pas créer plus de monnaie que les liquidités qu'elles détiennent.
4. L'approvisionnement des banques sur le marché interbancaire est gratuit.
5. Si le taux de réserves obligatoires augmente, le pouvoir de création monétaire des banques diminue.

À RETENIR

- Le pouvoir de **création monétaire** n'est pas illimité : les banques doivent conserver des réserves sur leurs comptes à la Banque centrale et des liquidités pour faire face aux demandes de retrait de leurs clients, pour régler le solde de leurs opérations entre elles, et pour satisfaire aux exigences de la Banque centrale en matière de réserves obligatoires.
- Le **taux de réserves** limite la capacité des banques à créer de la monnaie scripturale.
- Le recours au marché interbancaire élève le coût du crédit et réduit la demande de crédit.

DOSSIER 3

Quel est le rôle de la Banque centrale dans le processus de création monétaire ?

OBJECTIF : Comprendre le rôle de la Banque centrale dans le processus de création monétaire, à travers le pilotage du taux d'intérêt à court terme sur le marché monétaire.

A Les instruments utilisés par la Banque centrale pour réguler la création monétaire

La Banque centrale crée de la monnaie centrale et encadre la création monétaire des banques en pilotant le taux d'intérêt à court terme sur le marché monétaire.

DOC.1 La création de monnaie par la Banque centrale

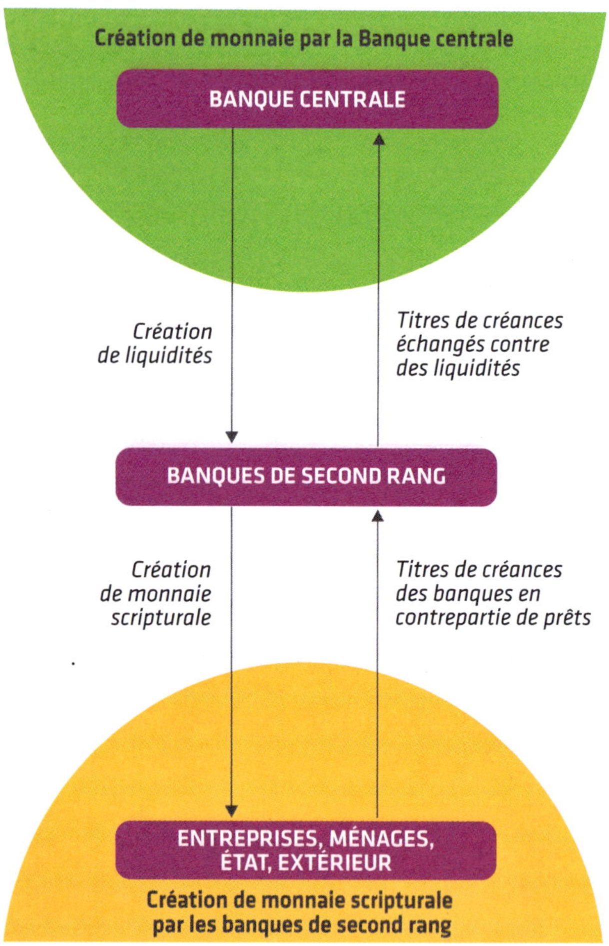

La Banque centrale est la « banque des banques ». Toutes les autres banques (banques de second rang) possèdent un compte chez elle. Lorsqu'une banque n'a pas assez de liquidités, elle s'en procure sur le marché monétaire ou directement auprès de la Banque centrale qui refinance les banques moyennant un taux d'intérêt. Elle reprend des créances à ces dernières et fournit en échange des liquidités. La Banque centrale émet de la « monnaie centrale » : les billets pour lesquels elle a un monopole, et de la monnaie scripturale, qui circule entre les banques par l'intermédiaire des comptes courants qu'elles détiennent auprès de la Banque centrale.
Les banques peuvent aussi se procurer auprès de la Banque centrale des devises[1] contre des euros et réciproquement.

Ce rôle de « banque des banques » donne à sa monnaie – la monnaie centrale – une importance capitale. La Banque centrale a une fonction de « bouclage » de la liquidité du système monétaire : elle alimente ce dernier en liquidités et utilise cette fonction pour influencer le processus de création monétaire d'après ses objectifs de politique monétaire. En cas de difficultés, lorsqu'il y a un risque grave d'insuffisance de liquidités dans le système de paiement, la Banque centrale peut intervenir pour éviter une crise : on qualifie cette fonction de prêteur en dernier ressort.

1. Monnaies étrangères.

Source : d'après infographie *Le Monde* et Dominique Plihon, *La Monnaie et ses mécanismes*, 2017.

1 Expliquer. Pourquoi la Banque centrale est-elle la «banque des banques»?

2 Expliquer. Que signifie l'expression «prêteur en dernier ressort»?

3 Expliquer. Pourquoi l'alimentation des banques par la Banque centrale en liquidités est-elle très importante?

4 Expliquer. Pourquoi les banques de second rang cèdent-elles des titres à la Banque centrale?

5 Analyser. Pourquoi, en créant de la monnaie fiduciaire, la Banque centrale refinance-t-elle les banques de second rang?

DOC.2 Le pilotage du taux d'intérêt à court terme par la Banque centrale

La politique monétaire vise à agir sur les variables macroéconomiques en modifiant le comportement des agents par l'intermédiaire de la quantité de monnaie en circulation et/ou de son coût.

L'instrument privilégié[1] de la politique monétaire dans la plupart des pays est l'*open market*. La Banque centrale intervient sur le marché interbancaire en demandant (achetant) ou en offrant (vendant) des titres à court terme. Si elle veut assouplir sa politique monétaire, elle demande (achète) des titres et alimente ainsi le marché en liquidités. Le taux d'intérêt sur le marché baisse ainsi que le coût du refinancement pour les banques, ce qui favorise le crédit. Et réciproquement.

Pour approvisionner le marché en liquidités, la Banque centrale a recours à des appels d'offre : elle offre des liquidités aux banques commerciales en échange de titres privés ou publics qu'elle prend en pension[2]. Le taux minimal de refinancement qu'elle facture aux banques correspond au principal taux directeur de la Banque centrale : le taux Refi. Ce taux oriente le taux d'intérêt sur le marché interbancaire au jour le jour puisqu'il constitue le principal instrument de refinancement des banques.

D'après Ouvrage collectif, *Économie, Sociologie et histoire du monde contemporain*, Bréal, 2018.

1. La Banque centrale peut aussi augmenter ou diminuer le taux de réserves obligatoires, ce qui réduit ou augmente l'offre de crédit des banques (DOC.2 **p. 128**).
2. Pour une certaine durée.

6 Définir. Définissez « politique monétaire ».

7 Décrire. Montrez qu'en intervenant sur le marché interbancaire, la Banque centrale pilote le taux d'intérêt sur ce marché en agissant sur les liquidités.

8 Expliquer. Pourquoi l'achat de titres par la Banque centrale provoque-t-il une baisse du taux d'intérêt du marché interbancaire ?

9 Justifier. Justifiez le caractère « directeur » du taux pratiqué par la Banque centrale (taux Refi) :
- Si la Banque centrale offre de la monnaie centrale au taux de 2 %, les banques qui offrent de la monnaie centrale peuvent-elles prêter à un taux de 4 % ? Pourquoi ?
- Si la Banque centrale offre de la monnaie centrale au taux de 4 %, les banques qui offrent de la monnaie centrale ont-elles intérêt à prêter à un taux de 2 % ? Pourquoi ?

DOC.3 Conséquences d'une politique monétaire expansive sur la quantité de monnaie en circulation

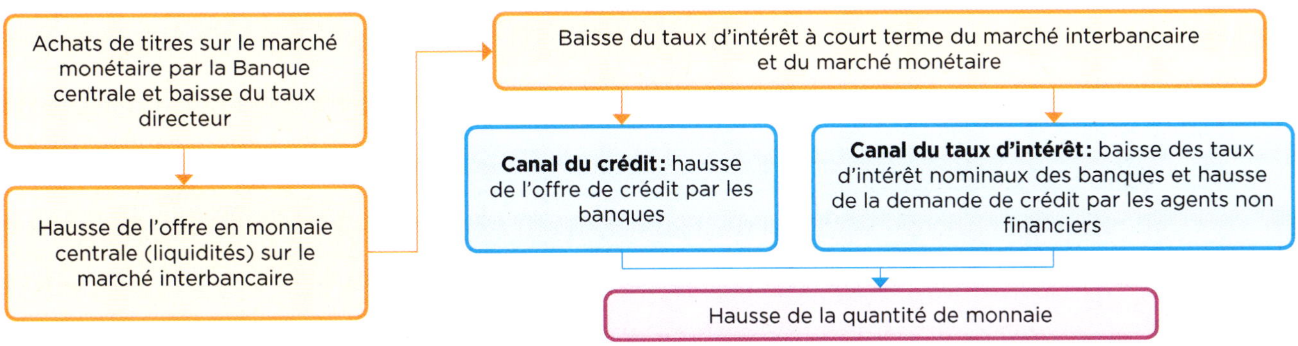

10 Expliquer. Sur quels taux la baisse du taux directeur se répercute-t-elle ? Pourquoi ?

11 Expliquer. Expliquez les effets de la baisse des taux sur l'offre et la demande de crédit.

12 Représenter. Montrez sous la forme d'un schéma les effets d'une politique monétaire restrictive de la BCE (hausse du taux directeur) sur la quantité de monnaie.

FAIRE LE POINT

Complétez avec : *centrale • devises étrangères • banque des banque • crédits • scripturale • taux d'intérêt directeur • refinançant • pilote.*

La Banque centrale est la ... . Elle seule peut créer de la monnaie ... en ... les banques de second rang, en accordant des ... à l'État, en acquérant des ... . En modifiant son ..., la Banque centrale ... les taux à court terme en fonction de ses objectifs et agit sur la création de monnaie ... .

À RETENIR

- La **Banque centrale** (« banque des banques ») crée de la monnaie centrale en accordant des crédits aux banques de second rang, et en achetant des bons du Trésor et des devises étrangères.
- Par ses opérations d'*open market* (achat/vente de titres, **taux directeur** auquel elle refinance les banques), la Banque centrale pilote le taux d'intérêt du marché interbancaire et régule la **création monétaire** des banques.
- La vente (l'achat) de titres et la hausse (baisse) du **taux directeur** incitent les banques à réduire (augmenter) la création de monnaie scripturale.

B Les effets de la politique monétaire sur le niveau des prix et sur l'activité économique

OBJECTIF : Comprendre les effets des interventions de la Banque centrale sur le niveau des prix et l'activité économique.

La Banque centrale régule la masse monétaire en pilotant son taux directeur : elle agit ainsi sur la croissance, l'emploi et le niveau des prix. Elle doit parfois aussi recourir à d'autres instruments, moins conventionnels.

DOC.1 Les politiques monétaires de relance et de rigueur

Dans la plupart des pays, la mise en œuvre de la politique monétaire se caractérise par :

- **l'indépendance de la Banque centrale** vis-à-vis du pouvoir politique pour convaincre les agents économiques de la crédibilité de la politique monétaire. Ainsi, il est interdit à la BCE de financer les déficits publics et de céder aux demandes des pouvoirs publics d'augmenter la masse monétaire pour favoriser l'inflation (par exemple pour réduire la dette publique, puisque l'inflation permet aux débiteurs de rembourser dans une monnaie dépréciée) ;
- **des objectifs principaux** : le maintien de la stabilité des prix, 2 % par an pour la BCE, stabilité des prix et création d'emplois pour la FED (Banque centrale américaine).

D'après le site de la Banque de France, 2019.

Politique monétaire de relance ou expansive

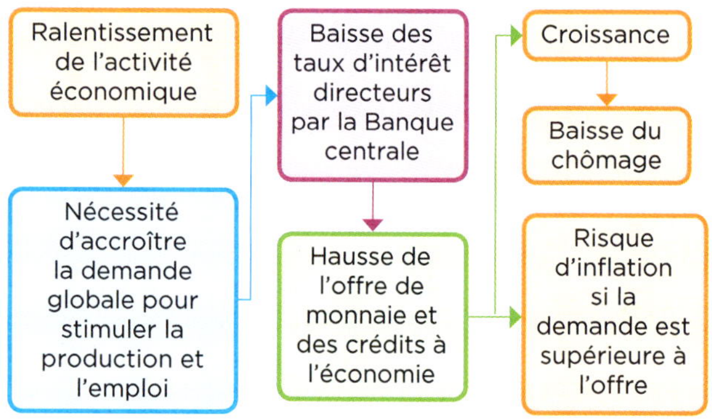

Inflation : hausse durable et généralisée des prix entraînant une détérioration du pouvoir d'achat des ménages, une baisse de la compétitivité-prix des entreprises, un déficit extérieur (différence entre les exportations et les importations).

Désinflation : ralentissement de la hausse des prix. Les entreprises ne sont pas incitées à produire. Risque de déflation si les prix diminuent et que la production baisse.

1 Comprendre. Quels sont les avantages de l'indépendance de la BCE ?

2 Analyser. Pourquoi une politique monétaire de relance risque-t-elle de provoquer de l'inflation ?

3 Comprendre. Quels sont les effets pervers de l'inflation ?

4 Schématiser. Sur le modèle du schéma sur la politique monétaire expansive ci-dessus, réalisez un schéma sur la politique monétaire restrictive.

5 Comprendre. Pourquoi faut-il trouver un juste équilibre entre une création monétaire excessive et une création monétaire insuffisante ?

DOC.2 Baisse des taux directeurs pour lutter contre la crise des « subprimes » (2008)

Évolution des taux directeurs de la BCE et de la Fed (Banque centrale américaine) depuis janvier 1999

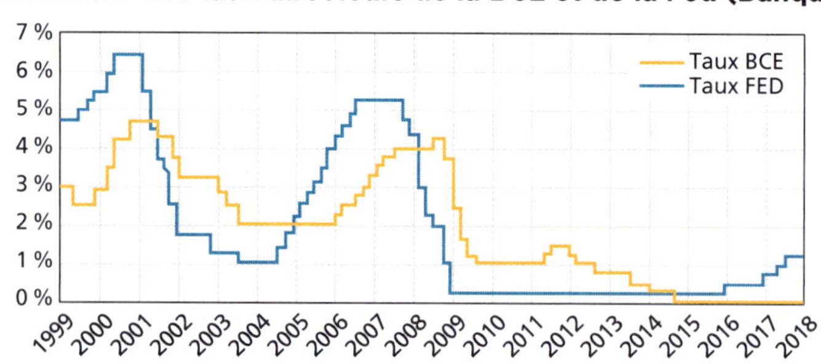

Dernier changement de taux directeur de la BCE : 16.03.2016 taux 0 % (inchangé depuis).
Dernier changement de taux directeur de la Fed : 27.09.2018 taux 2,25 %.

Source : www.france-inflation.com.

L'économie mondiale est frappée en 2008 par une grave crise financière. Les banques commerciales, en proie à une forte défiance[1], refusent de prêter de l'argent sur le marché interbancaire et aux acteurs économiques.

La crise financière se propage à l'économie réelle : baisse du PIB (- 2,4 % aux États-Unis, - 4 % dans la zone euro en 2009), défaillances d'entreprise et hausse du chômage.

Pour éviter un assèchement du marché interbancaire et relancer l'activité économique, les Banques centrales baissent fortement leur taux d'intérêt directeur.

1. Les banques ne savent pas quelles institutions bancaires détiennent des crédits dits « subprime », crédits accordés aux ménages américains à faibles revenus et dans l'incapacité de rembourser leurs prêts.

6 Expliquer. Pourquoi le refus des banques de se prêter mutuellement de la monnaie a-t-il mis en péril l'économie ?

7 Argumenter. Quelle politique les Banques centrales ont-elles suivie pour éviter une faillite généralisée du système financier ?

8 Décrire. Laquelle des deux Banques centrales (BCE ou Fed) a été la plus réactive face à la crise ? Justifiez.

9 Expliquer. Pourquoi la mission de la BCE la conduit-elle à réagir moins fortement face à la crise (DOC.1) ?

DOC.3 De nouveaux instruments monétaires non conventionnels

Face à persistance de la crise, les Banques centrales adoptent des mesures non conventionnelles dans le cadre du *Quantitative Easing* (QE), ou assouplissement quantitatif (en 2014 dans la zone euro). Il n'est en effet plus possible d'agir par la baisse du taux d'intérêt directeur, proche ou égal à 0 %.
Selon la BCE, le QE européen aurait permis sur la période 2015/2017 d'augmenter l'inflation et la croissance d'environ 1 % en zone euro.

vidéo
Cité de l'économie : « La politique monétaire non conventionnelle ».
www.lienmini.fr/ses-1-019

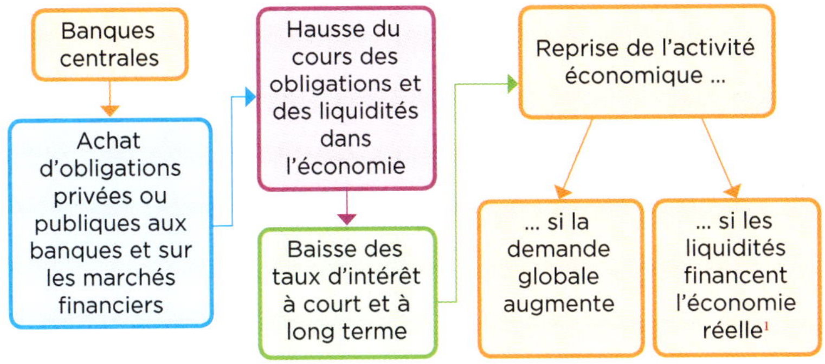

1. Et non la spéculation sur les marchés financiers.

10 Illustrer. Donnez un exemple de mesure conventionnelle et de mesure non conventionnelle.

11 Expliquer. Pourquoi les Banques centrales ont-elles dû adopter des mesures non conventionnelles ?

12 Analyser. Pourquoi ces mesures sont-elles susceptibles de relancer l'activité économique ?

13 Analyser. À quelles conditions ces nouveaux instruments monétaires sont-ils efficaces ?

DOC.4 Bilan de la politique monétaire de la Banque centrale européenne

Au fur et à mesure du retour de la croissance, les Banques centrales des États-Unis et de la zone euro ont décidé de réduire leur soutien à l'activité. La Réserve fédérale américaine (Fed) a diminué ses achats de titres de dettes publiques et d'entreprises privées [...] entre début 2013 et fin 2014. En juin dernier, la Banque centrale européenne (BCE) a indiqué qu'elle allait prendre le même chemin [...].
En plus de réduire la quantité d'argent apporté à l'économie par leurs achats [...], les deux Banques centrales ont décidé d'en augmenter le coût par une remontée de leur taux d'intérêt directeur. [...] Les Banques centrales changent prudemment de cap pour déshabituer progressivement les économies de leur soutien.

Christian Chavagneux, « Le lent tournant des politiques monétaires », *Alternatives économiques*, hors-série n°115, octobre 2018.

Évolution des prix à la consommation et du PIB réel dans la zone euro (taux de variation annuels en %) **et taux de chômage** (% des chômeurs/population active)

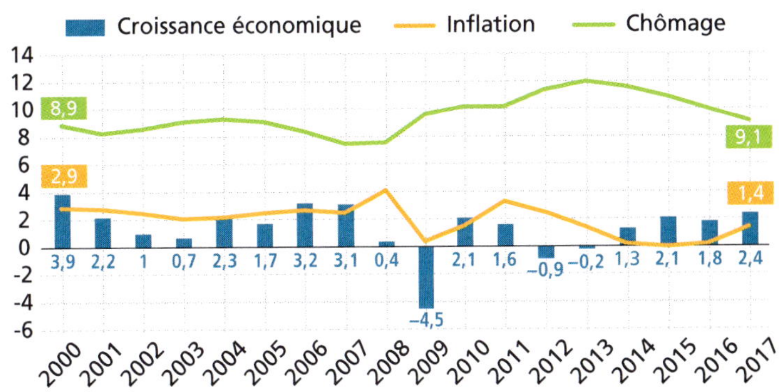

Sources : donnees.banquemondiale.org, ec.europa.eu.

14 Analyser. La politique monétaire expansive conventionnelle et non conventionnelle menée par la BCE après la crise de 2008 a-t-elle atteint ses objectifs ?

Observez les trois indicateurs : prix à la consommation, PIB, taux de chômage et faites une réponse nuancée.

15 Analyser. Pourquoi et comment les Banques centrales réduisent-elles leur soutien à l'économie ?

FAIRE LE POINT

Vrai ou faux ? Justifiez vos réponses.

1. Quand la Banque centrale baisse son taux d'intérêt directeur, les prêts accordés par les banques diminuent.
2. La baisse des taux directeurs par les Banques centrales est une mesure non conventionnelle.
3. Une politique monétaire restrictive vise à lutter contre l'inflation.
4. Les politiques monétaires conventionnelles n'ont pas permis une reprise de la croissance.

À RETENIR

- La **Banque centrale** fait varier son **taux d'intérêt directeur** en fonction de ses objectifs de **politique monétaire** : elle le baisse pour relancer la croissance et l'emploi ; elle l'augmente afin de lutter contre l'inflation.
- Les taux directeurs étant proches de zéro, cette **politique monétaire conventionnelle** n'a pas suffi à relancer la croissance à la suite de la crise de 2008. Les Banques centrales ont utilisé des instruments de **politique monétaire non conventionnels**.
- Le retour de la croissance conduit les Banques centrales à relever leur **taux directeur** progressivement pour éviter de pénaliser la reprise de l'activité.

SYNTHÈSE

Qu'est-ce que la monnaie et comment est-elle créée ?

1 Quelles sont les fonctions et les formes de la monnaie ?

A. Les avantages de la monnaie par rapport au troc

▶ Le troc, qui consiste à échanger un bien ou un service contre d'autres biens ou services, freine les échanges. Le problème de la double coïncidence des besoins oblige à recourir à de multiples échanges pour se procurer les biens désirés et à calculer le prix de chaque bien par rapport aux autres.

▶ La **monnaie** est un instrument qui facilite les échanges et permet des gains à l'échange car les biens et services s'échangent contre de la monnaie. Elle permet d'évaluer la valeur des biens par rapport à une unité commune.

B. Les fonctions économiques de la monnaie

▶ La monnaie est un actif liquide : elle peut être utilisée comme moyen d'échange immédiatement et sans coût.

▶ Elle remplit trois **fonctions** économiques : c'est un instrument des échanges (achat ou vente d'un bien ou d'un service contre de la monnaie), une unité de compte (étalon des valeurs) et une réserve de valeur (l'usage de la monnaie peut être différé dans le temps).

▶ Pour remplir correctement ses fonctions, elle doit présenter certaines qualités : liquidité, inaltérabilité et divisibilité, confiance dans sa valeur.

C. Les formes de la monnaie

▶ Les **formes** de la monnaie ont changé au cours de l'histoire : monnaies-marchandise, métalliques, monnaies fiduciaire (billets et pièces) et scripturale (dépôts à vue détenus par les agents non financiers). On assiste à une dématérialisation progressive de la monnaie.

▶ Le chèque, le virement, le prélèvement, la carte bancaire et la monnaie électronique permettent de faire circuler la monnaie scripturale.

▶ Un peu plus de 50 % des transactions en moyens de paiement scripturaux sont réalisés par carte bancaire.

▶ La masse monétaire se compose d'actifs monétaires (monnaies fiduciaire et scripturale), dont 86 % de monnaie scripturale et d'actifs quasi-monétaires, relativement liquides dont le risque de perte en capital est faible.

2 Comment la monnaie est-elle créée ?

A. Le crédit bancaire : source de la création monétaire

▶ Les banques créent de la monnaie scripturale en accordant des crédits à l'économie, aux ménages et aux entreprises.

▶ Ces crédits font les dépôts : la masse monétaire augmente lorsqu'il y a **création monétaire**. Inversement, il y a destruction monétaire quand le crédit est remboursé : la masse monétaire diminue.

▶ Les banques créent aussi de la monnaie scripturale en accordant des crédits à l'État (en achetant des bons du Trésor) et en acquérant des créances sur l'extérieur.

▶ Les flux de création monétaire et de destruction monétaire permettent d'évaluer l'évolution de la masse monétaire.

B. Les limites de la création monétaire par les banques

▶ Le pouvoir de création monétaire des banques n'est pas illimité.

▶ Les banques doivent conserver des liquidités pour satisfaire les demandes de retrait de leurs clients en billets et régler le solde de leurs opérations après compensation avec les autres banques.

▶ Les réserves obligatoires que les banques doivent déposer à la Banque centrale réduisent leurs capacités de création monétaire.

NOTIONS

Monnaie : actif liquide qui peut être utilisé immédiatement et sans coût comme moyen d'échange.

Fonctions de la monnaie : intermédiaire des échanges, unité de compte, réserve de valeur.

Formes de la monnaie : monnaie fiduciaire (pièces ou monnaie divisionnaire, billets) et monnaie scripturale (dépôts à vue monétaires des agents économiques sur leur compte bancaire).

Création monétaire : les crédits accordés par les banques aux agents non financiers, ménages, entreprises, État, extérieur, sont à l'origine de la création de monnaie scripturale.

Banque centrale : c'est la « banque des banques », commerciales ou de second rang, dans un système bancaire hiérarchisé.

Taux d'intérêt sur le marché interbancaire : taux d'intérêt auquel les banques se refinancent sur le marché interbancaire qui est un compartiment du marché monétaire. Il agit sur les taux d'intérêt nominaux pratiqués par les banques.

Marché monétaire : marché du financement à court terme. Il est accessible aux entreprises et aux banques qui peuvent émettre des titres de courte durée.

Taux d'intérêt directeur : taux fixé par la Banque centrale qui influence le taux sur les marchés interbancaire et monétaire, et les taux pratiqués par les banques commerciales.

Politique monétaire : politique économique qui agit sur l'économie en faisant varier l'offre de monnaie et le taux d'intérêt.

3 Quel est le rôle de la Banque centrale dans le processus de création monétaire ?

A. Les instruments utilisés par la Banque centrale pour réguler la création monétaire

▶ La **Banque centrale** est la « banque des banques ». Elle seule crée la monnaie centrale : monnaie fiduciaire et monnaie scripturale, circulant par l'intermédiaire des comptes que les banques détiennent à la Banque centrale.

▶ Elle crée de la monnaie en refinançant les banques de second rang, en accordant des crédits à l'État et en achetant des devises étrangères.

▶ La Banque centrale régule la création monétaire en pilotant le **taux d'intérêt sur le marché interbancaire** (coût du refinancement pour les banques) par la vente ou l'achat de titres aux banques. Le marché interbancaire est un compartiment du **marché monétaire**. La Banque centrale impose aussi aux banques un taux de réserves obligatoires qu'elle peut faire varier.

B. Les effets de la politique monétaire sur le niveau des prix et sur l'activité économique

▶ La Banque centrale module son **taux d'intérêt directeur** en fonction de ses objectifs de **politique monétaire** : elle le baisse pour relancer la croissance et l'emploi (politique monétaire expansive) ; elle l'augmente (politique monétaire restrictive) pour lutter contre l'inflation.

▶ Face à des crises graves (crise des « subprimes » en 2008), la politique monétaire conventionnelle de baisse du taux directeur n'est pas suffisante pour relancer la croissance et l'emploi. Les Banques centrales mobilisent alors des instruments non conventionnels comme l'achat aux banques et sur les marchés financiers d'obligations privées et publiques.

NE PAS CONFONDRE

- **Monnaie fiduciaire et monnaie scripturale** : les pièces et les billets sont de la monnaie fiduciaire ; la monnaie scripturale correspond aux dépôts inscrits sur un compte bancaire.
- **Actifs monétaires et actifs quasi-monétaires** : seules les monnaies fiduciaire et scripturale sont des actifs monétaires, parfaitement liquides et utilisables sans coût. Les placements à court terme sont des actifs quasi-monétaires : ils ne sont pas mobilisables immédiatement et présentent un léger risque de perte en capital.
- **Crédit et créance** : un crédit distribué par une banque donne lieu à un titre de créance de la banque dont la contrepartie est la dette de l'emprunteur.
- **Monnaie et monnaie centrale** : la monnaie se compose des pièces, billets et dépôts à vue détenus par les agents non financiers ; la monnaie centrale se compose des pièces et billets émis par la Banque centrale et des dépôts des banques à la Banque centrale.

SCHÉMA BILAN

Indispensable aux échanges, la monnaie est créée par les banques, encadrées par la Banque centrale.

1. Quelles sont les fonctions et les formes de la monnaie ?
→ Inconvénients du troc
→ **Fonctions de la monnaie :** intermédiaire des échanges, unité de compte, réserve de valeur
→ **Formes de la monnaie :** monnaie fiduciaire (pièces et billets), monnaie scripturale

2. Comment la monnaie est-elle créée ?
→ **Création de monnaie scripturale** par les banques
→ **Source essentielle :** crédit bancaire aux entreprises, aux ménages, à l'État
→ Création de monnaie scripturale limitée car détention de liquidités par les banques

3. Quel est le rôle de la Banque centrale dans le processus de création monétaire ?
→ **Création de monnaie fiduciaire** en refinançant les banques. **Politique monétaire** par le pilotage du taux d'intérêt directeur.
→ **Politique monétaire expansive :** relance de la croissance et l'emploi
→ **Politique monétaire restrictive :** lutte contre l'inflation

POUR ALLER PLUS LOIN

SES & SERIOUS GAME

www.ecb.europa.eu/ecb/educational/educational-games/topfloor/html/topfloor.fr.html

Top Floor : comprendre le fonctionnement de la Banque centrale européenne (BCE)

Le Conseil des gouverneurs de la BCE se réunit pour fixer les taux d'intérêt de la zone euro. Votre mission ? Rassembler les sept notes d'information en répondant à une série de questions, et les remettre au Conseil. Obtiendrez-vous le code d'accès au Conseil ?

À VOIR, À LIRE

La Ruée, comédie dramatique

Frank Capra, 1932 (1 h 15).

Sous prétexte qu'il octroie trop de prêts, le directeur d'une grande banque est contesté par son conseil d'administration. Tourné au moment où Roosevelt introduisait le New Deal, ce film de Frank Capra reprend l'idée que l'argent doit circuler pour relancer l'économie au lieu de dormir dans des coffres de banque.

Toute l'éco en BD tome 1 : La Monnaie

Maud Hopsie, Claire Fumat, Belin, 2018.

À quoi sert la monnaie ? Qui crée la monnaie ? Comment l'activité économique se finance-t-elle ? Autant de questions auxquelles Claire Fumat (formatrice en économie) et Maud Hopsie (dessinatrice) répondent chapitre par chapitre.

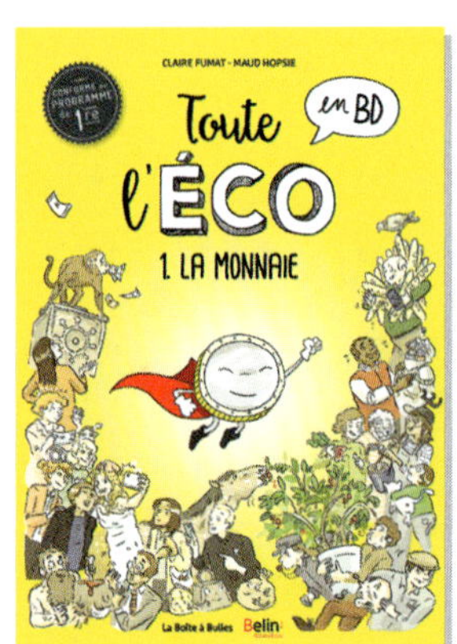

EXERCICES

1. Évaluer ses connaissances

Corrigés des exercices p. 372

Vrai ou faux ?

	V	F
1. Les formes de la monnaie n'ont pas changé au cours de l'histoire.	☐	☐
2. La monnaie scripturale est créée par les banques à l'occasion d'opérations de crédit accordées aux ménages ou aux entreprises.	☐	☐
3. Aujourd'hui, la monnaie la plus importante dans l'économie est la monnaie fiduciaire.	☐	☐
4. Le chèque est une monnaie scripturale.	☐	☐
5. Le pouvoir de création monétaire par les banques est illimité.	☐	☐
6. La Banque centrale régule la création monétaire en pilotant son taux d'intérêt directeur.	☐	☐
7. Une politique monétaire expansive risque de créer de l'inflation.	☐	☐
8. Un des instruments de la politique monétaire non conventionnelle est la baisse du taux directeur des Banques centrales.	☐	☐
9. Le « *quantitative easing* » permet aux Banques centrales d'acheter des obligations privées et publiques.	☐	☐
10. La Banque centrale fait varier son taux d'intérêt directeur en fonction de ses objectifs de politique monétaire.	☐	☐

2. Étudier une variation temporelle de quantité

Savoir-faire 9, p. 352

▾ **Évolution des prix à la consommation en France métropolitaine** (base 100 le 1er août 2013) **et taux du livret A** (en %)

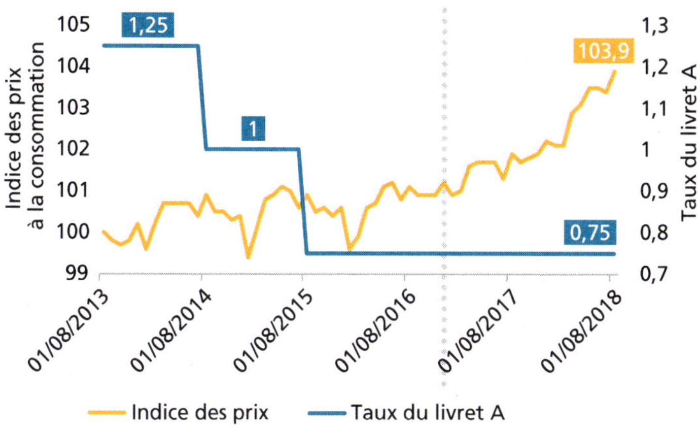

Sources : www.insee.fr et france-inflation.com.

Questions

1. Faites une phrase avec le chiffre « 103,9 » le 1er août 2018.

2. Le 1er août 2013 vous avez mis de côté, sans la placer, une somme de 100 euros : calculez son pouvoir d'achat le 1er août 2018 et l'évolution de son pouvoir d'achat en % du 1er août 2013 au 1er août 2018.

3. Quelle fonction et quelle qualité de la monnaie cette perte de valeur remet-elle en cause selon vous ?

4. Ce même 1er août 2013, vous avez placé une somme de 100 euros sur un livret A : quelle somme possédez-vous sur votre livret A le 1er août 2018 ?

5. Calculez le pouvoir d'achat de cette somme le 1er août 2018 et l'évolution de son pouvoir d'achat en % depuis le 1er août 2018 : pourquoi pouvez-vous garder confiance en la valeur de l'euro ?

3. Lire une série chronologique

Savoir-faire 11, p. 355

▾ **Taux d'intérêt directeur de la Banque centrale suisse** (en %)

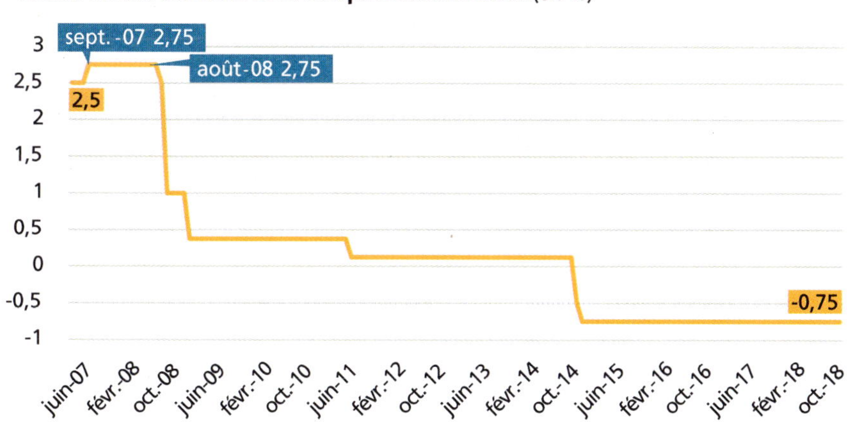

Source : fr.global-rates.com.

Questions

1. Quelle politique monétaire la Banque centrale suisse mène-t-elle de juin 2007 à septembre 2007 ?

2. Décrivez l'évolution du taux directeur de la Banque centrale du mois d'août 2008 au mois d'octobre 2018.

3. On suppose qu'une banque suisse a emprunté 1 million d'euros à la Banque centrale le 1er octobre 2017 pour un an : quel montant lui remboursera-t-elle ?

4. Quel objectif la Banque centrale poursuit-elle en fixant un taux directeur négatif ?

CAS PRATIQUE

4. La bonne affaire des cartes cadeaux

Aux États-Unis, plusieurs sites Internet gagnent aujourd'hui de l'argent en rachetant au rabais les cartes cadeaux que leurs détenteurs sont prêts à vendre pour obtenir de l'argent liquide.
Pourtant, de nombreux commerçants américains préfèrent distribuer à leurs clients fidèles des cartes cadeaux plutôt que des remises. Pourquoi?
5 à 15 % des cartes cadeaux ne sont jamais utilisées: l'argent non dépensé revient aux commerçants. Comment est-ce possible? Certaines cartes sont perdues par leur détenteur. Ou il ne dépense que 18 dollars sur les 20 dollars de la carte cadeau et ne perd pas de temps à revenir au magasin pour dépenser les 2 dollars restants. À l'inverse, si le détenteur de la carte souhaite l'utiliser, le prix de ce qu'il achète correspond rarement au montant exact de la carte cadeau: souhaitant profiter pleinement de sa carte, il dépense souvent un montant supérieur. Les cartes ont aussi une date d'expiration.

Questions

1. La carte cadeau est-elle une forme de monnaie et/ou un instrument de circulation de la monnaie?
2. Pourquoi les cartes cadeaux sont-elles une bonne affaire pour les commerçants?
3. Pourquoi certains détenteurs de cartes cadeaux préfèrent-ils les vendre au rabais pour obtenir de l'argent liquide?

CAS PRATIQUE

5. La crainte du « bug informatique » de l'an 2000

En 1999, à l'approche de l'an 2000, tout le monde redoutait un « bug informatique »: dans de nombreux programmes, il manquait les deux chiffres 19 correspondant au siècle, de sorte qu'au passage de 99 à 100, en réalité 00, de nombreux dysfonctionnements devaient se produire dans ces traitements informatiques, 00 correspondant à l'année 1900 au lieu de 2000. Les banques et les Banques centrales supposaient alors que les ménages voudraient retirer une partie de leurs dépôts en liquide pour se prémunir contre les risques de « bug informatique » sur les comptes bancaires.

Questions

1. Supposons que les dépôts des ménages représentent aux États-Unis 10 milliards de dollars le 30 décembre 1999. Le 31 décembre, les ménages retirent 5 milliards d'euros de leurs comptes. Le taux de réserves obligatoires de la Fed est de 10 %.
   - En vertu du multiplicateur monétaire (1/taux de réserves obligatoires), quel est le montant de crédits que les banques américaines peuvent accorder le 30 décembre 1999?
   - Quel est ce montant le 31 décembre 1999, à la suite des retraits des ménages?
2. Quelle conséquence ces retraits auraient-ils eu sur la croissance et l'emploi aux États-Unis?
3. Comment la Banque centrale pouvait-elle intervenir pour inciter les banques à maintenir le même volume de crédits distribués?

MÉTHODE VERS LE BAC

Dégager les idées principales : connaissances et documents

Sujet Quelles sont les fonctions de la monnaie ?

Doc. 1

Si je travaille aujourd'hui et que je gagne 100 $, je peux garder cet argent pour le dépenser demain, la semaine prochaine ou le mois prochain. La monnaie, cependant, est […] sujette à caution : si les prix augmentent, la valeur réelle de la monnaie diminue. Pourtant, les gens choisissent de détenir de la monnaie […].

Les magasins aux États-Unis indiquent leurs prix en dollars et en cents. En Europe, ils les affichent en euros et en centimes. Le concessionnaire de voitures affiche que telle voiture coûte 20 000 $ et non 400 chemises (même si cela revient au même). De même, la plupart des dettes exigent de celui qui les a contractées qu'il restitue un nombre donné de dollars à une échéance donnée, et non une quantité donnée de l'un ou l'autre bien. […]

« Ce billet est un instrument de paiement libératoire de toute dette, privée et publique », peut-on lire sur chaque billet de dollar américain. En entrant dans un magasin, nous savons que le vendeur acceptera notre argent en échange des produits qu'il vend. […]

Pour mieux comprendre les fonctions de la monnaie, tentons d'imaginer une économie sans monnaie […]. Dans ce cadre, l'échange exige […] la rencontre peu probable de deux personnes dont l'une détient exactement le bien que souhaite acquérir l'autre et vice versa, et ceci au même moment et au même endroit.

Gregory N. Mankiw, *Macroéconomie*, De Boeck, 2019.

Doc. 2

Voir Doc. 2 p. 123 (1er graphique).

Commencez par dégager les idées principales des documents.

Exemple de rédaction — **Voici un extrait de la copie d'un élève accompagnée des commentaires du professeur.**

Doc. 1 : La fonction d'intermédiaire des échanges présente des avantages par rapport à une économie sans monnaie. 1

Doc. 2 : 53 % des transactions s'effectue par carte bancaire en France en 2016. C'est donc la première forme de monnaie utilisée comme intermédiaire des échanges. 2

1 C'est vrai, mais il faut citer le troc plutôt qu'une économie sans monnaie. Il faut aussi expliquer plus précisément pourquoi les échanges sont facilités avec la monnaie : c'est le cas non seulement parce qu'elle joue le rôle d'intermédiaire des échanges, mais aussi d'unité de compte.

2 La lecture est correcte. Il faut effectivement faire référence à la fonction d'intermédiaire des échanges. Cependant, la carte bancaire n'est pas une forme de monnaie, il s'agit d'un instrument de paiement en monnaie scripturale.

Reliez les documents et les connaissances.

Recopiez le tableau ci-dessous, et répondez aux questions posées.
Dans la 1re colonne, choisissez les informations pertinentes dans les documents.
Dans la 2e colonne, expliquez ces données à l'aide des connaissances du cours.

	Relever des informations dans les documents	Mobiliser ses connaissances
Doc. 1	Quelles sont les différences entre les usages que l'on peut faire de la monnaie ?	Quelles sont les trois fonctions économiques de la monnaie ?
Doc. 2	Quels sont les différents instruments de paiement présentés dans le document ?	Quelle fonction de la monnaie ces instruments de paiement permettent-ils de remplir ?
Hors doc	Importance de la confiance dans la monnaie (exemple de l'Allemagne après la Première Guerre mondiale)	Connaissances dont vous pouvez avoir besoin pour traiter le sujet et qui ne sont pas mentionnées dans les docs.

FICHE MÉTHODE Dégager les idées principales : connaissances et documents

Comment chercher les idées principales ?

1. Vous pouvez mobiliser différentes connaissances dans un même document.
2. Certains passages ou chiffres des documents n'ont pas d'intérêt pour répondre au sujet.
3. Certaines informations centrales se retrouvent dans plusieurs documents.
4. Certaines connaissances ne sont pas mentionnées dans les documents.

Comment éviter la paraphrase des documents ?

1. Il faut toujours définir les notions utilisées dans les documents.
2. Il faut expliquer les données avec les connaissances.
3. Ne recopiez pas de longs extraits de texte : il faut choisir des extraits précis, qui seront analysés.
4. Croisez différentes informations (issues d'un ou plusieurs documents), quand c'est possible.
5. Soyez synthétique et, après avoir noté les connaissances utiles au sujet, essayez de les classer même sommairement.

VERS LE BAC

Épreuve de spécialité

Partie 1 Mobilisation de connaissances et traitement de l'information (10 points)

• **Document** **Le taux directeur de la BCE entre janvier 2009 et mai 2009**

En 2009, face à la récession, la Banque centrale européenne baisse son taux directeur : de 2 % en janvier 2009, il passe à 1 % en mai 2009.

• **Questions**

1. Quelles sont les fonctions de la monnaie ?
2. Représentez graphiquement l'évolution du taux d'intérêt sur le marché monétaire avant et après la baisse du taux d'intérêt. Vous mettrez le taux d'intérêt du marché monétaire en ordonnées, les quantités de monnaie centrale en abscisses.
3. Quels sont les effets attendus par la Banque centrale européenne de la baisse de son taux d'intérêt directeur ?

CONSEILS

- Définissez la monnaie.
- Expliquez les relations entre la variation de l'offre de monnaie centrale et la baisse du taux d'intérêt directeur.
- Appuyez-vous sur les acquis du chapitre 1 pour la représentation graphique : quel choc la baisse du taux directeur provoque-t-elle ? Quelle courbe se déplace vers la droite ou vers la gauche ?

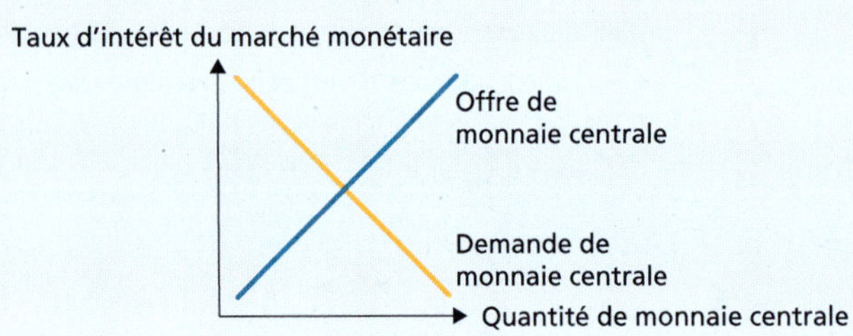

Partie 2 Raisonnement appuyé sur un dossier documentaire (10 points)

Sujet **À l'aide de vos connaissances et du dossier documentaire, vous montrerez les effets que les interventions de la Banque centrale sur le marché monétaire peuvent produire.**

Doc. 1

En pilotant le prix du refinancement des banques, la Banque centrale entend contrôler la quantité de monnaie en circulation et agir sur l'activité économique. […]
Selon la théorie, si le taux d'intérêt réel baisse, les ménages réduisent leur épargne et consommeront davantage, tandis que les entreprises investiront davantage. La hausse de la demande globale relancera alors la croissance […].

La Banque centrale attend de ses interventions une répercussion aussi bien sur la demande que sur l'offre de crédits bancaires :
Sur l'offre, car en faisant payer aux banques leur argent plus ou moins cher, la Banque centrale espère que celles-ci répercuteront cette variation de coût sur celui qu'elle facture à leurs clients emprunteurs : si, par exemple, le cout du refinancement baisse, le coût du crédit devrait normalement baisser aussi, ce qui doit aboutir à plus de crédits distribués et plus de monnaie en circulation dans l'économie ; inversement si la banque centrale fait augmenter le coût du refinancement.
Sur la demande, car si les banques abaissent effectivement le taux du crédit suite à la baisse du coût de leur refinancement, on peut en attendre que les ménages et les entreprises demandent davantage de crédit et investissent davantage.
[...] Si la Banque centrale, par une baisse de son taux directeur, parvient à ce que les banques créent plus de monnaie, il s'ensuivra dans l'économie une augmentation des liquidités disponibles. Les agents économiques ajusteront le niveau de leurs encaisses au niveau qu'ils souhaitent. Les liquidités jugées excédentaires seront dépensées, ce qui accroîtra la demande globale.

Jézabel Couppey-Soubeyran, Monnaie, banques, finance, © Presses Universitaires de France, 2015.

CONSEILS
- Recensez chacun des canaux par lesquels l'intervention de la Banque centrale sur le marché monétaire agit sur l'activité économique.
- Interrogez-vous sur les effets d'une hausse du taux directeur de la Banque centrale.

Doc. 2 Taux d'inflation[1] dans la zone euro et taux d'intérêt directeur de la Banque centrale européenne (en %)

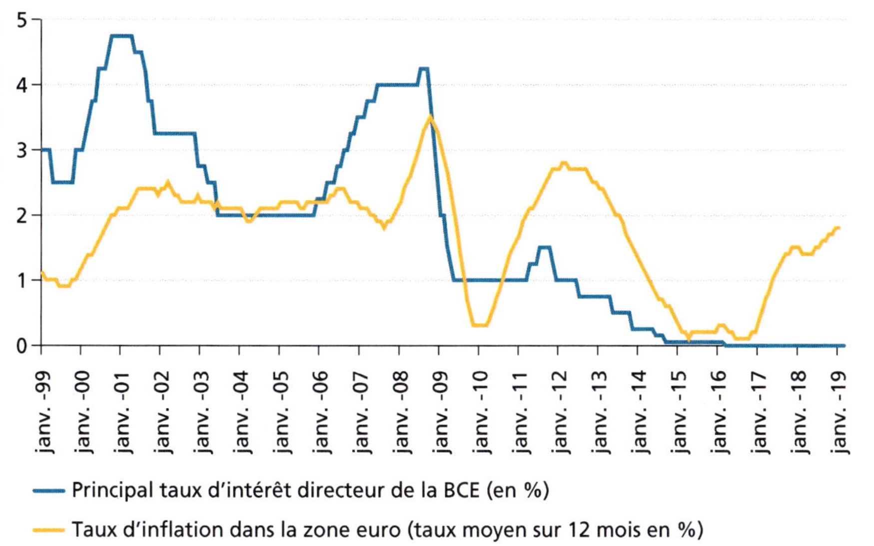

1. Taux de variation (en %) du niveau général des prix à la consommation.

Sources : Eurostat et Banque centrale européenne.

CONSEILS
- Interrogez-vous sur la corrélation et la causalité généralement constatée entre la hausse (baisse) du taux directeur et l'inflation.
- Identifiez les périodes pendant lesquelles ces corrélation et causalité sont vérifiées.

S'ENTRAÎNER

Étape 1 Analyser le sujet
- Rappelez comment la Banque centrale intervient sur le marché monétaire.
- Identifiez les effets attendus d'une intervention de la Banque centrale sur le marché monétaire.
- Définissez les notions de « Banque centrale » et « marché monétaire ».
- Attention : le sujet porte sur les conséquences et non sur les causes des effets de l'intervention de la Banque centrale sur le marché monétaire.

Étape 2 Analyser les documents
Lisez les conseils donnés en marge des 2 documents proposés.

Étape 3 Organiser ses connaissances pour répondre au sujet
- Vos connaissances personnelles sont indispensables car les documents ne traitent pas de l'ensemble des effets de l'intervention de la Banque centrale sur le marché monétaire.
- Distinguez les effets d'une politique monétaire expansive de ceux d'une politique monétaire restrictive.
- Montrez les effets éventuellement contradictoires d'une hausse (baisse) du taux directeur de la Banque centrale.

VERS LE BAC

Dissertation

Sujet Comment la monnaie est-elle créée ?

Doc. 1 Crédits accordés à des résidents français par les établissements de crédit[1] implantés en France

(en milliards d'euros)	2014	2015	2016
Crédits aux administrations publiques			
Total	214,7	217,0	210,4
Crédits aux sociétés non financières[2]			
Investissement[3]	581,7	605,3	638,5
Trésorerie[4]	175,6	197,0	216,3
Autres motifs	81,1	71,8	57,3
Total	838,4	874,1	912,1
Crédits aux ménages			
Habitat	927,4	964,0	997,8
Trésorerie	159,5	165,1	173,1
Autres motifs	91,5	88,6	87,2
Total	1 178,4	1 217,7	1 258,1

1. Entreprises (banques, sociétés de crédit, etc.) qui effectuent des opérations bancaires à titre habituel.
2. Entreprises ayant plusieurs propriétaires et dont la fonction principale consiste à produire des biens ou des services non financiers.
3. Achat de biens de production durables.
4. Sommes qui permettent de faire face à des dépenses immédiates.

Source : Insee, *Tableaux de l'économie française*, 2018.

CONSEILS
- Identifiez les agents qui bénéficient des crédits distribués.
- Caractérisez les évolutions que le document met en évidence.

Doc. 2 La création monétaire par les banques

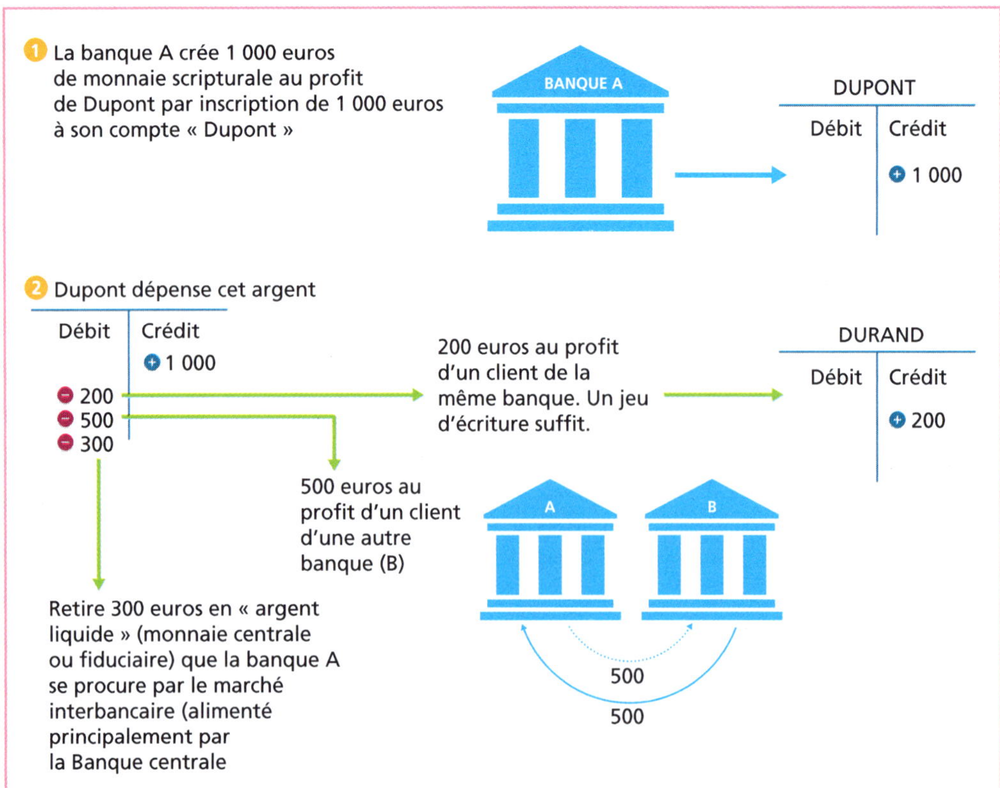

Source : Denis Clerc, *Déchiffrer l'économie*, © Éditions La Découverte, coll. « Grands repères », 2011.

CONSEILS
- Montrez comment la création de monnaie se traduit dans les bilans de la banque et de l'agent Dupont.
- Identifiez les utilisations que l'agent « Dupont » fait du crédit que lui a accordé la banque.
- Interrogez-vous sur les conditions auxquelles la banque peut accorder ce crédit.

Doc. 3 **Principal taux directeur de la Banque centrale européenne** (en %) **et taux moyens des crédits nouveaux aux ménages et aux sociétés non financières** (en %) **en France**

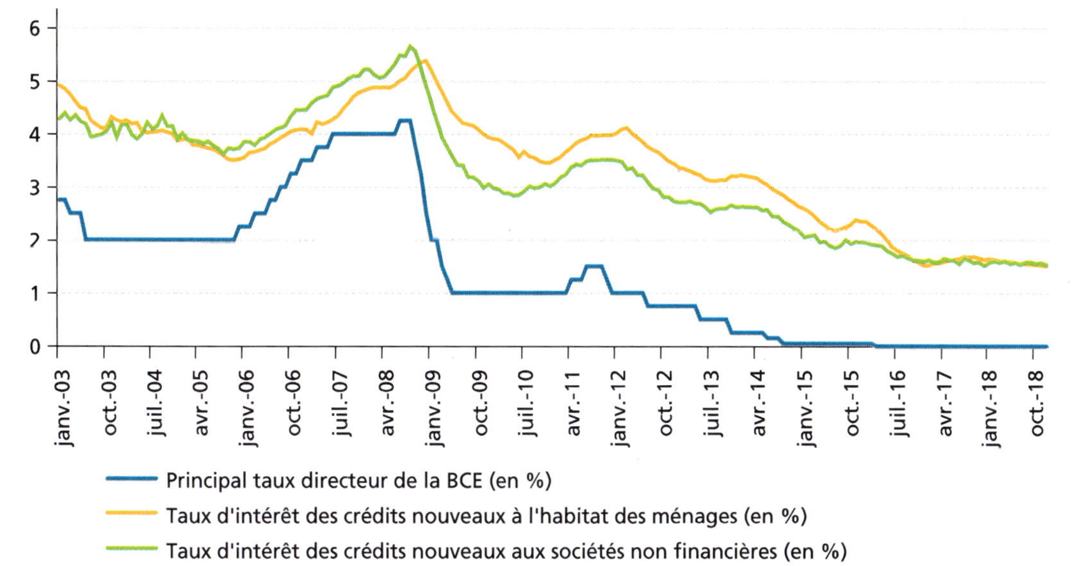

Source : webstat.banque-france.fr, 5 mars 2019.

CONSEILS

- Distinguez trois périodes dans l'évolution du taux directeur de la Banque centrale européenne.
- Comparez cette évolution à celles des taux des crédits accordés aux ménages et aux sociétés non financières.
- Caractérisez les relations (corrélation, causalité) entre les évolutions de ces trois taux.
- Interrogez-vous sur l'impact que peut avoir une hausse du taux directeur sur la capacité d'une banque à créer de la monnaie.

S'ENTRAÎNER À LA DISSERTATION

Étape 1 Analyser le sujet

- Le sujet commence par « Comment » : il s'agit donc de décrire la manière dont la monnaie est créée et les acteurs qui en sont à l'origine.
- Il y a aussi un enjeu implicite dans le sujet : la monnaie peut être créée *ex nihilo* par un simple jeu d'écriture ; pour autant, la création monétaire ne peut pas être illimitée.
- Définissez la notion de « monnaie ».

Étape 2 Analyser les documents

- Lisez les conseils donnés en marge des 3 documents proposés.
- Pensez à relier les informations apportées par les documents 1 et 3.
- Les documents 2 et 3 sous-entendent qu'il peut y avoir des limites à la création monétaire.

Étape 3 Organiser ses connaissances pour répondre au sujet

- Vos connaissances personnelles sont indispensables car les documents en apportent peu dans le cadre de la dissertation.
- Construisez un plan en 2 parties : la 1re partie doit être consacrée aux formes et aux acteurs de la création monétaire. La 2e partie doit relativiser la capacité à créer de la monnaie, en s'appuyant sur les documents et les connaissances personnelles.
- Une 1re partie qui se composerait de deux sous-parties (A. Formes / B. Acteurs) serait peu pertinente.

CHAPITRE 6

NOTIONS
socialisation, valeur, norme, socialisation primaire, socialisation secondaire, instances de socialisation, socialisation professionnelle, socialisation conjugale, socialisation politique

Comment la socialisation contribue-t-elle à expliquer les différences de comportement des individus ?

La socialisation est le processus par lequel les individus intériorisent des principes et des comportements qui leur permettent de vivre en société.

Dès leur naissance, les individus appartiennent à des groupes caractérisés par des valeurs et des normes particulières.	Les configurations familiales sont différentes selon les sociétés, et au sein d'une même société.	Après l'enfance, et durant toute la vie, l'individu fait de nouvelles expériences (professionnelles, conjugale...).	L'individu est soumis à des influences très différentes, parfois contradictoires.
↓	↓	↓	↓
Comment les individus intériorisent-ils des manières de penser et d'agir ?	Quels sont les effets de la configuration familiale sur la socialisation des enfants et des adolescents ?	Comment la socialisation secondaire contribue-t-elle à l'identité sociale des individus ?	Pourquoi certains individus ont-ils des trajectoires improbables ?
DOSSIER 1	DOSSIER 2	DOSSIER 3	DOSSIER 4

SOMMAIRE DU CHAPITRE

ENTRER DANS LE CHAPITRE

vidéo

France TV éducation :
« Inégalités de salaire hommes-femmes : on vous dit tout ! » (2017)
Durée : 2 min 53 s
www.lienmini.fr/ses-1-020

Doc. 1 Mère supporter, fils supporter

Doc. 2 La place des hommes et des femmes dans les publicités télévisées

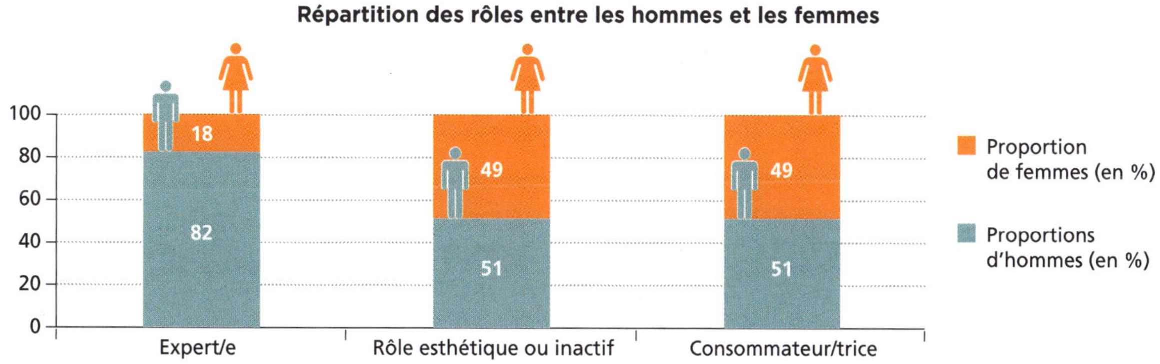

Source : CSA, « Représentation des femmes dans les publicités télévisées », 2017.

1 En quoi devenir supporter est-il un apprentissage qui permet de faire partie d'un groupe ? (DOC. 1)

2 Quelle place les femmes occupent-elles dans les publicités télévisées ? (DOC. 2)

3 Quelles sont les principales causes des inégalités salariales entre les hommes et les femmes ? (VIDÉO)

Comment les individus intériorisent-ils des manières de penser et d'agir ?

OBJECTIF : Comprendre ce qu'est la socialisation et comment elle s'opère.

A Un processus d'intériorisation des valeurs et des normes sociales

Grâce à la socialisation, les individus intériorisent les normes et les valeurs des différents groupes sociaux auxquels ils appartiennent. Cet apprentissage leur permet de vivre en société et de forger leur identité individuelle.

DOC. 1 Les valeurs et les normes sociales

1 Les valeurs essentielles pour les Européens

QUESTION : *Dans la liste suivante[1], quelles sont les trois valeurs qui comptent le plus pour vous ?*

1. Seules les réponses les plus fréquemment citées apparaissent dans le document.

Base : échantillon représentatif de la population des 28 États membres de l'Union européenne.

Source : Eurobaromètre 2015, Enquête TNS Opinion et social.

NE PAS CONFONDRE

- Une **valeur** est un principe qu'un groupe reconnaît comme un idéal à atteindre.
- Une **norme** est une règle, officielle ou non, explicite ou implicite qui prescrit ou interdit certains comportements sous peine de sanction.

2 La salle de classe, un lieu d'apprentissage de règles

1 Lire. Donnez la signification de la donnée entourée.

2 Analyser. Quelle norme les enfants sur la photographie doivent-ils respecter ?

3 Comprendre. Quelles sanctions ceux qui ne respectent pas ces normes risquent-ils de subir ?

4 Déduire. À quelle valeur citée dans le graphique correspond la norme d'interdiction de tuer ?

DOC. 2 La socialisation primaire

[Lors de la socialisation primaire], dans l'intériorisation des normes, il existe une progression qui va de « maman est fâchée contre moi *maintenant* » à « maman est fâchée contre moi *chaque fois* que je renverse la soupe ». Dans la mesure où des autrui significatifs[1] supplémentaires (le père, la grand-mère, la sœur aînée, etc.) appuient l'attitude négative de la mère à l'encontre de la maladresse de l'enfant, la généralité de la norme est subjectivement étendue. L'étape décisive apparaît quand l'enfant reconnaît que *tout le monde* est contre sa maladresse, et la norme est généralisée de la façon suivante : « *On* ne renverse pas la soupe » – « on » étant lui-même une partie d'une généralité qui inclut, en principe, *tous* les membres d'une société dans la mesure où ils sont significatifs pour l'enfant.

Peter Berger, Thomas Luckmann, *La Construction sociale de la réalité*, © Armand Colin, 2006.

1. Les personnes qui interviennent à un niveau personnel et affectif dans la vie d'un individu.

NOTIONS

- **Socialisation primaire** : p. 158.
- **Instances de socialisation** : p. 158.

5 Analyser. Quelle est l'instance de socialisation primaire évoquée par le texte ?

6 Illustrer. Donnez deux exemples, autre que ceux du texte, d'instances de socialisation.

7 Illustrer. Donnez un exemple, autre que la façon de se tenir à table, d'apprentissage que fait l'enfant pendant la socialisation primaire.

8 Comprendre. L'enfant est-il totalement passif lors du processus de socialisation ?

DOC.3 De multiples mécanismes de socialisation

Trois grandes modalités de la socialisation peuvent être distinguées :

• La socialisation peut s'effectuer par entraînement ou pratique directe, par imitation : dans la famille, à l'école, entre groupes de pairs ou sur le lieu de travail, les individus se socialisent au travers de participations directes à des activités fréquemment répétées ;

• La socialisation peut être aussi le résultat plus diffus de l'organisation de l'espace. Par exemple, la séparation des lieux selon le sexe tels que les toilettes publiques et les vestiaires ou les douches des salles de sport ont, par leur seule existence, pour effet de réaffirmer de façon continue les différences sociales entre les sexes ;

• La socialisation peut prendre, enfin, la forme d'une transmission puissante de croyances (valeurs, modèles, normes). Il s'agit ici des normes culturelles diffusées par toutes sortes d'institutions (la famille et l'école, mais aussi la télévision, la radio, la publicité ...) qui montrent ou mettent en scène [...] des personnages dans des rôles, des situations, avec des manières ou des attitudes, spécifiques.

Bernard Lahire, *Portraits sociologiques. Dispositions et variations individuelles*, © Armand Colin, 2005 (pour la nouvelle présentation, Paris).

NOTIONS

• **Groupes de pairs** : personnes qui ont des caractéristiques communes. Cela peut être le groupe d'amis par exemple.

• **Rôle** : comportement qu'un individu est censé respecter, dans le cadre de sa position sociale.

9 Distinguer. Quels sont les modes de socialisation distingués par le texte ?

10 Illustrer. À quel mode de socialisation chaque exemple correspond-il ?

• Les membres d'une religion doivent rester à une certaine place durant une cérémonie.

• Les enfants aident tous les jours leurs parents à mettre la table.

• Des clips diffusés à la télévision montrent des scènes d'accident pour inciter à la sécurité routière.

DOC.4 Des comportements et des préférences socialement construits

La pratique de la lecture chez les jeunes de 7 à 19 ans

Caractéristiques de ceux qui ne lisent jamais	(en %)	Caractéristiques de ceux qui lisent beaucoup[1]	(en %)
Au moins un parent qui lit souvent.	47	Au moins un parent qui lit souvent.	63
un père qui ne lit jamais.	50	un père qui lit souvent.	23
une mère qui ne lit jamais.	17	une mère qui lit souvent.	54
Au moins un parent qui leur lit des livres, ou leur en lisait quand ils étaient petits.	55	Au moins un parent qui leur lit des livres, ou leur en lisait quand ils étaient petits.	74
un père qui ne le fait, ou ne le faisait, jamais.	37	un père qui le fait, ou le faisait, souvent.	33

1. Au moins 5 livres au cours des 3 derniers mois.

Personne à l'origine du choix des livres lus pour les loisirs	(en %)
Le jeune lui-même	50
Dont : *à l'école primaire*	*48*
après le collège	*50*
La mère (ou la belle-mère)	36
Dont : *à l'école primaire*	*53*
après le collège	*20*
Les amis	25
Dont : *à l'école primaire*	*14*
après le collège	*37*
Les professeurs, l'instituteur	15
Le bibliothécaire, la documentaliste	7

Note : le total ne fait pas 100 %, car toutes les réponses ne sont pas citées, et plusieurs réponses étaient possibles.

Source : « Les jeunes et la lecture », enquête Ipsos pour le CNL, juin 2016.

11 Lire. Donnez la signification de la donnée entourée.

12 Observer. Montrez que les pratiques de lecture des parents influencent celles des enfants.

13 Analyser. Montrez que les goûts et pratiques en matière de lecture résultent d'influences variées.

FAIRE LE POINT

Complétez avec : *famille • liberté • imitation • honnêteté • il est interdit de tricher • sanctions et récompenses • amis • on doit pouvoir épouser qui on veut.*

Contenu intériorisé		Groupes socialisateurs	Mécanismes de socialisation
Valeurs	Normes		

À RETENIR

• Les individus intériorisent des **valeurs** et des **normes** qui contribuent à forger leurs goûts, leurs comportements et les rôles qu'on attend d'eux, en particulier lors de la **socialisation primaire** pendant l'enfance.

• Cet apprentissage, dans lequel l'individu joue un rôle actif, passe par différents mécanismes, explicites ou implicites, et fait intervenir de nombreuses **instances de socialisation** (famille, école, groupes de pairs...).

OBJECTIF : Comprendre comment la socialisation est à l'origine de différences de comportements, de préférences et d'aspirations.

B Un processus différencié qui contribue à façonner les individus

Les individus ne sont pas socialisés de la même manière en fonction par exemple du milieu social auquel ils appartiennent, ou bien encore de leur sexe. Cela va entraîner des différences de comportements ou de préférences tout au long de leur vie.

DOC.1 Une socialisation différente des filles et des garçons

Les comportements des parents et des adultes proches de l'enfant s'adaptent souvent, inconsciemment, dès les premières semaines de la vie, en fonction du sexe de l'enfant. Si l'on rappelle souvent à l'ordre une petite fille turbulente en lui demandant d'être « bien élevée » ou « gentille », on rit plus volontiers aux facéties d'un garçon tout aussi colérique car « c'est bien, il ne se laisse pas faire ». […]
La sociologue Martine Court a pour sa part analysé la façon dont les corps féminins et masculins se construisent au cours de l'enfance. Pour la chercheuse, ces différences sont observables dès la fin de l'école primaire chez des filles et des garçons d'une dizaine d'années, la famille, <u>les médias et les pairs contribuant grandement à la fabrique d'une « vraie » fille</u> […]. Nuance intéressante, M. Court insiste sur le fait que l'on demande avant tout aux filles de se comporter comme « des filles de leur classe sociale ». Telle petite fille issue des classes populaires pourra être encouragée à « faire chanteuse » comme ses idoles […] quand telle autre, issue d'une famille très bourgeoise, sera invitée à devenir une parfaite femme au foyer ou une brillante avocate.

Sarah Chiche, « Y a-t-il un éternel féminin ? », *Sciences Humaines*, n° 235, mars 2012.

▲ Un exemple de socialisation aujourd'hui.

1 Argumenter. À partir du texte et de la photo, montrez que les parents ne se comportent pas de la même manière avec un garçon et avec une fille.

2 Expliquer. Expliquez le passage souligné.

3 Comprendre. La socialisation des filles et des garçons est-elle la même dans tous les milieux sociaux à toutes les époques ?

DOC.2 Des loisirs et des professions différenciées selon le genre

Part de femmes licenciées dans quelques fédérations sportives en France en 2015

Fédération sportive	Part de femmes (en %)
Rugby	6
Football	6
Tir	10
Sport de glace	86
Équitation	83
Gymnastique	81

Source : ministère de la Ville, de la Jeunesse et des Sports, *Les chiffres-clés du sport*, 2017.

Part de femmes dans quelques professions en 2014

Profession	Part de femmes (en %)
Aides à domicile, aides ménagères, assistants maternels	98,3
Coiffeurs, esthéticiens	90,5
Infirmiers, sages-femmes	88,7
Techniciens de l'informatique	14,2
Armée, police, pompiers	13,1
Conducteurs d'engins du bâtiment et des travaux publics	0,9

Champ : personnes en emploi âgées de 15 à 59 ans résidant dans le Grand-Est.

Source : M. Emorine et K. Mom, « La féminisation gagne les métiers les plus qualifiés à dominance masculine », *Insee Analyses Grand-Est*, décembre 2017.

4 Lire. Exprimez la signification des données entourées.

5 Lire. Dans quels sports les femmes sont-elles les plus représentées ? Dans quels sports sont-elles les moins représentées ?

6 Argumenter. Comment les comportements attendus des petites filles peuvent-ils expliquer la part de femmes qui pratiquent le football ou le rugby ?

7 Argumenter. À partir des documents 1 et 2, montrez comment la socialisation des filles peut expliquer la part de femmes chez les aides à domicile, aides ménagères, assistants maternels.

DOC. 3 La socialisation des enfants de l'aristocratie et de la haute bourgeoisie

Les familles les plus aisées ou privilégiées se caractérisent par une obsession de la transmission ; elles gèrent avec vigilance l'éducation, le choix des écoles et des filières, les alliances matrimoniales des enfants, les espaces de résidence et de rencontres, les loisirs, les relations. [...]
La formation des enfants [de la haute bourgeoisie] n'en est pas moins fortement dépendante des institutions éducatives (écoles d'élite privées ou publiques, grands lycées avec des classes préparatoires, grandes écoles, etc.) [...]. Elles transmettent des façons de faire, des codes de langage et de comportement spécifiques et aussi le sentiment d'être à part, de ne pas être tout à fait comme les autres élèves de l'établissement. [...] Les rallyes constituent un autre lieu d'apprentissage des bonnes manières de faire, de se tenir, de s'adresser aux autres, de se faire des amis et des relations, de gérer ces relations [...]. Les jeunes bourgeois peuvent être inscrits par leur mère dans ces rallyes dès l'âge de 12 ans et peuvent y participer jusqu'à 21 ans. Visites culturelles, cours de bridge et de rock, goûters, boums sans alcool, puis soirées, de plus en plus longues, avec champagne et autres alcools, s'enchaînent à mesure que les jeunes avancent en âge.

Francis Lebon, Chantal de Linarès, « Les jeunes "favorisés" et les autres. Entretien avec Monique de Saint Martin », *Agora débats/jeunesses*, n° 53, 2009.

8 Comprendre. Montrez que les rallyes participent à la socialisation des enfants de la haute bourgeoisie.

9 Analyser. Que transmet-on aux enfants de ce milieu ?

10 Expliquer. Par quelle stratégie familiale peut-on expliquer les choix de socialisation opérés dans la haute bourgeoisie ?

DOC. 4 La construction sociale des préférences alimentaires

On constate une différence de représentation sur ce que signifie « bien nourrir son enfant » : si, pour les catégories aisées, cela revient à lui proposer des produits jugés sains, en revanche, pour les catégories modestes, l'important est d'offrir une abondance d'aliments nourrissants pour conjurer la « peur de manquer ». Certains produits autrefois réservés à quelques privilégiés tendent aujourd'hui à se diffuser. Qui dit diffusion dit aussi abandon par les couches supérieures des produits jugés trop « communs », puisque tout le monde peut en consommer. Ces consommateurs expérimentent de nouvelles « sensations gustatives » avec les « superaliments » tels que l'açaï, les baies de goji[1]. Ces aliments sont recherchés pour leurs avantages supposés en termes de santé.

D'après Céline Laisney, « Les différences sociales en matière d'alimentation », *Centre d'études et de prospective*, n° 64, octobre 2013.

1. Les baies d'acaï et de goji sont de petits fruits secs.

Fréquence de consommation de produits bio en 2012

(en %)	Catégories supérieures	Catégories inférieures
Consommateurs	55	31
Tous les jours	10	4
Au moins une fois par semaine	21	11
Environ une fois par mois	24	15
Non consommateurs	45	69

Source : Agence Bio, Baromètre 2012.

11 Distinguer. Opposez les conceptions du « bien manger » dans les catégories aisées et dans les catégories modestes.

12 Lire. Donnez la signification de la donnée entourée.

13 Expliquer. Expliquez le passage souligné.

14 Comprendre. En quoi les préférences alimentaires des catégories favorisées résultent-elles de leur socialisation ?

FAIRE LE POINT

Vrai ou faux ? Justifiez vos réponses.

1. Les femmes sont aujourd'hui aussi nombreuses que les hommes dans les métiers de l'informatique.

2. Les jouets des enfants sont différenciés selon leur sexe.

3. Dans les milieux favorisés, les enfants apprennent à ne pas se distinguer de ceux des autres catégories.

4. Les goûts alimentaires sont aujourd'hui identiques dans tous les milieux sociaux.

À RETENIR

- Par le langage, les attitudes, le choix des activités, les **instances de socialisation** construisent socialement des filles et des garçons. Ces rôles et ces stéréotypes tendent à se reproduire à l'âge adulte.
- De même, les **valeurs** et les **normes** sont différentes selon les milieux sociaux, et leurs membres acquièrent des goûts et des comportements différents.

DOSSIER 2

Quels sont les effets de la configuration familiale sur la socialisation des enfants et des adolescents ?

OBJECTIF :
Comprendre que les enfants et les adolescents sont socialisés dans des contextes différents.

A Un contexte de socialisation qui varie selon la configuration familiale

Selon les lieux et les époques, il existe des configurations familiales différentes. Les modalités de la socialisation varient selon le nombre et les caractéristiques des acteurs qu'un enfant reconnaît comme membres de sa famille.

DOC.1 Des configurations familiales[1] variables selon les sociétés

Dans certaines sociétés [d'Afrique subsaharienne, jusqu'aux années 1980] influencées par l'organisation matrilinéaire[2] où les femmes assument collectivement l'éducation des jeunes enfants, comme les sociétés rurales des Comores, toutes les sœurs de la mère sont appelées *mère* et tous les frères du père sont appelés *père*. L'enfant est amené à distinguer parmi ces mères et ces pères non seulement sa mère et son père biologiques mais aussi et surtout la sœur aînée et le frère aîné de ceux-ci […], le principe de séniorité[3] étant ainsi inculqué dès l'enfance. Chez les Mossi [au Burkina-Fasso], patrilinéaires[2] et polygynes[4], l'enfant n'est pas systématiquement allaité par sa mère biologique mais par une des épouses de son père, et n'est informé de l'identité de sa mère biologique qu'après le sevrage, ce qui favorise un sentiment d'appartenance à la collectivité au détriment de la construction d'une relation duale mère/enfant.

Jacques Barou, « Dynamiques de transformation familiale en Afrique subsaharienne et au sein des diasporas présentes en France », *Droit et cultures*, n° 73, 2017.

1. Caractéristiques de la famille dans laquelle grandissent des enfants et des adolescents (rôle et place du ou des parents, des éventuels frères et sœurs…).
2. La transmission du nom et des biens se fait par la branche maternelle quand la filiation est matrilinéaire, par la branche paternelle quand la filiation est patrilinéaire.
3. Autorité des plus âgés sur les plus jeunes.
4. Système dans lequel un homme peut avoir plusieurs épouses.

1 Analyser. Montrez que la configuration familiale varie selon les sociétés.

2 Comprendre. Pourquoi la configuration familiale des Mossi favorise-t-elle leur sentiment d'appartenance à la collectivité ?

DOC.2 Une socialisation variable selon la taille de la fratrie

Le désir de fonder (ou non) une famille nombreuse peut notamment être rapporté à [plusieurs] catégories d'expériences. […] La première est la façon plus ou moins heureuse dont a été vécu le fait de grandir dans une fratrie nombreuse. […] Pour certains jeunes issus d'une famille nombreuse, les souvenirs de moments partagés avec leurs frères et sœurs sont ainsi particulièrement positifs […]. Pour d'autres, à l'inverse, cette expérience s'est traduite par des restrictions matérielles importantes et des relations intrafamiliales tendues qu'ils ne souhaitent pas prendre le risque de faire vivre à leurs propres enfants. Le désir d'avoir une famille nombreuse semble également associé à la construction d'un goût, voire d'une vocation, pour les soins aux jeunes enfants à travers la prise en charge de ce type de tâches au sein de la famille d'origine. Ce goût est particulièrement prononcé quand, chez les filles, ce rôle de « seconde maman » est valorisé. Là aussi cependant, tous les jeunes issus de famille nombreuse n'ont pas fait l'expérience de cette prise en charge de la même façon.

D'après M. Court *et alii*, « Quand les jeunes issus de familles nombreuses envisagent de devenir parents : l'influence de la socialisation primaire sur le nombre d'enfants souhaités », *Enfances, familles, générations*, n° 22, 2015.

3 Expliquer. Expliquez la phrase soulignée.

4 Comprendre. Comment le grand nombre de frères et sœurs peut-il transmettre aux filles aînées « une vocation pour les soins aux jeunes enfants » ?

DOC. 3 Un rôle variable des grands-parents

Question posée à l'enfant : *Pour chacune des choses suivantes, est-ce que tes grands-parents la font (ou la faisaient quand tu étais plus jeune) toujours ou souvent avec toi ?*[1]

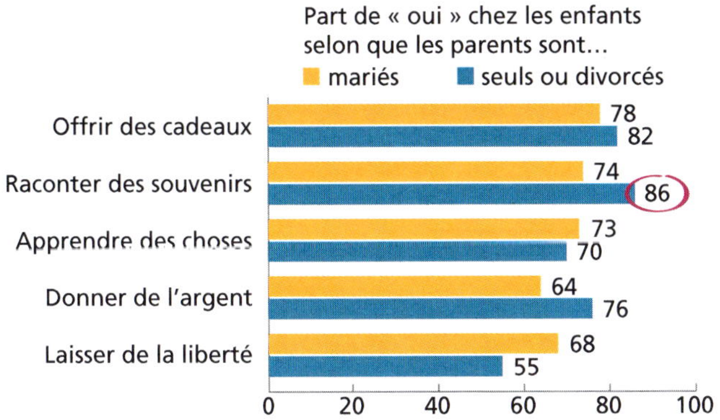

Question posée à l'enfant : *Quelles sont les valeurs que les grands-parents doivent transmettre en priorité à leurs petits-enfants ?*[1]

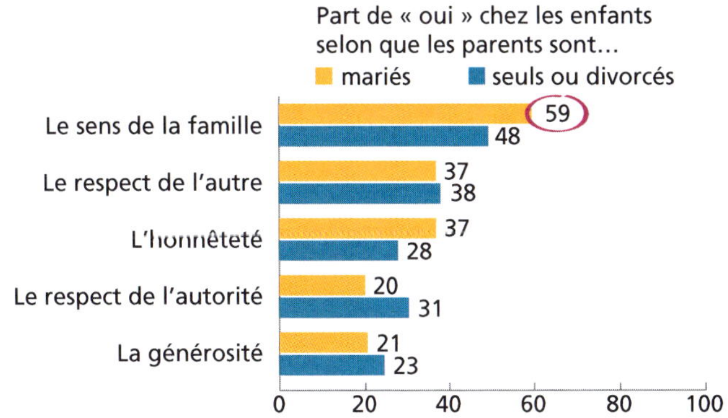

1. Trois réponses étaient possibles, et seules les cinq réponses les plus fréquentes sont citées, donc le total est supérieur à 100 %.
Champ : enfants de 12 à 18 ans. Enquête réalisée à partir d'un échantillon représentatif de 400 enfants.

Source : « Le rôle des grands-parents », sondage Opinion Way, 2013.

5 Lire. Que signifient les données entourées ?

6 Analyser. Montrez que les rôles et les valeurs attendus des grands-parents varient selon la configuration familiale.

DOC. 4 Le cas des familles issues de couples mixtes[1]

Face à la pluralité des affiliations ethniques possibles de leurs enfants, les parents en union mixte construisent des projets qui visent à orienter leurs identifications. […] Parmi ces stratégies, on retrouve l'initiation et l'éducation religieuses, le choix des noms et prénoms, les pratiques linguistiques, les séjours au pays d'origine des parents et les contacts avec les réseaux de parenté. La socialisation de l'enfant à l'égard de la langue française étant vue par les parents comme assurée par l'école et la société environnante, ces stratégies se centrent principalement sur la dimension « autre » du couple, d'où l'importance d'entretenir le plus possible des contacts avec la lignée du partenaire issu d'une minorité ethnique. […] Interrogés sur les valeurs qu'ils souhaitent transmettre à leurs enfants, les conjoints insistent souvent sur l'importance de leur donner « le sens de la famille » ou l'« esprit de famille » qu'ils admirent du côté du conjoint d'autre origine.

Josiane Le Gall et Deirdre Meintel, « De près et de loin : les réseaux de parenté des couples mixtes québécois », *Diversité urbaine*, vol. 11, n° 2, 2011.

1. Les couples mixtes sont des couples formés de deux personnes d'origine ethnique différente.

7 Comprendre. Pourquoi les parents en union mixte cherchent-ils à orienter l'identification de leurs enfants ?

8 Illustrer. Pourquoi le choix des prénoms revêt-il un enjeu particulier pour les couples mixtes ?

9 Expliquer. En quoi la socialisation des enfants de parents en union mixte diffère-t-elle des celle des autres parents ?

FAIRE LE POINT

Trouvez la bonne réponse.

1. La configuration familiale est : le groupe constitué d'un père, d'une mère, et de leurs enfants biologiques • le type de famille majoritaire dans une société • les caractéristiques de la famille dans lesquelles grandissent des enfants et des adolescents.

2. Le rôle des grands-parents dans la socialisation des enfants est : inexistant • variable selon la configuration familiale • identique à celui des parents.

À RETENIR

Le modèle d'une famille centré sur les enfants et leurs parents biologiques n'a rien d'universel. Les personnes que l'enfant reconnaît comme membres de sa famille, et, plus spécifiquement, celles avec lesquelles il vit au quotidien, varient d'une société à l'autre, et au sein d'une même société, **ce qui affecte les conditions dans lesquelles l'enfant est socialisé.**

OBJECTIF : Comprendre que la diversité des configurations familiales en France aujourd'hui modifie les conditions de la socialisation.

B Des modalités plurielles de socialisation familiale en France aujourd'hui

Depuis les années 1970, les configurations familiales se sont diversifiées en France. Un nombre minoritaire, mais croissant, d'enfants, vit avec un seul de leurs parents, ou dans une famille recomposée. Cela peut avoir des conséquences sur leur socialisation.

DOC. 1 La diversité des formes familiales en France aujourd'hui

1 Structure des familles avec enfant(s) de moins de 18 ans

Une famille monoparentale comporte un seul parent et un ou plusieurs enfants célibataires.

	Couples avec enfant(s)	Famille monoparentales	Famille monoparentales dont : Homme avec enfant(s)	Famille monoparentales dont : Femme avec enfant(s)
1990	88,1 %	11,9 %	1,4 %	10,5 %
2014	78,3 %	21,7 %	3,5 %	18,1 %

Champ : France métropolitaine.

2 Part d'enfants vivant dans une famille recomposée

Une famille recomposée comporte un couple d'adultes, mariés ou non, et au moins un enfant né d'une précédente union de l'un des conjoints célibataires.

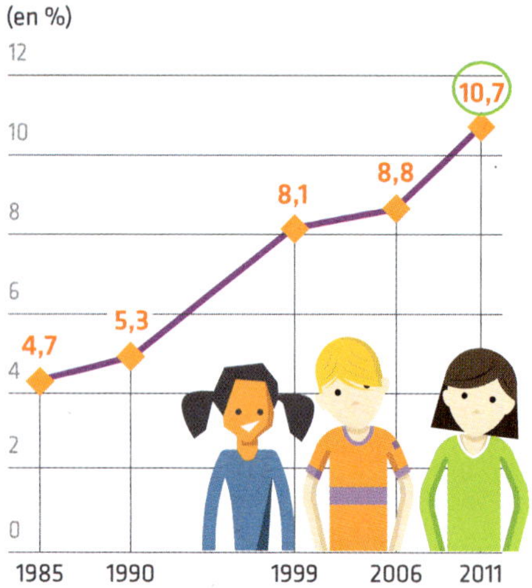

3 Part de familles monoparentales parmi les familles

(avec enfants de moins de 25 ans, en %)

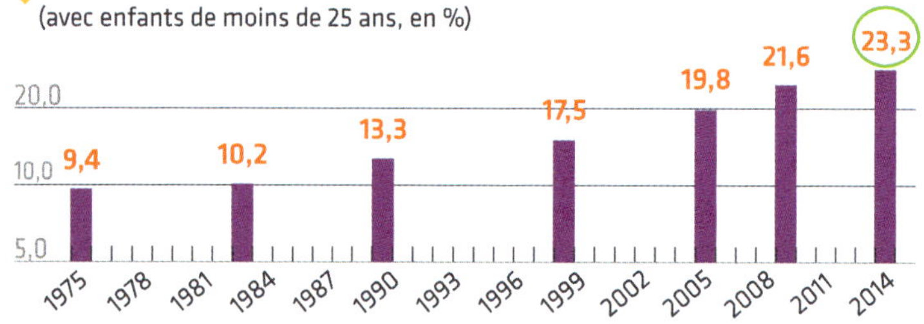

4 Structure des familles selon le nombre d'enfants de moins de 18 ans (sur un total de 100)

	1 enfant	2 enfants	3 enfants	4 enfants ou plus
1975	42,5%	32,2%	14,8%	10,5%
2015	42,8%	32,8%	12,7%	3,7%

Champ : familles avec au moins un enfant de moins de 18 ans, vivant en France métropolitaine.

Sources : Ined, Insee, Centre d'observation de la société, 2017.

1 Lire. Donnez la signification des données entourées.

2 Calculer. Par combien la part d'enfants vivant dans une famille recomposée a-t-elle été multipliée entre 1985 et 2011 ?

3 Observer. Pour chaque document, établissez un constat sur l'évolution des formes familiales au cours des dernières décennies en France.

4 Synthétiser. Quelles sont les caractéristiques les plus fréquentes des familles en France aujourd'hui ?

DOC. 2 La socialisation dans les familles recomposées

[Dans les familles recomposées], le beau-père doit traiter le bel-enfant comme s'il était son enfant. Il doit s'occuper de son travail scolaire, [...], il doit jouer avec lui, faire du sport et lui communiquer ses passions. La belle-mère, elle, doit reprendre le rôle de la mère et veiller à ce que l'enfant se brosse les dents et change de linge, mais sans gronder, en jouant la ruse s'il ne veut pas. [...] Ce dévouement de tous les instants, constitue un idéal d'autant plus difficile à réaliser que [...] loin de se comporter en invités bien élevés chez leur belle-mère, [les enfants] se comportent chez elle comme chez leur mère, c'est-à-dire dans un foyer qui fonctionne globalement à leur service. [...] Et si le beau-parent atteint cet idéal du parent parfait [...], c'est alors que le parent extérieur se sent menacé dans l'exclusivité du lien qu'il a noué avec son enfant. Le beau-parent devient un usurpateur, puisqu'il a contrevenu à l'autre norme qu'on exige de lui : [...] ne pas se prendre pour le parent. [...] Même lorsque le père est à distance et peu engagé, la mère poursuit souvent ce que l'on peut appeler une « monoparentalité éducative ». Le beau-père ne se mêle pas de l'éducation des enfants.

Sandrine Cadolle, « Allons-nous vers une pluriparentalité ? L'exemple des configurations familiales recomposées », *Recherches familiales*, n° 4, 2007.

5 Comprendre. Montrez que, dans les familles recomposées, le beau-parent doit respecter deux normes contradictoires.

6 Déduire. Quelle conséquence cette attente contradictoire peut-elle avoir sur son rôle dans la socialisation de l'enfant ?

7 Expliquer. Expliquez le passage souligné.

DOC. 3 La socialisation dans les familles monoparentales

Les familles [monoparentales] sont bien plus que d'autres exposées à la précarité : en 2013, le taux de pauvreté des familles monoparentales atteint 32,5 % (14 % dans la population générale). Surtout, vivre dans une famille monoparentale multiplie par plus de deux le risque de pauvreté des enfants. [...] Elles sont confrontées aussi à l'épuisement, à l'absence de répit dans le quotidien, cumulant parfois plusieurs emplois pour des raisons financières, seules à gérer les tâches quotidiennes, à s'occuper de l'éducation des enfants, ajoutant la détresse à la fragilité économique. Après une séparation, les femmes mettent plus de temps que les hommes à se remettre en couple. Dans un contexte où les liens familiaux et sociaux ont tendance à se distendre, les familles monoparentales sont particulièrement vulnérables. Lorsqu'elles sont privées de réseau familial proche et que le second parent ne s'implique plus ou peu dans l'éducation des enfants, elles peuvent vivre une véritable solitude parentale. Bien sûr, de nombreux parents séparés élèvent sans difficulté leurs enfants mais la situation de nombre d'entre elles révèle une précarité diffuse qui résulte bien souvent de la difficulté pour le parent d'assumer seul l'ensemble des responsabilités familiales.

Parents solos et compagnie, Dossier de presse, www.fondation-enfance.org, juin 2016.

8 Analyser. À quelles difficultés matérielles les parents isolés sont-ils plus souvent confrontés que les autres ?

9 Expliquer. Quel peut être l'impact de ces difficultés sur la socialisation de l'enfant ?

10 Argumenter. Montrez que l'intervention d'acteurs autres que le parent isolé contribue à faciliter la socialisation de l'enfant dans les familles monoparentales.

FAIRE LE POINT

Complétez avec : *parent isolé* • *recomposées* • *20* • *couple* • *monoparentales* • *2,3*.

Les familles composées d'un ...... avec des enfants représentent aujourd'hui encore près des trois quarts des familles. Mais leur part a baissé au profit des familles ......, composées d'un ...... avec des enfants, qui représentent plus de ...... % des familles. De même, les familles ...... sont de plus en plus nombreuses, et concernent en 2011 ...... fois plus d'enfants qu'en 1985.

À RETENIR

- Les types de famille se sont diversifiés en France aujourd'hui, et la part des familles monoparentales et recomposées augmente, en restant minoritaire.
- L'isolement du parent dans les familles monoparentales peut avoir des conséquences sur la **socialisation des enfants et des adolescents**. Dans les familles recomposées, les rôles des parents et des beaux-parents peuvent s'articuler de façon variable.

DOSSIER 3

Comment la socialisation secondaire contribue-t-elle à l'identité sociale des individus ?

OBJECTIF :
Comprendre que la socialisation secondaire modifie ou renforce les effets de la socialisation primaire.

A La socialisation : un processus continu tout au long de la vie

La socialisation ne s'arrête pas avec l'enfance. Toute sa vie, l'individu est confronté à de nouvelles attentes, de la part des groupes nouveaux qu'il est amené à côtoyer. La socialisation secondaire vient alors compléter, et parfois modifier partiellement, la socialisation primaire.

DOC. 1 La socialisation secondaire

Berger et Luckmann soulignent que, contrairement aux produits[1] de la socialisation primaire qui sont « très difficilement désintégrés[2] », les produits de la socialisation secondaire sont plus vulnérables à la destruction. Parmi les exemples utilisés par les auteurs, on peut mentionner celui de la cravate. Si un homme a intégré, lors de sa socialisation professionnelle, qu'il doit aller travailler avec une cravate, une petite modification de structure suffira à lui faire renoncer à cette pratique : par exemple, s'il change d'emploi ou d'entreprise et que les usages vestimentaires sont différents. Aller « contre » ce produit de sa socialisation secondaire ne va rien heurter de très enraciné en lui. En revanche, avancent Berger et Luckmann, une conversion profonde serait nécessaire pour aller au bureau sans aucun vêtement, ce qui montre la « résistance » [...] bien plus forte des produits de la socialisation primaire, qui nous a appris à réserver à certaines occasions bien particulières le fait de nous présenter nus devant les autres.

Muriel Darmon, *La Socialisation*, © Armand Colin, 2016 (pour la 3e éd., Paris).

1. Il s'agit des normes et des valeurs déjà incorporées dans la socialisation primaire.
2. Détruits ou remis en cause.

1 Illustrer. Donnez des exemples, autres que celui du texte, de normes qui peuvent être apprises en arrivant sur un nouveau lieu de travail.

2 Argumenter. La socialisation secondaire peut-elle totalement remettre en cause la socialisation primaire ? Pourquoi ?

DOC. 2 La fabrique des footballeurs

Le développement de ces « talents » se réalise très souvent à l'intérieur de familles dans lesquelles l'initiation footballistique est [...] précoce. [...] Deux tiers des pères ont joué en club et [...] neuf sur dix des frères de la fratrie pratiquent ou ont pratiqué ce sport. [...] Ce n'est qu'à l'issue d'une longue intériorisation de la « passion » sportive que les joueurs entrent en formation, intériorisation réalisée à travers une pratique amateur régulière durant laquelle, à force d'élections[1] et de gratifications[2], les jeunes enquêtés ont acquis le sentiment d'être « doués ». La pratique antérieure des jeunes sportifs se caractérise en effet par sa précocité (presque la moitié d'entre eux a débuté en club avant l'âge de six ans) et par une ascension sportive rapide. [...] [Au Centre de formation], à côté des entraîneurs en charge des équipes, les rôles se sont diversifiés avec l'emploi d'agents qui ont pour mission l'entraînement des gardiens, la préparation physique et le développement d'une cellule médicale. [...] La réalisation de tels parcours d'élite exige de la part des jeunes aspirants une grande persévérance dans l'effort. [...] La résistance physique comme la résistance psychologique aux privations qu'implique l'engagement intensif (raréfaction des pratiques de loisirs, éloignement fréquent de la famille) doivent être acceptées.

Julien Bertrand, « La fabrique des footballeurs », © laviedesidees.fr, 30 juin 2010.

1. Ici, le fait d'être régulièrement repéré comme étant le meilleur.
2. Désignent ici à la fois les compliments régulièrement reçus, et les victoires remportées.

3 Analyser. Quelles sont les instances de socialisation qui interviennent dans la « fabrique des footballeurs » ?

4 Comprendre. Comment la socialisation des jeunes footballeurs pendant l'enfance les a-t-elle convaincus qu'ils avaient du talent ?

5 Argumenter. La socialisation secondaire de ces footballeurs renforce-t-elle ou modifie-t-elle celle qu'ils ont vécue pendant leur enfance ?

DOC. 3 La haute bourgeoisie, un monde de l'entre-soi

Dans l'espace sportif du *Ritz*, des méridiennes disposées autour de la piscine et protégées par des tentures garantissent l'intimité des 250 *happy fews* inscrits. […] Aucun portillon ne vient réguler l'entrée de ces clubs [de sport privés]. On n'y entre pas pour autant comme dans un moulin. La frontière est invisible mais palpable. Pour garantir la sérénité des lieux, les salles haut de gamme jouent sur deux leviers. Le prix tout d'abord, élevé voire franchement stratosphérique. Comptez […] autour de 4 500 par an pour l'espace sportif de l'hôtel 5 étoiles Molitor et 13 000 euros pour l'abonnement « corporate » du Ritz. À l'engagement financier s'ajoute une deuxième sélection. Au Ritz, il faut remplir un dossier de candidature. Les critères de sélection sont à la discrétion du club. […] La responsable communication [du club de l'hôtel Molitor] revendique cet esprit « familial » et le bouche à oreille comme unique publicité. « Nous ne communiquons pas sur notre salle de sport. Les gens viennent parce que des amis leur ont recommandé le lieu. »

Leslie Rezzoug, « Club de sport : luxe, calme et entre-soi », *L'Express*, 22 octobre 2018.

▲ Hippodrome de Chantilly.

6 Comprendre. Qui peut être membre du club de sport du Ritz ?

7 Expliquer. Montrez que la fréquentation de ces clubs constitue une forme de socialisation secondaire qui renforce la socialisation primaire.

DOC. 4 Devenir vieux

Avant même la fin de son activité professionnelle, le futur retraité prend peu à peu ses distances avec elle. Plusieurs phénomènes [y] contribuent : le fait d'être désormais tenu à l'écart des promotions ou de la formation continue, […] les remarques des proches et des collègues qui viennent rappeler le prochain changement de statut. […] Une fois la retraite advenue, le défi consiste à réorganiser son existence. […] Il existe, tout d'abord, des supports collectifs (comme les rôles sociaux valorisés à ce stade de l'existence, par exemple ceux de bénévoles ou de grands-parents), qui fournissent des cadres d'identification. […] Le néoretraité peut aussi compter sur le soutien de ses proches : enfants, amis et surtout conjoint. […] Le veuvage constitue un évènement autrement douloureux que la retraite. […] Il faut continuer à vivre, en réorganisant son quotidien et en restructurant ses liens sociaux.

Vincent Caradec, *Sociologie de la vieillesse et du vieillissement*, © Armand Colin, 2015 (pour la nouvelle présentation de la 3e édition, Paris).

NOTION

Identité sociale : ensemble des caractéristiques d'un individu qui font qu'il se perçoit, et/ou qu'il est perçu par les autres, comme spécifique.

8 Analyser. Quelles étapes sont associées à l'arrêt de la vie professionnelle ?

9 Comprendre. Montrez que la socialisation se poursuit au cours du vieillissement, et que l'identité sociale des individus continue à se transformer.

FAIRE LE POINT

Ces exemples relèvent-ils de la socialisation primaire ou de la socialisation secondaire ?

• savoir tenir sa fourchette • apprendre les règles de la recherche scientifique • s'installer dans une maison de retraite • dire bonjour aux gens qu'on rencontre • militer dans un parti politique

À RETENIR

La **socialisation secondaire** dure tout au long de la vie d'un individu. Celui-ci, en étant confronté à de nouvelles situations, peut modifier partiellement ses goûts et ses comportements, ou bien, au contraire, les renforcer. L'**identité sociale** de l'individu se transforme lorsque celui-ci occupe de nouveaux rôles sociaux.

OBJECTIF :
Comprendre l'effet des socialisations professionnelle, conjugale et politique sur l'identité des individus.

B De multiples instances de socialisation secondaire

L'identité sociale de l'individu se transforme partiellement au contact de ses partenaires de travail (socialisation professionnelle), de son conjoint (socialisation conjugale) et d'expériences politiques (socialisation politique).

DOC.1 La socialisation professionnelle des pompiers

Contrairement à ce qui se passe dans d'autres pays, les pompiers français assurent à la fois les interventions contre les incendies ou autres catastrophes de grande ampleur et les soins de premier secours pour les personnes en détresse. […] Entre des missions sociales souvent jugées indues et l'exposition à la misère, à la souffrance, aux accidents et parfois à la mort, le pompier doit mettre en œuvre des compétences variées (sportives, techniques, relationnelles, émotionnelles, etc.) et faire preuve de résistance tant physique que morale. C'est l'esprit de corps, l'entraide et la cohésion du groupe qui favorisent cette [capacité de résistance] collective. L'image de la « grande famille » dans laquelle aucun membre ne doit être laissé de côté résume, dans les discours des pompiers, cette nécessaire cohésion, cette fraternité. L'existence de quasi bizutages plus ou moins humoristiques, plus ou moins violents, permet d'intégrer symboliquement les nouveaux venus. Les épreuves partagées, l'humour et les blagues échangées, les surnoms qui rappellent des évènements vécus en commun, les jeux collectifs et les compétitions sportives participent à la construction et au maintien d'un esprit de corps, d'une identité collective.

D'après Marc Loriol, « Romain Pudal, Retour de flammes. Les pompiers, des héros fatigués ? », *Lectures, Les comptes rendus*, 2016. http://journals.openedition.org/lectures/21034

1 Analyser. Les pompiers sont-ils uniquement des « soldats du feu » ?

2 Comprendre. Sur quoi les pompiers s'appuient-ils pour résister aux difficultés de leur profession ?

3 Expliquer. Comment l'identité professionnelle des pompiers se construit-elle et se transmet-elle ?

DOC.2 Des socialisations professionnelles de renforcement

Dispositions à l'action, au leadership, à l'assurance, à la combativité ou encore à l'endurance physique sont attendues de tout candidat au métier [de chirurgien]. Nous avons relevé également une faible inclination pour le relationnel avec le patient. […] Les chirurgiens agacent aussi souvent par leur propension à se prendre pour des « *cow-boys* », expression destinée à stigmatiser leur assurance conquérante en même temps que leur inclinaison pour la théâtralisation. […] <u>Les dispositions chirurgicales incorporées lors de la socialisation secondaire que constituent la formation et l'apprentissage professionnels tout au long de la carrière viennent donc renforcer les dispositions incorporées par les individus au cours des socialisations antérieures</u> (familiales, amicales, scolaires). […] On peut noter tout d'abord une pratique du sport souvent intensive et compétitive chez les chirurgiens – hommes et femmes – dans l'enfance […]. Les femmes chirurgiens ont souvent été éduquées également dans des contextes familiaux qui prônaient l'égalité entre garçons et filles. Souvent entourées de garçons (frères ou camarades de jeux), elles […] ont pris goût pour les joutes verbales, le franc-parler et la compétition avec les garçons.

Emmanuelle Zolesio, « La chirurgie et sa matrice de socialisation professionnelle », *Sociologie*, vol. 3, 2012.

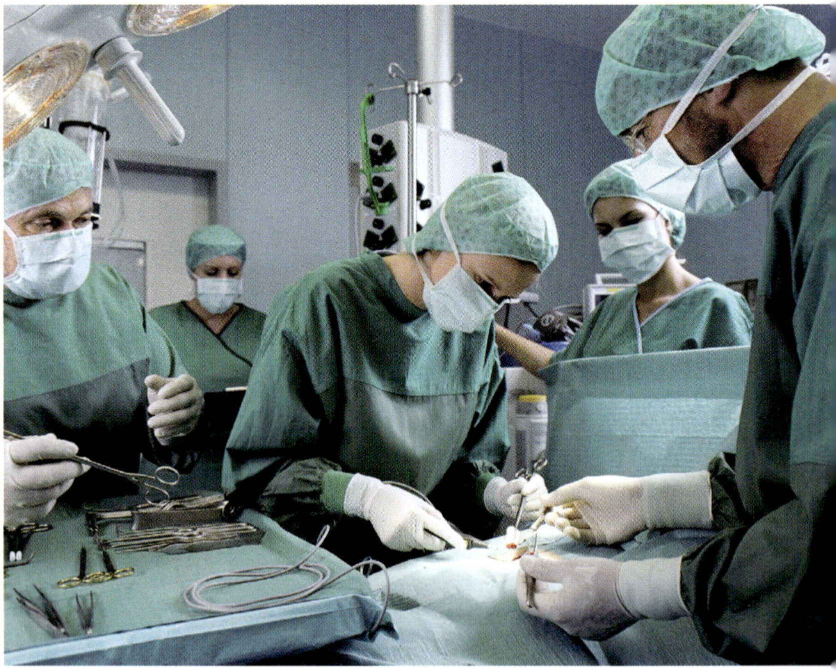

▲ **En 2016, 44 % des médecins, mais 15 % des chirurgiens viscéraux, étaient des femmes (www.profilmédecin.fr).**

4 Analyser. Quels sont les comportements attendus des chirurgiens ?

5 Expliquer. Expliquez le passage souligné.

DOC.3 L'expérience de la socialisation conjugale

Le début du couple est une aventure. Une aventure sentimentale, bien sûr, qui arrache à l'ancienne existence. Mais une aventure au quotidien aussi, par l'invention d'un mode intime qui redéfinit, profondément, les deux identités. Des styles et des manières, susceptibles d'avoir un long avenir, se jouent à partir d'évènements minuscules. […] Agnès a mené la guerre pour que Jean apprenne à ranger ses vêtements, qu'il abandonnait en tas informes [partout dans la maison]. […] L'irritation s'évaporait à mesure qu'Agnès constatait les progrès : Jean faisait des efforts et changeait. […] Ils entrent dans un nouveau chapitre de l'histoire conjugale, dominée par la stabilisation de repères du quotidien et la quête de confort. […] À mesure qu'il s'enfonce davantage dans ses petites joies du relâchement casanier, l'autre le découvre sous un jour qu'il n'avait guère imaginé, surpris par l'opposition des manières d'être et des rêves qui les séparent désormais. « J'adore sortir, faire les magasins, voir des amis. Alors que lui est assez pantouflard. Il aime être chez lui, sans que personne l'embête, en ayant tout le temps devant lui » (Eliza).

Jean-Claude Kaufmann, *Agacements. Les petites guerres du couple*, 2007. © Le Livre de Poche.

6 Décrire. Par quelles étapes Agnès et Jean sont-ils passés dans l'évolution de leur couple ?

7 Comprendre. Montrez que ce processus est bien une socialisation.

8 Argumenter. La socialisation conjugale remet-elle totalement en cause l'identité préalable des conjoints ?

DOC.4 Les effets de la socialisation politique

Née en 1949, Anne est issue de la petite bourgeoisie intellectuelle : son père est écrivain et sa mère documentaliste en région parisienne. Ils sont athées, votent à gauche, mais la politique ne constitue pas un objet de discussions au sein de la sphère familiale. Élevée par ses grands-parents paternels jusqu'à l'âge de six ans, Anne hérite d'une mémoire familiale marquée par la figure héroïque de son grand-père, résistant, arrêté par la Gestapo en 1944, et qui s'évade la veille de sa déportation. Elle est beaucoup moins proche de ses parents, qui l'ont eue très jeunes, et semblent peu investis dans son éducation. […] Anne vit chez ses parents en Bretagne au printemps 1968. « Collée à la radio et suspendue aux journaux », Anne cherche à rejoindre Paris, mais ses parents l'en empêchent : à 19 ans, elle est encore mineure. […] Quelques mois après les évènements, Anne retrouve à Paris d'anciens camarades de lycée et tombe amoureuse d'un militant de la Gauche prolétarienne[1]. Alors que ses parents lui ont donné de l'argent pour [partir aux États-Unis], elle achète finalement « une mobylette pour sillonner la banlieue, vivre et militer avec Alain ». Les évènements de mai-juin 68 jouent ici un rôle de socialisation de prise de conscience, dans la mesure où Anne découvre et s'approprie un langage politique qui vient donner sens à son humeur révoltée.

Julie Pagis, *Mai 68, un pavé dans leur histoire*, Presses de Sciences Po, coll. « Sociétés en mouvement », 2014.

1. Organisation d'extrême-gauche.

9 Analyser. Quelles valeurs politiques Anne a-t-elle héritées de ses parents ? de ses grands-parents ?

10 Expliquer. Quels éléments supplémentaires peuvent expliquer son engagement dans un groupe d'extrême-gauche ?

11 Comprendre. Montrez que la socialisation politique est à la fois primaire et secondaire.

FAIRE LE POINT

Complétez avec : *comportements • professionnelle • identité • conjugale • goûts • politique.*

Socialisation ....
Socialisation ....
Socialisation ....
→ Modification partielle de l'........ sociale → Nouveaux .... et nouveaux ....

À RETENIR

- L'exercice d'une profession, la fréquentation de collègues de travail, constituent pour l'individu une **socialisation professionnelle**.
- En formant un couple, deux individus modifient partiellement leur identité initiale. C'est la **socialisation conjugale**.
- Les valeurs et les normes politiques d'un individu, en partie héritées de sa famille, peuvent changer à l'occasion d'évènements ou de rencontres : on parle de **socialisation politique**.

Pourquoi certains individus ont-ils des trajectoires improbables ?

OBJECTIF : Comprendre que les individus sont soumis à une pluralité d'influences socialisatrices.

A Une pluralité d'instances de socialisation parfois divergentes

L'individu est soumis à des influences diverses, et parfois contradictoires, provenant de groupes très variés auxquels il appartient ou aspire à appartenir.

DOC. 1 La première cigarette, rite de passage chez les adolescents

Le premier contact avec le tabac (entre 9 et 16 ans) donne lieu à des impressions unanimement négatives : aucun des mineurs interrogés n'a « aimé » la première cigarette. […] Cette initiation, partagée avec les pairs dans des espaces éloignés du cadre familial et scolaire, semble toutefois vécue comme un rite de passage[1] obligé, « *un mauvais moment à passer* ». […] « *Essayer ensemble* » est souvent présenté comme un signe d'adhésion, d'identification et de validation mutuelles, en particulier parmi les filles (à l'image des récits d'initiation tabagiques avec une « *meilleure amie* », en secret, comme pour sceller un engagement intime, réciproque). À l'inverse, parmi les garçons, la première cigarette est généralement fumée en groupe, souvent avec des aînés considérés comme des mentors. […] Il s'agit, selon les cas, de consolider une alliance ou de conjurer le risque de mise à l'écart du groupe (à l'image de la justification : « *tout le monde fumait, alors…* »).

Ivana Obradovic : « Représentations, motivations et trajectoires d'usage de drogues à l'adolescence », *Tendances*, n° 122, décembre 2017

1. Acte marquant le passage d'un statut social à un autre. Ici, il s'agit du passage de l'enfance à la jeunesse.

Niveaux d'usage du tabac chez les adolescents de 17 ans (en %)

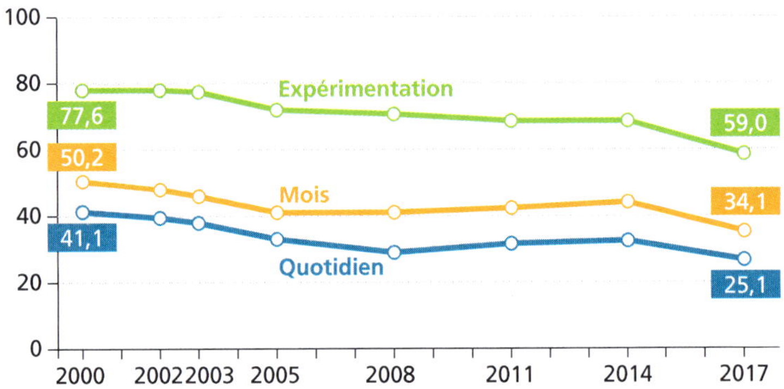

Source : Observatoire Français des Drogues et des Toxicomanies, 2017.

1 Observer. Dans quel contexte se déroule la consommation de la première cigarette chez les filles à l'adolescence ? et chez les garçons ?

2 Expliquer. Pourquoi cette initiation se déroule-t-elle dans des espaces éloignés du cadre familial et scolaire ?

3 Décrire. Comment l'usage du tabac chez les jeunes de 17 ans a-t-il évolué ?

DOC. 2 Le rôle des médias sociaux dans la socialisation adolescente

Les médias sociaux permettent aux adolescents d'être en lien les uns avec les autres, partout et en tout temps. […] Un attachement fort [au Smartphone], à sa matérialité et à sa présence est corrélé aux contenus intimes et signifiants qu'il recèle : des photos et des vidéos souvenirs, des musiques appréciées, des messages personnels (Lachance, 2013). Il permet en outre la mise en relation constante avec les pairs, le partage d'une intimité et d'une complicité au moment où l'adolescent cherche à solliciter et à acquérir de nouvelles instances de légitimation de soi. […] Le prestige social adolescent est fortement corrélé à la capacité des individus à entrer en relation intime avec des […] camarades de classe, de sport ou de loisirs, choisis et non plus donnés […] Ceux et celles qui ne possèdent pas ce capital intime à mettre en scène sur les plateformes socio-numériques […] sont considérés comme des « sans ami ». […] Une intense activité de mise en scène de soi est à l'œuvre sur les médias sociaux, car elle symbolise la prise de distance avec le premier milieu socialisateur. […] Il s'agit d'apporter la double preuve d'une identité à la fois singulière et socialement conforme.

Claire Balleys, « Socialisation adolescente et usages des médias sociaux : la question du genre », *Revue des politiques sociales et familiales*, n° 125, 2017, p. 36.

4 Analyser. Quels usages les jeunes font-ils de leur Smartphone et des médias sociaux ?

5 Comprendre. Pourquoi l'adolescence est-elle un moment particulier du point de vue de la socialisation ?

6 Argumenter. Expliquez la phrase soulignée.

DOC.3 École et famille, des instances de socialisation parfois concurrentes

Les attitudes des collégiens [des quartiers populaires] révèlent des corps insoumis aux contraintes scolaires, insoumission qui se dévoile à travers les mouvements incessants dans la classe, les prises de parole non réglées mais aussi les corps avachis voire inertes qui signalent que l'élève n'est pas dans le jeu scolaire. [...] Les difficultés d'apprentissage s'articulent à la tension entre la socialisation scolaire et la socialisation familiale. [...] Dans les familles populaires, l'autorité des parents et le mode d'action sur les enfants reposent surtout sur le principe d'une contrainte extérieure qui suppose une surveillance directe (« Il faut être derrière »). [...] Il s'agit davantage de surveiller, d'interdire ou de limiter les actions des enfants, particulièrement à l'extérieur du domicile familial, que d'inculquer des règles de sécurité, de moralité... auxquelles les enfants soumettraient leurs comportements. [...] Or, à l'inverse, l'école aujourd'hui valorise l'autonomie entendue comme capacité des enfants à se conduire d'eux-mêmes conformément aux règles de la vie scolaire et plus largement sociale.

Daniel Thin, « Comprendre les parcours de «ruptures scolaires» et de «déscolarisation» des collégiens de milieux populaires », Actes du colloque interacadémique Regroupement des acteurs des classes relais 2001-2002.

7 Analyser. Quels comportements, opposés aux attentes de l'institution scolaire, certains collégiens de milieu populaire adoptent-ils ?

8 Expliquer. Comment s'explique, selon l'auteur, cette opposition entre les comportements de ces collégiens et les attentes de l'école ?

DOC.4 Un exemple de socialisation anticipatrice

Le goût pour l'art s'apprend. Je l'appris. Cela fit partie de la rééducation quasi complète de moi-même qu'il me fallut accomplir pour entrer dans un autre monde, une autre classe sociale – et pour mettre à distance celui, celle, d'où je venais. [...] Réapprendre à parler fut tout autant nécessaire : oublier les prononciations et les tournures de phrases fautives, [...] corriger l'accent du Nord-Est et l'accent populaire en même temps, [...] bref contrôler en permanence mon langage et mon élocution. [...] J'étais le premier [de ma famille] à accéder à l'enseignement secondaire. [...] [Mon frère aîné] allait devenir, un an plus tard, apprenti boucher. Il ne voulait plus aller à l'école, où il s'ennuyait et considérait qu'il perdait son temps. [...] J'éprouvais une terrible gêne lorsqu'on me demandait ce qu'il faisait et je m'arrangeais toujours pour ne pas dire la vérité. [...] Lui correspondait sans problème et sans distance au monde qui était le nôtre, aux métiers qui se proposaient à nous, à l'avenir qui se dessinait pour nous. Moi [...] je n'allai être ni ouvrier, ni boucher, mais autre chose que ce à quoi j'étais socialement destiné.

Didier Eribon, *Retour à Reims*, © Flammarion, 2018.

▲ **Dans *Retour à Reims*, Didier Eribon, philosophe et sociologue français, analyse son parcours personnel : fils d'un ouvrier et d'une femme de ménage, en butte aux réactions homophobes, il fait des études supérieures et devient universitaire.**

NOTION

Socialisation anticipatrice : apprentissage des valeurs et des normes d'un groupe de référence (c'est-à-dire le groupe social auquel souhaite appartenir l'individu) distinct du groupe d'appartenance de l'individu (le groupe social auquel appartient effectivement l'individu).

9 Analyser. Qu'a dû apprendre, ou réapprendre, Didier Eribon en faisant des études ?

10 Comprendre. Montrez que l'auteur a connu un processus de socialisation anticipatrice.

FAIRE LE POINT

Complétez avec : *référence • famille • médias • scolaire • appartenance • pairs • anticipatrice.*

Le contenu et les modes de socialisation de l'institution ... peuvent être différents de ceux de la ... . L'enfant peut donc recevoir des socialisations divergentes, mais aussi, de lui-même, s'identifier à un groupe de ... distinct de son groupe d'... . Ce processus de socialisation ... peut être renforcé par l'action de multiples instances, comme les groupes de ... ou les ... (Internet, télévision, notamment).

À RETENIR

La famille, les pairs, les médias, l'école, puis les univers professionnels, transmettent des **valeurs** et des **normes** parfois divergentes, ce qui peut créer des conflits de socialisation. De plus, l'individu peut connaître une **socialisation anticipatrice** qui le conduit à s'identifier à un autre groupe que le sien.

OBJECTIF : Comprendre que certains individus peuvent connaître des trajectoires improbables.

B Des trajectoires individuelles parfois improbables

La pluralité des influences socialisatrices, ou le fait d'avoir vécu certains évènements, transforment parfois profondément l'identité et la vie de l'individu.

DOC. 1 Une identité plurielle

Aline a 60 ans et est veuve depuis plus de dix ans. Elle a une licence de lettres, et est actuellement PDG d'une entreprise de grande distribution dans le midi de la France regroupant 35 magasins sur 10 départements, après avoir commencé sa carrière comme professeur de lettres. Ses parents n'avaient aucun diplôme. Son père était un petit restaurateur.

Aline aime beaucoup jouer à la pétanque entre amis, l'été ; son père et son oncle « étaient des grands joueurs de boules, qui ont gagné beaucoup de titres ». Elle « aime bien l'ambiance » des bals durant l'été qui lui rappellent son enfance. [...] Elle participe aussi régulièrement à des karaokés. [...] Elle aime aller voir des spectacles de danse et tout particulièrement les danseurs ou les compagnies très consacrés. [...] Elle va de même très souvent à l'opéra, à Orange, Nice et Paris. [...] Elle va aussi très souvent (avec des amis ou son fils) voir des expositions de peinture ou de sculpture. [...] De son premier métier, elle garde un goût très fort pour la littérature classique [...] mais elle lit aussi de la littérature contemporaine en se fiant aux listes du *Point* et de *l'Express*. [...] Elle fait partie du « cercle de philosophie » de sa ville qui organise deux soirées par mois avec une conférence et un débat.

Bernard Lahire, *La Culture des individus*, © Éditions La Découverte, 2006.

1 Comprendre. En quoi les loisirs pratiqués par Aline paraissent-ils opposés ?

2 Expliquer. Comment la socialisation d'Aline permet-elle d'expliquer le caractère hétérogène de ses goûts ?

DOC. 2 L'épreuve des transclasses

Lorsque [des jeunes de milieu défavorisé] arrivent dans un grand lycée avec des classes prépas hyper-reconnues ou dans une grande école, ils ont l'impression de n'être ni d'ici ni de là-bas. Mais comme ils continuent d'étudier, qu'ils sont ouverts à la culture, aiment apprendre et lire, cela atténue ce sentiment de « double absence » [...] parce que ces jeunes ne sont pas des victimes passives [...] : ils apprennent les codes de l'univers d'accueil. [...] La double absence se transforme alors en double présence : ils sont d'ici et de là-bas. Cependant, cela ne s'applique pas à tous : quand ils passent ces frontières sociales, certains ont déjà rompu tous les liens avec leur univers d'origine. [...] Mais cela n'est pas sans risques : celui d'être vu comme un traître ou un étranger, ou celui de se marginaliser si l'on met trop en avant sa différence. [...] Je donne l'exemple de Youssef qui ne se résout pas à faire des concessions, à s'adapter au modèle pédagogique de la prépa et, au final, il lâche tout. [...]. Il y a aussi des élèves comme Abdel, qui restent attachés à leur cité ou à leur milieu d'origine et qui vont trouver un juste milieu. Ils arrivent à partager leur temps entre différentes personnes d'ici et de là-bas, et à renégocier leur place.

Paul Pasquali, « De la ZEP à la prépa, le risque d'être vu comme un traître », *Libération*, 10 octobre 2014.

◄ La première promotion Sciences Po recrutée par la Convention d'Éducation Prioritaire, dispositif lancé par Sciences Po Paris en 2001, et qui permet de recruter une partie des étudiants par une procédure spécifique réservée aux lycées comportant une part importante d'élèves défavorisés.

3 Comprendre. De quelle « double absence » les jeunes de milieu défavorisé qui étudient dans une grande école souffrent-ils ?

4 Expliquer. Pourquoi Youssef abandonne-t-il ses études ?

5 Argumenter. Pourquoi, et aux yeux de qui, les jeunes de milieu défavorisé qui étudient dans des filières prestigieuses risquent-ils de passer pour des traîtres ?

DOC. 3 La prison, une remise en cause de l'identité

E. est une femme de 42 ans à ce jour. Elle occupait avant son incarcération un poste à responsabilités, et menait une vie très classique. Elle a fait des études, et était entourée d'une famille aimante.

« La première année [en détention] a été la plus dure […], j'avais notamment énormément maigri. Je n'avais plus goût à rien et j'avais l'impression que je n'allais jamais sortir. […] J'étais extrêmement isolée et j'attendais avec impatience les visites de ma famille […]. Mon isolement et mon mutisme m'ont causé des problèmes, je me suis faite agresser et frapper plusieurs fois. Pour les autres, j'avais un comportement bizarre, je m'en foutais car quoi qu'il arrive, je ne voulais pas leur ressembler. » […]

« Pendant toute ma détention que je vivais comme un cauchemar, je me disais qu'un jour, lors de ma libération, j'allais me réveiller. Mais la sortie a été toute autre, je devais repartir de zéro. […] Après une phase d'euphorie d'une semaine, tout me paraissait insurmontable. Je ne pouvais pas accepter que je ne retrouverais jamais ma vie d'avant et que cette épreuve m'avait brisée pour toujours. Ma situation judiciaire était réglée mais j'étais toujours dans la culpabilité et j'avais l'impression que tout le monde me jugeait, […], je ne voulais plus voir personne. »

Lucie Hapetian, « La construction identitaire en milieu carcéral », *Revue Européenne de Coaching*, n° 2, avril 2017.

6 Comparer. Comparez la situation d'E. avant et pendant son incarcération.

7 Expliquer. Pourquoi la fin de l'incarcération n'est-elle pas vécue comme une véritable libération ?

8 Comprendre. Montrez que la prison peut transformer durablement l'identité d'un individu.

DOC. 4 Changer de vie

Jean-Laurent Cassely, journaliste, s'est intéressé à décrypter les choix d'une minorité de jeunes surdiplômés en rupture avec les codes de l'entreprise et mus par l'envie de faire quelque chose de leurs mains. […]

« Les récits ou portraits de cadres en attaché-case ou d'*executive women* de la Défense qui passent un CAP cuisine ou deviennent fromagers font rêver les lecteurs. […] Les personnes concernées souffrent avant tout de ne pas arriver à visualiser leur apport au fonctionnement de l'économie, elles se sentent déconnectées. […] À quoi je sers réellement ? Le monde peut-il se passer de mon travail ? À cette crise spirituelle s'ajoute la question de la dégradation du travail de bureau et du statut de cadre supérieur. […] Soumission aux indicateurs de performance, financiarisation, […] numérisation accélérée. […]

Les gens qui ont fait HEC et obtiennent un CAP ne jouent pas dans la même catégorie que ceux qui ont uniquement un CAP en formation initiale. Ils ont le réseau d'une école de commerce et des compétences qu'ils vont pouvoir valoriser. D'ailleurs, ils ne sont pas vraiment en concurrence avec tous les artisans, parce qu'ils se positionnent la plupart du temps sur des offres et des services haut de gamme, destinés à une clientèle avide de trouver du sens dans sa consommation.

Marine Miller, « Le hipster pâtissier est aujourd'hui plus valorisé que le cadre sup' de la Défense », © *Le Monde*, 17 juillet 2017.

▲ **Les surdiplômés rêvent de métiers manuels ou artisanaux. Jean-Laurent Cassely, dans son livre *La Révolte des premiers de la classe*, explique leur envie de devenir néoartisans. Dessin de Diego Aranega pour *Stratégie* (2017).**

9 Décrire. Décrivez le parcours scolaire et la situation professionnelle préalable des actifs étudiés par Jean-Laurent Cassely.

10 Expliquer. Pourquoi ces jeunes cadres ont-ils décidé de changer de vie professionnelle ?

11 Comprendre. Ce changement de trajectoire peut-il s'interpréter comme une rupture totale avec l'identité professionnelle antérieure ?

FAIRE LE POINT

Vrai ou faux ?

1. Les individus ne fréquentent que des gens qui leur ressemblent, donc leur trajectoire est toujours prévisible.
2. Des évènements soudains peuvent amener l'individu à changer radicalement de trajectoire.
3. Une grave maladie, un licenciement, sont des exemples de chocs biographiques qui peuvent transformer profondément l'identité.

À RETENIR

- La diversité des **influences socialisatrices** peut modifier l'identité sociale des individus, qui peuvent alors connaître des parcours auxquels leur socialisation initiale ne les prédisposait pas.
- Parfois, un évènement brutal et/ou des rencontres improbables font radicalement dévier leur trajectoire.

SYNTHÈSE

Comment la socialisation contribue-t-elle à expliquer les différences de comportement des individus ?

NOTIONS

Valeur : principe qu'un groupe reconnaît comme un idéal à atteindre.

Norme : règle, officielle ou non, explicite ou implicite, qui prescrit ou interdit certains comportements sous peine de sanction.

Socialisation : processus par lequel l'individu intériorise les valeurs, les normes et les comportements qui sont attendus de lui dans son groupe. Cette intériorisation permet à l'individu de construire sa personnalité, son identité et de vivre en société.

Socialisation primaire : apprentissage pendant l'enfance des valeurs et des normes générales de la société globale et des groupes dans lesquels vit l'individu.

Instances de socialisation : groupes au contact desquels les individus intériorisent les valeurs et les normes qu'ils doivent respecter.

Socialisation secondaire : apprentissage, après l'enfance, de nouvelles valeurs et normes quand l'individu entre en contact avec des groupes nouveaux (amis, conjoint, univers professionnel, par exemple), et qui peut plus ou moins fortement transformer son identité.

Socialisation professionnelle : apprentissage des valeurs et des normes propres à un métier, au contact des partenaires de travail. Cet apprentissage permet à l'individu d'être et de se sentir membre d'un groupe professionnel.

Socialisation conjugale : apprentissage de valeurs et de normes qui se produit à l'occasion de la vie quotidienne en couple. L'individu modifie alors partiellement son identité et ses habitudes.

Socialisation politique : apprentissage de valeurs et de normes qui orientent la perception que l'individu a du pouvoir politique, ses attitudes politiques (comme le fait de se sentir de gauche ou de droite) et ses comportements politiques (comme le fait de voter ou non, de participer à une manifestation).

1 Comment les individus intériorisent-ils des manières de penser et d'agir ?

A. Un processus d'intériorisation des valeurs et des normes sociales

▶ Les individus intériorisent des **valeurs** et des **normes** qui contribuent à forger leurs goûts, leurs comportements et les rôles qu'on attend d'eux, en particulier lors de la **socialisation primaire** pendant l'enfance.

▶ Cet apprentissage, dans lequel l'individu joue un rôle actif, passe par différents mécanismes, explicites ou implicites, et fait intervenir de nombreuses **instances de socialisation** (famille, école, groupes de pairs...).

B. Un processus différencié qui contribue à façonner les individus

▶ La socialisation diffère selon le sexe de l'enfant, et selon son milieu social. Les instances de socialisation vont se comporter différemment à l'égard des garçons et des filles, ce qui va avoir des conséquences sur leur identité. Ces rôles et ces stéréotypes tendent à se reproduire à l'âge adulte.

▶ De même, les valeurs et les normes sont différentes selon les milieux sociaux, et leurs membres acquièrent des goûts et des comportements différents.

2 Quels sont les effets de la configuration familiale sur la socialisation des enfants et des adolescents ?

A. Un contexte de socialisation qui varie selon la configuration familiale

▶ Le modèle d'une famille centré sur les enfants et leurs parents biologiques n'a rien d'universel. Les personnes que l'enfant reconnaît comme des membres de sa famille, et plus spécifiquement celles avec lesquelles il vit au quotidien, varient d'une société à l'autre, et au sein d'une même société, ce qui affecte les conditions dans lesquelles l'enfant est socialisé.

B. Des modalités plurielles de socialisation familiale en France aujourd'hui

▶ Les types de famille se sont diversifiés en France aujourd'hui, et la part des familles monoparentales et recomposées augmente, en restant minoritaire.

▶ Les conditions de la socialisation de l'enfant peuvent être différentes d'une famille à l'autre : par exemple, dans les familles recomposées, les rôles des parents et des beaux-parents peuvent s'articuler de façon variable, et le parent biologique qui a la garde essentielle de l'enfant acquiert un rôle prépondérant. Dans une famille monoparentale, le rôle du parent peut être plus difficile s'il est privé d'un réseau familial plus large.

3 Comment la socialisation secondaire contribue-t-elle à l'identité sociale des individus ?

A. La socialisation : un processus continu tout au long de la vie

▶ La **socialisation secondaire** dure tout au long de la vie d'un individu. Celui-ci, en étant confronté à de nouvelles situations, peut modifier partiellement ses goûts et ses comportements, ou bien au contraire les renforcer.

▶ L'identité sociale de l'individu se transforme lorsque celui-ci occupe de nouveaux rôles sociaux.

B. De multiples instances de socialisation secondaire

▶ L'exercice d'une profession, la fréquentation de collègues de travail, constituent pour l'individu une **socialisation professionnelle**.

▶ De même, en formant un couple, deux individus modifient partiellement leur identité initiale. C'est la **socialisation conjugale**.

▶ Les valeurs et les normes politiques d'un individu, en partie héritées de sa famille, peuvent changer à l'occasion d'évènements ou de rencontres : on parle de **socialisation politique**.

4 Pourquoi certains individus ont-ils des trajectoires improbables ?

A. Une pluralité d'instances de socialisation parfois divergentes

▶ La famille, les pairs, l'école puis les univers professionnels, les médias, transmettent des valeurs et des normes parfois divergentes, ce qui peut créer des conflits de socialisation.

▶ De plus, l'individu peut connaître une socialisation anticipatrice qui le conduit à s'identifier à un autre groupe que le sien.

B. Des trajectoires individuelles parfois improbables

▶ La diversité des influences socialisatrices peut modifier l'identité sociale des individus, qui peuvent alors connaître des parcours auxquels leur socialisation initiale ne les prédisposait pas. Par exemple, l'accès d'un enfant défavorisé à des études très sélectives peut aboutir à une ascension sociale qui transforme fortement les acquis de la socialisation primaire, et les relations avec le milieu d'origine.

▶ Parfois, un évènement brutal, comme une maladie ou une perte d'emploi, des rencontres improbables, font radicalement dévier les trajectoires individuelles.

NE PAS CONFONDRE

Socialisation et éducation : la socialisation englobe l'éducation mais ne s'y réduit pas. L'éducation correspond à des activités explicites et volontaires, alors que la socialisation peut aussi (et surtout) être implicite et involontaire (imitation, jeu...). De plus, la socialisation est un processus qui dure toute la vie.

SCHÉMA BILAN

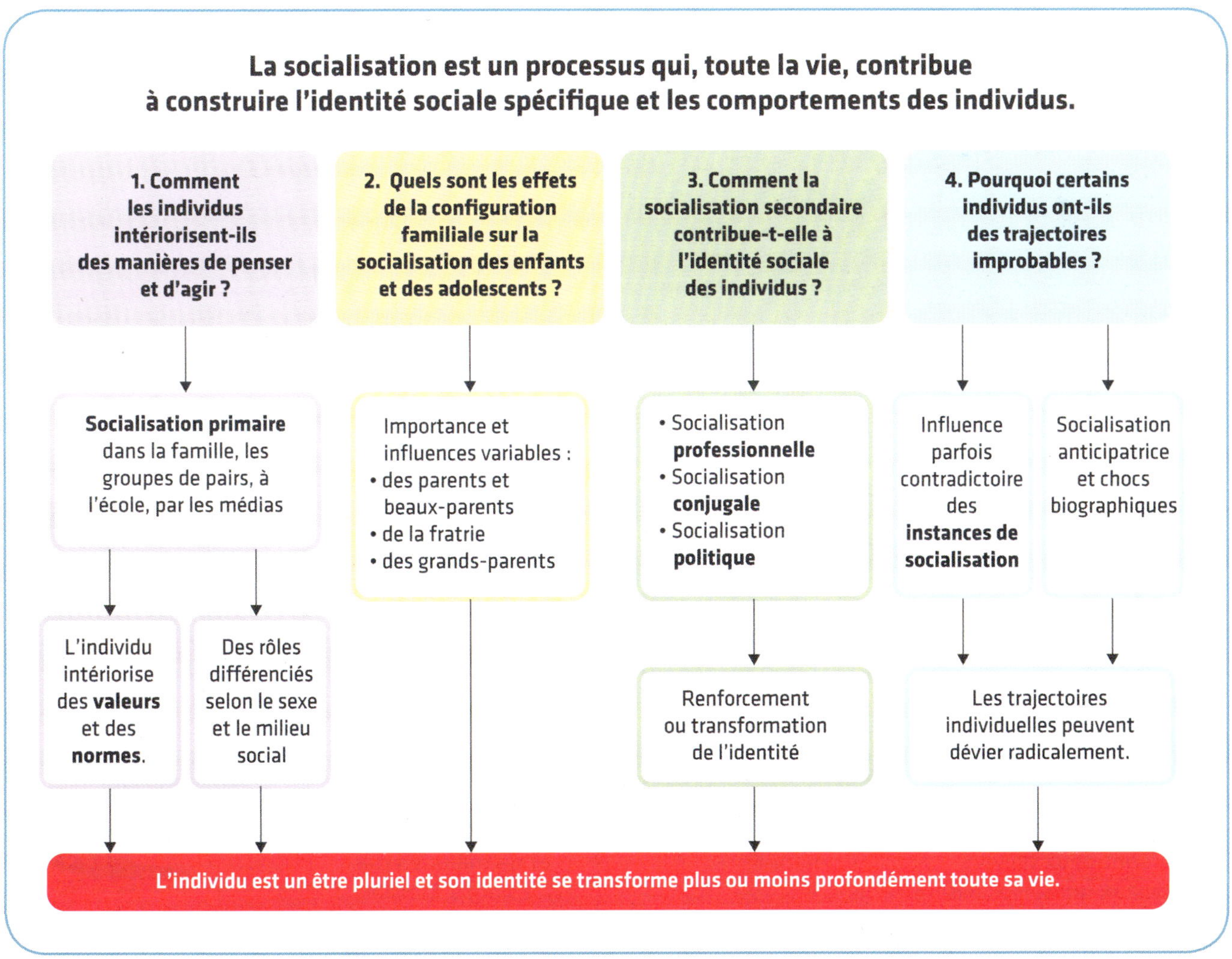

POUR ALLER PLUS LOIN

SES & LITTÉRATURE

Vent d'Est, vent d'Ouest **est un roman de l'écrivaine américaine Pearl Buck (prix Nobel de littérature en 1938), paru en 1932 aux éditions Stock, puis en 1972 aux éditions Le Livre de Poche.**

La romancière met en scène l'évolution d'une femme chinoise à la faveur de sa vie conjugale. Issue d'une famille de haute condition particulièrement attachée aux traditions, l'héroïne se retrouve mariée à un jeune homme auquel elle est promise depuis son enfance mais qu'elle ne connait pas. Ce dernier, médecin formé aux États-Unis, est un Chinois moderne, épris de science et de liberté. Il va progressivement apprendre à son épouse à se détacher de ses croyances.

Ce roman nous donne un parfait exemple de socialisation conjugale où le couple agit comme une instance de socialisation. La jeune femme s'intéresse au mode de pensée de son mari pour partager des valeurs communes avec lui.

À VOIR, À LIRE

Intouchables

Olivier Nakache et Eric Toledano, 2011 (1 h 52).

Quand Philippe, riche aristocrate tétraplégique, collectionneur d'art moderne et passionné de musique classique, recrute comme aide à domicile Driss, jeune homme d'origine sénégalaise, tout juste sorti de prison et qui vit dans une cité de la banlieue parisienne, ce sont deux univers sociaux qui se socialisent mutuellement, non sans difficultés.

L'Arabe du futur (t. 1)

Riad Sattouf, Allary, 2014.

Dans ce roman graphique autobiographique, l'auteur, né d'un père syrien et d'une mère bretonne, raconte son enfance et son adolescence en Lybie puis en Syrie, où il subit à la fois le poids de régimes autoritaires et de l'éducation d'un père avide d'ascension sociale et de maintien des traditions familiales.

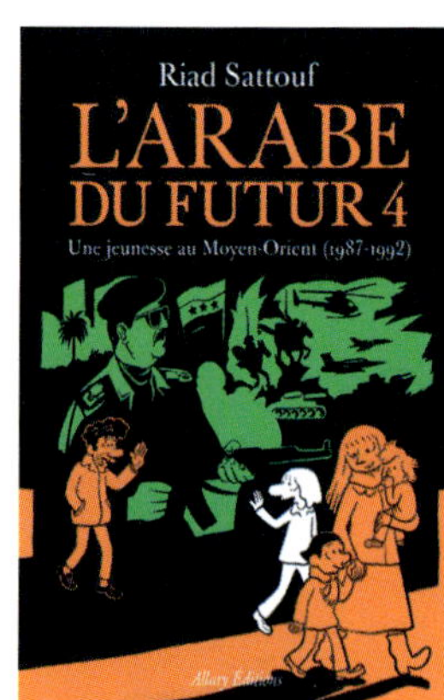

1. Évaluer ses connaissances

Corrigés des exercices p. 372

Vrai ou faux ?

	V	F
1. La socialisation, synonyme d'éducation, est le processus explicite et volontaire par lequel on inculque des comportements à un enfant.	☐	☐
2. La famille est une instance essentielle de la socialisation primaire.	☐	☐
3. Lors de la socialisation primaire, l'enfant est passif et apprend mécaniquement ce qu'on attend de lui.	☐	☐
4. Les garçons et les filles sont socialisés de la même manière.	☐	☐
5. Dans toutes les sociétés, les enfants sont socialisés par leurs parents biologiques, et leurs frères et sœurs.	☐	☐
6. La socialisation secondaire, c'est la socialisation professionnelle.	☐	☐
7. La socialisation secondaire dure jusqu'à la fin de la vie d'un individu.	☐	☐
8. Les valeurs et les normes transmises par les différentes instances de socialisation ne sont jamais contradictoires.	☐	☐
9. L'identité d'un individu peut se modifier lorsqu'il s'identifie durablement à un autre groupe que le sien.	☐	☐
10. L'individu peut connaître des chocs biographiques qui modifient sa trajectoire.	☐	☐

2. Calculer et interpréter des pourcentages de répartition

Savoir-faire 1, p. 344

Nombre d'élèves dans quelques filières de baccalauréat professionnel en 2017-2018

	Effectif total	Nombre de filles	Part des filles (en %)
Travail du bois et de l'ameublement	12 689		9,9
Habillement	10 035	9 253	92,2
Electricité, électronique	69 831	1 257	
Commerce, vente	111 718	59 434	53,2
Spécialités sanitaires et sociales	66 765	60 689	90,9

Source : ministère de l'Éducation nationale, de l'Enseignement supérieur et de la Recherche, *Repères et références statistiques*, 2018.

Questions

1. Comment la donnée entourée a-t-elle été calculée ?
2. Interprétez la donnée entourée dans une phrase commençant par « Sur 100... ».
3. Faites les calculs nécessaires pour compléter le tableau.
4. Peut-on dire que la majorité des filles sont inscrites dans la filière « habillement » ?

3. Lire et interpréter des séries chronologiques

Savoir-faire 11, p. 355

Quelques pratiques culturelles selon l'intensité de la lecture de bandes dessinées en 2012 (en % des personnes de chaque groupe de lecteurs de BD)

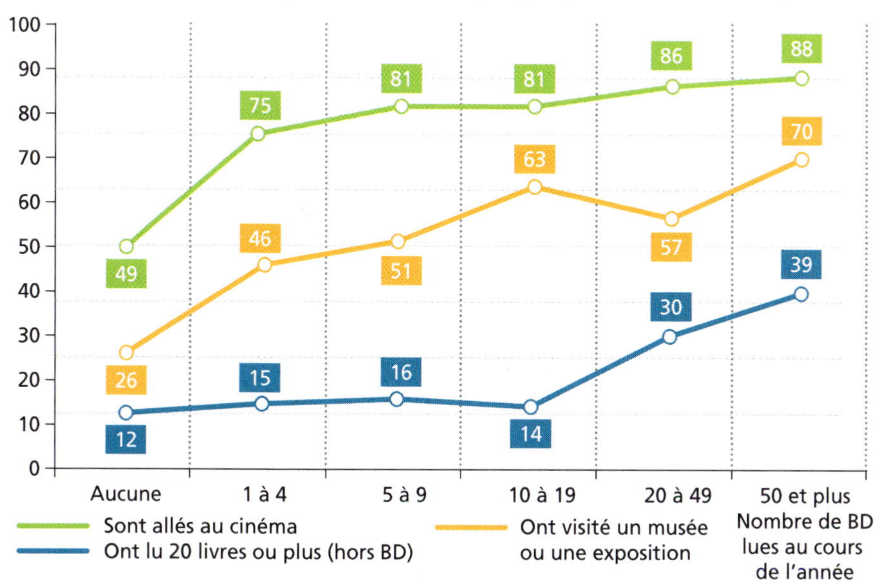

Source : DEPS, ministère de la Culture et de la Communication, 2012.

Questions

1. Quelle est la part de lecteurs de 20 à 49 BD qui sont allés au cinéma ?
2. Parmi les lecteurs de BD, quelles sont les personnes qui ont eu le moins de pratiques culturelles ? Quelles sont celles qui en ont eu le plus ?
3. Quelles sont les activités culturelles les plus pratiquées ? les moins pratiquées ?
4. Complétez : « La part des lecteurs de 50 BD et plus qui sont allés au cinéma est supérieure de 39.... à celle des non lecteurs de BD qui sont allés au cinéma. »

4. Handisport et socialisation

CAS PRATIQUE

Extraits d'entretiens menés avec des joueurs de foot-fauteuil :
« En faisant un sport collectif, tu es actif, tu fais quelque chose, tu vas marquer un but, tu vas faire gagner ton équipe. Tu vas participer à une action collective, tu vas créer quelque chose » (Sonia).
« Ok, le fauteuil électrique c'est l'image du handicap mais il va à 10 km/h, et déjà rien que dans la cour de récré, c'est plus efficace que les « debouts ». Là, tu esquives tout » (Abdel, se remémorant son premier fauteuil de foot).
« Quand tu joues au foot, tu te dis pas : c'est le fauteuil ! Le fauteuil il fait partie de toi. [...] C'est comme si tu disais qu'un footballeur sortait du terrain sans ses jambes. Nous le fauteuil, on l'a tous les jours, c'est comme des jambes ». (Romain)
« C'est vrai qu'on sent... C'est des sensations un peu difficiles à expliquer. [...] Je ressens la vibration. Et en fonction du bruit et de la vibration, je sais si la balle a touché la roue ou le plein de la jante ». (Abdel)

Rémi Richard, « L'expérience sportive du corps en situation de handicap : vers une phénoménologie du fauteuil roulant », *STAPS*, n° 98, 2012.

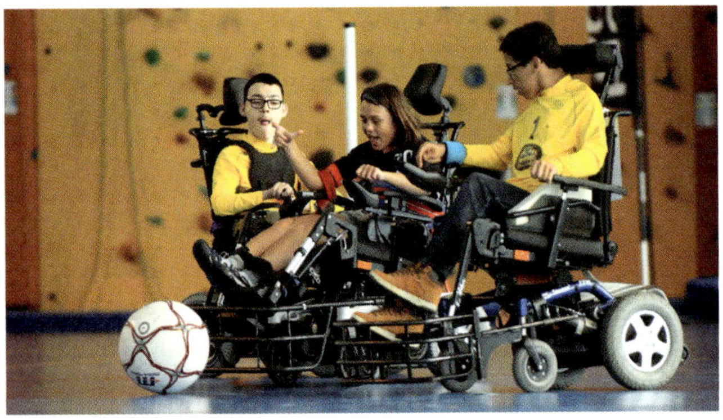

Questions

1. Montrez que la pratique d'un sport permet de retourner l'image sociale du handicap.
2. Montrez que cette transformation identitaire s'applique aussi au corps.

5. Portrait d'une famille immigrée

CAS PRATIQUE

Dans *La France des belhoumi* (2018), le sociologue Stéphane Beaud analyse les trajectoires des membres d'une famille, de 1977 à 2017 : les deux parents, qui ont émigré d'Algérie en France dans les années 1970, et leurs huit enfants. Le père, analphabète, était ouvrier non qualifié en usine, mais a très rapidement été mis en invalidité professionnelle à la suite d'un accident du travail, ce qui l'a durablement écarté du monde ouvrier et l'a incité à pousser ses filles à réussir à l'école. La mère est devenue femme de service dans un collège, les deux filles aînées devenant durablement des modèles et des guides pour leurs sœurs cadettes. Les enfants ont fréquenté des établissements scolaires marqués par une assez forte mixité sociale et la présence d'enseignants très investis et notamment soucieux de libérer les filles de l'emprise familiale dans la cité.
Les cinq sœurs, qui ont dû pendant leur enfance et leur adolescence concentrer leur vie sur la maison et l'école, ont toutes connu une réussite scolaire plus ou moins forte (les deux aînées ont un Master 2) et une ascension sociale (parmi les plus jeunes, qui ont moins réussi que les aînées, l'une est infirmière, une autre assistante sociale par exemple). Pendant leur adolescence, les deux aînées se sont beaucoup impliquées dans le tissu associatif local proche du Parti communiste français, et sont par la suite restées attachées à un ancrage politique à gauche. Toutes les filles vivent loin du domicile parental aujourd'hui. Les trois frères, dont deux vivent tout près de chez leurs parents, ont connu une réussite scolaire plus médiocre, et une moindre ascension sociale, que Stéphane Beaud interprète comme les conséquences, pendant leur enfance et leur adolescence, d'une plus grande liberté de sortie, et de l'adhésion à « une culture (masculine) de cité ».

Questions

1. Comparez le milieu social d'origine des parents et celui de leurs filles.
2. Montrez que les enfants Belhoumi ont connu une socialisation différenciée selon le genre.
3. Montrez que la réussite scolaire et sociale des filles s'est à la fois construite grâce à, et en réaction contre, la socialisation parentale.
4. Montrez que les trajectoires des enfants Belhoumi s'expliquent par l'intervention de multiples agents de socialisation.

MÉTHODE VERS LE BAC

Analyser un tableau statistique

Structure des ménages et des familles en France en 1990 et en 2015

	Structure des ménages							Structure des familles ayant des enfants mineurs				
	Homme seul	Femme seule	Couple sans enfant	Couple avec enfants	Famille mono-parentale	Ménage complexe[1]	**Total**	1 enfant	2 enfants	3 enfants	4 enfants et plus	**Total**
Part en 1990 (en %)	10,1	16,9	23,4	36,4	6,8	6,4	**100**	43,8	36,6	14,2	**5,4**	**100**
Part en 2015 (en %)	15,1	20,2	25,5	**25,5**	8,9	4,8	**100**	44,9	38,6	12,7	3,8	**100**
Nombre en 2015 (en milliers)	4 390	5 857	**7 406**	7 405	2 571	1 384	**29 012**	3 605,7	3 101,3	1 021,9	306	**8 035,2**

1. La moitié des ménages complexes sont formés de personnes vivant sans lien de couple ou de filiation directe. L'autre moitié comprend un couple avec ou sans enfants et/ou une famille monoparentale, et d'autres personnes.
Champ : France hors Mayotte.

Source : Insee, recensements de la population 1990 et 2015.

Exemple de rédaction pour l'étape 1

Le professeur a demandé de faire une phrase avec les trois données entourées du tableau. Voici ce qu'un élève a écrit et les remarques du professeur.

En 2015, il y avait 7 406 couples sans enfant. 1

En 2015, 25,5 % des familles étaient des couples avec enfants. 2

5,4 % des familles ont 4 enfants ou plus. 3

1 Vous n'avez pas mentionné la source et le champ de l'enquête (attention, il faut spécifier quelle est la population étudiée). De plus, il y a une erreur sur l'unité de mesure du nombre de couples (attention à l'intitulé de la ligne).
► Que fallait-il écrire ?

2 Erreur sur l'ensemble de référence : les données de cette ligne sont mesurées en % des ménages, pas des familles. Vous n'avez pas été attentif à l'intitulé de cette partie de ligne. ► Que fallait-il écrire ?

3 Vous n'avez pas précisé l'année de mesure. De plus, vous n'êtes pas assez attentif à l'intitulé de l'ensemble de référence (les données ne sont pas mesurées en % de toutes les familles). ► Que fallait-il écrire ?

Exemple de rédaction pour l'étape 2

Recopiez et complétez cette analyse des informations contenues dans le tableau.

Structure des ménages : *en 2015,* …… (indiquez le chiffre précis) *des ménages sont des couples, qu'il s'agisse de couples sans enfant* (…… indiquez le chiffre précis) *que de couples avec enfants* (…… indiquez le chiffre précis). *Entre 1990 et 2015, la part des couples avec enfants a baissé de ….. points* (indiquez le chiffre précis), *alors que la part des hommes seuls a été multipliée par ….. et celle des femmes seules par …..* (indiquez le chiffre précis). *Les familles ….. restent minoritaires, mais leur part a augmenté, passant de 6,8 % des ménages en 1990 à ….. en 2015* (indiquez le chiffre précis).

Structure des familles ayant des enfants mineurs : *parmi les familles ayant des enfants mineurs, celles ayant ….. enfant ou ….. enfants étaient en 1990, et restent en 2015, très majoritaires. Elles représentent ….. % des familles ayant des enfants mineurs. La part des familles de plus de ….. enfants a baissé.*

FICHE MÉTHODE Analyser un tableau statistique

Étape 1 Comprendre les données du tableau

1. Notez la date, la source et le champ.
2. Repérez les intitulés des lignes et des colonnes.
3. Distinguez les différentes unités utilisées.

Étape 2 Analyser les informations contenues dans le tableau

1. Repérez les intitulés « ensemble » ou « total » pour faire ressortir les informations générales du tableau.
2. Ordonnez l'analyse : par colonne, puis par ligne (ou l'inverse).
3. Repérez les extrêmes : chiffres les plus grands, les plus petits, pour pointer les écarts.
4. Illustrez toujours les idées de données chiffrées tirées du tableau.

VERS LE BAC

Épreuve de spécialité

Partie 1 Mobilisation de connaissances et traitement de l'information (10 points)

• **Document** **Emploi et chômage des parents seuls et en couple en 2012**

	Mères		Pères		Ensemble	
	Isolées	En couple	Isolés	En couple	Isolés	En couple
Taux d'emploi (en % de la population en âge de travailler)	68	74	83	90	71	82
Taux de chômage (en % des actifs)	17	8	9	6	16	7
Part du chômage de longue durée[1] (en % des chômeurs)	47	37	46	37	47	37
Durée moyenne du chômage (en mois)	16	12	17	12	16	12

1. Un chômeur de longue durée est un actif au chômage depuis au moins un an.
Champ : parents de familles comptant au moins un enfant mineur, en France métropolitaine.

Source : Insee, Enquête emploi en continu, 2012.

• **Questions**

1. Distinguez la socialisation primaire de la socialisation secondaire.

2. Faites deux phrases avec les chiffres entourés.

3. À l'aide du document, caractérisez le rapport à l'emploi et au chômage des pères et des mères isolés.

CONSEILS

- Définissez de façon générale la socialisation, mais distinguez les deux notions tant en termes de moment dans la vie de l'individu que de contenu transmis.
- Demandez-vous comment ont été calculées les données du document (numérateur/dénominateur).
- Repérez les différences entre la situation des parents isolés et celle des couples en général (dernière colonne) ; puis repérez les différences entre la situation des pères isolés, et celle des mères isolées. Intégrez à votre analyse des lectures précises de données, et des mesures d'écart (en points de pourcentage).

Partie 2 Raisonnement appuyé sur un dossier documentaire (10 points)

Sujet **À l'aide de vos connaissances et du dossier documentaire, vous montrerez que la socialisation de l'enfant contribue à construire des rôles différents selon le sexe.**

Doc. 1

Très tôt, [les parents] mettent en place un environnement différencié que ce soit pour les vêtements, la décoration de la chambre ou les jouets de leur enfant. Le milieu physique de l'enfant comme les attitudes et les attentes que les parents ont à son égard sont ainsi structurés dès sa naissance selon son sexe d'appartenance. [...] Au sein des institutions et lieux d'accueil de la petite enfance (crèches et écoles maternelles), [...] les enfants ont à leur disposition des objets et jouets « des deux sexes ». Pourtant, [...] comme dans le milieu familial, les filles manipulent et jouent davantage avec des jouets renvoyant à la dimension de la féminité (poupées, maquillage, collier), de la maternité (poupons, berceau) et de la sphère domestique ▸

(cuisine, ménage) alors que les garçons choisissent surtout des jouets appartenant à la dimension du mouvement et du déplacement (camions, trains, avions) et de la masculinité (travaux, guerre, super héros). Différentes observations menées dans ces institutions de la petite enfance mettent aussi en évidence des réponses et attitudes différentes des professionnels selon le sexe de l'enfant. [...]
Dans la cour de récréation, les enfants ont aussi un rapport différent à l'espace, les garçons plus « nomades[1] » s'opposent aux filles plus « sédentaires[2] ». [...] [Les filles] jouent souvent à tour de rôle et la réussite de l'une ne signifie pas obligatoirement l'échec des autres. [...] Les filles apprennent ainsi à « être sensibles » et à respecter les sentiments d'autrui. Alors que les jeux des garçons les poussent à jouer avec leurs ennemis, à rivaliser avec leurs amis, à s'imposer et surtout à rentrer dans une logique de compétition.

Yoan MIEYAA, Véronique ROUYER et Alexis LE BLANC, « La socialisation de genre et l'émergence des inégalités à l'école maternelle : le rôle de l'identité sexuée dans l'expérience scolaire des filles et des garçons », *OSP*, n° 41, 2012.

1. Qui se déplacent fréquemment.
2. Qui restent au même endroit.

CONSEILS

- Ne limitez pas la socialisation différenciée des enfants selon le sexe à la seule famille. D'autres instances de socialisation jouent aussi un rôle essentiel.
- Déterminez les rôles stéréotypés (les attitudes et qualités attendues d'une fille et d'un garçon) qui résultent de cette socialisation.
- Repérez par quels mécanismes s'opère cette construction.

Doc. 2 Représentation des femmes dans les publicités télévisées

	Part de publicités dans lesquelles les femmes sont présentes (en %)	Part de publicités dans lesquelles les femmes jouent le rôle d'expertes (en %)
Automobile	36	4
Assurances, banques, mutuelles	41	38
Technologie, numérique	42	5
Services	44	15
Alimentation, distribution	46	14
Objets et produits domestiques	48	7
Jeux, jouets	50	0
Produits médicaux et paramédicaux	55	24
Loisirs	56	50
Habillement, parfumerie	57	100
Entretien du corps	63	56

Source : CSA, « Représentation des femmes dans les publicités télévisées », 2017.

CONSEILS

- Comparez les publicités dans lesquelles les femmes interviennent le plus (globalement ou en tant qu'expertes) et celles où elles interviennent le moins. Reliez les produits concernés aux rôles stéréotypés filles/garçons.
- Comparez, pour chaque produit, le taux de présence global des femmes, et leur intervention en tant qu'expertes. Interrogez-vous sur ce que peut être leur rôle, quand ce n'est pas celui d'expert.

S'ENTRAÎNER

Étape 1 Analyser le sujet

▶ Le sujet ne porte pas sur la socialisation en général, mais seulement sur celle des enfants, donc centrez-vous sur la socialisation primaire. Il s'agit, non pas d'analyser tous les effets de la socialisation primaire, mais seulement ceux qui concernent la construction des rôles de genre.

Étape 2 Analyser les documents

▶ Lisez les conseils donnés en marge des 2 documents proposés.

Étape 3 Organiser ses connaissances pour répondre au sujet

▶ Ne faites pas une partie par document. Structurez votre raisonnement à partir de vos connaissances, un même document pouvant être utilisé pour plusieurs paragraphes, et certains éléments utiles pour le sujet n'apparaissant pas forcément dans les documents.

▶ Classez les informations tirées des documents pour les utiliser dans votre plan détaillé. Plusieurs plans sont possibles : un plan essentiellement chronologique, structuré par l'intervention progressive des différentes instances de socialisation, ou bien un plan plus thématique, en commençant par présenter les stéréotypes associés au sexe, puis en montrant les mécanismes par lesquels la famille, les médias, les institutions scolaire et de la petite enfance les transmettent, puis leur consolidation entre pairs.

VERS LE BAC Dissertation

Sujet La socialisation primaire détermine-t-elle totalement la trajectoire des individus ?

Doc. 1 Réussite scolaire des enfants selon le milieu social de leurs parents et le lieu de résidence en 2013

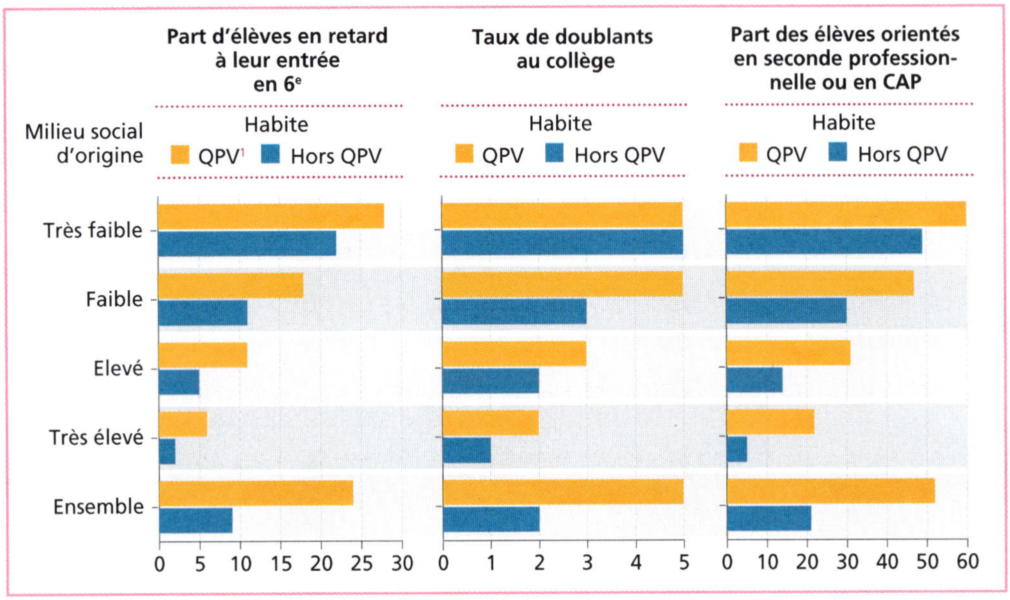

1. QPV : quartiers prioritaires de la politique de la ville, qui comportent une part élevée de personnes défavorisées.

Lecture : 28 % des enfants issus d'un milieu social très faible et vivant dans un quartier prioritaire de politique de la ville avaient déjà redoublé en arrivant en 6e.

Source : Hélène Chesnel, « Éducation : des redoublements plus fréquents dans les quartiers de la politique de la ville », *Insee Flash Pays de la Loire*, n° 52, décembre 2016.

CONSEILS
- Faites une phrase avec une des données de l'ensemble (la moyenne).
- Distinguez l'impact des deux variables distinctes sur la trajectoire des individus : la famille (donc aussi le milieu social d'origine) et le lieu de résidence (donc le rôle des autres individus avec lesquels le jeune est en contact).
- Comparez les données à la moyenne.

Doc. 2 Le genre musical préféré par les enfants, selon les genres musicaux appréciés par les parents et selon l'âge des enfants (en %)

en %	Genres musicaux aimés par les parents	Genre musical préféré par les enfants			
		11 ans	13 ans	15 ans	17 ans
20,5	Musique classique	Variétés françaises	R'n'B	Rock	Rock
12,7	Jazz	Variétés internationales	R'n'B	Rock	Rock
22,4	Rock	Variétés internationales	R'n'B	Rock	Rock
20,5	Variétés internationales	Variétés internationales	R'n'B	Rock	Rock
48,7	Variétés françaises	Variétés internationales	R'n'B	R'n'B	Rock
29,4	Musique du monde	Variétés internationales	R'n'B	R'n'B	Rock
12,3	Dance	Variétés internationales	R'n'B	R'n'B	Techno
6,1	Techno	Techno	R'n'B	R'n'B	Techno
5,0	Rap	Rap	R'n'B	R'n'B	Rap
6,3	R'n'B	R'n'B	R'n'B	R'n'B	Rap

Lecture : le tableau présente le genre musical le plus apprécié des enfants à chaque âge (celui qui arrive en tête du palmarès), en fonction des goûts musicaux de leurs parents. Par exemple, 20,5 % des parents aiment la musique classique et, à 11 ans, les enfants de ces parents qui aiment la musique classique plaçaient les variétés françaises en tête du palmarès de leurs genres musicaux préférés.

Source : Sylvie Octobre *et al.*, « La diversification des formes de la transmission culturelle : quelques éléments de réflexion à partir d'une enquête longitudinale sur les pratiques culturelles des adolescents », *Recherches familiales*, n° 8, 2011.

CONSEILS
- Observez les différences de goûts musicaux des enfants de 11 ans selon les goûts musicaux de leurs parents.
- Observez l'évolution des goûts musicaux des enfants à mesure qu'ils vieillissent. Reliez vos constats à la socialisation secondaire.

Doc. 3 **Évolution de l'adhésion à des stéréotypes de genre selon l'âge entre 2002 et 2012**

en %	« Le rôle d'un homme est de gagner de l'argent, celui d'une femme est de s'occuper de la maison et de la famille »		« Être femme au foyer donne autant de satisfaction qu'avoir un emploi rémunéré »		« Un enfant qui n'a pas encore l'âge d'aller à l'école a des chances de souffrir si sa mère travaille »	
	2002	2012	2002	2012	2002	2012
15-29 ans	5	3	27	24	28	18
30-39 ans	12	10	34	26	35	25
40-49 ans	13	7	35	28	45	33
50-59 ans	24	11	33	34	52	37
60-69 ans	33	14	49	30	64	44
70 ans et plus	62	34	54	44	78	60
Ensemble	**22**	**12**	**37**	**30**	**48**	**35**

Source : Adrien Papuchon, « Rôles sociaux des femmes et des hommes. L'idée persistante d'une vocation maternelle des femmes malgré le déclin de l'adhésion aux stéréotypes de genre », *Femmes et hommes, l'égalité en question*, Insee, 2017.

CONSEILS

- Observez l'importance des stéréotypes de genre.
- Observez les différences d'adhésion aux stéréotypes de genre selon l'âge, et selon l'année.
- Interrogez-vous sur les raisons qui peuvent expliquer l'évolution d'une tranche d'âge à l'autre, et d'une année à l'autre. Reliez vos constats à la socialisation secondaire.

Doc. 4

Laurence Perceval 39 ans : « Je revenais de New York où j'avais développé une entreprise de lunetterie. Professionnellement j'étais au top, et pourtant, je me sentais dans une impasse. Là, j'ai eu un très grave accident de cheval : je me suis retrouvée à l'hôpital, paralysée du nombril aux doigts de pied. Je me suis battue un an pour retrouver l'usage de mes jambes. Ma boîte s'est "séparée" de moi, mon mec aussi. Je remarchais, certes, mais je n'avais qu'une envie : passer sous un bus ! C'est la psy de l'hôpital qui m'a sauvée : grâce à elle, j'ai compris qu'il fallait que je change de vie et d'envies. Je devais prendre de la distance. La reconnaissance de mes pairs et de mon père était une quête inutile. J'ai réalisé que j'avais toujours été le "fils aîné" de la maison. À mon époque, les filles n'étaient pas très valorisées. […] Je rêvais d'entrer aux Beaux-Arts ou à l'école hôtelière de Lausanne, mon père m'a dit : "Passe ton bac C[1]", espérant secrètement que je prépare l'Ena. J'ai fait Sup de co[2] à Reims, j'ai monté ma propre boîte et créé les premiers "clubs d'entreprise" avant de m'expatrier aux États-Unis. […] Après l'accident, je m'arrête dans un très joli village médiéval, "ressuscitée" par une vieille copine que j'avais perdue de vue : Saint-Arcons-d'Allier. Coup de foudre. Je m'entends lui dire : "Appelle-moi si tu as des soucis." Trois mois plus tard, son affaire est à vendre. J'ai investi quinze ans d'économies pour redonner une âme à ce lieu sublime.

Catherine Durand, « Ils ont osé tout plaquer. Et après ? », *Psychologies Magazine*, juin 2000.

1. Bac spécialité maths.
2. École supérieure de commerce.

CONSEILS

- Reconstituez les étapes de la trajectoire de Laurence.
- Interrogez-vous sur les raisons qui l'ont initialement poussée à faire carrière.
- Distinguez les éléments nouveaux (évènements, instances de socialisation), et les éléments plus anciens, qui peuvent expliquer son changement de vie.

S'ENTRAÎNER À LA DISSERTATION

Étape 1 Analyser le sujet

- Le sujet porte sur les effets de la socialisation primaire, et sur sa possible remise en cause. Il faut donc définir précisément cette notion.
- La socialisation primaire transmet à la fois des éléments généraux, et des éléments différenciés (selon le sexe, selon le milieu social notamment). Il faut donc prendre en compte tous ces éléments.
- La possible remise en cause de la socialisation primaire se produit pendant la suite de la vie de l'individu. Il faut donc s'interroger sur le rôle de la socialisation secondaire et des évènements qui peuvent modifier la trajectoire des individus.

Étape 2 Analyser les documents

- Lisez les conseils donnés en marge des 4 documents proposés.
- Repérez les éléments qui montrent le poids de la socialisation primaire, et ceux qui montrent au contraire les changements de trajectoire, en vous demandant ce qui en est à l'origine (un même document peut montrer les deux à la fois).

Étape 3 Organiser ses connaissances pour répondre au sujet

- Avant toute chose, faites appel à vos connaissances personnelles.
- Recensez les principaux effets de la socialisation primaire, opérés par ses principales instances (famille et école notamment).
- Montrez comment la socialisation secondaire peut renforcer les effets de la socialisation primaire, mais que, combinée à certains évènements biographiques, elle peut aussi les modifier.
- Le libellé du sujet appelle un plan débat (ou plan discussion), du type : « Oui, mais... ». Faites une 1re partie sur le rôle déterminant de la socialisation primaire dans la construction de l'identité de l'individu, puis nuancez ce rôle dans une 2e partie.

CHAPITRE 7

NOTIONS
liens sociaux, groupe social, réseau, Professions et Catégories Socioprofessionnelles (PCS), sociabilité, sociabilités numériques, individualisation, solidarité mécanique/organique, précarité

Comment se construisent et évoluent les liens sociaux ?

Les liens sociaux sont les relations nouées par une personne avec les membres des groupes auxquels elle appartient.

Les individus entrent en relation et constituent des groupes. On peut regrouper les individus selon leur profession et distinguer différents types de liens sociaux.	Les individus veulent être autonomes. Les liens de solidarité traditionnels s'affaiblissent.	Les liens sociaux sont entretenus grâce à la sociabilité. Les technologies numériques facilitent les contacts	Certains facteurs peuvent affaiblir les liens sociaux. Les ruptures familiales, les difficultés sur le marché du travail et la recherche de l'entre-soi limitent la sociabilité.
↓	↓	↓	↓
La diversité des liens sociaux	Le processus d'individualisation menace-t-il les liens sociaux ?	Les sociabilités numériques entraînent-elles une recomposition du lien social ?	Pourquoi les liens sociaux peuvent-ils s'affaiblir ?
DOSSIER 1	DOSSIER 2	DOSSIER 3	DOSSIER 4

SOMMAIRE DU CHAPITRE

ENTRER DANS LE CHAPITRE

podcast – Ça s'écoute

Se fait-on vraiment plus d'amis avec les réseaux sociaux ?

Durée : 5 min.

www.lienmini.fr/ses-1-021

Doc. 1 Scène de vie dans une file d'attente

Doc. 2 Smartphone et relations amicales

Réponses à la question : « Selon vous, à votre âge, avoir un Smartphone est-il incontournable pour entretenir ses relations amicales ? »

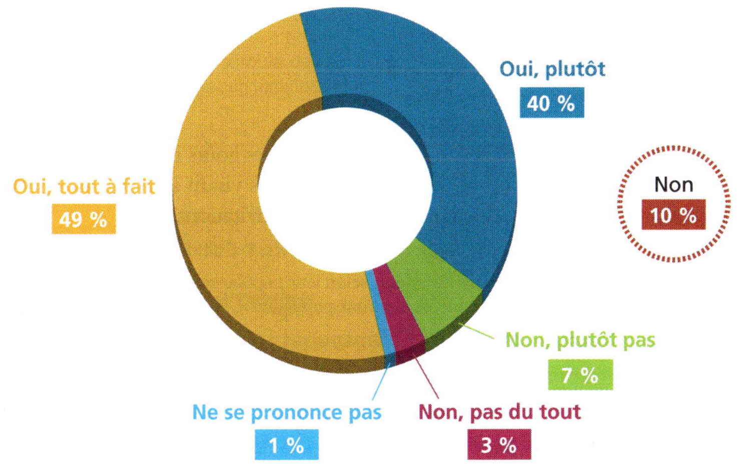

Base : 1 012 adolescents français possesseurs de Smartphones, âgés de 12 à 17 ans.
Source : « La place des Smartphones dans la vie familiale, amicale et sentimentale des adolescents français », étude BVA, octobre 2018.

?

1 Les nouvelles technologies numériques permettent-elles toujours de rapprocher les individus ? (DOC. 1)

2 Quelle est la part des adolescents qui considèrent que la possession d'un Smartphone est indispensable à l'entretien de leurs relations amicales ? (DOC. 2)

3 Écoutez le podcast. Comment un Smartphone peut-il permettre d'entretenir des relations amicales ?

DOSSIER 2

B L'évolution des formes de solidarité : solidarité mécanique et solidarité organique

OBJECTIF :
Savoir distinguer ce que Durkheim appelle « solidarité mécanique » et « solidarité organique ».

Selon Durkheim, le processus d'individualisation auquel conduit la division du travail affaiblit la solidarité mécanique. Toutefois, en rendant les individus complémentaires, la division du travail fait naître une autre forme de solidarité : la solidarité organique.

DOC.1 Les formes de solidarité chez Durkheim

Tandis que la [solidarité mécanique] implique que les individus se ressemblent, [une deuxième forme de solidarité] suppose qu'ils diffèrent les uns des autres. La première n'est possible que dans la mesure où la personnalité individuelle est absorbée dans la personnalité collective ; la seconde n'est possible que si chacun a une sphère d'action qui lui est propre, par conséquent une personnalité […]. Cette [deuxième forme de] solidarité ressemble à celle que l'on observe chez les animaux […]. Chaque organe, en effet, y a sa physionomie spéciale, son autonomie, et pourtant l'unité de l'organisme est […] grande. En raison de cette analogie, nous proposons d'appeler organique la solidarité qui est due à la division du travail.

Émile Durkheim, *De la division du travail social* (1893), © PUF, 2013.

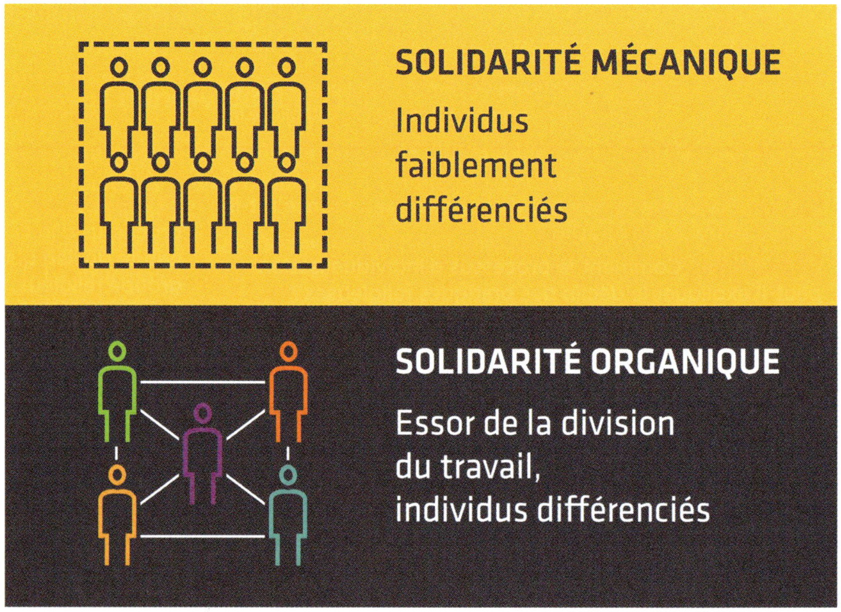

1 Comprendre. Qu'est-ce qui crée la solidarité mécanique ?

2 Expliquer. Dans une société où le processus d'individualisation s'est mis en place, la solidarité peut-elle reposer sur la ressemblance ?

3 Comprendre. Comment la division du travail peut-elle créer une solidarité entre les individus ?

4 Justifier. Pourquoi Durkheim qualifie-t-il cette solidarité d'organique ?

DOC.2 Les effets de la division du travail

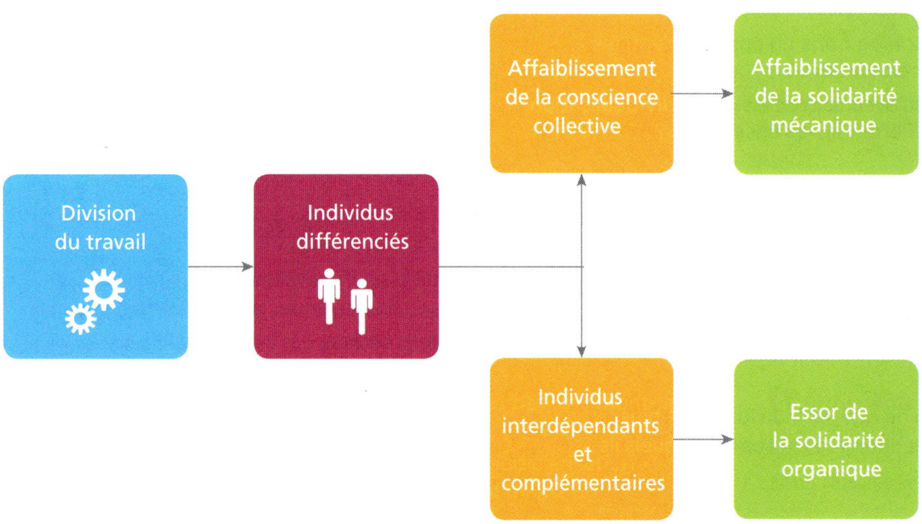

5 Expliquer. Pourquoi l'extension de la division du travail affaiblit-elle la solidarité mécanique ?

6 Argumenter. La différenciation des individus a-t-elle nécessairement des effets négatifs sur la solidarité au sein de la société ?

ENTRER DANS LE CHAPITRE

Doc. 1 Scène de vie dans une file d'attente

podcast – Ça s'écoute

Se fait-on vraiment plus d'amis avec les réseaux sociaux ?

Durée : 5 min.

www.lienmini.fr/ses-1-021

Doc. 2 Smartphone et relations amicales

Réponses à la question : « Selon vous, à votre âge, avoir un Smartphone est-il incontournable pour entretenir ses relations amicales ? »

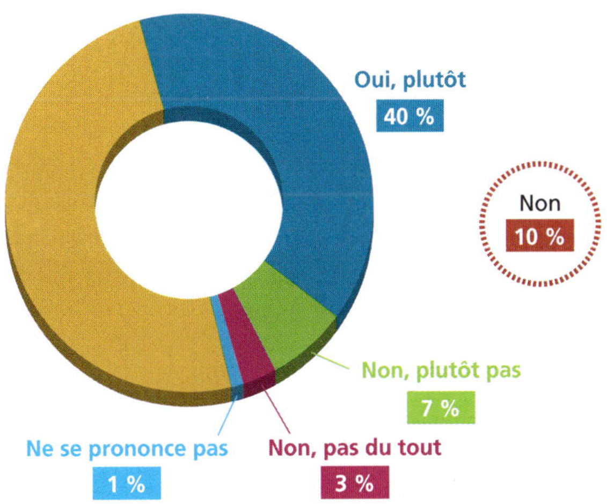

Base : 1 012 adolescents français possesseurs de Smartphones, âgés de 12 à 17 ans.

Source : « La place des Smartphones dans la vie familiale, amicale et sentimentale des adolescents français », étude BVA, octobre 2018.

1 Les nouvelles technologies numériques permettent-elles toujours de rapprocher les individus ? (DOC. 1)

2 Quelle est la part des adolescents qui considèrent que la possession d'un Smartphone est indispensable à l'entretien de leurs relations amicales ? (DOC. 2)

3 Écoutez le podcast. Comment un Smartphone peut-il permettre d'entretenir des relations amicales ?

DOSSIER 1

La diversité des liens sociaux

OBJECTIF : Pouvoir illustrer la diversité des liens sociaux.

A Des liens sociaux multiples

Les individus qui composent la société ne sont pas isolés les uns des autres : ils entrent constamment en relation avec d'autres individus comme des membres de leur famille, des voisins, des amis ou des collègues de travail.

DOC. 1 Les liens familiaux

Les parcours scolaires et professionnels des trois sœurs cadettes de la famille (Dalila, Amel, Nadia) ressemblent, quasiment trait pour trait, à ceux des deux aînées, Samira et Leïla. Comme ces dernières, elles sont bachelières, possèdent le même niveau d'études supérieures (de type bac +3 bac +4) et, en ce qui concerne les aînées des deux groupes (Samira et Dalila), le même diplôme de fin d'études (diplôme d'État d'infirmière). […] Tout laisse à penser qu'il y a bien eu entre ces deux groupes féminins de la fratrie, des aînées vers les cadettes, une forte transmission de valeurs sociales et culturelles. Celle-ci s'est opérée selon trois canaux principaux : tout d'abord, du fait de l'écart d'âge (quinze ans) entre les deux groupes féminins, Samira et Leïla ont dû endosser de manière précoce le rôle de « seconde mère » auprès de leurs trois cadettes ; ensuite, les deux aînées ont incarné avec force une figure de modèle, à tous les points de vue (social, culturel, féminin), pour leurs sœurs ; enfin, elles ont joué un rôle majeur de guide et de conseil auprès « des filles ».

Stéphane Beaud, *La France des Belhoumi*, © Éditions La Découverte, 2018.

Type d'aide reçue de la part d'un proche (amis ou membres de sa famille) selon l'âge (en %)

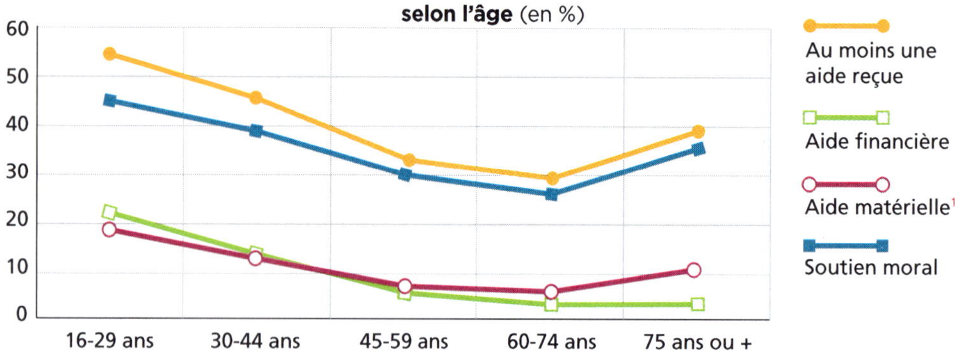

1. Garde d'enfants, courses…

Champ : personnes de 16 ans ou plus, habitant en France métropolitaine.

Source : d'après *Les aides apportées par les proches*, Insee première n°1 498, mai 2014.

1 Justifier. Pourquoi peut-on dire que les deux sœurs aînées ont constitué un modèle social pour leurs sœurs cadettes ?

2 Illustrer. Comment les sœurs aînées ont-elles pu favoriser la réussite scolaire de leurs sœurs cadettes ?

3 Lire. Quel type d'aides reçoivent principalement les individus âgés de 16 à 29 ans ?

DOC. 2 Les groupes de pairs

Les enfants « populaires »[1], qui représentent approximativement un tiers des élèves de chaque classe, se caractérisent par une sociabilité intense. Ils passent leurs récréations en groupe, se téléphonent en rentrant de l'école, sont fréquemment invités aux anniversaires et se retrouvent régulièrement entre eux le week-end pour jouer ou faire des sorties […]. Les frontières de ce groupe des enfants populaires se modifient tout au long de l'année scolaire, et les leaders disposent à cet égard d'un pouvoir décisif : ce sont eux qui décident si un nouveau venu a ou non le droit de participer aux jeux, aux conversations et aux secrets de la bande […]. Moins nombreux numériquement (ils représenteraient environ un enfant sur dix), les « aspirants » n'appartiennent pas au groupe des enfants populaires, mais souhaitent fortement y être intégrés. Cette aspiration se traduit par une imitation des opinions et des pratiques des leaders (de leurs tenues vestimentaires, de leurs goûts musicaux ou de leur manière de parler) et par des conduites visant à s'attirer les faveurs des enfants de ce groupe – cadeaux, invitations.

Martine Court, *Sociologie des enfants*, © Éditions La Découverte, 2017.

1. L'étude, qui classe les enfants selon leur popularité auprès de leurs camarades d'école, distingue les « enfants populaires », les « aspirants », les « enfants peu populaires » et les « isolés ».

4 Illustrer. Montrez que pour les « enfants populaires » les contacts avec les camarades de classe ne se limitent pas au cadre scolaire.

5 Décrire. Comment les « aspirants » cherchent-ils à intégrer le groupe des « enfants populaires » ?

DOC.3 Les associations

(en %)	Ensemble	Hommes	Femmes	< 35 ans	35-49 ans	50-64 ans	> 65 ans
Bénévoles	39	40	38	36	40	37	44
Anciens bénévoles	24	24	24	19	20	27	34
N'ont jamais été bénévoles	37	36	38	45	40	36	22
Ensemble des Français	100	100	100	100	100	100	100

Source: d'après Rapport « La France bénévole 2018 », Enquête IFOP 2016 pour France Bénévolat et Recherches & Solidarités.

6 Lire. Quelle est, en 2016, la part des Français qui sont ou ont déjà été bénévoles ?

7 Comparer. Le bénévolat dépend-il de l'âge des individus ?

8 Distinguer. Donnez deux exemples d'associations caritatives et deux exemples d'associations de loisirs.

DOC.4 Des exemples de liens sociaux

Part des individus qui entrent en contact plusieurs fois par an avec les membres de leurs réseaux (en %)

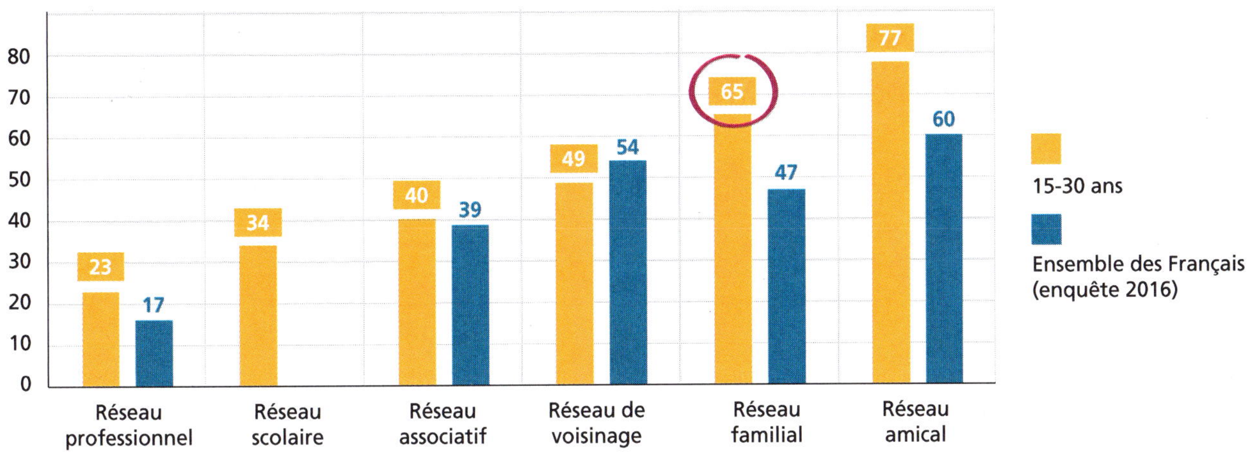

Champ : ensemble de la population.

Sources : CREDOC, Enquête « Conditions de vie et Aspirations », rapport de la Fondation de France, « Jeunes et sans amis : quand la solitude frappe les 15-30 ans », septembre 2017.

NOTION

Le **réseau** désigne l'ensemble des personnes avec lesquelles un individu est en contact.

9 Lire. Faites une phrase avec la donnée entourée.

10 Comparer. Montrez que les 15-30 ans ont des contacts plus fréquents avec les membres de leurs réseaux que l'ensemble des Français.

11 Justifier. Pourquoi peut-on dire que « les liens sociaux sont multiples » ?

FAIRE LE POINT

Vrai ou faux ? Justifiez vos réponses.

1. Les liens sociaux sont nécessairement des liens d'amitié.

2. Les liens sociaux sont les relations nouées par une personne avec les membres des groupes auxquels elle appartient.

3. Les groupes de pairs sont des groupes de deux personnes.

4. Les relations de voisinage font partie des liens sociaux.

À RETENIR

Chaque individu appartient à de nombreux **groupes sociaux** (famille, groupes de pairs, voisinage, associations...) et son **réseau** de relations prend des formes très diverses. Il y a donc une grande diversité des **liens sociaux**.

OBJECTIF :
Connaître la grille des PCS et ses critères de construction.

B Les groupes socioprofessionnels

Parmi les groupes sociaux dans lesquels les individus nouent des relations, les sociologues accordent une importance particulière au groupe socioprofessionnel d'appartenance. Ils utilisent alors une grille de classification : la nomenclature des PCS.

DOC.1 Les liens sociaux au travail

Source : Sondage des Éditions Tissot réalisé par OpinionWay du 23 au 24 octobre 2014 auprès d'un échantillon de 1 005 Français.

[Dans l'usine de Moulinex], la bonne humeur, l'entraide sur les chaînes de production [donnent] du cœur à l'ouvrage. [...] Bien que la communication dans l'usine soit bridée par les conditions de travail, [...] la communication est bien réelle. Les sujets de discussion sont variés : la scolarité des enfants, les activités du week-end ou le repas du soir. Discuter et rire permettent de se changer les idées et d'évacuer les tensions quand le quotidien devient trop lourd. [...] La vie d'usine est remplie de tous ces « petits bonheurs » [...] Paroles échangées à la sauvette, fêtes d'anniversaire..., ces « actes dérisoires » [viennent] agrémenter et égayer le quotidien. Les « gueuletons » organisés le vendredi après-midi, la « cagnotte café » [...] [constituent] autant de moments inoubliables de convivialité.

Manuella Roupnel-Fuentes, *Les Chômeurs de Moulinex*, © Puf, 2011.

1 Lire. Quelle est la part des personnes interrogées qui pense que l'on peut se faire des amis parmi ses collègues de travail ?

2 Illustrer. Montrez, à partir d'exemples tirés du texte, que les relations entre collègues de travail débordent du cadre strictement professionnel et peuvent se transformer en relations amicales.

DOC.2 L'objectif de la nomenclature des Professions et Catégories Socioprofessionnelles (PCS)

[La nomenclature des PCS] « a pour objet de classer l'ensemble de la population en un nombre restreint de catégories présentant chacune une certaine homogénéité sociale, les personnes appartenant à une même catégorie sont présumées susceptibles d'entretenir des relations professionnelles entre elles, avoir souvent des comportements et des opinions analogues, se considérer elles-mêmes comme appartenant à une même catégorie et être considérées par les autres comme appartenant à une même catégorie ». [...] L'activité professionnelle, si elle constitue un point de départ, n'est pas suffisante [...]. On peut exercer l'activité de chauffeur de taxi à son compte ou être employé par une compagnie. [...] La nomenclature de l'Insee est multidimensionnelle en ce sens qu'elle est le résultat de la combinaison de plusieurs critères [...] : profession individuelle (métier), statut [indépendant ou salarié] [...], qualification, place dans la hiérarchie, importance de l'entreprise, éventuellement secteur d'activité.

Serge Bosc, *Stratification et classes sociales*, © Armand Colin, 2013 (7e éd.).

3 Expliquer. Qu'est-ce qui différencie un chauffeur de taxi à son compte et un chauffeur de taxi employé par une compagnie de taxis ?

4 Comprendre. Pourquoi l'objectif principal de la nomenclature des PCS ne serait-il pas atteint si on regroupait le chauffeur de taxi à son compte et le chauffeur de taxi salarié dans la même catégorie socioprofessionnelle ?

DOC. 3 La nomenclature des Professions et Catégories Socioprofessionnelles (PCS)

Groupes socioprofessionnels

1. Agriculteurs exploiteurs
- 11 sur petite exploitation
- 12 sur moyenne exploitation
- 13 sur grande exploitation

2. Artisans, commerçants, chefs d'entreprise
- 21 artisans
- 22 commerçants
- 23 chefs d'entreprise de 10 salariés ou plus

3. Cadres et professions intellectuelles supérieures
- 31 professions libérales
- 33 cadres de la fonction publique
- 34 professeurs, professions scientifiques
- 35 professions de l'information, des arts et du spectacle
- 37 cadres administratifs et commerciaux d'entreprise
- 38 ingénieurs et cadres techniques d'entreprise

4. Professions intermédiaires
- 42 instituteurs et assimilés
- 43 professions intermédiaires de la santé et du travail social
- 44 clergé et religieux
- 45 professions intermédiaires administratives de la fonction publique
- 46 professions intermédiaires administratives et commerciales des entreprises
- 47 techniciens
- 48 contremaîtres, agents de maîtrise

5. Employés
- 52 employés civils et agents de service de la fonction publique
- 53 policiers et militaires
- 54 employés administratifs d'entreprise
- 55 employés de commerce
- 56 personnel de service direct aux particuliers

6. Ouvriers
- 62 ouvriers qualifiés de type industriel
- 63 ouvriers qualifiés de type artisanal
- 64 chauffeurs
- 65 ouvriers qualifiés de la manutention, du magasinage et du transport
- 67 ouvriers non qualifiés de type industriel
- 68 ouvriers non qualifiés de type artisanal
- 69 ouvriers agricoles

7. Retraités
- 71 anciens agriculteurs exploitants
- 72 anciens artisans, commerçants, chefs d'entreprise
- 73 anciens cadres et professions intermédiaires
- 76 anciens employés et ouvriers

8. Autres personnes sans activité professionnelle
- 81 chômeurs n'ayant jamais travaillé
- 82 inactifs divers (autres que retraités)

5 Comprendre. Qu'est-ce qui distingue les 6 premiers groupes socioprofessionnels des groupes 7 et 8 ?

6 Comprendre. Qu'est-ce qui distingue les groupes socioprofessionnels 1 et 2 des groupes 3, 4, 5 et 6 ?

7 Comprendre. À quel secteur d'activité appartiennent les individus regroupés dans le groupe socioprofessionnel 1 ?

8 Comprendre. Qu'est-ce qui différencie le groupe socioprofessionnel 3 des groupes 4, 5 et 6 ?

DOC. 4 La nomenclature ESeG *(European Socioeconomic Groups)*

La nomenclature ESeG est un projet de nomenclature sur lequel travaille l'Insee. Cette nomenclature, encore provisoire, cherche à faciliter les comparaisons entre pays européens en proposant une grille de classification commune à tous ces pays.

Projet de classification Socioéconomique européenne (ESeG)

1. Cadres dirigeants dont
- chefs d'entreprise,
- cadres dirigeants salariés

2. Professions intellectuelles et scientifiques dont
- ingénieurs
- médecins
- cadres administratifs, financiers et commerciaux
- professionnels de la justice
- enseignants

3. Professions intermédiaires salariées

4. Petits entrepreneurs (non salariés) dont
- exploitants agricoles
- commerçants
- artisans

5. Employés qualifiés dont
- employés de bureau
- aides-soignants

6. Ouvriers qualifiés salariés dont
- conducteurs de machines

7. Professions salariées peu qualifiées dont
- personnels de services et employés de commerce
- ouvriers peu qualifiés et manœuvres
- agents d'entretien

8. Retraités et personnes hors du marché du travail de 65 ans et plus

9. Autres personnes sans emploi

D'après Insee, 19 février 2016 (https://www.insee.fr/fr/statistiques/2022135)

9 Comparer. Comparez la manière dont sont classés les ouvriers et les employés dans la nomenclature des PCS et dans la classification ESeG.

10 Analyser. Dans quelles catégories de la classification ESeG retrouve-t-on les membres du groupe socioprofessionnel des cadres et professions intellectuelles supérieures ?

FAIRE LE POINT

Listez les critères qui sont utilisés pour construire la nomenclature des Professions et Catégories Socioprofessionnelles (PCS).

....

....

....

....

À RETENIR

- Les relations nouées dans l'univers professionnel occupent une place très importante dans le **réseau** d'un individu.
- Pour étudier les groupes socioprofessionnels, les sociologues utilisent fréquemment la nomenclature des **Professions et Catégories Socioprofessionnelles (PCS)**. Cette nomenclature rassemble des individus qui sont proches, notamment en termes de métier, de statut d'activité et de niveau de qualification.

DOSSIER 2

Le processus d'individualisation menace-t-il les liens sociaux ?

OBJECTIF :
Comprendre ce qu'est le processus d'individualisation et pouvoir l'illustrer.

A Le processus d'individualisation

Les sociétés modernes se caractérisent par un processus d'individualisation : les individus revendiquent leur autonomie et leur indépendance vis-à-vis des groupes sociaux traditionnels (famille, groupe religieux, village, etc.). Ce processus d'individualisation conduit à une transformation des liens sociaux.

DOC.1 Du « nous » au « je », le processus d'individualisation

Le terme *individu* lui-même a aujourd'hui essentiellement pour fonction d'exprimer que toute personne humaine, dans toutes les parties du monde, est ou doit être un être autonome qui commande sa propre vie, et en même temps que toute personne humaine est à certains égards différente de toutes les autres [...]. La structure des sociétés évoluées de notre temps a pour trait caractéristique d'accorder une plus grande valeur à ce par quoi les hommes se différencient les uns des autres, à leur « identité du je », qu'à ce qu'ils ont de commun, leur « identité du nous ». La première, « l'identité du je » prime sur « l'identité du nous » [...] Beaucoup de relations familiales qui revêtaient jadis pour la plupart des individus un caractère obligatoire, définitif et constituaient une contrainte extérieure prennent de plus en plus aujourd'hui l'aspect de relations délibérément choisies et révocables[1].

Norbert Elias, *La Société des individus*, © Pocket, 2004.

1. Que l'on peut rompre si on le souhaite.

1 Définir. Cherchez l'étymologie du terme « autonome » et expliquez ce qu'est un individu.

2 Comprendre. Qu'est-ce qui caractérise les sociétés modernes ?

3 Illustrer. Donnez un exemple pour illustrer la dernière phrase.

DOC.2 Évolution de la législation sur le divorce en France

En France, selon la loi du 27 juillet 1884, le divorce est possible en cas de « faute » de l'un des deux époux (adultère, condamnation à une peine « infamante »). La loi du 11 juillet 1975 ajoute la possibilité de divorcer en cas de « rupture de la vie commune » ou par consentement mutuel. La loi du 18 novembre 2016 modifie la procédure de divorce par consentement mutuel.

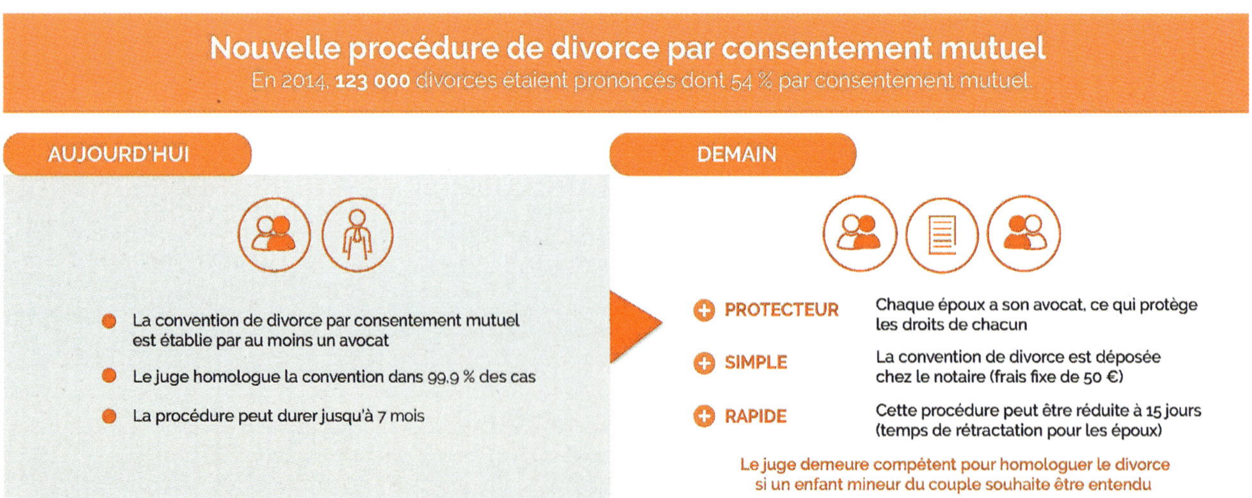

Source : infographie réalisée par le ministère de la Justice (janvier 2019).

4 Comprendre. Les motifs de divorce reconnus par la loi sont-ils plus nombreux en 1884 ou en 2016 ?

5 Justifier. Pourquoi peut-on parler d'une « déjudiciarisation » du divorce par consentement mutuel avec la loi de 2016 ?

6 Argumenter. En quoi l'évolution de la législation sur le divorce en France traduit-elle une modification de la conception des liens familiaux ?

DOC. 3 Processus d'individualisation et religion

Nombre de baptêmes en France

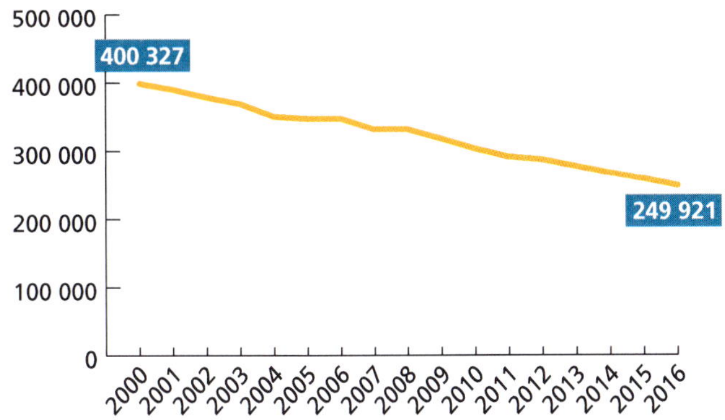

Source : « Statistiques de l'Église catholique en France et dans le monde », https://eglise.catholique.fr/.

Selon une étude Ifop, environ 65 % des Français se déclaraient catholiques en 2010. 7 % des catholiques se rendaient à la messe au moins une fois par mois.
Il faut […] remonter au XIXe siècle et à la confrontation de l'Église avec le bouleversement que constitue, à la Révolution, l'affirmation du droit des individus à l'autonomie, qui est le cœur de notre modernité. Celle-ci s'est imposée d'abord sur le terrain politique. Cette modernité à laquelle se heurte alors l'Église, c'est la reconnaissance de l'autonomie des citoyens, qui fait échapper la société à [l'emprise] de la religion. Or cette revendication d'autonomie n'a pas cessé de s'élargir et elle embrasse aujourd'hui la sphère de l'intime aussi bien que la vie morale et spirituelle des hommes et des femmes qui, sans cesser d'ailleurs nécessairement d'être croyants, récusent la légitimité de l'Église à dire la norme dans des registres qui ne relèvent que de leur conscience personnelle.

Danièle Hervieu-Léger, entretien dans *Télérama*, 14 novembre 2018.

7 Lire. Comment le nombre de baptêmes en France a-t-il évolué entre 2000 et 2016 ?

8 Expliquer. Comment le processus d'individualisation peut-il expliquer le déclin des pratiques religieuses ?

9 Argumenter. Montrez que le processus d'individualisation modifie la nature du lien qui unit les croyants à leur groupe religieux.

DOC. 4 Libres ensemble

La vie commune oblige de rompre avec le « tout individu », elle ne contraint pas à l'inverse au « tout collectif ». Pour être attractive, elle doit respecter les individus, y compris lorsqu'ils désirent être « seuls ». Dans la vie privée, un individu se définit ou est défini, à certains moments, avant tout comme un être « avec », et à d'autres comme un individu « seul ». L'appartement ou la maison est souvent divisé selon cette dualité, avec ses espaces collectifs et ses espaces personnels. […] Un enfant comprend assez vite que son parent n'est pas toujours disponible. Si ce dernier est fatigué par exemple, ce n'est peut-être pas le moment de lui demander de jouer ou de l'aider à résoudre un problème. Dans de telles conditions, son père ou sa mère n'est pas très père ou mère, étant bien davantage (ou rêvant d'être) seul. […] Inversement, [l'enfant] demandera que quelquefois on lui « lâche les baskets » pour être « seul » dans sa chambre, à faire ce qu'il veut, avec ou sans ses amis. […] La vie commune n'est pas, toujours, incompatible avec l'individualisation. Les uns et les autres restent vigilants pour défendre leur individualité.

François de Singly, *Libres ensemble. L'individualisme dans la vie commune*, © Armand Colin, 2016 (pour la 2e éd., Paris).

10 Illustrer. Quels sont, dans une maison ou dans un appartement, les « espaces collectifs » et les « espaces personnels » ?

11 Expliquer. Pourquoi peut-on dire qu'avec le processus d'individualisation, les membres d'une famille cherchent à être « libres ensemble » ?

FAIRE LE POINT

Vrai ou faux ? Justifiez vos réponses.

1. Le processus d'individualisation signifie que les individus sont égoïstes.

2. Le processus d'individualisation signifie que les individus n'appartiennent plus à aucun groupe.

3. Le processus d'individualisation signifie que les individus sont plus autonomes et qu'ils peuvent davantage choisir les groupes auxquels ils appartiennent.

À RETENIR

Le processus d'**individualisation**, caractéristique des sociétés modernes, entraîne une recomposition des **liens sociaux**. Les individus continuent à former des **groupes sociaux** mais ils considèrent de plus en plus les liens qui les unissent à ces groupes comme des liens choisis, qui ne doivent pas entraver leur épanouissement personnel.

OBJECTIF : Savoir distinguer ce que Durkheim appelle « solidarité mécanique » et « solidarité organique ».

B L'évolution des formes de solidarité : solidarité mécanique et solidarité organique

Selon Durkheim, le processus d'individualisation auquel conduit la division du travail affaiblit la solidarité mécanique. Toutefois, en rendant les individus complémentaires, la division du travail fait naître une autre forme de solidarité : la solidarité organique.

DOC.1 Les formes de solidarité chez Durkheim

Tandis que la [solidarité mécanique] implique que les individus se ressemblent, [une deuxième forme de solidarité] suppose qu'ils diffèrent les uns des autres. La première n'est possible que dans la mesure où la personnalité individuelle est absorbée dans la personnalité collective ; la seconde n'est possible que si chacun a une sphère d'action qui lui est propre, par conséquent une personnalité [...]. Cette [deuxième forme de] solidarité ressemble à celle que l'on observe chez les animaux [...]. Chaque organe, en effet, y a sa physionomie spéciale, son autonomie, et pourtant l'unité de l'organisme est [...] grande. En raison de cette analogie, nous proposons d'appeler organique la solidarité qui est due à la division du travail.

Émile Durkheim, *De la division du travail social* (1893), © PUF, 2013.

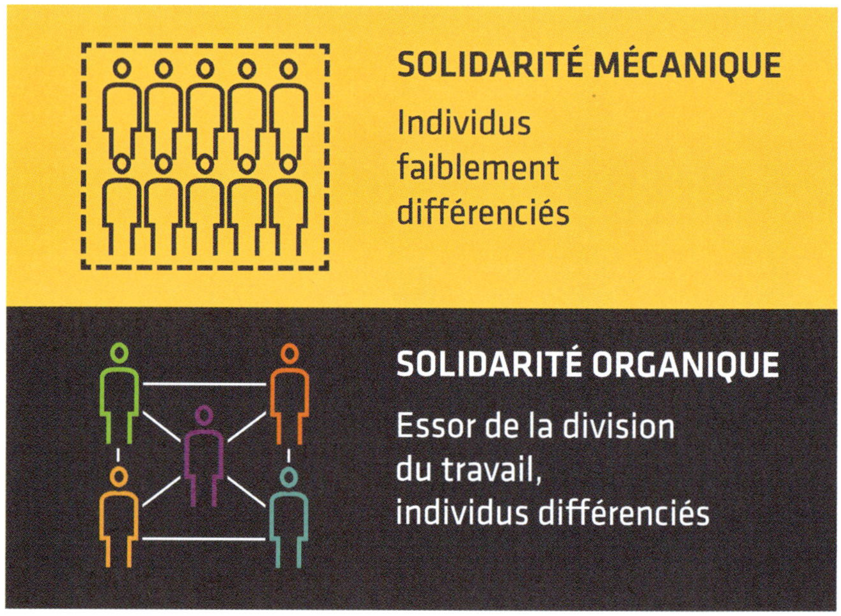

1 Comprendre. Qu'est-ce qui crée la solidarité mécanique ?

2 Expliquer. Dans une société où le processus d'individualisation s'est mis en place, la solidarité peut-elle reposer sur la ressemblance ?

3 Comprendre. Comment la division du travail peut-elle créer une solidarité entre les individus ?

4 Justifier. Pourquoi Durkheim qualifie-t-il cette solidarité d'organique ?

DOC.2 Les effets de la division du travail

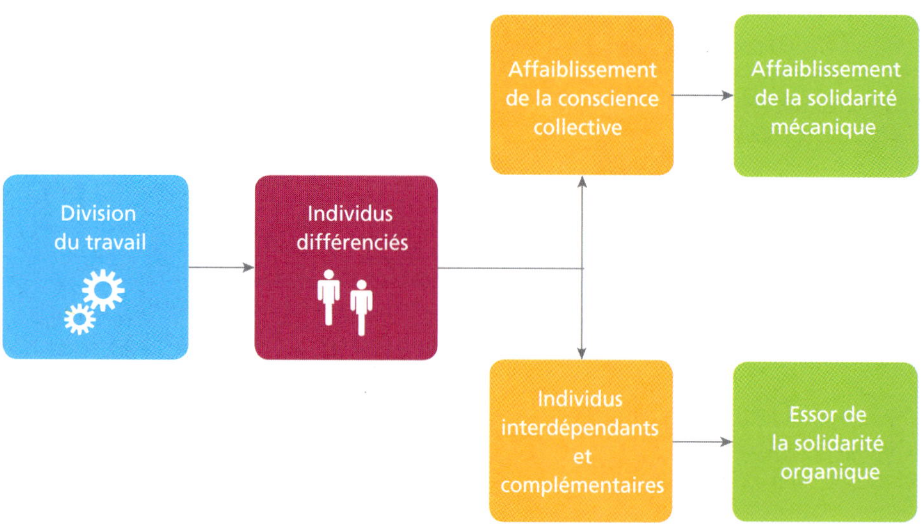

5 Expliquer. Pourquoi l'extension de la division du travail affaiblit-elle la solidarité mécanique ?

6 Argumenter. La différenciation des individus a-t-elle nécessairement des effets négatifs sur la solidarité au sein de la société ?

DOC.3 La solidarité dans un groupe d'amis

Le théoricien à l'esprit raisonneur et subtil a souvent une sympathie toute spéciale pour les hommes pratiques, [...] aux intuitions rapides; le timide pour les gens décidés et résolus, le faible pour le fort, et réciproquement. Si richement doués que nous soyons, il nous manque toujours quelque chose, et les meilleurs d'entre nous ont le sentiment de leur insuffisance. C'est pourquoi nous cherchons chez nos amis les qualités qui nous font défaut, parce qu'en nous unissant à eux [...] nous nous sentons alors moins incomplets. Il se forme ainsi de petites associations d'amis où chacun a son rôle conforme à son caractère, où il y a un véritable échange de services. L'un protège, l'autre console; celui-ci conseille, celui-là exécute, et c'est ce partage des fonctions, ou, pour employer l'expression consacrée, cette division du travail qui détermine ces relations d'amitié. Nous sommes ainsi conduits à considérer la division du travail sous un nouvel aspect [...], sa véritable fonction est de créer entre deux ou plusieurs personnes un sentiment de solidarité.

Émile Durkheim, *De la division du travail social* (1893), © PUF, 2013.

7 Expliquer. En quel sens peut-on dire que la solidarité au sein d'un groupe d'amis est une solidarité organique?

8 Discuter. La solidarité dans un groupe de pairs repose-t-elle nécessairement sur la complémentarité?

DOC.4 Deux formes de solidarité qui peuvent coexister: l'exemple des guildes

L'étude détaillée des guildes[1] [...] [révèle] que ces collectifs se fondent principalement selon deux logiques qui ne s'excluent pas:

– des sociabilités numériques: les joueurs, sans se connaître physiquement [...] fondent ou adhèrent à une guilde;
– des sociabilités prolongées: camarades d'école [...], collègues de travail, amis [...]. Toutes sortes de réseaux préalablement constitués se prolongent dans le jeu et peuvent prendre la forme d'une guilde.

À ces deux logiques, on peut faire correspondre [...] deux formes d'attachement et de relations sociales entre les joueurs. [...] Dans le premier cas, les joueurs se regroupent en guilde parce qu'ils ont, à titre individuel, un intérêt à jouer collectivement pour venir à bout de certaines épreuves dans le jeu [...]. Dans le second cas, les joueurs se constituent ou adhèrent à une guilde parce qu'ils se sentent «proches». [...] Le type de liens alors partagés dans ces guildes relève moins d'une recherche de performance que du sentiment d'appartenir à un groupe d'amis ou de personnes avec qui on partage des valeurs, des façons communes de jouer et de se divertir.

1. Groupe d'individus qui forment une équipe dans un jeu en ligne multi-joueurs.

Vincent Berry, *L'Ordinaire d'Internet*, © Armand Colin, 2016, Paris.

▲ Championnats du monde 2018 de *World of Warcraft*.

9 Décrire. Quels sont les deux types de guildes que l'on peut observer?

10 Comprendre. À quelles formes de solidarités chacun de ces types de guildes correspond-il?

11 Analyser. Peut-on dire que la solidarité organique a totalement remplacé la solidarité mécanique dans les sociétés modernes?

FAIRE LE POINT

Complétez le tableau avec: *faiblement différenciés • étendue • fortement différenciés • similitude des individus • complémentarité des individus • restreinte.*

	Solidarité mécanique	Solidarité organique
Division du travail		
Individus		
Fondement de la solidarité		

À RETENIR

- Selon Durkheim, dans les sociétés traditionnelles, les individus sont faiblement différenciés et la solidarité repose sur la similitude (**solidarité mécanique**).
- Avec l'extension de la division du travail, les individus se différencient et la solidarité repose alors sur la complémentarité des individus (**solidarité organique**).
- La solidarité mécanique n'a cependant pas disparu dans les sociétés modernes et ces deux types de solidarité coexistent.

DOSSIER 3

Les sociabilités numériques entraînent-elles une recomposition du lien social ?

OBJECTIF : Comprendre que les liens sociaux doivent être entretenus et savoir ce qu'est la sociabilité.

A Nouer et entretenir des liens sociaux : la sociabilité

La sociabilité est l'activité par laquelle les individus créent et entretiennent des contacts avec des personnes qui ne font pas partie de leur ménage. Cette sociabilité est plus ou moins forte selon les milieux sociaux et doit être entretenue.

DOC. 1 Une sociabilité plus ou moins forte

Taux d'adhésion à une association (en %)

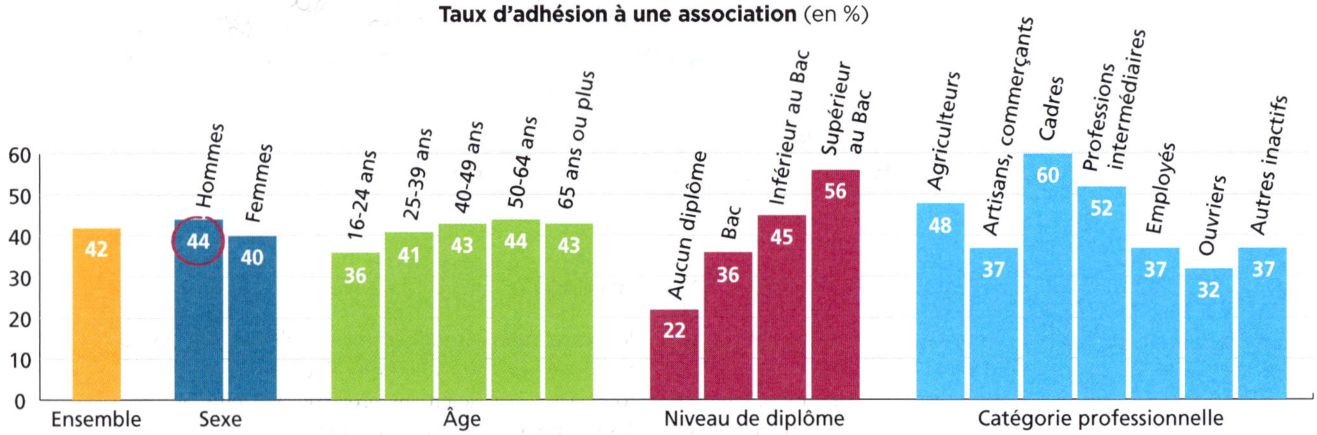

Champ : personnes âgées de 16 ans ou plus résidant en ménages ordinaires en France métropolitaine, enquête Insee 2013.

Source : D'après Carine Burricand et François Gleizes, « Trente ans de vie associative. Une participation stable mais davantage féminine », *Insee Première*, n° 1580, 2016.

1 Lire. Faites une phrase avec le chiffre entouré.

2 Analyser. Quel est l'impact du niveau de diplôme sur le taux d'adhésion à une association ?

3 Argumenter. Le temps libre est-il un facteur décisif pour l'adhésion à une association ?

4 Synthétiser. Quels facteurs jouent sur la sociabilité associative ?

DOC. 2 La sociabilité adolescente et la recherche d'un espace à soi

Les sociabilités de la majorité des adolescents de la commune se structurent autour d'un groupe de pairs exclusif, [...] et où l'entre-soi collectif est vivement recherché. [...] [Cela] se traduit [...] par l'appropriation [...] de lieux spécifiques au sein de l'espace public résidentiel [...]. Plus précisément, le groupe nous a semblé privilégier quelques lieux particuliers – l'arrière de la salle polyvalente, le terrain vague situé à l'arrière du château d'eau, ainsi que le devant du cimetière situé à l'écart du village –, des lieux facilement appropriables et où les adolescents peuvent librement s'adonner à leurs pratiques de sociabilité. Ce besoin d'appropriation de lieux particuliers au sein de l'espace public résidentiel s'observe plus encore au travers des formes de personnalisation de ces micro-territoires que les adolescents marquent symboliquement, comme le terrain vague situé à l'arrière du château d'eau où ils ont aménagé un « espace à eux » – une table et des bancs en bois afin de s'y asseoir –, ou sur le mur duquel ils ont dessiné quelques graffiti.

Julian Devaux, « Les trois âges de socialisation des adolescents ruraux », *Agora débats/jeunesses*, n°68, 2014.

5 Expliquer. Pourquoi peut-on parler d'un « groupe de pairs exclusif » ?

6 Expliquer. En quoi les lieux dans lesquels se retrouvent ces adolescents leur permettent-ils de s'assurer un « entre-soi collectif » ?

7 Illustrer. Par quels moyens les adolescents s'approprient-ils les lieux dans lesquels ils se retrouvent ?

DOC. 3 La fête des voisins

La « fête des voisins » créée en 1999 a lieu une fois par an, fin mai ou début juin. Il s'agit d'organiser une soirée entre voisins qui ne se connaissent pas toujours : par exemple, chacun vient avec un plat pour un repas collectif dans la cour de l'immeuble. En France, la « fête des voisins » est souvent organisée à l'initiative des organismes HLM ou de la mairie.

Capture du site www.lafetedesvoisins.fr.

8 Comprendre. Quel est l'objectif de la « fête des voisins » ?

9 Justifier. Pourquoi peut-on dire que la sociabilité n'est pas toujours spontanée ?

DOC. 4 Pourquoi des rencontres amicales par Internet ?

Le site On va sortir *propose à ses membres de participer à des sorties (sportives, culturelles, amicales) organisées par d'autres membres.*

Il y a d'abord […] des interviewés ayant grandi en banlieue qui s'éloignent de chez leurs parents pour s'installer à proximité de leur lieu de travail. Ainsi, Jérôme, 23 ans, après son embauche à la RATP, se retrouve cantonné à ne plus fréquenter que ses collègues d'atelier, des hommes tous plus âgés que lui. Il a laissé à l'autre bout de l'Île-de-France la plupart de ses fréquentations antérieures. […] Les mobilités concernent souvent des distances plus grandes encore. Parmi les personnes interviewées, trois quarantenaires rentrent d'une vie d'expatrié [...]. Sarah, 40 ans, employée dans une association sportive, [...] n'a pas retrouvé en France le tissu amical qu'elle avait en Australie. […] Enfin, de nombreuses inscriptions sont à mettre en regard des activités professionnelles des personnes. Avec un emploi du temps atypique (horaires décalés, travail par missions, phases de chômage…), beaucoup ont du temps disponible à l'heure où leurs amis n'en ont pas. D'autres font face à un isolement professionnel plus ou moins prononcé (indépendants, travailleurs à domicile, autoentrepreneurs, etc.).

Anne-Sylvie Pharabod, *L'Ordinaire d'Internet*, © Armand Colin, 2016, Paris.

10 Comprendre. Pourquoi peut-on parler pour Jérôme comme pour Sarah d'une perturbation des sociabilités antérieures ?

11 Comprendre. Dans quels cas l'activité professionnelle peut-elle conduire à une forme d'isolement ?

12 Argumenter. En ne vous limitant pas aux exemples du texte, montrez qu'il est parfois nécessaire de se reconstruire un réseau de sociabilité.

FAIRE LE POINT

Trouvez la bonne réponse.

1. La sociabilité…
- est le fait de créer et d'entretenir des contacts avec des personnes en dehors du ménage.
- est le processus d'intériorisation des valeurs et des normes du groupe.

2. La sociabilité chez les adolescents…
- est principalement une sociabilité associative.
- est principalement une sociabilité entre pairs.
- ne s'effectue qu'à l'école.

À RETENIR

- Les **liens sociaux** ne sont pas toujours spontanés. Ils doivent souvent être construits puis entretenus : c'est ce que permet la **sociabilité**.
- Le niveau de diplôme, la catégorie professionnelle, l'âge ou le sexe ont une influence sur l'identité des personnes avec qui nous entrons en contact, comme sur la fréquence de ces contacts.

OBJECTIF :
Comprendre ce que sont les sociabilités numériques et savoir en quoi elles participent à l'entretien des liens sociaux.

B Les nouvelles sociabilités numériques

Les nouvelles technologies numériques (Internet et téléphonie mobile notamment) sont utilisées par une partie croissante de la population. Ces nouvelles technologies font émerger de nouvelles formes de sociabilités : les sociabilités numériques.

DOC. 1 Internet et vie sociale

Usage d'Internet selon l'âge en 2017

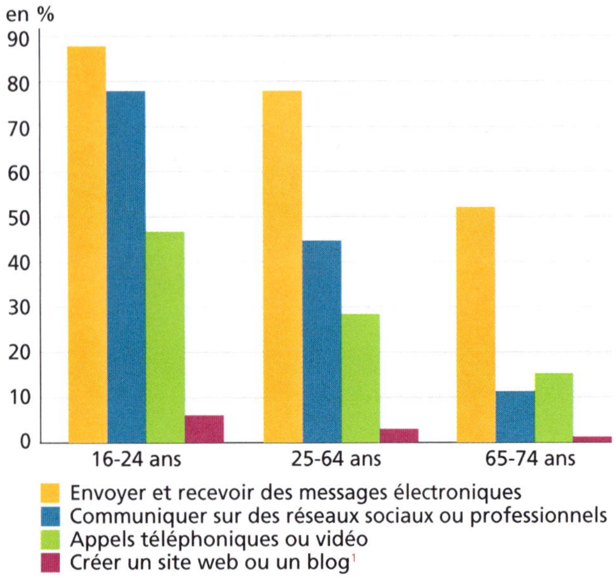

1. Données de 2016.
Champ : France, ensemble des particuliers.

Source : www.insee.fr.

1 Lire. Quelle est l'utilisation la plus fréquente d'Internet ?

2 Comparer. Montrez que l'usage d'Internet dépend de l'âge.

3 Analyser. L'utilisation d'Internet peut-elle renforcer la sociabilité ?

DOC. 2 Le tricot sur Internet

Créé en 2008 et essentiellement dédié au tricot et au crochet, *Ravelry.com* est à la fois un réseau social avec des pages personnelles, des groupes de discussion et des forums, une base de données de fils, de modèles et de projets (actuellement 580 000 modèles, 14 millions de projets), et un marché, avec un système de micro-transaction permettant aux utilisateurs d'acheter et de vendre des modèles de tricot en format électronique. [...] *Ravelry* compte quelque 6 millions de comptes en ce début d'année 2016, dont 10 000 environ sont localisés en France.

Sur Internet, [...] on ne tricote pas à proprement parler, mais les activités périphériques au tricot prennent une ampleur et une visibilité plus importantes : on s'informe, on échange, on explore, on évalue et on choisit. [...] Finir un tricot pour beaucoup d'utilisatrices de *Ravelry* [...] c'est aussi prendre son appareil ou son Smartphone pour prendre une photo de l'ouvrage et la mettre en ligne, devenant susceptible d'être commentée et autour de laquelle s'ouvrira peut-être une conversation.

Vinciane Zabban, « Tricoter en public. Internet et le *coming out* de la tricoteuse », *L'Ordinaire d'Internet*, © Armand Colin, 2016, Paris.

4 Illustrer. Quels peuvent-être les sujets abordés dans les groupes de discussion liés à ce site sur le tricot ?

5 Expliquer. Pourquoi peut-on dire que le site Ravelry permet de « tricoter en public » ?

DOC. 3 Le bénévolat à l'ère du numérique

Page d'accueil du site «jeune et bénévole»: https://www.jeuneetbenevole.org/

6 Décrire. Quel est l'objectif du site Internet «Jeune et bénévole»?

7 Argumenter. Peut-on totalement dissocier «vie virtuelle» (sur Internet) et «vie réelle»?

DOC. 4 Les sites de rencontres

Taux d'usage des sites de rencontres en 2006 et en 2013 (en %)

	26-30 ans	31-35 ans	36-40 ans	41-45 ans	46-50 ans	51-55 ans	56-60 ans	61-65 ans	Total 26-65 ans
2006	19	13	10	9	7	4	3	2	9
2013	29	21	16	14	12	10	6	3	14

Champ : femmes et hommes âgés de 18 à 65 ans en 2006 (N = 11 872) ; femmes et hommes âgés de 26 à 65 ans en 2013 (N = 7 825).
Lecture : en 2006, 19 % des personnes âgées de 26 à 30 ans s'étaient déjà connectées à un site de rencontres, proportion qui atteint 29 % en 2013.

Source : Marie Bergstöm, «Sites de rencontres : qui les utilise en France ? Qui y trouve son conjoint ?», *Population & Sociétés*, n°530, février 2016.

8 Lire. Faites une phrase avec la donnée entourée.

9 Comparer. Montrez que l'inscription sur les sites de rencontres dépend de l'âge mais qu'elle est globalement de plus en plus fréquente.

FAIRE LE POINT

Vrai ou faux ? Justifiez vos réponses.

1. Il ne peut y avoir de sociabilités numériques qu'à travers l'usage des réseaux sociaux.

2. Les nouvelles technologies numériques permettent de nouer de nouveaux liens sociaux.

3. Les sociabilités numériques ne concernent que les adolescents et les jeunes adultes.

À RETENIR

- Le développement et la diffusion des nouvelles technologies numériques permettent aux individus d'entrer en relation sans contact physique : on parle de **sociabilités numériques**.
- Ces nouvelles formes de sociabilité contribuent à renforcer les **liens sociaux**.

OBJECTIF :
Relativiser l'impact des sociabilités numériques sur les liens sociaux.

C Un impact limité sur les liens sociaux

Les sociabilités numériques contribuent au lien social en facilitant les contacts entre les individus. Toutefois, il n'est pas certain qu'elles modifient en profondeur le réseau de ces individus et qu'elles suffisent à faire disparaître les frontières entre groupes sociaux.

DOC.1 Les amis *Facebook*

Nous sommes parvenus à une meilleure connaissance de la nature du réseau des « amis *Facebook* » des 18-25 ans et de leur pratique de la plateforme : ce réseau n'est que marginalement composé d'inconnus, et intégrer quelqu'un à son réseau n'est pas une question prise à la légère. La forte présence de proches dans ce réseau suggère l'idée selon laquelle le monde côtoyé sur le réseau n'est pas si éloigné de leur monde vécu « hors ligne », c'est-à-dire de la vie sociale qui est celle en dehors de l'écran de l'ordinateur et du Smartphone : les jeunes adultes y retrouvent leurs proches, leurs amis. [...] Nous savons également un peu mieux « à quoi sert *Facebook* ? ». Pour l'essentiel, la réponse à cette question tient dans ces quelques mots : pour discuter avec ses proches, pour échanger avec ceux qui sont liés à la vie quotidienne, pour organiser les loisirs, les sorties, les rencontres et, le cas échéant, le travail scolaire.

Éric Dagiral et Olivier Martin, « Sur *Facebook*, les jeunes sont-ils dans un monde à part ? », *L'Ordinaire d'Internet*, © Armand Colin, 2016, Paris.

1 Comprendre. Le réseau social *Facebook* sert-il principalement à nouer des contacts avec des personnes que l'on ne connaissait pas ?

2 Illustrer. Montrer que *Facebook* sert à renforcer les liens déjà existants au sein du groupe de pairs.

DOC.2 LinkedIn, un réseau professionnel en ligne

Visionnez la vidéo
vidéo France info : « Expliquez-nous... LinkedIn ».
© Radio France, 2016.
www.lienmini.fr/ses-1-022

LinkedIn compte plus de 300 millions d'utilisateurs actifs à travers le monde. La plupart d'entre eux ont entre 500 et 999 contacts sur le site. 72,8 % d'entre eux utilisent LinkedIn pour renouer le contact avec d'anciens collègues ou associés (« Portrait of a LinkedIn user 2014 », www.powerformula.net).

« Nous voulons créer des opportunités pour tous les travailleurs, y compris les emplois peu ou pas qualifiés. L'introduction de vidéos permet notamment aux artisans de mettre en avant leur activité auprès des autres membres. Il y a par exemple des plombiers qui montrent en images les dernières innovations de leur métier. Des communautés se créent autour de segments d'activités spécifiques. »

Interview de Jeff Weiner, PDG de LinkedIn, « LinkedIn a 15 millions de membres en France », Virginie De Kerautem, Cyril Peter, *Le Parisien*, 20 novembre 2017.

3 Comprendre. Quelle est la principale différence entre le réseau constitué sur *Facebook* et le réseau constitué sur *LinkedIn* ?

4 Argumenter. *LinkedIn* sert-il principalement à mettre en relation des personnes appartenant à des milieux socioprofessionnels différents ?

DOC.3 Les rencontres par Internet : la fin de l'homogamie ?

L'homogamie fait l'objet de nombreux travaux dont les résultats – les « statistiques » – sont aujourd'hui connus au-delà du cercle académique : « la "foudre", quand elle tombe, ne tombe pas n'importe où » [...]. L'homogamie [...] tient d'abord aux contextes de sociabilité. La ségrégation sociale des espaces de vie fait que les individus ont des opportunités de rencontres plus importantes lorsqu'ils sont proches dans l'espace social [...]. Les sites de rencontres mettent au défi ce modèle de la formation des couples. [...] Déconnectés des lieux de vie, les sites de rencontres semblent désenclaver[1] l'espace des rencontres amoureuses et sexuelles. Cela d'autant plus que, mettant en relation des individus sans interconnaissance préalable, ils suspendent la médiation des cercles de sociabilité. Cette apparente annulation du premier facteur homogame [la fréquentation de lieux différents selon la catégorie sociale] a conduit un certain nombre d'auteurs à voir dans ces sites un [lieu de rencontres amoureuses] plus « libre ».

Marie Bergström, « (Se) correspondre en ligne. L'homogamie à l'épreuve des sites de rencontres », *Sociétés contemporaines*, n° 104, 2016/4, © 2016 Presses de la Fondation Nationale des Sciences Politiques.

1. Rompre l'isolement. Ici, dans le sens d'agrandir ou d'ouvrir.

5 Définir. Qu'est-ce que l'homogamie ?

6 Comprendre. Quelle est l'explication de l'homogamie selon l'auteure ?

7 Analyser. Pourquoi les sites de rencontres en ligne pourraient-ils limiter l'homogamie ?

DOC.4 Qui se ressemble, s'écrit

	Destinataire niveau inférieur au Bac	Destinataire niveau Bac	Destinataire niveau Bac +5 et plus
Expéditeur niveau inférieur au Bac	++	+	--
Expéditeur niveau Bac	+	+	-
Expéditeur niveau Bac + 5	--	-	++

Champ : mails échangés en 2014 sur le site de rencontres en ligne *Meetic*.
Lecture : La probabilité d'une prise de contact (envoi d'un email) est très faible (« -- »), faible (« - »), forte (« + ») ou très forte (« ++ »).

Source : Marie Bergstöm, « (Se) correspondre en ligne. L'homogamie à l'épreuve des sites de rencontres », *Sociétés contemporaines*, 2016/4, © 2016 Presses de la Fondation Nationale des Sciences Politiques.

8 Analyser. Repérez les deux cas où la probabilité d'une prise de contact est la plus forte. Qu'observe-t-on ?

9 Montrer. Montrez que les utilisateurs de ce site de rencontres prennent rarement contact avec des personnes ayant un niveau de diplôme très différent du leur.

10 Synthétiser. Peut-on dire que les sites de rencontres réduisent fortement l'homogamie ?

FAIRE LE POINT

Faites la liste des 10 personnes avec lesquelles vous entrez le plus souvent en contact sur les réseaux sociaux. Quelle est la proportion de ces personnes que vous rencontrez physiquement au moins 2 ou 3 fois par semaine ? Ce résultat confirme-t-il la thèse défendue aux pages 184-185 ?

À RETENIR

Les nouvelles technologies numériques ne modifient pas en profondeur le **réseau** de relations des individus. Les **sociabilités numériques** redoublent souvent les sociabilités déjà existantes et elles ne conduisent que rarement à entrer en contact avec des individus appartenant à des **groupes sociaux** très différents des nôtres.

DOSSIER 4

Pourquoi les liens sociaux peuvent-ils s'affaiblir ?

OBJECTIF : Connaître les évolutions qui peuvent fragiliser les liens sociaux.

A Les différents facteurs d'affaiblissement des liens sociaux

Certaines transformations sociales peuvent provoquer un affaiblissement des liens sociaux et conduire certains individus à une situation d'isolement.

DOC. 1 L'affaiblissement des liens familiaux

Évolution des lieux de décès entre 1972 et 2016 (en %)

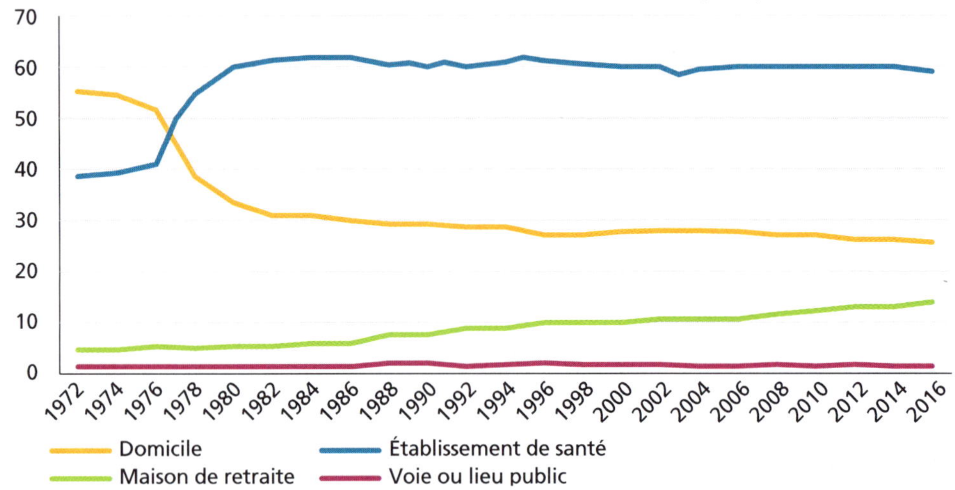

Source : Vanessa Bellamy, « 594 000 personnes décédées en France en 2016, pour un quart d'entre elles à leur domicile », *Insee Focus*, n° 95, 2017.

1 Lire. Faites une phrase avec les données concernant l'année 1972.

2 Comparer. Que peut-on dire à propos de l'évolution des lieux de décès entre 1972 et 2016 ?

3 Analyser. En quoi l'évolution des lieux de décès peut-elle être analysée comme un signe de « l'éclatement des familles » ?

DOC. 2 Statut d'activité et liens sociaux

Le marché du travail en 2017

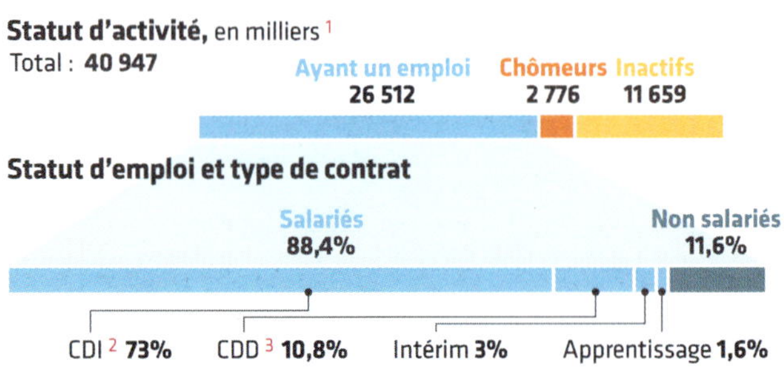

1. France hors Mayotte 2. Contrat à durée indéterminée 3. Contrat à durée déterminé.
Source : Insee (avril 2018).

Part des personnes à temps partiel en France de 1975 à 2017

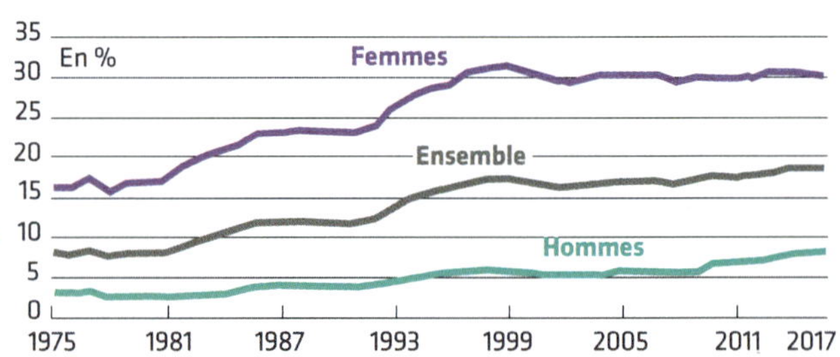

Champ : personnes âgées de 15 ans ou plus et vivant en ménages ordinaires.
Source : d'après « Fiche Marché du Travail », Insee Références, édition 2018.

4 Calculer. Quelle est la part des chômeurs parmi l'ensemble des actifs ?

5 Calculer. Quelle est la part des personnes en contrats à durée indéterminée parmi les actifs occupés ?

6 Décrire. Comment la part des emplois à temps partiel a-t-elle évolué entre 1975 et 2017 ?

7 Comprendre. Quelle est la conséquence de la montée des contrats à durée déterminée et des emplois à temps partiel sur les liens noués avec les collègues de travail ?

DOC. 3 La ségrégation urbaine

❶ Les catégories sociales supérieures sont confrontées à deux solutions face à la présence jugée au moins potentiellement menaçante des catégories populaires [...]. La première consiste, [...] à leur inculquer au minimum les règles élémentaires de la civilité urbaine [...]. C'est ce que cherchent à faire en priorité ceux qu'on appelle les «gentrifieurs»[1] lorsqu'ils vivent dans des quartiers de mixité sociale en voie d'embourgeoisement. La seconde est plus radicale. Loin de pouvoir imposer aux catégories populaires l'ordre moral auquel elles sont attachées, les catégories sociales supérieures chercheraient à le préserver de toutes les forces supposément subversives susceptibles de se répandre à proximité de leur quartier, considéré comme le dernier bastion de la paix sociale. [...]. La frontière spatiale aurait alors pour fonction de préserver, non seulement le statut social, mais aussi l'ordre moral.

Bruno Cousin, Camila Giorgetti, Jules Naudet et Serge Paugam, *Ce que les riches pensent des pauvres*, © Le Seuil, 2017.

1. Personnes de catégories aisées qui viennent habiter dans des quartiers populaires.

❷ Dans les quartiers les plus pauvres, près de huit personnes sur dix vivent avec un revenu inférieur au seuil de pauvreté à 60 % du revenu médian, soit avec moins de 1 000 euros par mois et par personne. Le record est atteint dans le quartier «Jean Perrin» à Nîmes, où près de 80 % des habitants, soit 1 200 personnes, vivent sous ce seuil de pauvreté.

« Ces quartiers où plus de la moitié de la population est pauvre », Observatoire des inégalités, 28 décembre 2017. www.inegalites.fr.

8 Comprendre. Que reprochent les membres des catégories les plus favorisées aux membres des catégories populaires ?

9 Illustrer. Par quels moyens les membres des catégories les plus favorisées peuvent-ils mettre en place une «frontière spatiale» les isolant du reste de la population ?

10 Analyser. Pourquoi peut-on parler de «ségrégation urbaine» ?

DOC. 4 L'isolement, un phénomène plus fréquent

«Près d'une personne sur dix est en situation objective d'isolement, c'est-à-dire qu'il ou elle ne rencontre que très rarement d'autres personnes» rappelle le Conseil économique social et environnemental [...]. Massif, cet isolement, qui concerne 5,5 millions de personnes dont 1,2 million de personnes de plus de 75 ans, est «en voie d'aggravation car un certain nombre de tendances lourdes de notre société mettent à l'épreuve le lien social» [...]. En particulier, écrit le rapport, «la proportion de personnes résidant seules est passée de 6 % en 1962 à 19 % en 2013» du fait de l'allongement de la durée de vie, mais aussi à cause de la multiplication des séparations ou de l'allongement de la période entre le départ du domicile parental et l'emménagement en couple. Le manque de travail ou son évolution, sous une forme plus précaire, plus mobile, ou plus indépendante ajoutent au phénomène.

Nathalie Birchem, «L'isolement social, ce fléau invisible», *La Croix*, 28 juin 2017.

11 Distinguer. Isolement et sentiment de solitude vont-ils nécessairement ensemble ?

12 Comprendre. Pourquoi les personnes de plus de 75 ans sont-elles particulièrement touchées par l'isolement ?

13 Synthétiser. Recensez les facteurs de fragilisation des liens sociaux présentés dans ce document.

FAIRE LE POINT

Vrai ou faux ? Justifiez vos réponses.

1. Les évolutions récentes sur le marché du travail fragilisent les liens sociaux.

2. Les membres des classes supérieures recherchent le plus souvent à habiter dans des quartiers mixtes socialement.

3. Les cas d'isolement sont aujourd'hui moins fréquents que dans les années 1960.

À RETENIR

La fragilité accrue des liens familiaux, la montée du chômage, la **précarisation** des emplois, la recherche de l'entre-soi et les choix de lieu d'habitation qu'elle implique peuvent provoquer un **affaiblissement des liens sociaux**.

OBJECTIF :
Comprendre que l'affaiblissement des liens sociaux peut avoir une dimension cumulative.

B Des facteurs qui peuvent se cumuler

Les facteurs qui conduisent à un affaiblissement des liens sociaux peuvent se cumuler. C'est alors l'ensemble des liens sociaux qui sont fragilisés.

DOC. 1 La désaffiliation selon Robert Castel[1]

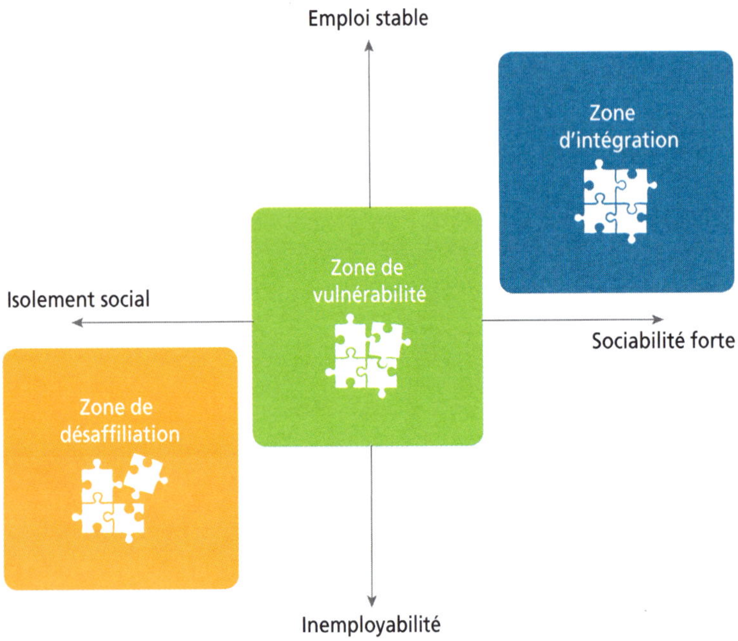

1. Robert Castel (1933-2013), sociologue français, utilise le terme de « désaffiliation » pour aborder la précarisation du travail et l'isolement social (fragilisation des autres liens sociaux).

POUR LIRE LE SCHÉMA

- L'axe vertical va de l'**inemployabilité** à l'**emploi stable** en passant par toutes les situations intermédiaires (et notamment le chômage de courte durée et les emplois précaires).
- L'axe horizontal va de l'**isolement social** à une situation de **forte sociabilité**, en passant par toutes les situations intermédiaires.

1 Comprendre. Dans quelle zone faudrait-il classer Jeanne, mariée, deux enfants, salariée en CDI ?

2 Illustrer. Donnez deux exemples de personnes qui seraient en zone de vulnérabilité, puis l'exemple d'une personne qui serait en zone de désaffiliation.

3 Analyser. Pourquoi peut-on dire que la désaffiliation est le résultat d'un processus cumulatif ?

DOC. 2 Le chômage, une épreuve familiale

Le chômage est une épreuve qui « fait émerger d'autres fragilités » avec lesquelles on composait tant bien que mal jusque là. Sept ans après, il reste « beaucoup de familles », témoigne Antoine d'Abbundo, qui restent « impactées par la fermeture du site Continental » (à Clairoix en 2010). L'épreuve du chômage n'est pas seulement un drame pour celui ou celle qui est licencié. « Elle fait irruption à l'intérieur de la personne », explique la psychologue [Madeleine Cord], et c'est un temps périlleux pour l'ensemble de sa famille. Une perte de confiance en soi, « un sentiment de nullité », qui peut pousser à des tentatives de suicide. [...] Perdre son travail, c'est perdre un salaire, mais aussi un statut. Les difficultés sont d'ordre économique, social, et aussi psychologique. « Quand on arrive à les faire parler, ce qui arrive en premier, c'est comment la relation parent-enfant est bousculée, avant d'ailleurs la relation mari-femme. »

« Le chômage, une épreuve pour toute la famille », https://rcf.fr, 28 mars 2017.

4 Comprendre. Pourquoi peut-on dire que le chômage correspond à une perte de statut ?

5 Analyser. Dans le cas des salariés licenciés par l'entreprise Continental, pourquoi peut-on parler d'un affaiblissement cumulatif des liens sociaux ?

DOC. 3 Taux de pauvreté selon la composition du ménage et selon le statut d'activité

(en %)	Taux de pauvreté
Salariés	3,2
Indépendants	11,9
Chômeurs	25,3
Retraités	2,8
Autres inactifs	18,3
Ensemble	7,4

Champ : individus de 15 ans et plus, hors étudiants.

(en %)	Taux de pauvreté
Personnes seules	9,6
Familles monoparentales	19
Couples sans enfant	3
Couples avec enfant(s)	7,3
Autres types de ménages	11,7
Ensemble	8

Champ : population vivant en France

Seuil de pauvreté fixé à 50 % du niveau de vie médian.

Source : Observatoire des inégalités, Rapport sur la pauvreté en France, 2018.

6 Lire. Faites une phrase avec la donnée entourée.

7 Comparer. Montrez que le taux de pauvreté dépend du statut d'activité.

8 Analyser. Montrez que la fragilisation des liens familiaux augmente le risque de pauvreté.

DOC. 4 Des liens sociaux recomposés : le cas des personnes sans domicile fixe

Les SDF vivent en interdépendance avec les passants, les commerçants, les travailleurs sociaux qui circulent ou qui exercent leurs fonctions dans l'espace public. Entre ces acteurs, au moins entre ceux qui se croisent régulièrement, des conventions peuvent être établies, des normes peuvent être forgées, des rites peuvent être respectés. […] [Ils] se testent, apprennent à coopérer. [...] Les SDF peuvent ne pas avoir d'emploi, ni de logement stable, ni de relations avec leur famille. Cependant [...] il y a de nouvelles affiliations, de nouveaux liens qui se créent [...]. Dit autrement, l'acteur social SDF entretient des liens sociaux relâchés, mais il ne peut valablement être considéré définitivement comme « hors-social », en situation de « mort sociale ». [...] Son lien d'intégration [...] peut s'être radicalement modifié, mais il n'y a pas pour autant absence de toute forme d'intégration.

Julien Damon, « "Désocialisés" et "désaffiliés". Remarques à partir du cas des SDF », *Les Cahiers Français*, n°314, 2013.

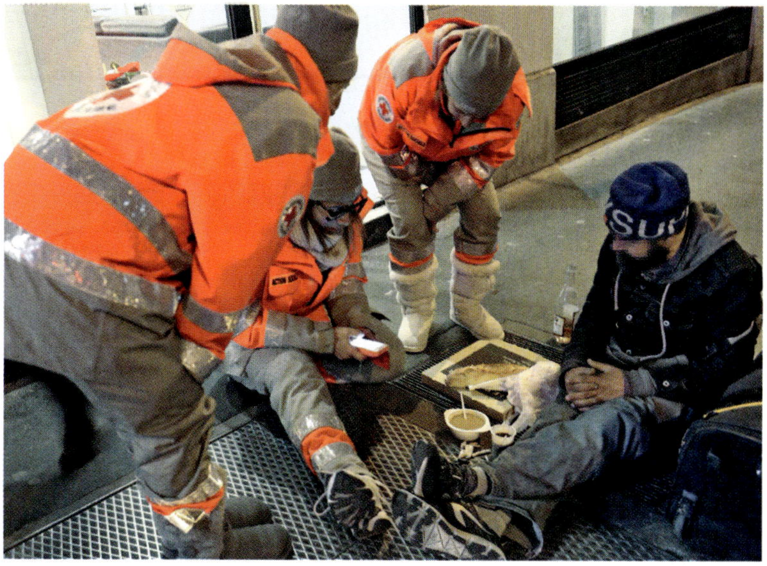

▲ Des membres de la Croix-Rouge française livrent de la nourriture à un sans-abri alors qu'ils font la ronde le soir du 1er décembre 2017 dans le 9e arrondissement de Paris.

NOTION

Un individu est en situation de **précarité** lorsqu'il est dans une situation de vulnérabilité et d'incertitude face à l'avenir.

9 Illustrer. En prenant l'exemple de leurs relations avec les passants, montrez que les personnes sans domicile fixe continuent à respecter certaines normes.

10 Analyser. Peut-on dire que les personnes sans domicile fixe ont rompu tout lien social ?

FAIRE LE POINT

Quelle proposition vous paraît la plus juste ?

1. Les liens sociaux sont parfois totalement rompus.
2. Les liens sociaux peuvent être affaiblis et cet affaiblissement est toujours cumulatif.
3. Les liens sociaux peuvent être affaiblis et cet affaiblissement est souvent cumulatif.
4. Les liens sociaux ne peuvent jamais s'affaiblir.

À RETENIR

- La fragilisation des liens familiaux accompagne souvent la fragilisation des liens professionnels et ce cumul de difficultés place les individus dans une situation de **précarité**.
- Les liens sociaux ne sont toutefois jamais totalement rompus.

SYNTHÈSE

Comment se construisent et évoluent les liens sociaux ?

1 La diversité des liens sociaux

A. Des liens sociaux multiples

▶ La société n'est pas composée d'individus isolés : nous entrons quotidiennement en relation avec d'autres individus qui forment notre **réseau** (membres de notre famille, voisins, amis, collègues de travail).

▶ Les **liens sociaux** prennent donc des formes très variées et chaque individu appartient à de nombreux **groupes sociaux**.

B. Les groupes socioprofessionnels

▶ Pour étudier les groupes socioprofessionnels, les sociologues utilisent la nomenclature des **Professions et Catégories Socioprofessionnelles** (PCS).

▶ Cette nomenclature est construite à partir de plusieurs critères dont le statut (indépendant ou salarié), la qualification, le secteur d'activité ou la taille de l'entreprise.

2 Le processus d'individualisation menace-t-il les liens sociaux ?

A. Le processus d'individualisation

▶ Les sociétés modernes se caractérisent par un processus d'**individualisation** : les individus se différencient et ils expriment une volonté d'autonomie vis-à-vis des groupes traditionnels d'appartenance (famille, groupe religieux, voisinage, etc.).

▶ Les individus continuent à former des groupes sociaux, mais ils considèrent de plus en plus les liens qui les unissent à ces groupes comme des liens choisis, qui ne doivent pas entraver leur épanouissement personnel.

B. L'évolution des formes de solidarité : solidarité mécanique et solidarité organique

▶ Selon Durkheim, ce processus d'individualisation conduit à un affaiblissement de la **solidarité mécanique** : la solidarité ne peut plus reposer principalement sur la similarité et la ressemblance.

▶ Toutefois, en rendant les individus complémentaires, la division du travail fait émerger une autre forme de solidarité : la **solidarité organique** qui naît de l'interdépendance entre les individus. Au total, le processus d'individualisation ne semble donc pas menacer les liens sociaux : la solidarité entre membres de la société ne disparaît pas ; elle prend plutôt de nouvelles formes.

3 Les sociabilités numériques entraînent-elles une recomposition du lien social ?

A. Nouer et entretenir des liens sociaux : la sociabilité

▶ Les liens sociaux doivent être construits et entretenus : c'est ce que permet la **sociabilité**.

▶ La sociabilité suppose une capacité des individus à entrer en relation avec autrui et cette capacité est plus ou moins forte selon le niveau de diplôme, la catégorie professionnelle, l'âge ou le sexe.

B. Les nouvelles sociabilités numériques

▶ Les nouvelles technologies numériques (Internet et téléphonie mobile notamment) sont utilisées par une partie toujours croissante de la population, et en particulier par les plus jeunes.

NOTIONS

Réseau : ensemble des personnes avec lesquelles un individu est en contact.

Liens sociaux : ensemble des relations nouées par une personne.

Groupe social : ensemble d'individus en interaction et ayant le sentiment d'appartenir au même ensemble.

Professions et Catégories Socioprofessionnelles (PCS) : classement de la population selon plusieurs critères comme le statut d'activité ou la qualification.

Individualisation : processus qui conduit les membres d'une société à se considérer comme autonomes par rapport à leurs groupes d'appartenance.

Solidarité mécanique/organique : formes de solidarité distinguées par Durkheim. La solidarité mécanique repose sur la ressemblance des individus. La solidarité organique, caractéristique des sociétés modernes, repose sur la complémentarité et l'interdépendance des individus.

Sociabilité : activité par laquelle les individus créent et entretiennent des contacts avec d'autres personnes.

Sociabilités numériques : formes de sociabilité qui s'appuient sur les outils numériques (emails, SMS, réseaux sociaux...).

Précarité : situation de vulnérabilité et d'incertitude face à l'avenir. Les emplois précaires s'opposent aux emplois stables à durée indéterminée.

▶ Ces nouvelles technologies facilitent les contacts et sont à l'origine de nouvelles formes de sociabilité : les **sociabilités numériques**. Elles contribuent ainsi à renforcer les liens sociaux.

C. Un impact limité sur les liens sociaux

▶ Toutefois, les nouvelles sociabilités numériques ne modifient pas en profondeur le réseau de relations des individus. Le plus souvent, elles redoublent les sociabilités déjà existantes : les personnes avec lesquelles nous entrons en relation sur les réseaux sociaux sont des personnes que nous fréquentons par ailleurs. Au final, elles ne conduisent que rarement à entrer en contact avec des individus appartenant à des groupes sociaux très différents des nôtres.

4 Pourquoi les liens sociaux peuvent-ils s'affaiblir ?

A. Les différents facteurs d'affaiblissement des liens sociaux

▶ Certaines transformations sociales récentes peuvent provoquer un affaiblissement des liens sociaux. C'est le cas notamment des transformations de la famille (avec une fragilité accrue des liens familiaux), des évolutions récentes sur le marché du travail (chômage et montée des emplois précaires) ou encore de la ségrégation spatiale qui résulte d'une recherche de l'entre soi par les catégories les plus favorisées.

B. Des facteurs qui peuvent se cumuler

▶ Ces facteurs de fragilisation du lien social sont souvent cumulatifs et les individus peuvent alors se retrouver en situation de **précarité**.

▶ Les liens sociaux ne sont toutefois jamais totalement rompus.

SCHÉMA BILAN

1. La diversité des liens sociaux	2. Le processus d'individualisation menace-t-il les liens sociaux ?	3. Les sociabilités numériques entraînent-elles une recomposition du lien social ?	4. Pourquoi les liens sociaux peuvent-ils s'affaiblir ?
Les individus appartiennent à de nombreux **groupes**.	Les individus se considèrent comme autonomes et ils se différencient	Les **sociabilités numériques** contribuent au **lien social** en facilitant les contacts.	De nombreux facteurs peuvent affaiblir les **liens sociaux**.
Pour étudier les groupes socioprofessionnels, on utilise la **nomenclature des PCS** construite à partir de nombreux critères.	La **solidarité mécanique** s'affaiblit, mais la **solidarité organique** se développe.	Mais elles ne modifient que faiblement notre **réseau** de relations.	Ces facteurs sont souvent cumulatifs.

POUR ALLER PLUS LOIN

SES & CINÉMA

Les Invisibles, film de Louis-Julien Petit, sorti dans les salles en janvier 2019, relate l'histoire de l'Envol, un centre d'accueil pour femmes SDF qui, à la suite d'une décision municipale, va fermer ses portes. Il ne reste que trois mois aux assistantes sociales pour réinsérer coûte que coûte les femmes dont elles s'occupent.

Ce film social montre avec humour, tendresse et humanité les liens qui se sont créés entre des assistantes sociales et des femmes SDF.

À VOIR, À LIRE

La Vie des gens

Olivier Ducray, 2015 (1 h 25).

Le film documentaire d'Olivier Ducray montre l'isolement des personnes âgées. Françoise, infirmière libérale, les accompagne et préserve ainsi le lien social.

Le Marchand d'éponges

Fred Vargas, Edmond Baudoin, J'ai lu, 2013.

La bande dessinée d'Edmond Baudoin et Fred Vargas associe, le temps d'une enquête, le commissaire Adamsberg, et Pi, un SDF parisien qui, unique témoin d'un crime, devient le centre de toutes les attentions.

EXERCICES

1. Évaluer ses connaissances

Corrigés des exercices p. 372

Vrai ou faux ?

	V	F
1. Les relations nouées par un individu dans l'exercice de sa profession sont des liens sociaux.	☐	☐
2. Le critère du revenu est un critère déterminant pour construire la grille des PCS.	☐	☐
3. Le processus d'individualisation conduit les individus à se penser comme autonomes.	☐	☐
4. D'après Durkheim, la solidarité mécanique disparaît totalement dans les sociétés modernes.	☐	☐
5. La solidarité organique repose sur la ressemblance entre les individus.	☐	☐
6. La sociabilité est le fait d'intérioriser les normes et les valeurs de la société à laquelle on appartient.	☐	☐
7. Les sociabilités numériques s'appuient sur les possibilités offertes par la téléphonie mobile et Internet.	☐	☐
8. Les réseaux sociaux servent principalement à nouer de nouveaux contacts.	☐	☐
9. Les évolutions récentes sur le marché du travail fragilisent les liens sociaux.	☐	☐
10. La rupture des liens familiaux conduit nécessairement à l'isolement.	☐	☐

2. Calculer et lire des pourcentages de répartition

Savoir-faire 1, p. 344

Une enquête menée dans un cabinet d'experts-comptables de la région toulousaine a recensé le temps consacré à la communication par les salariés de cette entreprise au cours de la journée. Les résultats suivants ont été obtenus :

	Durée (en minutes)	En %
Mails	1 456	24,1 (entouré)
Face-à-face	3 522	...
Appels téléphoniques	931	...
Écrits	48	0,8
Messagerie instantanée	62	1,0
SMS	21	0,3
Fax	4	0,1
Total	6 044	100

Source : D'après Thomas Cornillet, « Démêler l'écheveau de la communication au travail », *L'Ordinaire d'Internet*, Armand Colin, 2016.

Questions

1. Quel calcul a permis d'obtenir la donnée entourée ?

2. Complétez les deux cases vides du tableau.

3. Peut-on dire que la sociabilité au travail s'appuie principalement sur l'utilisation des outils numériques ?

3. Calculer et interpréter un indice simple

Savoir-faire 5, p. 348

Évolution du nombre de contrats à durée déterminée en France
(en milliers et en indices, base 100 en 1983)

1983	1990	1995	2005	2010	2015	2017
421	760	633	576	643	663	656
100	180,5 (entouré)	150,4	...	...	...	...

Source : D'après Insee, « Activité, emploi et chômage en 2017 et séries longues », www.insee.fr.

Questions

1. Quel calcul a permis d'obtenir la donnée entourée ?

2. Complétez les cases vides du tableau.

3. Comment le nombre de CDD a-t-il évolué en France entre 1983 et 2017 ?

4. Si l'on prenait 2017 comme année de base, quel serait l'indice du nombre de CDD en 1983 ?

L'INFOGRAPHIE DU CHAPITRE

Transformations de la famille en France et maintien des liens sociaux

1 La taille des ménages

Évolution de la part des ménages composés d'une seule personne

1990 : 27 %

2015 : 35,7 %

Les familles nombreuses
Les ménages composés de 5 personnes ou plus représentaient :

1 ménage sur 5 : 1960

1 ménage sur 10 : 1990

1 ménage sur 16 : 2017

2 Les mariages et les divorces

Évolution du nombre de mariages entre 1987 et 2017 : -23,9 %

Âge moyen au mariage : 38 ans (hommes) ; 35,5 ans (femmes)

En 2015, **nombre de divorces : 123 668** (dont 55 % par consentement mutuel).

On compte **44,7 divorces pour 100 mariages.**

3 Les familles monoparentales

Nombre de familles monoparentales en 2015 :
2 571 000

Évolution de la part des familles monoparentales :

1990 : 10,6 %

2015 : 20,4 %

4 Remariages, familles recomposées et PACS

En 2016, en France, **1 mariage sur 5 est un remariage.**

Il y a plus de **700 000 familles recomposées** et 1 enfant sur 10 vit dans une famille recomposée.

Nombre de PACS en 2016 : **191 558** dont environ **4%** entre personnes de même sexe.

Nombre de mariages la même année : **219 549**

Nombre de PACS signés entre **1999 et 2016** : **1 946 686**

5 La famille, une valeur sûre

En 2017, **77 % des personnes interrogées** déclarent *« qu'avoir des contacts fréquents avec leur famille est quelque chose qui compte beaucoup pour elles ».*

65 % des jeunes de 15 à 30 ans voient les membres de leur famille qui ne vivent pas avec eux au moins **plusieurs fois par mois.**

92 % des personnes interrogées pensent pouvoir **compter sur leur famille** en cas de difficultés ou de coup dur.

62 % des personnes ayant des enfants ou des petits enfants les aident financièrement. **Les grands-parents participent à la garde** des enfants dans 60% des familles.

45 % des personnes âgées de 50 à 75 ans **s'occupent de leurs parents plus de 3 heures par semaine** si ces derniers connaissent une perte d'autonomie (Institut des Seniors).

Source : Fondation de France, 2017.

Sources : www.insee.fr, Ined, Ministère de la Justice, Fondation de France, Rapport *« Les solitudes en France »*, juillet 2014, Fondation de France, Rapport, *« Jeunes et sans amis : quand la solitude frappe les 15-30 ans »*, septembre 2017, Institut français des seniors, Enquête *« Les seniors aidant familiaux »*, octobre 2014.

EXERCICE

Travail sur les blocs 1, 2 et 3

- Recensez l'ensemble des transformations des formes familiales mises en évidence. Pour chacune d'elles, choisissez l'indicateur chiffré qui vous paraît le plus pertinent.
- Proposez une explication générale à ces transformations (Dossier 2 p. 176-179).
- Présentez devant la classe un court exposé. L'exposé devra comprendre une introduction qui en annonce le thème (la transformation des formes familiales), une 1re partie qui présente les principales transformations et une 2e partie qui propose une explication à ces transformations.

Travail sur les blocs 4 et 5

- Recensez les nouvelles formes familiales qui se diffusent. Pour chacune d'elles, choisissez l'indicateur chiffré qui vous paraît le plus pertinent.
- Montrez que les liens familiaux restent solides.
- Présentez devant la classe un court exposé. Il devra comprendre une introduction qui en annonce le thème (les liens familiaux : des liens sociaux essentiels pour les individus), une 1re partie qui présente les nouvelles formes familiales qui se développent et une 2e partie qui montre la force et l'importance des liens familiaux aujourd'hui encore.

MÉTHODE VERS LE BAC

Préparer le grand oral

Répondre aux questions du jury

1 Le jury

Le jury

Composition
Le jury est composé de deux personnes. Ce sont des enseignants qui ne sont pas obligatoirement spécialistes du sujet que vous avez choisi.

Attitude
Le jury est bienveillant. Comme vous, il souhaite que la prestation soit réussie. Soyez clairs et pédagogues comme vos enseignants le sont avec vous. Et ayez confiance en vous !

Évaluation
Le jury évalue la clarté et la structure de votre exposé. Votre attitude comptera également dans l'évaluation : détermination, enthousiasme, confiance en soi…

2 Les types de questions posées par le jury

A Lever une ambiguïté

Le jury peut vous demander d'apporter des précisions. Il a peut-être repéré une contradiction ou n'a pas saisi un point de votre exposé.
Clarifiez vos propos pour apporter les éléments nécessaires à la compréhension du jury.

B Avoir un complément d'information

Le jury veut en savoir davantage et vous demande de compléter les informations énoncées.
Si vous ne connaissez pas la réponse à une question, n'inventez pas. Vous pouvez dire : « Sur ce point précis, je n'ai pas la réponse à votre question. »

C Demander votre opinion

Exposez d'abord les positions en présence, puis indiquez pourquoi vous penchez dans un sens, à l'aide d'arguments.
Ce n'est pas votre opinion qui est jugée, mais votre raisonnement tant que vous ne soutenez pas des thèses contraires à la loi.

D Chercher à vous déstabiliser

Le jury tente de semer le doute dans votre esprit en testant votre capacité à défendre votre exposé.
Restez dans le dialogue avec le jury et présentez vos arguments avec calme.

3 La façon de répondre au jury

- Les questions qui suivront l'exposé sont une occasion de préciser ou corriger votre présentation.
- Le jury va engager le dialogue, ne le refusez pas.
- Répondez au jury dans son ensemble et non pas seulement à la personne qui vous a posé la question

EXERCICE Anticiper les questions du jury

1. Entraînez-vous à présenter votre exposé devant plusieurs personnes différentes successivement.
2. Demandez à ces personnes de vous poser des questions. Certaines questions reviendront régulièrement. Ce sont certainement celles que le jury sera le plus susceptible de vous poser.

VERS LE BAC

Épreuve de spécialité

Partie 1 Mobilisation de connaissances et traitement de l'information (10 points)

• **Document** **Usages du téléphone mobile en 2014** (en %)

		Envoyer des SMS	Consulter des emails	Envoyer des messages
Âge	12-17 ans	87	32	25
	18-24 ans	99	71	46
	25-39 ans	97	56	26
	40-59 ans	79	34	13
	60-69 ans	55	17	6
	70 ans et plus	22	5	0
Nombre de personnes dans le logement	1	57	23	9
	2	65	31	13
	3	86	44	21
	4	90	45	25
	5 et plus	87	48	29
Diplôme	Aucun, CEP	38	11	4
	BEPC	72	29	13
	Bac	85	50	23
	Diplôme du supérieur	87	52	25
Profession	Indépendant	64	34	17
	Cadre supérieur	92	61	30
	Profession intermédiaire	94	49	25
	Employé	89	46	23
	Ouvrier	84	34	14
	Au foyer	62	25	11
	Retraité	37	11	2
	Élève, Étudiant	91	48	34
Lieu d'habitation	< 2000 habitants	70	28	10
	2000 à 20 000	68	29	15
	20 000 à 100 000	72	37	15
	+ 100 000	76	39	17
	Paris et agglomération parisienne	80	48	31

Champ : population de 12 ans et plus.

Source : d'après Enquête Crédoc, « Conditions de vie et aspirations », juin 2014.

• **Questions**

1. Expliquez ce qu'est la solidarité organique.
2. Quel est l'objet de cette enquête ?
3. Montrez, à l'aide de chiffres précis, que l'utilisation du téléphone mobile dépend de certaines caractéristiques sociales.

CONSEILS

- Il faut exposer le concept tel qu'il a été défini par Durkheim. La question ne porte que sur la solidarité organique : il est inutile de présenter longuement le concept de solidarité mécanique.
- Il faut sélectionner les données les plus pertinentes pour chacune des variables explicatives proposées dans le tableau. Pour chaque variable, il convient de faire des comparaisons donc de repérer les valeurs extrêmes. Il n'est pas nécessaire de reprendre systématiquement les chiffres des 3 colonnes. Par exemple, pour montrer l'effet de l'âge, on peut se contenter de comparer l'envoi de SMS par les 18-24 ans et par les plus de 70 ans.
- La réponse devra être construite en 5 paragraphes, correspondant à chacune des variables étudiées. Elle devra s'appuyer sur les données sélectionnées dans le tableau et intégrer quelques calculs simples (coefficient multiplicateur ou écarts en points de pourcentages).

Partie 2 Raisonnement appuyé sur un dossier documentaire (10 points)

Sujet **À l'aide de vos connaissances et du dossier documentaire, vous montrerez que différents facteurs exposent les individus à l'affaiblissement des liens sociaux.**

Doc. 1

La rupture du lien de filiation peut aussi se produire à l'âge adulte. Elle peut résulter d'un évènement malheureux qui provoque une incompréhension réciproque ou une discorde. La filiation n'est pas pour autant rompue, mais le lien n'est plus entretenu. Les parents et les enfants se replient alors sur eux-mêmes, n'attendent plus ni protection ni reconnaissance de la relation. La rupture du lien de participation élective peut prendre plusieurs formes, puisque ce type de lien recouvre diverses relations. Dans les sociétés modernes, les relations amoureuses ou les relations d'amitié peuvent d'autant plus facilement se rompre qu'elles ne relèvent en général d'aucune contrainte sociale formelle. Puisque chacun est libre d'entretenir ce type de relation, chacun peut aussi librement s'en défaire. Mais cela ne signifie pas que la rupture ne provoque aucune souffrance. La rupture conjugale [...] se répercute sur l'ensemble du réseau relationnel de la personne en question, qu'elle soit ou non à l'origine de la décision de rupture. [...]. Les relations d'amitié sont également fragiles. Elles se renouvellent généralement au cours du cycle de vie en fonction de la mobilité géographique. Les amitiés de jeunesse ne sont pas forcément formellement rompues, mais les relations qui les nourrissent finissent souvent par s'espacer jusqu'à s'interrompre. Lorsque les modes de vie et les habitudes divergent, il est également difficile de maintenir ces relations dans la durée. Il peut en résulter un isolement relationnel.

Serge Paugam, *Le Lien social*, PUF, 2018.

CONSEILS
- Recensez dans le document les éléments qui peuvent conduire à un affaiblissement ou une rupture des liens familiaux, conjugaux et amicaux.
- De manière plus générale, pensez à relier la fragilité accrue des liens électifs au phénomène d'individualisation.

Doc. 2 **Degré d'intégration selon l'âge, la situation d'emploi et la situation financière**

(en %)		Faible	Moyen	Fort
Âge	Moins de 25 ans	16,3	30,8	52,9
	25-35 ans	22,1	25,2	52,7
	35-45 ans	19,5	24,7	55,8
	45-60 ans	15,1	31,4	53,5
	60-70 ans	28,1	42,1	29,8
	Plus de 70 ans	43,1	37,3	19,6
Situation d'emploi	Emploi stable	3,6	22,1	74,3
	Emploi menacé	13,2	16,9	69,9
	Chômage	58	32,3	9,7
	Retraité	38,4	42,4	19,2
Situation financière	Très bonne	17,5	25,6	56,9
	Bonne	13,5	31,1	55,4
	Précaire	28,2	29,9	41,9
	Très précaire	35,2	36,9	27,9
Ensemble		22,2	30,4	47,6

Aide à la lecture : l'étude distingue quatre types de liens sociaux : les liens de filiation (entre parents et enfants), les liens de participation élective (entre conjoints, entre amis), les liens de participation organique (entre collègues de travail) et les liens de citoyenneté (entre membres de la communauté politique). Le degré d'intégration est fort si le réseau de l'individu comporte 3 ou 4 types de liens, moyen s'il en comporte 2, et faible s'il en comporte 0 ou 1.

Source : D'après Serge Paugam, « Isolement et délitement des liens sociaux. Enquête dans l'agglomération de Strasbourg », mars 2015.

CONSEILS
- Appuyez-vous sur la clé de lecture pour bien comprendre les données du tableau. Commencez par étudier la ligne « ensemble », qui donne une vision globale sur le degré d'intégration en France.
- Repérez les 3 variables dont l'effet est mesuré dans ce tableau. Pour chacune de ces variables, intéressez-vous en priorité à la colonne « faible » et déterminez dans quel cas le risque d'une intégration faible est le plus élevé.
- Pour ce qui concerne la situation d'emploi, pensez à relier le constat effectué aux grandes transformations observées sur le marché du travail (apparition d'un chômage de masse, montée des emplois précaires).

S'ENTRAÎNER

Étape 1 Analyser le sujet

- Il faut montrer que les facteurs conduisant à un affaiblissement des liens sociaux sont multiples. Il s'agit donc de présenter les plus importants de ces facteurs. Il n'est pas demandé d'établir que ces facteurs sont cumulatifs mais on pourra le souligner dans la conclusion.

Étape 2 Analyser les documents

- Lisez les conseils donnés en marge des deux documents proposés.

Étape 3 Organiser ses connaissances pour répondre au sujet

- Le danger sur ce type de sujet est d'exposer chaque facteur, l'un après l'autre, sans véritablement organiser sa réponse. Il convient au contraire de regrouper différents éléments de réponse de manière à proposer 2 ou 3 grands paragraphes argumentés. On pourra ici par exemple séparer les effets du processus d'individualisation sur les liens familiaux et les liens d'amitié et les effets des transformations du marché du travail sur les liens professionnels.

CHAPITRE 8

NOTIONS
norme sociale, norme juridique, contrôle social, déviance, délinquance, étiquetage, stigmatisation, carrière déviante, chiffre noir de la délinquance, enquête de victimation

Quels sont les processus sociaux qui contribuent à la déviance ?

Le contrôle social permet la vie en société mais, lorsque certains individus transgressent les normes sociales et juridiques, on parle de déviance.

Pourquoi les individus respectent-ils les règles de la société ?	Que se passe-t-il quand un individu ne respecte pas les règles ?	Quelles sont les conséquences du non-respect des règles juridiques ?
La socialisation permet aux individus d'incorporer les règles sociales. Le respect de ces règles est assuré par le contrôle social.	Un individu qui a une conduite non conforme aux règles de la société est un déviant.	Le déviant qui transgresse les règles juridiques est désigné comme délinquant.
↓	↓	↓
Quel est le rôle du contrôle social dans notre société ? DOSSIER 1	Comment devient-on déviant ? DOSSIER 2	Qu'est-ce que la délinquance et comment la mesurer ? DOSSIER 3

SOMMAIRE DU CHAPITRE

ENTRER DANS LE CHAPITRE

Doc. 1 **Cambriolage dans un pavillon de banlieue parisienne**

podcast – Ça s'écoute

Comment devient-on membre d'un réseau de délinquance ?

Interview de Claire Duport, sociologue à l'Observatoire Français des Drogues et des Toxicomanies

Durée : 4 min.

www.lienmini.fr/ses-1-023

Doc. 2 **Évasion fiscale en Autriche et au Luxembourg**

▲ Dessin de Plantu paru dans *Le Monde* (23 mai 2013).

1 Qu'est-ce qui distingue les deux types de délinquances présentés ? (DOC. 1 et 2)

2 Quelles normes sont transgressées ? (DOC. 1 et 2)

3 Écoutez le podcast. Quelles conditions sociales vont conduire certains individus à la délinquance ?

DOSSIER 1

Quel est le rôle du contrôle social dans notre société ?

OBJECTIF : Comprendre la distinction entre normes sociales et normes juridiques.

A La vie en société : la conformité aux normes

Les normes sociales et juridiques, indispensables à la vie en société, sont intégrées par les individus au cours de la socialisation. Le contrôle social permet de faire respecter ces normes.

DOC. 1 Les normes sociales et les normes juridiques

Les relations sociales peuvent se fixer sans prendre pour cela une forme juridique. Il en est dont la réglementation ne parvient pas à ce degré de consolidation et de précision ; elles ne restent pas indéterminées pour cela, mais, au lieu d'être réglées par le droit, elles ne le sont que par les mœurs. Le droit ne réfléchit donc qu'une partie de la vie sociale et, par conséquent, ne nous fournit que des données incomplètes pour résoudre le problème. Il y a plus : il arrive souvent que les mœurs ne sont pas d'accord avec le droit ; on dit sans cesse qu'elles en tempèrent les rigueurs, qu'elles en corrigent les excès formalistes, parfois qu'elles sont animées d'un tout autre esprit. [...] Mais cette opposition ne se produit que dans ces circonstances tout à fait exceptionnelles. Il faut pour cela que le droit ne corresponde plus à l'état présent de la société et que pourtant il se maintienne, sans raison d'être, par la force de l'habitude. [...] Mais il ne peut se produire que dans des cas rares et pathologiques, qui ne peuvent même durer sans danger. Normalement, les mœurs ne s'opposent pas au droit mais au contraire en sont la base.

Émile Durkheim, *Les Règles de la méthode sociologique* (1895), © PUF, 2013.

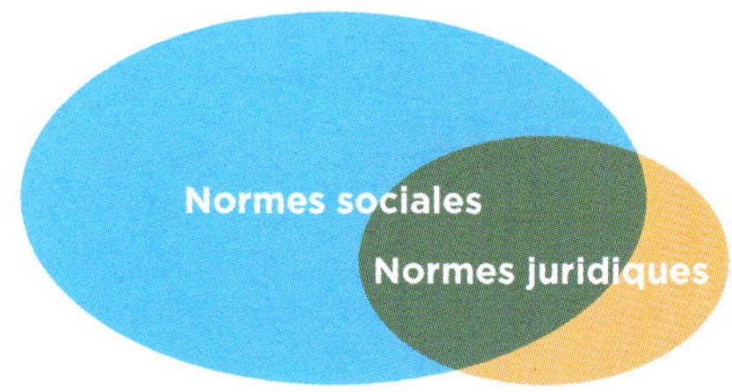

- Normes sociales ne correspondant pas à des normes juridiques : **Ex.** manger avec des couverts.
- Normes juridiques ne correspondant pas à des normes sociales : limitation de vitesse à 80 km/heure.
- Normes juridiques correspondant à des normes sociales : respect de la propriété privée.

NOTION

Une **norme** est une règle sociale qui prescrit ou interdit un comportement. Le respect ou le non-respect d'une norme peut faire l'objet de récompenses ou de sanctions. Une norme sociale peut être édictée par le droit (une loi, un décret) ou relever des habitudes et des usages (les mœurs).

1 Comprendre. En vous aidant du schéma, donnez un exemple de norme sociale qui n'a pas de forme juridique.

2 Distinguer. Qu'est-ce qui distingue les normes juridiques des normes non-juridiques ?

3 Illustrer. Donnez un exemple qui illustre la phrase soulignée.

DOC. 2 Évolution des normes dans le temps

Au XVIe siècle, une des réjouissances populaires de la Saint-Jean consistait à brûler vifs une ou deux douzaines de chats. Cette réjouissance populaire était célèbre, elle attirait toujours une foule nombreuse. Un orchestre jouait. On érigeait un immense bûcher sous un panier rempli de chats vivants. Bientôt, le sac ou le panier prenaient feu. Les chats tombaient sur le bûcher et se consumaient pendant que la populace prenait plaisir à leurs cris et miaulements. En général, le roi et la cour assistaient au spectacle. [...]

Voilà un spectacle qui n'est certainement pas plus ignoble que l'exécution par le feu des hérétiques ou les tortures et mises à mort de tous genres. Ce qui le rend particulièrement antipathique est le fait qu'il incarne d'une manière directe et sans mélange le plaisir que d'aucuns éprouvent à tourmenter des êtres vivants, sans la moindre excuse rationnelle. [...] Beaucoup de choses qui naguère éveillaient des sensations de plaisir suscitent aujourd'hui des réflexes de déplaisir. Dans les deux cas, nous n'avons pas affaire à des sensations *individuelles*. Brûler des chats à la Saint-Jean était une institution sociale au même titre qu'aujourd'hui les matchs de boxe ou les courses de chevaux. Dans les deux cas, les plaisirs organisés par la société sont l'incarnation des normes affectives.

Norbert Elias, *La Civilisation des mœurs* (1939), © Pocket, 2011.

▲ Un bûcher de chats au Moyen-Âge (Illustration de J. Onfray de Bréville, 1900, Paris, Bibliothèque des Arts décoratifs).

4 Comprendre. Les massacres de chats étaient-ils approuvés par la population à l'époque médiévale ?

5 Expliquer. Pourquoi ce type de spectacle susciterait-il aujourd'hui un réflexe de déplaisir ?

6 Illustrer. Donnez d'autres exemples de normes qui évoluent dans le temps.

DOC. 3 Le regard des autres, outil de contrôle social

▲ Claire Fumat et Maud Hopsie, *Toute la socio en BD*, Belin, 2018.

7 Comprendre. Comment les spectateurs réagissent-ils à l'annonce de la règle « éteindre son téléphone portable » ?

8 Décrire. Quelle est la réaction de la spectatrice au premier rang lorsque le téléphone sonne ? celle de la propriétaire du téléphone ?

9 Argumenter. Que risquent ceux qui ne se comportent pas de la « bonne manière » en société ?

DOC. 4 Se conformer aux normes grâce au contrôle social

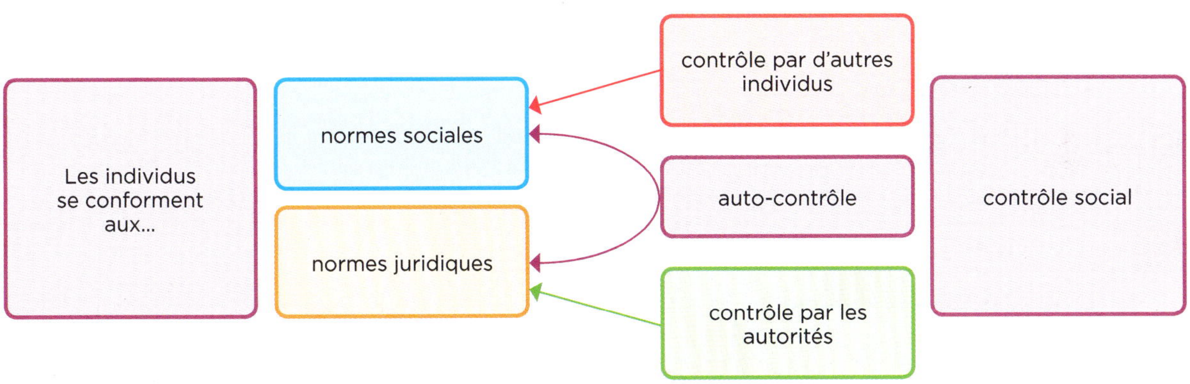

10 Illustrer. Donnez un exemple de norme sociale contrôlée par d'autres individus.

11 Associer. À quels types de contrôle social le contrôle social au théâtre correspond-il ? (DOC. 3)

12 Illustrer. Donnez un exemple de contrôle social réalisé par les autorités.

FAIRE LE POINT

Parmi les normes suivantes, lesquelles sont juridiques et/ou sociales ?

• ne pas voler • ne pas jeter ses déchets par terre • ne pas brûler des chats • ne pas parler fort dans le bus • ne pas utiliser son téléphone portable en mangeant • ne pas tousser sans mettre sa main devant sa bouche • ne pas attacher sa ceinture en voiture

À RETENIR

• Pour vivre en société, les individus doivent se conformer aux **normes** de la société. Les normes sont à la fois **juridiques** (lois, décrets...) et **sociales** (les mœurs, les habitudes).

• La plupart du temps, le **contrôle social** est inutile car les individus respectent spontanément les normes sociales. Dans le cas contraire, ils sont rappelés à l'ordre par les autres.

OBJECTIF :
Connaître la diversité des formes de contrôle social.

B Contrôle social et respect des normes

Dans nos sociétés, la famille et les pairs assurent un contrôle social informel. La police et la justice, spécialisées dans le maintien de l'ordre et l'application des lois, exercent un contrôle social formel.

DOC.1 Contrôle social formel et informel

Au sein d'une société, les mécanismes fondamentaux du contrôle social sont [...] au nombre de quatre : 1) un contrôle de type moral, fondé sur l'observation spontanée par les individus de normes dont ils ont assimilé et intériorisé le caractère obligatoire ; 2) un contrôle de type sociétal, fondé sur la pression informelle qu'exerce directement sur les individus leur environnement social ; 3) un contrôle de type institutionnalisé, reposant sur l'intervention d'institutions sociales spécifiques, qui est un contrôle non-policier lorsque l'institution concernée ne peut recourir à la force physique ; 4) enfin, un contrôle institutionnalisé de type policier, lorsque, en dernier recours, celui-ci peut se traduire par l'usage de la contrainte et du recours à la force physique.

Jean-Louis Loubet del Bayle, « Incivilités et mutations du contrôle social », *Études*, 2013.

1 Distinguer. Qu'est-ce qu'un contrôle social formel, informel ? Illustrez par des exemples.

2 Illustrer. À quel mécanisme de contrôle social les pratiques suivantes correspond-elles ?
• rires moqueurs • regard réprobateur • conseil de discipline
• plaquage au sol par un policier • accompagnement d'une famille par un éducateur imposé par un juge • sentiment de honte • rappel à la loi par un juge

3 Comprendre. Montrez que le respect de l'obligation d'utiliser les passages pour piétons peut être la conséquence de différentes formes de contrôle social.

DOC.2 Les parents : des formes de contrôle social informel

Dans la majorité des cas, les parents ont des attitudes identiques à l'annonce d'une bonne ou d'une mauvaise note : ils félicitent l'enfant lorsqu'il obtient une bonne note ; ils le grondent ou l'incitent à accroître ses efforts lorsque la performance est insuffisante. Autres pratiques communes et courantes : les enfants reçoivent de l'argent ou obtiennent un jouet pour une bonne note. Pour une mauvaise note, les parents peuvent leur interdire de regarder la télévision ou leur retirer un jouet.

Réactions des parents en cas de mauvaise note selon la catégorie sociale de la famille

(en %)	Retrait d'un jouet	TV supprimée	Autres punitions	Encouragent ou font retravailler l'exercice	Ne font que gronder	Total
Catégories populaires	9,8	21,6	2,0	29,4	37,3	100
Catégories moyennes	6,8	13,5	9,8	37,6	32,4	100
Catégories supérieures	1,6	9,5	11,1	54,0	23,8	100
Ensemble	5,4	14,5	7,1	44,1	30,0	100

Champ : 247 parents d'enfants de 7 à 12 ans, échantillon de l'auteure.

Source : Sandrine Vincent, *Le Jouet et ses usages sociaux*, La Dispute, 2001.

4 Lire. Faites une phrase pour présenter chaque donnée entourée.

5 Comparer. En comparant avec la ligne « Ensemble », montrez que les sanctions face à une mauvaise note dépendent de la catégorie sociale des parents.

6 Argumenter. Quelles formes le contrôle social des parents vis-à-vis de leurs enfants peut-il prendre ?

DOC. 3 Le contrôle social formel effectué par la police et la justice

▲ Radar de nouvelle génération (radar mobile). Route départementale de Seine et Marne (2017).

▲ Palais de justice de Marseille, place Montyon dans le 6e arrondissement, inauguré en 1862.

7 Analyser. Quelles pratiques les radars contrôlent-ils ?

8 Illustrer. Donnez deux autres exemples d'actes contrôlés par la police.

9 Argumenter. Comment la justice participe-t-elle au contrôle social des citoyens ?

DOC. 4 Évolution de la population des prisons françaises de 1997 à 2017

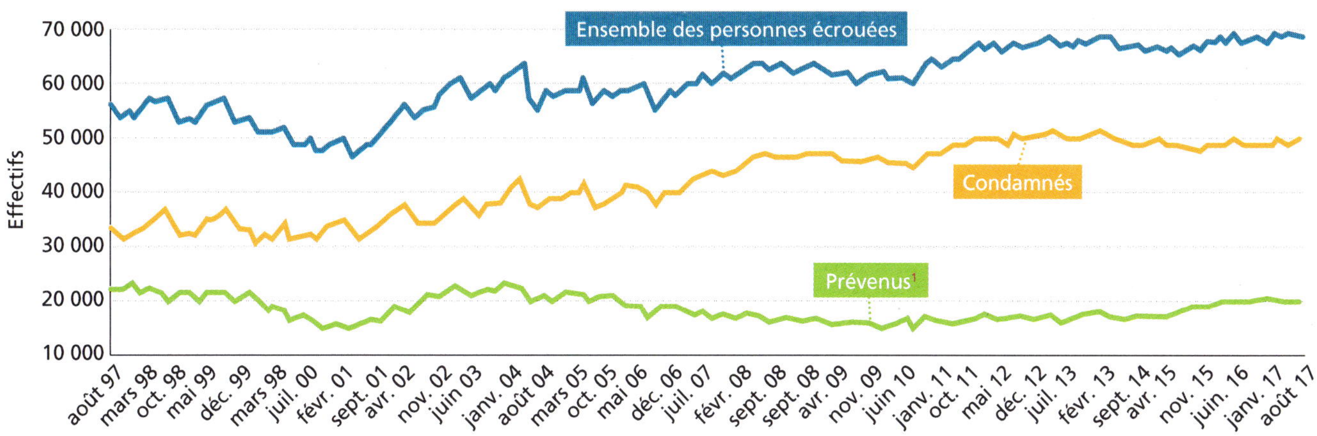

1. Les prévenus sont des personnes poursuivies pour une contravention ou un délit en attente de jugement ou qui n'ont pas encore été définitivement condamnées.
Champ : Métropole et outre-mer. Effectif au 1er août 2017.

Source : Direction de l'administration pénitentiaire, SDME, août 2017.

10 Lire. Combien y a-t-il de personnes en prison en France en 2017 ?

11 Calculer. Calculez la part des prévenus dans l'ensemble de la population carcérale en France en août 2017.

12 Calculer. En 1980, on comptait 36 000 détenus en France. Calculez le taux de variation de la population carcérale entre 1980 et 2017. SAVOIR-FAIRE 3 p. 346

FAIRE LE POINT

Ces instances de contrôle social relèvent-elles du contrôle social formel ou informel ?
- l'administration du lycée • la famille
- une bande d'amis • les services fiscaux
- le tribunal • les gendarmes
- les camarades de classe

À RETENIR

- Le **contrôle social** s'exerce **de manière plus ou moins formelle**.
- La police et la justice assurent le contrôle social formel fondé sur la loi, par des sanctions (amendes, peines de prison, rappel à la loi).
- D'autres institutions assurent un contrôle formel (règlement du lycée ou d'une entreprise).
- La famille ou les pairs participent aussi au **contrôle social** et sanctionnent ou récompensent **de manière informelle** (rires, remarques, cadeaux...).

DOSSIER 1

OBJECTIF :
Comprendre que la déviance se définit comme une transgression des normes et qu'elle revêt des formes variées.

C La déviance ou la transgression des normes

Les normes peuvent être formelles, c'est-à-dire codifiées et explicites. Elles peuvent être aussi informelles, c'est-à-dire relever des mœurs, des usages, des habitudes du groupe. Il peut arriver que les normes soient enfreintes, on parle alors de déviance.

DOC. 1 Les déviances

Tuer son voisin, […] chahuter en classe, [...] commettre un hold-up, oublier l'anniversaire d'un proche, tricher dans une partie de dominos entre amis, s'adonner au commerce de stupéfiants, se prostituer ou se moucher au milieu d'un concerto pour violon. […] Tout un chacun sait faire la différence entre ces genres d'écart à la norme et établir leur inégal degré de gravité. Les manquements aux règles de la bienséance, de la politesse, de la réciprocité et de l'honneur se distinguent aisément des agissements qui portent atteinte à la propriété privée, à l'intégrité physique des personnes ou à l'ordre public. Les premiers relèvent des formes usuelles de la réprobation sociale ; les autres, de la procédure pénale. […]

La façon de signifier à quelqu'un qu'il a commis un écart inacceptable à une attente collectivement admise dépend du genre de règle qui a été violée. Dans le cas d'une infraction à une loi ou une prescription formelle, ce qu'il s'agit de réprimer est un acte de délinquance ; dans le cas de non-respect d'une habitude ou d'une convention, d'un acte de déviance. Réprimer, réprouver, blâmer, discréditer, punir, châtier, corriger, redresser : il existe une infinité de façons de faire savoir à un individu que son comportement a trompé les attentes. Mais, quelle que soit la forme sous laquelle elle s'exprime, la réaction est identique : lorsqu'une conduite déroge à ce qu'il faudrait qu'elle soit, elle donne lieu à une sanction. […]

Il faut que préexiste une norme à l'aune de laquelle puisse se mesurer un écart et que cette norme soit suffisamment publique pour que la peine qui accompagne le fait de l'avoir enfreinte soit comprise en tant que telle.

Albert Ogien, *Sociologie de la déviance*, © PUF, 2018.

NE PAS CONFONDRE

La **déviance**, c'est le fait de transgresser une norme. La **délinquance** est un cas particulier de déviance : c'est la transgression d'une norme juridique.

1 Comprendre. « Tuer son voisin », « Chahuter en classe » : ces actes sont-ils considérés comme déviants ? Sont-ils illégaux ?

2 Synthétiser et définir. Quelles sont les deux conditions pour être considéré comme déviant ?

DOC. 2 La déviance, un « fait social normal »

Le crime ne s'observe pas seulement dans la plupart des sociétés de telle ou telle espèce, mais dans toutes les sociétés de tous les types. Il n'en est pas où il n'existe une criminalité. Elle change de forme, les actes qui sont ainsi qualifiés ne sont pas partout les mêmes ; mais, partout et toujours, il y a eu des hommes qui se conduisaient de manière à attirer sur eux la répression pénale. [...]

Faire du crime une maladie sociale, ce serait admettre que la maladie n'est pas quelque chose d'accidentel, mais, au contraire, dérive dans certains cas de la constitution fondamentale de l'être vivant. [...] Sans doute, il peut se faire que le crime lui-même ait des formes anormales ; c'est ce qui arrive souvent quand, par exemple, il atteint un taux exagéré. Il n'est pas douteux, en effet, que cet excès ne soit de nature morbide. Ce qui est normal, c'est simplement qu'il y ait une criminalité, pourvu que celle-ci n'atteigne et ne dépasse pas, pour chaque type social, un certain niveau. [...]

Le crime est normal parce qu'une société qui en serait exempte est tout à fait impossible.

Émile Durkheim, *Les Règles de la méthode sociologique* (1895), © PUF, 2013.

3 Comprendre. D'après Durkheim, pourquoi peut-on dire que le crime est un phénomène normal ?

4 Expliquer. À quelle condition la criminalité devient-elle anormale ?

DOC.3 Le caractère relatif de la déviance

Dans un ouvrage au titre provocateur, *What's Wrong with Fat ?* [Qu'y a-t-il de mal à être gros ?], Abigail C. Saguy, sociologue américaine, s'intéresse à la question de l'obésité. Elle montre qu'il existe des conceptions sociales différentes de l'obésité.
Si l'utilisation des termes « surpoids » et « obésité » témoigne d'un cadre de perception médicale, des termes comme « fat », « big », « plump » ou « Big Beautiful Women » révèlent au contraire de nombreuses autres façons de concevoir la corpulence. Face à l'obésité-maladie, A. Saguy décrit trois registres de discours dans lesquels un poids supérieur à la moyenne n'est pas conçu d'emblée comme un problème. Dans un cadre promouvant la santé « pour toutes les corpulences », ce sont ainsi les régimes et les conséquences négatives qu'ils engendrent, qui font l'objet de la critique. L'obésité y est alors décrite comme une morphologie parmi d'autres, non nécessairement pathologique. Dans un autre cadrage vantant la beauté des rondeurs, les fortes corpulences sont perçues comme plus féminines ou plus sexy et dans tous les cas comme plus naturelles. Enfin, dans un cadre de pensée qui vise d'abord à la lutte contre les discriminations, l'obésité est assimilée à d'autres caractéristiques physiques ou sociales comme [...] le genre ou le handicap pour revendiquer un plus grand respect et un traitement plus juste pour tous.

Solenn Carof, « Sociologie de la corpulence », © *www.laviedesidees.fr*, 21 février 2014.

5 Décrire. Par rapport à quelles normes sociales un poids supérieur à la moyenne peut-il être considéré comme une déviance ?

6 Comprendre. Quelles sont les autres manières de voir la forte corpulence ?

DOC.4 Des comportements autrefois « normaux » qui peuvent devenir déviants

▲ Carte postale des années 1950.

▲ Campagne du ministère de la Santé « Zéro alcool pendant la grossesse » (2017).

7 Analyser. En comparant les deux images, montrez que la consommation d'alcool pendant la grossesse et la période d'allaitement est devenue un acte déviant.

8 Expliquer. À votre avis, qu'est-ce qui explique ce changement ?

FAIRE LE POINT

Les actions suivantes peuvent être déviantes. Lesquelles relèvent de la délinquance ?
• tomber devant tout le monde • partir sans dire au revoir • fumer dans un restaurant • voyager sans titre de transport • ne pas éteindre son téléphone portable lors d'un spectacle • frauder le fisc • rouler à 100 km/h sur une route secondaire

À RETENIR

• La **déviance** est la transgression d'une norme, sanctionnée par un groupe. La déviance existe dans toutes les sociétés.
• Comme les **normes** évoluent dans le temps, certaines pratiques peuvent devenir déviantes, d'autres ne plus l'être. Les **normes** dépendent aussi des groupes sociaux, si bien qu'un acte « normal » pour un groupe pourra être considéré comme déviant par un autre.

DOSSIER 2

Comment devient-on déviant ?

OBJECTIF :
Comprendre que la déviance peut s'analyser comme un processus d'étiquetage.

A Le processus d'étiquetage

Certains groupes construisent la déviance en imposant leurs propres normes aux autres. Ils « étiquettent » ainsi des pratiques, et donc des individus comme déviants. La déviance est par conséquent le produit d'interactions sociales.

DOC. 1 Les entrepreneurs de morale selon Howard S. Becker

Et puisque les normes s'appliquent à des individus et dans des circonstances déterminées, il faut chercher quelle est la personne qui s'occupe de veiller à ce que les normes soient appliquées et respectées. Nous allons donc nous intéresser à celui que j'appellerai « l'entrepreneur de morale », aux circonstances de son entrée en scène et à la manière dont il met en œuvre son esprit d'entreprise. [...]
En 1937, le Congrès[1] des États-Unis votait le *Marijuana Tax Act*[2] destiné à extirper l'usage de cette drogue. [...] C'est le *Bureau of Narcotics* [...] qui a fourni le gros des efforts qui ont abouti au *Marijuana Tax Act*. [...] Le *Bureau* déploya ses efforts dans deux directions : il aida les États à élaborer des lois sur l'usage de la marijuana et il alimenta en faits et en chiffres les articles des journaux sur le problème. [...] Les efforts du *Bureau* pour gagner la population à son point de vue sur l'urgence du problème portèrent tous leurs fruits. Le nombre d'articles sur la marijuana publiés dans les magazines de grande distribution atteignit un niveau record. [17 articles en 2 ans, dont 10 ont reçu l'aide du *Bureau* pour fournir des faits et des chiffres].
Le projet de loi arriva facilement à bon port. Les fumeurs de marijuana étant dépourvus d'influence, [...] ils n'envoyèrent aucun représentant aux auditions et leur point de vue ne fut pas exprimé. La loi fut adoptée sans opposition par la Chambre et par le Sénat. [...] L'entreprise du *Bureau* avait produit une nouvelle norme, dont la mise en vigueur contribuera ultérieurement à créer une nouvelle catégorie de déviants : les fumeurs de marijuana.

Howard S. Becker, *Outsiders* (1963), Métailié, 2012.

1. Le Congrès désigne les deux assemblées législatives des États-Unis : la Chambre des représentants et le Sénat.
2. Loi fiscale sur la marijuana ; il s'agit en fait d'une loi d'interdiction.

Howard Saul Becker, sociologue américain né en 1928, révolutionne les recherches sur la délinquance, jusque-là perçue comme un défaut d'intégration sociale. Dans son étude sur les fumeurs de cannabis, il montre que les processus qui mènent à la délinquance peuvent s'analyser de la même façon que ceux qui mènent à n'importe quel comportement.

1 Lire. Qu'est-ce qu'un « entrepreneur de morale » ?

2 Illustrer. Quels moyens les agents du *Bureau of Narcotics* utilisent-ils pour interdire la consommation de marijuana ?

3 Comprendre. Quelle est la conséquence pour les fumeurs de marijuana ?

DOC. 2 Cannabis thérapeutique : la fin d'un étiquetage déviant ?

La législation française prohibant indistinctement cannabis médical et cannabis « récréatif » pourrait bientôt évoluer. Le comité d'experts mis en place par l'Agence nationale de sécurité du médicament (ANSM) a jugé, jeudi 13 décembre, « pertinent d'autoriser l'usage du cannabis à visée thérapeutique dans certaines situations cliniques et en cas de soulagement insuffisant ou d'une mauvaise tolérance des traitements accessibles ».
Dans son avis, le comité dresse la liste des situations dans lesquelles la plante de cannabis pourrait être utilisée : douleurs réfractaires, certaines formes d'épilepsie sévères et pharmacorésistantes, soins de support en oncologie, situations palliatives ou spasticité douloureuse de la sclérose en plaques.
Olivier Véran, le député (La République en marche) de l'Isère, neurologue de profession, se positionne en pointe sur ce sujet. « On peut avancer très vite, dans l'année, il n'y a pas de raison que ça traîne trop », a-t-il fait valoir lors d'un colloque sur les enjeux de la légalisation du cannabis thérapeutique, le 5 décembre, à l'Assemblée nationale. « Pas besoin de changer la loi, il faut changer un mot dans un décret », a-t-il lancé à la tribune, en proposant la mise en place d'un site de production, d'un circuit de distribution par les pharmacies hospitalières et d'un suivi de chaque patient.

François Béguin, « Cannabis : un comité d'experts français donne son feu vert pour l'usage thérapeutique », *Le Monde*, 13 décembre 2018.

4 Distinguer. Quelle consommation de cannabis n'est plus étiquetée comme déviante par les experts ?

5 Analyser. Dans le texte, qui sont les « entrepreneurs de morale » qui souhaitent légaliser le cannabis thérapeutique ?

DOC.3 Étiquetage sur la place publique

1 *Shaming penalties* (sanctions humiliantes)

Pour punir les petits délits, certains juges aux États-Unis imposent aux individus de porter une pancarte indiquant l'acte déviant pour lequel ils ont été jugés.

2 *Name and shame* (dénoncer et humilier)

Marlène Schiappa, secrétaire d'État, vient d'afficher deux noms sur la lourde porte du secrétariat d'État à l'égalité entre les femmes et les hommes, rue Saint-Dominique, à Paris : Sartorius Stedim Biotech et Maurel & Prom. Le premier est un fournisseur d'équipements pour l'industrie pharmaceutique, le deuxième produit des hydrocarbures. « Non seulement ces entreprises sont parmi les dernières du baromètre *Ethics and Boards* sur la féminisation des instances dirigeantes, mais elles ont refusé d'être sensibilisées gratuitement sur le sujet », assène-t-elle. Aucune des deux entreprises ne s'est rendue à la formation organisée, mardi 12 septembre, pour les dix plus mal notées du palmarès, qui évalue les 120 plus grandes sociétés françaises.
Le procédé est rare. User du « *name and shame* » (« nommer et faire honte ») pour inciter les entreprises à améliorer leurs pratiques en matière d'égalité professionnelle était une promesse de campagne d'Emmanuel Macron. En fait, la secrétaire d'État n'a dévoilé que le nom de celles qui ont refusé son invitation, en pariant sur le « *name and change* ».

Gaëlle Dupont, « Le "*name and shame*" de Marlène Schiappa pour faire progresser l'égalité des sexes au travail », *Le Monde*, 13 septembre 2017.

« Je suis une voleuse. J'ai volé dans un magasin Walmart. »

6 Lire. Quelles normes les déviants étiquetés ont-ils transgressées (1 et 2) ?

7 Comprendre. Par qui sont-ils étiquetés comme déviants ?

8 Déduire. Quel est l'effet attendu de ces étiquetages ?

DOC.4 Un déviant peut ne pas être « étiqueté »

Étiquette/ comportement	Obéissant à la norme	Transgressant la norme
Perçu comme déviant	Accusé à tort	Pleinement déviant
Non perçu comme déviant	Conforme	Secrètement déviant

Source : Howard S. Becker, *Outsiders* (1936), © Métailié, 2012.

9 Comprendre. Un individu est-il considéré comme déviant seulement s'il a transgressé une norme ?

10 Distinguer. Pour chaque exemple, dites si l'individu est étiqueté comme déviant et s'il transgresse la norme.
a. Un jeune homme est arrêté avec un groupe d'amis dont certains ont commis un délit.
b. Un conducteur verbalisé pour excès de vitesse paie une amende et perd des points sur son permis.
c. La femme du commissaire ne verra pas son excès de vitesse notifié car le policier l'a reconnue.
d. Un 3e conducteur passe en respectant la limitation de vitesse.

FAIRE LE POINT

Complétez avec : *étiquetage • normes • entrepreneurs de morale • actes.*
Selon Howard Becker, les ...... définissent la norme sociale, si bien que certains ...... sont considérés comme déviants. Les personnes qui transgressent ces ......, s'ils sont perçus comme déviants, font l'objet d'un ....

À RETENIR

- La **déviance** s'analyse comme un processus qui amène un individu à transgresser ou non une norme et à être **étiqueté** ou non comme déviant par les autres.
- L'**étiquetage** des déviants peut changer au cours du temps. Les **entrepreneurs de morale** imposent leurs normes : certaines pratiques deviennent déviantes, d'autres ne le sont plus.

OBJECTIF :
Comprendre que la déviance peut s'analyser comme un processus de stigmatisation.

B Les processus de stigmatisation

Certains individus sont parfois dénigrés par d'autres, « étiquetés », non du fait de leurs qualités individuelles, mais du fait de leur appartenance à un groupe. Ils sont l'objet de stigmatisation : ils sont désignés comme déviants et discrédités.

DOC. 1 Les contrôles d'identité

Fréquence des contrôles d'identité dans les cinq dernières années selon le fait d'être perçu comme arabe/maghrébin, blanc ou noir (hommes)

Réponse à la question : « Au cours des 5 dernières années, combien de fois avez-vous eu personnellement un contrôle d'identité par la police ou la gendarmerie ? »

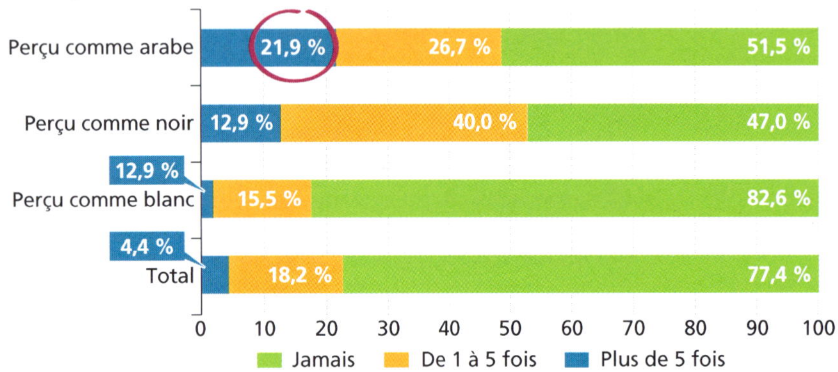

Source : Rapport d'activité, Défenseur des droits, 2017.

Champ : Échantillon de 2 422 hommes.
Lecture : Dans les cinq dernières année, 17,5 % des hommes perçus comme blancs déclarent avoir été contrôlés, contre 53 % des hommes perçus comme noirs.

NOTION

Lorsqu'un groupe impose une identité péjorative à un autre, on dit qu'il le **stigmatise**. Cela passe par des accusations de déviance, des ragots dévalorisants…

▲ Contrôle d'identité Gare du Nord à Paris.

1 Lire. Faites une phrase avec la donnée entourée.

2 Calculer. Recopiez et complétez cette phrase : « Les personnes perçues comme blanches déclarent … fois plus que les personnes perçues comme arabes qu'elles n'ont jamais été contrôlées dans les 5 dernières années. »

3 Déduire. Les chances de se faire contrôler sont-elles identiques pour tous ?

DOC. 2 Stigmatisation des habitants des banlieues

▲ Dessin de Lasserpe, paru dans *La France des marges*, 2017.

Les [chercheurs] ont beau montrer que les banlieues sont infiniment plus diverses que les « quartiers sensibles », la stigmatisation, couplée à la ségrégation urbaine[1], demeure très forte.
Cette caricature en dit long sur le processus de discrimination à l'embauche. « Habiter en banlieue » semble renvoyer autant à une catégorie spatiale périphérique qu'à une catégorie sociale marginale, qui priverait les personnes de tout accès au marché de l'emploi. Le taux de chômage est, de fait, deux fois et demi supérieur dans une zone urbaine sensible (ZUS) que dans le reste de son agglomération. La caricature articule l'effet quartier (la banlieue pensée comme un ghetto où se concentrent des populations jeunes, immigrées, peu diplômées, issues des milieux populaires-catégories davantage touchées par le chômage que les autres) et l'effet origine (le candidat a la peau noire). Ce déterminisme spatial et ethnique, qui verrait toute l'identité d'une personne déterminée par son lieu de résidence et sa couleur de peau fonctionne selon le principe de la stigmatisation par association spatiale ou l'« effet de lieu » (P. Bourdieu). Il n'en faut pas plus pour que le cercle vicieux s'enclenche : venir de « banlieue », c'est forcément être pauvre, de couleur, immigré, peu diplômé, peu travailleur, peu compétent, bref une personne qu'il ne vaut mieux pas embaucher ! En retour le taux de chômage important qui règne dans les « quartiers » serait la preuve de l'incompétence de leurs habitants.

Olivier Milhaud, « Ségrégation urbaine et stigmatisation », in *La France des marges, Documentation photographique* n° 8116, La Documentation française, 16 mars 2017.

1. Séparation dans l'espace urbain des lieux de vie de différents groupes sociaux.

4 Comprendre. Qu'est-ce que la « stigmatisation par association spatiale » ?

5 Déduire. Quelle est la conséquence de cette stigmatisation sur les habitants des banlieues ?

6 Illustrer. Donnez un autre exemple de population stigmatisée.

DOC. 3 Stéréotypes et stigmate

Les Grecs [...] inventèrent le terme de *stigmate* pour désigner des marques corporelles destinées à exposer ce qu'avait d'inhabituel et de détestable le statut moral de la personne ainsi signalée. Ces marques étaient gravées sur le corps au couteau ou au fer rouge, et proclamaient que celui qui les portait était un esclave, un criminel ou un traître, bref un individu frappé d'infamie, rituellement impur, et qu'il fallait éviter, surtout dans les lieux publics. [...]
Le mot de *stigmate* servira donc à désigner un attribut qui jette un discrédit profond, mais il faut bien voir qu'en réalité c'est en termes de relations et non d'attributs qu'il convient de parler. [...]
Ainsi, [...] dans les classes moyennes, un jeune homme n'éprouve en général aucun scrupule à ce qu'on le voit aller à la bibliothèque ; en revanche, voici ce qu'écrit un bandit professionnel : « Je me rappelle par exemple, avant, c'est arrivé plusieurs fois, j'allais dans une bibliothèque publique près de là où j'habitais, et je regardais par-dessus mon épaule deux ou trois fois avant d'entrer pour de bon, juste pour m'assurer qu'il n'y avait personne qui me connaissait dans les environs qui pouvait me voir à ce moment-là. »

Erving Goffman, *Stigmate, les usages sociaux des handicaps* (1963),
© Éditions de Minuit, 1975

NOTION

Les individus doivent trier parmi la grande quantité d'informations qui leur parviennent de leur environnement social. Pour cela, ils font des catégories.
Un **stéréotype** est une généralisation sur le comportement d'une catégorie de personne.

7 Définir. Qu'est-ce qu'un stigmate ?
8 Comprendre. Par qui le bandit a-t-il peur d'être stigmatisé ?
9 Analyser. De quel stéréotype le bandit est-il victime ?
10 Synthétiser. Montrez que la désignation comme déviant a lieu lors d'interactions sociales.

DOC. 4 Stigmatiser, c'est désigner et discréditer l'autre

Julie, sociologue : Et qui d'autre vous n'aimez pas ?
Carine : Chafik.
Julie, sociologue : Pourquoi Chafik ?
Dalva : Ben parce qu'en fait, il est gros... Il dit des gros mots et il pousse tout le monde : il nous tape ! (CM1, école B)

Dans cet extrait d'entretien, on voit bien que viennent ensemble des appréciations esthétiques (ici, « il/elle est gros/se ») et des dépréciations scolaires (« il arrête pas de parler en classe », « il dit des gros mots »), comme si les enfants associaient la déviance par rapport à une norme de corpulence « acceptable » à une série d'autres déviances (non-respect des normes scolaires par exemple). Dans le dégoût des gros, il n'y a pas que l'application enfantine d'un standard de minceur devenu historiquement dominant, [...] il s'agit aussi d'un dégoût du grossier ; d'une dégradation morale au nom d'un manquement supposé au raffinement, en général. Quand les enfants insistent sur la corpulence d'un ou d'une camarade, <u>ils stigmatisent ainsi autant une silhouette qu'une pratique et une éthique du corps.</u>

Wilfried Lignier et Julie Pagis, *L'Enfance de l'ordre. Comment les enfants perçoivent le monde social*,
© Éditions du Seuil, 2017.

11 Lire. Pour Dalva, en quoi Chafik est-il déviant ?
12 Expliquer. Expliquez le passage souligné.
13 Déduire. Quelles pourraient être les conséquences de cette stigmatisation pour Chafik ?

FAIRE LE POINT

Vrai ou faux ? Justifiez vos réponses.

1. Stigmatiser, c'est désigner une personne et la discréditer à partir d'un critère physique, ethnique, religieux, social...
2. La stigmatisation est une question de point de vue.
3. Les enfants peuvent stigmatiser leurs camarades de classe : ils les dévalorisent, ils les identifient comme déviants.

À RETENIR

- Lorsqu'un groupe dominant impose une identité péjorative à un autre, on dit qu'il le **stigmatise**.
- À l'échelle individuelle, dans les interactions sociales, l'**individu stigmatisé** peut intérioriser cette identité péjorative. Cela peut même le conduire à commettre des actes déviants, ou à être conforté dans sa **déviance**.

OBJECTIF :
Comprendre que la déviance peut s'analyser comme une carrière.

C Les processus de socialisation à la déviance : la déviance comme carrière

Pour devenir pleinement déviant, il ne suffit pas d'être étiqueté comme tel. Les individus apprennent à être déviant : on parle de carrière déviante.

DOC.1 La carrière déviante

Dans le film *Pickpocket* de Robert Bresson (1959), le héros, Michel, apprend progressivement à devenir un pickpocket. Tout commence avec le vol de billets dans le sac à main d'une spectatrice de course de chevaux. Arrêté par la police, Michel est vite relâché faute de preuve. Dans sa chambre, il s'entraîne à prendre des portefeuilles discrètement dans une poche de veste. Il vole dans le métro tous les jours, en changeant souvent d'itinéraire, puis rencontre des complices avec qui il va parfaire ses techniques de vols. Ensemble, ils réalisent des exercices dans le fond d'un café et mettent au point des techniques de vols.

Première transgression de la norme

↓

Répétition de l'acte déviant (apprentissage)

↓

Étiquetage, qui renforce l'individu dans son activité de déviant

↓

Intégration d'un groupe déviant organisé

D'après G. Mauger, *La Sociologie de la délinquance juvénile*, © Éditions La Découverte, coll. « Repères », 2009.

1 Résumer. À l'aide de l'exemple du pickpocket, expliquez les différentes étapes de la carrière déviante.

2 Expliquer. Montrez qu'être déviant suppose une socialisation préalable à certaines pratiques (cas du pickpocket). (CHAPITRE 6)

DOC.2 L'École de rugby : l'apprentissage de la « technique »

Dans l'univers du rugby persiste une sous-culture encourageant la consommation excessive d'alcool (la troisième mi-temps) alors que celle-ci est socialement stigmatisée et contraire à l'hygiène de vie du sportif. On peut appréhender cette consommation d'alcool comme une déviance d'hyperconformité, résultat d'un processus d'apprentissage.

La première étape du processus est le temps de l'initiation, au cours duquel le joueur apprend à fêter la fin du match. À l'École de rugby, les jeunes rugbymen partagent un « goûter » avec les adversaires qu'ils ont affrontés : cet avatar de troisième mi-temps paraît décisif dans la mise en place de dispositions mentales favorables à la consommation d'alcool, qui débutera à l'adolescence : « Petit, on a une initiation aux valeurs du rugby, puisque les clubs qui reçoivent mettent un point d'honneur à faire passer leurs adversaires par le club-house pour un moment festif. Si le goûter a une fonction, ça serait une pré-initiation à la troisième mi-temps » (entraîneur).

L'initiation repose également sur l'apprentissage de chansons sexistes, qui vont avec le geste de boire. « Vers 15-16 ans, on est initié aux chansons, à certains rituels, aux premiers apéritifs… » explique un joueur. « Cadets, on est plus livré à nous-mêmes et il y a plus de déplacements. T'as des entraîneurs qui sont d'anciens rugbymen et qui nous initient dans le bus : le retour d'un déplacement est un moment important de troisième mi-temps ». [...] Adolescent, le joueur de rugby est donc préparé à la consommation d'alcool mais ce rituel demeure encadré par les aînés : « Je refuse de voir boire un enfant mais, quand un joueur passe de cadets à juniors, à ses 17 ans, on est plus cool. » (éducateur). Le rugbyman aguerri accompagne ainsi le jeune joueur vers une consommation cadrée mais effective.

C. Bonnet, Y. Dalla Pria et J.-M. Chamot, « Alcool et rugby : anatomie d'une "déviance institutionnalisée" », *Les Cahiers Internationaux de Psychologie Sociale*, n°107, © Presses universitaires de Liège, 2015.

3 Comprendre. À quelles pratiques les jeunes rugbymen sont-ils « initiés » lors des « goûters » d'après-match ?

4 Analyser. La consommation d'alcool est-elle considérée comme déviante pour les joueurs ?

5 Expliquer. Quelle étape de la carrière déviante décrit-on dans le texte ?

DOC.3 La déviance, l'apprentissage d'une « technique du corps »

Fabien Truong, sociologue, interroge Radouane, ancien lycéen, désormais titulaire d'une licence et qui compte intégrer une école de commerce.

« Tu pètes une vitre et tu prends le truc »

– *Tu as eu une petite période de trafic ?*

– Pas de trafic de stupéfiants ou de trucs comme ça… Je commençais… entre guillemets… à voler. Je volais beaucoup, à un moment donné. [...] c'était sur Paris, c'était un travail quand même. Il fallait regarder s'il y avait des traces sur la voiture. C'était au nez, on le sentait. On prenait le métro. Vous savez, on se mettait en mode « beau gosse » et on allait à Paris. On se faisait propre. Comme un vrai parisien ! […] Petites chaussures de ville… petit pull… [...] Il ne fallait pas se faire remarquer. Il ne fallait pas montrer qu'on était du quartier. […]

– *Et ça ne passe que par les vêtements ?*

– Non, y a la gestuelle aussi. Il faut marcher cool. [...] Il ne faut pas avoir l'air de… genre, lui, « il a l'air bizarre, il va faire quelque chose ». Il faut être cool. Comme si tu allais rien faire. Comme si tu te baladais sur Paris. Pour nous, c'était une balade. On allait au Trocadéro. Jamais sur les Champs, parce que là, il y a beaucoup de police. Faut pas aller dans les quartiers chics. Genre Voltaire, c'est bien. Et on revenait avec le sac plein.

Fabien Truong, *Des capuches et des hommes, trajectoires de « jeunes de banlieue »*, © Libella, Paris, 2013.

6 Comprendre. Pourquoi Radouane considère-t-il que son activité était un « travail » ?

7 Analyser. Quelle étape de sa carrière déviante Radouane décrit-il ? (DOC.1)

DOC.4 Sortir de la déviance

Il est possible de repérer un certain nombre de processus favorables à la sortie de la carrière de déviant. Le premier facteur explicatif étant l'âge. [...] Les conduites transgressives s'affirment à la préadolescence, s'intensifient ensuite pour atteindre un pic vers 15-17 ans, se maintiennent à un niveau élevé jusqu'au tournant de la vingtaine avant de décroître. [...]

Il n'y a pas une expérience, un motif, un ressort univoque, qui expliquent les sorties de délinquance.

[Cela] peut être le travail, une formation, une expérience conjugale, la maternité ou la paternité, la religion, un projet artistique ou humanitaire… Les stimulants sont nombreux, mais n'ont pas la même influence dans le temps. Dans nos sociétés salariales, l'occupation d'un emploi stable et satisfaisant est essentielle à la pérennisation de la sortie de la déviance. Sortir d'une carrière délinquante s'effectue au regard d'un double mouvement entre l'usure (pression judiciaire, peines familiales, coûts psychologiques, humains, financiers, etc.) que provoquent de telles conduites et l'ouverture sociale, c'est-à-dire la possibilité de se projeter vers un statut social acceptable. Enfin, certains freins retardent ou remettent en question les volontés de « passer à autre chose » : la dépendance aux psychotropes, des problèmes de santé mentale, une vulnérabilité sociale avancée, l'absence de soutien familial ou institutionnel, des dettes, etc.

Marwan Mohammed, « Sortir de la délinquance », *Idées économiques et sociales*, 2015.

8 Résumer. Pourquoi la délinquance diminue-t-elle à partir de l'âge de 20 ans ?

9 Comprendre. Quels sont les facteurs qui amènent les individus à sortir de leur carrière délinquante ?

10 Déduire. Quels sont, au contraire, les freins à la sortie de la carrière ?

FAIRE LE POINT

Complétez avec : *étiquetage • transgression • socialisation • incorporation.*

En côtoyant un groupe déviant, un individu s'initie : la déviance suppose une …… . Il entame une carrière qui débute par une première ……, continue avec une prise d'habitudes et un …… des autres individus. Parce que la déviance c'est l'…… de nouvelles normes et pratiques, il est difficile d'en sortir.

À RETENIR

On ne naît pas déviant, on le devient. Entrer dans une **carrière déviante** suppose des apprentissages (techniques, plaisir dans la déviance…). Petit à petit, l'individu déviant s'approprie de **nouvelles normes**. Même si cela est difficile, les individus peuvent sortir d'une carrière de déviance.

DOSSIER 3

Qu'est-ce que la délinquance et comment la mesurer ?

OBJECTIF : Comprendre la distinction entre déviance et délinquance.

A La délinquance, une forme de déviance

Lorsqu'une personne transgresse les lois, on dit qu'elle est délinquante. Il existe différents niveaux de délinquance qui sont sanctionnés plus ou moins sévèrement par la justice.

DOC. 1 La délinquance, ensemble des infractions aux normes juridiques

Les contraventions, les délits et les crimes correspondent aux trois genres d'infractions sanctionnées pénalement. Elles se différencient selon leur gravité, les types de sanctions encourues, les juridictions compétentes pour juger les auteurs et les délais de prescription.

	Exemples	Montant de l'amende encourue	Peines complémentaires (exemples)	Peine d'emprisonnement encourue	Juridiction compétente	Délai de prescription
Contraventions	Stationnement irrégulier, outrage au drapeau, coups et blessures légers	1 500 € maximum (3 000 € en cas de récidive)	Suspension de permis, interdiction d'émettre des chèques, remise en état d'un objet détérioré	Aucune	Tribunal de police	1 an
Délits	Vol, abandon de famille, agression sexuelle sans viol, homicide involontaire	3 750 € au moins	Stage de citoyenneté, travail d'intérêt général	De 2 mois à 10 ans	Tribunal correctionnel	6 ans
Crimes	Meurtre, assassinat, terrorisme, viol	3 750 € au moins	Contraintes diverses (interdictions, confiscations, injonction de soins, etc.)	De 15 ans à la perpétuité (prison à vie)	Cour d'assises (jury populaire)	20 ans

Source : ministère de la Justice, *www.service-public.fr*, décembre 2018.

1 Distinguer. Qu'est-ce qui différencie, en droit, une contravention, un délit et un crime ?

2 Illustrer. Donnez un exemple d'acte délinquant sanctionné par une contravention, un exemple d'acte délinquant considéré comme un délit, un exemple considéré comme un crime.

3 Comprendre. Comment le droit signale-t-il au délinquant la gravité de son acte ?

DOC. 2 Qui sont les délinquants ?

Taux de condamnation pour crime ou délit par âge en France en 2016 (taux pour 1 000)

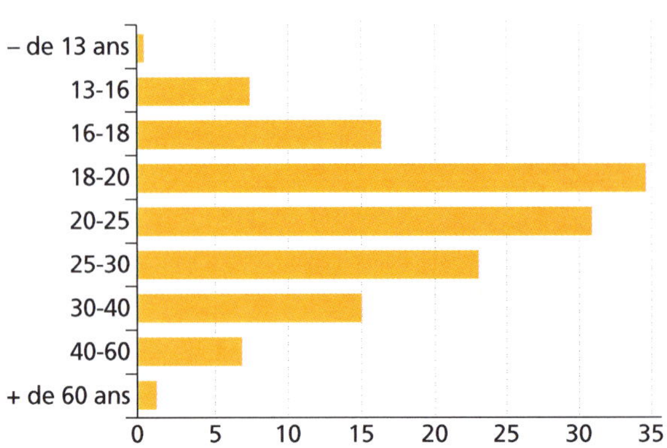

Condamnations pour crime ou délit en France en 2016 (en milliers)

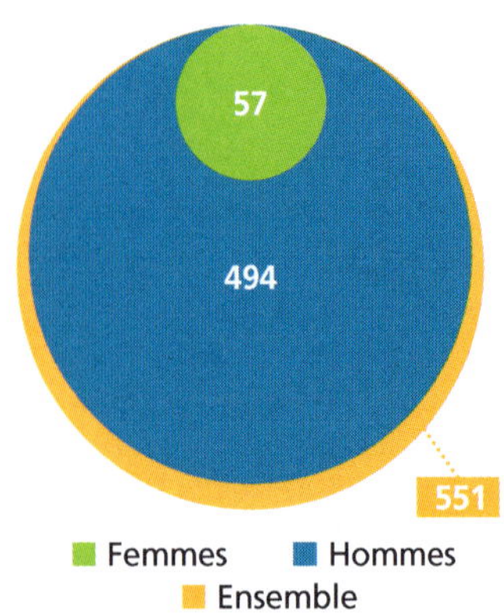

Sources : Bilan démographique, Insee, 2017 ; ministère de la Justice, 2016.

4 Décrire. Quel âge ont les individus qui sont le plus condamnés pour crime ou délit ?

5 Calculer. En France, en 2016, parmi les condamnés pour crime ou délit, ...% sont des hommes et ...% sont des femmes. SAVOIR-FAIRE 1 p. 344

6 Synthétiser. Montrez que la délinquance dépend de l'âge et du sexe des individus.

DOC. 3 La prison, un objet d'étude pour mieux comprendre la délinquance

Pour comprendre la démographie carcérale, il faut donc déplacer le regard de la prison vers son amont, c'est-à-dire, en remontant la chaîne pénale, vers la justice, qui condamne, la police, qui interpelle, les parlementaires, qui légifèrent, les gouvernements, qui élaborent l'action publique, les commentateurs, qui nourrissent les représentations en termes de sécurité et de punition, en somme la société toute entière qui, par l'intermédiaire de cette pluralité d'agents et d'institutions, détermine qui doit aller en prison et pourquoi. […]
La composition sociale des établissements pénitentiaires peut dès lors servir d'indicateur de ce que la société considère comme devant être sanctionné d'une peine d'emprisonnement. Analyser qui est incarcéré et pourquoi, c'est se demander quels sont, parmi les actes susceptibles d'être réprouvés, ceux que l'on punit et ceux que l'on tolère, ceux que l'on estime graves ou au contraire mineurs, ceux qui suscitent l'indignation ou l'indulgence.

Didier Fassin, *L'Ombre du monde, une anthropologie de la condition carcérale*, © Points Seuil, 2017.

▲ Prison de Fresnes, Val-de-Marne (94).

7 Comprendre. Pourquoi faut-il « déplacer le regard de la prison vers son amont » ?
8 Lire. De quoi la composition sociale des prisons dépend-elle ?

DOC. 4 « Délinquance en col blanc »

L'été 2017 éclatait le scandale des « œufs contaminés ». Au départ, un exploitant belge prévenait les autorités sanitaires de son pays. Ces dernières confirmaient rapidement qu'une entreprise néerlandaise avait vendu en Belgique des traitements contre les poux des poules contenant du Fipronil, un pesticide considéré comme dangereux et interdit pour le traitement des animaux destinés à la consommation humaine. Il s'avéra rapidement que 16 pays européens étaient concernés. […] des enquêtes judiciaires ont conduit à la mise en cause de plusieurs entreprises aux Pays-Bas et en Belgique. […]
Les fraudes, motivées par la recherche du profit et la volonté de gagner ou simplement de survivre dans la guerre économique que constitue la concurrence, peuvent ainsi s'opérer à tous les niveaux de la production, de la conservation, du transport, de la distribution et de la vente des produits alimentaires.

Laurent Mucchielli, *Sociologie de la délinquance*, © Armand Colin, 2018.

NOTION

Certains actes délinquants comme le vol se concentrent dans certains milieux sociaux, en raison notamment de la pauvreté qui y règne. Mais il existe aussi une délinquance des élites, qu'on appelle la « **délinquance en col blanc** » (évasion fiscale, « affaires » politiques, pollution industrielle…).

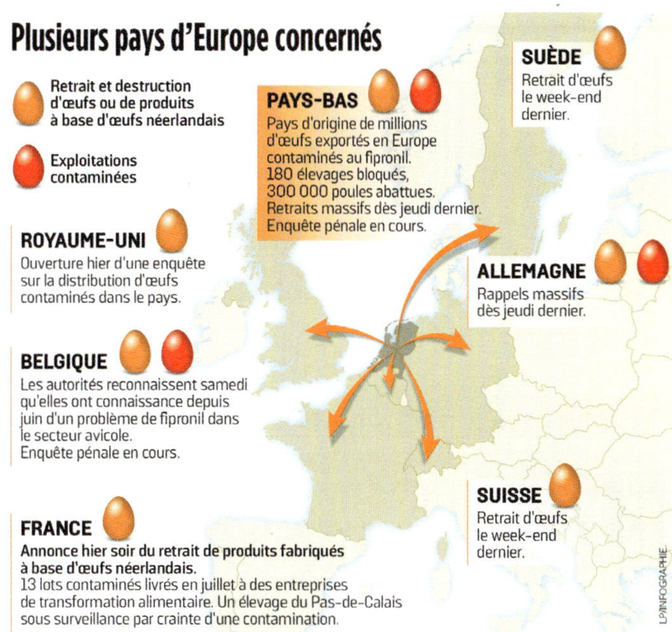

Source : « Crise des œufs contaminés : comment elle s'est propagée ? », *Le Parisien*, 8 août 2017.

9 Identifier. Pourquoi peut-on dire que le scandale des œufs contaminés est une délinquance en « col blanc » ?

10 Comprendre. Qu'est-ce qui a poussé ces entreprises à vendre des œufs impropres à la consommation ?

11 Illustrer. Donnez un autre exemple de « délinquance en col blanc ».

FAIRE LE POINT

Vrai ou faux ? Justifiez vos réponses.
1. Les délinquants sont souvent des trentenaires.
2. La peine minimale pour un délit est moins importante que la peine minimale pour un crime.
3. La fraude fiscale est une forme de délinquance.
4. Connaître les raisons qui amènent des individus en prison permet de savoir ce que notre société réprouve.

À RETENIR

- La **délinquance** est un cas particulier de la déviance : c'est le fait de transgresser une norme juridique et d'être sanctionné par la police et/ou la justice.
- Il existe **différents types de délinquance** qui peuvent parfois s'expliquer par des raisons propres à chaque groupe social. Ainsi, la délinquance dépend de l'âge mais aussi de la catégorie sociale des individus.

DOSSIER 3

OBJECTIF :
Comprendre qu'il est difficile de mesurer la délinquance.

B Le chiffre noir des statistiques pénales

Les administrations des ministères de l'Intérieur et de la Justice enregistrent les plaintes et les condamnations. Mais ces sources donnent une vision incomplète de la délinquance : il est impossible de connaître le nombre d'infractions réellement commises.

DOC. 1 Des statistiques judiciaires

Condamnations par type d'infractions[1]

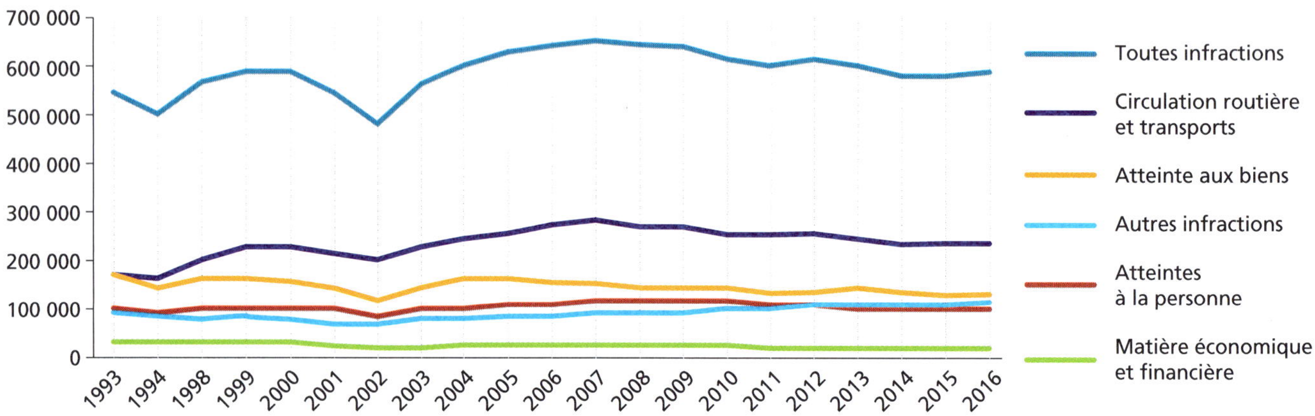

1. Une infraction, c'est le fait de violer la loi. Toute infraction est passible d'une sanction prévue par la loi.

Source : ministère de la Justice, 2017.

1 Distinguer. Quelle est la différence entre une infraction et une condamnation ?

2 Repérer. Comment les condamnations pour infractions évoluent-elles entre 1993 et 2016 ?

3 Calculer. Calculez le taux de variation des condamnations pour infraction entre 2002 et 2008 ? SAVOIR-FAIRE 3 p. 346

DOC. 2 Des infractions aux condamnations

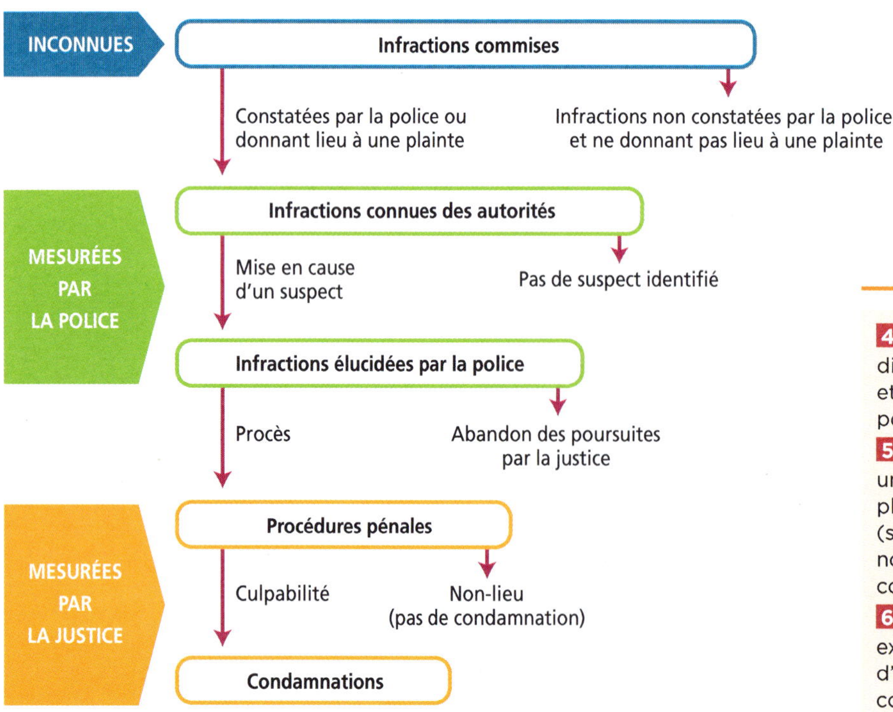

4 Déduire. Pourquoi y a-t-il une différence entre la délinquance commise et celle enregistrée par les autorités de police ?

5 Comprendre. Pourquoi existe-t-il une différence entre le nombre de plaintes et le nombre d'interpellations (suspects mis en cause) ? entre le nombre d'interpellations et le nombre de condamnations ?

6 Synthétiser. Quels facteurs peuvent expliquer la différence entre le nombre d'actes délinquants et le nombre de condamnations ?

DOC.3 Des statistiques policières sujettes à débat

Que mesurent les statistiques policières ?

Depuis le début des années 2000, les statistiques de police ont été affectées en France par [des] perturbations qui ont considérablement fragilisé leur fiabilité.

[...] L'introduction à partir de 2002 de la « culture du chiffre », un nouveau mode de management imposé par le pouvoir politique et qui a conduit à des dérives importantes.

Les chercheurs avaient alerté sur ces problèmes depuis plusieurs années. [...] En juin 2013, les inspections générales de l'INSEE, de la Police Nationale et de la Gendarmerie Nationale ont publié un Rapport sur l'enregistrement des plaintes par les forces de sécurité intérieure qui est accablant quant aux conséquences de cette « politique du chiffre » des années 2002-2012. Il y est notamment question d'« absence de tout contrôle » par la hiérarchie centrale, de « généralisation de pratiques d'enregistrement non conformes » et même d'une « pratique de dissimulation massive » à la Préfecture de police de Paris. Au final, les trois inspections générales estiment que « les statistiques avaient ainsi perdu tout contenu opérationnel, n'indiquant plus la réalité géographique et temporelle de la délinquance ».

Même si ces pratiques n'ont pas disparu du jour au lendemain, il est permis de penser que la situation s'est beaucoup améliorée.

Laurent Mucchielli, « La délinquance enregistrée par la Police Nationale sur la ville de Marseille. Essai d'analyse géographique et sociale », *Les rapports de recherche de l'Observatoire de la délinquance et des contextes sociaux*, 2017.

7 Comprendre. Qu'est-ce que la « culture du chiffre » ?

8 Déduire. Quels peuvent être les effets de cette « politique du chiffre » sur les chiffres de la délinquance ?

DOC.4 Le chiffre noir de la délinquance

Il est avéré que les *indicateurs officiels* de la criminalité – soit les *statistiques policières, judiciaires et pénitentiaires* – n'enregistrent que la criminalité parvenue à la connaissance des autorités du système de justice pénale. On parle alors dans ce cas de criminalité découverte ou criminalité apparente, par opposition à la criminalité cachée, c'est-à-dire qui n'est pas connue de ces autorités, autrement dit le *chiffre noir* de la criminalité. [...]

Dans ce contexte – notamment à partir du développement de la théorie de l'étiquetage[1] dans les années 1960 –, il a souvent été question de la difficulté d'établir jusqu'à quel point les indicateurs officiels de la délinquance ne constituent qu'une pure construction sociale. Une construction qui, au lieu de refléter la distribution dans la population du comportement contraire à la loi pénale, ne refléterait que la réaction différentielle du système de justice pénale qui focalise son action sur certains groupes de personnes en raison, par exemple, de leur origine ethnique, de leur statut socio-économique ou de leur dépendance aux drogues ?

Marcelo F. Aebi, *Comment mesurer la délinquance ?*, © Armand Colin, Paris, 2006.

1. Du sociologue Howard Becker (DOC.1 **p. 206**).

▲ Le ministère de l'Intérieur, place Beauvau à Paris.

9 Définir. Qu'est-ce que le « chiffre noir » ?

10 Relier. À quoi correspond-il dans le Doc. 2 p. 214 ?

11 Raisonner. Trouve-t-on les « accusés à tort » dans les statistiques pénales ? les « secrètement délinquants » ? (DOC.2 **p. 206**)

12 Comprendre. Que signifie l'expression « réaction différentielle du système de justice pénale » ? Donnez un exemple.

FAIRE LE POINT

Associez.

1. Un meurtrier a été condamné à 20 ans de prison. •
2. Un mineur achète un paquet de cigarettes sans que le buraliste ne lui demande son âge. •
3. Un innocent a été condamné à la suite d'une erreur judiciaire. •
4. Un homme bat sa conjointe qui refuse de porter plainte. •

- • Transgresse la loi.
- • Désigné comme délinquant.

À RETENIR

- Le **chiffre noir de la délinquance** est la différence entre la délinquance « réelle », dont le niveau est par essence mal connu, et la délinquance connue grâce aux statistiques pénales produites par les autorités publiques.
- En effet, tous les actes délinquants commis ne donnent pas lieu à un « enregistrement » de la police et de la justice.

OBJECTIF : Comprendre que les enquêtes de victimation proposent une autre manière de mesurer la délinquance.

C Les enquêtes de victimation, un autre regard sur la délinquance

Face au problème du chiffre noir de la délinquance, il est nécessaire d'obtenir des chiffres venant d'autres sources. Les sociologues ont donc mis en place des enquêtes de victimation.

DOC. 1 Pourquoi réaliser des enquêtes de victimation ?

C'est la Commission Katzenbach [aux États-Unis], qui fit « faire enquête » : les premières enquêtes de victimation furent conduites au milieu des années 1960. Elles firent confiance à la victime, qui devenait un informateur privilégié sur la nature et l'étendue de la criminalité, pour témoigner de la délinquance. Il s'agissait, grâce à ses dires, de construire une base de données récoltées au plus près de l'occurrence des évènements. […] L'enquête de victimation s'est finalement répandue en Europe à partir des années 1980. [...] L'enquête de victimation ne renseigne évidemment pas sur la délinquance sans victime directe (comme la fraude fiscale ou l'immigration irrégulière). Elle ne couvre pas non plus toute la criminalité à victime directe : elle laisse de côté les cas où la victime n'a pas survécu pour répondre à l'enquêteur (homicide) ou bien ceux où la définition de la victimation est trop complexe pour permettre une formulation simple susceptible d'être entendue de la même manière par tous les enquêtés (par exemple, l'escroquerie ou l'abus de confiance). [...] En fait, les enquêtes de victimation couvrent habituellement les agressions non mortelles, différentes sortes de vols et les destructions et dégradations. En se concentrant sur des atteintes banales contre les biens et les personnes, elles sont donc partielles.

Renée Zauberman, « Les enquêtes de victimation. Une brève histoire, quelques usages », *Idées économiques et sociales*, 2015.

NOTION

Enquête de victimation : on constitue un échantillon représentatif de la population et on demande aux enquêtés de déclarer s'ils ont été victimes d'actes de délinquance dans l'année écoulée et de combien d'actes ils ont été victimes.

1 Lire. Pourquoi le gouvernement américain a-t-il demandé aux sociologues de concevoir une nouvelle mesure de la délinquance ?

2 Comprendre. Comment ces statistiques sont-elles construites ?

3 Nuancer. Pourquoi certains actes délinquants ne sont pas pris en compte dans les enquêtes de victimation ?

DOC. 2 Enquête de victimation sur les violences à l'école

L'indice de victimation de cette enquête est la synthèse de neuf faits de violence. Pour la violence psychologique, cinq faits de violences ont été retenus (avoir reçu un surnom désagréable, avoir été moqué[e] pour sa bonne conduite, avoir été victime d'ostracisme, avoir été insulté[e] au moins trois fois et avoir été humilié[e]), et quatre faits ont été retenus pour la violence physique (avoir été bousculé[e] au moins deux fois, avoir été frappé[e] au moins deux fois, avoir été la cible de lancers d'objets au moins deux fois, avoir participé à une bagarre collective).

Victimation selon le sexe et le niveau scolaire (en %)

	Ensemble 2011	Ensemble 2017	2017			
			Filles	Garçons	6e	3e
Absence de victimation	52,7	52	56,6	47,5	47,7	58,7
Faible victimation	30,9	31,6	29,5	33,6	31,3	29,4
Multi-victimation modérée	10,1	10,9	9,6	12,2	13,2	8,1
Multi-victimation forte et harcèlement	6,1	5,6	4,4	6,7	7,9	3,7

Champ : élèves de collèges de France 2017 (France métropolitaine et DOM), 2011 (France métropolitaine).

Source : ministère de l'Éducation nationale, DEPP, Enquête nationale de climat scolaire et de victimation auprès des collégiens 2017, 2011.

4 Comprendre. Quels sont les actes de violences pris en compte dans cette enquête de victimation ?

5 Lire. Faites une phrase qui exprime la signification de chaque donnée entourée.

6 Analyser. Qui, des filles ou des garçons, sont le plus victimes de violences au collège ?

7 Discuter. Entre 2011 et 2017, le harcèlement au collège a-t-il augmenté ?

DOC. 3 Victimation et violences intra-familiales

En moyenne, chaque année entre 2011 et 2015, 0,9 % des personnes âgées de 18 à 75 ans (soit environ 386 000 personnes) ont déclaré avoir subi des violences physiques et/ou sexuelles de la part d'une (ou plusieurs) personne(s) vivant avec elles au moment de l'enquête (« au sein du ménage »). Sur la période précédente, entre 2006 et 2010, cette proportion était identique (1,0 %). Les femmes sont largement majoritaires parmi les victimes de violences au sein du ménage (plus de deux victimes sur trois en moyenne entre 2006 et 2015). Les jeunes de moins de 30 ans sont également surreprésentés : leur poids atteint 32 % parmi les victimes de violences au sein du ménage âgées de 18 à 75 ans contre 20 % dans la population.

Ces chiffres sous-estiment vraisemblablement le nombre réel de victimes, car les violences au sein du ménage restent encore aujourd'hui un sujet tabou, en particulier les violences sexuelles. [...]

Qu'il s'agisse de violences physiques ou de violences sexuelles, le conjoint est très majoritairement l'auteur des violences subies au sein du ménage : il est désigné par la victime dans 59 % des cas de violences physiques et 68 % des cas de violences sexuelles, en moyenne entre 2011 et 2015.

Ministère de l'Intérieur, enquête « Cadre de vie et sécurité », 2016.

En moyenne, entre 2014 et 2016, taux de plainte des personnes victimes...

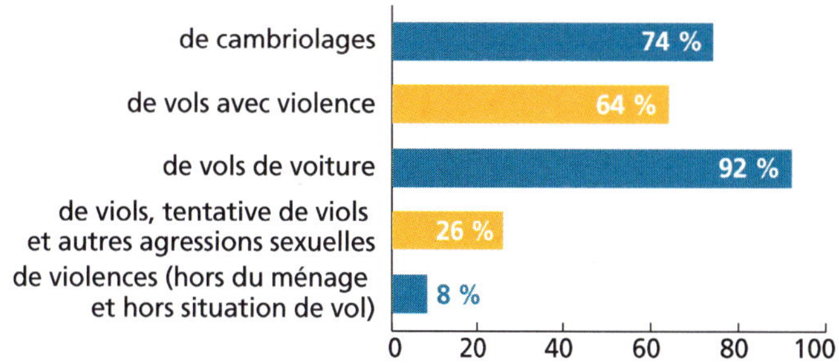

Source : d'après le Rapport d'enquête « Cadre de vie et sécurité », 2017.

8 Décrire. Quelle est la proportion de personnes qui déclare avoir subi des violences physiques et/ou sexuelles au sein de leur ménage ?

9 Décrire. Qui sont les principales victimes de ces violences ?

10 Analyser. Pour quel type de faits les personnes victimes portent-elles davantage plainte ?

11 Expliquer. Pour quelles raisons les victimes de violences au sein du ménage ne portent-elles pas plainte ?

12 Justifier. Pourquoi les enquêtes de victimation sont-elles plus fiables que les statistiques pénales (de la police et de la justice) ?

DOC. 4 Comparaison entre enquête de victimation et statistiques policières

Nombre de vols ou de tentatives de vols de deux-roues motorisés selon les victimes et nombre de plaintes de vol de deux-roues motorisés enregistrées par la police

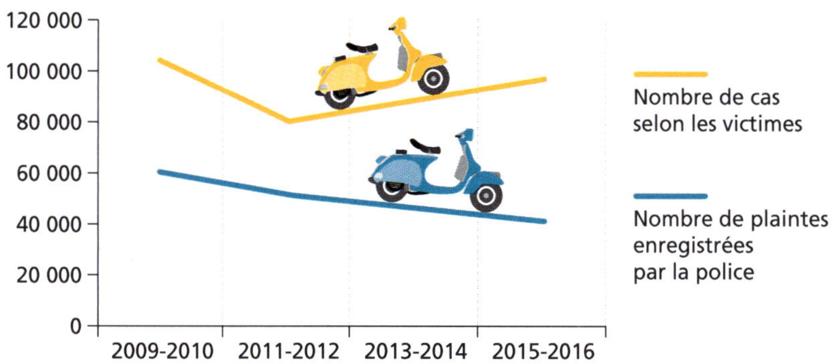

Source : ministère de l'Intérieur, données 2009-2016, enquête « Cadre de vie et sécurité » 2008-2017, INSEE-ODRP-SSMSI.

13 Repérer. Quelles données proviennent des enquêtes de victimation ? des statistiques policières ?

14 Lire. Combien y a-t-il de plaintes déposées en 2016 selon la police ? Combien de personnes déclarent s'être fait voler leur deux-roues en 2016 ?

15 Calculer. Calculez la part des plaintes enregistrées par la police dans l'ensemble des vols déclarés par les victimes en 2015-2016. SAVOIR-FAIRE 1 p. 344

FAIRE LE POINT

Vrai ou faux ? Justifiez vos réponses.

1. Les statistiques policières ont tendance à surestimer la délinquance.

2. Les victimes d'agressions sexuelles ou de violences conjugales portent rarement plainte.

3. Les enquêtes de victimation permettent de mesurer les violences qui ne font pas toujours l'objet d'une sanction pénale.

4. Les enquêtes de victimation mesurent la délinquance réelle.

À RETENIR

- Les **enquêtes de victimation** consistent à demander si les enquêtés ont été victimes d'actes délinquants. Grâce à ces enquêtes, on peut estimer de manière plus rigoureuse la délinquance subie. Elles sont utiles pour mesurer les faits qui sont fortement sous-estimés par les statistiques pénales comme les violences conjugales.
- Il ne faut pas chercher de « vrais » chiffres de la **délinquance**, mais comprendre ce qu'on mesure pour donner du sens aux statistiques.

SYNTHÈSE

Quels sont processus sociaux qui contribuent à la déviance ?

NOTIONS

Normes sociales : ensemble des règles qui permettent la vie en société et prescrivent ou interdisent des comportements. Le respect ou le non-respect des normes sociales peut faire l'objet de récompenses ou de sanctions.

Normes juridiques : les normes juridiques sont une forme de normes sociales ; elles sont définies par le législateur (lois, décrets). Ce sont des règles écrites dans le droit. Si des normes juridiques sont enfreintes, elles peuvent faire l'objet d'une condamnation par la justice.

Contrôle social : le contrôle social a pour fonction d'assurer la conformité aux normes. C'est le fait que le non-respect des normes entraîne une sanction de la part du groupe ou que la conformité aux normes entraîne une gratification.

Déviance : non-respect d'une norme sociale qui est sanctionné.

Étiquetage : certains groupes, en instituant des normes, identifient des pratiques comme déviantes, on dit qu'ils "étiquettent" des actes et des individus déviants.

Stigmatisation: lorsqu'un groupe dominant impose une identité péjorative à un autre, on dit qu'il le stigmatise. Cela passe par des accusations de déviance, des ragots dévalorisants...

Carrière déviante: Howard Becker considère que les déviants peuvent entrer dans une carrière de déviant. Ils transgressent une norme, puis s'ils en prennent l'habitude, ils s'approprient des manières de faire et d'être, propres à un groupe déviant.

Chiffre noir de la délinquance : différence entre la délinquance « réelle », par essence non mesurable, et la délinquance mesurée par les statistiques pénales.

Enquête de victimation : on constitue un échantillon représentatif de la population et on demande aux enquêtés de déclarer s'ils ont été victimes d'actes de délinquance dans l'année écoulée et de combien d'actes ils ont été victimes.

1 Quel est le rôle du contrôle social dans notre société ?

A. La vie en société : la conformité aux normes

▶ Les normes peuvent être informelles (mœurs) ou formelles (droit). Les **normes juridiques** (édictées par le droit) font partie des **normes sociales** qui sont l'ensemble des règles sociales qui prescrivent ou interdisent des comportements en société. Les normes évoluent dans le temps, si bien qu'une pratique considérée autrefois comme « normale » peut ne plus l'être de nos jours.

▶ Pour vivre en société, les individus doivent se conformer aux normes. Celles-ci sont intériorisées lors de la socialisation.

B. Contrôle social et respect des normes

▶ Le respect des normes est assuré par l'individu lui-même (autocontrôle) mais aussi par le **contrôle social**. Le contrôle social désigne l'ensemble des moyens (gratifications ou sanctions) mis en œuvre pour que l'individu respecte les normes. On distingue contrôle social informel et formel.

▶ La famille et les pairs assurent directement le contrôle social en se surveillant les uns les autres ; on parle alors de contrôle social informel.

▶ Le contrôle du respect des lois est quant à lui institutionnalisé : la police et la gendarmerie assurent le respect des normes juridiques ; la justice sanctionne lorsqu'elles sont transgressées. Il s'agit du contrôle social formel.

C. La déviance ou la transgression des normes

▶ La **déviance** est la transgression d'une norme sociale qui est sanctionnée par un groupe. Elle peut aller d'actes anodins à des actes froissant la morale collective, condamnés alors avec sévérité.

▶ La déviance existe dans toutes les sociétés.

▶ La déviance, parce qu'elle se définit par rapport aux normes, peut changer : des actes auparavant déviants peuvent ne plus l'être, d'autres peuvent le devenir.

2 Comment devient-on déviant ?

A. Le processus d'étiquetage

▶ La déviance n'est pas un état mais se construit dans les interactions sociales : être déviant, c'est transgresser une norme et être étiqueté comme tel (« pleinement déviant »). Certains individus peuvent être « secrètement déviants », d'autres « accusés à tort ».

▶ L'étiquetage des déviants varie dans le temps : ce sont les entrepreneurs de morale qui identifient des pratiques comme déviantes.

B. Le processus de stigmatisation

▶ On parle de **stigmatisation** lorsqu'un groupe accole une étiquette péjorative à un autre. Cette stigmatisation repose le plus souvent sur des stéréotypes.

▶ Les membres du groupe stigmatisé peuvent alors intérioriser cette image négative d'eux-mêmes, ce qui peut expliquer certains comportements déviants.

C. Les processus de socialisation à la déviance : la déviance comme carrière

▶ La déviance est un processus lié à la socialisation. Un individu transgresse une norme, intègre un groupe déviant et y apprend les normes et les pratiques du groupe.

▶ On peut voir l'expérience de la déviance comme une **carrière** dont on peut ou non sortir.

3 Qu'est-ce que la délinquance et comment la mesurer ?

A. La délinquance, une forme de déviance

▶ La délinquance est une forme de déviance. C'est une transgression des normes juridiques sanctionnée par la police et/ou la justice.

▶ Il existe différentes formes de délinquance, plus ou moins sévèrement punie.

B. Le chiffre noir des statistiques pénales

▶ La police et les tribunaux enregistrent les plaintes et les condamnations pour délits ou crimes, mesurant ainsi annuellement le nombre d'actes de délinquance.

▶ Mais beaucoup de victimes ne portent pas plainte, et le temps entre le dépôt d'une plainte et la condamnation est très long. Les statistiques pénales sous-estiment donc la délinquance commise. C'est ce qu'on appelle le **chiffre noir de la délinquance**.

▶ Les statistiques pénales sont le résultat de processus sociaux qui désignent des individus comme délinquants.

C. Les enquêtes de victimisation, un autre regard sur la délinquance

▶ À la suite de critiques des statistiques judiciaires, les sociologues ont construit un nouvel outil de mesure, aujourd'hui utilisé par l'État : l'**enquête de victimation**. Celle-ci mesure le niveau de la délinquance subie à partir du témoignage des victimes.

NE PAS CONFONDRE

- **Déviance et délinquance :** la délinquance est une forme particulière de déviance, lorsque les normes transgressées sont des normes juridiques (lois).
- **Déviance et transgression :** toute transgression ne débouche pas automatiquement sur la catégorisation en tant que déviant. Ce sont toujours d'autres personnes qui étiquettent.

SCHÉMA BILAN

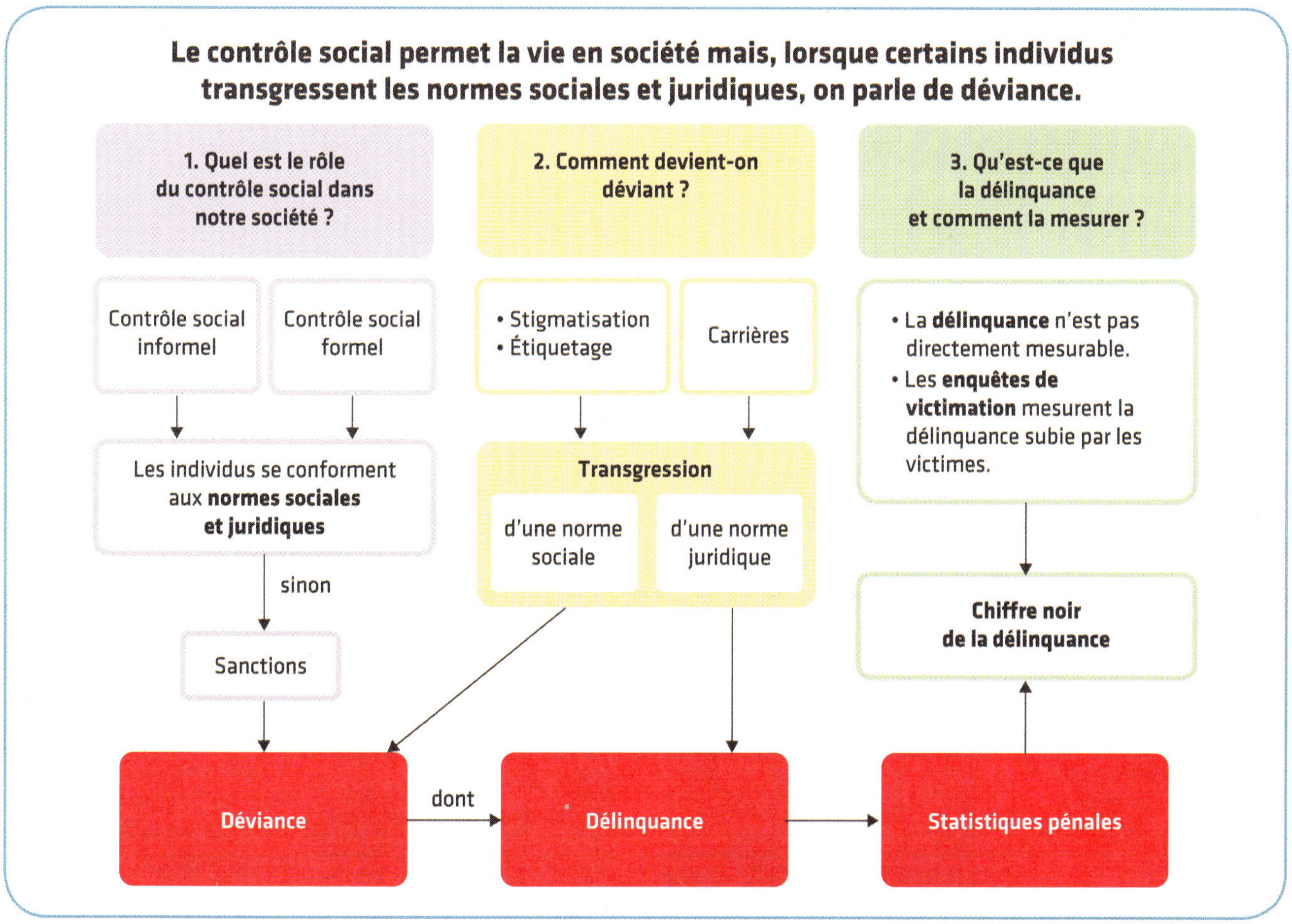

POUR ALLER PLUS LOIN

SES & LITTÉRATURE

Orange is the new black est un roman autobiographique de Piper Kerman, paru en 2010 aux États-Unis et traduit en 2014 en français.
Ce roman a inspiré la série du même nom.

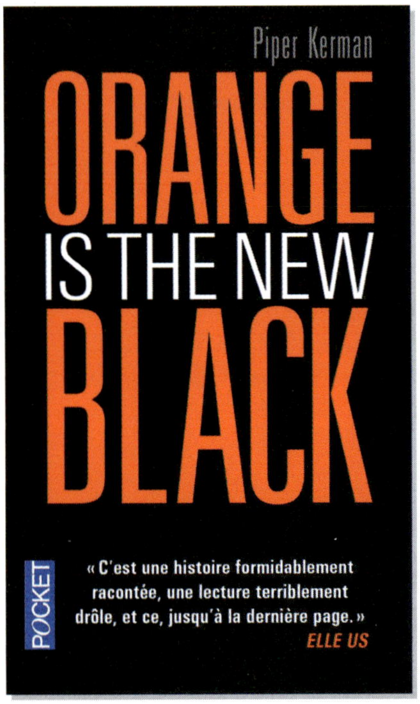

Jeune femme ordinaire, Piper Kerman se fait rattraper par son passé : elle est condamnée à un an de prison, elle devient le matricule 11187-424.
De sa première fouille corporelle à sa libération, Piper Kerman apprend à naviguer dans cet étrange univers aux codes absurdes et aux lois arbitraires. Elle rencontre des femmes issues de tous les milieux, qui la surprennent par leur générosité, leur humour et leur ouverture d'esprit. Elle nous offre un témoignage rare sur le quotidien des détenues américaines.

Ce roman met en évidence la notion de contrôle social formel, de déviance et la stigmatisation.
En effet, aux États-Unis, les trafics de drogue sont l'objet de politiques répressives : les consommatrices et petites trafiquantes sont étiquetées comme délinquantes. Au sein de la prison, on observe des logiques de stigmatisation. C'est un exemple de déviance féminine.

À VOIR, À LIRE

Une affaire de famille

film de Hirokazu Kore-eda, 2018 (2 h).

Afin de compléter les maigres revenus de la famille, Osamu et son fils ont opté pour le vol à l'étalage. Un soir, ils trouvent dans la rue une petite fille qu'ils vont recueillir au sein de leur famille. Ce film permet de s'interroger sur l'imposition des normes dans nos sociétés.

Les Riches au tribunal

Monique et Michel Pinçon-Charlot, Étienne Lecroart, Seuil-Delcourt, 2018.

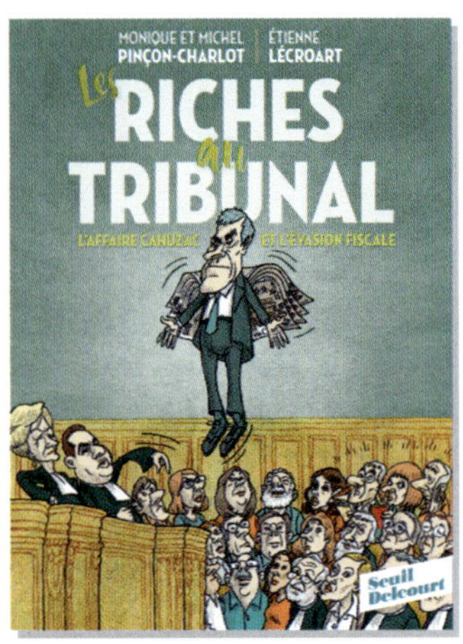

Cette bande-dessinée permet de suivre le procès de Jérôme Cahuzac, ancien ministre accusé et condamné pour fraude fiscale. Les auteurs montrent les mécanismes de l'évasion fiscale et comment, chez les classes dirigeantes, la fraude se gère en famille. Un bel exemple de « délinquance en col blanc ».

EXERCICES

1. Évaluer ses connaissances

Corrigés des exercices p. 372

Vrai ou faux ?

	V	F
1. Une norme est une règle morale.	☐	☐
2. Une norme formelle édictée par l'État est une norme juridique.	☐	☐
3. Une coutume est une norme juridique.	☐	☐
4. Les normes sociales dépendent du groupe auquel on appartient.	☐	☐
5. Un condamné pour meurtre est un délinquant.	☐	☐
6. Lors de sa carrière de déviant, un individu gagne en prestige.	☐	☐
7. La stigmatisation repose sur des préjugés.	☐	☐
8. Les ouvriers sont des délinquants en col blanc.	☐	☐
9. Les statistiques judiciaires surestiment la délinquance.	☐	☐
10. Les chiffres de victimation reposent sur les plaintes enregistrées.	☐	☐

2. Calculer un pourcentage de répartition

Savoir-faire 1, p. 344

L'évasion fiscale est une délinquance en « col blanc ». Elle est difficile à estimer parce qu'elle est, par définition, cachée. On distingue l'évasion fiscale agressive ou fraude fiscale (les personnes qui pratiquent cette évasion fiscale le font volontairement et enfreignent la loi) et l'optimisation fiscale (qui consiste à éviter de payer des impôts tout en respectant les lois en vigueur). Il n'existe pas de chiffres « officiels » estimant l'évasion fiscale, c'est pourquoi le ministre de l'Action et des Comptes publics a annoncé fin 2018 la création d'un observatoire sur la fiscalité. À la fin de 2019, cet observatoire publiera les premiers chiffres, ce qui sera un outil pour lutter contre la fraude fiscale.

L'ONG Oxfam estime qu'entre 60 et 80 milliards d'euros de recettes fiscales sont perdues chaque année en France, du fait de la fraude fiscale, et 40 à 60 du fait de l'optimisation fiscale en 2017. Les recettes fiscales sont l'ensemble des recettes issues des prélèvements obligatoires (cotisations sociales, taxes, impôts), elles permettent de financer les services publics ainsi que la protection sociale.

Questions

1. Si on estime à 80 milliards d'euros la fraude fiscale, et en considérant que le budget de l'ensemble des administrations publiques s'élève à 1 232.8 milliards d'euros en 2017. Quelle est la part de la fraude fiscale dans le budget des administrations ?
2. Le déficit de l'ensemble des administrations publiques en 2017 (les dépenses sont plus importantes que les recettes) est estimé à près de 60 milliards d'euros. Quelle est la part du déficit public dans le budget des administrations ?

3. Lire et interpréter une série chronologique

Savoir-faire 12, p. 355

Évolution de l'orientation des affaires de mineurs par les parquets[1] (1992-2012)

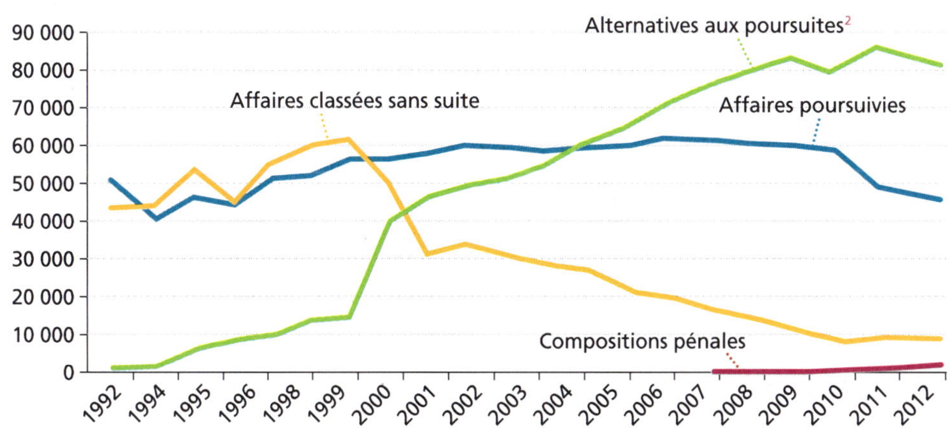

1. Le parquet désigne l'organisation, au niveau du tribunal de grande instance, de l'ensemble des magistrats du ministère public qui sont chargés de requérir l'application de la loi et de conduire l'action pénale au nom des intérêts de la société (www.vie-publique.fr).

2. Rappel à la loi, stage de formation civique, consultation chez un psychologue…

Source : L. Muchielli, « L'évolution de la délinquance des mineurs en France depuis les années 1970 », in *La Délinquance des jeunes*, La Documentation française, 2014.

Questions

Corrigez la (ou les) phrase(s) fausse(s) et justifiez chaque réponse avec des chiffres précis.

1. Les affaires poursuivies augmentent tout au long de la période.
2. Les alternatives aux poursuites remplacent les affaires classées sans suite.

4. Construction d'une argumentation rigoureuse

CAS PRATIQUE

Vers la fin des fessées ou gifles pour les enfants?

L'Assemblée nationale a adopté dans la nuit de jeudi à vendredi, une proposition de loi à la portée largement symbolique visant à interdire les « violences éducatives ordinaires », sur laquelle les opposants se font discrets.

Le texte du MoDem[1], co-signé par des élus d'autres groupes, a été adopté en première lecture par 51 voix contre 1 et 3 abstentions. Il a relancé une controverse toujours vive sur le sujet sensible des châtiments corporels en France [...].

Selon la Fondation pour l'Enfance, 85 % des parents français ont recours à des violences dites éducatives. La proposition du MoDem réclame au gouvernement un « état des lieux » sur le sujet avant septembre 2019.

« L'Assemblée vote largement l'interdiction de la fessée », *Libération*, 29 novembre 2018.

1. Mouvement démocrate, parti politique du centre.

Les pays ayant interdit les punitions corporelles

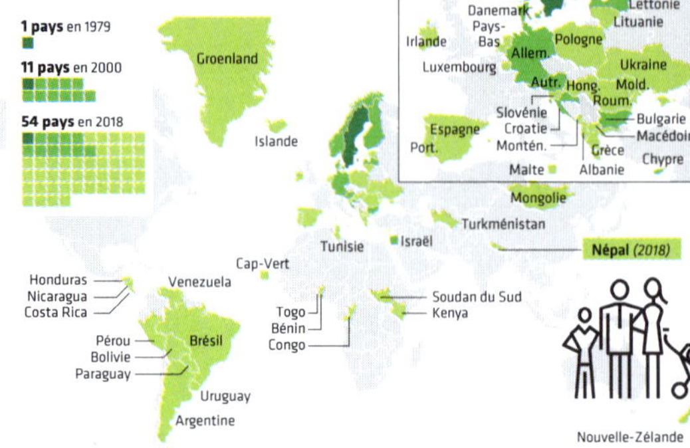

Source : Global Initiative to End All Corporal Punishment of Children (novembre 201

En vous appuyant sur les notions du chapitres, les documents 4 p. 205, 1 p. 206, 3 p. 209 et sur l'article, répondez à cette question : **La fessée est-elle désormais un acte déviant ?**

Questions préparatoires

- Combien de pays ont-ils interdit la fessée ?
- Qui sont les défenseurs de l'interdiction de la fessée ?
- Les Français considèrent-ils la fessée comme une pratique déviante ?

Reliez vos observations aux notions du cours : étiquetage, stigmatisation, déviance (qui varie dans le temps et selon les groupes sociaux).

Organisez vos idées en deux parties (oui/non). Puis rédigez votre argumentation.

5. Collecte et traitement de l'information

CAS PRATIQUE

Interview de Laurent Mucchielli, sociologue, qui a publié *Vous êtes filmés ! Enquête sur le bluff de... la vidéosurveillance.*

Pourquoi avez-vous initié cette enquête sur la vidéosurveillance ? Et quelle a été votre méthode de travail ?

Mon idée est d'évaluer l'impact réel de la vidéosurveillance sur la délinquance. [...] De 2012 à 2016, j'ai pratiqué des diagnostics locaux de sécurité pour le compte des villes et des conseils locaux de sécurité et de prévention de la délinquance (CLSPD).

Quels sont les principales critiques à formuler contre la vidéosurveillance ?

Il y a d'abord le mythe du « vidéoflag », qui veut que la caméra capture automatiquement l'image des auteurs d'infractions. En réalité, la déperdition est énorme, la caméra pouvant ne pas filmer telle rue, ne pas être braquée sur le bon endroit au bon moment, être entravée par des obstacles, du feuillage, etc. [...] L'autre limite [...] c'est la difficulté des opérateurs qui observent des dizaines d'écrans à savoir quoi regarder exactement. Leur travail est monotone et souvent inutile. [...]. Ensuite, la vidéosurveillance conduit souvent à un simple déplacement de la délinquance.

Et d'un point de vue strictement judiciaire ?

J'ai étudié le détail des réquisitions d'images dans certaines villes, [pour]comprendre ce que les policiers ou les gendarmes cherchent. On s'imagine que la caméra va proposer un gros plan parfait sur la personne en plein braquage, quelle sottise ! La plupart du temps, ils cherchent une voiture et sa plaque d'immatriculation, et non une personne. [...] Si cela peut être utile, l'apport de la caméra n'est presque jamais déterminant à lui seul. [À Marseille,]sur la dernière année étudiée, on constate qu'il y a 105 faits vraiment élucidés grâce à la vidéosurveillance. [...] La police nationale traite près de 60 000 faits de voie publique par an à Marseille ! On peut dès lors émettre des doutes sur le rapport coût/avantage d'un tel investissement.

Willy Le Devin et Ismaël Halissat, Interview de Laurent Muchielli, « La vidéosurveillance conduit souvent à un simple déplacement de la délinquance », *Libération*, 23 mars 2018.

En vous appuyant sur l'interview, répondez à cette question : **La vidéosurveillance est-elle un outil utile pour prévenir la délinquance ?**

Collecte de l'information

- Quelles sont les idées reçues que discute le sociologue L. Mucchielli ?
- De quelle manière a-t-il enquêté sur la question ?
- Quels sont les résultats de son enquête ?

Traitement de l'information

- Résumez en 3 idées ce que vous avez appris.
- Associez un exemple précis à chacune de ces idées.

VERS LE BAC

Construire un raisonnement argumenté (partie 2 de l'épreuve de spécialité)

...os connaissances et du dossier documentaire, ...rez que la déviance est la conséquence ...sus d'étiquetage.

...ée (1,99 enfant par femme
...es favorisent l'articulation
...a vie familiale et il existe une
... de la famille. Les personnes
...nt sont très minoritaires (aux
...l de ce choix de vie, elles
...ne des « outsiders » vis-à-vis
... Becker. […] ne pas vouloir
...r de la norme dominante, de
...mille […].
...tre un-e SEnVol[1]
...de se construire une « ligne
...ge que l'on donne de soi
... définition d'une identité de
...]. Par exemple, les jeunes
... de procréer, ont tendance à
...tournement ». Autrement dit,
...posée la question de leur désir
...rer à leur entourage qu'elles ne
... suite ».

...s. Stratégies et conséquences du choix ...ie sans enfant », *Mouvements*, été 2015.

...irement ».

... des cambriolages et tentatives

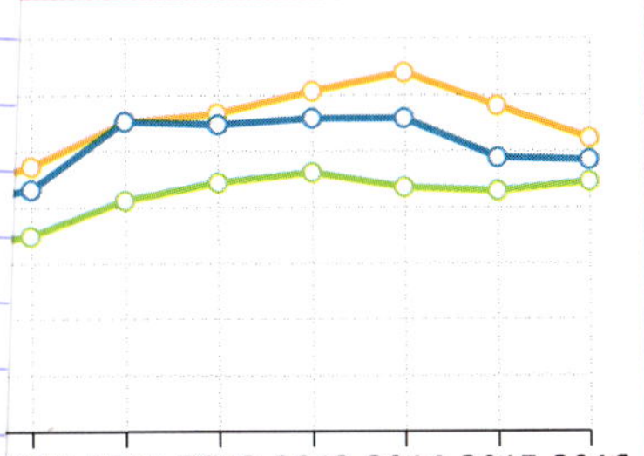

...'enquête CVS[1]
...es déclarées à l'enquête CVS
...es enregistrés par les forces de l'ordre
amb...

...t sécurité », est une enquête de victimation.
...rance métropolitaine.

Sources : enquête « Cadre de vie et sécurité 2007 à 2017 », Insee-ONDRP.

Étape 1 Rassembler ses connaissances, analyser les documents

1. Définissez la déviance, et précisez la distinction avec la délinquance.
2. Définissez l'étiquetage, et expliquez les différentes étapes du processus d'étiquetage.
3. Doc. 1. Repérez dans le texte quels sont les acteurs de cet étiquetage des « SEnVol ». À quelle norme la déviance présentée dans le document correspond-elle ?
4. Doc. 2. À l'aide de chiffres précis, montrez que l'étiquetage par les forces de l'ordre des cambriolages diffère de celui des victimes. Expliquez cette différence.

Étape 2 Construire votre argumentation

Voici un brouillon d'élève accompagné des commentaires du professeur.

I. La déviance, c'est la transgression des normes. 1

1 C'est vrai, mais il faut éviter de segmenter le sujet. Il est préférable de définir précisément la déviance dans l'introduction pour ensuite avoir plus de place dans le développement pour traiter de la question de l'étiquetage.

II. La déviance est le résultat d'un étiquetage. 2

2 C'est bien, mais il faut essayer de préciser les différentes étapes de cet étiquetage (processus), les différents acteurs, ainsi que les différentes conditions développées par H. Becker.

III. La délinquance est le résultat d'un étiquetage des forces de l'ordre. 3

3 C'est une bonne idée de faire une sous-partie sur la délinquance mais il faut bien préciser que la délinquance est une forme de déviance. Vous semblez vouloir développer la notion de « chiffre noir », il faudra alors parler du rôle de la justice dans l'identification des délinquants.

Étape 3 Rédiger votre argumentation

Rédigez sous forme de plan détaillé l'argumentation à l'aide des remarques du professeur.

FICHE MÉTHODE Construire un raisonnement argumenté (partie 2 de l'épreuve de spécialité)

1. Identifiez avec précision la tâche qui est imposée : « Discuter » ce n'est pas « Montrer », « Analyser les conséquences » ce n'est pas « Décrire »...
2. Analysez les documents. Chaque document contient au moins une idée importante mais toutes les idées d'un document ne sont pas nécessairement à reprendre. Complétez ces idées par vos connaissances.
3. Construisez un raisonnement reliant 2 ou 3 arguments principaux et, à l'intérieur de chaque paragraphe, organisez l'argumentation.

VERS LE BAC

Épreuve de spécialité

Partie 1 Mobilisation de connaissances et traitement de l'information (10 points)

• **Document** **Nombre de condamnations pour « filouterie d'aliment » selon l'âge en 2017**

En 2017, on comptait 181 condamnations pour « filouterie d'aliment ». Une « filouterie d'aliment » est le fait de quitter un restaurant après s'être fait servir sans régler l'addition.

Moins de 18 ans	18-20 ans	20-25 ans	25-30 ans	30-40 ans	Plus de 40 ans
3	10	24	27	45	72

Note : Parmi ces 181 condamnés, 33 sont des femmes et 148 sont des hommes.

Source : ministère de la Justice, 2018.

• **Questions**

1. Distinguez à l'aide d'exemples les normes sociales des normes juridiques.

2. Faites un graphique sur le nombre de condamnations selon l'âge à l'aide des données du tableau.
Caractérisez, à l'aide d'exemples chiffrés, l'évolution du nombre de condamnations pour « filouterie d'aliment » selon l'âge.
Proposez des explications.

3. La « filouterie d'aliment » est-elle un acte déviant ? Un acte délinquant ?

CONSEILS

- N'oubliez pas de donner les définitions de « normes sociales » et « normes juridiques ».
- Le sujet demande de fournir des « exemples », il vous faudra en fournir deux (pas plus, pas moins) qui montrent la distinction entre normes sociales et normes juridiques pour obtenir tous les points.

Partie 2 Raisonnement appuyé sur un dossier documentaire (10 points)

Sujet **À l'aide de vos connaissances et du dossier documentaire, vous montrerez que le contrôle social peut prendre des formes diverses.**

Doc. 1 L'opinion des Français sur l'argent de poche

QUESTION : *Estimez-vous que l'argent de poche…*

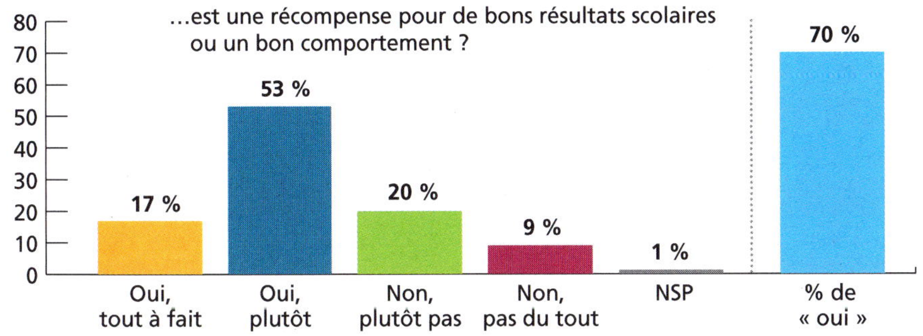

Champ : échantillon représentatif de la population française selon la méthode des quotas, 1 038 personnes âgées de 18 ans et plus.

Source : « Les Français et l'argent de poche », sondage OpinionWay pour Fortuneo, août 2017.

CONSEILS
- Observez quelle fonction les Français accordent au fait de donner de l'argent de poche à leurs enfants.
- Reliez cette fonction à la notion de socialisation et de contrôle social.

Doc. 2 Bilan des contrôles routiers dans le département de la Vienne

Le week-end du 1er au 3 mars 2019, les forces de l'ordre se sont mobilisées pour procéder à de nombreux contrôles sur l'ensemble des routes du département. Au-delà des actions de prévention et de dissuasion, les contrôles ont pour objet de sanctionner les comportements dangereux et ciblent les principales fautes comportementales : la vitesse excessive, l'alcool au volant, l'usage du téléphone au volant, le non-port de la ceinture de sécurité, etc.
À cette occasion, les forces de police et de gendarmerie ont relevé les infractions suivantes :
- 43 vitesses excessives[1] ;
- 11 conduites sous l'empire d'un état alcoolique ;
- 2 conduites après usage de substances ou plantes classées comme stupéfiants ;
- 55 autres infractions (défaut de permis de conduire, utilisations de téléphone au volant, non port de la ceinture de sécurité, non-respect de la signalisation, défaut de contrôle technique, infractions à la réglementation des transports…) ;
- 18 permis de conduire retirés sur le champ.

Services d'État de la Vienne, Sécurité Routière, www.vienne.gouv.fr.

1. Hors équipements fixes.

CONSEILS
- Identifiez le type de contrôle social dont il est question.
- Repérez dans le texte les manières dont les forces de l'ordre font respecter le code de la route.

S'ENTRAÎNER

Étape 1 Analyser le sujet
- Le sujet utilise une notion du programme : « contrôle social ». Il faut donc commencer par la définir et distinguer les différentes formes qu'elle peut prendre.
- Le sujet suppose de « montrer » : il ne demande pas de nuancer, ni de dire que le contrôle social identifie les personnes déviantes.

Étape 2 Analyser les documents
Lisez les conseils donnés en marge des 2 documents proposés.

Étape 3 Organiser ses connaissances pour répondre au sujet
- Mobilisez vos connaissances sur les différentes formes de contrôle social et illustrez vos arguments avec des exemples issus de votre cours, de l'actualité et des documents. Vos connaissances personnelles sont indispensables car les documents ne traitent pas de l'ensemble des formes de contrôle social.
- Dans les documents, on trouve différentes formes de contrôle social : il faut bien préciser de quel type de contrôle social il s'agit.
- Lorsque vous rédigez, développez à l'aide d'exemples concrets la manière dont s'effectue le contrôle social dans notre société.

VERS LE BAC

Dissertation

Sujet : La déviance s'explique-t-elle seulement par un processus d'étiquetage ?

Doc. 1 **Nombre de personnes mises en cause pour des cambriolages de logement en 2018, par sexe et par âge**

	Femmes mises en cause	Hommes mis en cause	Ensemble des mis en cause	Part des hommes parmi les mis en cause	Répartition des mis en cause par classes d'âges	Répartition de la population par classes d'âges
Moins de 13 ans	43	245	288	85 %	1 %	16 %
13 à 17 ans	430	5 707	6 137	93 %	31 %	6 %
18 à 29 ans	557	7 935	8 492	93 %	43 %	14 %
30 à 44 ans	292	3 508	3 800	92 %	19 %	19 %
45 à 59 ans	151	886	1 037	85 %	5 %	21 %
60 ans et plus	37	135	172	78 %	1 %	24 %
Total des personnes mises en cause	**1 510**	**18 416**	**19 926**	**92 %**	**100 %**	**100 %**

Champ : France métropolitaine
Lecture : en 2018, 19 926 personnes ont été mises en cause par les forces de sécurité pour des cambriolages. 92 % sont des hommes et 43 % ont entre 18 et 29 ans. 19 % de la population de France métropolitaine a entre 30 et 44 ans.

Sources : SSMSI, Base des auteurs de crimes et délits 2018, données provisoires - Insee, estimations de population (résultats provisoires à fin 2017).

CONSEILS
- Distinguez les chiffres exprimés en % et ceux exprimés en milliers.
- On peut repérer le profil sociodémographique des personnes mises en cause pour cambriolages (âge, sexe).
- Rapprochez votre observation de la notion de « carrière » délinquante.

Doc. 2

Entretien avec Kadialy, 17 ans, et Dienaba, 20 ans, hébergés à Montévrain (77) – Appartement de l'Appart'Hôtel de Montévrain, le 9 août 2017.

ENQUÊTRICE. – Ici il a un réseau wifi ?

DIENABA. – Rien du tout !

ENQUÊTRICE. – Donc vous êtes obligés d'avoir des abonnements ?

DIENABA. – Grave ! En plus, y'a mes potes qui viennent, elles disent « y'a pas d'Internet, moi je dis: « Euh non, y'a pas ». Ça fait archi bizarre, en plus on n'a pas le droit de prendre l'abonnement ici, je sais pas pourquoi, il a dit on n'a pas le droit.

Face à ce risque de révéler le caractère stigmatisant de l'hébergement en hôtel social, son frère a quant à lui renoncé à inviter des amis chez lui. Comme pour Kadialy, différents types de stigmates attachés à la vie en hôtel dissuadent ainsi les adolescents d'inviter leur entourage amical. C'est le cas par exemple de l'affichage sur les murs du règlement de l'hôtel. […] Cadre réglementaire et auto-limitation contribuent à renoncer à recevoir des amis. Cela crée à la fois des limites aux sociabilités des adolescents et renforce le sentiment de ne pas être chez soi : s'il faut un chez-soi pour recevoir, le fait de recevoir produit en retour ce chez-soi, « signe de l'appropriation du lieu et manifeste qu'il est vraiment habité ».

O. Macchi, N. Oppenchaim, « Adolescents sans-logement. Grandir en famille dans une chambre d'hôtel », Rapport d'enquête, février 2019, www.defenseurdesdroits.fr.

CONSEILS
- Le document donne un exemple de stigmatisation. Rapprochez cet exemple de la théorie de Goffman pour expliquer la déviance.

Doc. 3 Mariages et pacs de 2008 à 2018

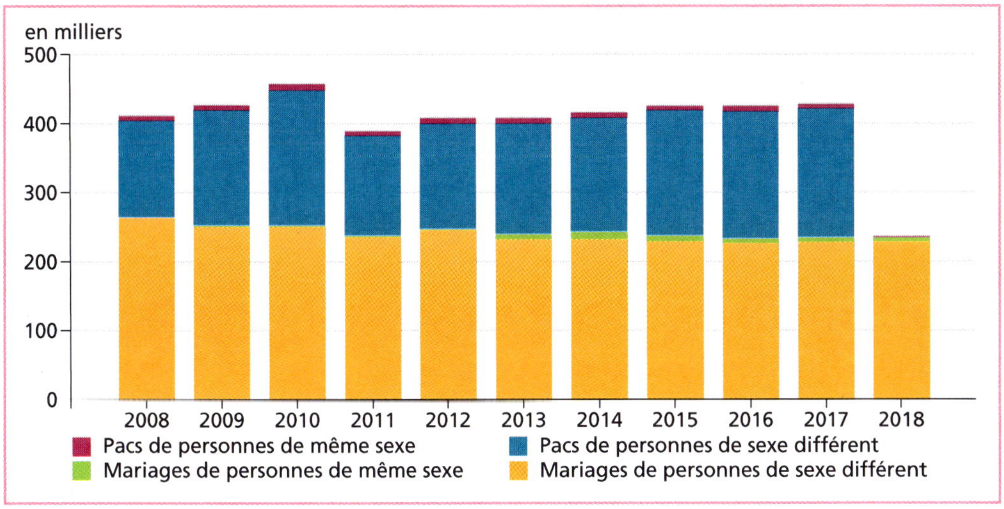

Note : données 2018 non disponibles pour les pacs et provisoires pour les mariages.
Champ : France hors Mayotte jusqu'en 2013 et y compris Mayotte à partir de 2014.

Sources : Insee, statistiques de l'état civil (mariages) ; SDSE, fichiers détails (pacs) ; calculs Insee pour les pacs selon le sexe entre 1999 et 2006.

CONSEILS

- Observez les évolutions du mariage et du PACS entre 2008 et 2018, et interrogez-vous sur l'évolution des normes conjugales.
- En 1999, le PACS (Pacte civil de solidarité) est créé pour accorder un statut aux couples homosexuels.
En 2013, une loi autorise le mariage pour les couples homosexuels. Interrogez-vous sur le rôle des entrepreneurs de morale dans cette évolution.

Doc. 4 Contrôles policiers auprès d'adolescents en Allemagne et en France

Combien de fois avez-vous été contrôlé cette année ?

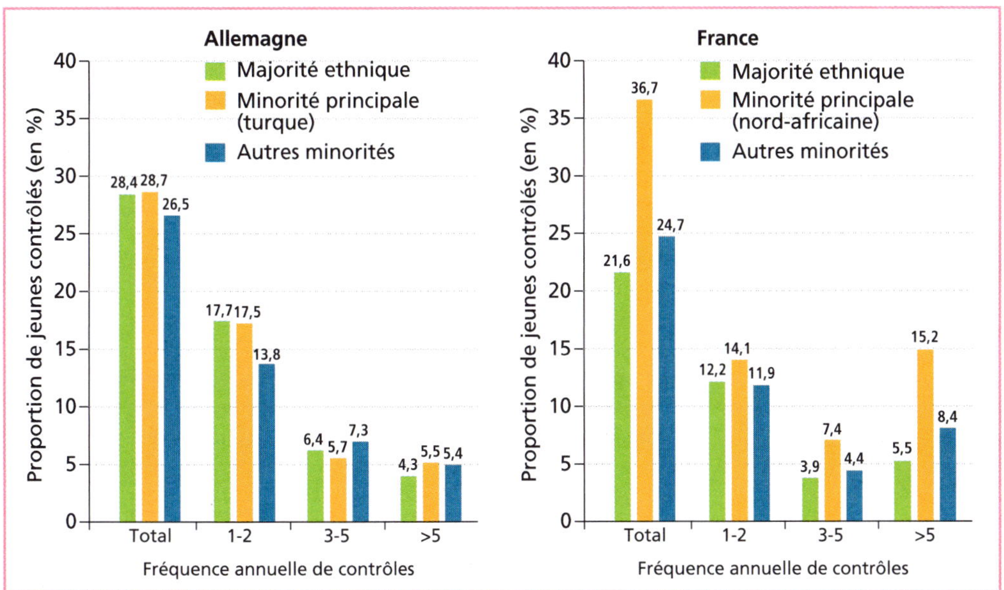

Source : S. Rocher, « Des contrôles de police contreproductifs », *Pour la Science*, octobre 2018.

CONSEILS

- Observez les différences entre les contrôles de police réalisés en Allemagne et ceux réalisés en France.
- Rapprochez vos observations des notions de « stéréotypes » et de « stigmatisation ».

S'ENTRAÎNER À LA DISSERTATION

Étape 1 Analyser le sujet

- Il faut définir les termes de ce sujet : « déviance », « processus d'étiquetage ».
- Commencez déjà à réfléchir au plan avant de lire les documents pour avoir une idée de votre démonstration et des informations utiles que vous trouverez dans les documents.

Étape 2 Analyser les documents

Lisez les conseils donnés en marge des 4 documents proposés.

Étape 3 Organiser ses connaissances pour répondre au sujet

- Mobilisez vos connaissances sur les processus sociologiques qui expliquent la déviance pour répondre au sujet et illustrez vos arguments par des exemples issus de votre cours et des documents. Vos connaissances personnelles sont indispensables car les documents ne traitent pas de l'ensemble des explications de la déviance.
- Un plan qui oublierait de montrer que la déviance peut s'expliquer par un processus d'étiquetage manquerait la moitié du sujet.
- La question posée par le sujet se prête à une réponse de type « Oui, mais... ».
- Puisque le sujet évoque la déviance, et que la délinquance est une forme de déviance, on pourra se servir de cette spécificité pour construire les sous-parties.

CHAPITRE 9

NOTIONS
opinion publique, démocratie, sondage d'opinion, démocratie d'opinion, communication politique

Comment se forme et s'exprime l'opinion publique ?

L'opinion publique regroupe les avis de plusieurs individus sur les questions politiques, religieuses, économiques, morales...

L'opinion publique, un concept qui évolue	Les sondages, un outil controversé	L'influence des sondages sur la démocratie
D'abord monopole des catégories éclairées, l'opinion publique devient l'opinion du plus grand nombre.	Comprendre les principes et les techniques des sondages, et les débats qu'ils entraînent.	Les sondages ont modifié la vie politique.
↓	↓	↓
Qu'est-ce que l'opinion publique ? DOSSIER 1	Comment réalise-t-on les sondages et à quoi servent-ils ? DOSSIER 2	Les sondages modifient-ils le fonctionnement des démocraties ? DOSSIER 3

SOMMAIRE DU CHAPITRE

ENTRER DANS LE CHAPITRE

podcast - Ça s'écoute

Quelle est l'importance des sondages dans la vie publique quotidienne ?

Interview de Richard Brousse, sociologue et directeur de l'Observatoire des sondages

Durée : 5 min.

www.lienmini.fr/ses-1-024

Doc. 1 Manifestation de lycéens contre la sélection sur dossier pour l'entrée à l'université

▲ Des lycéens manifestent contre la loi « Orientation et réussite des étudiants » (ORE), qui vise à réduire le taux d'échec en 1re année de fac en permettant à chaque université de fixer des pré-requis pour choisir les étudiants (Paris, 11 décembre 2018).

Doc. 2 Les avis sur cette réforme

QUESTION : *Certaines universités sont actuellement bloquées par des étudiants qui protestent contre la réforme de l'accès à l'enseignement supérieur. Par rapport à cette mobilisation, diriez-vous que vous… ?*

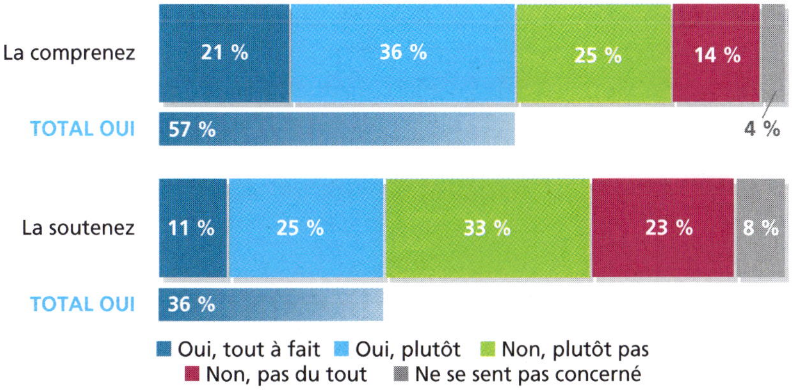

Base : 700 jeunes (550 étudiants et 150 lycéens) représentatifs de la population des lycéens de terminale et des étudiants.

Source : « Le regard des lycéens et des étudiants sur leur avenir », étude Ifop pour *Le Figaro Étudiant*, juin 2018.

1 Quel est l'objectif des jeunes qui participent à ces manifestations ? (DOC. 1)

2 Est-il justifié d'affirmer, à la vue du sondage, que « l'opinion publique » est favorable à la sélection sur dossier à l'entrée à l'université ? (DOC. 2)

3 Écoutez le podcast. Quel rôle les sondages ont-ils joué dans la défaite d'Hillary Clinton face à Donald Trump lors de l'élection présidentielle américaine de 2016 ?

DOSSIER 1

Qu'est-ce que l'opinion publique ?

OBJECTIF : Comprendre que le concept d'opinion publique a changé de forme au cours de l'histoire.

A L'émergence progressive de l'opinion publique

L'opinion publique est indissociable de l'avènement de la démocratie. Ce concept, qui émerge à partir du XVIIe siècle, va donc évoluer en même temps que les sociétés européennes, qui se transforment et accordent un rôle nouveau aux idées du peuple.

DOC. 1 Un salon littéraire en 1755

▲ Anicet Charles Gabriel Lemonnier (1743-1824), *Lecture de la tragédie « L'Orphelin de la Chine » de Voltaire dans le salon de madame Geoffrin*, 1814 (musée des Châteaux de Malmaison et Boi-Préau, Rueil-Malmaison).

1 Observer. À quel milieu social les participants à ce salon appartiennent-ils ? À quelle activité se livrent-ils ?

2 Décrire. Quels signes montrent leur attachement au monde des arts et des idées ?

3 Comprendre. Quel est l'intérêt pour eux de se réunir dans des appartements privés ?

DOC. 2 L'émergence de l'opinion publique au sein de la bourgeoisie

La fin du XVIIIe siècle […] inaugure une période de critique universelle où plus rien n'est épargné par le « tribunal de la raison » et par la discussion publique, pas plus la religion que la science, la politique, l'art, etc. Et c'est évidemment à partir de là que s'élabore progressivement au sein de la bourgeoisie éclairée, une « sphère critique », un « espace public », c'est-à-dire un lieu symbolique où « des personnes font un usage public de leur raison ». Il faut enfin souligner que l'élite de la bourgeoisie formule une exigence fondamentale, la publicité des actes du pouvoir royal, et que cette exigence bat en brèche l'un des fondements de la monarchie, le secret de l'exercice du pouvoir […].
Cette profonde mutation idéologique […] [est notamment liée] à l'émergence d'une bourgeoisie « éclairée » et à la mise en place de lieux de débat public (cafés littéraires, clubs, presse d'opinion). Dans ces lieux, l'élite de la bourgeoisie pouvait se réunir et procéder à une discussion collective, critique et rationnelle du pouvoir politique, c'est-à-dire élaborer une opinion publique […].
Il apparaît donc que l'opinion publique est considérée comme « une instance de contrôle » qui s'impose à l'action de chacun comme à celle des gouvernants.

Alain Girod, *Les Mutations de l'espace public et la construction médiatique de l'opinion publique*, 2000 (www.theses.fr).

4 Comprendre. Pourquoi l'un des fondements de la monarchie était-il le « secret de l'exercice du pouvoir » ?

5 Expliquer. Pour quelles raisons seule la bourgeoisie éclairée pouvait rendre « publique » son opposition au pouvoir royal ?

6 Expliquer. Que signifie la dernière phrase du texte ?

DOC. 3 Le rôle majeur de la presse dans la formation de l'opinion publique

Dans son ouvrage *L'Opinion et la foule* (1901), Gabriel Tarde[1] analyse la relation entre la naissance du public [...] et l'émergence de l'opinion publique [...]. La naissance de l'opinion publique, selon lui, est inséparable de la montée des publics[2], qui sont les produits des sociétés contemporaines. Si les foules et les publics se ressemblent, il souligne toutefois leurs différences. Les foules, les plus anciens groupes sociaux, ne sont que des agrégats hasardeux, animés d'une action violente et répétitive, [...] alors que l'action des publics est plus réfléchie et plus calculée [...]. Tarde [...] note que les publics existent essentiellement par la presse. Avant l'avènement de la presse nationale, il n'y avait pas une opinion, mais des opinions diverses, locales, indépendantes les unes des autres. Les informations venant de loin, colportées avec un retard considérable, étaient souvent déformées. Le journalisme moderne a provoqué des changements considérables sur la structuration de l'opinion [...]. Dans les sociétés contemporaines, ce sont les journaux qui dirigent et modèlent l'opinion en imposant aux discours et aux conversations la plupart de leurs sujets quotidiens [...]. En analysant le rôle social de la presse, Tarde prétend qu'une grande démocratie serait inconcevable sans l'action unificatrice de la presse.

Judith Lazar, *L'Opinion publique*, © Sirey, 1995.

1. Sociologue et philosophe français (1843-1904)
2. L'auteur appelle « publics » des groupes sociaux composés d'individus qui ne se connaissent pas nécessairement.

L'apparition de la presse écrite en France

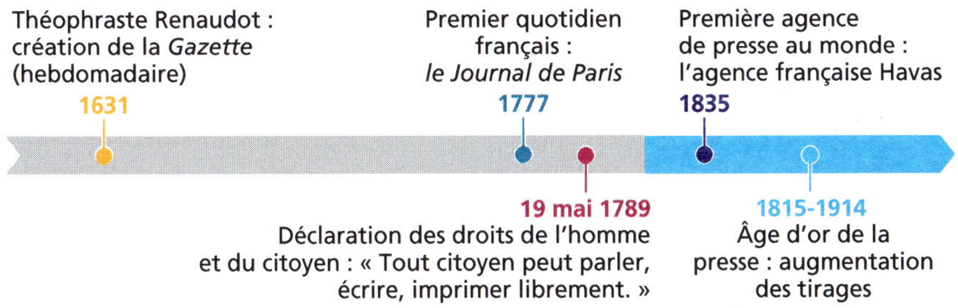

COMPRENDRE

Pour qu'une **opinion publique** existe, il faut que le peuple puisse avoir accès à l'information et lire la presse, ce qui est rendu possible en France grâce à la généralisation de l'instruction, achevée par les lois Ferry de 1881-1882.

7 Synthétiser. D'après Gabriel Tarde, quel facteur a permis l'éclosion des « publics » ?

8 Comprendre. Pourquoi la presse a-t-elle joué un rôle dans l'avènement de la démocratie ?

9 Comprendre. Pourquoi peut-on dire des journaux qu'ils « dirigent » l'opinion publique ?

DOC. 4 Plusieurs types d'opinion publique

Opinion éclairée (XVIIe et XVIIIe siècles) ↔	Lieux : salons, clubs, cafés ↔	Opinion qui s'exprime au nom de la raison. Les intellectuels ont un rôle-clé.
Opinion criée (XIXe siècle) ↔	Lieux : manifestations, courrier des lecteurs... ↔	Opinion qui s'exprime dans un milieu qui s'urbanise et devient plus ouvrier. Ceux qui protestent se font entendre, notamment grâce aux journaux populaires.

D'après Judith Lazar, *L'Opinion publique*, © Sirey, 1995.

10 Comprendre. Quelles sont les transformations dans la société qui expliquent le passage de l'opinion éclairée à l'opinion criée ?

11 Comparer. Les lieux qui permettaient la formation d'une opinion publique entre le XVIIe et le XIXe siècle ont-ils disparu aujourd'hui ? Donnez des exemples.

FAIRE LE POINT

Vrai ou faux ? Justifiez vos réponses.

1. L'opinion publique est une création du pouvoir royal.

2. La presse a empêché la constitution d'une opinion publique.

3. Pour exister, l'opinion publique suppose que les membres d'une société partagent des préoccupations communes.

4. Les salons littéraires ont joué un rôle dans le développement de l'opinion publique.

À RETENIR

- L'**opinion publique** émerge à partir du XVIIe siècle. Cette opinion correspond d'abord à celle de la **bourgeoisie intellectuelle**, qui proteste contre les abus de la monarchie et entend faire un usage public de la raison.
- Plus tard, les progrès de la scolarisation et le rôle de la presse vont permettre la constitution d'une **opinion publique de plus en plus large**.

B L'opinion publique : l'opinion du plus grand nombre

Avec le développement de la démocratie, l'opinion publique évolue. Le concept désigne alors le point de vue supposé du citoyen, ou tout du moins le point de vue partagé par le plus grand nombre. Selon cette vision, il est alors possible de mesurer l'opinion publique.

OBJECTIF : Comprendre qu'aujourd'hui le concept d'opinion publique signifie « ce que pense la majorité des membres d'une société ».

DOC. 1 Changement de vision de l'opinion publique

Cette affiche très célèbre date de 1917. À travers cette campagne de communication (qui met en scène l'oncle Sam), le gouvernement des États-Unis cherche à solliciter l'engagement de jeunes recrues, mais aussi à susciter le patriotisme. Il s'agit de convaincre l'opinion publique de soutenir l'effort de guerre américain.

C'est [au début du XXe siècle] que les élites américaines commencent véritablement à essayer de donner forme [...] à l'opinion publique, de la manipuler, de la faire parler, de s'en faire entendre. Cette nouvelle pratique politique s'appuie sur deux croyances : la première, c'est que l'opinion publique existe effectivement et qu'elle constitue une force incontestable ; la deuxième, c'est que cette force peut être domptée et utilisée au profit de tel ou tel, à condition d'employer des méthodes adéquates. On constate ainsi [...] une importante transformation des campagnes électorales qui s'appuient de plus en plus sur le marketing, la propagande et les « nouveaux » médias (radio, cinéma) [...]. Il apparaît donc que l'usage de plus en plus répandu des médias de masse [...] contribue à dessiner un nouvel imaginaire de l'opinion publique, dans lequel celle-ci prend la forme d'une cible, d'un interlocuteur muet et passif qu'il s'agit de séduire et convaincre. Enfin, au-delà des partis et hommes politiques et de l'État, un certain nombre d'autres acteurs ont intérêt à s'adresser à l'opinion publique : il s'agit des nombreux groupes de pression ou lobbies [...] qui cherchent à gagner les faveurs de l'opinion publique pour pouvoir influencer la politique gouvernementale.

Alain Girod, *Les Mutations de l'espace public et la construction médiatique de « l'opinion publique »*, 2000 (www.theses.fr).

1 Décrire. Quelles sont les innovations technologiques du début du XXe siècle qui permettent ce développement de la propagande ?

2 Critiquer. Cette conception de l'opinion publique comme une « force à influencer » est-elle propre aux démocraties ?

3 Discuter. Pourquoi est-il difficile d'imaginer que l'opinion publique est constituée « d'interlocuteurs passifs » ?

DOC. 2 Le rôle des médias dans la formation de l'opinion publique

Un évènement se produit quelque part.
Exemple : une usine qui contient des produits chimiques explose.

↓

Les médias vont relater l'évènement et apporter des précisions supplémentaires : nombre de victimes, sécurité au sein de l'entreprise...

↓

Les membres de la société vont se faire une idée sur les causes de l'accident, et avoir des discussions avec leurs proches sur le sujet. Une opinion publique émerge, par exemple à propos de la question : « Faut-il renforcer la sécurité dans ce type d'entreprise ? »

4 Argumenter. Pourquoi le rôle des médias est-il indispensable pour que chacun puisse avoir connaissance d'un évènement et se faire une idée dessus ?

5 Analyser. Le rôle des médias se limite-t-il à relater les faits qui se sont déroulés ?

6 Critiquer. Peut-on dire que les médias déterminent entièrement notre manière de voir les choses ? Pourquoi ?

7 Discuter. D'où peuvent provenir nos opinions sur différents sujets si elles ne sont pas forgées par les médias ?

DOC.3 L'opinion publique : un objet difficile à identifier

En novembre et décembre 2018, un mouvement social appelé les « gilets jaunes » se mobilise notamment contre la hausse des prix du carburant et pour le pouvoir d'achat. Équipés de gilets jaunes, les protestataires bloquent certaines routes, certains péages et ronds-points. Leurs revendications sont nombreuses, voire même parfois contradictoires, car ce mouvement social est né sur les réseaux sociaux, sans véritable concertation ni représentants. Durant toute la durée du mouvement, les médias affirment que l'opinion publique manifeste de la sympathie pour ce mouvement.

▲ Manifestation de Gilets Jaunes participant à une opération de libre passage dans la zone de péage de l'autoroute A31 à Beaumont, dans l'est de la France (24 novembre 2018).

8 Décrire. Sous quelles formes peut s'exprimer cette « sympathie » pour le mouvement des gilets jaunes ?

9 Critiquer. Vous paraît-il légitime de regrouper ces différentes formes sous l'appellation « sympathie pour le mouvement des gilets jaunes » ?

10 Comprendre. Sur quoi les médias peuvent-ils s'appuyer pour affirmer que les Français ont de la sympathie pour le mouvement ?

11 Discuter. Cette sympathie de la majorité des Français pour le mouvement signifie-t-elle qu'ils ont nécessairement les mêmes idées politiques ?

DOC.4 D'autres conceptions de l'opinion publique

◄ Le mouvement « metoo », en 2017, a consisté à dénoncer sur les réseaux sociaux les violences sexuelles envers les femmes. Beaucoup de femmes ont utilisé le réseau social Twitter pour dire qu'elles avaient été victimes de telles violences.

12 Analyser. Comment peut-on utiliser un réseau social pour connaître l'opinion publique ?

13 Illustrer. Tout le monde s'exprime-t-il sur Twitter ? Donnez des exemples de catégories de la population qui sont moins présentes sur les réseaux sociaux que d'autres.

14 Discuter. Peut-on dire que les gens qui s'expriment sur Twitter représentent l'avis de la majorité de la population ? Quelles sont les limites d'une telle conception de l'opinion publique ?

FAIRE LE POINT

Complétez avec : *construction de l'opinion publique • majorité de la population • mesure • médias.*

L'opinion publique peut recouvrir des réalités différentes. De plus, de nombreux acteurs essaient d'agir sur celle-ci, notamment grâce aux ...... qui jouent un rôle important dans la .... Il est parfois difficile de savoir ce que pense la ......, car il existe une diversité de points de vue et que la ...... de l'opinion publique n'est pas aisée.

À RETENIR

- À partir du XXe siècle, le concept d'**opinion publique** évolue pour signifier « ce que pense la majorité des citoyens ».
- Cette **opinion publique** est en partie influencée par les médias, mais aussi par d'autres facteurs comme l'environnement familial ou amical. Pour mesurer l'état de l'opinion publique, il faut faire attention à bien prendre en compte l'avis de l'ensemble de la population.

DOSSIER 2

Comment réalise-t-on les sondages et à quoi servent-ils ?

OBJECTIF : Comprendre les principes et les techniques des sondages.

A La réalisation d'un sondage

Pour réaliser un sondage et s'assurer que celui-ci représente correctement l'opinion publique, une certaine méthodologie est nécessaire. Il faut s'assurer que les personnes interrogées représentent bien la population dans son ensemble, et que les questions sont correctement formulées.

DOC.1 L'importance de la représentativité de l'échantillon

Les ancêtres des sondages étaient les « votes de paille » qui se déroulaient aux États-Unis dès le début du XIXe siècle. Chaque journal demandait directement à ses lecteurs pour quel candidat à l'élection ils souhaitaient voter. Cette méthode présentait un défaut majeur : les lecteurs de tel ou tel journal pouvaient avoir des opinions différentes de celle de la majorité des électeurs ! On parle dans ce cas d'un problème de représentativité, c'est-à-dire que les réponses des personnes interrogées ne reflètent pas nécessairement l'opinion du plus grand nombre.

Pour remédier à cela, les premiers instituts de sondage qui se développent aux États-Unis à partir des années 1930 vont mettre en place différentes méthodes. La première consiste à tirer un grand nombre de personnes au hasard et à leur demander leur opinion sur différents sujets. Plus le nombre de personnes interrogées est grand, plus les résultats obtenus ont une chance de représenter l'avis de la population dans son ensemble. La deuxième solution consiste à interroger un échantillon réduit de personnes dont les caractéristiques sociales sont proches de celle de la population de référence (même pourcentage d'ouvriers, de jeunes, de femmes, etc.) : c'est la méthode des quotas. Si 10% des personnes interrogées dans l'échantillon répondent qu'ils préfèrent A à B, alors on peut penser que le pourcentage de personnes qui partagent cet avis dans la population totale n'est pas loin de ce chiffre.

Tanguy Cornu, Magnard, 2019.

En 1936, en étant le premier à utiliser la méthode des quotas, George Gallup (1901-1984) prédit avec justesse la victoire de Roosevelt à l'élection présidentielle américaine, alors que les journaux annonçaient la victoire de son adversaire républicain.

NOTION

Un **quota**, c'est une certaine proportion. Pour qu'un échantillon soit représentatif du point de vue du sexe par exemple, il faut qu'il y ait la même proportion d'hommes et de femmes dans l'échantillon que dans la population totale.

1 Expliquer. Pourquoi les lecteurs d'un journal ne sont-ils pas nécessairement représentatifs de l'ensemble de la population ?

2 Justifier. Si on choisit dix personnes au hasard pour leur demander leur avis sur tel ou tel sujet, peut-on affirmer qu'ils sont représentatifs de la population dans son ensemble ? Quelle condition faut-il respecter ?

3 Distinguer. Quel peut être l'intérêt, pour un institut de sondage, d'utiliser la méthode des quotas plutôt que de choisir de manière complètement aléatoire des individus ?

4 Discuter. Quels autres critères que ceux cités dans le texte vous paraissent importants pour s'assurer de la représentativité d'un échantillon de personnes ?

DOC.2 Mener l'enquête : méthodologie

L'enquête a été menée auprès d'un échantillon de 1 008 personnes, représentatif de la population française de 18 ans et plus.

La représentativité de l'échantillon a été assurée par la méthode des quotas (sexe, âge, profession de la personne interrogée) après stratification par région et catégorie d'agglomération[1].

Les interviews ont été réalisées par questionnaire auto-administré en ligne du 13 au 14 novembre 2018.

1. Sont pris en compte le lieu de résidence et ses caractéristiques (petite ville, grande ville…).

Source : « Les Français et le Black Friday », sondage Ifop, 20/11/2018.

5 Lire. Quels critères ont été pris en compte pour assurer la représentativité de l'échantillon interrogé ?

6 Critiquer. Les Français interrogés ont répondu à des questionnaires en ligne. Toutes les catégories de la population utilisent-elles Internet de la même manière ? Cela peut-il avoir une influence sur les réponses obtenues ?

7 Discuter. Les résultats des sondages obtenus comportent toujours une certaine « marge d'erreur ». À quoi cette marge d'erreur peut-elle correspondre ?

DOC. 3 L'importance de la formulation des questions

Quel est l'impact de la formulation des questions sur les résultats d'un sondage ? [...] « On va avoir deux échantillons de 1 000 personnes qui vont présenter un profil tout à fait comparable. Nous poserons à un échantillon la formulation 1, à l'autre la formulation 2 des différentes questions. Et puis, on les comparera. On verra s'il y a des écarts. » [...]

Les résultats sont éclairants. La première question, sur l'accueil des migrants, est formulée de ces deux façons-là :

• **A.** *Êtes-vous personnellement pas du tout favorable, plutôt peu favorable, plutôt favorable, tout à fait favorable à l'accueil par la France de milliers de migrants en provenance du Moyen-Orient et d'Afrique ?*

• **B.** *Êtes-vous personnellement pas du tout favorable, plutôt peu favorable, plutôt favorable, tout à fait favorable [...] à l'accueil par la France de familles de réfugiés (hommes, femmes, enfants) qui fuient la guerre et les massacres en cours dans leur pays d'origine ?*

Comme le montrent les résultats ci-dessous, la première formulation récolte beaucoup plus de réponses défavorables (64 %) que la seconde (47 %) :

L'accueil des migrants/des réfugiés (en % des personnes interrogées)

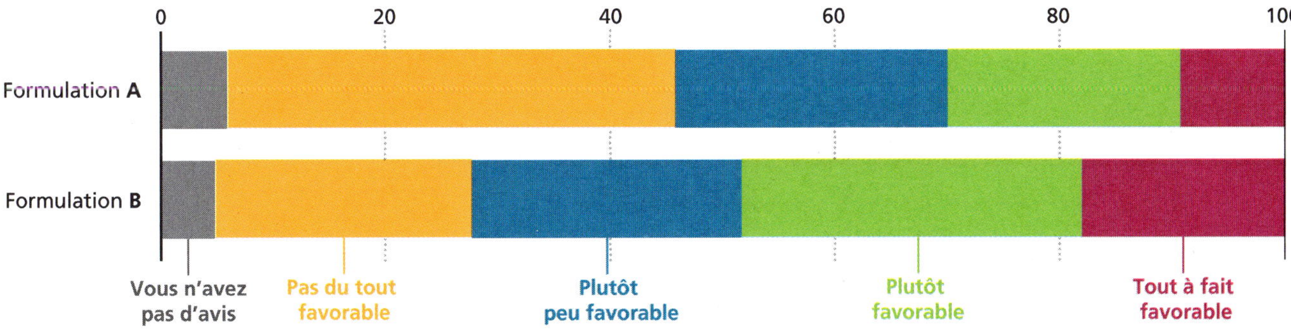

D'après un reportage d'*Envoyé spécial*, « Comment la formulation des questions influence les sondages ? », www.francetvinfo.fr, 13 avril 2017.

8 Synthétiser. Comment expliquez-vous que les deux sondages aient abouti à des réponses si différentes ?

9 Illustrer. Vous souhaitez savoir si les Français sont favorables ou non à la peine de mort. Formulez votre question de deux manières différentes, en essayant d'influencer à chaque fois les réponses comme dans l'exemple de l'accueil des migrants.

10 Discuter. Comment les instituts de sondage peuvent-ils agir pour limiter ce problème ?

DOC. 4 La question de l'interprétation

Les Français sont-ils majoritairement favorables ou défavorables à une éventuelle ouverture de la procréation médicalement assistée (PMA) aux couples de femmes et aux femmes seules ?

La Manif pour tous, hostile à ce qu'elle qualifie de « PMA sans père » [...] affirme ainsi sur son site : « Les résultats d'un sondage Ifop [...] montrent que l'opposition à la PMA sans père gagne du terrain : 82% des Français se déclarent opposés. » Un résultat diamétralement opposé au sondage réalisé par l'institut de sondage BVA pour *L'Obs*, en mars 2018, qui indiquait que 58 % des Français étaient favorables à la PMA pour les couples de femmes, un chiffre qui passait à 56 % pour les femmes seules.

Ce faisant, la Manif pour tous se livre toutefois à une interprétation très extensive d'un des résultats du sondage réalisé à sa demande [...]. Le mouvement s'appuie en effet, pour avancer cette proportion d'opposants à l'ouverture de la PMA, sur les 82 % de « oui » donnés à une question formulée bien différemment dans le sondage : « Selon vous, l'État doit-il garantir aux enfants nés par PMA le droit d'avoir un père et une mère ? »

Alexis Orsini, « 82% des Français sont-ils opposés à la "PMA sans père", comme l'affirme la Manif pour tous ? », *20 minutes*, 25 septembre 2018.

11 Synthétiser. Que met en évidence cet exemple ?

12 Analyser. Qui a payé l'institut de sondage Ifop pour réaliser cette enquête ?

13 Discuter. Quelles raisons peuvent pousser une association ou une entreprise à commander un sondage ?

FAIRE LE POINT

Complétez avec :
- *instituts de sondage*
- *population dans son ensemble*
- *résultats*
- *échantillon de personnes*
- *réalisation du sondage*
- *commanditaire du sondage*

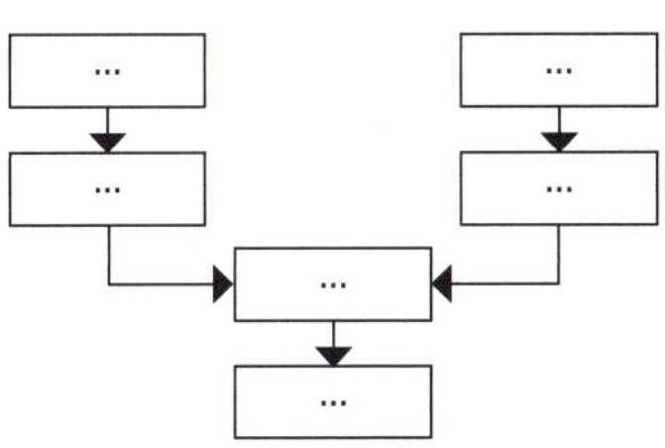

À RETENIR

- Pour que les **sondages** soient fiables, ils doivent respecter un certain nombre de critères : le nombre de personnes interrogées soit être suffisant, les personnes interrogées doivent être représentatives de la population dans son ensemble et les questions doivent être formulées de la manière la plus objective possible.
- Une fois les résultats connus, ceux-ci doivent être interprétés avec mesure et pondération.

OBJECTIF :
Comprendre l'intérêt et les limites des sondages.

B Les sondages et la mesure de l'opinion publique

Les sondages sont indispensables pour connaître l'état de l'opinion publique aujourd'hui. Ils sont des instruments fiables de mesure de l'opinion, mais leur utilisation de plus en plus fréquente est controversée.

DOC.1 Les sondages : un outil indispensable et relativement fiable

Aujourd'hui, les sondages d'opinion constituent une importante source d'informations en sociologie politique. Non seulement pour identifier les préférences d'une population vis-à-vis des problèmes de l'heure ou des leaders politiques de premier plan, mais aussi pour mieux cerner des faits et des comportements à partir de ce qu'en déclarent les individus enquêtés. En outre, la répétition des mêmes questions, à intervalles réguliers, permet d'établir des « baromètres de l'opinion » qui mesurent, par exemple, à propos des principales personnalités, l'évolution de leur popularité [...]. Les grands instituts de sondage réalisent ces sondages dans des conditions de rigueur méthodologique tout à fait satisfaisantes [...]. De même, s'il existe des « biais »[1] importants, il est possible d'en réduire les inconvénients en répétant à intervalles les mêmes questionnaires, qui mesurent alors l'évolution des opinions plutôt que l'opinion elle-même.

Philippe Braud, *Sociologie politique*, © LGDJ, 2016.

1. Résultats faussés par l'imparfaite neutralité des questions et des méthodes utilisées.

L'immigration est une source d'enrichissement culturel (en %)

D'accord ou tout à fait d'accord

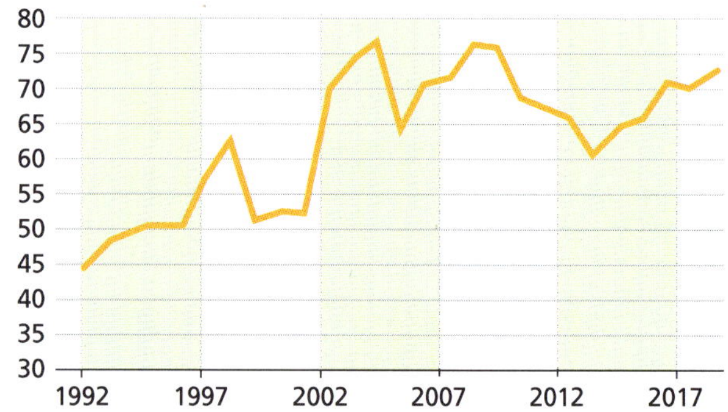

Source : Centre d'observation de la société, « Trop d'immigrés ? Les Français beaucoup plus partagés qu'on ne le dit », 9 juillet 2018.

1 Résumer. Quel est l'intérêt de reproduire les mêmes sondages régulièrement ?

2 Comprendre. Pourquoi un institut de sondage a-t-il intérêt à avoir la plus grande rigueur méthodologique possible ?

3 Illustrer. Le graphique ci-dessus présente les résultats d'un sondage réalisé à intervalles réguliers. Faites une phrase avec les chiffres de 1997 et ceux de 2017. Que peut-on en conclure ?

DOC.2 « L'opinion publique n'existe pas »

Toute enquête d'opinion suppose que tout le monde peut avoir une opinion ; ou, autrement dit, que la production d'une opinion est à la portée de tous. Quitte à heurter un sentiment naïvement démocratique, je contesterai ce premier postulat. Deuxième postulat : on suppose que toutes les opinions se valent. Je pense que l'on peut démontrer qu'il n'en est rien et que le fait de cumuler des opinions qui n'ont pas du tout la même force réelle conduit à produire des artefacts[1] dépourvus de sens. Troisième postulat implicite : dans le simple fait de poser la même question à tout le monde se trouve impliquée l'hypothèse qu'il y a un consensus sur les problèmes, autrement dit qu'il y a un accord sur les questions qui méritent d'être posées [...]. Je dis simplement que l'opinion publique dans le sens implicitement admis par ceux qui font des sondages d'opinion ou ceux qui en utilisent les résultats, je dis simplement que cette opinion-là n'existe pas.

Pierre Bourdieu, « L'opinion publique n'existe pas », *Questions de sociologie*, © 1981-2002 by Les Éditions de Minuit.

1. Résultat faussé lors d'une expérience.

▲ Dessin de Deligne, urtikan.fr, mai 2011.

4 Comprendre. Pourquoi tout le monde n'a-t-il pas une opinion sur tous les sujets ? Utilisez un exemple.

5 Justifier. Que veut dire Pierre Bourdieu quand il affirme que toutes les opinions ne se valent pas ? Donnez un exemple.

6 Analyser. Pourquoi n'existe-t-il pas de consensus entre les membres d'une société sur les problèmes les plus importants du moment ?

7 Expliquer. Par quelle opération les sondages donnent-ils l'impression d'un consensus sur un problème ?

8 Synthétiser. Tout le monde se sent-il concerné de manière égale par les questions d'un sondage ?

9 Résumer. À quelle conclusion l'auteur de ce texte parvient-il ?

DOC.3 Les sondages contribuent à créer l'opinion publique

Il n'existe pas de « vraie opinion publique » mais seulement des croyances dans la bonne manière de l'appréhender et de la mesurer. De plus certains ont un intérêt à l'invoquer, à la manipuler ou à agir sur elle. Aujourd'hui, la conception arbitraire de l'opinion publique par les instituts de sondage est dominante. Ce qui est désigné sous l'expression « opinion publique » entretient avec la réalité un rapport complexe : en cherchant à objectiver l'opinion publique, on contribue à produire ce que l'on veut mesurer.

D'après Patrick Champagne, *Faire l'opinion : le nouveau jeu politique*, © 1990 by Les Éditions de Minuit.

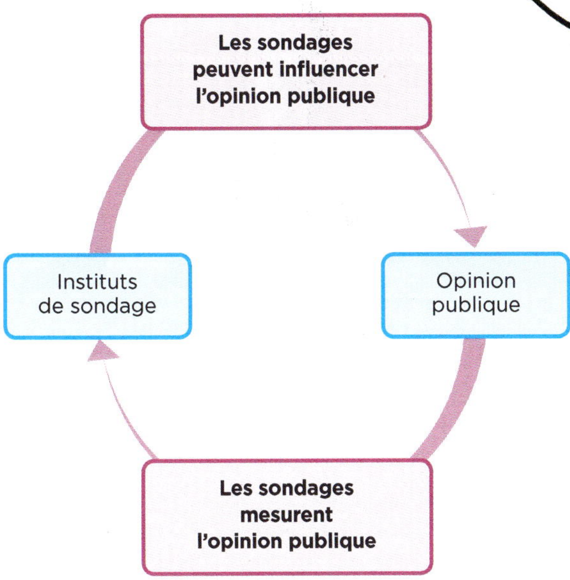

▲ Dessin de Philippe Geluck, paru dans *Calendrier 2012 : Le Chat* (mois de janvier), © Casterman.

10 Comprendre. Que veut dire l'auteur du texte quand il affirme qu'avec les sondages, on « contribue à produire ce que l'on veut mesurer » ? Appuyez-vous sur un exemple.

11 Illustrer. Qui pourrait avoir intérêt à « invoquer » l'opinion publique ? Donnez des exemples. Et à la « manipuler » ?

12 Expliquer. Montrez, à l'aide du DOC.4 p. **231**, que la définition de l'opinion publique varie au cours de l'histoire.

FAIRE LE POINT

Associez chaque début de phrase aux propositions qui conviennent.

1. Les sondages…
- **a.** sont l'unique manière de connaître l'opinion publique.
- **b.** permettent de savoir ce que pense chaque Français.
- **c.** peuvent influencer l'opinion publique.

2. Les Français…
- **a.** ont une opinion sur tous les sujets.
- **b.** changent parfois d'opinion au cours du temps.
- **c.** expriment parfois une opinion claire sur certains sujets.

À RETENIR

- Les **sondages d'opinion** jouent un rôle essentiel en **démocratie** pour savoir ce que souhaite la population, mais ils reposent sur l'idée contestable que l'ensemble de la population a un avis précis sur certains sujets.
- De plus, les résultats des **sondages** peuvent parfois influencer ce que pense la population, donc il faut exercer une vigilance critique à leur égard.

DOSSIER 3

Les sondages modifient-ils le fonctionnement des démocraties ?

OBJECTIF : Comprendre le rôle des sondages en démocratie.

A L'influence des sondages sur l'opinion publique et la démocratie

Le recours aux sondages d'opinion est aujourd'hui massif en démocratie. Cela a entraîné, dans ces régimes politiques, des transformations dans la manière de confronter les différents points de vue, de débattre et de prendre des décisions.

DOC. 1 Mieux connaître les souhaits de la population grâce aux sondages

Les sondages permettent souvent au législateur qui le souhaite d'affirmer que les éléments qui se font le plus entendre ne représentent pas vraiment les souhaits de l'électorat dans son ensemble [...]. Une bonne illustration de la manière dont les sondages peuvent jouer ce rôle est le cas de la « majorité silencieuse » au nom de laquelle Richard Nixon[1] prétendait gouverner. La majorité silencieuse était la réponse donnée par l'administration Nixon aux protestataires qui exigeaient des changements majeurs dans la politique étrangère et intérieure américaine. Selon l'interprétation de l'administration, ces opposants actifs ne représentaient pas l'opinion de la majorité des Américains « silencieux » qu'exprimaient les sondages.

Benjamin Ginsberg, « La transformation de l'opinion publique par les sondages », in Nicole d'Almeida (dir.) *L'Opinion publique*, Paris, CNRS Éditions, coll. « Les Essentiels d'Hermès », 2009.

1. Richard Nixon (1913-1994) fut le président des États-Unis entre 1969 et 1974. Durant sa présidence, de nombreuses protestations éclatèrent, notamment contre la guerre au Vietnam.

▲ Lors du mois de mai 1968, des manifestations violentes et des grèves se déroulent en France. La présidence du général de Gaulle est menacée. Pourtant, celui-ci obtiendra lors des élections législatives de juin 1968 un large succès, ce qui indique que la « majorité silencieuse » le soutenait.

1 Analyser. Que signifie « majorité silencieuse » et en quoi les sondages permettent-ils de prendre en compte l'avis de cette partie de la population ?

2 Comprendre. Montrez que les sondages, en ce sens, représentent un outil important en démocratie.

3 Discuter. Le rôle du pouvoir politique est-il de toujours répondre aux désirs de l'opinion publique ? Quels sont les avantages et les inconvénients d'une telle conception ?

DOC. 2 Information préalable et débat d'idées : une nécessité démocratique

[La critique des sondages traditionnels s'appuie sur] une référence insistante à l'idée de délibération. L'objectif se trouve être la production d'une opinion publique moins « artificielle » et mieux « éclairée » que celle produite par les sondages d'opinion publique les plus courants [...]. Dans les sondages, les personnes interviewées donnent souvent leur opinion à la va-vite, sans évaluer systématiquement l'enjeu. Dès lors, on peut se demander si les réponses recueillies expriment l'état de l'opinion publique [...]. L'objectif visé est d'augmenter « la qualité des décisions des citoyens et des citoyennes » et de parvenir ainsi à collecter de « véritables opinions », c'est-à-dire des « opinions informées, fondées sur une évaluation systématique et raisonnée des arguments en jeu ». Il s'agit d'introduire une certaine dose de délibération dans la formation de l'opinion publique, dans la mesure où « la délibération permet de donner aux citoyens une compréhension éclairée des enjeux ».

Loic Blondiaux, « Sondages et délibération. Une épistémologie alternative de l'opinion publique ? », *Politix*, vol. 15, n° 57, 1er trim. 2002.

NE PAS CONFONDRE

- La **démocratie** est un type de régime politique dans lequel le pouvoir est détenu ou contrôlé par le peuple, et qui respecte un principe d'égalité entre les citoyens.
- La « **démocratie d'opinion** » désigne un mode de fonctionnement du pouvoir politique dans lequel les décisions sont prises pour plaire à l'opinion publique (mesurée grâce aux sondages d'opinion).

4 Définir. Que signifie délibérer en démocratie ? Pourquoi est-ce un processus important ?

5 Expliquer. Pourquoi les sondages d'opinion traditionnels ne permettent-ils pas de recueillir une « véritable opinion » ?

6 Illustrer. Pour quelles raisons est-il parfois difficile d'avoir une opinion informée sur certains sujets ? Donnez des exemples.

7 Discuter. Quel dispositif pourrait-on imaginer pour essayer de recueillir une opinion publique mieux informée ?

DOC.3 Décisions du pouvoir politique : reflet ou non de l'opinion publique ?

La peine de mort a été abolie en France en 1981, sous la présidence de François Mitterrand. En 1981, au premier jour des débats, un sondage montre que 62 % des Français sont favorables à la peine capitale. Mais l'abolition de la peine de mort sera quand même adoptée par les députés, par 363 voix pour et 117 voix contre.

Faut-il rétablir la peine de mort ? (en %)

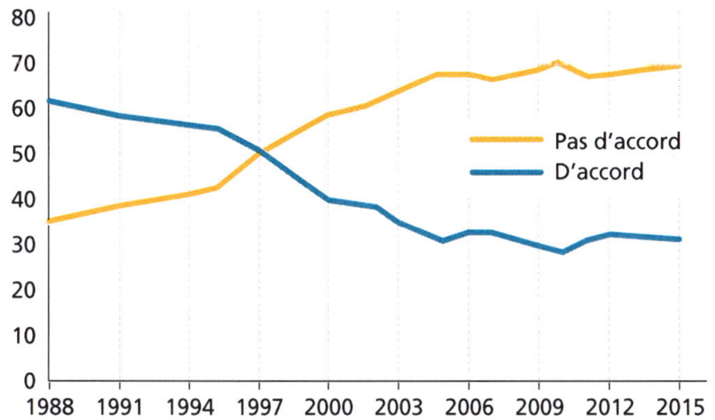

Source : Centre d'observation de la société, « Valeurs : un large consensus contre la peine de mort », 12 janvier 2017.

▲ Dessin de Plantu, 1987.

8 Lire. En 1988, quel pourcentage de Français était en faveur d'un rétablissement de la peine de mort ? À combien ce chiffre s'élève-t-il en 2015 ? Quel constat peut-on en tirer ?

9 Justifier. Comment l'abolition de la peine de mort en 1981 a-t-elle pu jouer un rôle dans l'évolution de l'opinion publique sur le sujet ?

DOC.4 L'effet d'amorçage

L'effet des sondages sur l'opinion publique est un thème largement débattu en science politique. Les chercheurs sont parvenus à montrer que si les sondages ne suffisent pas à fabriquer de toute pièce une opinion publique, le fait de réaliser des sondages régulièrement sur tel ou tel sujet pouvait induire un certain conditionnement dans l'opinion publique. C'est ce qu'on appelle « l'effet d'amorçage » : des sondages répétés sur certaines questions vont faire penser à la population qu'il s'agit d'un thème majeur, et cela peut avoir des conséquences sur la perception, par la population, des dirigeants politiques. Si par exemple, lors d'une campagne électorale, les médias commandent et évoquent de nombreux sondages sur la question de l'insécurité, alors les électeurs risquent de juger les candidats par rapport à leur discours sur cette question. On considère habituellement que ce phénomène s'est produit en 2002, lors de la campagne présidentielle. De très nombreux sondages sur le « sentiment d'insécurité » ont été réalisés au cours de la campagne, ce qui a rendu l'opinion publique très sensible à cet enjeu. Le candidat Jacques Chirac, considéré comme plus crédible que son adversaire Lionel Jospin sur ces questions de sécurité, a donc tiré profit de cette modification de l'opinion publique, ce qui peut expliquer sa victoire finale.

Tanguy Cornu, Magnard, 2019.

10 Justifier. Pourquoi les sondages ne suffisent-ils pas à fabriquer de toute pièce une opinion publique ?

11 Expliquer. Comment le recours fréquent aux sondages peut-il influencer l'opinion publique ?

12 Argumenter. On parle parfois d'une « bataille de l'opinion » que se livreraient les différents acteurs de la sphère politique. Que peut signifier cette expression ?

13 Observer. Existe-t-il d'autres moyens que les sondages pour mener cette « bataille de l'opinion » ? Donnez des exemples.

FAIRE LE POINT

Vrai ou faux ? Justifiez vos réponses.

1. La démocratie d'opinion repose sur l'utilisation des sondages.
2. En démocratie, toutes les décisions du pouvoir politique sont prises pour plaire au plus grand nombre.
3. Les sondages recueillent souvent une opinion mal informée.
4. Les sondages permettent de prendre en compte l'avis de ceux qui s'expriment rarement.
5. Les sondages n'ont aucun effet sur l'opinion publique.

À RETENIR

- Les **sondages ont un rôle essentiel en démocratie**, car ils permettent de prendre en compte l'avis de l'ensemble de la population.
- Mais le recours fréquent aux sondages n'est pas neutre, car ceux-ci peuvent **influencer l'opinion publique**.
- De plus, cela peut conduire à la mise en place d'une **« démocratie d'opinion »**, dans laquelle l'action des dirigeants politiques est uniquement guidée par le désir de plaire à l'opinion publique (mesurée par les sondages).

OBJECTIF :
Comprendre le rôle joué par les sondages dans nos systèmes politiques.

B L'influence des sondages d'opinion sur la vie politique

Le recours massif aux sondages a des effets sur les élections, mais aussi, plus largement, sur le fonctionnement de la vie politique.

DOC. 1 Le rôle des sondages sur la communication politique

Les sondages d'opinion n'ont cessé de se diffuser sous différentes formes (de la réaction instantanée de la population à une décision du gouvernement à la création de cotes de popularité des professionnels de la politique), accélérant considérablement le rythme de la vie politique, qui prend désormais l'allure d'une « course de chevaux » et incitant les compétiteurs à se livrer à des « coups de communication » afin de peser sur « l'opinion » [...]. Les politiques se sont progressivement acclimatés à la pratique des sondages en y ayant recours aussi bien pour confectionner leurs programmes électoraux que pour élaborer et justifier leurs décisions politiques.

Antonin Cohen *et alii*, *Nouveau manuel de science politique*, © Éditions La Découverte, coll. « Grands Repères », 2015.

QUESTION : *Pour chacune des personnalités suivantes, dites-moi si vous en avez une excellente opinion, une bonne opinion, une mauvaise opinion, une très mauvaise opinion ou si vous ne la connaissez pas suffisamment ?*

Le match des personnalités (total de bonnes opinions, en %)

Source : « Le tableau de bord des personnalités », sondage Ifop, septembre 2018.

NOTION

La **communication politique** est l'ensemble des techniques auxquelles recourent les responsables politiques pour séduire et obtenir le soutien de l'opinion publique.

1 Expliquer. Expliquez la comparaison entre la vie politique et « une course de chevaux ».

2 Illustrer. Quel est le but de ces « coups de communication » évoqués dans le texte ? Quelles formes peuvent-ils prendre ?

3 Comprendre. Pourquoi les dirigeants politiques utilisent-ils les sondages pour élaborer leurs programmes électoraux ?

DOC. 2 L'influence des sondages sur le comportement des électeurs

Entre mars et avril 2017 (soit au cours des dernières semaines avant l'élection présidentielle de 2017), Jean-Luc Mélenchon s'envole dans les sondages : les intentions de vote en sa faveur passent de 10 à 19 % en seulement un mois, tandis que celles en faveur de l'autre principal candidat de gauche, Benoit Hamon, s'effondrent.

Question : Jean-Luc Mélenchon bénéficie-t-il d'une « bulle sondagière », où les bons sondages convaincraient toujours plus d'électeurs, et alimenteraient eux-même sa montée dans les sondages ?

Bruno Cautrès[1] : [...] Ça ne peut pas faire de mal à la campagne de Jean-Luc Mélenchon de pouvoir se présenter comme le candidat qui permettra à la gauche de faire meilleure figure possible. Les sondages comptent dans la part du choix des électeurs qui se fait à court terme. [Ils] vont s'assurer que tel candidat est toujours celui dont le programme leur plaît le plus, mais aussi tenter de calculer si leur favori peut se qualifier au second tour. Toutes les personnes qui voteront pour Jean-Luc Mélenchon ne partagent pas forcément l'intégralité de son programme [...]. Mais d'autres éléments comptent également, comme la bonne ou mauvaise performance d'un candidat lors d'un débat télévisé. Jean-Luc Mélenchon fait une bonne campagne : sa hausse dans les sondages s'explique par une interaction entre tous ces facteurs.

1. Chercheur au CNRS et au Cevipof, et spécialiste de l'analyse du comportement des électeurs.

« Présidentielle : les sondages influencent-ils notre vote ? », propos de Bruno Cautrès recueillis par Louis Boy, www.francetvinfo.fr, 18 avril 2017.

4 Expliquer. Pourquoi certains électeurs de gauche vont-ils finalement préférer voter pour Mélenchon plutôt que pour Hamon au cours des dernières semaines de campagne ?

5 Synthétiser. Dans cet exemple, quel a été l'effet des sondages sur les résultats électoraux ?

6 Justifier. Pourquoi, en France, les sondages sur les intentions de vote sont-ils interdits durant les deux derniers jours avant l'élection ?

7 Discuter. Si un-e candidat-e a des sondages défavorables au début de la campagne électorale, cela signifie-t-il nécessairement qu'il/elle va perdre l'élection ? Pourquoi ?

DOC. 3 Le contrôle des gouvernants par les sondages

Le président François Hollande, en annonçant qu'il ne briguerait pas un second mandat, s'est targué de faire un choix « lucide » [...]. Et pour cause, il était crédité d'intentions de vote ridiculement basses dans la perspective d'une candidature à la présidentielle de 2017. En 2013 déjà, soit un an après le début de son quinquennat, François Hollande décrochait le titre peu enviable de président le plus impopulaire de la Ve République – tous instituts de sondage confondus [...]. Et force est de constater que cette courbe-là, malgré un bref sursaut à la suite des attentats du 13 novembre 2015, n'a fait qu'osciller entre deux niveaux plus bas.

« Retrait de François Hollande : un choix dicté par des sondages désastreux ? », leparisien.fr, 1er décembre 2016.

L'inévitable chute des Présidents auprès des Français

Cote de confiance en début de mandat des Présidents de la République depuis 1978 (en %)

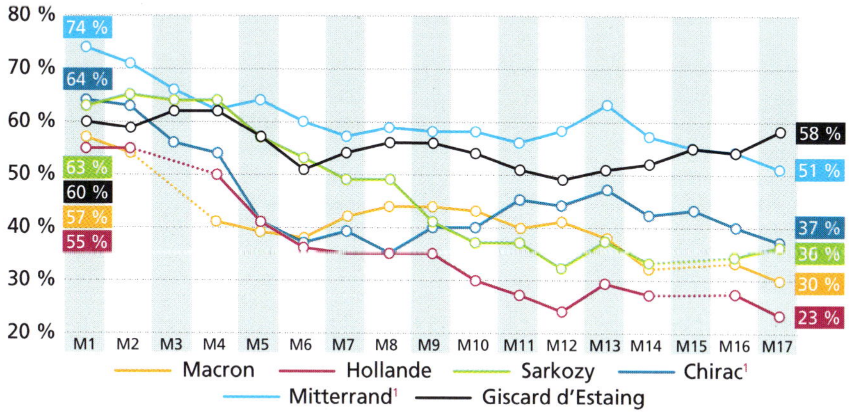

Note : M1 est le premier mois de chaque mandat, M2 le deuxième, etc.
1. Premiers mandats respectifs.

Source : Baromètre Kantar Sofres, Statista, 2019.

8 Expliquer. Dans quelle mesure les sondages ont-ils influencé le cours de l'élection présidentielle de 2017 ?

9 Comprendre. Pourquoi peut-on dire que les sondages permettent à la population de contrôler les gouvernants ?

10 Comparer. Comparez l'évolution de la côte de confiance de François Hollande avec celle de Nicolas Sarkozy et d'Emmanuel Macron au cours des 17 premiers mois de leur mandat. Quel constat pouvez-vous faire ?

DOC. 4 Le rôle de « mise à l'agenda » des sondages

Fin 2018 : chronologie du début de la crise des « gilets jaunes »

18 octobre	Publication sur Facebook d'une vidéo qui dénonce la hausse des taxes sur le carburant décidée par le gouvernement.
17 novembre	Première journée de blocages de routes et de rassemblements sur les ronds-points. Environ 300 000 manifestants partout en France.
22 novembre	Deux tiers (66 %) des Français jugent que le mouvement des « gilets jaunes » doit se poursuivre. Près de 8 Français sur 10 (77 %) l'estiment justifié.
24 novembre	Manifestations partout en France. Les revendications s'élargissent et ne concernent plus seulement la baisse du prix du carburant.
28 novembre	84 % des Français jugent justifié le mouvement.
1er décembre	Troisième samedi de mobilisation.
4 décembre	Le Premier ministre suspend la hausse de la fiscalité sur les carburants.
10 décembre	Le Président de la République Emmanuel Macron annonce plusieurs mesures en faveur du pouvoir d'achat.

NOTION

Les politistes appellent « **mise à l'agenda** » le fait, pour le pouvoir politique, de considérer certains problèmes comme devant être traités en priorité.

11 Illustrer. Qu'ont montré les sondages ?

12 Synthétiser. Quel lien peut-on faire entre ces sondages et l'annonce de mesures sur le pouvoir d'achat ?

13 Expliquer. Peut-on dire que les sondages perturbent le rythme de la vie politique ? Cela peut-il présenter un risque ?

FAIRE LE POINT

Complétez avec : *contrôler • fonction de mise à l'agenda • popularité • communication politique.*

Les sondages ont fait augmenter le poids de la ......, en évaluant la ...... des personnalités politiques. Ils permettent aux Français d'exprimer leur avis sur les dirigeants et donc de mieux ...... leur action. Les sondages font apparaître certains problèmes qui doivent être traités par le pouvoir politique : c'est la ....

À RETENIR

- La pratique des sondages a transformé le fonctionnement de la vie politique. Les dirigeants ont de plus en plus recours à la **communication politique** pour améliorer leur image dans l'opinion.
- Les sondages peuvent modifier le comportement des électeurs. Par ailleurs, grâce aux sondages, la population peut exprimer son avis entre deux élections et essayer d'influencer le pouvoir politique.

SYNTHÈSE

Comment se forme et s'exprime l'opinion publique ?

NOTIONS

Opinion publique : ce concept, qui a évolué au cours du temps, désigne ce que pense la majorité de la population sur un sujet en particulier. Elle peut être mesurée notamment à l'aide des sondages.

Sondage d'opinion : enquête par questionnaire qui vise à recueillir l'opinion des individus sur un sujet précis. Un sondage est réalisé sur un échantillon représentatif déterminé par des techniques rigoureuses.

Démocratie : type de régime politique dans lequel le pouvoir est détenu ou contrôlé par le peuple, et qui respecte un principe d'égalité entre les citoyens.

Démocratie d'opinion : c'est un mode de fonctionnement du pouvoir politique dans lequel les décisions sont prises pour plaire au plus grand nombre (en se servant des sondages pour mesurer l'opinion publique).

Communication politique : l'ensemble des techniques auxquelles recourent les responsables politiques pour séduire et obtenir le soutien de l'opinion publique.

1 Qu'est-ce que l'opinion publique ?

A. L'émergence progressive de l'opinion publique

▶ L'**opinion publique** émerge en même temps que les idées démocratiques en Europe, à partir du XVIIe siècle. Elle est d'abord le monopole de la bourgeoisie éclairée et des intellectuels, qui souhaitent pouvoir exprimer leur avis sur un certain nombre de sujets concernant l'ensemble de la société (à une époque où le pouvoir royal est absolu). Les salons littéraires et les cafés sont des lieux où ces différents points de vue se confrontent.

▶ À partir du XIXe siècle, le concept d'opinion publique va changer de forme : avec les progrès de la scolarisation, le développement de la presse et la mise en place d'un système politique démocratique, l'ensemble de la population peut partager des préoccupations communes et chercher à se faire entendre des pouvoirs publics. Les manifestations sont une des formes que peut prendre cette opinion publique.

B. L'opinion publique : l'opinion du plus grand nombre

▶ À partir du XXe siècle, l'opinion publique est considérée comme le point de vue partagé par la majorité de la population. Les médias jouent un rôle important dans la construction de cette opinion. Le pouvoir politique, les entreprises ou bien encore les lobbys cherchent alors à influencer l'opinion publique, par le biais de la propagande par exemple.

▶ Cependant, il est parfois difficile de savoir ce que pense la majorité de la population, car il existe une diversité de points de vue et que la mesure de l'opinion publique n'est pas aisée.

2 Comment réalise-t-on les sondages et à quoi servent-ils ?

A. La réalisation d'un sondage

▶ Les **sondages d'opinion** reposent sur l'idée qu'en interrogeant un nombre réduit de personnes sur différents sujets, on peut parvenir à savoir ce que pense la population dans son ensemble.

▶ Pour que les sondages soient relativement fiables, il faut que le nombre de personnes interrogées soit suffisant, et que les personnes interrogées soient représentatives de la population dans sa globalité, c'est-à-dire que ces personnes aient à peu près les mêmes caractéristiques sociales. Il faut aussi essayer de formuler les questions de sorte qu'elles soient les plus neutres possible, pour éviter d'inciter les personnes interrogées à répondre d'une certaine manière.

B. Les sondages et la mesure de l'opinion publique

▶ Si l'on respecte ces précautions méthodologiques, on peut affirmer avec un niveau de certitude assez élevé que le point de vue des personnes de l'échantillon est proche de celui de la société dans son ensemble, et on peut donc mesurer l'opinion publique (par exemple, quel est le pourcentage de Français qui soutiennent telle ou telle réforme).

▶ Cependant, la méthode des sondages repose sur un certain nombre d'hypothèses implicites qui sont controversées : notamment que tout le monde ait un avis sur tous les sujets, ou qu'il y ait un consensus au sein de la population sur les questions qui méritent d'être posées. Pour ces différentes raisons, certains contestent même l'existence de l'opinion publique telle qu'elle est mesurée par les sondages.

3 Les sondages modifient-ils le fonctionnement des démocraties ?

A. L'influence des sondages sur l'opinion publique et la démocratie

▶ Le recours massif aux sondages a profondément modifié le fonctionnement des **démocraties**. Grâce aux sondages, on peut savoir ce que pensent les citoyens sur différents sujets, et cela permet à ceux qui gouvernent de prendre des mesures conformes aux souhaits de la population dans sa majorité.

▶ Cette « **démocratie d'opinion** » présente des limites, car la démocratie repose également sur l'échange d'arguments. De plus, les opinions des citoyens peuvent évoluer au cours du temps.

B. L'influence des sondages d'opinion sur la vie politique

▶ Le recours aux sondages a aussi modifié en profondeur le fonctionnement de la vie politique, en donnant un poids encore plus important à la **communication politique**, en modifiant certains comportements électoraux et en permettant aux citoyens d'exprimer leur opinion entre deux élections (ce qui leur permet de mieux contrôler ceux qui gouvernent).

NE PAS CONFONDRE

Sondages d'opinion et études quantitatives : les sondages sont une petite partie de l'ensemble des études quantitatives. Lorsque l'Insee réalise l'enquête Emploi par exemple, il interroge des dizaines de milliers de personnes sur leur activité pour mieux connaître la situation du marché du travail.
À l'inverse, un sondage porte sur un échantillon réduit de personnes, et cherche le plus souvent à connaître leur opinion sur tel ou tel sujet.

SCHÉMA BILAN

L'opinion publique regroupe les avis de plusieurs individus sur les questions politiques, religieuses, économiques, morales…

1. Qu'est-ce que l'opinion publique ?
↓
D'abord, l'**opinion publique** exprime le point de vue de certaines catégories éclairées.
↓
Puis, progressivement, elle s'est étendue au point de vue de la majorité de la population.

2. Comment réalise-t-on les sondages et à quoi servent-ils ?
↓
Bien réalisés, les **sondages** permettent de mesurer l'opinion publique.
↓
Toutefois, ils doivent être maniés avec précaution.

3. Les sondages modifient-ils le fonctionnement des démocraties ?
↓
Les sondages ont mis en place une « **démocratie d'opinion** ».
↓
Ils ont modifié en profondeur le fonctionnement de la vie politique.

POUR ALLER PLUS LOIN

SES & HISTOIRE

Deuxième Année. — Numéro 87

Cinq Centimes

JEUDI 13 JANVIER 1898

Directeur
ERNEST VAUGHAN

ABONNEMENTS

	Un an	Six mois	Trois mois
Paris	20 »	10 »	5 »
Départements et Algérie	24 »	12 »	6 »
Étranger (Union Postale)	35 »	18 »	10 »

POUR LA RÉDACTION
S'adresser à M. A. BERTHIER
Secrétaire de la Rédaction

Adresse télégraphique : AURORE-PARIS

L'AURORE

Littéraire, Artistique, Sociale

Directeur
ERNEST VAUGHAN

Les annonces sont reçues :
142 — Rue Montmartre — 142
aux bureaux du journal

Les manuscrits non insérés ne sont pas rendus

Adresser lettres et mandats :
à M. A. BOUIT, Administrateur

Téléphone : 102-88

J'Accuse...!

LETTRE AU PRÉSIDENT DE LA RÉPUBLIQUE

Par ÉMILE ZOLA

LETTRE
A M. FÉLIX FAURE
Président de la République

lieu, des papiers disparaissaient, comme il en disparaît aujourd'hui encore; et l'auteur du bordereau était recherché, lorsqu'un *a priori* se fit peu à peu que cet auteur ne pouvait être qu'un officier de l'état-major, et un officier d'artillerie : double er-

Est-ce donc vrai, les choses indicibles, les choses dangereuses, capables de mettre l'Europe en flammes, qu'on a dû enterrer soigneusement derrière ce huis clos? Non! il n'y a eu, derrière, que les imaginations romanesques et démentes du commandant du Paty de

profondément, s'inquiètent, cherchent, finissent par se convaincre de l'innocence de Dreyfus.

Je ne ferai pas l'historique des doutes, puis de la conviction de M. Scheurer-Kestner. Mais, pendant qu'il fouillait de son côté, il se passait des faits

avec lui une correspondance amicale. Seulement, il est des secrets qu'il ne fait pas bon d'avoir surpris.

A Paris, la vérité marchait, irrésistible, et l'on sait de quelle façon l'orage attendu éclata. M. Mathieu Dreyfus dénonça le commandant Esterhazy

conseil de guerre déferait ce qu'un conseil de guerre avait fait?

Je ne parle même pas du choix toujours possible des juges. L'idée supérieure de discipline, qui est dans le sang de ces soldats, ne suffit-elle à infirmer leur pouvoir même d'équité?

À la fin du XIXe siècle, la société française se divise à propos de l'affaire Dreyfus. En 1894, Alfred Dreyfus, officier d'état-major de l'armée française, est accusé à tort d'avoir fourni des documents confidentiels à l'Allemagne, et est très lourdement condamné. Malgré l'identification du véritable coupable, Dreyfus reste en prison afin de préserver l'honneur de l'armée française. Le 13 janvier 1898, le romancier Émile Zola publie dans le journal *L'Aurore* une célèbre tribune adressée au Président de la République de l'époque, Félix Faure, qui démarre par ces mots « J'accuse... ! ». Dans cette lettre, il revient sur l'affaire, rappelle l'innocence de Dreyfus et les noms des différents coupables. Cet article vaut des poursuites judiciaires à Zola, mais il permet la révision du procès et la réhabilitation de Dreyfus quelques années plus tard. Il a aussi montré le rôle particulier des intellectuels dans la société, car leurs interventions peuvent influencer l'opinion publique.

À VOIR, À LIRE

À la Maison-Blanche (The West Wing)

série créée par Aaron Sorkin (1999 à 2006)

La série présente les relations au sein de la Maison-Blanche entre un président (fictif) démocrate, et certains de ses conseillers. Elle montre la manière dont le pouvoir politique essaie d'influencer l'opinion publique, mais doit aussi tenir compte de celle-ci sur certains sujets sensibles comme l'avortement ou la vente d'armes.

1984

Georges Orwell, Gallimard, 1950.

Ce célèbre roman d'anticipation peint une société où le pouvoir cherche à contrôler les pensées des citoyens.

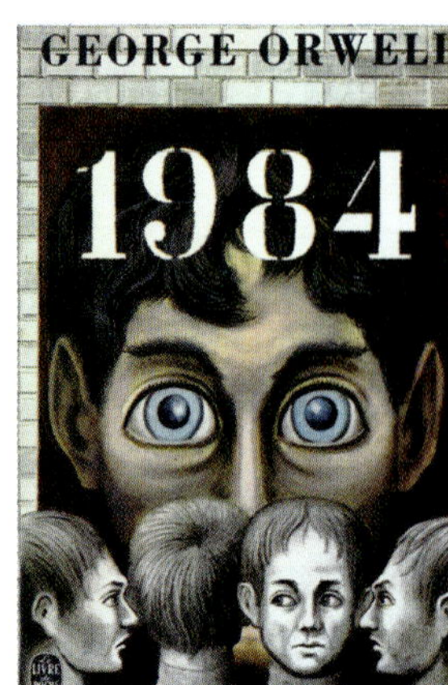

EXERCICES

1. Évaluer ses connaissances

Corrigés des exercices p. 372

Vrai ou faux ?

	V	F
1. En interrogeant les élèves de votre classe, vous saurez ce que pensent les jeunes dans leur ensemble.	☐	☐
2. Les sondages se sont imposés progressivement comme la manière privilégiée de mesurer l'opinion publique.	☐	☐
3. Sans les sondages, il est impossible de savoir ce que pense l'opinion publique.	☐	☐
4. Les instituts de sondage se contentent de mesurer l'opinion publique : ils n'ont aucun effet sur elle.	☐	☐
5. Lors des élections, certains électeurs peuvent être influencés par les sondages.	☐	☐
6. La « démocratie d'opinion » est un terme surtout utilisé au XVIIIe siècle.	☐	☐
7. Les sondages n'ont aucun effet sur les décisions prises par le pouvoir politique.	☐	☐
8. Les médias jouent un rôle dans la construction de l'opinion publique.	☐	☐
9. La communication politique a pris de l'ampleur avec le développement des sondages.	☐	☐
10. Il suffirait de tenir compte des sondages pour mettre en place une véritable démocratie.	☐	☐

2. Interpréter un diagramme de répartition circulaire

Savoir-faire 10, p. 354

QUESTION : *Selon vous, l'égalité des chances est-elle garantie par l'école publique ?*

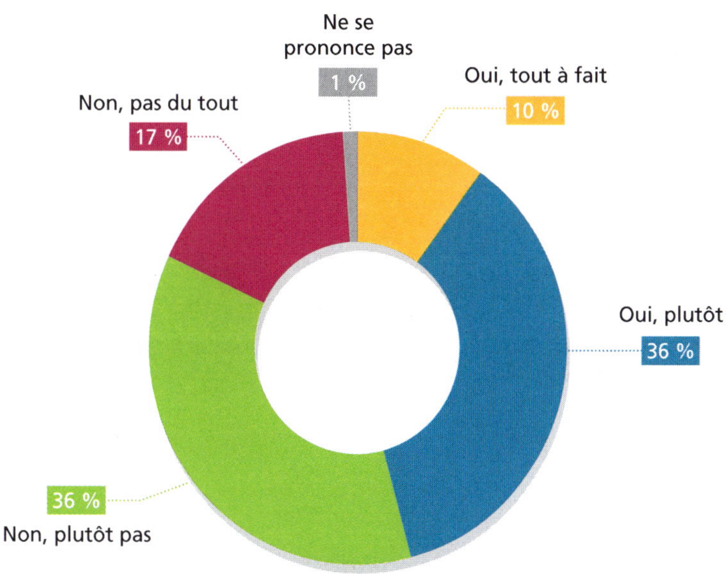

Source : « Les Français et l'école », sondage BVA pour l'Observatoire de la vie quotidienne, septembre 2016.

Questions

1. Calculez la proportion de personnes interrogées qui pensent que l'école publique ne garantit pas l'égalité des chances.
2. Si cette proportion est supérieure à 50 %, que doit-on observer au niveau du graphique ?
3. Pourquoi l'aire en gris est-elle si petite ?
4. Que doit-on respecter quand on établit ce type de diagramme de répartition circulaire ?

3. Lire un tableau à double entrée

Savoir-faire 13, p. 358

QUESTION : *Lorsque vous étiez élève, vous est-il déjà arrivé de recevoir des heures de colle ou de retenue ?*

(Réponse en %)	Non	Oui
Femmes	64	
Hommes	38	62

Source : « Les Français et l'école », sondage BVA pour l'Observatoire de la vie quotidienne, septembre 2016.

Questions

1. Faites une phrase avec le chiffre entouré.
2. Calculez le chiffre manquant.
3. Que peut-on en déduire sur les sanctions reçues par les garçons et les filles à l'école ?

L'INFOGRAPHIE DU CHAPITRE

Réaliser un sondage en classe

18 ANS OU MOINS ?

En France, on peut voter à partir de 18 ans, au moment où l'on cesse d'être mineur. Faut-il abaisser l'âge de la majorité électorale, voire même l'âge de la majorité civile ? Que pensent les élèves de votre lycée à ce sujet ?

Âge et droit de vote

1815 Seuls les hommes de 30 ans et plus payant un impôt direct peuvent voter.

1830 L'âge pour voter passe de 30 à 25 ans.

1848 Suffrage universel masculin, tous les hommes, à partir de 21 ans, peuvent voter.

1944 Les femmes de plus de 21 ans obtiennent le droit de vote.

1974 L'âge du droit de vote pour les hommes et les femmes est abaissé à 18 ans.

Ce que l'on peut faire quand on a...

- de 15 ans

- avoir un passeport (pas d'âge minimal), passer son Bac (pas d'âge minimal), s'inscrire sur les réseaux sociaux (à partir de 13 ans), conduire un cyclomoteur (à partir de 14 ans)

15 ans

- commencer la conduite accompagnée, acquérir la majorité sexuelle

16 ans

- quitter l'école, être émancipé-e, travailler, créer son entreprise...

18 ans

- voter, signer un contrat (location, achat de logement), se faire faire un piercing (plus besoin d'autorisation parentale), être élu-e député-e ou Président de la République...

En France, la majorité en 3 âges

13 ans
Pénale
Ordonnance n°45-174 du 2 février 1945

15 ans
Sexuelle
Article 227-25 du code pénal

18 ans
Civile
Article 488 du code civil

Pays où l'on peut voter à 16 ans

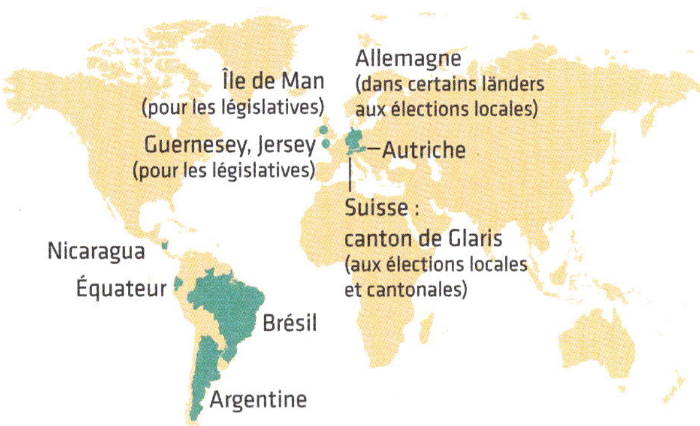

EXERCICE

- ▶ Élaborez la question que vous allez poser, en essayant de la formuler de la manière la plus objective possible. Essayez de réfléchir aux éventuels biais que votre question pourrait susciter.
- ▶ Quelles sont les propositions de réponse que vous allez suggérer aux personnes enquêtées ? une ou plusieurs ? Établissez vos différentes catégories.
- ▶ Comment allez-vous contacter les personnes à interroger ? Vérifiez qu'il n'y a pas de biais dans le choix des personnes. Par exemple, si vous interrogez principalement des élèves qui suivent la spécialité SES, il y a un biais !
- ▶ Combien de personnes allez-vous interroger pour avoir des résultats représentatifs de la population des lycéens de votre établissement ?
Vous pouvez demander à votre professeur-e de mathématiques de vous aider à déterminer ce nombre.
- ▶ Réalisez votre sondage dans le lycée.
- ▶ Calculez les proportions en faveur de chaque réponse.

Vous pouvez maintenant essayer de rendre ces résultats publics et lancer un débat sur cette question dans votre lycée !

MÉTHODE VERS LE BAC

Bâtir un plan de dissertation

Sujet **Les sondages d'opinion ont-ils modifié le fonctionnement des démocraties ?**

Propositions de plans

Voici des propositions de plans accompagnées des commentaires du professeur.

Plan 1

I. Les sondages d'opinion, un outil controversé de mesure de l'opinion publique

II. Qui a des conséquences sur le fonctionnement des démocraties **1**

Plan 2

I. Les sondages ont modifié le fonctionnement des démocraties

II. Mais il existe d'autres facteurs qui ont modifié le fonctionnement démocratique **2**

Plan 3

I. Les sondages ont modifié l'exercice de la démocratie

II. Et ils ont aussi modifié le fonctionnement de la vie politique **3**

1 Le sujet porte sur le rôle des sondages en démocratie. Il n'est pas possible de faire une partie entière sur les seuls sondages et les débats qu'ils entraînent, car cela laisse de côté la question de la démocratie.

2 Le sujet ne demande pas de faire un catalogue de tous les facteurs qui ont modifié l'exercice de la démocratie. Il faut s'en tenir au rôle des sondages dans ces évolutions.

3 Même si la distinction entre démocratie et vie politique est importante, elle ne peut pas faire l'objet de deux parties distinctes car beaucoup de transformations concernent à la fois la démocratie et la vie politique. Par exemple, les sondages ont transformé le fonctionnement des démocraties (démocratie d'opinion) et celui de la vie politique (rôle de la communication politique).

Ces trois plans ignorent la dimension de débat apportée par la formulation de la question.

Les titres de parties (et de sous-parties) proposés ci-dessous et donnés dans le désordre vont vous permettre de trouver un plan possible pour répondre au sujet.
Retrouvez l'ordre correct des parties (I et II) et des sous-parties (I.A , I.B ; II.A, II.B).

.... *La démocratie repose sur l'existence d'élections au cours desquelles les électeurs se prononcent individuellement.*

.... *Oui, les sondages ont modifié l'exercice de la démocratie.*

.... *Ils ont favorisé l'émergence d'une « démocratie d'opinion ».*

.... *Les décisions politiques ne sont pas toujours prises par rapport aux sondages.*

.... *Mais ils n'ont pas profondément transformé celle-ci.*

.... *Ils ont aussi transformé le fonctionnement de la vie politique.*

FICHE MÉTHODE Bâtir un plan de dissertation

1. Il faut distinguer les **sujets de débat** (*Dans quelle mesure... ? Doit-on... ? Peut-on... ?*) et les **sujets d'analyse** (*Comment... ? En quoi... ? Quel(le)s... ?*). Les premiers appellent une réponse nuancée (de type « *oui mais* » ou « *non mais* »). Les seconds peuvent donner lieu à toutes sortes de plan (*causes/conséquences ; à court terme/à long terme ; 1re interprétation/2e interprétation/3e interprétation...*).
2. Le plan est la preuve que vous êtes capable de mener une démonstration cohérente explorant les différentes facettes du sujet, tout en évitant un catalogue de toutes les analyses possibles. Le plan est donc fondamental dans la note finale obtenue.
3. Le plan développe la problématique en 2 ou 3 parties équilibrées (jamais plus, jamais moins en dissertation). Chaque partie décline un aspect du sujet envisagé selon la grille de lecture de la problématique. Chaque partie est donc une part de votre réponse au sujet.
4. Le plan est un enchaînement logique. Il est normalement impossible d'inverser les parties entre elles. La 2e partie est la suite logique de la 1re, etc.

VERS LE BAC

Épreuve de spécialité

Partie 1 Mobilisation de connaissances et traitement de l'information (10 points)

• **Document** **Sondage portant sur la question suivante : « Souhaitez-vous que la mobilisation des gilets jaunes se poursuive ou s'arrête ? » du 28 novembre 2018 au 13 février 2019.**

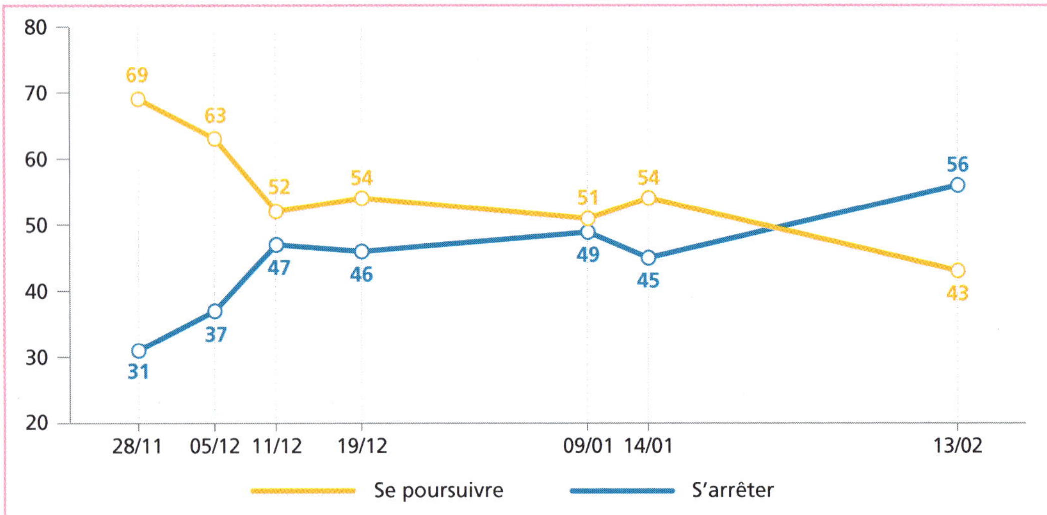

Source : sondage Elabe pour BFM TV, février 2019.

• **Questions**

1. Qu'est-ce que l'opinion publique ?
2. Faites trois phrases avec des chiffres du document.
3. À l'aide du document et en vous appuyant sur des chiffres précis, caractérisez l'évolution de l'opinion publique sur le mouvement des gilets jaunes.

CONSEILS

• Réfléchissez aux différents sens que l'expression « opinion publique » peut revêtir.
• Il faut regarder l'évolution dans son ensemble avant de commenter chaque chiffre. Un écart de 1 point de pourcentage entre deux dates ne mérite peut-être pas qu'on s'y arrête trop longuement. Il est préférable de d'abord se concentrer sur l'allure globale des courbes.

Partie 2 Raisonnement appuyé sur un dossier documentaire (10 points)

Sujet **À l'aide de vos connaissances et du dossier documentaire, vous montrerez que les sondages d'opinion ont modifié le fonctionnement des démocraties**

Doc. 1

La démocratie d'opinion puise sa légitimité dans le nombre, c'est-à-dire dans l'expression spontanée des citoyens dont la somme forme une opinion publique. La légitimité de la démocratie d'opinion n'est pas la même que celle de la démocratie représentative, organisée autour de l'élection d'une élite politique par un corps électoral. On peut cependant concevoir que la démocratie d'opinion et la démocratie représentative sont complémentaires pour le bon fonctionnement des démocraties contemporaines. En dehors des scrutins électoraux qui se produisent ▸

à intervalles réguliers, il est en effet souhaitable que l'avis des citoyens sur les grandes questions économiques et sociales soit recueilli de manière permanente ou quasi permanente afin d'orienter l'action des gouvernants. Outre ce caractère permanent, la démocratie d'opinion présente également l'avantage d'être médiatique, puisqu'elle s'appuie sur ces supports modernes de communication que sont les différentes formes de presse, Internet ; et aussi d'être directe, puisqu'elle se défie des intermédiaires, permettant même dans le système présidentiel un dialogue entre l'opinion et le Président de la République. Néanmoins, dans un certain nombre de cas, la démocratie d'opinion est perçue comme un renoncement à l'action politique, parce qu'elle conduit dans ses formes extrêmes à prendre des décisions en fonction d'une opinion publique souvent versatile, mal informée et parfois construite de manière artificielle. Ce qui amène à s'interroger sur le concept d'opinion publique.

Fiche Eduscol, programme de 1re ECJS, 2011.

CONSEILS
Ce texte regroupe un grand nombre d'éléments. Sur une feuille, récapitulez les principaux arguments, et voyez si vous pouvez les regrouper en une ou deux catégories.

Doc. 2 Cote de confiance en baisse

QUESTION : *Faites-vous confiance ou pas confiance au président de la République Emmanuel Macron pour affronter les principaux problèmes qui se posent dans le pays ?*

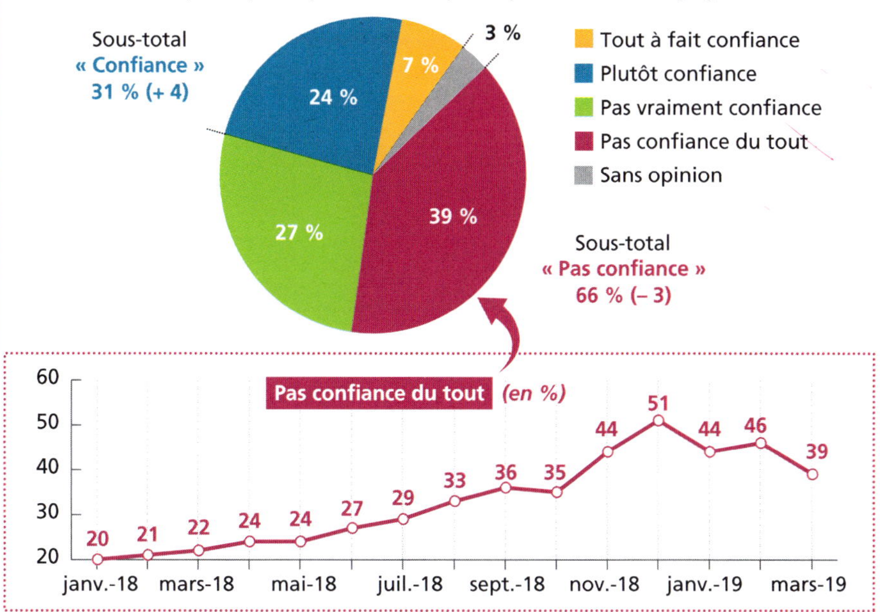

Champ : sondage réalisé par Internet les 1er et 2 août 2017 auprès d'un échantillon de 1 000 personnes selon la méthode des quotas.

Source : L'observatoire politique, baromètre Elabe pour *Les Échos*, 3 août 2017.

CONSEILS
Montrez que vous savez interpréter ce document. Le fait que le sondage porte sur Emmanuel Macron n'est pas central, et on ne vous demande pas de donner votre avis sur ce président de la République. Souvenez-vous qu'il faut toujours distinguer les jugements de fait et les jugements de valeur, et qu'il faut bannir les jugements de valeur de vos copies en SES.

S'ENTRAÎNER

Étape 1 Analyser le sujet

Il faut définir l'expression « sondage d'opinion » et le mot « démocratie ». Puisque le sujet évoque des modifications dans le fonctionnement des démocraties, il faut se demander à quoi correspond la démocratie avant l'apparition des sondages, et après.
Le sujet est un **sujet d'analyse** : il faut donc trouver deux ou trois grandes explications différentes pour répondre à la question.

Étape 2 Analyser les documents

Pensez que vous devez absolument citer les documents dans votre réponse, et montrez que vous savez lire et interpréter des chiffres issus du document statistique.

Étape 3 Organiser ses connaissances pour répondre au sujet

- Pensez aux notions que vous avez apprises en cours : démocratie, opinion publique, démocratie d'opinion, communication politique, contrôle des gouvernants. Il est possible que certaines correspondent à un axe de votre raisonnement.
- Il faut intégrer « les transformations de la vie politique » dans le fonctionnement des démocraties.
- Si possible, pensez à mobiliser d'autres exemples que ceux présents dans les documents.

VERS LE BAC

Dissertation

Sujet **Dans quelle mesure les sondages d'opinion nous permettent-ils de connaître l'opinion publique ?**

Doc. 1

Les sondages posent des problèmes de réalisation. L'amélioration des systèmes de traitement de l'information permet d'aller plus vite et d'être plus précis mais la technique se heurte à plusieurs transformations (de la société). Constituer des échantillons « représentatifs » n'est pas simple. Comment trouver des personnes âgées dans une enquête réalisée par Internet quand presque la moitié des 70 ans et plus ne sont pas connectés ? Des jeunes dans un sondage par téléphone fixe, alors qu'ils n'ont plus que des téléphones portables ?
Il faut représenter fidèlement les différents milieux sociaux. Pour cela, il faut classer les personnes en fonction de leur propre déclaration qui n'entre pas forcément dans les cases de l'Insee […]. Enfin, la population est submergée d'enquêtes et de plus en plus sensible à la diffusion de données la concernant. Trop de sondages tuent le sondage en entraînant des refus de réponse dont le niveau n'est jamais publié par les sondeurs

« Le sondage, un mauvais outil pour comprendre la société », www.observationsociete.fr, 15 janvier 2018.

CONSEILS

- Parfois le titre de la référence (livre ou article) peut vous aider à comprendre le point de vue de l'auteur, si ce n'était pas clair. Ici, le titre de l'article est évocateur !
- Essayez ensuite de comprendre quel est le type de critique adressée aux sondages dans ce texte : cette critique porte-t-elle sur la manière de réaliser des sondages ou bien sur le fait même de réaliser des sondages ?

Doc. 2 **Taux de réponses « oui » à la question « L'homosexualité est-elle une manière acceptable de vivre sa sexualité ? »**

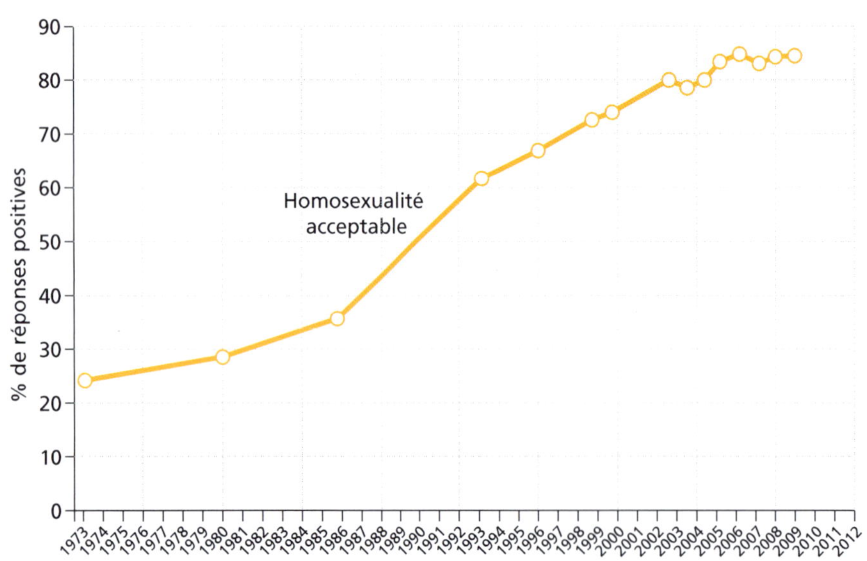

Source : Vincent Tiberj, *Valeurs, les leçons du long terme*, Fondation Jean Jaurès, 2015.

CONSEILS

Les sondages sont un outil précieux pour connaître l'opinion publique, notamment lorsque la même question est répétée au cours du temps et que les résultats des sondages indiquent des orientations précises. Est-ce le cas ici ? Qu'est-ce que ce sondage nous permet de dire sur l'évolution de l'opinion publique ?

Doc. 3

Dans les années 1970, le sociologue Pierre Bourdieu, dans une conférence restée célèbre, chercha à montrer que « l'opinion publique (mesurée par les sondages) n'existe pas ». La critique est moins méthodologique que théorique : les sondages d'opinion reposent sur une fiction démocratique, dans la mesure où 1) tous les sondés n'ont pas nécessairement une opinion sur tous les sujets, 2) toutes les opinions n'ont pas la même valeur, 3) les sondeurs et les sondés ne partagent pas nécessairement les mêmes préoccupations.

Xavier Crettiez *et alii*, *Introduction à la science politique*, © Armand Colin, 2018, Malakoff.

CONSEILS

Ce document fait appel à des connaissances acquises lors du cours. Appuyez-vous donc dessus pour montrer que la mesure de l'opinion publique par les sondages pose problème. Mais, pour que votre démonstration soit la plus convaincante possible, n'oubliez pas de donner des exemples concrets !

Doc. 4 Qui sont ceux qui demandent plus de contrôles de sécurité ?

	Souhaitent plus de vidéosurveillance dans la rue et de contrôles sur Internet
Homme	52 %
Femme	54 %
18-34 ans	45 %
35-49 ans	52 %
50-64 ans	53 %
65 ans et plus	61 %
Diplôme inférieur au bac	56 %
Baccalauréat et plus	49 %

Source : Pierre Bréchon, « Sécurité : qui en veut plus ? », site *The Conversation*, 28 mars 2018.

CONSEILS

- Ce document est un exemple des résultats d'un sondage. Vous devez donc vous demander comment l'utiliser de manière un peu plus générale pour répondre à la question de la dissertation. Par exemple, quelle(s) connaissance(s) supplémentaire(s) ce sondage nous permet-il d'obtenir sur l'état de l'opinion publique ? L'opinion publique forme-t-elle un ensemble homogène ?
- Montrez également que vous savez citer les chiffres de ce document.

S'ENTRAÎNER À LA DISSERTATION

Étape 1 Analyser le sujet

- Le sujet porte sur les débats relatifs aux sondages : il faut essayer de se souvenir des avantages et des limites des sondages vus en cours.
- Commencez par faire 2 colonnes : une avec les avantages et l'autre avec les limites. Puis lisez les documents et voyez si ceux-ci contiennent des arguments auxquels vous n'avez pas pensé.
- Le sujet commence par « dans quelle mesure ? » : c'est donc un **sujet de débat**. Il faut expliquer que les sondages nous permettent de mieux connaître l'opinion publique, mais il faut aussi souligner leurs limites.

Étape 2 Analyser les documents

- Commencez par vous demander si les documents présentés ont plutôt un statut d'exemple ou bien s'ils reviennent sur des éléments théoriques. S'il s'agit d'un exemple, alors il n'est pas nécessairement pertinent d'évoquer trop longuement le sujet : il faut essayer de comprendre quel mécanisme ou notion ce document permet d'évoquer.
- S'il s'agit de documents statistiques, pensez à toujours citer quelques chiffres pour montrer que vous savez lire les informations.

Étape 3 Organiser ses connaissances pour répondre au sujet

- Les documents évoquent quelques aspects de cours, mais il en manque beaucoup (par exemple il faut préciser que les instituts de sondage mettent en œuvre certaines techniques pour essayer d'obtenir les résultats les plus objectifs possibles). Il faut donc faire appel à vos connaissances personnelles !
- Définissez les termes du sujet : ici, les notions « sondages d'opinion » et « opinion publique » doivent être expliquées. L'étape de la définition des termes du sujet peut permettre de mieux comprendre l'intérêt du sujet.
- Reformulez la problématique si c'est nécessaire pour bien montrer toute l'étendue du sujet.
- Construisez un plan. Choisissez des titres de parties, ainsi que des sous-parties, qui répondent explicitement à la question du sujet. Pour être sûr que c'est le cas, reprenez les termes du sujet ainsi que sa formulation dans vos titres. Le plan doit évoquer le rôle des sondages dans la connaissance de l'opinion publique, ainsi que leurs limites. Faites donc un plan en deux parties, avec une 1re partie répondant à la question « Pourquoi les sondages nous permettent-ils de mieux connaître l'opinion publique ? » et une 2e partie qui répond à la question « Pourquoi l'opinion publique ne peut-elle pas être correctement mesurée par les sondages ? ».

CHAPITRE 10

NOTIONS
abstention électorale (taux d'), identification politique, offre électorale, participation électorale (taux de), sentiment de compétence politique, taux d'inscription, volatilité électorale

Voter, une affaire individuelle ou collective ?

Voter est un acte fondateur dans les démocraties contemporaines. Il s'agit d'un choix individuel mais qui peut aussi être influencé par des facteurs sociaux et collectifs.

Le vote est un acte majeur encadré par des règles précises.	Tout le monde ne vote pas à toutes les élections.	Le vote est personnel mais influencé par le milieu social.	Les électeurs ne votent pas pour le même parti à toutes les élections.
↓	↓	↓	↓
Pourquoi et comment vote-t-on ?	Quels sont les facteurs de la participation électorale ?	Le vote, un acte individuel ou collectif ?	Pourquoi le comportement électoral change-t-il ?
DOSSIER 1	DOSSIER 2	DOSSIER 3	DOSSIER 4

SOMMAIRE DU CHAPITRE

ENTRER DANS LE CHAPITRE

vidéo

France TV éducation :
Comment ça se passe le vote ?
Durée : 1 min 42 s
www.lienmini.fr/ses-1-025

Doc. 1 Un bureau de vote

▲ Bureau de vote de la salle de la corbeille au palais de la bourse pour le second tour de l'élection présidentielle de 2017 (Lyon, 7 mai 2017).

◄ Dessin de Deligne, publié en ligne par le site Urtikan.net afin d'évoquer le taux d'abstention élevé prévu par les sondages pour la présidentielle de 2012.

Doc. 2 L'abstention

1 À quoi sert l'isoloir ? (DOC. 1)

2 Comment appelle-t-on le fait, pour une personne inscrite sur les listes électorales, de ne pas aller voter le jour d'une élection ? (DOC. 2)

3 Qui peut voter en France ? Comment se déroule une journée électorale ? (VIDÉO)

Pourquoi et comment vote-t-on ?

OBJECTIF : Comprendre l'importance du vote dans les démocraties contemporaines.

A Le vote : un fondement de la démocratie

La démocratie s'est construite en donnant progressivement le droit de vote à l'ensemble de la population. Aujourd'hui, le vote permet de participer à la prise de décisions, de donner le sentiment que tous les électeurs appartiennent à la même communauté et de légitimer les institutions.

DOC.1 L'histoire du vote en France

1791	La Constitution de 1791 met en place un droit de vote restreint. Seuls les hommes de plus de 25 ans payant un impôt (un cens) ont le droit de voter : le suffrage est dit **censitaire**. Le suffrage est aussi **indirect** car les citoyens actifs élisent des électeurs du 2nd degré, plus riches, qui à leur tour élisent les députés.
1815	Après l'instauration du suffrage universel masculin entre 1799 et 1815 (mais dans un cadre limité), le suffrage censitaire est rétabli. Seuls les hommes de trente ans payant une contribution directe de 300 francs ont le droit de vote.
1830	**Le droit de vote est élargi**. Si le suffrage est toujours censitaire, le cens nécessaire pour être électeur baisse, de même que l'âge minimum pour voter.
1848	**Le suffrage universel masculin** est adopté. Il ne sera plus remis en cause. Sont électeurs tous les Français âgés de 21 ans. Le vote devient secret.
1944	L'ordonnance du 21 avril 1944 donne aux femmes le droit de vote et rend ainsi le droit de suffrage réellement universel. **Les femmes votent pour la première fois** aux élections municipales de mars 1945.
1974	La majorité est abaissée à 18 ans.
1992	Création de la citoyenneté européenne : les citoyens d'un État-membre de l'Union européenne peuvent participer aux élections municipales et européennes dans n'importe quel autre État-membre.

D'après « Les étapes de la conquête du droit de vote », www.vie-publique.fr, 7 juillet 2018.

▲ Les premières élections au suffrage universel masculin en 1848.

1 Comprendre. Qu'est-ce que le suffrage censitaire ?

2 Nuancer. Le suffrage était-il vraiment universel en France en 1848 ?

3 Expliquer. En quoi l'instauration du suffrage universel a-t-elle été un enjeu essentiel de la construction de la démocratie ?

DOC.2 Le vote, un devoir citoyen

« Moment d'effervescence collective », l'élection est souvent le miroir de la nation, elle offre à la société un reflet d'elle-même. Organisé par l'État qui contrôle le calendrier électoral et convoque les électeurs, le vote « capte » [...] les citoyens et constitue de nos jours, malgré ses fragilités, le principal rite d'intégration national. « Quel que soit le rôle que [les élections] jouent dans l'élaboration des décisions, elles légitiment manifestement le pouvoir de l'État, réaffirment le lien intime qui rattache l'individu à la société dans son ensemble et à l'État ». [...] En pénétrant dans l'espace électoral, l'électeur doit prendre connaissance et conscience de ce qui le rapproche des autres citoyens : son appartenance commune à une communauté nationale qui, le même jour, dans des lieux symboliquement identiques sur l'ensemble du territoire national, délègue son pouvoir à des représentants.

Yves Deloye, *Sociologie historique du politique*,
© Éditions La Découverte, coll. « Repères », 2017.

4 Expliquer. En quoi le vote permet-il de « légitimer le pouvoir de l'État » ?

5 Discuter. Que pensez-vous de l'affirmation inscrite sur les cartes électorales : « Voter est un droit, c'est aussi un devoir civique » ?

DOC. 3 Des élections partout, tout le temps ?

Élections politiques en France

	Élections départementales	Élections européennes	Élections législatives	Élections municipales	Élections présidentielles	Élections régionales
Durée du mandat	6 ans (2021, 2027...)	5 ans (2024, 2029...)	5 ans (2022, 2027...)	6 ans (2020, 2026...)	5 ans (2022, 2027...)	6 ans (2021, 2027...)
Servent à élire	entre 38 et 158 conseillers départementaux par département	79 eurodéputés français (parmi 751)	577 députés	entre 7 et 69 conseillers municipaux par ville	le Président de la République	entre 41 et 209 conseillers régionaux par région

En France, sur le demi-siècle écoulé (1958-2011), auront ainsi été organisés dix référendums[1], huit élections présidentielles, treize élections législatives, neuf scrutins municipaux, dix-huit cantonaux[2], sept élections « européennes », cinq élections régionales, soit en moyenne une consultation tous les… neuf mois. [...] On vote de plus en plus souvent, un nombre croissant de positions de pouvoir étant progressivement pourvues par des collèges électoraux élargis à l'ensemble des citoyens : présidence de la République (depuis 1965), Parlement européen (1979), conseils régionaux (1986). On vote à des titres toujours plus nombreux : en qualité d'actionnaire, d'assuré social ou de mutualiste, de salarié (prud'hommes, comités d'entreprise)…

Patrick Lehingue, *Le Vote. Approches sociologiques de l'institution et des comportements électoraux*, © Éditions La Découverte, 2011.

1. Un référendum permet aux électeurs de voter directement pour ou contre un projet de loi.
2. Les élections cantonales étaient le nom des élections départementales jusqu'en 2013.

6 Illustrer. Donnez des exemples de vote qui ne sont pas des élections politiques.

7 Distinguer. Quelles sont les élections locales, nationales et internationales ?

8 Expliquer. Pourquoi l'élection confère-t-elle davantage de légitimité aux gouvernants ?

DOC. 4 Démocratie représentative et démocratie directe

La souveraineté se définit comme la détention de l'autorité suprême. Dans les démocraties, elle est détenue par le peuple, constitué en un corps politique, la Nation : on parle dès lors de souveraineté nationale. Mais les contraintes de l'exercice du pouvoir impliquent que cette souveraineté soit déléguée : le peuple ne peut en effet délibérer directement sur toutes les affaires publiques, comme dans le cadre de la démocratie directe. Cette mission est donc confiée à des représentants élus, dont les décisions constituent l'expression de la volonté générale. C'est le principe de la démocratie représentative. Le principe de la souveraineté nationale implique par ailleurs l'interdiction du mandat impératif. Dans ce type de mandat, les élus sont contraints de respecter leurs engagements et peuvent être révoqués par leurs électeurs si ce n'est pas le cas. Les parlementaires ne représentent pas les seuls électeurs qui les ont choisis, mais la Nation dans son entier. Or le mandat impératif reviendrait à lier le représentant à la volonté de ses électeurs, plutôt qu'à l'intérêt général de la Nation.

D'après « la souveraineté nationale », www.vie-publique.fr, 2018.

▲ Dessin de Lasserpe, paru dans « La Lettre du Cadre Territorial », n°500, juillet/août 2016.

9 Définir. Quelle est la différence entre démocratie directe et démocratie représentative ?

10 Expliquer. Pourquoi les citoyens ne peuvent-ils pas voter directement toutes les lois ?

11 Comprendre. Pourquoi les mandats impératifs sont-ils interdits ?

12 Argumenter. Pourquoi l'interdiction du mandat impératif peut-elle rendre mécontents certains citoyens ?

FAIRE LE POINT

Vrai ou faux ? Justifiez vos réponses.

1. Auparavant, seuls les plus riches pouvaient voter.
2. Les élections n'ont lieu que dans la sphère politique.
3. Les élections politiques interviennent à tous les niveaux : local, national, européen.
4. Quand les électeurs ne sont pas satisfaits d'un élu, ils peuvent le forcer à démissionner.

À RETENIR

- Le **vote** permet aux citoyens de participer à la prise de décisions politiques : en s'exprimant directement sur certains sujets ou en déléguant leur souveraineté à des représentants.
- Les **élections** ont lieu régulièrement et concernent tous les niveaux de décision. Elles légitiment le système politique.

DOSSIER 1

OBJECTIF :
Comprendre le fonctionnement du vote.

B Du vote aux élus

Les élections sont encadrées par de nombreuses règles. Ces dernières permettent notamment de déterminer comment les votes sont utilisés pour permettre la répartition des postes politiques.

DOC.1 Les différents modes de scrutin

SCRUTIN UNINOMINAL MAJORITAIRE

On vote pour un seul candidat. Le candidat qui a obtenu le plus de voix est élu.

- Élection présidentielle
- Élections législatives

SCRUTIN DE LISTE PROPORTIONNEL

On vote pour une liste regroupant plusieurs candidats. Chaque liste obtient un nombre d'élus en fonction du nombre de voix qu'elle a reçu.

- Élections européennes
- Élections municipales[1]
- Élections régionales[1]

1. Les élections municipales et régionales comprennent une prime majoritaire. Le parti arrivé en tête obtient des sièges en plus pour garantir qu'il ait au moins 50 % des sièges.

EXEMPLE DES ÉLECTIONS LÉGISLATIVES

1er TOUR — Plusieurs candidats par circonscription

L'électeur choisit un candidat (et son suppléant).

→ **Majorité absolue** (+ de 50% des voix exprimées) **Le candidat est élu au 1er tour.**

→ **Pas de majorité absolue** = 2e tour une semaine après

2e TOUR — Les candidats qui ont obtenu, au 1er tour, au moins 12,5 % des suffrages des électeurs inscrits peuvent se maintenir.

L'électeur choisit parmi les 2, 3 candidats ou plus qui se sont maintenus.

→ **Le candidat qui a obtenu le plus grand nombre de voix est élu.**

1 Illustrer. Quel mode de scrutin est utilisé lors des élections législatives françaises ? lors des élections européennes ?

2 Expliquer. Pourquoi organise-t-on parfois les élections sur deux tours ?

3 Comprendre. Lors des élections législatives, peut-il y avoir plus de deux candidats au 2nd tour ?

DOC. 2 Suffrage universel direct et indirect

[Aux États-Unis] chaque État a autant de grands électeurs que d'élus à la Chambre des représentants (un nombre qui dépend de leur population) et au Sénat (deux, nombre fixe dans tous les États). La Californie en a par exemple 55, le Texas 38, le Vermont, l'Alaska, le Wyoming et le Delaware n'en ont que 3. [...] Dans tous les États, sauf deux (Nebraska et Maine), le candidat qui remporte la majorité des voix [lors des élections présidentielles] rafle tous les grands électeurs. [...] Lors de l'élection présidentielle du 8 novembre, Donald Trump a emporté une majorité de grands électeurs (306 sur 538) mais sa rivale démocrate Hillary Clinton a remporté le vote populaire. Elle a obtenu 48,2% des voix au total le 8 novembre dernier, contre 46,2% pour Donald Trump.

« Comment fonctionne le collège électoral aux États-Unis ? », *Le Temps*, décembre 2016.

Des élections au suffrage universel indirect

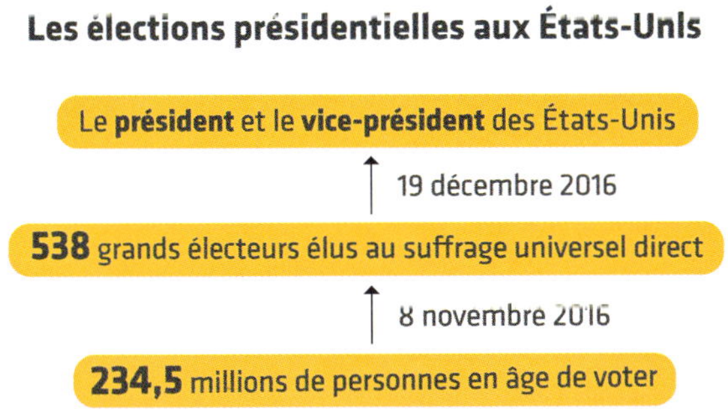

Population en âge de voter, selon le US Census Bureau - *Statistical Abstract of the United States* : 2012.

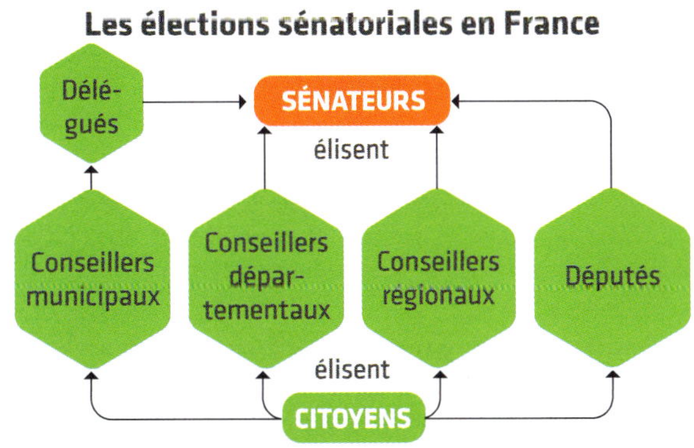

4 Définir. Définissez le principe du suffrage indirect.

5 Comprendre. Aux États-Unis, les grands électeurs ont-ils le choix de voter pour le candidat qu'ils souhaitent ?

6 Lire. Est-ce que Donald Trump a été élu président des États-Unis parce que la majorité des électeurs avait voté pour lui ?

DOC. 3 Effets des modes de scrutin

Les débats autour des modes de scrutin s'expliquent souvent par la difficulté de concilier plusieurs buts. [...] Pour les tenants de la proportionnelle, un système électoral doit donner une image fidèle de la situation politique et du corps électoral ; pour ceux du système majoritaire, il vise à désigner une majorité d'élus capable de gouverner. [...] Les scrutins proportionnels conduisent souvent à une instabilité du système politique ; ils favorisent le multipartisme et donnent un rôle important aux petits partis charnières, souvent partenaires indispensables des majorités (cas de la IVe République en France ou de l'Italie). Le scrutin majoritaire à un tour favorise, lui, les alternances, mais entre seulement deux partis (au Royaume-Uni, par exemple). [...] Les scrutins proportionnels rendent difficile l'émergence d'une majorité stable et cohérente, faisant primer une logique de coopération des partis (les partis se partagent le pouvoir comme les sièges). À l'inverse, les scrutins majoritaires conduisent le plus souvent à l'apparition de majorités stables, fondées sur un affrontement avec l'opposition (la coalition qui l'emporte gouverne seule) et au prix d'une certaine injustice dans la représentation.

« Les différents modes de scrutin et leurs effets », www.vie-publique.fr, 30 juin 2018.

7 Lire. Quel est le principal désavantage du scrutin majoritaire ?

8 Expliquer. Pourquoi le scrutin proportionnel crée-t-il plus de difficultés pour former un gouvernement ?

9 Argumenter. Quel mode de scrutin vous semble le meilleur ?

FAIRE LE POINT

Complétez avec : *européennes • majoritaire • proportionnel • sénatoriales.*

1. En France, les élections législatives ont lieu au scrutin .... à deux tours.

2. Aux élections ...., une liste de candidats est présentée par chaque parti pour l'ensemble du territoire français.

3. Les élections .... ont lieu au suffrage universel indirect.

4. Le scrutin .... permet de bien représenter les préférences des électeurs.

À RETENIR

- Le **mode de scrutin** détermine comment les votes sont transformés en sièges.
- Le scrutin majoritaire favorise l'apparition d'une majorité stable, tandis que le scrutin proportionnel permet de mieux représenter les préférences des électeurs.
- Certaines élections ont lieu au suffrage indirect : les citoyens votent pour des grands électeurs qui ensuite élisent les dirigeants politiques.

OBJECTIF :
Comprendre ce qu'est la participation électorale.
Être capable d'interpréter des taux d'inscription sur les listes électorales et des taux de participation aux élections.

C Comment la participation électorale est-elle mesurée ?

Tout le monde ne peut pas participer aux élections. Il faut remplir un certain nombre de conditions, et notamment être inscrit sur les listes électorales. La participation et les résultats électoraux ne sont donc pas forcément représentatifs de toute la population.

DOC.1 Le corps électoral

Selon l'article 3 de la Constitution, « sont électeurs [...] tous les nationaux français majeurs des deux sexes, jouissant de leurs droits civils et politiques ». Cet article définit ainsi les principales conditions pour disposer du droit de vote. La loi française exige cependant que les électeurs soient inscrits sur les listes électorales pour pouvoir participer aux élections. On distingue alors les électeurs inscrits des électeurs potentiels. En effet, une partie des Français remplit les conditions fixées par la Constitution mais ne peut pas voter car elle n'est pas inscrite sur les listes électorales. C'est, par exemple, le cas d'électeurs qui ont été naturalisés ou qui sont devenus majeurs avant 1997. Depuis cette date, tout le monde est automatiquement inscrit à 18 ans. Il faut par ailleurs évoquer le fait que le corps électoral peut changer selon le type d'élections. Les élections municipales et européennes sont ainsi ouvertes à tous les citoyens européens, tandis que les citoyens ordinaires ne peuvent pas participer aux élections sénatoriales.

Maxence Morel, Magnard, 2019.

1 Lire. Est-ce que des électeurs étrangers peuvent participer à des élections en France ?

2 Distinguer. Quelle est la différence entre les électeurs potentiels et les électeurs inscrits ?

3 Expliquer. Pourquoi certaines personnes qui vivent en France ne peuvent-elles pas voter aux élections ?

DOC.2 Inégalités face à l'inscription sur les listes électorales

Taux d'inscription en 2018, selon l'âge et le niveau d'éducation (en %)

Âge	Ensemble	Sans diplôme	Diplôme inférieur au baccalauréat	Diplôme niveau baccalauréat	Diplôme supérieur au baccalauréat
25 à 29 ans	85,0	61,0	79,8	85,7	91,0
30 à 34 ans	83,6	57,2	76,2	85,9	90,5
35 à 39 ans	84,2	58,6	76,7	86,0	91,1
40 à 44 ans	85,5	61,2	79,2	88,1	92,4
45 à 49 ans	87,3	69,0	85,0	90,1	93,3
50 à 54 ans	88,4	75,1	88,3	90,1	93,3
55 à 59 ans	90,2	78,9	90,5	92,1	94,5
60 à 64 ans	90,8	79,8	91,5	93,3	93,6
65 à 69 ans	91,9	81,4	92,8	93,7	94,4
70 à 74 ans	92,8	86,0	93,6	93,9	94,4
75 à 79 ans	92,6	88,0	93,0	95,1	94,4
80 à 84 ans	92,0	89,1	92,8	93,5	93,5
85 à 89 ans	90,2	87,0	91,8	91,6	87,7
90 ans ou plus	84,5	82,3	85,7	83,3	84,3
Ensemble	**88,3**	**76,5**	**88,1**	**89,5**	**92,4**

Source : Insee, « Inscriptions électorales de 2018 : les trentenaires moins inscrits que les autres », *Insee Focus*, juillet 2018.

NOTION

Le **taux d'inscription** mesure le pourcentage d'électeurs inscrits parmi les électeurs potentiels. On le calcule grâce à la formule suivante :

$$\text{taux d'inscription} = \frac{\text{électeurs inscrits}}{\text{électeurs potentiels}} \times 100$$

4 Lire. Rédigez une phrase pour présenter la donnée entourée.

5 Analyser. Montrez que le taux d'inscription dépend du niveau d'éducation.

6 Analyser. Comment le taux d'inscription évolue-t-il avec l'âge ?

DOC. 3 Des électeurs potentiels aux suffrages exprimés

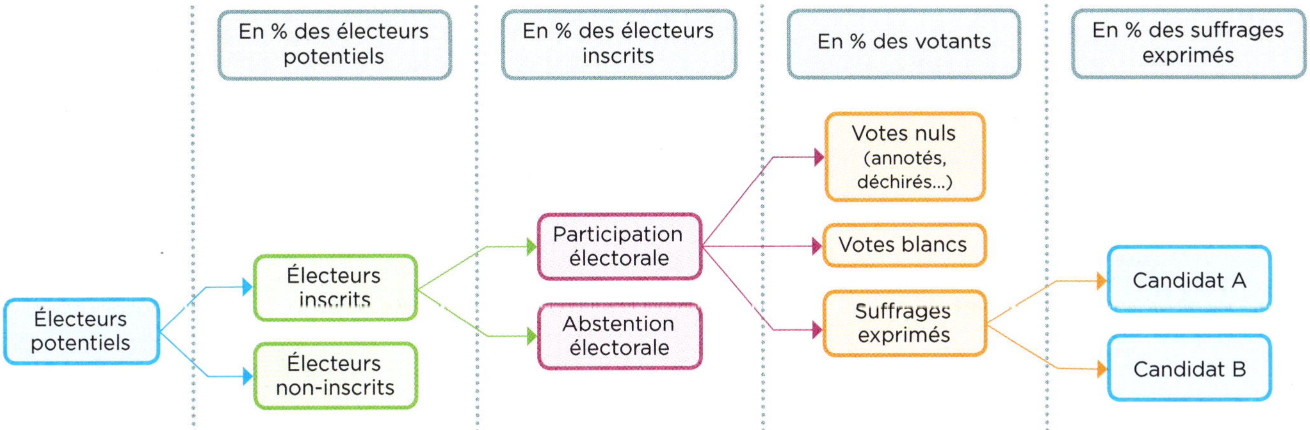

NOTIONS

- La **participation électorale** désigne l'ensemble des électeurs inscrits qui ont voté lors d'une élection.
- L'**abstention électorale** désigne les électeurs inscrits qui n'ont pas voté.

7 Comprendre. Le taux de participation est-il calculé par rapport à tous les électeurs potentiels ?

8 Distinguer. Quelle est la différence entre le vote blanc et l'abstention électorale ?

9 Critiquer. Quand on dit qu'un candidat a été élu avec 66 % des suffrages exprimés, cela signifie-t-il que 66 % des électeurs inscrits ont voté pour lui ?

DOC. 4 L'abstention peut-elle permettre d'annuler une élection ?

Selon l'article 7 de la Constitution de la Vᵉ République, « le président de la République est élu à la majorité absolue des suffrages exprimés ». Or seuls les bulletins avec le nom d'un des candidats sont considérés comme des suffrages exprimés. Aucune participation minimale n'est requise pour valider l'élection, donc le taux d'abstention ne change rien au résultat. Ce n'est pas toujours le cas. Par exemple, lors des élections législatives, un candidat ne peut se maintenir au second tour dans le cadre de triangulaires que s'il réunit 12,5 % des inscrits (et non des exprimés). Mathématiquement, plus l'abstention est forte, plus il lui faudra un score élevé. Le vote blanc non plus n'a pas d'incidence, car les bulletins blancs et nuls « n'entrent pas en compte pour la détermination des suffrages exprimés ». L'abstention, le vote blanc ou le vote nul aboutissent donc à la même absence de résultat sur l'issue du scrutin. Plusieurs candidats [en 2017] prônaient une reconnaissance du vote blanc, avec des modalités diverses. Certains systèmes permettent, si le vote blanc dépasse 50 %, d'annuler une élection.

D'après Anne-Aël Durand, « Voter blanc, nul ou s'abstenir : quelle différence ? », © *Le Monde*, 3 mai 2017.

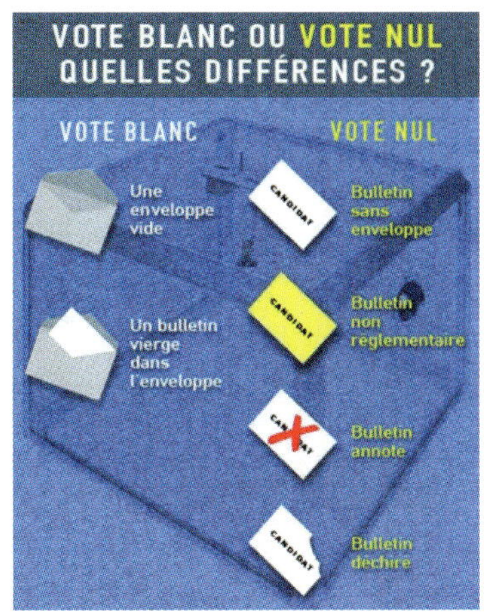

10 Comprendre. L'élection présidentielle peut-elle être annulée si l'abstention électorale est trop forte ?

11 Expliquer. Pourquoi est-il plus difficile de se qualifier pour le 2nd tour lors des élections législatives quand l'abstention est forte ?

12 Argumenter. Pourquoi certains partis politiques demandent-ils que le vote blanc soit reconnu ?

FAIRE LE POINT

Les situations suivantes sont-elles comptées dans la participation électorale ?

- Une personne soutient un candidat mais n'est pas inscrite sur les listes électorales.
- Une personne vote pour un candidat.
- Une personne vote blanc.
- Une personne ajoute un message sur son bulletin de vote.
- Une personne ne veut pas aller voter.

À RETENIR

- Pour pouvoir voter, il faut remplir plusieurs conditions (être majeur...), et notamment être inscrit sur les listes électorales. Le **taux d'inscription** permet de savoir combien d'électeurs sont inscrits sur les listes électorales.
- Le **taux de participation** permet de savoir combien d'électeurs sont allés voter. Il est calculé par rapport au nombre d'électeurs inscrits.
- Les résultats de chaque candidat sont calculés par rapport aux suffrages exprimés.

DOSSIER 2

Quels sont les facteurs de la participation électorale ?

OBJECTIF :
Comprendre que la participation électorale est liée à divers facteurs inégalement partagés au sein de la population (degré d'intégration sociale, intérêt pour la politique, sentiment de compétence politique).

A Participation électorale et variables sociales

Tout le monde ne se sent pas concerné de la même façon par la compétition politique, ou se sent obligé d'aller voter. Ces comportements inégaux peuvent être liés au sentiment de compétence politique et aux variables sociales des individus.

DOC. 1 Non-inscrits et mal inscrits

Il y aurait 6,5 millions de Français « mal inscrits » sur un total de 47 millions. Il s'agit d'électeurs figurant sur les listes électorales d'une commune qui ne correspond plus à leur lieu de résidence effectif. En France, il faut faire la démarche de se réinscrire après chaque déménagement. [...] Évidemment, plus les individus vivent loin de la commune où ils sont inscrits, plus ils s'abstiennent. [...] « Il faut que le vote soit facile pour voter », insiste Céline Braconnier[1].
[Une réforme] cherche à faciliter le vote pour les 9,5 millions d'électeurs non-inscrits ou mal inscrits. À partir de 2019, les personnes qui acquièrent la nationalité française seront inscrites d'office sur les listes. [...] La mesure principale consiste à rapprocher la date limite d'inscription sur les listes électorales de la date du scrutin. Actuellement, il faut faire la démarche auprès de sa mairie avant le 31 décembre de l'année précédant l'élection pour pouvoir voter. La réforme prévoit qu'il sera possible de s'inscrire jusqu'au sixième vendredi précédant le scrutin.

Ulysse Bellier, « Non-inscrits et mal inscrits : comment les ramener aux urnes », *Libération*, 6 juillet 2018.

1. Directrice de Sciences Po Saint-Germain-en-Laye (IEP), spécialiste des comportements électoraux.

1 Distinguer. Quelle est la différence entre les mal inscrits et les non-inscrits ?

2 Expliquer. Pourquoi la mal inscription favorise-t-elle l'abstention électorale ?

3 Analyser. En quoi le report de la date d'inscription peut-il réduire la mal inscription ?

DOC. 2 L'influence du contexte familial

Contrairement à ce [qu'on pourrait croire], le vote n'est pas un acte individuel. On sait depuis longtemps que la participation des électeurs dépend pour une part de leur situation matrimoniale. [Ainsi] les électeurs votent plus fréquemment s'ils sont en couple. [...] Les personnes vivant « hors famille » ou « seules » se révèlent nettement plus abstentionnistes que les personnes vivant « en couple » : le risque qu'elles s'abstiennent est environ deux fois plus élevé. [...] La monoparentalité réduit [aussi] les capacités d'entraînement familial en matière électorale. Les adultes d'une famille monoparentale présentent un taux d'abstention presque deux fois plus élevé que celui des adultes d'un couple avec enfant : 23,2 % contre 13 %. Cette situation trouve son prolongement dans le comportement électoral de leurs enfants. Un enfant de famille monoparentale est plus souvent abstentionniste qu'un enfant vivant avec ses deux parents : 32,7 % contre 24,6 %. Ce sont sans doute deux effets combinés d'entraînement familial et d'exemplarité parentale qui jouent ensemble.

Céline Braconnier *et al.*, « Toujours pas de chrysanthèmes pour les variables lourdes de la participation électorale », *Revue française de science politique*, vol. 67 juin 2017.

4 Comprendre. Pourquoi certains électeurs emmènent-ils leurs enfants pour aller voter ?

5 Expliquer. Pourquoi la participation électorale est-elle plus forte chez les personnes en couple que chez les personnes seules ?

6 Synthétiser. Pourquoi peut-on affirmer que le vote n'est pas une affaire strictement individuelle ?

DOC.3 Le poids des caractéristiques sociales

Participation aux élections de 2017 selon le niveau de diplôme, la catégorie sociale et le niveau de vie (en %)

	Vote systématique[1]	Vote intermittent[2]	Abstention systématique[1]
Ensemble	35,5	50,8	13,8
Niveau de diplôme			
Sans diplôme	28,7	46,3	25
Inférieur au bac	37,5	48,6	13,9
Bac	34,7	53,4	11,9
Supérieur au bac	41,6	50,2	8,2
Catégorie sociale			
Agriculteurs	44,1	48,8	7,1
Artisans, commerçants et chefs d'entreprise	36,2	54,0	9,8
Cadres	45,1	48,5	6,4
Professions intermédiaires	35,4	55,9	8,7
Employés	30,3	57,6	12,1
Ouvriers	26,1	57,9	16,0
Retraités	45,8	38,2	16,0
Autres personnes sans activité professionnelle	25,9	52,6	21,5
Niveau de vie			
25 % des ménages les plus pauvres	28,5	50,8	20,7
25 % des ménages les plus riches	46,7	46,1	7,2

1. À tous les votes de 2017. 2. À certains votes de 2017.

Champ : En dehors de la première ligne (Ensemble), les chiffres concernent les électeurs inscrits de 25 ans ou plus.

Source : Insee, « Élections présidentielles et législatives de 2017 : neuf inscrits sur dix ont voté à au moins un tour de scrutin », *Insee Première*, octobre 2017.

NOTION

Le **vote intermittent** (ou l'**abstention intermittente**) consiste à voter à certaines élections mais pas à d'autres.

7 Lire. Rédigez une phrase pour présenter la donnée entourée.

8 Observer. Quel est le comportement électoral le plus fréquent en 2017 ?

9 Synthétiser. Pourquoi peut-on dire que les personnes les mieux intégrées socialement participent davantage aux élections ? Illustrez votre réponse à partir de données extraites du document.

DOC.4 Sentiment de compétence politique et participation électorale

Dans les faits, les citoyens réellement intéressés par la politique constituent une minorité. [...] Le citoyen est de fait plutôt passif, peu informé, peu intéressé. [...] L'abstention, en progression dans toutes les démocraties représentatives, traduit à la fois ce faible intérêt pour la politique [et] des phénomènes d'exclusion sociale. [...] Dans un ouvrage fondamental, *Le Cens caché*, publié en 1978, Daniel Gaxie [...] établit l'importance des mécanismes subjectifs, ce qu'il désigne par « sentiment de compétence ». [...] Les diplômés se sentent plus compétents et donc plus habilités à produire, de manière légitime, des opinions et des jugements politiques. [...] Les catégories sociales peu dotées en capital culturel ont tendance à s'auto-exclure du jeu politique (« la politique, ce n'est pas pour moi. C'est trop complexe »). [...] Daniel Gaxie écrit [...] : « Le rapport d'exclusion que certains agents[1] entretiennent avec la politique [...] a des effets comparables à ceux des restrictions du droit de vote qui écartaient les femmes et les "classes dangereuses" [...] des consultations électorales. ».

Rémi Lefebvre, *Leçons d'introduction à la Science politique*, © Ellipses, 2017.

1. Individus.

NOTION

Le **sentiment de compétence politique** est le sentiment que les individus ont de connaître et comprendre la vie politique et de pouvoir légitimement donner leur opinion sur les débats politiques.

10 Lire. Quelles sont les catégories de la population pour lesquelles le sentiment de compétence politique est le plus fort ?

11 Expliquer. Comment le sentiment de compétence politique influence-t-il la participation électorale ?

FAIRE LE POINT

Parmi les catégories suivantes, lesquelles sont les plus susceptibles de s'abstenir ?

• retraités • étudiants • diplômés du supérieur • non-diplômés • personnes en couple • célibataires

À RETENIR

- La **participation** et l'**abstention électorale** sont liées au sentiment de **compétence politique** : les personnes qui s'intéressent le plus à la politique sont celles qui votent le plus.
- L'intégration sociale influence aussi la **participation** : les personnes les mieux intégrées (en fonction de leur profession, de leur revenu...) ont plus de chances de participer aux élections.

OBJECTIF : Comprendre que la participation électorale est liée à des variables contextuelles (perception des enjeux de l'élection, types d'élection).

B Participation électorale et contexte politique

L'abstention peut être un choix volontaire, qui change en fonction des élections concernées ou de l'offre électorale. Elle peut alors s'expliquer comme un comportement politique particulier ou comme le signal d'un désintérêt pour certaines élections.

DOC.1 Témoignages d'abstentionnistes

Fabienne, 33 ans, a participé à la plupart des élections, mais s'abstiendra le 23 avril par manque de confiance : « En tant que féministe et écologiste, je garde en travers de la gorge le ralliement d'Eva Joly à François Hollande en 2012, un candidat qui se révélera une catastrophe pour l'écologie. » Elle dit ne faire ni confiance à Jean-Luc Mélenchon, « écolo par tendance », ni à Benoît Hamon, « pur produit du PS ». « Marre de faire des chèques en blanc et de cautionner un système qui donne les pleins pouvoirs pour cinq ans sans qu'il y ait de comptes à rendre. » [...] Sami, « n'a loupé aucune élection depuis qu'[il] a le droit de vote »... jusqu'aux dernières régionales, « quand Hollande a prouvé, avec la loi dite "travail" que le vote ne garantissait pas la démocratie, au contraire ». « Les promesses des prétendants au pouvoir n'ont aucune valeur juridique, ce qui rend les différents débats sur les programmes inutiles. » [...] « Je ne vote que par adhésion, explique ainsi Tristan. Si aucun programme, aucun candidat ne me correspond, je préfère m'abstenir que voter pour le moins pire. »

Lorène Lavocat, « Ils ou elles s'abstiennent. Et expliquent pourquoi. », *Reporterre* (https://reporterre.net), 12 avril 2017.

COMPRENDRE

Au second tour des élections législatives de 2017, l'abstention a atteint un niveau record : 59 % des électeurs inscrits n'ont pas voté.

1 Résumer. Pourquoi ces personnes ont-elles décidé de ne pas voter ?

2 Analyser. L'abstention électorale s'explique-t-elle toujours par un manque d'intérêt envers la vie politique ?

DOC.2 Abstention électorale et type d'élections

Évolution du taux d'abstention au 1er tour de 1958 à 2017 (en % des inscrits)

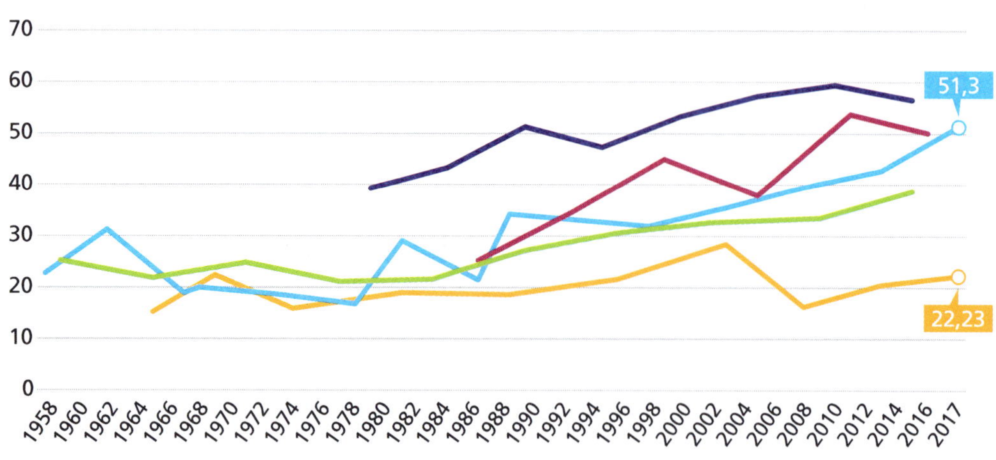

Source : Ministère de l'Intérieur, 2017.

3 Décrire. Comment l'abstention électorale a-t-elle évolué en France ?

4 Comparer. L'abstention électorale est-elle la même pour toutes les élections ?

5 Expliquer. Pourquoi l'abstention électorale est-elle plus forte lors de certaines élections ?

DOC. 3 L'émergence d'une nouvelle forme d'abstention ?

L'abstention systématique est relativement faible et stable en France autour de 12 %. [...] C'est donc la part des abstentionnistes intermittents, tour à tour votants et non votants, qui s'est accrue au fil du temps pour créer un déficit de participation. [...]
Les abstentionnistes « dans le jeu politique » [...] déclarent [...] s'intéresser à la politique, et peuvent même se déclarer proches d'un parti politique. Ils s'abstiennent sans qu'il s'agisse d'une désaffection politique et se remettent à voter dès qu'ils peuvent à nouveau se reconnaître dans l'offre électorale proposée. Leur abstention est le plus souvent intermittente. Cet abstentionnisme [...] correspond à un nouveau type d'électeur, [...] relativement critique et exigeant à l'égard de l'offre politique, et pouvant utiliser l'abstention au même titre que le vote pour se faire entendre et peser sur l'élection. Les abstentionnistes « hors du jeu politique » se distinguent par un retrait de la politique et par une certaine apathie. [...] Leur comportement s'inscrit dans une logique de refus du système social comme du système politique.

Anne Muxel, « Abstention : défaillance citoyenne ou expression démocratique ? », *Cahiers du Conseil constitutionnel* n°23, février 2008.

6 Distinguer. Quelle est la différence entre abstention « dans le jeu politique » et « hors du jeu politique » ?

7 Expliquer. Quelle forme d'abstention explique principalement la baisse de la participation électorale ?

8 Argumenter. Selon vous, la montée de l'abstention reflète-t-elle un danger pour le système politique ?

DOC. 4 Les principales raisons de l'abstention

QUESTION : Quelle est la principale raison, parmi les suivantes, qui pourrait expliquer que vous n'alliez pas voter au 2nd tour de l'élection présidentielle dimanche prochain ?

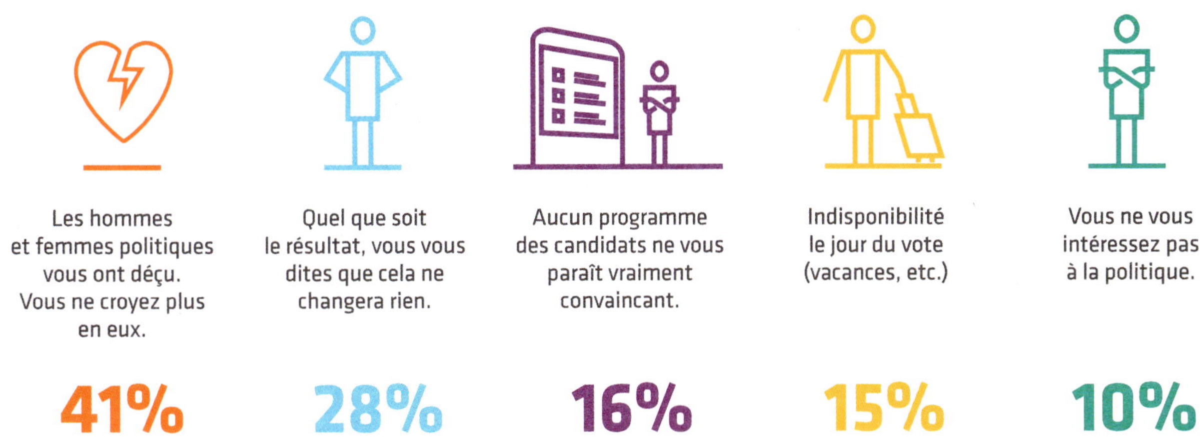

Source : 1er tour. Sociologie des électorats et profils des abstentionnistes, 2017 Élection présidentielle, IPSOS, 2017.

9 Distinguer. Parmi les différentes raisons énoncées, lesquelles sont liées au contexte et peuvent changer lors d'une autre élection ?

10 Analyser. Parmi ces raisons, lesquelles reflètent un manque d'intérêt pour la politique ?

FAIRE LE POINT

Dans quelles circonstances, la participation risque-t-elle d'être plus importante ?

• l'élection présidentielle • les élections européennes • des candidats qui intéressent les électeurs • des candidats rejetés par les électeurs

À RETENIR

- La **participation électorale** peut dépendre du contexte politique : les électeurs risquent davantage de s'abstenir lorsqu'ils considèrent que l'élection n'est pas importante ou que l'offre électorale ne leur plaît pas.
- L'**abstention électorale** peut être un moyen d'exprimer son mécontentement face aux partis politiques en place.

DOSSIER 3

Le vote, un acte individuel ou collectif ?

OBJECTIF :
Comprendre que le vote est un acte individuel (expression de préférences en fonction d'un contexte et d'une offre électorale).

A Un acte individuel

Dans les démocraties contemporaines, le vote est un acte individuel, qui permet d'affirmer le lien entre l'État et chaque citoyen, en dehors des groupes auxquels il appartient.

DOC.1 Un apprentissage historique

La population m'avait toujours été bienveillante, mais [...] jamais je ne fus entouré de plus de respect. [...] Nous devions aller voter ensemble au bourg de Saint-Pierre, éloigné d'une lieue de notre village. Le matin de l'élection, tous les électeurs [...] se réunirent devant l'église. Tous ces hommes se mirent à la file deux par deux. [...] Au bout de la longue file venaient [...] dans des charrettes, des infirmes ou des malades qui avaient voulu nous suivre ; [...] nous étions en tout cent soixante-dix. Arrivés au haut de la colline qui domine [le village], on s'arrêta un moment [pour que je fasse un discours]. [...] Je rappelai à ces braves gens la gravité et l'importance de l'acte qu'ils allaient faire ; je leur recommandai de ne point se laisser accoster ni détourner. [...] Tous les votes furent donnés en même temps, et j'ai lieu de penser qu'ils le furent presque tous au même candidat. Aussitôt après avoir voté moi-même, je leur dis adieu, et [...] je partis pour Paris. [...] Ce ne fut qu'à Paris, que j'appris que j'avais eu cent dix mille sept cent quatre suffrages sur cent vingt mille votants à peu près.

Alexis de Tocqueville, *Souvenirs*, 1893.

◂ **Alexis de Tocqueville** (1805-1859) est un homme politique et un philosophe français. En 1848, déjà élu député et conseiller général, il se présente à nouveau. *Souvenirs*, livre publié de manière posthume, est le récit de souvenirs politiques portant sur la période 1848-1849.

1 Expliquer. Pourquoi peut-on dire que ces électeurs ont sûrement tous voté pour Tocqueville ?

2 Analyser. Pourquoi peut-on dire qu'au XIXe siècle le vote était un acte collectif ?

DOC.2 Protéger le secret du vote

▲ Dessin de Berth, *Siné Mensuel*, mars 2014.

COMPRENDRE
Ce n'est qu'à partir de 1913 que les bureaux de vote comprennent un isoloir et une urne fermée pour assurer le secret du vote.

3 Comprendre. En quoi cette caricature montre-t-elle que certains dispositifs sont nécessaires pour assurer le caractère individuel du vote ?

4 Illustrer. Citez d'autres dispositifs qui permettent de garantir le secret du vote et la transparence des élections.

DOC.3 Vote et « marché » politique

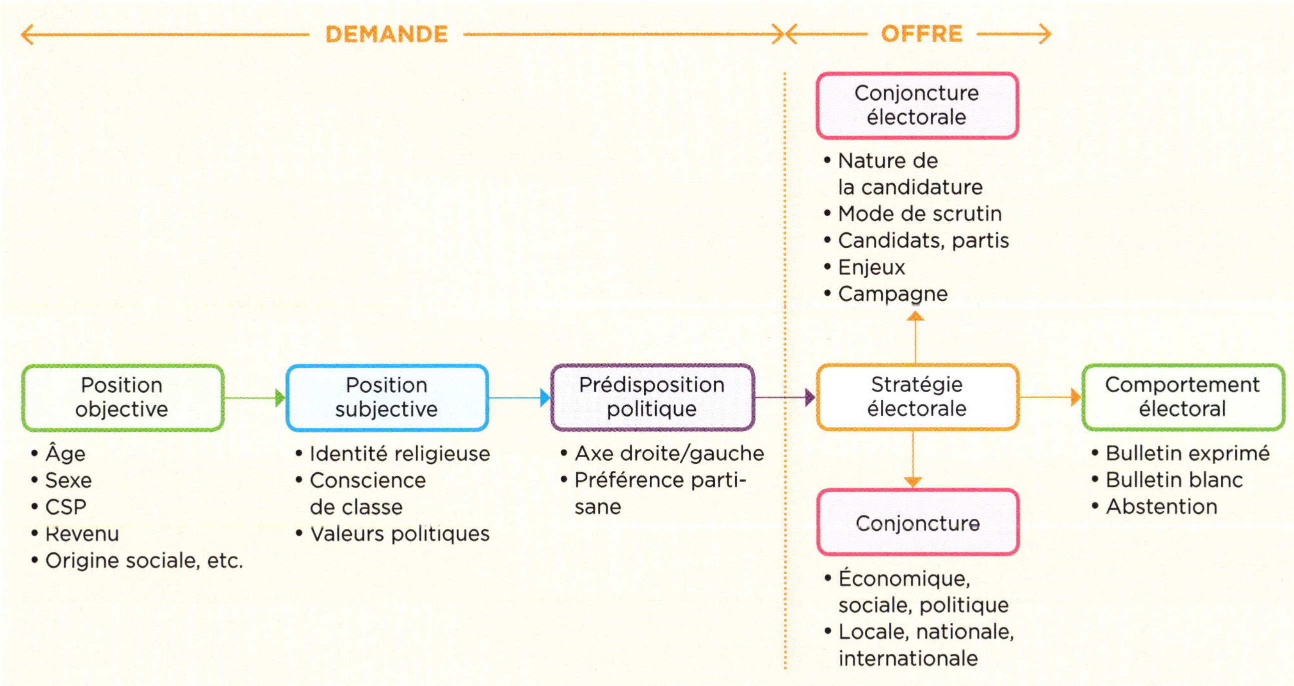

Source : D'après Nonna Mayer et Pascal Perrineau, *Les Comportements politiques*, © Armand Colin, coll. « Cursus », 1997.

5 Définir. Qu'est-ce que l'offre électorale ? Quels sont les éléments qui peuvent l'influencer ?

6 Comprendre. Qu'est-ce qui est échangé sur le « marché politique » ?

7 Critiquer. Les électeurs disposent-ils d'une information parfaite sur les politiques mises en place par les partis quand ils arriveront au pouvoir ?

DOC.4 Vote et émotions

[Certains électeurs] verront dans le geste électoral le moyen de libérer une agressivité nourrie de frustrations accumulées, qu'elles soient d'origine sociale, professionnelle, voire privée. Ils s'en prendront à des boucs émissaires, émettant un vote de rejet des sortants [...] ou bien, ils soutiendront, par défi, le parti ou le leader diabolisé par les médias et les autres formations politiques. [...] Une partie importante des électeurs, notamment les plus jeunes, veut rêver à un avenir meilleur. [...] Des projets politiques ambitieux [...] les ramènent aux urnes. Enfin, proches de ce comportement, il est des électeurs qui se situent dans un mécanisme d'identification à une grande Cause, voire en quête de « remise de soi » au profit d'une personnalité perçue comme exceptionnelle. Il s'agit surtout [pour certains électeurs d'exprimer son identité grâce à son vote].

Philippe Braud, *Sociologie politique*, © LGDJ, 2018.

8 Illustrer. Donnez un exemple de frustration sociale ou professionnelle qui provoquerait un vote de rejet.

9 Expliquer. En quoi le vote permet-il d'exprimer son identité ?

FAIRE LE POINT

Complétez avec : *isoloir • offre • préférences.*

Le vote est un choix individuel, qui résulte de la confrontation entre les .... des électeurs et l'...................... électorale. Pour être sûr que les électeurs ne soient pas influencés, certains dispositifs ont été mis en place, comme l'...................... à partir de 1913.

À RETENIR

- Le vote est avant tout un acte individuel : les électeurs comparent les partis qui composent l'**offre électorale** et choisissent celui qui correspond le mieux à leurs préférences personnelles.
- Les préférences des électeurs peuvent correspondre à des intérêts matériels ou des valeurs culturelles.

DOSSIER 3

OBJECTIF :
Comprendre que le vote est un acte collectif (expression d'appartenances sociales).

B Un acte collectif

Le vote est censé être individuel et refléter uniquement les préférences personnelles des électeurs. Cependant, il est en réalité influencé par l'appartenance des individus à un groupe social : les membres d'un même groupe social ont tendance à voter de la même façon.

DOC.1 Le vote selon l'âge, le revenu et la religion

Répartition du vote au 1er tour de l'élection présidentielle de 2017 selon les variables sociales des électeurs

(en %)		Jean-Luc Mélenchon	Emmanuel Macron	François Fillon	Marine Le Pen
Résultats totaux		19, 2	23, 7	19, 7	21, 9
Âge	**18-24 ans**	30	18	9	21
	25-34 ans	24	28	8	24
	35-49 ans	22	21	11	29
	50-59 ans	21	21	13	27
	60-69 ans	15	26	27	19
	70 ans et plus	9	27	45	10
Comment vous en sortez-vous avec les revenus du ménage ?	**Très difficilement**	22	13	11	43
	Difficilement	21	20	17	24
	Facilement	16	32	25	13
Religion	**Catholique pratiquant régulier**	8	20	51	11
	Sans religion	28	25	7	23

Lecture : Lors du 1er tour de l'élection présidentielle de 2017, Emmanuel Macron a reçu 23,7 % des suffrages exprimés.

Source : « 1er tour. Sociologie des électorats et profils des abstentionnistes », *2017 Élection présidentielle*, Ipsos 2017.

1 Lire. Rédigez une phrase pour présenter la donnée entourée.

2 Décrire. Pour qui la majorité des catholiques pratiquants réguliers a-t-elle voté lors du 1er tour de l'élection présidentielle de 2017 ?

3 Synthétiser. Comment l'âge influence-t-il le vote ?

DOC.2 L'influence du patrimoine

La Fondation Jean Jaurès, dans sa dernière étude, confirme qu'il existe bien un «effet patrimoine» affectant le rapport des Français à la politique. Celui-ci neutralise, au moins partiellement, les choix liés au capital culturel et à la catégorie socioprofessionnelle. Cet «effet patrimoine» se traduit par […] un positionnement politique plus «modéré», proche des partis de gouvernement. L'étude [classe en outre] les patrimoines selon le degré d'exposition au risque : patrimoine pas risqué (exemples : propriété de la résidence, voire d'une résidence secondaire, livrets d'épargne réglementés) ou patrimoine risqué (propriété de biens immobiliers placés sur le marché locatif, actions ou d'obligations). «Les détenteurs d'un patrimoine risqué […] sont plus susceptibles que les détenteurs d'un patrimoine non risqué de s'opposer à l'intervention de l'État», explique l'étude. Conséquence : 39 % des détenteurs d'un patrimoine exposé au risque sont des sympathisants de droite, contre 29 % des détenteurs d'un patrimoine peu ou pas exposé au risque. L'effet est strictement inverse chez les sympathisants de gauche et du FN, avec lesquels l'écart se creuse. L'effet patrimoine doublé du degré d'exposition au risque apparaît donc comme un important facteur d'explication de l'inclination politique à droite.

Frédérique Schneider, « Quand le patrimoine induit un choix politique », © *La Croix*, décembre 2016.

4 Illustrer. De quoi le patrimoine d'un individu peut-il être composé ?

5 Comprendre. Quelles sont les dimensions du patrimoine qui influencent le vote ?

6 Expliquer. Comment le patrimoine influence-t-il le vote ?

DOC. 3 Les modèles explicatifs du vote

▲ Bureau de vote aux États-Unis lors de l'élection de mi-mandat (Alexandria, Virginie, 6 novembre 2018).

Le poids de la classe sociale, du sexe et de la religion [peut expliquer la régularité du comportement électoral]. [...] Depuis la fin du XIXe siècle, [...] des partis revendiquent leur capacité à rassembler les électeurs sur une base de classe ou sur une base religieuse. [...] [Par exemple,] les partis [...] communistes prétendent regrouper tous les votes de la classe ouvrière, pour défendre ses intérêts. [...] [Une autre] source de régularité dans les choix des électeurs est l'identification partisane. Des chercheurs [américains] se sont rendu compte que le facteur le plus important [...] pour expliquer [le vote] n'est autre que le simple fait de se déclarer « démocrate » ou « républicain ». [...] Les chercheurs découvrent par la même occasion que la majorité des électeurs ne connaît rien à la politique. [...] Ils semblent donc simplement voter en se fiant à une tradition de vote, [...] elle-même largement liée à une transmission familiale. [...] En France, en raison des changements [de partis], les chercheurs ont eu tendance à transposer la notion d'identification partisane en une notion équivalente de positionnement sur l'axe gauche/droite.

Christophe Bouillaud, « Dis-moi qui tu es, je te dirai pour qui tu votes », *Sciences Humaines n° 236*, avril 2012.

7 Définir. Qu'est-ce que l'identification partisane ?

8 Comprendre. L'identification partisane est-elle fondée sur la recherche approfondie d'informations sur les partis politiques ?

9 Expliquer. En quoi ces modèles montrent-ils que notre vote est influencé par notre environnement social ?

DOC. 4 Les facteurs du vote aux États-Unis

Vote démocrate aux élections pour la Chambre des Représentants de 2018, selon le sexe et le niveau d'éducation (en %)

	Diplômé-e-s de l'enseignement supérieur	Non diplômé-e-s de l'enseignement supérieur	Ensemble
Femmes	59	42	59
Hommes	47	32	47
Ensemble	59	37	53

Source : CNN et *Edison Reseach for the National Election Pool*, novembre 2018.

10 Lire. Rédigez une phrase pour présenter la donnée entourée.

11 Calculer. Quel est l'écart entre les femmes et les hommes pour le vote pour les Démocrates ? et entre les diplômé-e-s du supérieur et les non diplômé-e-s ?

12 Synthétiser. Comment le sexe et le niveau d'éducation influencent-ils le vote ?

FAIRE LE POINT

Vrai ou faux ? Justifiez vos réponses.

1. Le patrimoine peut influencer le vote.

2. Les catholiques pratiquants votent plus à droite.

3. L'identification partisane n'est pas transmise par la famille.

À RETENIR

- **Le vote des électeurs est lié à leurs variables sociales** : métier, religion, niveau d'éducation...
- Ce lien peut s'expliquer par la **socialisation** des électeurs : les individus appartenant à un même groupe social partagent les mêmes valeurs et soutiennent les mêmes politiques.
- Les électeurs peuvent aussi être influencés par les échanges avec leur entourage et chercher la conformité.

DOSSIER 4

Pourquoi le comportement électoral change-t-il ?

OBJECTIF :
Comprendre que la volatilité électorale revêt des formes variées (intermittence du vote, changement des préférences électorales).

A Qu'est-ce que la volatilité électorale ?

À partir des années 1970, le comportement des électeurs a été de moins en moins régulier d'une élection à une autre. À chaque scrutin, ces derniers peuvent se comporter de différentes façons et changer de comportement par rapport à la précédente élection.

DOC.1 Décrire la volatilité électorale

Voter pour un parti différent d'une élection sur l'autre peut témoigner des évolutions [...] de l'offre [électorale] plus que de l'instabilité de l'électeur. [...] C'est la mobilité entre abstention et vote qui apparaît la plus significative. La volatilité principale est liée à l'abstentionnisme intermittent. Son impact électoral est puissant [...] : la capacité d'un camp à remporter en France une élection est largement fonction de sa capacité à mobiliser « son » électorat, à le faire voter. [...] Le deuxième type de volatilité la plus courante est celle interne à un camp (gauche ou droite). On reste dans sa « famille » politique [...] mais on s'y déplace. [...] La multiplication des partis dans les années 1980 [a] eu pour effet d'accroître l'instabilité (qui est aussi un effet de l'offre). La mobilité que l'on peut qualifier de « transgressive » (passer de gauche à droite ou inversement) est marginale. Elle concerne moins de 10 % des électeurs. [...] La barrière gauche/droite demeure relativement imperméable.

Rémi Lefebvre, *Leçons d'introduction à la science politique*, Ellipses, 2017.

NOTION

La **volatilité électorale** désigne les changements du comportement électoral entre deux scrutins.

1 Définir. Quelles sont les trois formes de volatilité électorale ? Donnez un exemple pour chacune.

2 Lire. Quelle forme de volatilité électorale est la plus fréquente ?

DOC.2 Vote au 1er tour de l'élection présidentielle de 2017 selon le vote en 2012

(en %)		Vote au 1er tour de l'élection présidentielle de 2017						
		Jean-Luc Mélenchon (Extrême gauche)	Benoît Hamon (Gauche)	Emmanuel Macron (Centre)	François Fillon (Droite)	Marine Le Pen (Extrême droite)	Autres	Total
Vote au 1er tour de l'élection présidentielle de 2012	J.-L. Mélenchon (Extrême gauche)	80	5	10	0	3	2	100
	F. Hollande (Gauche)	24	15	47	3	6	5	100
	F. Bayrou (Centre)	10	5	43	22	3	17	100
	N. Sarkozy (Droite)	3	1	17	59	14	6	100
	M. Le Pen (Extrême droite)	3	0	2	6	85	4	100

Source : « 1er tour. Sociologie des électorats et profils des abstentionnistes », *2017 Élection présidentielle*, Ipsos 2017.

3 Lire. Rédigez une phrase pour présenter la donnée entourée.

4 Synthétiser. En 2017, pour qui les électeurs qui avaient choisi François Hollande en 2012 ont-ils voté ?

5 Analyser. De nombreux électeurs ont-ils voté pour un candidat de gauche en 2012, puis pour un candidat de droite en 2017 ? ou l'inverse ?

DOC. 3 Vote au 2nd tour de l'élection présidentielle de 2017 selon le vote au 1er tour

(en %)		Vote au 2nd tour			Total
		Emmanuel Macron	Marine Le Pen	Abstention ou vote blanc	
Vote au 1er tour	**Extrême gauche** (LO, NPA)	51	11	38	100
	Jean-Luc Mélenchon	54	10	36	100
	Benoît Hamon	79	3	18	100
	Emmanuel Macron	97	1	2	100
	François Fillon	52	20	28	100
	Nicolas Dupont-Aignan	30	41	29	100
	Marine Le Pen	3	91	6	100
	Abstention ou vote blanc	14	3	83	100

Source : Moyenne des sondages Ipsos, *OpinionWay* et de l'Enquête électoral française 2017, d'après Jérôme Jaffré, « Un second tour de présidentielle si différent du duel Chirac-Le Pen de 2002 », *in* Pascal Perrineau (dir.), *Le Vote disruptif*, 2017.

6 Lire. Rédigez une phrase pour présenter la donnée entourée.

7 Observer. Dans quelle(s) catégorie(s) retrouve-t-on la plus grande part d'abstention au 2nd tour de l'élection présidentielle de 2017 ?

8 Synthétiser. Lors du 2nd tour, comment les électeurs qui n'avaient pas voté pour E. Macron ou M. Le Pen ont-ils voté ?

DOC. 4 Témoignages d'électeurs de Marine Le Pen

	Pourquoi voter Front national ?	Pour qui avez-vous voté en 2012 ?
Thomas	Je vais voter pour Marine Le Pen car elle représente le seul vote utile de cette élection présidentielle. Marine Le Pen est aujourd'hui la seule à proposer des mesures crédibles pour éviter à tout prix le basculement de notre pays dans une mondialisation sauvage.	En 2012, [...] si j'avais pu [...], j'aurais accordé ma confiance à François Hollande. Ce qui me séduisait, c'est le mariage pour tous.
Marie	Je n'ai jamais voté FN. Mais, cette fois, je vais le faire pour envoyer un signal d'alarme à Emmanuel Macron. Marine Le Pen provoquera un réel bouleversement social, économique et international. Il faut maintenant que les choses changent.	En 2012, j'ai voté Nicolas Sarkozy au second tour, blanc au premier tour.
Erwan	En priorité pour la défense du modèle social, contre la casse du monde du travail.	François Hollande. J'ai toujours voté à gauche, généralement socialiste. Mais cette gauche nous a trahi.

D'après « Je suis noir mais je partage les idées de Le Pen », www.slate.fr, 27 avril 2017.

9 Illustrer. En quoi ce document montre-t-il des exemples de volatilité électorale ?

10 Expliquer. Pourquoi ces personnes n'ont-elles pas voté lors de l'élection de 2017 comme en 2012 ?

FAIRE LE POINT

Les comportements suivants correspondent-ils à de la volatilité électorale ?

• changer de position sociale • changer d'opinion politique • voter à gauche puis à droite • aller manifester contre le parti pour lequel on a voté • ne pas voter à toutes les élections

À RETENIR

- La **volatilité électorale** consiste aussi bien à alterner entre vote et abstention qu'à voter pour des partis différents entre deux élections.
- La principale forme de volatilité électorale est l'**abstention intermittente**.
- Lorsque les électeurs votent pour des partis différents, il s'agit généralement de partis proches.

DOSSIER 4

B Le déclin de l'influence des variables sociales et de l'identification politique

OBJECTIF :
Comprendre que la volatilité électorale peut refléter un affaiblissement ou une recomposition du poids de certaines variables sociales, un déclin de l'identification politique.

La régularité du vote était liée à l'influence des variables sociales. Les membres d'un même groupe social s'identifiaient au même parti et votaient pour lui d'une élection à une autre. L'augmentation de la volatilité électorale peut alors signifier que cette influence est moins forte qu'auparavant.

DOC.1 Le vote de classe complexifié

Le vote de classe ne fonctionne plus comme dans les années 1960 ou 1970 [...] : les ouvriers votaient pour la gauche, [...] alors que les bourgeois diplômés votaient pour une droite plus ou moins libérale sur le plan économique comme sur le plan culturel selon leur degré de catholicisme. [...] Cette équation s'est désagrégée. [...] Les électeurs sont devenus plus mobiles, [...] recherchant le compromis politique qui correspond le mieux à [...] leurs multiples appartenances privées. [...] [Pour autant, cela ne signifie pas que les électeurs sont stratèges, parfaitement rationnels et calculateurs.] Les poids des affects et de la socialisation politique acquise dans la jeunesse sont toujours des facteurs importants de positionnement politique. [...] Néanmoins, le vote de classe a laissé place à un vote « privatif », plus difficile à prévoir, où se combinent les effets de l'âge, [...] du niveau de patrimoine et de la religion, tout comme les enjeux liés à chaque élection. [...] Pour résumer, la diversification de l'offre politique rend difficile la lecture des élections en termes de classes.

Luc Rouban, directeur de recherche au CNRS, Cevipof, Sciences Po, « Le vote de classe n'a pas disparu, il est devenu invisible », *Libération*, 15 juin 2017.

NOTION

L'**identification politique** est le phénomène par lequel un individu s'identifie et soutient un parti ou un camp politique. L'identification politique est notamment liée à la socialisation (CHAP.6).

1 Définir. Qu'est-ce que le vote de classe ?
2 Expliquer. La profession est-il encore le principal critère influençant le vote ?
3 Nuancer. Le déclin de l'influence des variables sociales signifie-t-il que les électeurs votent uniquement en fonction de leurs intérêts personnels ?

DOC.2 Le déclin de l'identification politique

Évolution du placement gauche/droite (en % des suffrages exprimés)

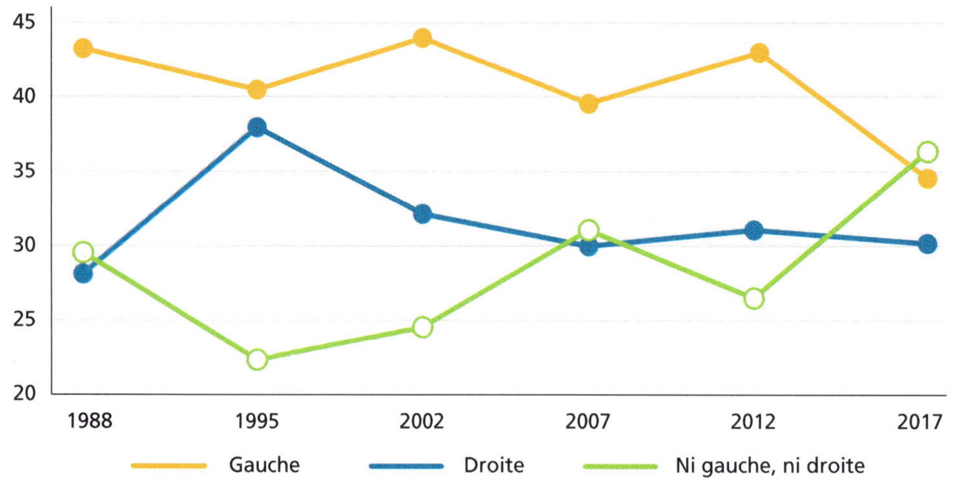

Source : Enquêtes Cevipof (compilées par Vincent Tiberj), « *Running to stand still.* Le clivage gauche/droite en 2017 », *Revue française de science politique*, 2017.

Répartition des voix au 1er tour des élections présidentielles entre 1995 et 2017

(en % des suffrages exprimés)	1995	2002	2007	2012	2017
Gauche	40, 56	42, 88	36, 43	43, 75	27, 67
Droite	39, 42	36, 05	32, 33	28, 97	24, 71
Autres (extrême droite...)	20, 02	21, 07	31, 24	27, 28	47, 62

Source : Ministère de l'Intérieur, 2017.

4 Lire. Parmi les personnes interrogées en 2017, quel pourcentage se place à gauche ?
5 Décrire. Comment la part de personnes n'étant ni de gauche, ni de droite a-t-elle évolué depuis 1995 ?
6 Analyser. Peut-on observer un lien entre le déclin de l'identification à la gauche ou à la droite et les résultats du 1er tour des élections présidentielles ?

DOC. 3 Les femmes votent-elles comme les hommes ?

Vote déclaré pour le candidat du Front national au 1er tour des élections présidentielles

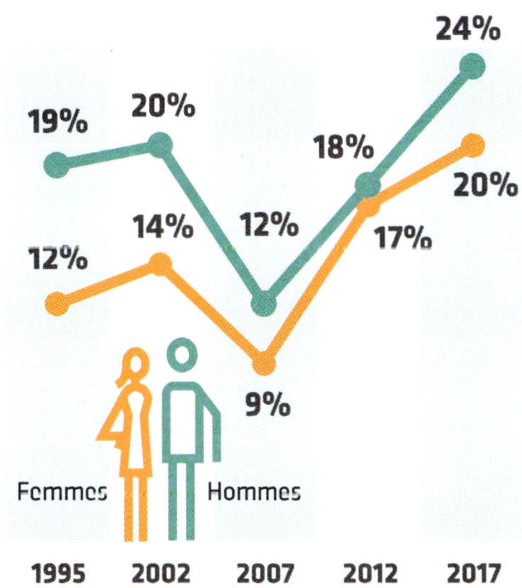

Sources : Enquêtes du Cevipof 1995 ; Panel électoral français 2000 et 2007, Ifop 2012, Ipsos 2017.

Les différences de vote selon le sexe [...] ne sont pas très marquées, et ce, pour aucun des candidats. [...] L'une des sources de séduction du Front national auprès des femmes semble tenir au recentrage du discours de Marine Le Pen sur le plan économique. [...] Plus redistributif et solidaire [qu'avant], le programme de cette dernière répond mieux aux attentes [des travailleurs précaires]. [...] [Or] la demande d'une redistribution des richesses au nom de la justice sociale est plus forte du côté des femmes (63 %) que du côté des hommes (57 %).

R. Senac et M. Parodi, *Gender gap à la française : Recomposition ou dépassement ?*, Revue française de science politique, 2013.

Marinette Sineau (politologue) : **« Pendant 20 ans, de 1988 à 2007, les Françaises ont fait rempart au vote Front national »**.
Alors pourquoi les femmes votent-elles maintenant davantage à l'extrême droite ?
Les femmes pourraient être davantage sensibles à Marine Le Pen qu'à son père. La présidente du parti bénéficierait du facteur sympathie. « Elle joue la carte de la candidate féministe et laïque, à l'écoute de celles qui sont durement affectées par la crise économique. »

M. Merdrignac, *Ouest France*, 9 décembre 2015.

7 Décrire. Comment l'écart entre le vote pour l'extrême droite des femmes et des hommes a-t-il évolué depuis 1995 ?

8 Lire. Quelles différences persistent entre les valeurs politiques des hommes et des femmes ?

9 Expliquer. Pourquoi les femmes sont-elles plus attirées qu'auparavant par le vote pour le Front national ?

DOC. 4 Le vote des nouveaux électeurs

Plus une génération est récente, plus elle vote à gauche. Mais plus elle vote aussi pour l'extrême droite. La droite traditionnelle est doublement perdante. Avec le renouvellement générationnel, les oppositions socio-économiques – redistribution des richesses, rôle de l'État, etc. – persistent toujours. Si les ouvriers votent moins à gauche, ce n'est pas parce qu'ils ne sont pas attachés aux questions socio-économiques, au contraire. En fait, les ouvriers qui votaient communistes ne sont plus là. Ils ont été remplacés par des ouvriers qui votent FN. Ce n'est pas le même ouvrier qui va chercher dans le FN ce qu'il trouvait avant au Parti communiste. La génération au pouvoir depuis le début du XXIe siècle continue de présenter le monde des années 1970 à partir duquel il faut tout comparer. Or depuis, les générations les plus récentes n'auront pas connu le monde des Trente Glorieuses, mais l'augmentation des contrats précaires, CDD, intérims.

Vincent Tiberj : « Les politiques agissent avec une vision du monde disparue », par Simon Blin et Jonathan Bouchet-Petersen, *Libération*, 3 février 2017

10 Lire. Vers quels partis les générations les plus récentes se tournent-elles ?

11 Comprendre. Les questions socio-économiques influencent-elles toujours le vote ?

12 Analyser. Qu'est-ce qui peut expliquer le vote des ouvriers ?

FAIRE LE POINT

Vrai ou faux ? Justifiez vos réponses.

1. L'influence de la profession sur le vote est moins forte qu'auparavant.

2. Aujourd'hui, il y a de grosses différences entre le vote des hommes et des femmes.

3. Il y a plus de personnes qu'avant qui se disent ni de gauche, ni de droite.

À RETENIR

- L'identité des individus s'est complexifiée dans la mesure où les appartenances sociales se sont multipliées. Les membres d'un même groupe social qui ne partagent plus les mêmes valeurs ne votent plus pour le même parti.
- De plus en plus de personnes ne se sentent pas attachées à un parti ou à un camp politique : l'**identification politique** a diminué.

OBJECTIF :
Comprendre que la volatilité électorale peut refléter un renforcement du poids des variables contextuelles.

C L'importance du contexte politique

L'augmentation de la volatilité électorale pourrait être liée à l'influence du contexte politique. Les électeurs y seraient plus sensibles et pourraient donc changer plus facilement de comportement d'une élection à une autre.

DOC.1 Un électeur plus rationnel ?

« L'instabilité » croissante des électeurs et l'érosion de l'influence des variables sociologiques ont entraîné une révision des modèles d'analyse existants. Le « nouvel électeur » était-il un électeur désorienté par l'évolution du système politique et des structures sociales ou un électeur plus « rationnel », plus « individualiste » ? Pour le politologue Anthony Downs, l'électeur est un individu rationnel qui ajuste les moyens aux fins poursuivies. Il sélectionne une offre partisane en fonction du bénéfice qu'elle est susceptible de lui procurer. Les fluctuations électorales traduiraient donc surtout les modifications de cette offre politique. Des chercheurs ont par la suite tenté de présenter l'électeur comme un « électeur-consommateur ». Celui-ci choisit parmi les biens politiques qui lui sont proposés, en fonction de ses votes passés, des préférences dont il a hérité et de l'influence des groupes auxquels il appartient. Cette décision est réévaluée lors de chaque élection, compte tenu de l'évolution de l'offre.

D'après Frédéric Lambert et Sandrine Lefranc, *50 fiches pour comprendre la science politique*, Bréal, 2018.

▲ **Bureau de vote lors du 1er tour de l'élection présidentielle française (Touquet, France, 23 avril 2017).**

1 Expliquer. En quoi le vote peut-il être considéré comme un choix rationnel ?

2 Résumer. Pourquoi l'augmentation du caractère rationnel et individualiste des électeurs est-elle source de volatilité électorale ?

DOC.2 L'influence du contexte économique et social

Une partie des mouvements électoraux relève d'un « vote rétrospectif ». L'électeur déterminera son vote en fonction des seuls éléments tangibles d'évaluation et de comparaison dont il dispose : quelles furent les conséquences des politiques menées par l'équipe sortante (y a-t-il plus ou moins de chômage ?...) ? Sur un modèle « récompense/punition », le vote apparaît comme le produit d'un [jugement] porté sur les performances du gouvernement sortant.

La part croissante de votes échappant aux identifications partisanes peut aussi être analysée comme un « vote sur enjeux » (*issue voting*). Dans cette hypothèse, le ressort du choix des électeurs réside dans la confrontation de la position des partis sur certains des enjeux du moment : l'immigration ou l'Europe par exemple. L'électeur envisagera l'ensemble de l'offre politique et se prononcera en faveur du candidat dont les positions sur le(s) enjeu(x) qui, à ce moment, lui semblent le(s) plus important(s), sont les plus proches des siennes.

D'après Jean-Philippe Lecomte, *Sociologie politique*, © Lextenso Éditions 2005.

Enjeux importants pour les élections, selon le vote au 1er tour de l'élection présidentielle de 2017 (en %)

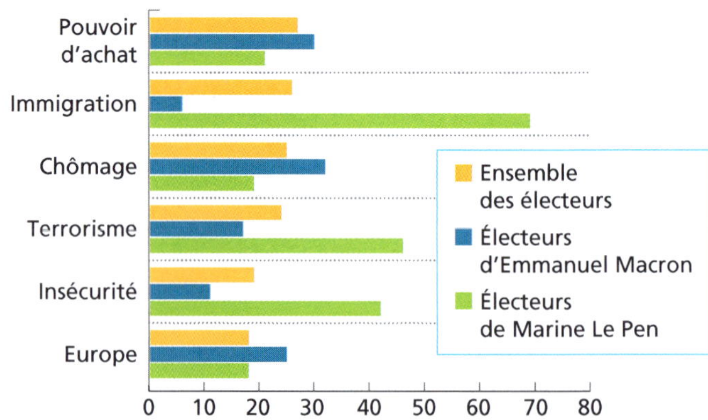

Note : la somme des pourcentages peut être supérieure à 100 car il était possible de donner plusieurs réponses.

Source : « 1er tour. Comprendre le vote des Français », *2017 Élection présidentielle*, Ipsos 2017.

3 Définir. En quoi consiste le vote rétrospectif ?

4 Lire. Pour les électeurs, quels étaient les enjeux les plus importants en 2017 ?

5 Comparer. Les électeurs d'Emmanuel Macron et de Marine Le Pen étaient-ils attachés aux mêmes enjeux ?

DOC.3 L'influence d'Internet

Le public s'appuie davantage sur Internet avec les moteurs de recherche ou les réseaux sociaux. Une pratique s'installe : elle consiste à passer de site en site, que ce soit un média, un blog ou encore le site d'un influenceur ou d'une entreprise. S'en suit logiquement un aplatissement des sources, ces dernières étant toutes mises au même niveau. [...] De plus, les réseaux sociaux jouent un rôle supplémentaire dans l'aplatissement des sources puisque ce n'est plus la source du contenu qui devient important, mais la personne qui partage le contenu. [...] Ce basculement n'est bien évidemment pas complet et les médias traditionnels gardent une place importante. Il y existe un décalage conséquent selon l'âge, le niveau d'éducation et la culture numérique du public.

[...] Une des forces de l'extrême droite française est qu'elle a investi Internet très tôt et avec une efficacité incontestable. Ses militants l'ont perçu comme un moyen de s'affranchir des médias traditionnels, auxquels ils n'avaient qu'un accès très limité. Ce phénomène a ainsi permis au Front national d'avoir des groupes [...] très actifs [...] et ainsi faire remonter [...] ses explications et ses lectures des événements.

Jean-Marie Charon et Justine Delepine, « L'extrême droite a investi Internet très tôt et avec efficacité », © *Alternatives économiques*, n° 368, mai 2017.

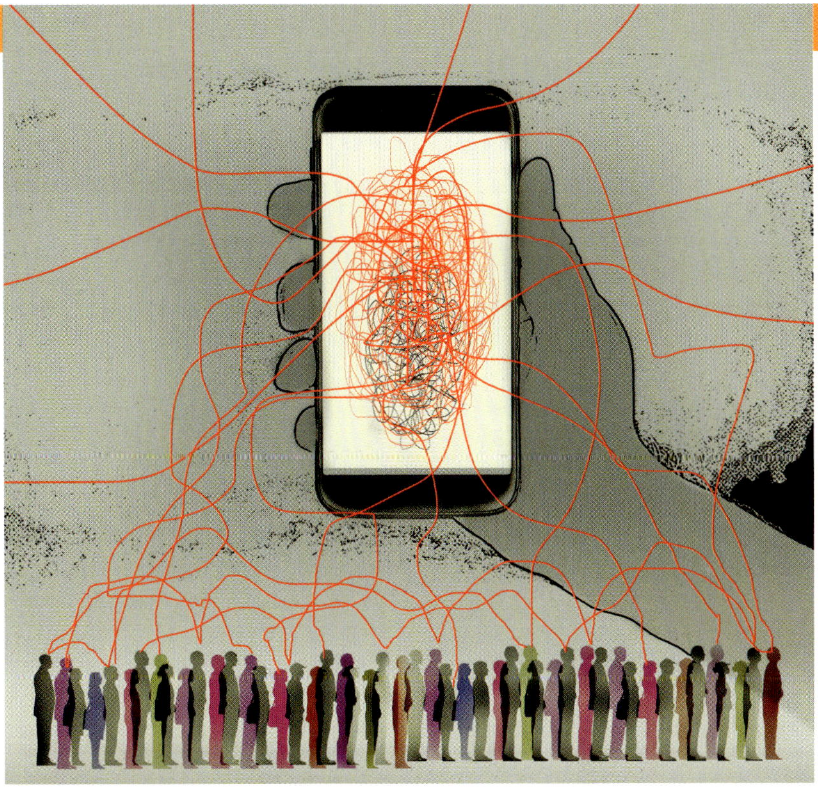

6 Expliquer. Pourquoi la recherche d'informations sur Internet facilite-t-elle la diffusion de *fake news* ?

7 Nuancer. Le déclin des médias traditionnels (TV, journaux, etc.) concerne-t-il tout le monde de la même façon ?

8 Analyser. Comment Internet peut-il influencer les élections ?

DOC.4 Les changements de l'offre électorale

Les « mobiles », ceux qui sont passés de gauche à droite ou de droite à gauche, [...] sont [...] moins instruits que les stables et s'intéressent moins à la politique. [...] La volatilité électorale peut s'expliquer par un affaiblissement du clivage gauche/droite en termes d'offre. Ce brouillage a pu provoquer une perte de repères chez des électeurs peu insérés dans la société, se sentant plus incompétents et décodant mal les jeux et enjeux politiques. [...] Ces comportements « mobiles » ou « flottants » traduisent beaucoup plus une difficulté à se repérer dans l'univers politique qu'ils ne manifestent la naissance d'un « nouvel électeur » au comportement rationnel et consumériste. La fluidité des votes peut s'expliquer pour Patrick Lehingue par quatre facteurs : la modification incessante des structures d'offre (candidats, étiquettes, discours), la conjoncture économique et sociale (qui accroît le vote-sanction) [...], les inégalités de compétence et d'intérêt (les électeurs les moins politisés et intéressés sont les plus instables), le déclin du sentiment d'identification partisane.

Rémi Lefebvre, *Leçons d'introduction à la science politique*, © Ellipses, 2017.

9 Expliquer. Comment l'offre électorale peut-elle changer ?

10 Résumer. Ces changements de l'offre politique sont-ils connus de tous les électeurs ? Quelles conséquences cela peut-il avoir ?

FAIRE LE POINT

Complétez avec : *contexte • électeurs • médias • volatilité • rationnels.*

L'augmentation de la .... électorale pourrait s'expliquer par l'apparition d'.............. plus .... Ces derniers feraient plus attention au .... économique et social et aux propositions des partis politiques. La perception de l'offre politique peut aussi être influencée par les ....

À RETENIR

- La **volatilité électorale** est souvent expliquée par l'apparition d'électeurs plus rationnels, qui voteraient pour des partis différents en fonction de leurs préférences personnelles.
- Les changements de l'**offre politique** et les médias peuvent aussi jouer un rôle dans la **volatilité électorale**.

SYNTHÈSE

Voter, une affaire individuelle ou collective ?

NOTIONS

Taux d'inscription : mesure du nombre d'électeurs inscrits sur les listes électorales par rapport à l'ensemble des électeurs potentiels.

Participation électorale : ensemble des électeurs inscrits qui ont voté lors d'une élection, mesuré par le taux de taux de participation.

Sentiment de compétence politique : sentiment que les individus ont de connaître et comprendre la vie politique et de pouvoir légitimement donner leur opinion sur les débats politiques.

Abstention électorale : ensemble des électeurs inscrits qui n'ont pas voté lors d'une élection, mesuré par le taux d'abstention.

Offre électorale : partis et candidats présents lors d'une élection et entre lesquels les électeurs doivent choisir.

Identification politique (ou partisane) : phénomène par lequel un individu s'identifie et soutient un parti ou un camp politique.

Volatilité électorale : changements du comportement électoral d'une élection à une autre. La volatilité électorale peut désigner des mouvements entre les partis politiques ou entre la participation et l'abstention électorale.

1 Pourquoi et comment vote-t-on ?

A. Le vote : un fondement de la démocratie

▶ Les démocraties contemporaines sont fondées sur l'acte de vote. Voter permet non seulement aux citoyens d'influencer le pouvoir politique mais aussi de légitimer la domination de l'État.

B. Du vote aux élus

▶ Le vote est encadré par des règles, comme le mode de scrutin. Ces règles définissent notamment comment les résultats des élections servent à déterminer la répartition des postes politiques.

C. Comment la participation électorale est-elle mesurée ?

▶ Pour voter, il faut être inscrit sur les listes électorales. Le **taux d'inscription** permet de savoir combien d'électeurs y sont inscrits.

▶ C'est uniquement par rapport aux électeurs inscrits qu'est mesurée la **participation électorale**. Sont ensuite écartés les votes blancs et nuls pour mesurer les résultats de chaque parti par rapport aux suffrages exprimés.

2 Quels sont les facteurs de la participation électorale ?

A. Participation électorale et variables sociales

▶ La participation électorale n'est pas la même pour tous les groupes sociaux. Cela peut être lié à un défaut d'intégration sociale : plus un individu est intégré, plus il est susceptible d'aller voter.

▶ Les membres de notre entourage peuvent aussi nous inciter à aller voter. Les variables sociales peuvent aussi être liées au **sentiment de compétence politique** : les personnes qui ne comprennent pas les enjeux politiques ne verront aucune utilité à aller voter.

B. Participation électorale et contexte politique

▶ La participation électorale n'est pas la même à toutes les élections. Les enjeux de certaines élections sont considérés comme plus importants et amènent les électeurs à se mobiliser. À l'inverse, les électeurs peuvent parfois avoir le sentiment que les élections ne sont pas importantes et ne pas aller voter.

▶ L'**abstention électorale** peut aussi être utilisée comme une nouvelle forme de participation politique. Certains électeurs qui s'intéressent à la politique vont ponctuellement choisir de ne pas voter pour exprimer leur mécontentement face à l'**offre électorale**.

3 Le vote, un acte individuel ou collectif ?

A. Un acte individuel

▶ Le vote est avant tout un acte individuel. En votant, les électeurs choisissent le parti qui correspond le mieux à leurs préférences personnelles.

▶ On peut alors décrire les élections comme un marché politique, un échange entre les promesses des partis politiques et les voix des électeurs.

B. Un acte collectif

▶ Toutefois, le choix des électeurs peut aussi être influencé par leurs variables sociales : âge, religion, catégorie sociale, patrimoine...

▶ Certains groupes sociaux votent plus que les autres à gauche ou à droite aux différentes élections successives. Voter peut alors être un moyen d'exprimer son appartenance à un groupe social et de suivre l'influence de son entourage.

▶ Lors de la socialisation, notre milieu social peut aussi nous transmettre des valeurs qui influenceront notre **identification politique**.

4 Pourquoi le comportement électoral change-t-il ?

A. Qu'est-ce que la volatilité électorale ?

▶ Depuis les années 1970, la **volatilité électorale** a augmenté. D'une élection à une autre, les électeurs peuvent voter pour des partis différents, bien que ces derniers appartiennent généralement au même camp politique.

▶ Ils peuvent aussi choisir de s'abstenir, alors qu'ils avaient voté aux précédentes élections. L'abstention intermittente est la forme de volatilité électorale la plus fréquente.

B. Le déclin de l'influence des variables sociales et de l'identification politique

▶ L'augmentation de la volatilité électorale peut être expliquée par une baisse de l'influence des variables sociales. L'identité des individus est plus complexe qu'auparavant car ils appartiennent à plusieurs groupes sociaux en même temps. Or l'influence de ces groupes ne va pas toujours dans le même sens. De plus, chaque groupe est devenu plus hétérogène.

C. L'importance du contexte politique

▶ Les changements du comportement électoral peuvent aussi être liés à l'influence croissante du contexte politique. Les électeurs feraient plus attention aux promesses des partis politiques, aux médias et à la situation économique et sociale avant de choisir pour qui voter. Ce choix peut changer si l'offre électorale change.

SCHÉMA BILAN

Voter est un acte fondateur dans les démocraties contemporaines. Il s'agit d'un choix individuel mais qui peut aussi être influencé par des facteurs sociaux et collectifs.

1. Pourquoi et comment vote-t-on ?
- Le vote : fondement de la **démocratie**
- Encadré par des règles :
  - inscriptions sur les listes électorales
  - modes de scrutin

2. Quels sont les facteurs de la participation électorale ?
- **Participation électorale** différente selon les groupes sociaux, selon le **sentiment de compétence politique**
- • Différences de participation selon l'enjeu de l'élection
  • **Abstention** : un moyen d'exprimer son mécontentement

3. Le vote, un acte individuel ou collectif ?
- Un acte individuel : adéquation entre préférences personnelles et offre politique
- Un acte collectif : influence des variables sociales et de la socialisation

4. Pourquoi le comportement électoral change-t-il ?
- **Volatilité électorale :** abstention intermittente, vote pour des partis politiques différents d'une élection à l'autre
- Déclin des variables sociales et de l'**identification politique**

POUR ALLER PLUS LOIN

SES & *SERIOUS GAME*

https://www.isoloir.net/themes/citoyennete-numerique/connexion-inscription

Ce *serious game*, conçu pour les jeunes de 14 à 18 ans, est un excellent moyen d'aborder le sujet de la citoyenneté et le processus de vote.
Au fil de son parcours, le « joueur-citoyen » peut s'exprimer, en questionnant et en votant, se documenter, gagner des points pour débloquer des fonctionnalités et proposer des solutions pour demain.

L'isoloir

À VOIR, À LIRE

La Française doit voter !

Fabrice Cazeneuve, 2007 (1 h 22).

Un film-documentaire qui retrace le long parcours de la proposition de loi déposée en 1906 en faveur du vote des femmes par le député Dussaussoy.

Campagne présidentielle

Mathieu Sapin, Dargaud, 2017.

Cette bande dessinée dévoile les coulisses (réunions, déplacements, meetings…) de la campagne présidentielle de François Hollande en 2012.

EXERCICES

1. Évaluer ses connaissances

Corrigés des exercices p. 372

Vrai ou faux ?

	V	F
1. Le suffrage est devenu totalement universel en 1848.	☐	☐
2. En France, les élections législatives ont lieu au scrutin majoritaire, ce qui favorise l'apparition d'un majorité parlementaire forte.	☐	☐
3. Le taux d'inscription mesure le nombre d'électeurs inscrits sur les listes électorales par rapport à tous les électeurs potentiels.	☐	☐
4. La participation électorale est mesurée par rapport à l'ensemble des électeurs potentiels.	☐	☐
5. La participation électorale est plus forte parmi les individus bien intégrés socialement et qui s'intéressent à la vie politique.	☐	☐
6. L'abstention est plus forte lors des élections présidentielles que lors des élections européennes.	☐	☐
7. Les élections peuvent être décrites comme un marché politique, la rencontre entre la demande des partis et l'offre des électeurs.	☐	☐
8. Les électeurs âgés et catholiques pratiquants ont plus de chances que les autres de voter pour des partis de droite.	☐	☐
9. La forme de volatilité électorale la plus fréquente est le fait de voter pour des partis qui n'appartiennent pas au même camp politique.	☐	☐
10. L'augmentation de la volatilité électorale correspond à une augmentation de l'influence du contexte politique et une baisse de l'influence des variables sociales.	☐	☐

2. Calculer et lire des pourcentages de répartition

Savoir-faire 1, p. 344

Répartition des électeurs potentiels selon leur comportement électoral en 2017

Électeurs potentiels

- **Électeurs inscrits sur les listes électorales :** 47 582 183
  Taux d'inscription : 88,6 % des électeurs potentiels
  - **Votants :** 35 467 327
    Taux de participation : 74,56 % des électeurs inscrits
    - **Suffrages exprimés :** 31 381 603 – 88,48 % des votants
      - **E. Macron** 20 743 128 – 66,10 % des suffrages exprimés
      - **M. Le Pen** 10 638 475 – 33,90 % des suffrages exprimés
    - **Votes blancs et nuls :** 4 085 724 – 11,52 % des votants
  - **Abstention :** 12 101 366
    Taux d'abstention : 25,44 % des électeurs inscrits
- **Électeurs non-inscrits**

Sources : ministère de l'Intérieur et Insee, 2017.

Questions

1. Comment a été calculé le taux de participation ? le taux d'inscription ?
2. Calculez le pourcentage d'électeurs ayant voté pour E. Macron par rapport à l'ensemble des électeurs inscrits. Peut-on dire que la majorité des électeurs inscrits a voté pour E. Macron ?
3. Calculez le pourcentage d'électeurs n'ayant pas voté ou ayant voté blanc ou nul par rapport à l'ensemble des électeurs inscrits. Qu'observe-t-on ?
4. Calculez le nombre d'électeurs potentiels, à partir du taux d'inscription et du nombre d'électeurs inscrits.
5. Calculez le pourcentage des votants par rapport à l'ensemble des électeurs potentiels.

3. Interpréter une série chronologique

Savoir-faire 11, p. 355

Évolution du vote des ouvriers de 1988 à 2017 (en % des suffrages exprimés)

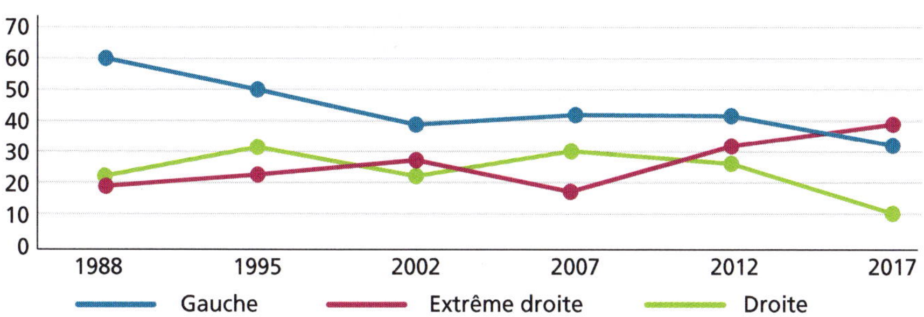

Source : Cevipof et Ipsos, 2017.

Questions

1. Interprétez les données pour 2017.
2. Pour quel camp politique les ouvriers votaient-ils le plus en 1988 ? en 2017 ?
3. Comparez le pourcentage d'ouvriers ayant voté pour un parti de gauche entre 1988 et 2017.
4. Le vote des ouvriers pour l'extrême droite a-t-il évolué de façon régulière ?

4. Collecte et traitement de l'information

Parmi ces témoignages, sélectionnez les passages illustrant les idées suivantes.

Influence du milieu social sur les préférences politiques	Influence de l'entourage sur la participation électorale	Volatilité électorale

« La mère de Jean-Damien a toujours voté à gauche, son père toujours à droite. Jean-Damien suit les traces paternelles en politique, mais se sent proche de sa mère sur beaucoup d'idées sociales. Son père est chef d'entreprise à Saint-Claude, dans le Jura. […] Ce qui explique en partie l'adéquation entre les attentes de Jean-Damien en matière d'économie et le programme de François Fillon. En 2012, il avait voté Sarkozy au premier tour… Et François Hollande au second. « Parce que Sarkozy, non, franchement, il était trop bling-bling. » »

Alice Forges, « J'ai le cœur à gauche mais le portefeuille à droite : à 26 ans, Jean-Damien votera François Fillon », *Rue89*, avril 2017.

« La famille du père d'Arnaud est ancrée dans le catholicisme conservateur. Sa mère, ouvrière agricole, vote Nicolas Dupont-Aignan. En 2012, encore très peu politisé et fraîchement entré au lycée, Arnaud soutient Nicolas Sarkozy, comme ses parents. En 2015, il commence à s'intéresser à Jean-Luc Mélenchon. « Il m'a convaincu petit à petit, quand j'ai compris son programme. » Arnaud tâche de sensibiliser son entourage. Il offre des programmes à ses amis, qu'il a, pour trois d'entre eux, déjà convaincus. »

Alice Forges, « Le premier vote d'Arnaud : sa famille soutient la droite, il opte pour Mélenchon », *Rue89*, avril 2017.

« Curieux et déconcertant paradoxe que Nicolas : à 28 ans, malgré son cursus à Sciences Po Strasbourg, il assure être incapable de se situer politiquement. Apolitique un jour, « anarchiste de droite » le lendemain… […] Mais au fond qu'importe, Nicolas ne vote plus. […] Son vote PS, sans conviction, aux municipales de 2008, n'a tenu qu'à l'injonction maternelle à se lever un dimanche matin : « Comment dire… Bon, tu squattes chez ta mère le week-end, donc si ça peut lui faire plaisir, tu vas voter. » »

Pierre Pauma, « Nicolas, 28 ans, féru de politique… et abstentionniste désabusé », *Rue89*, mars 2017.

5. Maîtrise de l'expression écrite et orale

Vous êtes candidat-e à l'élection présidentielle. Rédigez un discours, de 2 à 5 minutes, que vous présenterez ensuite à l'oral. Vous pouvez vous aider des éléments suivants.

Enjeux de l'élection

• chômage • croissance économique • culture • dette publique • éducation • environnement • immigration • inégalités sociales • insécurité • Europe • pouvoir d'achat

Slogans

• « La France présidente » • « La Force tranquille » • « Un homme de parole » • « Un président jeune pour une France moderne » • « Croire en la France » • « La France de toutes nos forces » • « Ensemble, tout devient possible » • « Pour une France plus juste » • « Le changement, c'est maintenant » • « Au nom du peuple » • « La France doit être une chance pour tous » • « L'avenir en commun »

MÉTHODE VERS LE BAC

Rédiger un paragraphe

Sujet **À l'aide de vos connaissances et des documents, vous montrerez que la volatilité électorale reflète un affaiblissement du poids des variables sociales.**

Doc. 1

Depuis la fin des années 1970, [...] le vote des ouvriers s'est progressivement banalisé, avant que la présidentielle de 2002 n'entérine la fin du « vote de classe ouvrier » : le 21 avril, pour la première fois sous la Vᵉ République, les ouvriers n'ont accordé aucun avantage à la gauche. Cette banalisation du vote ouvrier est un processus de long terme, qui couvre plus de vingt ans de la vie politique française. L'effondrement du « vote de classe ouvrier » est spectaculaire. Alors qu'ils donnaient 63 % de leurs suffrages à la gauche en 1988, soit un avantage de quatorze points, les ouvriers ne lui accordent plus que 43 % de leurs voix en 2002. Il s'agit d'un « désalignement électoral » : le vote des ouvriers se rapproche de manière progressive du vote de la moyenne de l'électorat. Ce désalignement électoral doit être associé aux puissantes ruptures identitaires vécues par le groupe ouvrier depuis près de quatre décennies.

Pascal Perrineau, *Atlas électoral, qui vote quoi, où, comment ?*, 2007.

Doc. 2

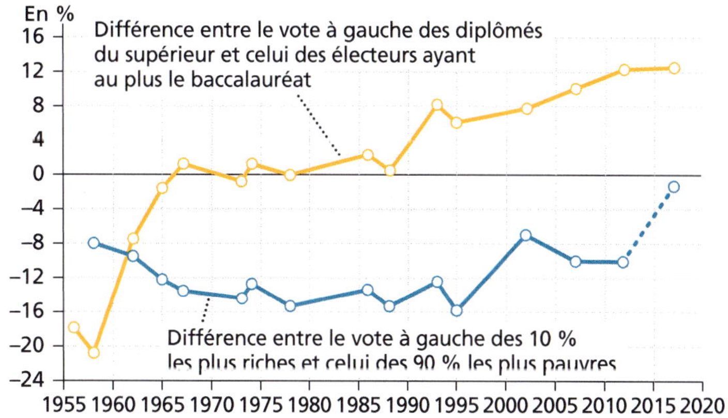

Note : en 1958, la part des diplômés du supérieur votant à gauche était inférieure de 20 points à celle des électeurs ayant au plus le baccalauréat votant à gauche. En 2017, elle était supérieure de 12 points.

Source : Thomas Piketty, « Brahmin Left vs Merchant Right: Rising Inequality and the Changing Structure of Political Conflict », *Working Papers*, World Inequality Database, 2018.

Exemple de rédaction

Voici un extrait d'un paragraphe écrit par un élève accompagné des commentaires du professeur.

La volatilité électorale peut d'abord s'expliquer par la baisse de l'influence des variables sociales. Il était auparavant possible d'identifier un « vote de classe » 1. Mais, depuis la fin des années 1970, la France a connu une mutation importante du vote ouvrier. Il s'agit d'un « désalignement électoral » 2. Ce désalignement électoral doit être associé aux puissantes ruptures identitaires vécues par le groupe ouvrier depuis près de quatre décennies 3. Depuis, on observe un vote des ouvriers vers l'extrême-droite et une abstention électorale 4. Ce déclin de l'influence des variables sociales se remarque aussi pour le niveau d'éducation et du revenu. En 1958, la part des diplômés du supérieur votant à gauche était supérieure de 20 points à celle des électeurs ayant au plus le baccalauréat votant à gauche 5. En 2017, elle était supérieure de 12 points. De même, les différences de vote entre les électeurs les plus riches et les autres se sont atténués, notamment depuis la fin des années 1990. 6

1 Il faudrait expliquer cette notion.
2 Là aussi, il faut expliquer la signification de cette expression.
3 Vous paraphrasez le document 1, sans le citer explicitement. Plusieurs passages sont repris sans être expliqués.
4 Bien. Vous apportez des connaissances personnelles.
5 Document 2 mal compris. Erreur de lecture.
6 Vous parlez du déclin de l'influence des variables sociales mais ne faites pas assez le lien avec la volatilité électorale. En dehors de la 1ʳᵉ phrase, le terme n'est même pas utilisé.

**Pour les remarques 1, 2 et 4, indiquez ce qu'il aurait fallu écrire.
Puis rédigez le paragraphe en entier en tenant compte de la fiche méthode ci-dessous.**

FICHE MÉTHODE Rédiger un paragraphe

1. **L'amorce :** un paragraphe développe une idée (ou un argument) annoncée en introduction. En fonction de la structure du développement, il commencera par « Tout d'abord/ensuite/enfin... », « Du point de vue de... », « Inversement... ».
2. **L'idée principale :** elle doit venir d'emblée et être formulée avec clarté et précision (on peut affiner la définition d'une notion éventuellement donnée en introduction ou/et l'expliciter dans le développement).
3. **L'explication/l'illustration :** il faut ensuite développer l'idée principale : expliciter les mécanismes qui la mettent en évidence **ou/et** donner un ou deux **exemples concrets** permettant de l'illustrer.

VERS LE BAC

Épreuve de spécialité

Partie 1 Mobilisation de connaissances et traitement de l'information (10 points)

• **Document** **Participation aux élections présidentielles et législatives de 2012 selon la qualité de l'inscription**

(en %)	Vote aux élections présidentielles et législatives	Abstention lors de l'une des deux élections	Abstention aux élections présidentielles et législatives	Total
Ensemble des électeurs inscrits	66, 4	21, 8	11, 8	100
Biens inscrits	68, 9	21, 4	9, 7	100
Mal-inscrits dans la même région	46, 8	26, 7	26, 5	100
Mal-inscrits dans une autre région	43, 8	24, 7	31, 5	100

Note : un électeur bien inscrit est inscrit là où il habite alors qu'un électeur mal-inscrit est inscrit ailleurs que là où il habite.

Source : Céline Braconnier *et al.*, « Sociologie de la mal-inscription et de ses conséquences sur la participation électorale », *Revue française de sociologie*, vol. 57-1, 2016.

• **Questions**

1. Quelles sont les différentes formes que peut prendre la volatilité électorale ?
2. Rédigez une phrase pour présenter la donnée entourée et indiquez comment ce chiffre a été calculé.
3. Montrez par des chiffres précis que la qualité de l'inscription influence la participation électorale.

CONSEILS

- Commencez par définir la volatilité électorale. Celle-ci concerne non seulement le choix d'un parti, mais aussi le fait de voter ou de s'abstenir.
- N'oubliez pas que les chiffres de la participation ou de l'abstention électorale sont calculés par rapport à l'ensemble des électeurs inscrits.
- Rappelez-vous que l'inscription sur les listes électorales lors d'un déménagement n'est pas automatique.
- Attention ! Si vous calculez l'écart entre deux pourcentages, le résultat est en points de pourcentages.

Partie 2 Raisonnement appuyé sur un dossier documentaire (10 points)

Sujet **À l'aide de vos connaissances et du dossier documentaire, vous montrerez que l'abstention électorale peut être expliquée de différentes façons.**

Doc. 1

Alain Lancelot avait montré que les électeurs très jeunes, les femmes au foyer ou divorcées, les habitants de régions isolées, les résidents de quartiers populaires, les citoyens d'origine immigrée votent nettement moins que la moyenne nationale. Ils signifient par-là qu'ils se sentent étrangers aux enjeux qui mobilisent la société tout entière. Il existe aussi un abstentionnisme de gens très intéressés par la politique, aux convictions très arrêtées mais qui ne sont pas satisfaits de l'offre électorale, lorsque le choix leur apparaît excessivement restreint (par exemple au second tour, en France, après élimination des « petits » candidats). Entre ces deux pôles, une population flottante d'électeurs se déplace aux urnes seulement lorsqu'ils ont la conviction qu'il existe un enjeu important, une compétition serrée dont peut dépendre leur propre sort personnel. Cette tendance calculatrice explique certainement l'augmentation de l'abstentionnisme en longue période, car les électeurs votent de moins en moins par obligation (morale ou civique). Stratèges, ils se déplacent seulement lorsqu'ils ont le sentiment que leur vote peut revêtir de l'importance. Leur abstentionnisme est l'expression soit d'un manque de confiance dans la capacité des élus à répondre à leurs attentes (l'abstentionnisme ouvrier est particulièrement élevé en France depuis 2002), soit d'un refus conjoncturel de se laisser enfermer dans les choix qui leur sont offerts : enjeux du scrutin, candidats et partis en compétition.

D'après Philippe Braud, *Sociologie politique*, © Éditions LGDJ, 2018.

CONSEILS
- Ce document dresse trois profils d'abstentionnistes : donnez-en les caractéristiques.
- Pour quels électeurs, l'abstention dépend-elle des élections ? Pourquoi ?

Doc. 2 Écarts de participation au 2nd tour des élections législatives

(en points de pourcentage)	2007	2012	2017
Entre les électeurs de 65-69 ans et ceux de 25-29 ans	37, 1	39, 6	37, 1
Entre les électeurs cadres et les ouvriers	13, 9	20, 7	23
Entre les électeurs diplômés du supérieur et ceux ayant arrêté leurs études après le Bac	6, 4	9, 9	10, 4

Note : au 2nd tour des élections législatives de 2017, le taux de participation des diplômés du supérieur est supérieur de 10,4 points à celui des électeurs ayant arrêté leurs études après le Bac.

Source : Céline Braconnier *et al.*, « Toujours pas de chrysanthèmes pour les variables lourdes de la participation électorale. Chute de la participation et augmentation des inégalités électorales au printemps 2017 », *Revue française de Science politique*, vol. 67-6, 2017.

CONSEILS
- Ce document présente l'évolution des inégalités de participation électorale.
- Prenez une ou deux données et faites une ou deux phrases avec.
- Demandez-vous quelles sont les catégories qui participent le plus aux élections et comment les écarts de participation ont évolué.

S'ENTRAÎNER

Étape 1 Analyser le sujet

▶ Commencez par définir l'abstention électorale. Puis réfléchissez au plan : chaque partie doit présenter une explication de l'abstention.

Étape 2 Analyser les documents

▶ Lisez les conseils donnés en marge des 2 documents proposés.

Étape 3 Organiser ses connaissances pour répondre au sujet

▶ Faites un tableau regroupant vos idées en deux ou trois parties.

▶ Pour chaque partie, indiquez les éléments des documents que vous utilisez. Attention, un document peut être utilisé dans plusieurs parties.

VERS LE BAC

Dissertation

Sujet Le vote est-il uniquement un choix individuel ?

Doc. 1 Principales sources d'information politique

(en %)	2007	2012	2017
Télévision	59	56	44
Internet	6	21	31
Radio	17	12	13
Journal	18	11	12
Total	100	100	100

Source : Thierry Vedel, « Le vote des téléspectateurs », *Enquête électorale française : Comprendre 2017*, Cevipof, 2017.

CONSEILS

- Prenez une ou deux données et rédigez des phrases avec ces données.
- S'informer sur l'actualité politique est-il le signe d'un électeur rationnel, qui cherche le parti qui lui conviendra le mieux ? Ou le signe d'un électeur influencé par son milieu social ?
- Comment les sources d'information politique ont-elles changé depuis 2007 ? Quelles conséquences cela peut-il avoir ?

Doc. 2 Qualité des candidats selon leurs électeurs

(en %)	Jean-Luc Mélenchon	Emmanuel Macron	François Fillon	Marine Le Pen
A un bon projet	40	37	59	34
Incarne le changement	39	64	7	65
A la stature présidentielle	9	20	72	15
Proche des gens	35	4	1	7

Note : puisque les personnes interrogées devaient citer deux principales raisons, le total des réponses est supérieur à 100.
Lecture : pour 65 % des électeurs de Marine Le Pen, le fait qu'elle incarne le changement est une des deux principales raisons pour lesquelles ils ont choisi de voter pour elle.

Source : « 1er tour. Comprendre le vote des Français », Ipsos Élection présidentielle2017, 23 avril 2017.

CONSEILS

- Prenez une ou deux données et rédigez des phrases avec ces données.
- La théorie qui décrit les élections comme un marché politique insiste-t-elle plutôt sur la dimension individuelle ou collective du vote ?
- Réfléchissez, dans le cadre de cette théorie, sur la notion d'offre électorale.

Doc. 3

Le contexte électoral joue de plus en plus dans le fait de voter ou de s'abstenir et peut permettre des retours aux urnes parfois de grande ampleur. On ne peut donc pas répondre simplement que l'abstention progresse en France, cela dépend énormément de l'élection. Si des électeurs se rendent aux urnes, c'est en partie parce qu'il y a aussi mobilisation par en bas. Les familles, les amis, les voisins, les collègues de travail sont autant d'acteurs qui contribuent à susciter le déplacement aux urnes. Or ces mobilisations par en bas ne se produisent pas à chaque élection. La baisse de participation peut donc être la conséquence d'un manque de mobilisation collective et ne peut être imputée aux seuls électeurs. On constate en effet un lien fort entre fréquence des discussions avec les amis ou les proches et chances de voter ou de s'abstenir. Si les individus n'ont jamais discuté de l'élection, ils ont généralement entre 2,8 et 5,5 fois plus de chances de s'abstenir que ceux qui en ont parlé souvent.
On constate aussi un changement de rapport au vote entre générations. Les plus anciennes restent marquées par le vote de devoir. Dans les plus récentes, intérêt pour la politique et vote sont de moins en moins liés, ce qui aboutit à ce que des individus même intéressés ne se déplacent plus. Les post-baby-boomers, nés après 1960, diplômés et intéressés peuvent se passer du vote, considérer que d'autres moyens sont plus efficaces. Ils pétitionneront, adhéreront à des associations, se mobiliseront dans la rue ou par internet. Mais qu'en est-il des ouvriers, des employés, des peu diplômés ou des précaires de ces nouvelles générations ?

D'après Vincent Tiberj, « Le vote décentré ? Renouvellement générationnel et rapport à la participation électorale en France », *Revue française de Science politique*, vol. 68-5, 2018.

CONSEILS
- Le texte évoque plusieurs facteurs influençant le vote. Lesquels ?
- Quelles sont les différentes catégories d'électeurs qui sont comparées ?

Doc. 4 Vote au 1er tour de l'élection présidentielle de 2017 selon la profession

(en %)	Jean-Luc Mélenchon	Emmanuel Macron	François Fillon	Marine Le Pen
Cadre	19	33	20	14
Profession intermédiaire	22	26	13	19
Employé	22	19	8	32
Ouvrier	24	16	5	37
Retraité	12	26	36	14
Résultats 1er tour	19, 6	24, 01	20, 01	21, 3

Source : « 1er tour. Sociologie des électorats et profils des abstentionnistes », Ipsos Élection présidentielle2017, 23 avril 2017.

CONSEILS
- Prenez une ou deux données et rédigez des phrases avec ces données.
- Quelles différences peut-on observer entre le vote de chaque catégorie et les résultats du 1er tour ?
- Quels candidats sont surreprésentés ? sous-représentés ?

S'ENTRAÎNER À LA DISSERTATION

Étape 1 Analyser le sujet

- Le sujet est une question à laquelle on peut répondre par *oui* ou *non*. C'est donc un **sujet débat**. Il faut présenter des arguments allant dans les deux sens. Interrogez-vous sur le terme-clé du sujet : qu'entend-on par le vote ? Est-ce uniquement le choix d'un parti ? Ou s'agit-il aussi de la décision d'aller voter ou non ?

Étape 2 Analyser les documents

Lisez les conseils donnés en marge des 4 documents proposés.

Étape 3 Organiser ses connaissances pour répondre au sujet

- Organisez vos arguments en 2 parties : ceux soulignant la dimension individuelle du vote et ceux soulignant la dimension collective.
- Organisez aussi vos arguments en séparant ceux qui concernent la décision de participer aux élections et ceux qui concernent le choix d'un parti.
- Est-ce que le poids des préférences personnelles et des variables sociales est toujours resté le même au cours du temps ? S'il a changé, comment ? Vous pouvez éventuellement faire une partie sur les évolutions des déterminants du vote.

CHAPITRE 11

NOTIONS
aléa moral, assurance, assistance, attitude face au risque, diversification, exposition au risque, gestion des risques, mutualisation, prévention, protection sociale, risques économiques et sociaux, sélection adverse, solidarité

Comment l'assurance et la protection sociale contribuent-elles à la gestion des risques dans les sociétés développées ?

Face aux nombreux risques économiques et sociaux, les pouvoirs publics et les acteurs privés mettent en place une protection contre les risques dont les modalités varient selon les pays.

Il existe de nombreux risques économiques et sociaux : les accidents, le chômage, la maladie, la vieillesse…

→ Quels sont les risques économiques et sociaux auxquels nous sommes exposés ?

DOSSIER 1

Pouvoirs publics et institutions privées (famille, assurances, mutuelles) sont des acteurs de la protection contre les risques.

→ Comment les risques économiques et sociaux sont-ils gérés ?

DOSSIER 2

Plusieurs types d'État-providence prennent en charge la protection sociale.

→ Quels sont les principes et les grands modèles de protection sociale ?

DOSSIER 3

SOMMAIRE DU CHAPITRE

ENTRER DANS LE CHAPITRE

Doc. 1 **Accident du travail**

▲ Accident sur un chantier de voirie à Grasse (janvier 2018).

vidéo

Dessine-moi l'éco :
« La protection sociale » (2014)
Durée : 3 min 36 s
www.lienmini.fr/ses-1-026

Doc. 2 **Accident de la route**

1 Travailler, conduire une voiture, est-ce risqué ? (DOC. 1 ET 2)

2 Sommes-nous protégés contre ces risques ? De quelle façon ?

3 À quoi sert la protection sociale ? Donnez un exemple de prestation sociale d'assurance et un exemple de prestation sociale d'assistance. (VIDÉO)

DOSSIER 1

Quels sont les risques économiques et sociaux auxquels nous sommes exposés ?

OBJECTIF : Connaître les principaux risques économiques et sociaux auxquels les individus sont confrontés et comprendre que le degré d'exposition aux risques n'est pas le même pour tous.

A Les principaux risques économiques et sociaux

Les risques économiques et sociaux sont des évènements aléatoires (accidents, maladie, vieillesse, chômage, etc.) qui peuvent être pris en charge collectivement. Le degré d'exposition n'est pas le même pour tous.

DOC. 1 Des exemples de risques économiques et sociaux

Les risques économiques et sociaux sont des évènements aléatoires (accidents, maladie, vieillesse, chômage, etc.) qui affectent la position sociale, économique et financière des individus et peuvent être pris en charge collectivement.

1 Observer. Pourquoi ces risques sont-ils des risques économiques et sociaux ?

2 Classer. Quels sont les risques qui, à votre avis, sont pris en charge par la Sécurité sociale, par Pôle emploi, par une société privée d'assurances ?

DOC. 2 Principaux risques économiques et sociaux et mode de couverture en France

Organismes	Organismes publics	Mutuelles et institutions de prévoyance[1]	Assurances privées
Définitions	• **Sécurité sociale** (1945) : assure les risques sociaux, affiliation obligatoire pour les personnes ayant une activité rémunérée. • **Pôle emploi** : gère la recherche d'emploi et les allocations chômage (1958).	• **Mutuelles** : organismes privés à but non lucratif, gérés par les adhérents (1 homme = 1 voix), couverture des dépenses de santé non remboursées par la Sécurité sociale.	• **Sociétés d'assurance** : entreprises privées à but lucratif, assurances contre la plupart des risques comme : versement de retraites supplémentaires, accidents en général.
Risques couverts	Vieillesse, santé, famille, emploi, logement, pauvreté, exclusion.	Maladie (complémentaires santé), vieillesse (retraites complémentaires par les institutions de prévoyance[1]).	Retraites supplémentaires, autres risques (automobile, vols, incendies, etc.) affectant les biens ou les personnes.
Mode de couverture	Prestations sociales : 90 % des prestations versées en France.	Prestations sociales : 10 % des prestations sociales versées en France.	Prestations sociales : 10 % des prestations sociales versées en France. Versement d'indemnités pour les autres risques.
Ressources	Cotisations sociales et impôts.	Cotisations sociales.	Primes d'assurance.

1. Institution de prévoyance : société de personnes à but non lucratif, gérée par les partenaires sociaux. Objet : contrats collectifs d'assurance (risques de maladie, incapacité de travail et invalidité, dépendance, décès).

NOTION

Prestations sociales : transferts financiers (retraites) ou en nature (remboursement de soins de santé) pour réduire la charge financière des risques économiques et sociaux.

3 Observer. Quelles sont les trois catégories d'organismes qui gèrent en France les risques économiques et sociaux ?

4 Réfléchir. Quels sont les points communs et les différences entre ces trois catégories ?

5 Analyser. Une indemnité d'assurance reçue après un dégât des eaux est-elle une prestation sociale ?

DOC. 3 Risque de chômage, diplôme et catégorie socioprofessionnelle

Taux de chômage par catégorie socioprofessionnelle[1] et par diplôme en 2016 et 2017

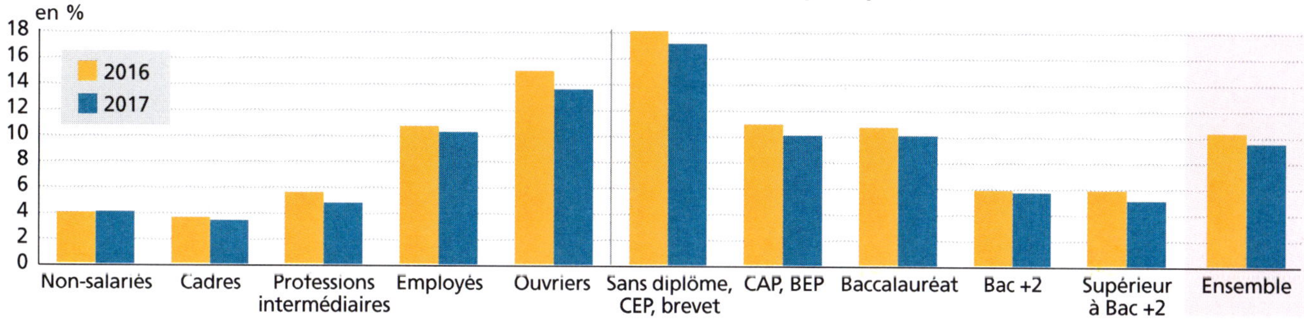

1. Pour les chômeurs, il s'agit de la catégorie socioprofessionnelle du dernier emploi occupé.

Champ : France hors Mayotte, population des ménages, personnes actives de 15 ans ou plus.

Source : « Une photographie du marché du travail en 2017 », *Insee Première*, n° 1 694, 18 avril 2018.

6 Comparer. Comparez le taux de chômage des cadres et des professions intermédiaires en 2017 avec celui des employés et des ouvriers. Vous pouvez calculer un coefficient multiplicateur. SAVOIR-FAIRE 2 p.345

7 Comparer. Comparez le taux de chômage des « sans diplôme, CEP, brevet » en 2017 avec celui des « bacs + 2 » et « supérieur à bac + 2 ». Vous pouvez calculer un coefficient multiplicateur. SAVOIR-FAIRE 2 p.345

8 Analyser. Le risque de se retrouver au chômage est-il le même pour tous ?

DOC. 4 Une exposition inégale au risque d'accident du travail

Accidents du travail[1] par sexe et catégorie socioprofessionnelle en 2012

		Cadres	Professions intermédiaires	Employés	Ouvriers	Ensemble
Répartition du volume horaire (en %)	Homme	22,0	17,7	15,4	44,9	100,0
	Femme	15,9	19,4	51,8	12,9	100,0
Taux de fréquence des accidents du travail par million d'heures travaillées	Homme	2,3	11,2	22,2	42,6	25,1
	Femme	2,9	12,6	16,1	44,4	17,0
Proportion d'accidents graves[2] (en % du nombre total d'accidents)	Homme	7,4	9,8	5,8	6,4	6,6
	Femme	6,6	6,3	6,6	4,8	5,9

1. La loi du 9 avril 1898 couvre pour la première fois les salariés français en cas d'accident du travail.
2. Le terme **accident grave** désigne les accidents de travail ou de trajet reconnus pour lesquels un taux d'incapacité permanente ou partiel a été défini.

Lire : En 2012, le taux de fréquence des accidents du travail des hommes ouvriers est de 42,6 accidents pour un million d'heures travaillées alors que celui des femmes ouvrières est de 44,4 accidents pour un million d'heures. **Champ :** salariés du régime général, France entière.

Source : CnamTS, Insee, calcul Dares, in *Dares Résultats* n°39, juillet 2016.

9 Expliquer. Comment expliquer les différences de répartition du volume horaire entre hommes et femmes par catégorie socioprofessionnelle ?

10 Observer. Quelle est la catégorie socioprofessionnelle qui a le plus fort taux de fréquence d'accidents du travail ? Proposez des explications.

FAIRE LE POINT

Vrai ou faux ? Justifiez vos réponses.

1. Le risque d'accident automobile est pris en charge par les sociétés d'assurance.

2. Le risque d'être au chômage est d'autant plus fort que le niveau d'études est élevé.

3. Les mutuelles sont des organismes privés à but lucratif.

4. Les hommes ouvriers sont les travailleurs les plus exposés au risque d'accident du travail.

À RETENIR

- Les accidents du travail, la perte d'emploi, la vieillesse, le logement et la pauvreté sont des **risques économiques et sociaux**, couverts par des organismes publics comme la Sécurité sociale et Pôle emploi. Les mutuelles offrent des couvertures complémentaires ainsi que les sociétés d'assurance qui gèrent aussi de nombreux autres risques.
- Chaque individu, en raison de facteurs socio-économiques, comme le métier exercé, l'âge, le sexe, le niveau de diplôme, n'a pas la même probabilité de voir ces risques se réaliser.

OBJECTIF :
Comprendre que l'attitude face au risque diffère selon les individus, les groupes sociaux et les sociétés.

B Les différences de perception et d'attitude face au risque

Les risques sont perçus différemment par les individus qui peuvent plus ou moins les craindre ou les rechercher.

DOC. 1 Différences de perception du risque : l'exemple du vaccin contre la grippe

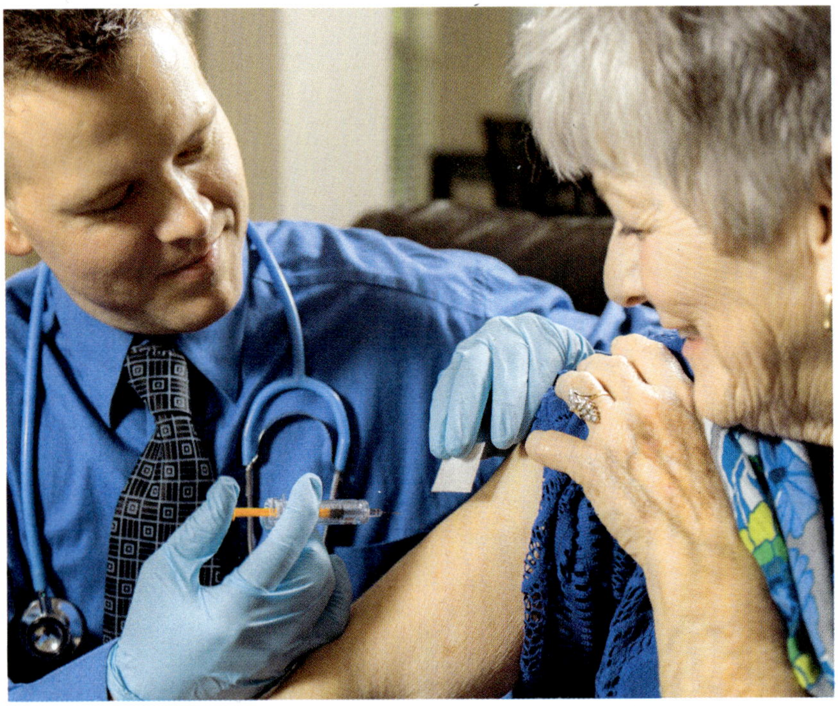

▲ En 2016, près de la moitié des 65-75 ans ont choisi de se faire vacciner contre la grippe. L'objectif de 75% de couverture vaccinale n'était pas atteint.

La probabilité de se faire vacciner varie selon les différences de perception face au vaccin.

- La probabilité de s'être fait vacciner est cinq fois plus importante chez les 65-75 ans déclarant que le vaccin est efficace.
- Près de 47 % des 65-75 ans pensent que ce vaccin peut provoquer des effets secondaires graves alors qu'il est considéré comme sans danger par l'Organisation mondiale de la santé.
- L'âge (les plus jeunes se sentant moins concernés par les risques de grippe grave), ou le fait d'avoir été conseillé par un professionnel de santé, augmentent la probabilité de se faire vacciner.
- Considérer la grippe comme une maladie peu grave est une raison souvent évoquée après un refus de vaccination.

D'après S. Chyderiotis, A. Gautier, C. Jestin et le groupe Baromètre santé 2016, « Perceptions et comportements des 65-75 ans vis-à-vis de la vaccination contre la grippe saisonnière en France en 2016 », *Bull Epidémiol Hebd*, 2017.

1 Expliquer. Quels sont les facteurs qui expliquent les réticences de certaines personnes à se faire vacciner contre la grippe ?

2 Analyser. Analysez le passage souligné et reformulez-le.

3 Justifier. Justifiez l'importance de l'information du public concernant le vaccin contre la grippe.

DOC. 2 Différences de perception et de hiérarchisation du risque

Pourquoi un travailleur immigrant peut-il se sentir pas ou peu concerné par les risques auxquels lui et ses collègues sont exposés ? Parce qu'il y a toujours un phénomène de hiérarchisation des risques. [...]
La capacité d'un travailleur né à l'étranger d'être au diapason[1] de ses collègues face aux risques professionnels dépend, dans bien des cas, de son parcours d'immigration et d'insertion professionnelle. [...] Le travailleur a-t-il transité par divers pays ou camps de réfugiés ? Depuis combien d'années est-il établi [...] ? Ses proches sont-ils réunis ici ? Les risques de violence ou de misère auxquels ses proches demeurés au pays sont exposés sont-ils, par exemple, de même ampleur que le risque d'être exposé à des métaux toxiques, à la surdité ou à l'asthme professionnel ?
Le parcours d'insertion professionnelle du travailleur transforme aussi sa hiérarchie du risque.

Sylvie Gravel, Joseph Zayed, « Perception du risque : déterminants, enjeux et différences interculturelles », Dossier thématique n°37, ASSTSAS, septembre 2014.

1. Se mettre en harmonie, en accord.

4 Expliquer. Comment les auteurs expliquent-ils la différence de perception des risques de la part des travailleurs immigrés ?

5 Définir. Définissez la notion de hiérarchisation du risque.

6 Illustrer. Donnez, à l'aide du texte, un exemple de hiérarchisation du risque.

DOC. 3 Aversion et goût pour le risque

On peut distinguer trois attitudes face au risque.

Par définition, un individu 1 « risquophobe » (qui a de l'aversion pour le risque) retire d'un gain moyen futur risqué de 100 (lorsqu'il joue au loto, par exemple) une satisfaction (ou utilité, notée U) moins importante qu'un individu 2 « neutre au risque » (sans aversion ni préférence pour le risque), qui lui même en retire moins de satisfaction qu'un individu 3 « risquophile » (qui a un goût pour le risque). U3(100) > U2(100) > U1(100).

Quand il s'agit de choisir entre un gain certain et un gain plus important mais risqué, la peur du risque amène donc un individu risquophobe à choisir la certitude du gain. Mais lorsqu'il s'agit de choisir entre la certitude d'une perte et la probabilité d'une perte plus importante, la plupart des gens préfèrent le pari à la certitude de perdre. <u>En situation de crise, quand les investisseurs, les banques, etc. font face à des pertes, ils sont prêts à jouer à quitte ou double (les économistes parlent de « pari pour la résurrection »), quitte à ce que cela les mène, et l'économie avec, au désastre</u>.

D'après Jézabel Couppey-Soubeyran, « Le paradoxe de Saint-Pétersbourg », © *Alternatives économiques* n°322, mars 2013.

1. Répulsion.

7 Définir. Définissez « risquophilie » et « risquophobie ».

8 Illustrer. Donnez deux exemples concrets de comportements risquophiles et risquophobes.

9 Réfléchir. Un individu risquophile est-il toujours plus exposé aux risques qu'un individu risquophobe ?

10 Expliquer. Expliquez le passage souligné.

DOC. 4 Les conduites dites « à risque » : l'exemple de la consommation de cannabis

Évolution de l'usage actuel de cannabis entre 2010 et 2016 selon l'âge (en %)

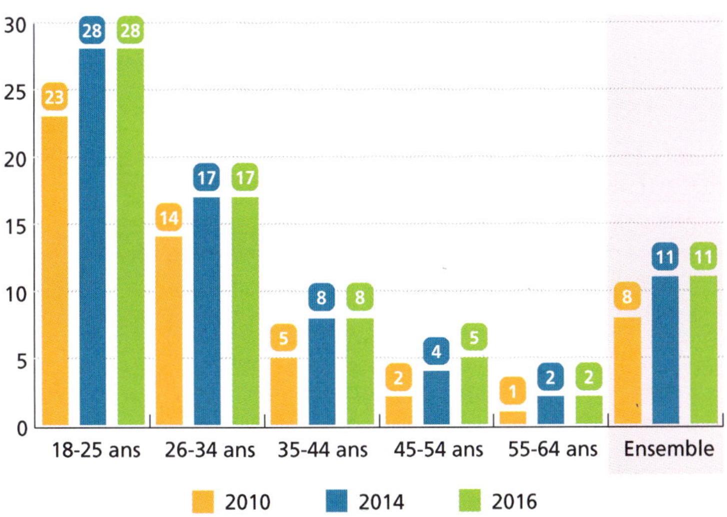

Source : Baromètres santé 2010, 2014, 2016, Santé publique France, exploitation OFDT.

Les motifs d'usage du cannabis et ses représentations sont à prendre en compte. Les quelques travaux existants traitant de ces aspects portent surtout sur les adolescents et les jeunes adultes. Ils montrent notamment que le plaisir et la disponibilité sont leurs principaux motifs de consommation. <u>Par ailleurs, on observe qu'ils minimisent volontiers, voire ignorent, les dangers liés à l'usage.</u>

Beck F., Spilka S., Nguyen-Thanh V., Gautier A., Le Nézet O., Richard J.-B. et le groupe Baromètre santé 2016, « Cannabis : usages actuels en population adulte », *Bull Epidémiol Hebd*, 2017.

11 Analyser. En quoi la consommation de cannabis constitue-t-elle une « conduite à risque » ?

12 Expliquer. Comment expliquer sociologiquement que la risquophilie diminue avec l'âge dans le cas de la consommation de cannabis ?

13 Commenter. Commentez la phrase soulignée en utilisant la notion de perception du risque.

FAIRE LE POINT

Complétez avec : *âge • aversion • probabilité • perception.*

Le goût ou l'................ pour le risque, la .... subjective du risque, l'................ ou la mauvaise perception du risque sont les facteurs qui expliquent la .... plus ou moins forte de prendre objectivement des risques.

À RETENIR

- Les **risques économiques et sociaux** sont perçus différemment selon l'origine des individus, leur âge ou les savoirs dont ils disposent.
- On peut distinguer diverses attitudes face aux **conduites à risque** : comportements risquophobes (aversion au risque), neutres au risque ou risquophiles (goût pour le risque).

DOSSIER 2

Comment les risques économiques et sociaux sont-ils gérés ?

OBJECTIF : Connaître les grands principes de la gestion collective des risques.

A Les grands principes de la gestion collective des risques

La prise en charge collective des risques consiste à réduire la probabilité de réalisation d'un risque et/ou à en limiter les conséquences néfastes. Cette prise en charge collective est régie par trois grands principes : la prévention, la mutualisation et la diversification.

DOC.1 La prévention des risques professionnels

Les employeurs sont tenus de prévenir les risques professionnels. Ils doivent améliorer les conditions de travail et prendre toutes les dispositions nécessaires pour préserver la santé ainsi que la sécurité des salariés. Les principes généraux de ces obligations réglementaires auxquelles les employeurs ne peuvent se soustraire sont inscrites dans le Code du travail. La prévention des risques professionnels fait partie de la responsabilité sociale des entreprises pour réduire les risques d'accidents du travail et les maladies professionnelles.
Les entreprises doivent évaluer les risques auxquels sont exposés les salariés pour définir les actions de prévention. Elles doivent ensuite mettre en œuvre des actions pour prévenir ces risques de façon à améliorer leur performance au niveau de la santé et de la sécurité des travailleurs.

Isabelle Waquet, Magnard, 2019.

vidéo
AG2R LA MONDIALE : « L'asthme d'Antoine le boulanger » (2017).
www.lienmini.fr/ses-1-027

1 Définir. Définissez : obligation réglementaire, responsabilité sociale des entreprises.

2 Distinguer. Qu'est-ce qui distingue l'obligation réglementaire de la responsabilité sociale des entreprises ?

3 Illustrer. Trouvez un autre exemple concret d'évaluation des risques (dans une usine) et de prévention des risques (dans un salon de coiffure, dans une boulangerie).

4 Réfléchir. Selon vous, la prévention des risques est-elle compatible avec les exigences de productivité des entreprises ?

DOC.2 Exemples de mesures visant la prévention des risques professionnels

Types de prévention	Définition	Exemples
Prévention primaire	**Agir sur la probabilité de réalisation du risque** : éviter la survenue d'un risque, agir sur les facteurs de risque avant l'accident.	• Éviter l'exposition des travailleurs à des agents allergènes (amiante, laine de verre...). • Augmenter le niveau de sécurité sur un chantier : port d'un casque, de lunettes de protection, de gants.
Prévention secondaire	**Agir sur la gravité du risque** : éviter et limiter des dommages en les détectant au plus tôt, éviter la survenue de complications, les incapacités professionnelles et favoriser la réinsertion.	• Dépistage des allergies chez les travailleurs (produits chimiques, latex dans les hôpitaux...). • Modification du poste des travailleurs souffrant d'allergies pour prévenir les maladies chroniques. • Aménagement ergonomique du poste de travail (lorsqu'un travailleur doit soulever régulièrement de lourdes charges, réduire les distances d'atteinte).

D'après « Les différents concepts de prévention des risques professionnels », Site Officiel Prévention (www.officiel-prevention.com), juin 2010.

5 Analyser. Distinguez la prévention primaire de la prévention secondaire.

6 Illustrer. Trouvez un exemple de prévention primaire, puis secondaire, pour un cadre informaticien, un cheminot, un chauffeur routier.

7 Réfléchir. Est-il, selon vous, aisé de vérifier le respect de l'obligation légale de prévention de la part des entreprises ?

DOC. 3 L'assurance : mutualisation et contrat

L'assurance repose sur un contrat qui lie un assureur et un assuré. L'assureur s'engage à verser une prestation si un risque aléatoire comme un incendie, un dégât des eaux, une maladie survient ; l'assuré, en contrepartie, paie une prime ou une cotisation. L'assurance ne peut s'exercer que grâce à la mutualisation des risques : il faut qu'un nombre important d'assurés s'acquittent d'une prime auprès de l'assureur afin que celui-ci dispose d'une masse financière permettant d'indemniser de manière différée ceux qui, parmi les assurés, feront aléatoirement face à un sinistre. Les assurés non sinistrés versent donc une prime mais ne reçoivent pas de prestation en retour : on peut s'assurer contre le vol mais ne jamais être cambriolé.

Isabelle Waquet, Magnard, 2019.

1 000 automobilistes souhaitent s'assurer contre le risque d'accident. 10 % d'entre eux auront un accident dans l'année, dont la réparation des dommages coûtera en moyenne 5 000 euros. Afin de mutualiser le risque d'accident, ils décident de cotiser 500 euros chaque année auprès d'une caisse de mutualisation : la caisse contiendra 500 000 euros, soit de quoi dédommager ceux pour qui le risque d'accident se sera réalisé.

8 Définir. Définissez la mutualisation du risque.

9 Expliquer. Pourquoi l'opération d'assurance implique-t-elle la mutualisation ?

10 Illustrer. En vous inspirant de l'encadré ci-dessus, montrez comment des éleveurs de moutons peuvent mutualiser le risque de mortalité du bétail.

11 Analyser. En vous appuyant sur la notion d'attitude face au risque, demandez-vous si les individus ont toujours la volonté de contracter une assurance et s'ils y ont toujours intérêt.

DOC. 4 La diversification des cultures agricoles : diminuer les risques

L'agriculture française est de plus en plus spécialisée : spécialisation des exploitations agricoles vers les productions animale ou végétale ; spécialisation des territoires, avec des zones de culture et d'élevage. Dans le Bassin parisien, la région centrale se « céréalise », alors que l'élevage se concentre à la périphérie. Les conséquences de cette spécialisation sont négatives : tensions sur l'eau dans les régions de monocultures de maïs irrigué ; augmentation de la consommation d'énergie fossile et des émissions de gaz à effet de serre liée à la quasi-disparition des légumineuses des assolements ; accroissement de l'usage des pesticides; réduction de la biodiversité.
Une re-diversification des cultures, au niveau des parcelles comme des territoires, apparaît donc comme un levier majeur pour « produire autrement », afin d'accroître la durabilité des systèmes de production agricoles.

D'après « La diversification des cultures : comment la promouvoir ? », Site du ministère de l'Agriculture et de l'alimentation, 10 mai 2015.

▲ **Un champ de blé en Beauce, vaste plaine au sud-ouest de Paris consacrée à la grande culture.**

12 Expliquer. Comment expliquer le mouvement de spécialisation caractérisant l'agriculture française depuis cinquante ans ?

13 Analyser. Quelles sont les conséquences néfastes de cette évolution ?

14 Analyser. En quoi la diversification des cultures permet-elle de réduire le risque d'appauvrissement de l'environnement et, à terme, de diminution de la production agricole ?

15 Réfléchir. En faisant un parallèle avec les marchés financiers, expliquez pourquoi la diversification d'un portefeuille de titres (achat d'actions et d'obligations d'entreprises diverses) réduit le risque d'importantes pertes financières.

FAIRE LE POINT

Associez chacun des exemples suivants au principe de gestion des risques (prévention, mutualisation, diversification) auquel il correspond.

1. Dédommagement, grâce aux impôts, des victimes d'une tempête.
2. Vote d'une loi réduisant la vitesse maximale autorisée sur les routes.
3. Fait de placer son épargne en devenant actionnaire de nombreuses entreprises plutôt que d'une seule.
4. Mise en place par des agriculteurs d'une caisse commune pour protéger ceux qui connaîtront de mauvaises récoltes.

À RETENIR

Pour gérer les risques, il faut :
- **prévenir**, pour réduire la probabilité de réalisation d'un risque et/ou réduire la gravité des dommages ;
- **mutualiser**, c'est-à-dire mettre contractuellement les ressources d'une population en commun pour dédommager les personnes pour qui le risque se réalise ;
- **diversifier**, pour réduire le risque global lié à une activité (agriculture, investissements boursiers) en le répartissant dans plusieurs domaines en partie indépendants.

OBJECTIF :
Connaître le rôle de la famille, des sociétés et mutuelles d'assurance dans la gestion collective des risques.

B Le rôle des institutions privées dans la gestion collective des risques

Les institutions privées comme les sociétés et les mutuelles d'assurance, dont le champ d'action est réglementé par l'État, ou la famille, jouent un rôle important dans la gestion des risques.

DOC.1 Assurance et mutualisation communautaire des risques : une histoire ancienne

Les premières traces de la mutualité remontent à l'antiquité la plus lointaine : en Mésopotamie, où s'effectuait une répartition entre commerçants des coûts engendrés par les vols et pillages des caravanes ; en Basse-Égypte, où les tailleurs de pierre avaient institué un fonds de secours (auquel chacun cotisait) en prévision des accidents dès 1 400 avant Jésus-Christ ; ou encore dans la Rome antique.
Mais c'est au Moyen Âge que l'on trouve en Europe les origines du mutualisme. L'entraide mutuelle s'incarne avant tout dans les communautés de métiers (confrérie, corporation, compagnonnage). Cette entraide relève plus de l'assistance que de l'assurance : la taille restreinte de ces communautés ne leur permet pas d'épargner des sommes considérables, lesquelles sont souvent réunies après que le sinistre a eu lieu. Il est donc rare que les dédommagements couvrent l'intégralité des pertes pour les individus sinistrés.

Thomas Fabre, Magnard, 2019.

L'assurance moderne trouve ses sources dans le « prêt à la grosse aventure », déjà pratiqué par les Grecs et les Romains, pour financer les expéditions maritimes. Si le bateau faisait naufrage, les marchands n'avaient rien à rembourser ; s'il arrivait à bon port, le banquier était remboursé et recevait une compensation financière.

▲ Les maçons au Moyen Âge : un corps de métier à l'origine de notre mutualité.

1 Analyser. En quoi consistent l'assurance et la mutualisation des risques ?

2 Comprendre. Pourquoi les caisses de mutualisation sont-elles nées avec les communautés de métiers ?

3 Expliquer. Expliquez le passage souligné.

DOC.2 Sociétés d'assurance et gestion des risques

Le rôle des entreprises d'assurance dans la protection des risques.

- La redistribution des primes collectées permet aux assurés de préserver leur patrimoine. Par exemple, si la maison d'un assuré prend feu, il pourra prétendre à être indemnisé à hauteur de son préjudice réel. L'assuré conserve l'équilibre de son patrimoine.
- Tout projet d'investissement (plateforme pétrolière, satellite de communication, commerce de proximité) exige la participation de l'assureur sans la garantie duquel l'entrepreneur et surtout son banquier ne risqueraient pas les capitaux impliqués par le projet.
- L'assurance est aussi utilisée pour garantir au tiers la réparation du préjudice dont il est victime. L'assurance de responsabilité obligatoire permet l'indemnisation des victimes et met l'assuré à l'abri de devoir supporter la charge de l'indemnisation (accidents de la route).
- L'assurance-vie permet à l'assuré de se constituer un capital ou une rente lorsqu'il est à la retraite.
- Le rôle de l'assureur est aussi d'aider l'assuré à éviter un sinistre en le sensibilisant au risque, en le dissuadant de prendre des risques inconsidérés et d'inciter les assurés à observer un comportement prudent pour éviter les sinistres.
- Enfin, les assurances privées jouent un rôle très important pour compléter le rôle de l'État dans le cadre de la protection sociale en matière de santé (complémentaire santé), de retraite (contrat retraite) et de dépendance (contrat dépendance).

D'après « Le rôle économique et social des entreprises d'assurance », http://greta-assurance.e-monsite.com/

4 Analyser. Montrez que les sociétés d'assurance prennent en charge de nombreux risques sur les biens et sur les personnes.

5 Comparer. Quel est le rôle des sociétés d'assurance par rapport à celui de l'État ?

6 Justifier. À l'aide d'un exemple, montrez que le rôle des sociétés d'assurance est très important pour la vie économique.

DOC.3 Les mutuelles et les institutions de prévoyance, compléments de la Sécurité sociale

Les mutuelles sont des organisations à but non lucratif[1] dirigées par des bénévoles élus au sein de leurs rangs, qui fonctionnent selon un principe démocratique d'égalité : « un adhérent, une voix ». Elles se consacrent à la protection sociale des adhérents, n'ayant pas d'actionnaires à rémunérer. Leur activité s'exerce dans un cadre juridique spécifique : le Code de la Mutualité, réformé en 2001, avec des obligations de prudence financière très strictes.

Le rôle de la mutuelle est de prendre en charge ce qui n'est pas remboursé par la Sécurité sociale dans le domaine de la santé. En 1945, lorsque la France met la Sécurité Sociale en place, les mutuelles jouent un rôle prépondérant. Aujourd'hui, elles participent largement au financement des dépenses de santé des citoyens sous forme de complémentaire-santé.

1. Pas de recherche de profit

D'après « Qu'est-ce qu'une mutuelle ? », *www.mutuelle-internet.com*.

Dépenses de soins et biens médicaux par financeur en 2015 (en %)

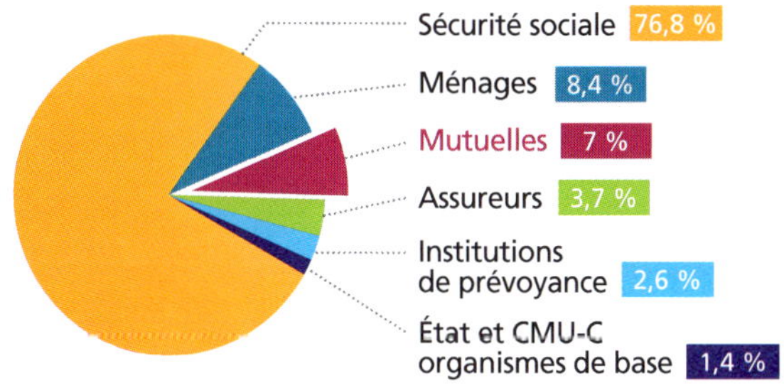

Source : Drees (Comptes nationaux de la santé 2015, septembre 2016), *in* « Les dépenses d'assurance santé », édition 2017.

7 Comprendre. Les mutuelles sont-elles postérieures à la Sécurité sociale ? Lui font-elles concurrence ?

8 Comparer. Comparez la part des mutuelles et des institutions de prévoyance dans les dépenses de soins et biens médicaux en 2015 à celle de la Sécurité sociale, des ménages et des assurances privées.

9 Illustrer. Recherchez trois exemples de mutuelles affiliées à la Mutualité française.

DOC.4 Le rôle de la famille : aides financières et gestion du risque dépendance

Transferts monétaires des ascendants vers les descendants

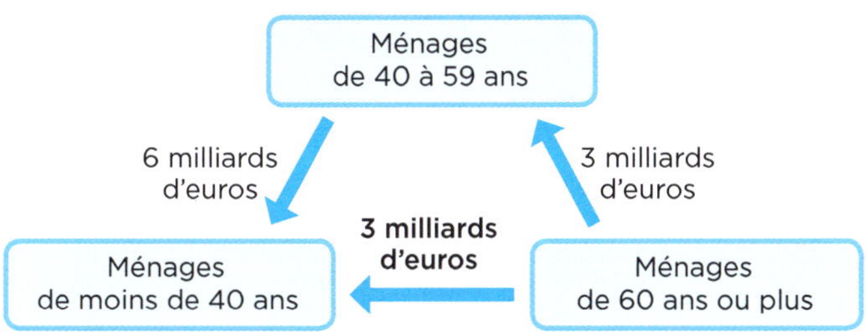

Lecture : Les ménages dont la personne de référence a entre 40 et 59 ans transfèrent 6 milliards d'euros à leurs descendants de moins de 40 ans et reçoivent 3 milliards de la part de leurs ascendants de 60 ans ou plus (parents ou grands-parents).
Champ : ménages ordinaires en France.

Source : Insee, enquête *Budget de famille*, 2011.

Selon l'enquête *Budget de famille* de l'Insee réalisée en 2011, la moitié des ménages ont, au cours des deux mois précédents l'enquête, apporté une aide financière à un autre ménage, soit en lui transférant de l'argent, soit en prenant certaines de ces dépenses en charge. L'aide moyenne apportée représente environ 4% de la masse totale du revenu des ménages.

« La solidarité financière entre ménages », *Insee Première*, n° 1707, 26 juillet 2018.

Gestion du risque dépendance. 3,5 à 4 millions de personnes soutiennent un proche âgé en perte d'autonomie, ce qui représente une économie d'environ 69 milliards d'euros par an pour les pouvoirs publics. Les familles et les proches financent une large part de la solidarité envers les aînés.

10 Comprendre. Quel est le rôle de la famille dans la gestion des risques économiques et sociaux ?

11 Expliquer. Pourquoi les pouvoirs publics ont-ils intérêt à déléguer pour partie la gestion de la dépendance aux familles ?

12 Expliquer. Pourquoi les ascendants versent-ils des aides monétaires à leurs descendants ?

13 Réfléchir. Quelles sont les autres aides, notamment en nature, que la famille peut apporter à ses membres ?

FAIRE LE POINT

Vrai ou faux ? Justifiez vos réponses.

1. Les mutuelles n'existent que depuis les années 1970.

2. L'assurance dommages est une des fonctions importante des sociétés privées d'assurance.

3. Les mutuelles sont des organisations à but lucratif qui concurrencent la Sécurité sociale.

4. Le rôle de la famille demeure essentiel dans la prise en charge du risque de dépendance.

À RETENIR

- La **gestion collective privée des risques** économiques et sociaux est une pratique très ancienne.
- Aujourd'hui, les mutuelles complètent la Sécurité sociale dans la prise en charge des risques santé, dans un but non lucratif.
- Les sociétés d'assurance, entreprises à but lucratif, prennent majoritairement en charge les dommages aux personnes et aux biens, mais aussi les risques vieillesse et décès.
- La famille, enfin, continue de jouer un rôle important dans la **gestion des risques**, en particulier celui de dépendance.

DOSSIER 2

C Le rôle des pouvoirs publics dans la gestion des risques

OBJECTIF : Connaître la contribution des pouvoirs publics à la gestion des risques.

La Sécurité sociale permet de mutualiser les risques ; la législation concourt à la prévention des risques et encadre les sociétés d'assurance. Face à la hausse des risques technologiques, l'État élargit peu à peu le champ de son intervention.

DOC.1 Les objectifs de la Sécurité sociale

En 1945, les bâtisseurs du système français de Sécurité sociale poursuivent un triple objectif : unité de la Sécurité sociale, généralisation de la couverture à toute la population et extension des risques couverts. […] L'ordonnance du 4 octobre 1945 prévoit un réseau coordonné de caisses se substituant à de nombreux organismes, l'unité administrative ne sera cependant pas réalisée et ne l'est toujours pas. Les professions agricoles vont conserver leurs institutions spécifiques dans le cadre de la mutualité sociale agricole. Les salariés des régimes spéciaux vont refuser de s'intégrer dans le régime général. […]
L'ordonnance du 19 octobre 1945 concerne les risques maladie, maternité, vieillesse, invalidité, décès. La loi du 22 août 1946 étend les allocations familiales à pratiquement toute la population et la loi du 30 octobre 1946 intègre la réparation des accidents du travail à la Sécurité sociale. La gestion du système est confiée aux organisations syndicales qui représentent les salariés bénéficiaires et les employeurs. Mais la Sécurité sociale laisse subsister à côté d'elle une trentaine de régimes particuliers parmi lesquels ceux des mineurs, des cheminots, des agriculteurs...

« Historique du système français de Sécurité sociale », www.securite-sociale.fr, 31 mars 2017.

Organisation de la Sécurité sociale

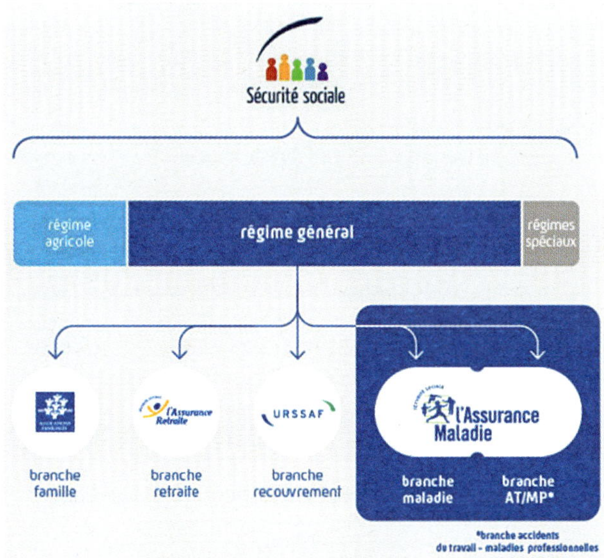

Source : https://assurance-maladie.ameli.fr

1 Analyser. Quels sont les objectifs de la Sécurité sociale au moment de sa création ?

2 Lire. Quels risques la Sécurité sociale prend-elle en charge lors de sa création en 1945 ?

3 Lire. L'objectif d'unité de la Sécurité sociale a-t-il été atteint ?

DOC.2 Législation et réglementation des activités privées d'assurance : le Code des assurances

Le Code des assurances est un document qui régit le droit des assurances. Il contient un ensemble de lois et de règles qui doivent être appliquées par toutes les compagnies d'assurance : les délais de préavis ; la durée des contrats ; les conditions de résiliation ; l'indemnisation. [...]
Les lois devant suivre un monde en perpétuelle évolution, difficile de s'en tenir à un code figé. C'est notamment le cas en ce qui concerne la résiliation. Avec la loi Hamon en vigueur depuis le 1er janvier 2015, il est aujourd'hui possible de résilier son assurance obligatoire à tout moment (assurance auto, moto ou habitation) au bout d'un an de contrat tandis qu'avant, ces assurances ne pouvaient être dénoncées qu'à échéance, une fois par an.

« Qu'est-ce que le Code des assurances ? », www.lesfurets.com, 28 février 2018.

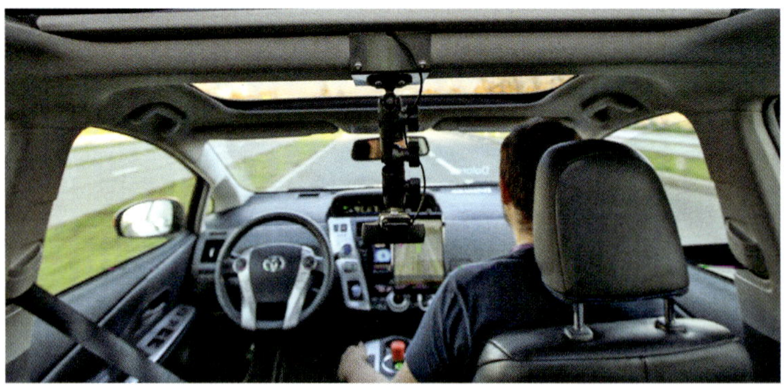

▲ **Voiture autonome : en cas d'accident, qui est responsable ?**

4 Lire. Comment le Code des assurances encadre-t-il la relation entre assureur et assuré ?

5 Réfléchir. Pourquoi un Code des assurances est-il nécessaire ?

6 Analyser. Quel est l'intérêt de la loi Hamon ?

7 Comprendre. En vous appuyant sur l'exemple des voitures autonomes, montrez pourquoi les évolutions technologiques obligent les pouvoirs publics à faire évoluer la législation sur les assurances.

DOC. 3 Pouvoirs publics et gestion des risques

Risques pouvant faire l'objet d'une gestion publique	Exemple(s) de politiques de prévention des risques	Exemple(s) de politiques de mutualisation des risques
Risques économiques et sociaux « traditionnels » Maladie, accidents, vieillesse, perte d'emploi	• Politiques de formation des travailleurs. • Vaccination obligatoire. • Normes d'hygiène dans les lieux et habitations publics. • Limitations de vitesse sur les routes.	Redistribution via des prestations par des organismes publics comme Pôle emploi ou la Sécurité sociale.
Risques naturels Avalanche, inondation, tempête, tremblement de terre…	• Lois encadrant la construction de logements en zone inondable. • Messages publics de vigilance météorologique. • Interdiction d'accès aux zones dangereuses.	Redistribution via des indemnités publiques en cas de catastrophe naturelle.
Risques technologiques Explosion de site chimique, accident nucléaire, pollutions des sols…	• Obligations réglementaires sur l'étude d'impact et de dangers, l'aménagement autour des sites dangereux, la mise en place de plans de secours et l'information préventive des populations. • Lois encadrant l'usage des pesticides.	Redistribution via des indemnités publiques en cas de réalisation d'un risque technologique.

Thomas Fabre, Magnard, 2019.

8 Analyser. Qu'est-ce qui distingue les risques économiques et sociaux « traditionnels » des risques naturels et technologiques ?

9 Illustrer. Trouvez un exemple supplémentaire de mesure préventive pour chacun des risques répertoriés.

10 Lire. Quels risques ne sont pas directement pris en charge par la Sécurité sociale mais font l'objet d'une indemnisation publique lorsqu'ils se réalisent ?

11 Comprendre. La prévention des risques passe-t-elle plutôt par la redistribution ou par la législation et la réglementation ?

DOC. 4 La « loi risque » : un exemple de législation des risques technologiques et naturels

Le 21 septembre 2001, l'explosion de nitrate d'ammonium sur le site AZF à Toulouse entraînait la mort de 31 personnes, faisait environ 2 500 blessés et de lourds dégâts matériels. Cette catastrophe a conduit à l'élaboration de la loi du 30 juillet 2003 relative à la prévention des risques technologiques et naturels et à la réparation des dommages. […] Le plan d'action global comporte plusieurs priorités : un renforcement des effectifs des inspecteurs des installations classées[1] ; […] un renforcement de la réglementation ; […] un nouveau périmètre pour les études de danger des sites industriels ; une meilleure information et association des riverains et salariés ; […] la remise à plat de l'urbanisme existant autour des sites à haut risque […] ; la mise en place d'un dispositif de collecte pour les assurances catastrophes technologiques (dispositif assurantiel permettant une indemnisation rapide et complète des dommages […], fonds d'indemnisation des victimes).

« Risques technologiques : la directive SEVESO et la loi Risques », www.ecologique-solidaire.gouv.fr, 29 juin 2017.

1. Exploitation industrielle ou agricole qui peut présenter des risques d'accident ou de pollution pour le voisinage.

▲ Le site AZF après l'explosion du 21 septembre 2001.

12 Analyser. Montrez en quoi la « loi risque » de 2003 s'appuie à la fois sur les principes de prévention et de mutualisation.

13 Interpréter. Selon vous, pourquoi les pouvoirs publics sont-ils plus à même que les sociétés privées de prendre en charge les risques technologiques ?

FAIRE LE POINT

Vrai ou faux ? Justifiez vos réponses.

1. Les pouvoirs publics, à travers la Sécurité sociale, contribuent à la mutualisation des risques.

2. Les pouvoirs publics gèrent la prévention des risques grâce à la législation et à la réglementation.

3. Les sociétés privées d'assurance ne sont pas contraintes par l'intervention de l'État.

4. Les risques technologiques ne font pas l'objet de mesures publiques de prévention et d'indemnisation.

À RETENIR

• Grâce à la Sécurité sociale, à Pôle emploi et à divers fonds d'indemnisation, les pouvoirs publics permettent, par la **mutualisation**, de protéger les individus contre un grand nombre de risques.

• Ils ont aussi un rôle essentiel dans la **gestion des risques** économiques et sociaux et élaborent un cadre légal et réglementaire favorisant la prévention et permettant de contrôler les activités privées d'**assurance**.

DOSSIER 2

OBJECTIF : Comprendre les effets positifs et négatifs du partage des risques tant pour les individus que pour la société.

D Effets positifs et négatifs du partage des risques

Si le partage des risques engendre de nombreux effets positifs pour la collectivité, il n'est pas exempt d'effets négatifs, liés en particulier à l'anti-sélection et à aléa moral.

DOC.1 Partage du risque, interdépendances et esprit d'entreprise

L'industriel Henry Ford[1] a dit un jour : « New York n'est pas la création des hommes, mais celle des assureurs. Sans les assurances, il n'y aurait pas de gratte-ciel, car aucun ouvrier n'accepterait de travailler à une pareille hauteur, en risquant de faire une chute mortelle et de laisser sa famille dans la misère. Aucun capitaliste n'investirait des millions pour construire de pareils buildings qu'un simple mégot de cigarette peut réduire en cendres. »
Dans nos sociétés, le partage du risque est un élément central de la solidarité : le sauvetage des banques après le krach des subprimes fut en partie supporté par les contribuables américains, les cotisations versées par les salariés bien portants permettent d'indemniser les malades, le tunnel sous la Manche fut réalisé grâce aux garanties financières apportées par les États britanniques et français, etc.

Thomas Fabre, Magnard, 2019.

1. Henry Ford (1863-1947), un industriel américain de la première moitié du XXe siècle, est le fondateur de l'entreprise automobile Ford. Il est aussi connu pour ses méthodes d'organisation, le fordisme.

1 Comprendre. En quoi le partage du risque est-il favorable aux personnes « risquophiles » ?

2 Expliquer. Expliquez la phrase soulignée et trouvez d'autres exemples de grandes réalisations ayant engagé des risques importants, d'où la nécessité des assureurs.

3 Analyser. Quels sont les bénéfices attendus du partage des risques pour nos sociétés ?

DOC.2 Les effets positifs de la prévention et du partage des risques

Mode/Principe de gestion du risque	Effets positifs attendus	Exemples
Prévention	Bien-être via la réduction de la probabilité de réalisation du risque.	Vaccination obligatoire, détection préventive de certaines maladies.
Mutualisation	Bien-être via la sécurisation des revenus.	Protection sociale (Sécurité sociale, mutuelles), assurances privées contre les risques.
	Incitation à l'innovation.	Assurance sur les emprunts effectués par les investisseurs, permettant de transférer le risque des agents risquophobes aux agents risquophiles.
Diversification	Minimisation des pertes en cas de réalisation du risque.	Diversification des portefeuilles financiers. Diversification des cultures agricoles.

Thomas Fabre, Magnard, 2019.

4 Illustrer. Pour chaque principe, trouvez un exemple supplémentaire.

5 Définir. Qu'entend-on par « diversification des portefeuilles financiers » ?

6 Expliquer. En quoi, pour mener à bien ses projets, l'individu risquophile a-t-il besoin des individus qui ont une aversion pour le risque ?

DOC. 3 Effets néfastes de l'assurance : aléa moral et sélection adverse

	Aléa moral	Sélection adverse
Définition	Une personne (ou une entreprise) assurée contre un risque peut se comporter de manière plus risquée que si elle était totalement exposée au risque.	Pour les assureurs, la sélection adverse conduit à éloigner du marché de l'assurance les individus pour qui les risques ont une probabilité relativement plus faible de se réaliser.
Exemples	Assurance-santé (publique ou privée), assurance-habitation.	Assurance automobile si elle n'était pas obligatoire, assurance santé privée, assurance-vie.
Solution(s) permettant de diminuer les effets néfastes	Franchise (seuil de dommages en dessous duquel l'assurance ne rembourse rien) ; ticket-modérateur (part incompressible ne faisant pas l'objet d'un remboursement par la Sécurité sociale).	Contrats d'assurance évolutifs : franchise et prime faibles au départ, pour attirer les agents à bas risque en plus de ceux à haut risque ; augmentation de la prime et/ou de la franchise lorsque la fréquence de réalisation des risques est élevée.

7 Expliquer. En utilisant la notion d'aléa moral, expliquez en quoi l'assurance protège contre les risques en même temps qu'elle en accroît la probabilité de réalisation.

8 Réfléchir. Quel peut être l'impact de l'éducation des individus sur l'aléa moral ?

9 Analyser. Comment les sociétés d'assurance privées gèrent-elles le risque de sélection adverse ?

10 Réfléchir. Pourquoi l'assurance automobile est-elle obligatoire ?

DOC. 4 Accroissement des prises de risques par les assureurs

Un CDS (*credit default swap*) est une assurance par laquelle un établissement financier se protège du risque de défaut de paiement d'un crédit en payant une prime.

Prenons l'exemple d'une entreprise Y qui a émis une dette de X millions d'euros sur cinq ans. La banque qui a fourni le crédit, souhaitant se protéger, paie une prime annuelle à un assureur. Si un évènement spécifié dans le contrat tel qu'un défaut de paiement intervient, la dette est transférée à l'assureur contre paiement des X millions d'euros. À charge pour lui de récupérer ce qu'il peut auprès de l'entreprise Y.

Les CDS ont connu un développement considérable : en 2004, marché de 6 000 milliards de dollars, en 2008, au moment où éclate la crise des subprimes 60 000 milliards.

En 2008, l'assureur américain AIG possédait pour 440 milliards de dollars de CDS […]. La faillite d'AIG, si elle s'était produite, aurait pu avoir un effet domino engageant la pérennité du système financier tout entier. C'est pourquoi l'État américain a renfloué AIG. […] Ce marché s'est depuis sensiblement réduit, puisqu'il représentait, selon la Banque des Règlements Internationaux, 12 000 milliards de dollars en 2016.

D'après l'article « CDS », www.lafinancepourtous.com, 31 juillet 2017.

11 Analyser. Quels sont les avantages attendus des CDS ?

12 Expliquer. En utilisant la notion d'aléa moral, expliquez en quoi les CDS contribuent au risque d'effondrement du système financier.

13 Comprendre. Comment justifier l'intervention de l'État américain en 2008 ?

14 Déduire. Les risques engendrés par les CDS ont-ils disparu ?

FAIRE LE POINT

Parmi ces termes, lesquels montrent les effets positifs du partage des risques, lesquels en montrent les effets négatifs ?

• bien-être via la sécurisation des revenus • aléa moral • anti-sélection • incitation à l'innovation

À RETENIR

• Le **partage du risque** a d'importants effets bénéfiques pour la collectivité : minimisation du risque en amont et des conséquences de sa réalisation en aval, incitation à l'innovation, sécurité collective accrue.

• Néanmoins, en raison de l'**aléa moral** ou de la sélection adverse, il peut avoir des effets contre-productifs en augmentant le niveau global de risques, notamment dans le secteur financier.

DOSSIER 3

Quels sont les principes et les grands modèles de protection sociale ?

OBJECTIF :
Comprendre que la protection sociale, par ses logiques d'assurance et d'assistance, contribue à une couverture des risques fondée sur le principe de solidarité collective.

A Principes et logiques de la protection sociale

Il existe différents modèles de protection sociale fondés sur les principes de solidarité, d'assurance et d'assistance même si les logiques de fonctionnement de ces modèles diffèrent.

DOC.1 La protection sociale en France

La protection sociale désigne tous les mécanismes de prévoyance collective permettant aux individus de faire face aux conséquences financières des « risques sociaux ». Il s'agit de situations susceptibles de compromettre la sécurité économique de l'individu ou de sa famille, en provoquant une baisse de ses ressources ou une hausse de ses dépenses : vieillesse, maladie, invalidité, chômage, maternité, charges de famille, etc.

La protection sociale repose sur plusieurs types de mécanismes :

- des prestations sociales, versées directement aux ménages, qui peuvent être en espèces (pensions de retraite) ou en nature (remboursements de soins de santé) ;
- des prestations de services sociaux, qui désignent l'accès à des services, fournis à prix réduit ou gratuitement (crèches, hôpitaux).

« Qu'est-ce que la protection sociale ? », www.vie publique.fr, 2018.

1 Définir. Qu'est-ce que la protection sociale ?

2 Distinguer. Quelle est la différence entre les prestations sociales en espèces et celles en nature ?

3 Comprendre. Pourquoi faut-il aussi intégrer l'accès aux services sociaux pour apprécier l'ampleur de la protection sociale ?

DOC.2 La solidarité, au fondement de la Sécurité sociale

Dans la ligne des assurances sociales de 1930 inspirées de celles de l'Allemagne du chancelier Bismarck, les ordonnances du 4 et 19 octobre 1945 créent un système français de Sécurité sociale marqué par le rapport de Lord Beveridge de 1942. Ce système est construit sur des principes d'universalité (protéger tout le monde) et surtout de solidarité nationale. La solidarité permet de distribuer des prestations à ceux qui en ont besoin et de partager, ensemble, leur coût. Le but est de réduire la pauvreté en aidant les salariés et leur famille face à la maladie, la vieillesse, l'invalidité, le décès, les accidents du travail et les maladies professionnelles et en les soutenant lors de la naissance et pour l'éducation des enfants.

Exposition « Découvrir la Sécurité sociale », www.calameo.com, 2018.

À la fin du XIXe siècle, **le « chancelier de fer » Bismarck** (1815-1898), face à d'importants troubles sociaux, entreprend en Allemagne une politique de protection des travailleurs en cas de maladie, d'accident du travail, d'invalidité ou de vieillesse, préfigurant l'État-providence. Les prestations sociales sont versées aux salariés et financées par des cotisations sociales.

Lord Beveridge (1897-1963) est un homme politique britannique. Il publie en 1942 un *Rapport* sur la protection sociale visant à lutter contre les « cinq grands maux » (pauvreté, insalubrité, maladie, ignorance et chômage), dont s'inspireront la plupart des systèmes de protection sociale en Europe. Les prestations sociales sont versées à tous et financées par l'impôt.

4 Définir. En vous appuyant sur le texte, définissez universalité et solidarité.

5 Comprendre. Montrez que les solutions proposées par Bismarck et par Beveridge obéissent à deux logiques différentes.

DOC. 3 Trois logiques de protection sociale : assurance, assistance, universalité

	Objectif	Financement	Exemples
Logique d'assurance	Prémunir contre un risque de perte de revenus. Prestations sociales contributives réservées à ceux qui cotisent.	Par des cotisations sociales assises sur les salaires.	Retraites, allocations chômage, remboursements de santé (de plus en plus financés par la CSG, contribution sociale généralisée, créée en 1991 et pesant sur tous les revenus).
Logique d'assistance	Lutter contre la pauvreté par solidarité. Prestations non contributives versées sous condition de ressources, sans cotisations préalables.	Par l'impôt.	• Revenu de solidarité active (RSA), Allocation adulte handicapé (AAH). • Minimum vieillesse.
Logique de protection universelle	Protéger tous les individus. Prestations non contributives accordées à tous sans condition de cotisations ni de ressources.	Par l'impôt.	• Allocations familiales.

D'après « Qu'est-ce que la protection sociale ? », www.vie-publique.fr, 30 juin 2018.

6 Comparer. Distinguez logique d'assurance et logique d'assistance.

7 Comparer. Distinguez prestation contributive et prestation non contributive.

DOC. 4 Emplois et ressources de la protection sociale en France en 2016

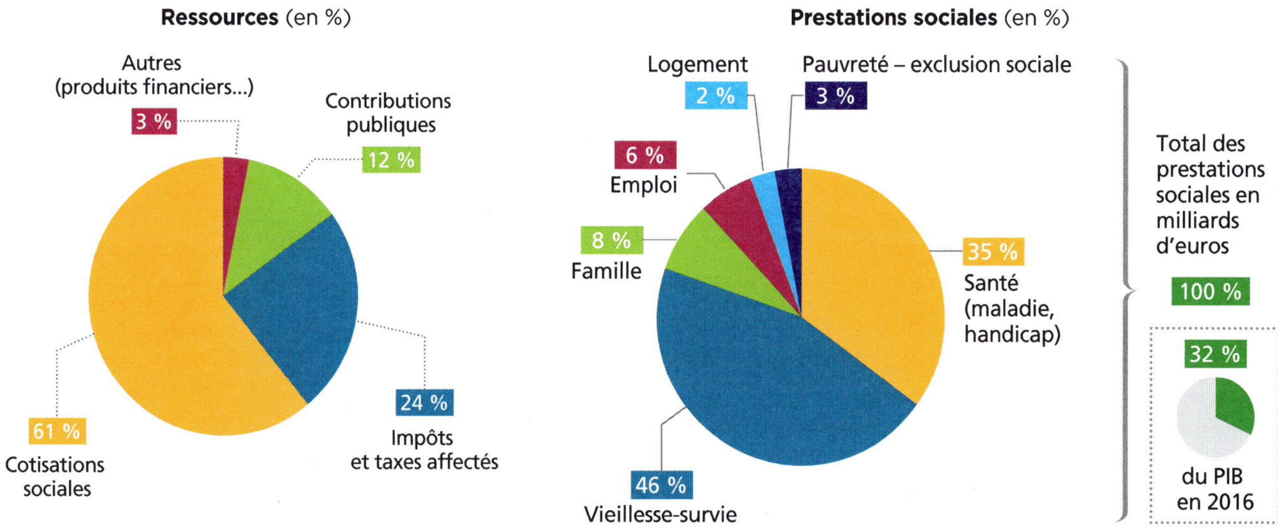

Sources : Drees, Comptes de la protection sociale ; Insee, *Tableaux de l'économie française 2018* ; Insee, Comptes nationaux - base 2010.

8 Observer. Quelle est la ressource principale de la protection sociale en France ?

9 Calculer. Quelles sont les deux prestations sociales les plus importantes en 2016 ?

10 Commenter. En 1981, la part des prestations de protection sociale représentait un peu moins de 25 % du PIB. Quelle est leur part aujourd'hui dans le PIB ? À votre avis, pourquoi ?

FAIRE LE POINT

Complétez avec : *assurance* • *assistance* • *cotisation* • *protection.*

La .... sociale, lorsqu'elle répond à une stricte logique d'........., ne verse des prestations qu'aux individus ayant préalablement cotisé ; des mesures d'........., financées par l'impôt ou des contributions publiques, permettent de protéger les plus démunis sans exiger d'eux une ....

À RETENIR

- La **solidarité** entre les membres d'une société est au fondement de la protection sociale.
- Elle est mise en œuvre selon une **logique d'assurance** (versement de prestations contributives) et/ou une **logique d'assistance** (versement de prestations non contributives, financées par l'impôt, aux plus démunis).
- En France, la protection sociale est financée à plus de 60 % par les cotisations sociales et les retraites qui représentent presque la moitié des **prestations sociales.**

OBJECTIF :
Connaître les grands modèles de protection sociale.

B Les grands modèles de protection sociale

La mise en place des États-providence a conduit à la constitution de trois grands modèles de protection sociale. En France, le modèle de protection sociale s'éloigne aujourd'hui du modèle bismarckien.

DOC.1 L'État-providence : une nouvelle fonction de l'État moderne

La notion d'État-providence évoque clairement l'une des fonctions de l'État moderne : s'occuper du bien-être social des citoyens, et non plus seulement de la police, de battre monnaie, de gérer les relations internationales ou de faire la guerre. […]
L'originalité des États-providence modernes ne réside pas en ce qu'ils offrent une protection à des populations autrefois livrées à l'insécurité sociale, elle ne réside pas non plus seulement en ce que l'État prenne en charge une protection assurée auparavant par d'autres instances. Ce qui est protégé est non un individu en particulier, mais des droits par le biais de lois universelles. En d'autres termes, alors que, dans les sociétés dépourvues de droits sociaux, les citoyens restent dépendants du sens de la solidarité des autres (réciprocité, charité ou solidarité volontaire), dans l'État social, il faut et il suffit d'entrer dans des catégories reconnues (maladie, invalide, retraité, chômeur, pauvre) pour bénéficier du droit aux prestations ou aux allocations.

François-Xavier Merrien, *L'État-providence*, © PUF, 2007

1 Comparer. Quelle est la différence entre les sociétés sans État-providence et les sociétés avec un État-providence ?

2 Rechercher. À partir de quand les États-providence se mettent-ils en place?

DOC.2 Protection sociale et grands modèles d'État-providence

Modèle	Corporatiste- conservateur	Social-démocrate	Libéral
Objectif principal	Maintien du revenu des travailleurs.	Égalité des citoyens.	Protection ciblée sur les plus pauvres.
Inspiration/référence historique	Bismarckienne.	Beveridgienne.	Pensée libérale : notion de responsabilité individuelle.
Population protégée	Protection sociale découlant du statut de salarié.	Toute la population.	Les plus pauvres.
Mode de financement	Cotisation sociales assises sur les salaires.	Prélèvements fiscaux.	Prélèvements fiscaux.
Prestations sociales	Prestations liées aux cotisations + revenus d'assistance pour les personnes non couvertes.	Universalité des prestations. Services sociaux gratuits.	Revenus d'assistance.
Risques couverts	Contribution : tous les risques sociaux sont couverts à condition de cotiser.	Universalité : tous les risques sociaux sont couverts.	Ciblage : les risques de pauvreté et d'exclusion sociale.
Pays emblématique(s)	Allemagne ; dans une moindre mesure, Autriche, Belgique, France, Italie.	Suède ; dans une moindre mesure, Danemark, Pays-Bas, Norvège.	États-Unis ; dans une moindre mesure, Australie, Canada, Japon, Suisse.

D'après la typologie de G. Esping-Andersen *in* Julien Damon, Benjamin Ferras, *La Sécurité sociale*, © QSJ, 2015.

3 Comparer. Comparez les différents modèles de protection sociale en fonction de leur mode de financement et de la nature des prestations sociales.

4 Lire. Face aux risques sociaux, quel est le modèle d'État-providence le plus protecteur ? le moins protecteur ?

5 Comprendre. Quel est le grand principe de légitimation du modèle libéral ?

6 Réfléchir. À quel modèle social peut-on rattacher la France ? Pourquoi ?

DOC.3 Le modèle français : de moins en moins bismarckien ?

A Un modèle français qui évolue

Sous prétexte de redonner du pouvoir d'achat aux salariés, on supprime les cotisations chômage salariales et on les bascule graduellement sur la CSG[1]. Ce faisant on casse le lien entre cotisations et indemnisation [...]. Peu étonnant que le gouvernement travaille à la consolidation des aides sociales : l'allocation adulte handicapé, le RSA, la prime d'activité, les aides personnalisées au logement (APL)... L'objectif de protection sociale se recentre sur la lutte contre la pauvreté, s'éloignant de sa vocation assurantielle et universelle.

O. Passet, « Réformes sociales : Macron avance masqué », *La Tribune*, 9/10/2018.

1. La CSG a augmenté fin 2018 afin de remplacer la suppression des cotisations chômage.

C Évolution de la structure des ressources de la protection sociale

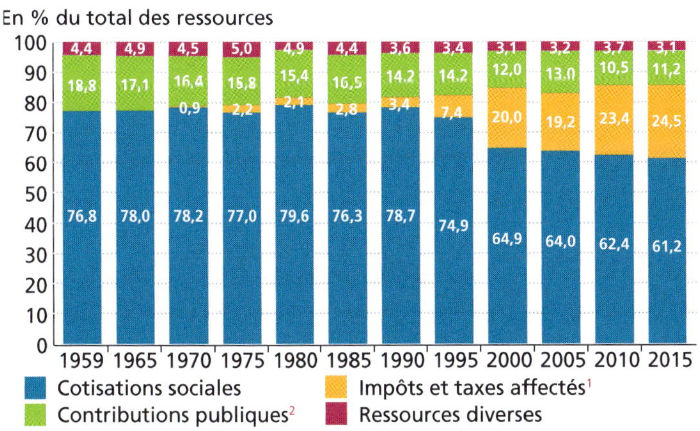

1. CSG et la CRDS (contribution à la réduction de la dette sociale), impôt créé en 1996 pour résorber l'endettement de la Sécurité sociale.
2. Versements de l'État aux régimes de protection sociale, correspondant au financement par l'État de certaines prestations (minima sociaux, comme le RSA, principalement).

Source : « 55 ans de diversification des financements de la protection sociale », Drees, mars 2017.

B Les minima sociaux[1]

- **Minimum vieillesse** (1963), devenu **ASPA** (allocation de solidarité aux personnes âgées). Il s'adresse aux personnes de plus de 65 ans qui n'ont pas cotisé ou pas assez pour toucher une retraite leur permettant de vivre décemment.
- **RMI**, revenu minimum d'insertion (1988), remplacé en 2009 par le **RSA** (revenu de solidarité active). Objectifs : lutter contre la pauvreté due au chômage et inciter les chômeurs à reprendre un emploi.
- **CMU**, couverture maladie universelle (1999) : couverture complémentaire gratuite destinée à faciliter l'accès aux soins des personnes disposant de faibles ressources.

1. Allocations différentielles dont le montant est égal à la différence entre un seuil minimal et les revenus du ménage.

D Critiques de l'essor de la logique d'assistance

Le revenu minimum d'insertion (RMI) hier, le revenu de solidarité active (RSA) aujourd'hui, occupent, avec d'autres dispositifs, une fonction vitale : ils protègent les plus vulnérables. [...]

Pourtant, [...] le développement de l'assistance a produit un certain nombre d'effets pervers. Incapables de combattre efficacement la précarité, les prestations comme le RMI et le RSA s'en accommodent, voire la structurent. Elles entretiennent la perte d'autonomie des individus et l'éloignement du marché du travail contre lesquels elles devaient précisément lutter. En retour, elles suscitent une forte réprobation : de nombreuses personnes ne peuvent (ni ne veulent, quand elles le peuvent) profiter de leurs droits. Et ces mêmes droits ont tendance à être perçus comme des « privilèges » par ceux qui n'en bénéficient pas.

N. Duvoux, *Le Nouvel âge de la solidarité*, © Éditions du Seuil, 2012.

7 Expliquer. Pourquoi le modèle de protection sociale en France s'écarte-t-il du modèle bismarckien ? (DOC.A)

8 Expliquer. Expliquez la phrase soulignée. (DOC.A)

9 Analyser. Comment analyser la création des minima sociaux et de la CMU ? (DOC.B)

10 Montrer. Montrez, par quelques chiffres, la transformation du financement de la protection sociale depuis les années 1960. (DOC.C) Cette transformation signifie-t-elle un essor de la logique d'assurance ?

11 Analyser. En quoi les revenus d'assistance sont-ils utiles ? (DOC.B et C) Quels en sont, d'après N. Duvoux, les effets pervers ? (DOC.D)

FAIRE LE POINT

Vrai ou faux ? Justifiez votre réponse.

1. Le modèle corporatiste permet de protéger toute la population contre les risques sociaux.

2. Le modèle libéral incite les agents à s'assurer eux-mêmes sur le marché.

3. Le modèle universaliste est celui qui offre le moins de protection.

À RETENIR

- Les **grands modèles de protection publique contre les risques sociaux** ont progressivement été mis en place à partir de la fin du XIXe siècle.
- Le **modèle corporatiste** est fondé sur le principe d'**assurance** (financement par des cotisations sociales) ; le **modèle universaliste** offre des prestations universelles financées par l'impôt, alors que le **modèle libéral** se limite à des mesures d'**assistance** destinées aux plus démunis.
- Le « modèle français » s'écarte depuis quelques années du modèle bismarckien par l'évolution de son mode de financement et une part croissante dans les prestations sociales qui reste faible pour ce qui est des minima sociaux.

SYNTHÈSE

Comment l'assurance et la protection sociale contribuent-elles à la gestion des risques dans les sociétés développées ?

NOTIONS

Risque économique et social : évènement aléatoire (accident, maladie, vieillesse, chômage) qui affecte la position sociale, économique et financière des individus et peut être pris en charge collectivement

Exposition au risque : probabilité différentielle, pour un individu ou un groupe social, de voir un risque se réaliser.

Attitude face au risque : individus n'ayant pas tous la même attitude vis-à-vis du risque. On distingue trois types d'attitude : aversion au risque ou risquophobie (fait de redouter les risques liés à une activité sociale) ; neutralité au risque ; goût pour le risque ou risquophilie.

Prévention : fait de chercher à se prémunir contre la réalisation d'un risque.

Mutualisation : répartition d'un risque de façon solidaire au sein d'un groupe ou d'une société.

Diversification : réduction du risque global lié à une activité (agriculture, investissements boursiers) en le répartissant sur plusieurs domaines en partie indépendants.

Aléa moral : dans le domaine de l'assurance, prise de risque excessive par l'assuré imputable au fait qu'il se sait assuré.

Sélection adverse : dans le domaine de l'assurance, fait de n'avoir pour clients potentiels que des individus à hauts risques.

Solidarité : principe d'entraide présidant à la protection contre les risques sociaux, impliquant une redistribution vers les individus pour qui ces risques se réalisent.

Protection sociale : ensemble des mécanismes de redistribution et de mutualisation par lesquels les individus se protègent contre les risques sociaux.

Assurance : mécanisme de protection contre un risque conditionnant le versement de prestations à une cotisation préalable.

Assistance : mécanisme de protection contre un risque engendrant le versement de prestations sans exiger une cotisation préalable (financement par l'impôt).

1 Quels sont les risques économiques et sociaux auxquels nous sommes exposés ?

A. Les principaux risques économiques et sociaux

▶ La maladie, les accidents du travail, la famille, la pauvreté et l'exclusion, la perte d'emploi et la vieillesse sont les principaux **risques économiques et sociaux** auxquels les individus sont confrontés.

▶ Tous les individus n'ont pas la même probabilité de voir ces risques se réaliser en raison de facteurs socio-économiques, comme le métier exercé, l'âge ou le sexe. Leur degré d'**exposition au risque** est plus ou moins élevé.

B. Les différences de perception et d'attitude face au risque

▶ Selon l'âge et les connaissances dont ils disposent, les individus ne perçoivent pas les risques de la même manière.

▶ Les diverses **attitudes face aux risques** (conduite automobile, consommation de drogues par exemple) sont en partie liées à la perception du risque : comportements risquophobes (aversion pour le risque), neutres (sans aversion ni goût) ou risquophiles (goût pour le risque).

2 Comment les risques économiques et sociaux sont-ils gérés ?

A. Les grands principes de la gestion collective des risques

▶ La **prévention** permet de réduire la probabilité de réalisation d'un risque et/ou de réduire la gravité potentielle des dommages que la réalisation du risque engendre.

▶ La **mutualisation** consiste à mettre contractuellement les ressources d'une population en commun afin de dédommager les personnes pour qui le risque se réalise.

▶ La **diversification** est un moyen de réduire le risque global lié à une activité (agriculture, investissements boursiers) en le répartissant dans plusieurs domaines en partie indépendants.

B. Le rôle des institutions privées dans la gestion collective des risques

▶ La gestion collective privée des risques économiques et sociaux est une pratique très ancienne, qu'il s'agisse des corporations de métiers, des mutuelles, des sociétés d'assurance ou de l'entourage familial.

▶ Les acteurs privés ont compris les vertus de la prévention et de la mutualisation bien avant l'essor et la codification précise de ces principes dans les sociétés contemporaines.

C. Le rôle des pouvoirs publics dans la gestion des risques

▶ Les pouvoirs publics jouent un rôle essentiel dans la gestion des risques économiques et sociaux. Ils élaborent un cadre réglementaire favorisant la prévention et contrôlant les activités privées d'assurance. Par la Sécurité sociale et les mutuelles, la prévention et divers fonds d'indemnisation, ils prennent directement en charge la protection des individus contre un grand nombre de risques.

D. Effets positifs et négatifs du partage des risques

▶ Le partage des risques a d'importants effets bénéfiques pour la collectivité : minimisation du risque en amont et des conséquences de sa réalisation en aval, incitation à l'innovation, sécurité collective accrue.

▶ Néanmoins, en raison des phénomènes d'**aléa moral** ou de **sélection adverse**, le partage et la mutualisation des risques peuvent avoir des effets contre-productifs en augmentant le niveau global de risque, notamment dans le secteur financier.

3 Quels sont les principes et les grands modèles de protection sociale ?

A. Principes et logiques de la protection sociale

▶ La **solidarité** entre les membres d'une société est au fondement de la **protection sociale**, permettant de protéger chaque individu contre les risques sociaux.

▶ Elle est mise en œuvre selon une logique d'**assurance** (versement de prestations contributives) et/ou une logique d'**assistance** (versement de prestations non contributives, financées par l'impôt, aux plus démunis).

B. Les grands modèles de protection sociale

▶ Les grands modèles de protection sociale ont progressivement été mis en place à partir de la fin du XIXe siècle. Le modèle corporatiste est fondé sur le principe d'assurance (financement par des cotisations sociales). Le modèle universaliste offre des prestations universelles financées par l'impôt. Le modèle libéral se limite à des mesures d'assistance destinées aux plus démunis.

▶ En France, la protection sociale, d'abord assurantielle et plutôt bismarckienne, est de plus en plus financée par l'impôt via la CSG. En raison de la persistance de la pauvreté et de l'exclusion, la part des prestations d'assistance augmente, tout en restant faible.

NE PAS CONFONDRE

- **Assurance et assistance :** lors de la réalisation d'un risque, une prestation d'assurance n'est versée qu'à condition d'avoir préalablement cotisé ; une prestation d'assistance est versée sans condition de cotisation (mais, en général, à condition de ne pas dépasser un certain plafond de revenus).
- **Sécurité sociale, mutuelles et sociétés d'assurance :** la Sécurité sociale est un organisme paritaire (composé de représentants des salariés et du patronat), régi par l'État, qui prend en charge le régime obligatoire de protection sociale (assurance et assistance). Les mutuelles sont des organismes privés à but non lucratif qui ont un rôle complémentaire à celui de la Sécurité sociale (prestations d'assurance venant compléter, par exemple, la part non remboursée par la Sécurité sociale des dépenses maladie). Les sociétés d'assurance sont des organismes privés à but lucratif qui proposent des services d'assurance (dommages aux biens ou aux personnes, assurance voiture, vols, incendies...).

SCHÉMA BILAN

Face aux nombreux risques économiques et sociaux, les pouvoirs publics et les acteurs privés mettent en place une protection contre les risques dont les modalités varient selon les pays.

1. Quels sont les risques économiques et sociaux auxquels nous sommes exposés ?

↓

Principaux risques économiques et sociaux : maladie, accidents du travail, vieillesse, famille, perte d'emploi, pauvreté, exclusion

↓

Exposition différente en fonction :
- de facteurs sociodémographiques
- d'attitudes face au risque
- de perceptions subjectives des risques

2. Comment les risques économiques et sociaux sont-ils gérés ?

↓

Trois grands principes de gestion : la prévention, la mutualisation et la diversification

↓

Par des institutions publiques : État, Sécurité sociale

Par des institutions privées : mutuelles, sociétés d'assurance, famille

↓

Avec des conséquences
- **positives :** protection, innovations
- **négatives :** aléa moral, sélection adverse

3. Quels sont les principes et les grands modèles de protection sociale ?

↓

Trois grands principes basés sur : la solidarité, l'assurance, l'assistance

↓

Trois grands modèles d'État-providence :
- le modèle bismarckien (assurance, cotisations contributives)
- le modèle universaliste (assistance, impôts)
- le modèle libéral (pour les plus pauvres)

↓

Modèle français :
- au départ, plutôt bismarckien
- évolution : vers un modèle universaliste et montée des prestations d'assistance.

POUR ALLER PLUS LOIN

SES & *SERIOUS GAME*

http://www.klesdemasante.fr/WebGL_1.0.7/

« Les Klés de ma Santé »

Le groupe de protection sociale Klesia lance un *serious game* pour sensibiliser les assurés aux bénéfices – et coûts – d'une complémentaire santé.

Le joueur doit éviter des dépenses imprévues et collecter des bonus prévention.

À la fin de la partie, est affiché un bilan sur ses dépenses, ses remboursements et son reste à charge.

À VOIR, À LIRE

La Sociale

Documentaire de Gilles Perret, 2016 (1 h 24).

En racontant l'étonnante histoire de la Sécu, *La Sociale* rend justice à ses héros oubliés, mais aussi à une utopie toujours en marche, et dont bénéficient 66 millions de Français.

Le musée de l'Assurance maladie

http://webdoc.musee-assurance-maladie.fr/

Ce site permet de découvrir l'histoire de la sécurité sociale, soit avant 1945, soit de 1945 à nos jours (sa naissance, ses grands principes, son organisation, son financement).

EXERCICES

1. Évaluer ses connaissances

Corrigés des exercices p. 372

Vrai ou faux ?

	V	F
1. Seuls les pouvoirs publics prennent en charge la prévention et l'assurance des risques.	☐	☐
2. Les cadres sont plus exposés que les ouvriers au risque d'accident du travail.	☐	☐
3. Être risquophile, c'est ne pas avoir de goût pour le risque.	☐	☐
4. En France, la prévention des risques est une obligation légale pour les entreprises.	☐	☐
5. Aujourd'hui encore, la famille joue un rôle important dans la gestion des risques.	☐	☐
6. Assurance et mutualisation des risques sont des techniques remontant à l'Antiquité.	☐	☐
7. La maladie, la vieillesse, la famille et les accidents du travail, la pauvreté et l'exclusion sont les principaux risques économiques et sociaux pris en charge par la Sécurité sociale.	☐	☐
8. En raison de l'aléa moral et de la sélection adverse, le partage des risques peut engendrer des effets néfastes.	☐	☐
9. Les sociétés privées d'assurance offrent à leurs clients des prestations d'assistance.	☐	☐
10. On dénombre dans le monde cinq grands modèles de protection sociale.	☐	☐

2. Interpréter une série chronologique

Savoir-faire 11, p. 355

Évolution du nombre d'allocataires des principaux minima sociaux depuis 2000

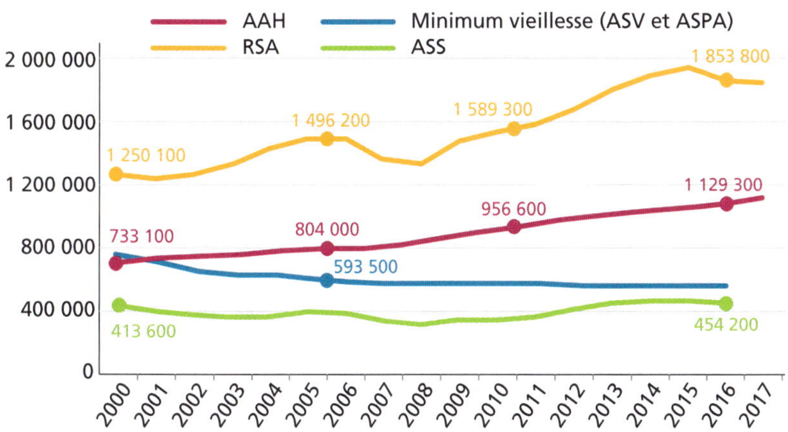

Note : ASS : l'allocation de solidarité spécifique ; AAH : allocation aux adultes handicapés.

Source : « Minima sociaux : première baisse du nombre d'allocataires depuis 2008 », Drees, site du ministère des solidarités et de la santé, 6/07/2018.

Questions

1. Entre 2000 et 2016, le nombre d'allocataires des quatre principaux minima sociaux a-t-il augmenté ?
2. Calculez le taux de variation du nombre d'allocataires du RSA entre 2000 et 2016. SAVOIR-FAIRE 3 p. 346
3. Calculez le coefficient multiplicateur SAVOIR-FAIRE 2 p. 345 du nombre d'allocataires du minimum vieillesse sur toute la période.
4. Calculez la valeur en indice du nombre d'allocataires de l'Allocation aux adultes handicapés (AAH) en 2016 (base 100 en 2000). SAVOIR-FAIRE 5 p. 348
5. À l'aide de tous vos calculs, rédigez une synthèse sur l'évolution des minima sociaux de 2000 à 2016. Vous distinguerez deux périodes pour l'évolution du RSA et vous proposerez des explications.

3. La mise en place de mesures de prévention des risques professionnels

CAS PRATIQUE

En France, un employeur est légalement tenu de rédiger un document unique de prévention des risques, comportant l'évaluation de l'ensemble des risques professionnels auxquels les salariés sont exposés.

De plus, l'employeur est tenu de prendre les mesures nécessaires pour assurer la sécurité et protéger la santé des travailleurs, notamment à travers des actions d'information et de formation des salariés aux risques professionnels. Le non-respect de cette obligation de formation des salariés à la sécurité par l'employeur engage sa responsabilité en cas d'accident du travail.

Voici les risques professionnels les plus courants : exposition au bruit, exposition à des agents chimiques cancérogènes, exposition à des agents biologiques, exposition à des contraintes physiques intenses, exposition à des agressions physiques ou verbales, exposition au travail de nuit.

Questions

1. Vous dirigez une clinique privée. À quels risques professionnels, vos salariés sont-ils probablement exposés ? Quelles sont les mesures de prévention qui peuvent être prises ?
2. Vous dirigez une entreprise de construction-maçonnerie. À quels risques professionnels vos salariés sont-ils probablement exposés ? Quelles sont les mesures de prévention qui peuvent être prises ?
3. Vous dirigez une boulangerie. À quels risques professionnels vos salariés sont-ils probablement exposés ? Quelles sont les mesures de prévention qui peuvent être prises ?

L'INFOGRAPHIE DU CHAPITRE

Le risque de pauvreté en France

Évolution du taux de pauvreté depuis 1970 (en %)

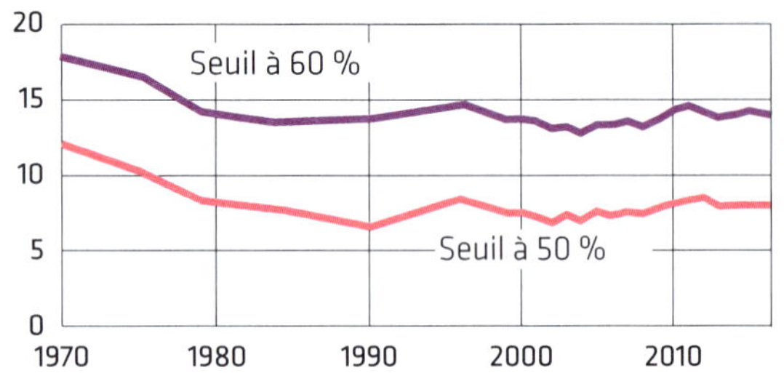

Source : Insee.

« Le **taux de pauvreté** correspond à la proportion d'individus dont le niveau de vie est inférieur pour une année donnée à un seuil, dénommé **seuil de pauvreté** (exprimé en euros) » (Insee).

Le **niveau de vie** désigne le revenu disponible, c'est-à-dire les revenus liés à l'activité, au patrimoine, les pensions de retraite et les prestations sociales, desquels sont soustraits les impôts directs (impôt sur le revenu, CSG, taxe d'habitation...). L'Insee calcule ensuite le niveau de vie de chaque personne en prenant en compte la taille du ménage.

En Europe, pour mesurer la pauvreté, le **seuil de 60 % du niveau de vie médian** est privilégié. Le niveau de vie médian sépare la population en deux parts égales : une moitié gagne moins, l'autre moitié gagne davantage.

Exemple de pauvreté extrême : un homme seul et sans abri dans les rues de Paris pendant la vague de froid de janvier 2017.

Taux de pauvreté en Europe en 2015 (en %)

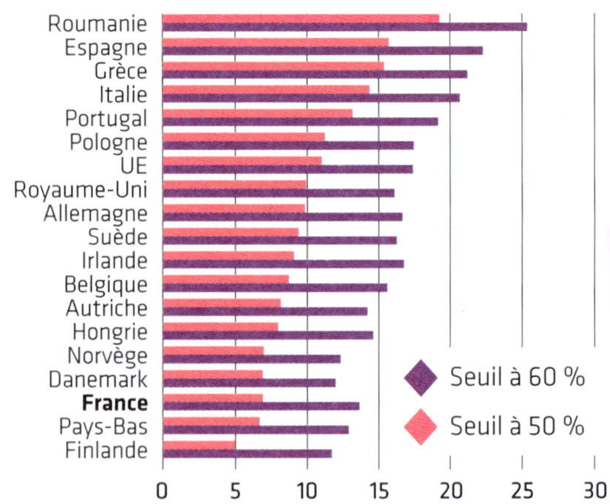

Source : Eurostat, données 2015 © Observatoire des inégalités.

En 2016,
l'Insee dénombrait
8,8 millions de personnes sous le seuil de pauvreté
(à 60 %).

Taux de pauvreté par âge en 2015 (en %)

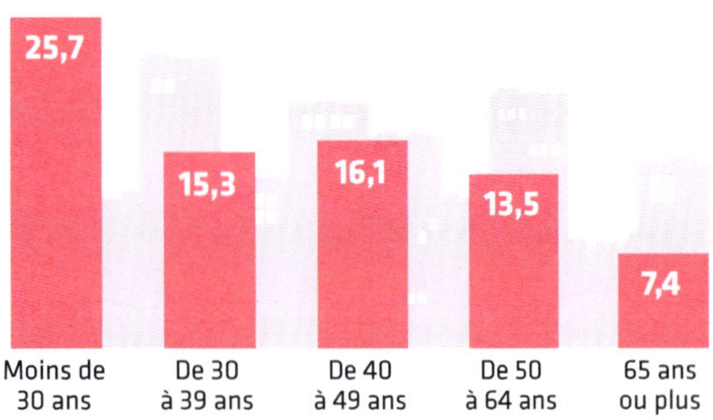

Taux de pauvreté par catégorie socioprofessionnelle en 2015 (en %)

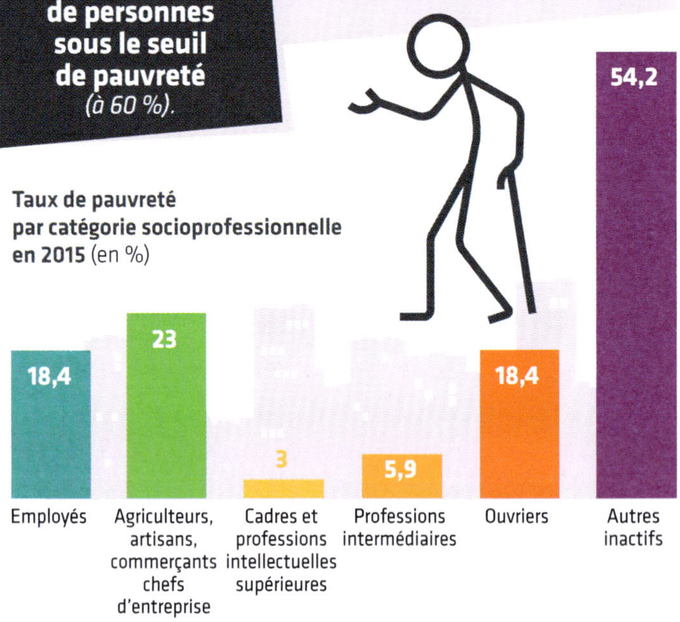

Sources : « Les niveaux de vie en 2016 », Insee première, 11/09/2018.

EXERCICE

Faites une synthèse des documents en suivant le plan ci-dessous :

A/ Évolution de la pauvreté en France et comparaison internationale

B/ Une exposition différenciée au risque de pauvreté (en fonction notamment de l'âge et de la CSP)

MÉTHODE VERS LE BAC

Rédiger une conclusion

Sujet **Comment la gestion des risques par les pouvoirs publics prend-elle en compte les inégalités sociales ?**

Idées à développer

Supposons qu'un élève ait traité le sujet en 3 parties :

1. Des politiques de prévention ciblées sur les populations davantage exposées contribuent à réduire les inégalités face aux risques sociaux (formation des non-diplômes, normes de sécurité au travail).
2. La mutualisation, via des mécanismes d'assurance (prestations contributives), opère une redistribution horizontale ex post des bas risques vers les hauts risques (versement d'allocations chômage, remboursement de frais de santé).
3. La mutualisation, via des mécanismes d'assistance (prestations non contributives), opère une redistribution vers les plus démunis ne pouvant cotiser au système d'assurance obligatoire (versement de minima sociaux, financement d'hébergements d'urgence, etc.).

Problématique : Il s'agit de montrer en quoi les politiques de prévention et de mutualisation permettent soit de réduire en amont les inégalités préexistantes d'exposition aux risques sociaux, soit d'opérer en aval une redistribution horizontale.

Exemple de rédaction

Voici la conclusion de cet élève accompagnée des remarques du professeur.

Finalement 1, la gestion publique des risques sociaux opère une redistribution horizontale grâce à des mesures d'assurance d'un côté, d'assistance de l'autre 2 : elle permet de réduire les inégalités entre malades et bien-portants, entre chômeurs et actifs occupés, etc. 3 La mutualisation 4 permet donc de partager les risques grâce au versement de prestations lorsqu'un risque social se réalise : le principe de solidarité qui préside à la gestion publique des risques a bien pour but de prémunir les individus contre l'augmentation des inégalités engendrés par la survenance de tel ou tel risque 5.
Les risques sociaux pourraient être gérés par des institutions privées 6. Mais les inégalités entre les individus les plus démunis et le reste de la société augmenteraient 7 en l'absence d'un État-providence gérant les risques sociaux 8.

1 Inutile. À la fin de votre dernière partie, il suffit de sauter une ligne et d'aller en retrait pour la première partie de votre conclusion.
2 Attention : vous oubliez les politiques de prévention pourtant traitées dans votre première partie.
3 Bien : vous reliez clairement assurance, assistance et inégalités sociales.
4 Vous pourriez redéfinir simplement cette notion.
5 Rappelez la différence entre prestations d'assurance (contributives) et d'assistance.
6 Précisez : mutuelles et sociétés d'assurance.
7 Imprécis : donnez des exemples d'inégalités qui augmenteraient.
8 Vous pourriez ajouter que tous les systèmes d'État-providence, même les moins protecteurs, opèrent une redistribution vers les plus démunis, à la différence des sociétés d'assurance.

En tenant compte des remarques du professeur et de la fiche méthode ci-dessous, rédigez à votre tour la conclusion.

FICHE MÉTHODE Rédiger une conclusion

1. Une conclusion comprend deux paragraphes.
   - **1er paragraphe** : vous devez rédiger une réponse claire à la problématique posée (dans le cas d'une dissertation) ou à la démonstration demandée pour une partie 2 de l'épreuve de spécialité. Mais vous ne devez pas écrire un résumé de votre développement sans répondre explicitement au sujet.
   - **2e paragraphe** : une ouverture (qui est possible mais n'est pas attendue pour l'épreuve de spécialité) permettant d'élargir la réflexion à partir d'un autre questionnement en lien avec le sujet traité. Vous ne devez cependant pas mentionner des arguments qui étaient indispensables au développement et qui auraient dû y figurer.
2. Ne négligez pas votre conclusion, car le correcteur achève par elle la lecture de votre devoir. Il est important de lui donner une image finale positive de votre travail.
3. Votre conclusion doit être synthétique. En fonction de votre capacité à gérer le temps, elle peut être rédigée en fin de devoir ou pré-rédigée une fois votre plan achevé.

VERS LE BAC

Épreuve de spécialité

Partie 1 Mobilisation de connaissances et traitement de l'information (10 points)

• **Document** **Pauvreté des enfants selon l'activité des parents en 2015** (en %)

	Structure de la population	
	des enfants pauvres	des enfants non pauvres
Un couple	59,6	83,6
Deux actifs occupés	10,5	61,3
Un actif occupé, un chômeur	7,3	6,1
Un actif occupé, un inactif	21,9	14,4
Deux chômeurs	2,3	0,3
Un chômeur, un inactif	9,9	0,8
Deux inactifs	7,7	0,8
Une personne seule	**35,8**	**13,7**
Un actif occupé	11,7	12,3
Un chômeur	8,7	0,6
Un inactif	15,4	0,8
Autres[1]	4,6	2,7
Total	**100,0**	**100,0**

1. Enfants ne vivant pas dans un ménage de type parent(s)/enfant(s).

Note : pauvreté au seuil de 60 % des personnes de moins de 18 ans.
Champ : France métropolitaine, personnes de moins de 18 ans vivant dans un ménage dont le revenu déclaré au fisc est positif ou nul et dont la personne de référence n'est pas étudiante.

Source : Insee, « Tableaux de l'économie française », 2018.

• **Questions**

1. La protection sociale ne repose-t-elle que sur le mécanisme d'assurance ?

2. Montrez que le fait de vivre dans une famille monoparentale accroît le risque de pauvreté pour les enfants.

3. Montrez par des chiffres précis les facteurs qui influencent le risque de pauvreté des enfants.

CONSEILS

- Définissez la protection sociale (en n'oubliant pas le rôle des mutuelles), puis le mécanisme d'assurance.
- Utilisez la typologie des modèles d'État-providence. Rappelez que la mutualisation des risques sociaux peut engendrer le versement de prestations d'assurance et d'assistance.
- Rappelez comment est justifié le recours à d'autres mécanismes que l'assurance.
- Appuyez-vous sur le titre du tableau pour en déduire la lecture des différentes statistiques.
- Rappelez la définition de la population active.
- Observez les écarts les plus importants. Vous pouvez comparez les chiffres des deux colonnes en valeur absolue, mais aussi en calculant approximativement un coefficient multiplicateur.
- Comparez aussi les pourcentages selon que le(s) parent(s) est (sont) chômeur(s) ou inactif(s).

Partie 2 Raisonnement appuyé sur un dossier documentaire (10 points)

Sujet À l'aide de vos connaissances et du dossier documentaire, vous comparerez les bienfaits attendus d'une gestion privée ou publique du risque vieillesse.

Doc. 1 **Évolution du nombre de bénéficiaires du minimum vieillesse** (échelle de gauche) **ou de l'allocation supplémentaire d'invalidité et proportions par rapport à l'ensemble des retraités** (échelle de droite)

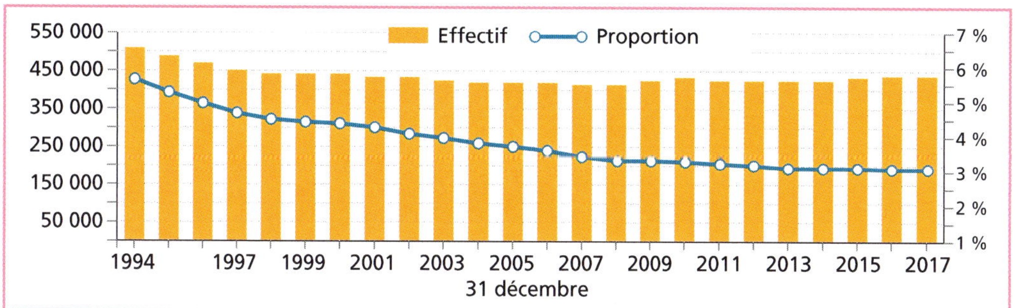

Source : « Minimum vieillesse et Allocation supplémentaire d'invalidité », Site du Cnav, 5 juin 2018 (www.statistiques-recherches.cnav.fr/le-minimum-vieillesse.html).

CONSEILS

- Demandez-vous à quel type de gestion du risque vieillesse renvoie le document (privée/publique ; mécanismes d'assurance/ d'assistance).
- Interrogez-vous quant aux conséquences que pourrait avoir la suppression de ces minima sociaux sur les inégalités face au risque vieillesse.

Doc. 2

La privatisation des retraites ou de la santé est parfois préconisée. Selon ses partisans, cette solution augmenterait l'efficacité du système, car des entreprises en situation de concurrence seraient obligées de chercher la plus grande efficacité et de réduire leurs frais de gestion. Cet argument est discutable, car le monopole permet des économies d'échelle et supprime les frais de marketing, dont on voit bien, dans le cas des médicaments par exemple, qu'ils peuvent accroître considérablement les coûts. C'est pourquoi les frais de gestion des systèmes publics de retraite sont généralement inférieurs à ceux des systèmes privés. Un autre argument, spécifique aux retraites, est que celles financées par une épargne préalable (capitalisation) ne connaîtraient pas les problèmes démographiques qui se posent en répartition puisque, quelle que soit l'évolution démographique, les pensions sont financées par les cotisations versées préalablement. Si chacun cotise pour sa propre retraite, il ne devrait pas y avoir de génération «sacrifiée» ou de problème d'équité intergénérationnelle. Mais la capitalisation ne résout pas complètement le problème démographique : lorsque les générations nombreuses partent en retraite, elles vendent leur capital au même moment et les cours chutent. La capitalisation introduit par ailleurs les risques liés à la possibilité de krachs boursiers. Il est de toute façon illusoire de vouloir éliminer l'État du système. Car que faire des personnes qui n'ont pas les moyens de se payer des assurances privées ? Et qui va garantir la pérennité des contrats souscrits par les assureurs en cas de difficultés financières ?

Arnaud Parienty, « Quel choix pour la protection sociale ? », *Alternatives économiques* n°335, 2014.

CONSEILS

- Distinguez les différents critères de comparaison des gestions publique et privée du risque vieillesse.
- N'oubliez pas qu'il est bienvenu d'intégrer à votre raisonnement la définition des notions du programme (économies d'échelle, cotisations, krachs boursiers).
- Demandez-vous, à partir de la fin du texte, comment relier ce texte au document 1.

S'ENTRAÎNER

Étape 1 Analyser le sujet

- Il s'agit ici de comparer gestions publique et privée du risque vieillesse au plan des bienfaits que l'on en attend. Le terme « gestion » renvoie à des financements différents : épargne privée volontaire sans redistribution mais soumise aux risques de variation de prix des placements financiers (gestion privée) ; cotisation obligatoire reposant sur un mécanisme d'assurance et des prestations contributives plafonnées et prestations d'assistance non contributives comme le minimum vieillesse (gestion publique).

Étape 2 Analyser les documents

- Lisez les conseils donnés en marge des 2 documents proposés.
- Doc. 2 : vous pouvez construire un tableau à 2 colonnes en indiquant, pour chaque critère de comparaison, les arguments en faveur d'une gestion privée d'un côté, ceux en faveur d'une gestion publique de l'autre.

Étape 3 Organiser ses connaissances pour répondre au sujet

- Il est nécessaire de distinguer plusieurs critères de comparaison suggérés par le texte : celui des coûts de gestion (ou de l' « efficacité économique » du mode de gestion) ; celui de la capacité d'adaptation aux évolutions démographiques (vieillissement de la population, équité intergénérationnelle) et aux risques de krach financier ; celui, enfin, du degré de redistribution (ou de limitation des inégalités) que permet tel ou tel mode de gestion.
- Le plan pourra reprendre les trois critères de comparaison précédemment énoncés (3 parties donc), en se demandant à chaque fois (c'est la problématique) si l'on peut attendre plus de bienfaits (ou de méfaits) de la gestion du risque vieillesse selon qu'elle est prise en charge par le secteur public ou le secteur privé.

VERS LE BAC Dissertation

Sujet **Les politiques de lutte contre le risque de tabagisme sont-elles efficaces ?**

Doc. 1 **Ventes de cigarettes manufacturées et indice du prix réel du tabac**

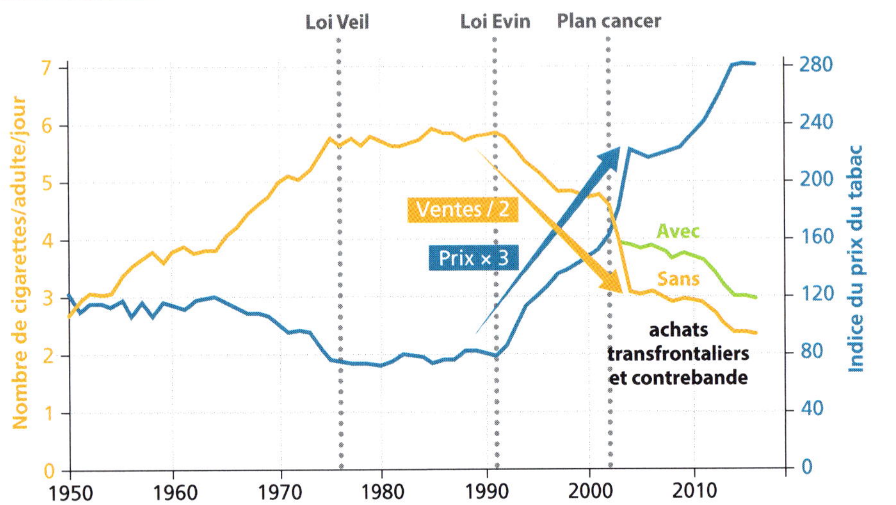

Note 1 : les lignes en pointillés incluent une estimation du nombre de cigarettes achetées en contrebande.
Note 2 : la **Loi Veil** (9 juillet 1976) instaure une réglementation de la promotion des produits du tabac et impose la mention de l'avertissement sanitaire « abus dangereux » sur les emballages.
La **loi Evin** (10 janvier 1991) établit le principe d'une interdiction de fumer dans les lieux affectés à un usage collectif. Le **plan Cancer** (2003-2007) a conduit à faire pleinement appliquer l'interdiction de fumer dans les lieux publics (2007-2008) et à planifier « une augmentation significative et régulière du prix de vente du tabac ».
Champ : France métropolitaine.

Source : Catherine Hill, Clémence Legoupil, « Taxation et prix du tabac en France et conséquences sur la consommation », Bulletin épidémiologique hebdomadaire, Santé publique France, n°14-15, mai 2018.

CONSEILS

- Bornez chronologiquement les grandes phases d'évolution de la consommation de tabac.
- Distinguez, à l'aide de la note au bas du document, les divers leviers de prévention utilisés par les pouvoirs publics, et interrogez leur efficacité à la lumière des évolutions statistiques présentées.
- Interrogez en particulier l'importance du facteur économique (prix du tabac).
- Demandez-vous comment les politiques de taxation du tabac peuvent être contournées par les consommateurs.

Doc. 2

Les personnes que nous avons rencontrées se racontent tout entières au travers de leur pratique tabagique. La cigarette est ce par quoi se trame toute leur histoire, c'est l'un de ces objets qui traversent toutes les expériences, des plus intimes aux plus institutionnelles, l'un de ces objets d'échange par lesquels s'établissent et s'entretiennent les liens avec les autres. […] La pratique tabagique se construit autour de règles de l'échange qui visent à établir, entretenir ou pacifier des interactions sociales. Les cigarettes que l'on offre, que l'on partage, que l'on fume ensemble, établissent les règles de distances sociales tout en offrant des opportunités de communiquer. Quand le lien social se délite, quand les tensions sont si fortes qu'on ne sait plus comment les apaiser, la cigarette permet d'inviter l'autre à partager du temps et des conversations, tout en lui rappelant qu'il a des obligations à notre égard.
Pour les fumeurs en situation de précarité, la cigarette satisfait des besoins de première nécessité, et remplit des fonctions de premier plan. On comprend mieux alors pourquoi la lutte antitabac échoue à faire reculer le tabagisme dans les milieux sociaux les plus défavorisés, et la nécessité qu'il y a à envisager des actions de prévention qui prennent en compte ces besoins et ces fonctions. La volonté des pouvoirs publics de débanaliser la pratique tabagique n'est plus, au sein de ces populations, un moteur suffisant à l'arrêt du tabac. Reste alors à interroger les limites d'une politique sanitaire dont les ressorts ne permettent plus d'aider une population, mais finissent par l'appauvrir davantage, la stigmatiser et, au final, la maintenir dans une pratique qu'elle sait dangereuse.

J. Constance, P. Peretti-Watel, « La cigarette du pauvre », *Ethnologie française*, 2010/3 (vol. 40).

CONSEILS

- Observez attentivement la source du document et résumez-en la thèse.
- Demandez-vous si la fonction sociale de la cigarette freine l'efficacité : 1) des politiques de prévention-débanalisation ; 2) des politiques de taxation croissante du tabac.
- Demandez-vous en quoi ce texte permet d'éclairer certains écarts statistiques révélés dans le document 3.
- À l'aide de la fin du texte, interrogez-vous quant aux effets pervers des politiques de lutte contre le tabagisme.

Doc. 3 **Taux de tabagisme quotidien** (en %) **selon les caractéristiques sociodémographiques des individus en 2016 et 2017**

	2016	2017
Sexe		
Homme	33	29,8
Femme	26	24,2
Âge		
18-24 ans	36,7	32,1
25-34 ans	37,3	36,5
35-44 ans	35,7	32
45-54 ans	32,6	30,6
55-64 ans	22,4	20,6
65-75 ans	10,4	9,5
Diplôme		
Aucun diplôme	41	26,3
< Bac	31,7	29,3
Bac	29,2	27,6
> Bac	21,1	19,8
Situation professionnelle		
Travail	30,6	29
Chômage	49,7	43,5
Inactivité	21,7	19,3
PCS de l'individu ou du référent du foyer		
Agriculteur, artisan, commerçant, chef d'entreprise	26,1	26,8
Cadre et profession intellectuelle supérieure	17,9	15,9
Profession intermédiaire	24,7	23,9
Employé	30	27,4
Ouvrier	40,6	36,4

Note 1 : en 2017, 31,9 % des personnes de 18-75 ans résidant en France métropolitaine déclaraient fumer.
Note 2 : en 2016, plusieurs mesures de lutte antitabac ont été mises en place dans le cadre du Programme national de réduction du tabagisme (PNRT) 2014-2019. Depuis le 27 janvier 2016, les traitements de substitution nicotinique peuvent être prescrits par les médecins du travail, les chirurgiens-dentistes, les infirmiers et les masseurs-kinésithérapeutes. Depuis le 1er novembre 2016, ils sont remboursés à hauteur de 150 € par an.

Source : Anne Pasquereau *et al.*, « La consommation de tabac en France : premiers résultats du Baromètre santé 2017 », *Bulletin épidémiologique hebdomadaire*, Santé publique France, n°14-15, 29 mai 2018.

CONSEILS

- Observez l'évolution globale du taux de tabagisme entre 2016 et 2017, et appuyez-vous sur la note 2 pour en proposer une interprétation.
- Repérez ensuite les taux se situant nettement au-dessus ou en dessous du taux moyen (note 1), leur variation entre 2016 et 2017, puis cherchez à voir si les groupes sous ou surreprésentés constituent des ensembles cohérents. Synthétisez les facteurs sociodémographiques influant fortement la pratique tabagique.
- Concernant l'âge, demandez-vous si les différences de taux traduisent un effet-âge et/ou un effet génération.
- Enfin, demandez-vous en quoi les politiques publiques sont capables de prendre en compte efficacement les différences d'exposition au risque de tabagisme.

S'ENTRAÎNER À LA DISSERTATION

Étape 1 Analyser le sujet

- La question appelle à statuer sur l'efficacité (faible, forte ?) des politiques de lutte contre le risque de tabagisme et, implicitement, à en chercher les raisons.
- *Efficace* signifie « qui produit les effets recherchés » (ici, la baisse de la consommation de tabac), il faut observer les évolutions de la pratique tabagique en fonction des politiques publiques mises en place.
- Il convient, enfin, de mettre en évidence les obstacles que rencontrent ces politiques.

Étape 2 Analyser les documents

- Lisez les conseils donnés en marge des 3 documents proposés.
- N'oubliez pas que les documents constituent d'abord un support (plutôt qu'une matrice) de la réflexion : vous ne devez pas les lire sans vous demander : « Que me disent-il de l'efficacité ou de l'inefficacité des politiques du lutte contre le tabagisme ? » N'hésitez pas à construire un tableau avec d'un côté les facteurs et signes d'efficacité, de l'autre les facteurs et signes d'inefficacité que vous repérez.

Étape 3 Organiser ses connaissances pour répondre au sujet

- Si le risque de tabagisme fait partie du « risque santé » et fait l'objet de politiques de mutualisation, ce sont principalement les politiques de prévention qui ont pour objectif de lutter contre la consommation de tabac (à l'exception peut-être des remboursements récents des traitements de substitution nicotinique, qui relèvent de la mutualisation et incitent à une moindre consommation).
- Pour éviter un plan « En quoi et pourquoi ces politiques sont efficaces »/ « En quoi et pourquoi elles ne le sont que partiellement », on peut structurer la réponse autour des deux grands types de mesures préventives en mettant au jour dans chaque partie les facteurs d'efficacité et d'inefficacité de ces mesures : prévention par la taxation ; prévention par la débanalisation du tabagisme (via l'éducation, la restriction des espaces de consommation ou l'interdiction de la publicité).
- Une troisième partie (ou la conclusion) pourrait insister non plus seulement sur l'efficacité relative de ces politiques mais sur leurs effets pervers (appauvrissement et stigmatisation des plus pauvres).

CHAPITRE 12

NOTIONS
hiérarchie, gouvernance, coopération, conflit, entreprise, entrepreneur-innovateur, manager, actionnaire, gouvernance, centralisation/décentralisation des décisions, coopérative

Comment les entreprises sont-elles organisées et gouvernées ?

L'entreprise est une organisation productive qui associe de multiples acteurs aux intérêts parfois divergents. C'est un lieu de coopération et de conflit.

Diversité des entreprises et des entrepreneurs	Le cycle de vie des entreprises	La gouvernance d'entreprise	L'entreprise, lieu de conflit et de coopération
Le monde des entreprises est très divers, de la petite entreprise individuelle à la grande multinationale. L'entrepreneur désigne toutes les personnes qui engagent des ressources dans un projet économique au sein d'une entreprise.	Les entreprises sont créées, se développent, changent de statut, s'internationalisent et parfois disparaissent.	Pour faire fonctionner une entreprise, il faut organiser la prise de décision et définir les relations d'autorité.	L'entreprise rassemble des agents dont les intérêts ne sont pas spontanément convergents. Il faut parvenir à les concilier dans l'intérêt des acteurs et de l'entreprise.
↓	↓	↓	↓
Qu'est-ce qu'une entreprise et quelles sont les figures de l'entrepreneur ? DOSSIER 1	**Quelles sont les étapes du cycle de vie des entreprises ?** DOSSIER 2	**Comment est organisée la prise de décision au sein de l'entreprise ?** DOSSIER 3	**Comment sont conciliés les intérêts contradictoires entre les parties prenantes de l'entreprise ?** DOSSIER 4

SOMMAIRE DU CHAPITRE

ENTRER DANS LE CHAPITRE

podcast – Ça s'écoute
À quoi sert un patron ?
Exemple de Sogilis
Durée : 5 min.
www.lienmini.fr/ses-1-028

Doc. 1 Chrono flex : une « entreprise libérée » depuis 2012

▲ Chez Chrono flex, chacun a les mêmes droits et devoirs, le tout est de savoir allier bien-être des employés et performances de l'entreprise.

Doc. 2 « Paris-Saclay : un concours d'idées pour créer votre entreprise »

◀ Avec Essonne Développement, la Communauté Paris-Saclay lance la 3e édition du Concours d'idées à la création d'entreprise qui s'adresse à tous les habitants de l'agglomération de plus de 16 ans.

1 Quels sont les acteurs de l'entreprise représentés ? (DOC. 1)

2 Qu'est-ce qui est nécessaire pour créer une entreprise ? (DOC. 2)

3 Écoutez le podcast. Quelle est la particularité de l'entreprise Sogilis ?

Qu'est-ce qu'une entreprise et quelles sont les figures de l'entrepreneur ?

OBJECTIF : Définir l'entreprise et en montrer la diversité.

A La diversité des entreprises

Une entreprise est une organisation dont l'activité principale est de produire des biens et services pour les vendre sur le marché. Il existe une grande diversité d'entreprises par la taille ou encore le statut.

DOC.1 Qu'est-ce qu'une entreprise ?

L'entreprise n'est pas définie par son but, mais par son activité : seuls les organismes qui vendent quelque chose (et à condition que cette vente constitue une activité habituelle et dominante) sont des entreprises. Cela exclut les administrations qui, par définition, ne vendent pas les services qu'elles sont amenées à rendre. Cela exclut également bon nombre d'associations (sportives, culturelles, etc.) qui ne vendent rien, ou seulement de façon exceptionnelle (des calendriers, par exemple). Mais si une association se constitue pour loger des jeunes travailleurs ou pour organiser des conférences payantes, elle devient une entreprise, même si sa finalité n'est pas de réaliser un profit. La notion d'entreprise est donc très large, puisqu'elle couvre toutes les activités économiques marchandes, quelle qu'en soit la finalité.

« Dictionnaire en ligne », © *Alternatives économiques* (www.alternatives-economiques-education.fr/Dictionnaire)

1 Comprendre. Qu'est-ce qui distingue une entreprise d'une administration ?

2 Comprendre. Est-ce la recherche du profit qui définit une entreprise ?

3 Illustrer. La boulangerie de votre quartier est-elle une entreprise ? et la bibliothèque municipale ?

DOC.2 Les entreprises en France

	Nombre d'entreprises	Salariés en équivalent temps plein	Chiffre d'affaires	Valeur ajoutée	Investissement	Exportations
	(en milliers)		*(en milliards d'euros)*			
0 salarié	1 311	0	238,3	65,5	38,6	26,6
1 à 9 salariés	950	2 581	538,2	171,9	20,9	41,4
10 à 249 salariés	149	4 560	1 267,4	325,4	45,7	175,7
250 salariés ou plus	4	4 804	1 682,6	466,4	87,6	428,6
Ensemble	2 414	11 946	3 726,4	1 029,2	192,7	672,3

Champ : France, secteurs principalement marchand non agricoles et non financiers.

Source : Insee, *Les entreprises en France*, 2018.

NOTIONS

- **Chiffre d'affaires** : valeur de la production vendue.
- **Profit** : production moins coûts.
- **Valeur ajoutée** : production moins consommations intermédiaires.

Taille de l'entreprise, selon le nombre de salariés
- moins de 10 : microentreprise.
- moins de 250 : petites et moyennes entreprises (PME).
- de 10 à 250 : autres PME.
- de 250 à 5 000 : entreprises de taille intermédiaire.
- plus de 5 000 : grandes entreprises.

4 Lire. À quelle(s) catégorie(s) d'entreprises le regroupement des entreprises de 250 salariés ou plus correspond-il ?

5 Analyser. Quelle est l'importance de ces entreprises de 250 salariés ou plus dans le nombre total d'entreprises ? dans l'emploi ? dans la valeur ajoutée ? dans les exportations ?

6 Calculer. Exprimez, en %, la part des entreprises de 1 à 9 salariés dans le nombre total d'entreprises, l'emploi salarié et la valeur ajoutée.

7 Construire. Construisez un diagramme de répartition des exportations selon la taille des entreprises.

DOC. 3 Des entreprises diverses par le statut juridique

	Statut juridique			
Types	**Entreprises individuelles**	**Entreprises sociétaires privées**	**Entreprises de l'économie sociale et solidaire**	**Entreprises du secteur public**
Caractéristiques	Le capital social appartient à une personne physique, l'entrepreneur, qui est l'unique responsable. L'entreprise peut avoir des salariés.	Le capital social appartient à plusieurs personnes qui créent une personne morale. Ces personnes dirigent l'entreprise ou désignent des mandataires.	La gouvernance de ces entreprises qui doivent être rentables est régie selon des principes démocratiques et poursuivent des objectifs comme la solidarité, la pérennité des emplois.	Entreprises dont le capital appartient en totalité ou en partie aux pouvoirs publics qui exercent une influence sur la gestion de l'entreprise.
Exemples	Commerçants, artisans, professions libérales.	Sociétés à responsabilité limitée (SARL), sociétés anonymes.	SCOP (sociétés coopératives et participatives), mutuelles.	Entreprises publiques, sociétés d'économie mixte.

8 Lire. Qu'est-ce qui distingue une entreprise individuelle d'une entreprise sociétaire ?

9 Analyser. Les entreprises poursuivent-elles toutes le même but ?

10 Analyser. Les apporteurs de capitaux assurent-ils toujours la direction de l'entreprise ?

DOC. 4 Entreprise, établissement, groupe

Une entreprise possède une unité juridique, un établissement désigne l'unité de production. Une entreprise peut avoir plusieurs établissements, si elle exerce son activité dans plusieurs lieux distincts.
Une entreprise peut être contrôlée par une autre entreprise, dès lors que cette dernière détient une part de son capital social. On parle de filiale lorsqu'il s'agit d'une part majoritaire, de participation lorsque la part est comprise entre 20 % et 50 % du capital social. On qualifie de groupe l'ensemble constitué par une entreprise et les filiales ou participations détenues.
Une entreprise multinationale est une entreprise qui détient des établissements ou qui contrôle des entreprises filiales dans un ou plusieurs pays distincts de celui de son siège social.

D'après « Dictionnaire en ligne », © *Alternatives économiques* (www.alternatives-economiques-education.fr/Dictionnaire)

Le Groupe Crédit du Nord

Créé il y a plus de 160 ans, le Groupe Crédit du Nord est une fédération de huit banques régionales. [...] Les 10 000 collaborateurs du Groupe et son réseau de 938 agences sont au service de plus de 1,94 million de clients particuliers, 200 000 professionnels et 47 000 clients entreprises. Le Groupe Crédit du Nord est filiale à 100 % du Groupe Société Générale.

www.objectif-import-export.fr/fr/groupe-credit-du-nord

11 Comprendre. Classez ces termes du plus inclusif au moins inclusif : établissement, groupe, entreprise.

12 Comprendre. Identifiez les établissements, entreprises, groupes et filiales dans l'exemple du Crédit du Nord.

FAIRE LE POINT

Vrai ou faux ? Justifiez vos réponses.

1. Les grandes entreprises sont majoritaires en nombre.

2. Le but de toutes les entreprises est de faire des profits.

3. Les entreprises de taille intermédiaire et les grandes entreprises réalisent l'essentiel des exportations.

4. Les entreprises individuelles ne peuvent pas avoir de salariés.

À RETENIR

- Les **entreprises** sont définies par leur activité principale : la production marchande. Elles présentent une grande diversité, de l'entreprise individuelle sans salarié à la grande entreprise multinationale.
- Si les **petites et moyennes entreprises** sont largement majoritaires en nombre, ce sont les **entreprises de taille intermédiaire** et les **grandes entreprises** qui sont à l'origine de l'essentiel de la valeur ajoutée, de l'investissement et encore plus des exportations.
- Ces entreprises diverses exercent sous **différents statuts** (entreprises individuelles, sociétés à responsabilité limité, sociétés anonymes, sociétés coopératives de production...).

OBJECTIF :
Connaître et illustrer la diversité des figures de l'entrepreneur.

B Les figures de l'entrepreneuriat

L'entrepreneuriat désigne le fait pour un individu ou un groupe d'individus de trouver une opportunité d'affaires et de l'exploiter en créant une entreprise. Derrière cette idée commune, les figures de l'entrepreneur sont diverses : actionnaire, manager, travailleur indépendant…

DOC.1 Un entrepreneur innovateur : Henry Ford[1]

Extrait de *Economix*, Dan E. Burr, Michael Goodwin, traduit de l'anglais (États-Unis) par Hélène Dauniol-Remaud, © Éditions Les Arènes, Paris, 2013, 2014, 2017 et 2019.

1. Henry Ford (1863-1947) est un entrepreneur américain fondateur de l'entreprise de construction automobile Ford Motor Company.

1 Comprendre. Identifiez les innovations d'Henry Ford évoquées dans la BD.

2 Commenter. En quoi les innovations d'Henry Ford étaient-elles risquées ?

3 Analyser. Comment ont-elles permis d'améliorer la productivité et ainsi le profit de l'entreprise ?

DOC.2 Le manager et l'actionnaire

Lorsqu'on examine les problèmes des entreprises, on peut distinguer trois fonctions : celle d'avoir ses intérêts financiers dans l'entreprise, celle d'avoir autorité sur elle, celle d'agir la concernant. Une personne seule peut bien, à des degrés divers, accomplir une ou plusieurs de ces fonctions. Avant la révolution industrielle, le travailleur-propriétaire les remplissait toutes les trois, comme le font aujourd'hui les agriculteurs. […] Dans le système économique des sociétés par actions, la deuxième fonction, celle d'avoir autorité sur une entreprise, est devenue distincte de la première. La situation du propriétaire s'est réduite à avoir un ensemble d'intérêts financiers dans l'entreprise, juridiquement et dans les faits, alors que ce que nous avons appelé le groupe de direction est en situation d'avoir autorité sur elle, juridiquement et dans les faits.

A. Berle et G. Means, *The Modern Corporation and Private Property* (1932), Traduction publishers (2009), trad. N. Thibault (2014).

4 Lire. Quelles sont les trois fonctions distinguées par les auteurs dans l'entreprise ?

5 Comprendre. Le dirigeant de l'entreprise est-il forcément le propriétaire de l'entreprise ?

6 Analyser. Dans quelle mesure le dirigeant et l'actionnaire remplissent-ils chacun une fonction d'entrepreneur ?

DOC.3 Demain : tous entrepreneurs ?

Indépendants, auto-entrepreneurs, consultants, travailleurs détachés ou en portage salarial, *jobbers* qui arrondissent leurs fins de mois sur des plateformes collaboratives, multi-actifs qui cumulent plusieurs activités... Les formes d'emploi à la périphérie du salariat traditionnel (en CDI ou CDD) se sont multipliées ces dernières années. […]

De fait, le salariat qui s'est développé avec la révolution industrielle, et qui a connu son âge d'or pendant les Trente Glorieuses, correspond de moins en moins à un capitalisme postindustriel et tertiarisé, où la « production de masse » a été remplacée par la « customisation de masse ». De fait, les entreprises ont moins besoin de salariés en travail posté, à heures fixes, mais davantage d'équipes souples formées au gré des projets. Marketing, comptabilité, gestion, services généraux, informatique et parfois même R&D..., des pans entiers autrefois au cœur de l'entreprise sont aujourd'hui externalisés. […]

À l'atomisation de l'entreprise s'ajoute le big bang du numérique. Sur des centaines de plateformes virtuelles, à l'image d'Uber, les travailleurs 2.0 peuvent offrir leurs bras et leurs cerveaux à des millions de particuliers et d'entreprises, au coin de la rue comme à l'autre bout de la planète. Traduction, informatique, déménagement, transport, publicité, bâtiment, services à la personne..., l'ubérisation de l'économie attaque frontalement le monolithe du salariat traditionnel. […]

Cette France des indépendants est aussi profondément inégalitaire. Un océan sépare un consultant de haut vol travaillant à son compte du peintre en bâtiment proposant ses services sur Le Bon Coin.

Béatrice Mathieu, « La fin du salariat "à la papa" », Lexpansion.lexpress.fr, 11 avril 2015.

Évolution de la répartition de l'emploi entre salariés et indépendants (en %)

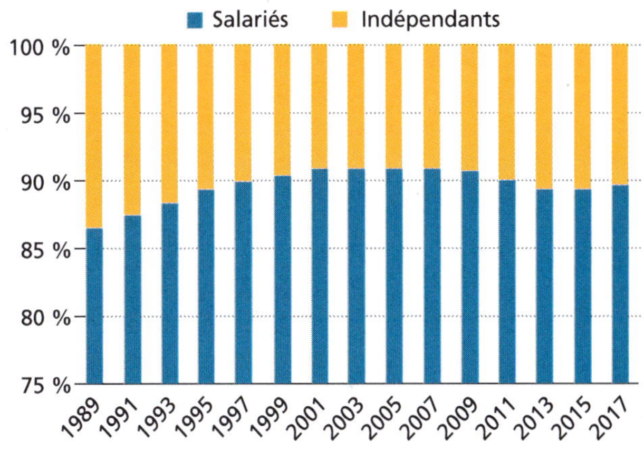

Champ : France, hors Mayotte. *Source :* Insee, 21 décembre 2018.

7 Comprendre. Quels sont les deux principaux facteurs à l'origine de l'essor du travail indépendant d'après le texte ?

8 Analyser. Montrez la diversité de ces nouveaux indépendants.

9 Lire. Quelle part les salariés représentent-ils en 2017 dans l'emploi total ?

10 Analyser. Le graphique permet-il d'accréditer l'idée de la fin du salariat ?

FAIRE LE POINT

Complétez avec : *entrepreneur • fonctions • actionnaire • entreprise • dirigeant • capitalisme.*

L'entrepreneuriat renvoie à des ...... diverses qui peuvent être associées ou distinctes dans l'...... . L'......, apporteur des capitaux, engage ses fonds et prend le risque de les perdre. Le ...... coordonne l'activité de production. L'...... au sens schumpétérien est celui qui innove et constitue ainsi la figure centrale du ....

À RETENIR

- **Les figures de l'entrepreneur sont très diverses.** Engager ou non ses propres capitaux dans l'entreprise, exercer ou non la fonction de direction de l'entreprise, avoir ou non des salariés, innover ou se contenter de développer une activité déjà éprouvée...
- Aujourd'hui, avec la flexibilisation de l'emploi et les nouvelles technologies, l'entrepreneuriat s'étend aux marges du salariat avec l'**essor de travailleurs indépendants** qui supportent le risque de leur activité.

DOSSIER 2

Quelles sont les étapes du cycle de vie des entreprises ?

OBJECTIF : Comprendre comment une entreprise est créée à partir de quelques exemples.

A La création des entreprises

De très nombreuses entreprises sont créées chaque année. Ces créations obéissent à un processus complexe pour répondre notamment à des exigences financières et administratives.

DOC. 1 Les étapes de la création d'une entreprise

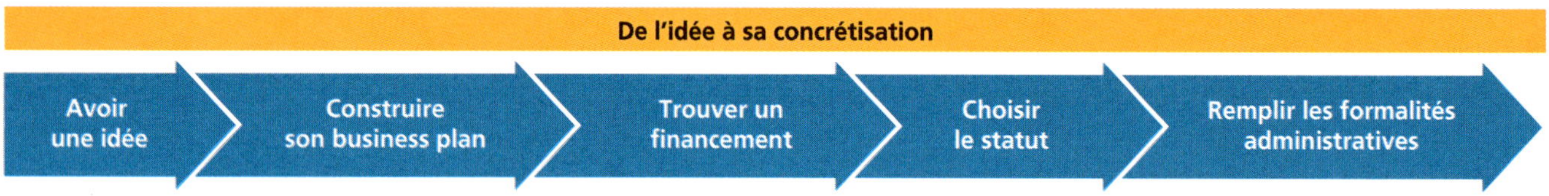

Maxime SOFA a lancé officiellement son activité en janvier 2019 sous le statut d'autoentrepreneur pour les facilités juridiques et fiscales attachées à ce statut. Le choix de cette activité de conseil en informatique repose sur une longue expérience acquise dans ce domaine en tant que salarié dans une entreprise de service informatique. Comme souvent son idée est née de son expérience, en répondant aux demandes nombreuses de son entourage qui ne savaient pas à qui s'adresser pour résoudre leurs difficultés avec l'informatique. La chambre de commerce et d'industrie d'Ille-et-Vilaine l'a accompagné dans son projet en l'aidant à réaliser une étude de marché et à constituer le dossier de financement qu'il a présenté à sa banque. Cela a sans doute contribué à l'obtention du prêt de 15 000 euros qui lui était nécessaire pour financer l'achat d'un véhicule et du matériel informatique nécessaires au lancement de son activité.

Damien Heurtevent, Magnard, 2019.

1 Comprendre. Quelles sont les étapes du processus de création d'une entreprise illustrées par l'exemple de Maxime Sofa ?

2 Expliquer. Montrez que le projet de création d'entreprise de Maxime Sofa a été longuement préparé.

3 Expliquer. Comment Maxime Sofa a-t-il réussi à financer son activité ?

DOC. 2 Des créations nombreuses

Créations annuelles d'entreprise cumulées sur 12 mois

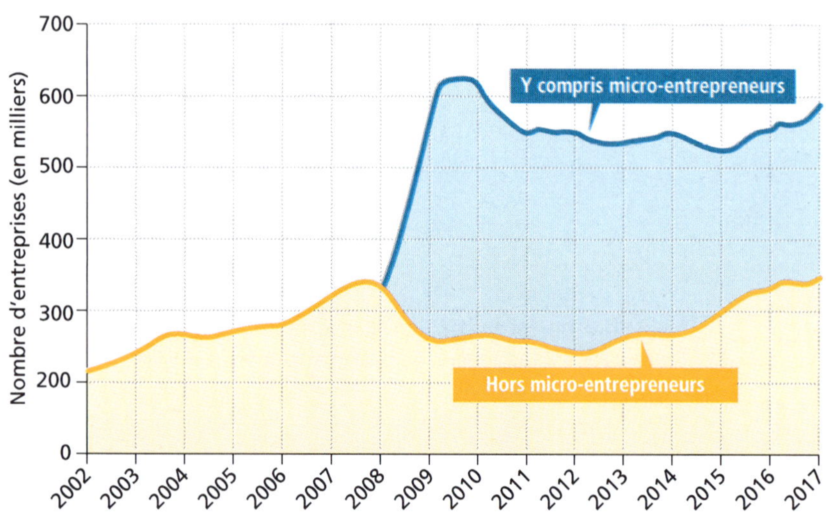

Champ : France, ensemble des activités marchandes non agricoles.

Source : Insee Références, *Vue d'ensemble, L'investissement des entreprises*, 2018.

Le statut auto-entrepreneur (ou micro-entrepreneur) est un régime simplifié de l'entreprise individuelle, créé par la Loi de modernisation de l'économie promulguée en 2008. Il permet de créer plus facilement une société à but lucratif, en profitant de démarches administratives et de procédures fiscales et sociales simplifiées.

4 Lire. Combien d'entreprises environ sont créées en France depuis 2009 ?

5 Constater. Quels effets la création du statut d'auto-entrepreneur a-t-elle eu sur le nombre de créations d'entreprises en France ?

6 Analyser. Comment expliquer la baisse du nombre d'entreprises créées hors micro-entrepreneurs après 2008 ?

DOC.3 Quel statut juridique pour une entreprise ?

vidéo

Dessine-moi l'éco :
« Quel statut juridique pour une entreprise ? » (2016).
www.lienmini.fr/ses-1-029

7 Définir. À quoi sert le statut juridique d'une entreprise ?

8 Comprendre. Quels sont les avantages et les contraintes du statut d'auto-entrepreneur ?

9 Comprendre. Identifiez les autres statuts juridiques des entreprises.

10 Comparer. Comparez dans un tableau à double entrée les avantages et contraintes du statut d'auto-entrepreneur et celui de société. SAVOIR-FAIRE 13 p. 358

DOC.4 La France championne des créations d'entreprises ?

Muriel Pénicaud le soulignait encore ce mercredi : « La création d'entreprise va plus vite que notre création d'emploi. Elle est plus dynamique et plus robuste que l'emploi salarié », se félicitait ainsi la ministre du Travail. Un avis confirmé par les chiffres publiés ce jeudi par l'Insee : une hausse de 4,8 % en août (après un recul de 3,4 % en juillet), un rebond qui concerne tant les microentreprises (+ 7 %) que les sociétés classiques (+ 3,1 %). Le nombre cumulé d'entreprises créées au cours des 12 derniers mois poursuit ainsi son accélération [...]. Cette bonne tendance fait de la France [...] l'un des très bons élèves en Europe, puisque l'Hexagone se classe sur la deuxième marche du podium, selon Eurostat, des pays les plus dynamiques en la matière. Avec 346 804 créations en 2016, elle marquait de près le Royaume-Uni (371 365 immatriculations) mais devançait de loin l'Italie (296 906).

© Corinne Caillaud, « La France, vice-championne d'Europe des créations d'entreprises », Lefigaro.fr, 14 septembre 2018.

Les créations d'entreprises selon le nombre de salariés en Europe en 2016

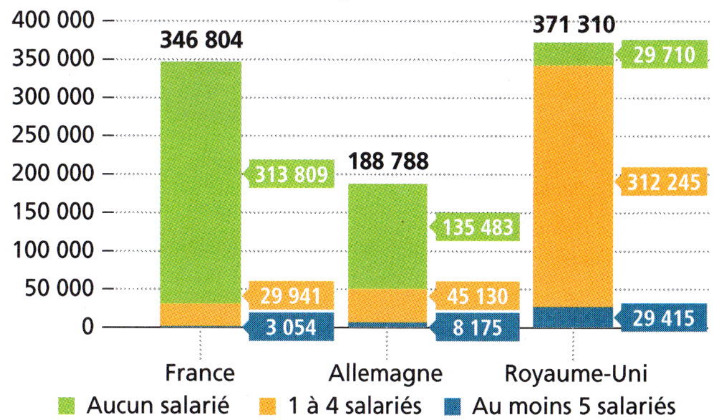

Champ : création d'entreprises hors auto-entrepreneurs.

Source : Eurostat, 2019.

11 Comprendre. Comment le rythme de création d'entreprises en France se situe-t-il par rapport aux autres pays européens ?

12 Calculer. Calculez la part des créations d'entreprises sans salarié dans le total des créations en France et en Allemagne.

13 Critiquer. Comment le graphique permet-il de nuancer ce constat qui fait de la France « un des très bons élèves en Europe » ?

FAIRE LE POINT

Vrai ou faux ? Justifiez vos réponses.

1. La France est un des pays où l'on crée le moins d'entreprises en Europe.

2. Les auto-entreprises offrent un statut peu contraignant encourageant la création d'entreprises.

3. Les créations d'entreprises sans salariés sont très largement majoritaires en France.

4. Il se crée environ 60 000 entreprises chaque année en France.

À RETENIR

- La **création d'une entreprise** est un processus complexe qui nécessite plusieurs étapes : avoir un projet, établir un business plan, trouver des financements, choisir un statut en fonction des opportunités qu'il offre mais aussi des contraintes qu'il impose, avant d'enregistrer administrativement l'entreprise.
- En France, **près de la moitié des créateurs optent pour le statut d'auto-entrepreneur** qui présente des contraintes administratives et fiscales très réduites. Ce statut contribue au fort dynamisme des créations d'entreprises. Les créations sous les autres statuts sont moins dynamiques, notamment celles avec des salariés.

DOSSIER 2

OBJECTIF :
Comprendre comment une entreprise se développe.

B Le développement des entreprises

Après leur création, les entreprises cherchent à accroître leur chiffre d'affaires, diversifier leur production, innover dans le but de développer leur activité et de rester compétitives.

DOC.1 Le développement d'une grande entreprise : l'exemple de Michelin

Une histoire qui dure depuis cent vingt ans : petite entreprise provinciale de 50 personnes en 1889 et aujourd'hui forte de 114 000 salariés, Michelin produit des pneus dans 69 usines dans le monde et en vend pour 20 milliards d'euros par an.

L'innovation

Dès 1891, soit un an après l'apparition officielle du terme « automobile », [les frères André et Édouard Michelin] mettent au point une avancée majeure : le pneu démontable et réparable. Suivent rapidement le pneu capable de dépasser les 100 km/h, le pneu « semelle » avec sculptures, la première jante amovible, le pneu à clous, les pneus pour poids lourds, motos et trains (ils équiperont la ligne n° 1 du métro de Paris dès 1951), pour le matériel agricole, pour avions (US Air Force, Airbus A380 et ex-navettes spatiales), pour le génie civil (dont le plus gros pneu du monde), et surtout le fameux pneu radial X, breveté en 1946, qui constituera une révolution planétaire [...] Sa carcasse métallique assurant tenue de route et longévité donnera à Michelin une énorme avance technologique sur ses concurrents, et assurera définitivement son développement mondial. « La "radialisation" du marché a conduit à l'ouverture d'une usine tous les neuf mois dans les années 1960 et 1970 », se souvient-on dans la capitale auvergnate. [...]

Bibendum ne connaîtra peut-être pas de sitôt une rupture technologique à la hauteur du pneu radial, mais ses 6 000 chercheurs, dont 3 300 à Clermont-Ferrand, continuent, avec un budget de R&D de 600 millions d'euros par an, à travailler à l'avenir. [...]

Diversification

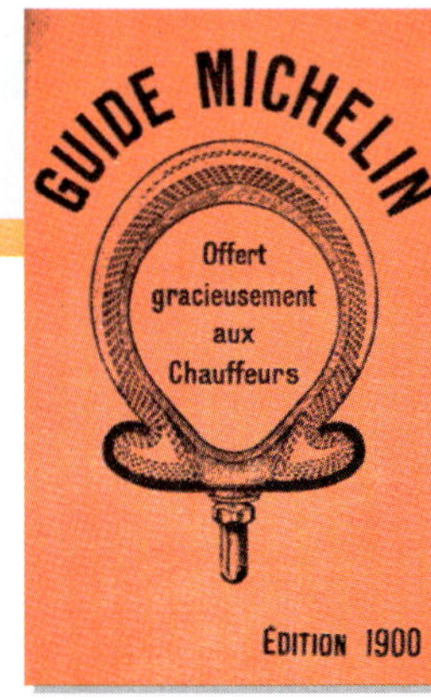

« *Tout ce qui est bon pour l'automobile est bon pour Michelin* », disait André. Michelin s'est ainsi investi pour développer le voyage sur les routes [...]. Un vrai festival ! 1900 : premier Guide Michelin, qui, plus d'un siècle plus tard, constitue encore la référence en la matière. 1908 : création du Bureau des itinéraires (on écrit à Michelin, qui renvoie par la poste le meilleur itinéraire). 1910 : invention de la carte routière, avec innovation du pliage en accordéon, plus pratique dans l'habitacle réduit d'une voiture, et début de l'intervention de Michelin dans la signalisation routière. 1926 : lancement des guides touristiques, précurseurs des Guides Verts. [...]

La communication

Vrai précurseur, André s'est d'abord jeté à corps perdu dans la publicité et la communication avec le souci d'une visibilité maximale. Son premier coup de génie fut d'équiper le vélo de Charles Terront de pneus démontables dans la course Paris-Brest-Paris de 1891... qui remporta ainsi l'épreuve. [...]

Bibendum. Un entassement de pneus ayant vaguement une forme humaine repéré par André Michelin, et l'association de son slogan « Le pneu boit l'obstacle » avec l'expression latine « *Nunc est bibendum* » (« Et maintenant, il faut boire ») ont donné naissance en 1898 à l'image publicitaire la plus connue au monde. [...]

Daniel Bastien, « Michelin 120 ans d'aventures industrielles », © *Les Échos*, 20 août 2012.

1 Comprendre. À quoi peut-on mesurer le formidable développement de l'entreprise Michelin ?

2 Justifier. Montrez que l'innovation a toujours joué un rôle central dans le développement de l'entreprise Michelin.

3 Expliquer. Quels autres facteurs ont pu être déterminants dans le développement de Michelin ?

4 Analyser. Pourquoi le Guide Michelin était-il offert gratuitement aux conducteurs ?

DOC.2 Le financement du développement

1 L'exemple d'Uber

Après la livraison de nourriture (*UberEats*) et son service de livraison par camion (*Uber Freight*), voici *Uber Works*. […] Uber voudrait donc appliquer son modèle de « véhicule à la demande » à la main-d'œuvre afin de proposer serveurs et agents de sécurité lors d'évènements ponctuels.

Cette nouvelle application serait développée dans l'idée de la poursuite de sa stratégie de diversification avec en ligne de mire son introduction en Bourse courant 2019. Allant dans ce sens, […] l'entreprise a levé 2 milliards de dollars auprès d'un groupe de financiers triés sur le volet. Plus précisément, Uber a émis sa première émission obligataire qui lui a permis de réaliser cette levée de fonds montrant que l'entreprise de VTC séduit les investisseurs.

Léna Corot, « Uber lève 2 milliards et chercherait à développer *Uber Works*, un service de main-d'œuvre à la demande », www.usine-digitale.fr, 20 octobre 2018.

2 Le difficile développement des micro-entreprises

Si le régime de l'auto-entrepreneur – devenu celui de la micro-entreprise fin 2014 – attire beaucoup, peu persistent. […] Premier écueil, parmi ces 191 000 personnes inscrites en 2014, 38 % n'ont jamais été actives : dans les deux ans suivant leur immatriculation, elles n'ont jamais déclaré de chiffre d'affaires, ce qui a conduit à leur radiation du régime.

Démarrer une activité n'est que le premier obstacle. Durer est encore plus difficile. Ainsi, parmi les 62 % d'auto-entrepreneurs qui se sont effectivement lancés, à peine la moitié (49 %) est toujours là trois ans après. […] Au final, sur la cohorte globale des auto-entrepreneurs qui se sont immatriculés, 30 % sont actifs 3 ans plus tard. Et moins de 2 % ont quitté la micro-entreprise pour le régime général. […] Très peu ont passé les seuils de chiffre d'affaires (82 000 euros par an pour la vente, 32 900 euros pour la prestation de services). De fait, les trois quarts des entrepreneurs toujours actifs après 3 ans déclarent un chiffre d'affaires inférieur à 15 000 euros par an.

© Cécile Crouzel, « Pourquoi à peine 30 % des auto-entrepreneurs survivent », Lefigaro.fr, 12 mai 2016.

5 Analyser. Comment l'entreprise Uber développe-t-elle son activité ?

6 Comprendre. À quel mode de financement l'entreprise Uber a-t-elle eu et envisage-t-elle d'avoir recours pour assurer son développement ?

7 Calculer. Sur les 191 000 auto-entreprises immatriculées en 2014, combien sont devenues des entreprises classiques trois ans après ?

8 Analyser. Montrez les limites du statut de l'auto-entrepreneur comme tremplin pour le développement des entreprises.

DOC.3 Les pouvoirs publics accompagnent le développement des entreprises

vidéo

Dessine-moi l'éco : « Connaissez-vous la loi Pacte ? » (2018).

www.lienmini.fr/ses-1-030

9 Comprendre. Quels sont les principaux obstacles à la création et à la croissance des entreprises ?

10 Comprendre. Par quelles mesures la loi Pacte entend-elle lever ces obstacles ?

FAIRE LE POINT

Complétez avec : *compétitive • chiffre d'affaires • développer • innovation • financements.*

Pour se ...... une entreprise doit d'abord rester .... Pour augmenter son ......, elle doit investir dans l'...... ou dans de nouvelles capacités de production, ce qui suppose de trouver des ....

À RETENIR

• Le **développement des entreprises** se traduit par l'augmentation de leur production et de leur chiffre d'affaire. Il suppose d'investir dans de nouvelles capacités de production, l'innovation ou encore la diversification de l'activité.

• Pour cela, **les entreprises doivent trouver des sources de financement**. Si l'autofinancement par le réinvestissement des profits ne suffit pas, les entreprises peuvent emprunter des capitaux auprès des banques ou sur les marchés, ou émettre des actions en bourse. Pour pouvoir croître, les entreprises doivent aussi changer de statut.

DOSSIER 2

OBJECTIF : Comprendre comment une entreprise peut disparaître.

C La disparition des entreprises

Des difficultés économiques peuvent conduire à la disparition des entreprises. Si ces défaillances peuvent découler d'erreurs de gestion, elles participent au renouvellement incessant du tissu productif et font partie du fonctionnement normal des économies.

DOC.1 L'exemple de Toys'R'US

C'est confirmé ! Le géant américain des magasins de jouets va mettre en liquidation ses 735 magasins aux États-Unis. […] Mais comment le roi du jouet en est-il arrivé là ? […]

Un changement majeur a chamboulé la distribution du jouet depuis une quinzaine d'années : toute la croissance du secteur – soit 14 % depuis 2012 sur les cinq grands pays européens, selon NPD – est accaparée par les ventes en ligne, celles du monstre Amazon en tête, au détriment des enseignes classiques. Internet a quasiment doublé son emprise sur la distribution et contrôle, toujours selon NPD, 30 % des parts de marché en Europe de l'Ouest et 25 % aux États-Unis. Toys'R'Us, qui réalise, selon les pays, entre 5 et 8 % de son chiffre d'affaires sur la Toile, risquait ainsi de se retrouver progressivement poussé hors du jeu. L'Américain n'était d'ailleurs pas le seul à souffrir de cette situation. Aux États-Unis, toutes les autres enseignes nationales ont fermé. Plusieurs chaînes françaises connaissent aussi des coups de mou, dont La Grande Récré, qui vient d'être placée en redressement judiciaire, ou Maxi Toys, qui, selon de bonnes sources, serait à vendre.

Autre tendance de fond qui explique la chute du chiffre d'affaires de Toys'R'Us, les loisirs numériques détournent les jeunes du jouet proprement dit. […]

L'agencement des magasins de Toys'R'Us était aussi mal adapté aux tendances du commerce. Leur format (1 000 mètres carrés minimum) et l'abondance des produits exposés avaient leur charme à l'américaine quand la chaîne a débarqué. Mais ces cavernes d'Ali Baba qui ressemblent à des hangars sont passées de mode.

Eric Wattez, « Faillite de TOYS'R'US : comment le géant du jouet en est arrivé là ! », www.capital.fr, 15 mars 2018.

LA DESTRUCTION CRÉATRICE

Le concept dû à Joseph Schumpeter désigne le processus de renouvellement continu des structures productives qui associe simultanément la disparition de certains secteurs d'activités et l'apparition de nouveaux secteurs.

1 Lire. Quelles sont les trois raisons majeures des difficultés de l'entreprise Toy'R'us mises en avant par le texte ?

2 Expliquer. Montrez que la restructuration du secteur du jouet illustre le processus de destruction créatrice analysé par Joseph Schumpeter.

DOC.2 Une pérennité inégale

Parmi les 138 000 entreprises immatriculées au premier semestre 2010, hors régime de l'auto-entrepreneur, 60 % sont encore actives après cinq ans, soit 8 points de plus que pour la cohorte de 2006. Cet écart s'explique en partie par une proportion plus importante de créations de sociétés en 2010, plus durables que les entreprises individuelles et par une conjoncture plus favorable que pour la génération de 2006.

Si le statut juridique est prépondérant pour la pérennité des entreprises, l'importance du secteur d'activité reste notable. Dans le secteur de l'enseignement, de la santé humaine et de l'action sociale, 75 % des projets débutés sont encore actifs cinq ans plus tard […] La pérennité demeure plus faible dans le commerce (52 %) et la construction (55 %). Elle est d'autant plus élevée que le montant investi à la création est important. De même, elle continue de croître avec l'expérience professionnelle du créateur.

Jocelyn Béziau, « Les entreprises créées en 2010 plus pérennes que celles créées en 2006, touchées par la crise », *Insee Première* n° 1 639, mars 2017.

3 Calculer. Combien d'entreprises immatriculées au premier semestre 2010 sont-elles encore actives cinq ans après ?

4 Comprendre. Quels sont les principaux facteurs qui déterminent les chances de survie des entreprises ?

DOC. 3 Un processus de destruction créatrice

Chaque entreprise est une alchimie complexe [...] de savoir-faire techniques, d'imbrications de liens personnels ou collectifs pas toujours explicites, d'organisation du travail ayant ses règles et ses coutumes. [...] Lorsque survient une innovation technologique ou lorsque les conditions de la concurrence se modifient, certaines entreprises [...] ne sont pas capables de s'y adapter [...]. Elles disparaissent, en partie ou en totalité, et en même temps des entreprises ou des établissements mieux adaptés apparaissent.

Sur ce point, l'expérience du transport aérien est instructive. Les attentats du 11 septembre 2001 ont précipité la dégradation d'un secteur qui souffrait déjà beaucoup. La plupart des grandes compagnies ont réduit leurs flottes, d'autres – comme Swissair ou Sabena – ont simplement disparu. Pourtant, entre l'été 2001 et l'été 2002, les six plus grands transporteurs « à bas coûts » (Ryanair, Easyjet...) ont augmenté en moyenne leur nombre de passagers de 48 %.

Le processus de destruction créatrice s'est réalisé au bénéfice des compagnies à « bas coûts » et au détriment des transporteurs traditionnels. Pourtant ces derniers ont tenté de réagir, en créant parfois leur propre filiale « à bas coûts » [...].

Tous les pays industrialisés sont affectés par un fort taux de création et de disparition d'entreprises. En scrutant 10 pays de l'OCDE, E. Bartelsman, S. Scarpetta et F. Schivardi ont constaté qu'environ 10 % des entreprises disparaissent en moyenne chaque année. Comme pour les destructions d'emplois, les destructions d'entreprises sont généralement compensées par des créations : chaque année, le nombre d'entreprises créées représente 10 % des entreprises existantes.

Pierre Cahuc, André Zylberberg, *Les Ennemis de l'emploi : le chômage, fatalité ou nécessité*, © Flammarion, coll. « Champs actuel », 2015.

5 Expliquer. Pourquoi la création de nouvelles entreprises et la disparition d'anciennes peuvent-elles être considérées comme nécessaires à la suite d'un choc économique ?

6 Justifier. Montrez que la faillite de Toys'R'Us (DOC. 1) peut constituer une autre illustration du phénomène étudié par P. Cahuc et A. Zylberberg.

DOC. 4 Les défaillances d'entreprises

Défaillances d'entreprises cumulées sur 12 mois

Champ : France. *Source :* Banque de France, 2018.

NE PAS CONFONDRE

Défaillances et disparitions d'entreprises : la défaillance (ou dépôt de bilan) d'une entreprise est le résultat d'une décision judiciaire de mise en redressement. Celle-ci intervient lorsque l'entreprise ne parvient plus à honorer ses engagements financiers (cessation de paiement). La défaillance n'est qu'une situation parmi d'autres (arrêt de l'activité par exemple) qui peut conduire à la disparition d'une entreprise.

7 Lire. Faites une phrase pour traduire la situation en 2018.

8 Analyser. Comment le nombre de défaillances d'entreprises a-t-il évolué depuis 2007 ? Comment pouvez-vous l'expliquer ?

FAIRE LE POINT

Vrai ou faux ? Justifiez vos réponses.

1. Toutes les entreprises qui disparaissent étaient mal gérées.

2. Les sociétés sont plus pérennes que les entreprises individuelles.

3. Disparitions et créations d'entreprises peuvent avoir lieu dans le même secteur simultanément.

4. Le nombre annuel de disparition d'entreprises est beaucoup moins élevé que le nombre de créations annuelles.

À RETENIR

- **Les entreprises peuvent disparaître**, parce que leurs dirigeants veulent cesser leur activité, faute de repreneur, ou parce qu'elles ne parviennent plus à rester compétitives.
- Les **disparitions d'entreprises** font partie du fonctionnement normal de l'économie. Elles sont globalement aussi nombreuses que les créations d'entreprises et participent au renouvellement incessant du tissu productif et à son adaptation aux chocs économiques. Elles constituent ainsi un des rouages de la « destruction créatrice » analysée par Joseph Schumpeter.

DOSSIER 3

Comment est organisée la prise de décision au sein de l'entreprise ?

OBJECTIF : Comprendre les notions de gouvernance et d'autorité au sein d'une entreprise.

A Des modes de gouvernance hiérarchiques

La gouvernance d'entreprise désigne la façon dont la prise de décision est organisée dans l'entreprise. Certaines entreprises sont organisées de façon très hiérarchique avec une forte division fonctionnelle et verticale des tâches.

DOC. 1 Organisation hiérarchique et relations d'autorité

Le commandement est émis non pas au nom d'une autorité personnelle, mais au nom d'une norme impersonnelle, et l'injonction […] représente […] aussi l'obéissance à l'égard d'une norme, et non pas un libre arbitre, une grâce ou un privilège.
L'« agent » est porteur du pouvoir de commandement : il ne l'exerce jamais pour son propre compte, mais il le détient au contraire toujours par délégation de l'« institution impersonnelle » […]. Le « membre » du groupement fait face à une hiérarchie de « supérieurs » auxquels il peut adresser ses plaintes « selon la voie hiérarchique ».

Max Weber, « Introduction » (1915), *Sociologie des religions*, trad. J-P Grossein, © Éditions Gallimard, 1996.

▲ **Un colonel accompagné d'un de ses lieutenants et de ses commandants passe en revue les troupes.**

BUREAUCRATIE ET ORGANISATION HIÉRARCHIQUE

Max Weber (1864-1920) définit la bureaucratie comme une forme d'organisation rationnelle caractérisée par plusieurs principes qui la rendent efficace : l'impersonnalité des fonctions, le recrutement du personnel sur la base de ses compétences, le respect de procédures et des règles de droit, et l'importance du contrôle hiérarchique. Seul le supérieur peut contester une décision de son subordonné. Les relations au sein de l'organisation ne sont pas censées avoir de contenu émotionnel, mais sont médiatisées par des règles formelles, connues à l'avance et impersonnelles

Les premières grandes organisations bureaucratiques ont été l'armée romaine et l'Église catholique. L'organisation bureaucratique s'est ensuite étendue à l'ensemble de l'appareil d'État et aux entreprises.

1 Comprendre. Le supérieur hiérarchique peut-il donner les ordres qu'il veut ?

2 Synthétiser. Résumez les principales caractéristiques d'une organisation hiérarchique.

3 Analyser. À votre avis, quels peuvent être les avantages d'une telle organisation hiérarchique pour l'efficacité d'une entreprise ?

DOC. 2 L'organigramme d'une entreprise de 30 personnes

Un organigramme est une représentation schématique des liens de commandement entre les membres d'une organisation.
Les ordres circulent sur les lignes hiérarchiques vers le bas.

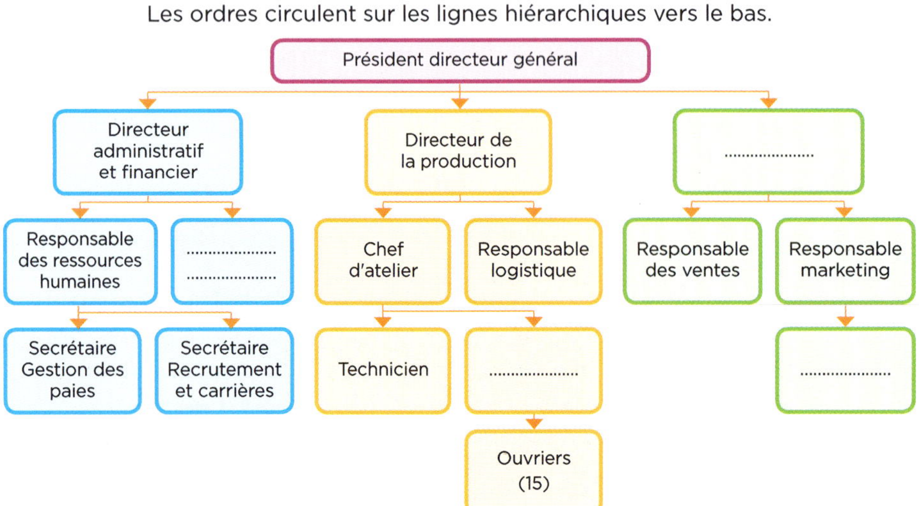

NOTION

La **division du travail** au sein de l'entreprise désigne la séparation et la spécialisation des tâches de production entre les différents acteurs.

4 Observer. Complétez le schéma à l'aide des termes suivants : *comptable • directrice commerciale • assistant marketing • contremaître.*

5 Décrire. Quelles sont les personnes habilitées à donner des ordres au secrétaire de gestion des paies ? Le directeur de la production en fait-il partie ?

6 Analyser. Selon quels critères le travail est-il divisé et organisé dans cette entreprise ?

DOC.3 Hiérarchie officielle et hiérarchie informelle

En pratique, la hiérarchie très détaillée du système bureaucratique formalise toutes les formes possibles d'ascendant, de manière à rendre impossibles les luttes de pouvoir. Ainsi, ce système est particulièrement stable, comme si les luttes de territoire, les conflits d'intérêts, ou toutes les formes de concurrence avaient été réglés une fois pour toutes par des réglementations minutieuses. [...] [Michel Crozier] révèle l'existence de zones non couvertes par l'organisation formelle, les « *zones d'incertitude* », où apparaissent des luttes de pouvoir en dépit de l'étendue des règlements. [...] À l'échelle de l'individu, l'enjeu est de maîtriser sa zone d'incertitude, car celle-ci donne une marge de manœuvre, une faculté de recourir à des ressources stratégiques pour accroître son pouvoir et son autonomie. Michel Crozier montre qu'à la Seita, par exemple, les pannes de machine constituent une zone d'incertitude pour la maîtrise de laquelle s'opposent les ouvriers de production et les ouvriers d'entretien. Ces enjeux organisationnels – où pèsent tout particulièrement l'expérience et l'ancienneté – favorisent les négociations informelles, dont les acteurs escomptent la mise en place de nouvelles règles leur permettant d'étendre leurs propres zones d'incertitude aux dépens de celles des acteurs concurrents dans l'organisation.

« Le phénomène bureaucratique selon Michel Crozier », 1001 idées de culture générale (https://1000-idees-de-culture-generale.fr).

Alors que la hiérarchie formelle de la SEITA place les ouvriers d'entretien au même niveau que les ouvrières de production et sous la direction des chefs d'atelier, ce sont les ouvriers d'entretien qui prennent le pouvoir dans l'atelier grâce à leur expertise technique qui les rend indispensables lors des pannes de machines. Les chercheurs avaient d'ailleurs découvert que les notices d'entretien des machines avaient disparu.

7 Expliquer. Pourquoi les luttes de pouvoir ne sont-elles pas censées exister dans les organisations bureaucratiques ?

8 Comprendre La hiérarchie formelle de l'entreprise SEITA est-elle respectée ? Pourquoi ?

9 Expliquer. Que nous révèle la disparition des notices d'entretien sur les stratégies des acteurs dans l'entreprise face aux règles ?

DOC.4 Firme U et firme M

La réflexion sur les organisations des entreprises évolue avec les travaux historiques d'A. Chandler sur les transformations des entreprises à la fin du XIXe siècle, dans un contexte où les managers prennent de l'importance et où la concentration s'accroît fortement (*La Main visible des managers*, 1977).

La firme unitaire (firme U) [...] apparaît aux États-Unis dans les chemins de fer et le télégraphe après 1870, puis se diffuse dans l'ensemble de l'industrie manufacturière, augmentant la productivité globale des facteurs de l'économie américaine. [...] La firme U [...] est une pyramide hiérarchisée et administrative de métiers clairement définis avec les cadres, les cadres moyens et les employés d'exécution. Elle introduit ensuite une spécialisation fonctionnelle de l'entreprise : production, vente, comptabilité. [...] La firme U est adaptée à la gestion d'un produit unique sur un territoire national [...].

La firme M (ou multidivisionnelle) apparaît dans les années 1920, en réponse aux nouvelles conditions de la production et des marchés. D'une part, les marchés sont segmentés. L'exemple de l'automobile illustre la nécessité de proposer des modèles différenciés dans une économie complexe. Alors que le constructeur Ford propose un modèle unique de couleur noire, General Motors introduit des modèles différents qui s'adressent à une clientèle différenciée par les goûts, les revenus, les usages de l'automobile. D'autre part, face aux lois antitrust, les firmes recherchent une croissance de type congloméral. [...] La firme M devient un ensemble de filiales (par gamme [...], par produit [...] par région) reliées à la direction générale qui élabore la stratégie globale. Chaque filiale de l'entreprise devient une quasi-firme ayant sa propre rentabilité et efficacité.

Catherine Fenet, Isabelle Waquet, *Économie, sociologie, Histoire du monde contemporain*, © Armand Colin, 2018 pour la 2e éd., Malakoff.

10 Comprendre. Montrez que les firme U et M sont deux modalités d'organisation hiérarchique.

11 Expliquer. Comment expliquer économiquement les gains de productivité permis par l'essor des firmes U ?

12 Analyser. Dans quel environnement respectif, les firmes U et M sont-elles efficaces ?

FAIRE LE POINT

Trouvez l'intrus :
- organisation hiérarchique
- recrutement selon la compétence
- prise d'initiative individuelle
- spécialisation fonctionnelle
- relations d'autorité impersonnelles.

À RETENIR

- Dans une **entreprise organisée de façon bureaucratique**, les tâches sont divisées selon une **double logique hiérarchique et fonctionnelle**. Les lignes de commandement sont clairement délimitées, définies à l'avance et encadrées par des règles explicites.
- Une telle organisation permet une prise de décision rapide, stable et prévisible. Néanmoins, les acteurs de l'entreprise développent des stratégies pour contourner les règles, ce qui peut donner lieu à une **hiérarchie informelle**.

OBJECTIF :
Comprendre les limites de l'organisation hiérarchique organisée de façon verticale.

B Des modes de gouvernance plus horizontaux

L'organisation hiérarchique présente des limites qui peuvent justifier des formes de gouvernance plus horizontales. Ces dernières tendent à se développer pour gagner en flexibilité face à une demande plus segmentée et fluctuante.

DOC.1 Les dysfonctionnements de la bureaucratie

Max Weber a décrit la bureaucratie comme la forme la plus rationnelle d'organisation du point de vue de l'efficacité et de la régularité. [...] Depuis, plusieurs sociologues ont montré que la rationalité mise en œuvre dans une bureaucratie ne produit pas forcément des conséquences rationnelles.

Lc sociologue américain Robert King Merton a démontré ainsi que le fonctionnement bureaucratique engendre des effets pervers. L'obligation des individus de suivre un comportement standardisé au sein de la bureaucratie entraîne chez eux un déplacement des buts. Les individus considèrent comme une fin ce qui ne devrait être qu'un moyen. Ils développent une sorte de « personnalité bureaucratique » qui consiste à considérer que la règle est « sacrée ». Le comportement ritualiste qui en découle induit de la rigidité source d'inefficacité.[...]

Michel Crozier dans *Le Phénomène bureaucratique* (1976) montre que l'organisation bureaucratique est génératrice d'un effet pervers majeur. Il l'appelle le « cercle vicieux bureaucratique ». Au sein de la bureaucratie, chacun cherche à accroître son pouvoir au détriment des autres individus en essayant de contrôler les zones d'incertitudes qu'engendre le fonctionnement bureaucratique. Pour ce faire, les individus cherchent à faire adopter des règlements qui augmentent leur propre autonomie. L'amplification de ces réglementations paralyse peu à peu le fonctionnement bureaucratique.

« Les dysfonctionnements de la bureaucratie », www.education.francetv.fr, 3 mars 2016.

1 Expliquer. Pour quelles raisons le développement d'une « personnalité bureaucratique » risque-t-il de nuire à l'efficacité d'une entreprise ?

2 Expliquer. Expliquez l'expression « cercle vicieux bureaucratique ».

DOC.2 Sogilis, une entreprise libérée

La PME spécialisée dans la conception de logiciels sur mesure [...] est née, en 2008, en tant qu'entreprise libérée. Fruit de la vision de son fondateur, Christophe Baillon, Sogilis a été créée de cette manière « afin de répondre aux objectifs de qualité et de zéro défaut de ses logiciels », affirme Tiphaine Guittat, chargée de projet R&D et de communication. « Cette capacité d'entreprise libérée nous permet d'avoir un mode de fonctionnement correspondant aux attentes de nos clients », insiste-t-elle. Une vision qui cherche à marier les trois objectifs affichés : enthousiasmer le client, être rentable et, pour les salariés, s'épanouir au travail.

Concrètement, dans cette entreprise grenobloise, pas de managers, pas d'horaires ni de lieu de travail imposé. « Les dirigeants de Sogilis font confiance aux personnes et à leur bonne capacité à se fixer comme objectif prioritaire de satisfaire le client », souligne Tiphaine Guittat. Surtout, cette PME d'une trentaine de salariés favorise l'autonomie et la prise de décision collective dans les équipes qui ont ainsi le droit de dire « non » à un projet qui ne suscite pas leur enthousiasme. [...] Dans ce système d'équipes autonomes et décisionnaires, quel rôle y a-t-il encore pour les dirigeants (Christophe Baillon et Laurent Mangue) ? « Nous sommes quand même obligés d'avoir une personne qui soit capable de trancher, de prendre une décision finale », sans toutefois imposer quoi que ce soit d'arbitraire, précise-t-elle.

Exemple parlant s'il en est, la PME n'a pas de service de ressources humaines. Ce sont les équipes elles-mêmes qui reçoivent les candidats et valident leur adéquation technique tout comme leur adhésion au modèle.

www.bpifrance.fr

3 Définir. Quelles sont les caractéristiques d'une « entreprise libérée » ?

4 Expliquer. Quels sont les avantages de cette organisation pour les collaborateurs et pour l'entreprise ?

5 Comprendre. L'entreprise peut-elle se passer complètement de hiérarchie ?

DOC.3 De la firme A à la firme J

Dans les années 1980, alors que les États-Unis s'effraient de la puissance de l'industrie japonaise, Masahiko Aoki [...] va procéder à une analyse des modes de coordination interne de la firme japonaise [...] qu'il compare à ceux de la firme américaine. [...] La firme de type A (américain, aussi appelée dans les travaux ultérieurs d'Aoki le modèle H pour hiérarchique) possède une structure rigide. Ses règles et ses fonctions sont préétablies de façon précise. La firme de type J (japonais, aussi appelé modèle horizontal) au contraire possède une organisation du travail souple, plus organique. Chacun possède ses domaines et conditions d'efficacité.

Firme américaine (A)	Firme japonaise (J)
Firme spécialisée. Distinction conception/exécution Forte centralisation du pouvoir Coordination hiérarchisée de l'information Individualisation des rémunérations	Division du travail flexible (rotation des tâches) Décentralisation du pouvoir Circulation horizontale et partage de l'information. Partage des compétences Recherche de la compétence collective

Selon M. AOKI, la structure souple et horizontale du système d'information de la firme japonaise est plus efficace et mieux adaptée à l'environnement contemporain que celle de la firme américaine.
Dans un univers incertain, la firme J semble plus efficiente. Elle s'apparente à un système de management organique caractérisé par une coordination horizontale des unités opérationnelles et une rotation des tâches, alors que la firme A, adaptée à la grande série standardisée pour des marchés en croissance, rencontre des difficultés dès lors qu'il y a nécessité de s'ajuster en permanence à un environnement changeant. On a donc un système de management mécaniste : séparation hiérarchique entre décisions stratégiques et opérationnelles, recherche d'économies de spécialisation. L'essentiel de l'efficacité de l'entreprise japonaise (J) tiendrait au traitement des innovations organisationnelles et relationnelles : les ouvriers organisés en équipes, traitent et solutionnent les problèmes et difficultés qu'ils rencontrent. Ce contexte relationnel, ces modes de coordination par ajustements mutuels favorisent l'échange de connaissances.

www.lesclefsdumanagement.com/aoki-masahiko/

6 Comprendre. Qu'est-ce qui oppose les modèles A et J de la firme distingués par Aoki ?

7 Comprendre. Un modèle est-il plus efficace que l'autre ?

8 Expliquer. Pourquoi la firme J est-elle mieux adaptée aux conditions du marché mondial actuel ?

DOC.4 Les limites de la gouvernance horizontale

▲ Dessins de GABS, « Réunions je me marre !!! », © Eyrolles, 2011.

9 Analyser. Quelle limite de la gouvernance horizontale est mise en avant dans le 1er dessin ?

10 Analyser. Quelle limite de la gouvernance horizontale est mise en avant dans le 2e dessin ?

FAIRE LE POINT

Complétez avec : *hiérarchique • organisationnelle • libérée • horizontale • actions.*

L'entreprise ... désigne une forme ... d'entreprise dans laquelle les salariés sont libres et responsables dans les ... qu'ils jugent bon d'entreprendre. C'est un exemple de mode de gouvernance ... qui s'oppose au modèle ... dans lequel chaque subordonné applique les décisions de son supérieur.

À RETENIR

- Les **modes de gouvernance horizontaux** tentent de créer des conditions de travail plus épanouissantes pour favoriser la prise d'initiative de chacun. Les lignes hiérarchiques laissent la place à des relations de coopération où les décisions sont prises en commun.
- Ce **mode de gouvernance plus flexible** apparaît plus adapté à des conditions de marché différenciées et changeantes et à la montée de la qualification des travailleurs.

DOSSIER 4

Comment sont conciliés les intérêts contradictoires entre les parties prenantes de l'entreprise ?

OBJECTIF : Comprendre que l'entreprise peut être un lieu de conflit entre différentes parties prenantes (dirigeants/actionnaires, partenaires d'une coopérative).

A Un conflit d'intérêts entre propriétaires et managers

Dès lors que la propriété des entreprises et la direction des entreprises sont séparées, des conflits potentiels émergent car les intérêts des actionnaires et ceux des dirigeants ne coïncident pas forcément.

DOC. 1 Un exemple de conflit entre dirigeants et actionnaires

Cours de l'action Volkswagen (2015-2019)

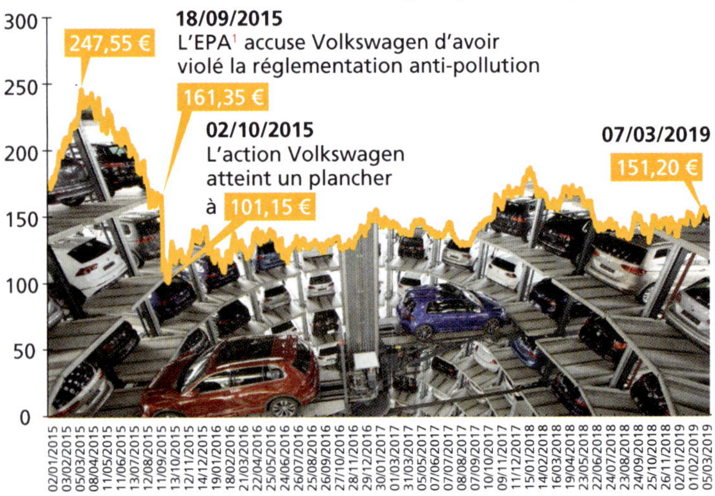

1. Agence américaine de l'environnement. *Sources :* Boursorama.

Les hauts dirigeants de Volkswagen ont présenté leurs excuses mercredi lors de l'assemblée générale des actionnaires, les premières depuis l'éclatement du scandale de la fraude aux tests antipollution il y a neuf mois, et ont promis du changement afin de sortir le constructeur automobile de la pire crise de son histoire.

Face aux vives critiques de nombreux petits actionnaires durant cette assemblée, les familles Porsche et Piëch, l'État de Basse-Saxe et le Qatar, qui contrôlent ensemble quasiment 90 % du capital, ont serré les rangs derrière la direction. […]

Le numéro un européen du secteur a perdu près d'un quart de sa valeur boursière depuis les premières révélations, le 18 septembre, sur le trucage de plusieurs de ses modèles diesel afin de fausser les résultats des mesures d'émissions polluantes, et l'affaire risque de lui coûter des dizaines de milliards d'euros au cours des années à venir pour couvrir le coût de la modification des millions de véhicules concernés, l'indemnisation des clients et les amendes. […]

Certains actionnaires ont vertement critiqué la recommandation du conseil de surveillance et du directoire de ratifier lors de l'AG la gestion des dirigeants pour l'exercice 2015, une procédure habituelle qui ne fait généralement pas débat.

Andrés Cremer, « Volkswagen peine à apaiser ses actionnaires », © www.capital.fr, 22 juin 2016.

1 Comprendre. Pourquoi les petits actionnaires sont-ils mécontents de la gestion des dirigeants de Volkswagen ?

2 Comprendre. Tous les actionnaires défendent-ils la même position face à la direction ?

3 Analyser. De quels pouvoirs les actionnaires disposent-ils pour contrôler les dirigeants ?

DOC. 2 Rapprocher les intérêts des dirigeants de ceux des actionnaires

Les détenteurs du capital confient […] à l'équipe dirigeante le soin de conduire les activités de l'entreprise, en espérant que cette gestion permette de maximiser les intérêts des premiers, c'est-à-dire de maximiser des dividendes. Or les dirigeants, qui disposent généralement d'une information plus complète sur l'état de l'entreprise, poursuivent aussi leurs propres intérêts. Ils chercheront par exemple à maximiser leur salaire, et feront des choix […] qui ne correspondent pas nécessairement aux attentes des actionnaires ou qui s'inscrivent dans une temporalité différente. […]

Des mécanismes d'incitation peuvent être mis en place pour les réconcilier : […] distribution de stock-options[1], […] développement de l'actionnariat salarié qui conduit à offrir une rémunération sous la forme d'actions de l'entreprise, […] système de rémunération des dirigeants intégrant une part variable en fonction des performances financières (comptables ou boursières) de l'entreprise.

Philippe Gattet, « Comprendre la théorie de l'agence », © xerficanal, 13 mai 2017.

1. Options d'achat d'actions à un prix fixe et avantageux, distribuées aux gestionnaires d'une entreprise afin de leur donner un intérêt direct à l'accroissement de la valeur boursière de l'entreprise.

4 Comprendre. Quels sont les objectifs respectifs des actionnaires et des dirigeants ?

5 Expliquer. Comment l'attribution de stock-options aux dirigeants des entreprises cotées permet-elle de rapprocher leurs intérêts de ceux des actionnaires ?

DOC. 3 Le salaire des patrons : source de conflit et outil de sa régulation

Comme l'an passé, le salaire de Carlos Ghosn devrait être au cœur de l'assemblée générale des actionnaires de Renault, ce jeudi à partir de 15 heures. Les actionnaires vont devoir à titre consultatif se prononcer sur les 7,058 millions d'euros touchés par le patron du constructeur automobile français en 2016. Un salaire qui se décompose en un fixe de 1,23 million d'euros et une part variable calculée en fonction des performances de l'entreprise. Or, la marque au losange a bouclé 2016 sur des résultats financiers au plus haut, avec un bénéfice de 3,54 milliards d'euros. Une performance qui permettra aux actionnaires, y compris l'État (qui est le principal actionnaire), de toucher 3,15 euros par titre contre 2,40 euros en 2015.
Les détracteurs de Carlos Ghosn déplorent que cette rémunération s'ajoute à celle de Nissan et aussi, maintenant, à celle de Mitsubishi. L'ensemble atteint, pour l'année 2016, 15,4 millions d'euros, ce qui fait de lui le patron le mieux payé du CAC 40. […]
L'an passé, 54 % des détenteurs de titres représentés à l'AG avaient refusé cette rémunération. Mais le conseil d'administration était passé outre, suscitant des critiques du patronat et du ministre de l'Économie de l'époque, Emmanuel Macron. En conséquence, le gouvernement avait décidé de renforcer l'arsenal législatif sur la gouvernance des sociétés dans la loi Sapin 2, en introduisant un vote des actionnaires sur la rémunération des dirigeants.

Arnaud Dumontier, « Renault : les actionnaires vont débattre du salaire de Carlos Ghosn en assemblée générale », *Le Parisien*, 15 juin 2017.

6 Lire. Repérez les différentes instances de gouvernance de l'entreprise Renault évoquées dans le texte. Quelles ont été leurs décisions concernant le salaire du patron de l'entreprise ?

7 Expliquer. Pourquoi certains actionnaires voulaient-ils voter contre la rémunération du patron de Renault ?

8 Comprendre. Les actionnaires contrôlent-ils la rémunération accordée au président de l'entreprise ?

9 Analyser. Comment la façon dont le patron de Renault est payé permet-elle de rapprocher les intérêts des actionnaires et des dirigeants ?

DOC. 4 Le cas des sociétés coopératives

Une idée reçue : « En Scop, il n'y a pas de patron »

Le fonctionnement opérationnel d'une Scop, bien qu'original, n'en est pas moins structuré.
Tout part du statut de « salarié-associé », au cœur des spécificités coopératives. L'existence d'une Scop implique au minimum deux salariés-associés. Soit des salariés avec un contrat de travail qui ont également investi dans le capital social de l'entreprise, ce qui leur donne un droit de vote lors des assemblées générales, selon le principe « une personne = une voix », quel que soit son apport en capital. Et comme les salariés-associés sont obligatoirement majoritaires en Scop, l'entreprise est bel et bien entre leurs mains.
Ceci dit, seules les grandes décisions stratégiques […] sont prises par l'ensemble des salariés-associés lors des assemblées générales. Parmi celles-ci, la nomination du dirigeant, qui assumera au quotidien ce rôle de « patron », avec toute la légitimité du vote démocratique et la confiance du personnel. Les rapports sociaux entre salariés et dirigeants sont donc par nature plus équilibrés en Scop, car nés du consensus autour de la hiérarchie opérationnelle.
Une Scop, c'est donc un modèle de gouvernance partagée où une communauté d'associés-salariés décide ensemble de l'organisation effective du travail, pour répondre au plus près des réalités quotidiennes à l'exigence d'efficacité qu'ont toutes les entreprises.

« Formes et usages de la gouvernance partagée des Scop », www.scop.org, septembre 2013.

Répartition des résultats nets des Scop en 2017

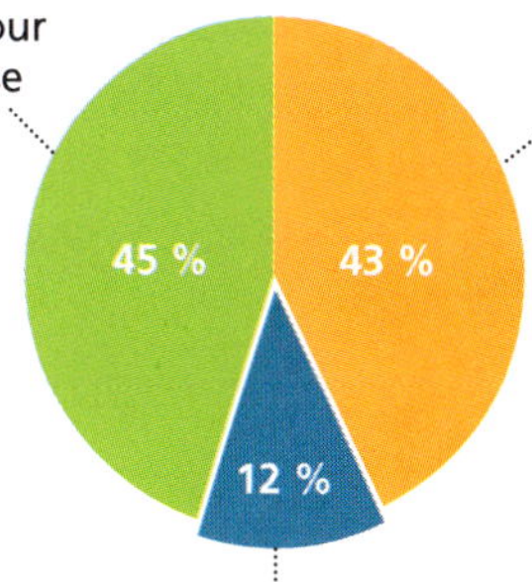

Source : confédération générale des Scop, Bilan 2017.

10 Expliquer. Qu'est-ce qu'un « salarié-associé » ?

11 Justifier. Pourquoi peut-on dire que la gestion des Scop est « démocratique » ?

12 Expliquer. Pourquoi l'affirmation « En Scop, il n'y a pas de patron » est une idée reçue.

13 Analyser. Le conflit potentiel entre dirigeants et actionnaires est-il complètement supprimé dans les coopératives ?

FAIRE LE POINT

Complétez avec : *travail • salaire • maximisation du profit • maximisation du chiffre d'affaires • dividende • capital.*

	Apport pour l'entreprise	Rémunération	Objectif poursuivi
Actionnaire			
Dirigeant			

À RETENIR

- Dans les **entreprises sociétaires**, les propriétaires peuvent déléguer leur pouvoir de gestion à des mandataires. Ces dirigeants peuvent toutefois ne pas avoir les mêmes intérêts (maximisation du chiffre d'affaires, pouvoir, prestige, salaire élevé...) que ceux des propriétaires (maximisation de la valeur du capital engagé et de ses revenus). Pour atténuer ce conflit d'intérêts, les actionnaires peuvent lier la rémunération des dirigeants aux résultats de l'entreprise et, notamment, à sa performance boursière.
- Les **Scop** offrent une alternative avec le statut de salarié associé et une gouvernance plus démocratique.

DOSSIER 4

OBJECTIF :
Comprendre que l'entreprise peut être un lieu de conflit entre différentes parties prenantes (dirigeants/salariés).

B L'entreprise, lieu de conflits du travail institutionalisés

L'entreprise est aussi un lieu de conflit potentiel entre dirigeants et salariés, notamment autour du partage de la valeur ajoutée créée dans l'entreprise. Ces conflits du travail sont institutionnalisés.

DOC.1 Le partage de la valeur ajoutée au sein de l'entreprise

[…] Dans la vision classique de l'entreprise, le partage est simple. Le salarié touche un salaire fixe et il risque de perdre son emploi si ça tourne vraiment mal. L'actionnaire touche un dividende variable, et donc assorti d'une prime de risque. Nombre d'entreprises s'efforcent désormais de préserver les dividendes, quitte à comprimer les effectifs. Les salariés portent désormais une part du risque, sans percevoir la prime correspondante. […] Face à cette nouvelle répartition des risques, il faudrait une nouvelle répartition des richesses. Ce nouveau partage était aussi le but d'une ordonnance adoptée... il y a un demi-siècle, sur l'insistance de Charles de Gaulle, contre l'avis du patronat. « Il faut enfin que, dans les entreprises, la participation directe du personnel au résultat, au capital et aux responsabilités devienne une des données de base de l'économie française », affirma le président de l'époque pour justifier la création de l'intéressement et de la participation des salariés aux résultats. […] L'essor de l'actionnariat salarié a permis d'aller plus loin – aujourd'hui, plus de trois millions de Français détiennent ainsi des actions de leur entreprise. […] D'autres estiment qu'il faut aller plus loin. Partager d'abord et, surtout, le pouvoir. C'est la « codétermination », symbolisée par l'entrée au conseil d'administration de représentants des salariés prenant part aux votes. […]

Jean-Marc Vittori, « Pourquoi il faudra donner plus de pouvoir aux salariés », © *Les Échos*, 9 octobre 2017.

1 Définir. Qu'est-ce que le partage de la valeur ajoutée ?

2 Expliquer. Expliquez la phrase soulignée.

3 Analyser. Comment l'intéressement et la « codétermination » permettent-ils de répondre à cette nouvelle répartition des risques dans l'entreprise ?

DOC.2 Le partage de la valeur ajoutée au sein des sociétés non financières en France

Part des salaires dans la valeur ajoutée (en %)

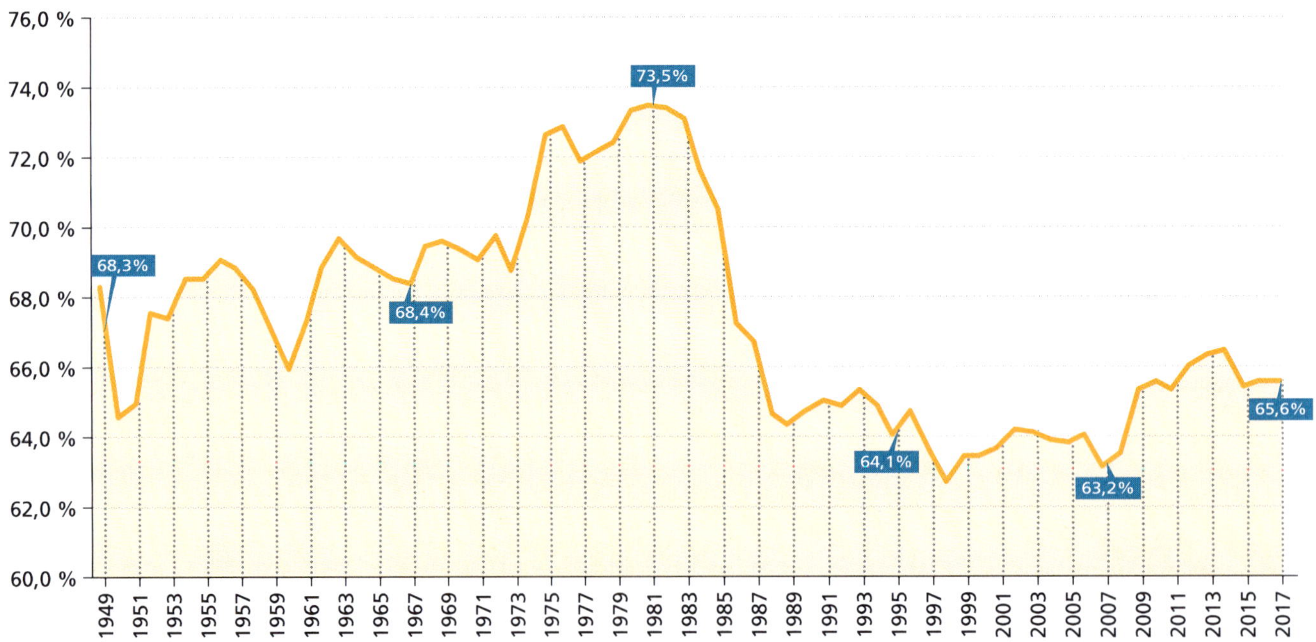

Source : Insee, Comptes nationaux 2018.

NOTION

La **valeur ajoutée** se partage entre la rémunération des salariés et l'excédent brut d'exploitation (CHAPITRE 4). La somme de la part de la rémunération des salariés et du taux de marge (part de l'excédent brut d'exploitation dans la valeur ajoutée) est proche de 100 % sous réserve de tenir compte des parts des impôts et des subventions sur la production.

4 Lire. D'après le graphique, quelle part de la valeur ajoutée est revenue aux salariés en 2017 ?

5 Interpréter. Au regard des données historiques, le partage actuel de la valeur ajoutée est-il plutôt favorable aux propriétaires ou aux salariés ?

6 Lire. Identifiez les grandes phases historiques d'évolution du partage de la valeur ajoutée en France.

DOC.3 Un conflit du travail : l'exemple de Samsonite

Ex-couturière et porte-parole CGT de la contestation chez Samsonite, […] Brigitte Petit avait dix ans lorsqu'elle a participé à sa première manifestation « à Rouvroy, pour soutenir mon père, un ancien mineur », se souvient-t-elle. […] Adhérente du Parti communiste, comme l'étaient ses parents, elle s'encarte à la CGT dès le début de sa carrière de couturière à 15 ans. Son travail dans l'usine de valises, Brigitte Petit « l'adorait », « fière de sortir de la qualité ». Elle évoque la « super ambiance » entre les ouvriers, […] mais aussi avec la direction, « celle du début, qui aimait notre travail et qui nous le disait ». Elle était le « bras droit » de Renée Ponthieu, déléguée du personnel CGT et chef de file de la mobilisation. […] « On a commencé à lutter ensemble », en janvier 2007, « quand, en comité d'entreprise, la direction a annoncé qu'elle ne pouvait plus payer les salaires, on leur a dit "Allez le dire vous-mêmes aux ouvriers !" ». « Ni une ni deux, les gars ont mis des palettes dans les bennes, ils les ont brûlées et ils ont dit "On ne bouge plus de là !" » […] Jour et nuit, pendant six mois, l'usine a été occupée. […] « Nous, pour défendre nos droits, nous sommes allés jusqu'à New York ! On a manifesté sur la 5e avenue, contre Bain Capital, l'actionnaire de Samsonite à l'époque, et on a assigné son fondateur, Mitt Romney ! »

© AFP-Avion, 29 juin 2018.

▲ Le combat des ouvrières de l'entreprise Samsonite a été adapté par Hélène Desplanques dans une pièce de théâtre, *On n'est pas que des valises.*

7 Expliquer. En quoi la socialisation primaire de Brigitte a-t-elle pu influencer sa carrière de militante ?

8 Analyser. Montrez que l'entreprise a pu être une source d'épanouissement importante pour Brigitte.

9 Comprendre. Quel est l'objet du conflit social ? Quels moyens sont utilisés ?

10 Expliquer. Comment expliquer la forte mobilisation des ouvrières de l'entreprise ?

DOC.4 Négociations collectives et grèves en 2016

Taille de l'entreprise (en nombre de salariés)	Part des entreprises ayant mené des négociations collectives (en %)	Part des négociations ayant mené à la signature d'un accord (en %)	Part des entreprises ayant connu une grève (en %)
10 à 49	7,0	72,0	0,4
50 à 99	34,3	82,7	4,3
100 à 199	58,7	85,3	
200 à 499	77,2	86,3	13,9
500 salariés ou plus	95,2	90,1	34,4
Ensemble	**14,7**	**80,1**	**1,7**
Entreprises ayant un délégué syndical	84,7	83,4	9,4 (donnée 2014)

Champ : France métropolitaine, entreprises de 10 salariés ou plus du secteur marchand non agricole.

Source : Dares, enquête Acerno « Dialogue social en entreprise », 2018.

NOTIONS

• Les **négociations collectives** ont lieu entre les représentants des salariés et ceux des employeurs dans le but de s'entendre sur des règles concernant les conditions de travail et de rémunération.

• Une **grève** est une action collective décidée par les salariés. Le contrat de travail est suspendu : les salariés cessent le travail et ne sont pas rémunérés pendant le temps de la grève, mais ils retrouvent leur emploi à la fin. Le droit de grève est protégé par la Constitution. Il est illégal de licencier quelqu'un pour avoir participé à une grève.

11 Lire. Faites une phrase pour traduire les données entourées.

12 Lire. Quelle influence la taille de l'entreprise a-t-elle sur le recours aux négociations collectives et aux grèves ?

13 Analyser. Comment les chiffres de la dernière ligne permettent-ils d'expliquer ces résultats en apparence paradoxaux ?

FAIRE LE POINT

Complétez avec : *conflit • valeur ajoutée • partage • salariés • capitaux • valeur.*

L'entreprise est le lieu où est créée la majeure partie de la … nationale et le lieu où se décide le … de la valeur créée entre les … et les apporteurs de … . Bien qu'ayant mutuellement intérêt à la réussite de leur entreprise, salariés et propriétaires peuvent entrer en … pour obtenir une part plus grande de la … créée.

À RETENIR

• L'entreprise est un **lieu de conflit potentiel entre salariés et propriétaires** dont les intérêts divergent. Derrière la question des rémunérations, des conditions de travail, de la reconnaissance des qualifications, etc., se joue la question du partage de la valeur ajoutée. Celle-ci se mesure statistiquement par la part des salaires dans la valeur ajoutée ou par le taux de marge qui traduit la part qui revient aux apporteurs de capitaux.

• Ces **conflits** sont **institutionnalisés**, ce qui permet leur résolution pacifique dans le cadre de procédures et de règles.

OBJECTIF :
Comprendre que l'entreprise peut être un lieu de coopération entre différentes parties prenantes.

C L'entreprise, lieu de coopération

Les intérêts des différentes parties prenantes de l'entreprise sont, malgré des risques évidents de conflits, en partie convergents et ces parties doivent coopérer dans leur propre intérêt et celui de l'entreprise.

DOC.1 La démarche participative

Jean-Michel Dardour, président directeur général – Tapon France[1] : « Tapon France a mis en place une nouvelle organisation du travail, en 4 équipes 24H/24, 7J/7 sur certaines périodes de l'année, pour améliorer sa compétitivité sur un marché mondialisé éminemment concurrentiel. La démarche, très participative, a consisté à élargir les traditionnels interlocuteurs partenaires sociaux à plusieurs groupes de travail qui ont balayé tous les aspects de cette nouvelle organisation : pénibilité, travail de nuit, éventuels jours fériés, contraintes familiales liées au travail le week-end, amélioration des conditions de travail, des salles de repos, des vestiaires. Finalement, les organisations syndicales ont signé cet accord à l'unanimité. Aujourd'hui, grâce à cette organisation, l'entreprise est beaucoup plus compétitive et les salariés ont été associés au projet depuis le début du processus jusqu'à sa mise en place. Un groupe de travail continue de suivre a posteriori l'adéquation du quotidien avec les accords signés. »

Sophie de Menthon, *Carnet de route de la RSE*, février 2012. https://travail-emploi.gouv.fr/IMG/pdf/Carnet_de_Route_RSE.pdf

1. Tapon est une entreprise qui fabrique des capsules de bouteille.

1 Expliquer. Qu'est-ce qu'une entreprise compétitive ?

2 Définir. En quoi « la démarche participative » consiste-t-elle ? En quoi permet-elle de renforcer la coopération au sein de l'entreprise ?

3 Analyser. Quels ont été les résultats de cette démarche pour l'entreprise Tapon ?

DOC.2 La coopération informelle dans l'entreprise

Monsieur Chouchan, secrétaire fédéral du syndicat majoritaire de la grande distribution [FO, Force Ouvrière], décroche son téléphone.

« Monsieur Albert le directeur des ressources humaines […] ? Ici, M. Chouchan ? Vous êtes en réunion ? Pardonnez-moi. Vous sortez un moment ? Je vous suis infiniment reconnaissant. Je suis désolé de vous embêter sur votre mobile. Comment allez-vous ? Fait-il aussi chaud dans vos bureaux que dans les nôtres ? Oui l'été est sacrément en avance. *(Il rit un moment.)* Bon, je ne vais pas vous déranger trop longtemps. Je vous expose l'affaire. Nous avons un problème dans le magasin de Saint-Four-sur-Car. Celui dont vous et moi savons que le directeur n'est pas un rigolo. Pour aller vite, un salarié est harcelé et il ne veut rien faire. *(Silence)* Je vous arrête tout de suite nous ne voulons absolument pas nous lancer dans je ne sais quelle procédure. Le salarié ne le souhaite pas. Simplement qu'il change de rayon. *(Silence)* Je sais que vous n'y êtes pour rien, mais ce n'est pas possible que ce directeur n'en fasse qu'à sa tête. Mon délégué va le voir avec une demande toute simple et légitime, et il se fait envoyer promener. Il a l'air de quoi ? FO a l'air de quoi ? D'autant que les élections professionnelles ont lieu bientôt. Ce n'est pas possible. […] »

Monsieur Albert rappellera M. Chouchan qui rappellera le délégué de Saint-Four-sur-Car qui bénéficiera ainsi de la gratitude des salariés à son égard tandis que lui-même vouera une éternelle reconnaissance à M. Chouchan.

Cette scène donne à voir les liens d'obligations réciproques unissant responsables syndicaux et patronaux et l'efficacité de ces liens dans la résolution des conflits. Elle illustre à la fois le contenu et la forme des échanges existants entre eux et met en évidence la double contrainte pesant sur FO. Pour jouer son rôle de circuit de secours des relations professionnelles, il lui faut entretenir des liens étroits avec la direction du groupe comme avec la base salariée.

Marlène Benquet, *Encaisser ! Enquête en immersion dans la grande distribution*, © Éditions La Découverte, 2015.

4 Lire. Qui sont les deux interlocuteurs au téléphone ?

5 Analyser. Leurs fonctions respectives impliquent-elles a priori des intérêts convergents ?

6 Comprendre. À quels indices comprend-on qu'ils s'apprécient et se respectent ?

7 Analyser. Pour quelles raisons ont-ils intérêt à coopérer ?

DOC. 3 La responsabilité sociale des entreprises (RSE)

Les priorités d'actions RSE du groupe Casino [...] constituent un des leviers de motivation des collaborateurs, et ont pour vocation d'améliorer l'impact social, sociétal et environnemental de l'entreprise, ainsi que sa performance financière. [...] La mise en œuvre de la démarche RSE est un levier de croissance pour le Groupe car elle contribue à : renforcer la motivation et l'engagement des collaborateurs ; attirer les meilleurs talents ; accroître la compétitivité du Groupe par une amélioration de ses impacts environnementaux (énergie notamment) ; développer les ventes de produits et services responsables et innovants à forte croissance (produits issus de l'agriculture biologique par exemple) ; favoriser les relations de confiance et de long terme avec nos parties prenantes (clients, fournisseurs et actionnaires, pouvoirs publics).

Groupe Casino, Documents de référence, 2017.

NOTION

Selon la définition de la Commission européenne de 2011, la **responsabilité sociale (ou sociétale) des entreprises (RSE)** désigne la démarche de respect du développement durable pour les entreprises : c'est la « responsabilité des entreprises vis-à-vis des effets qu'elles exercent sur la société », dans l'ensemble des domaines visés par les normes internationales.

Les 3 domaines de la RSE

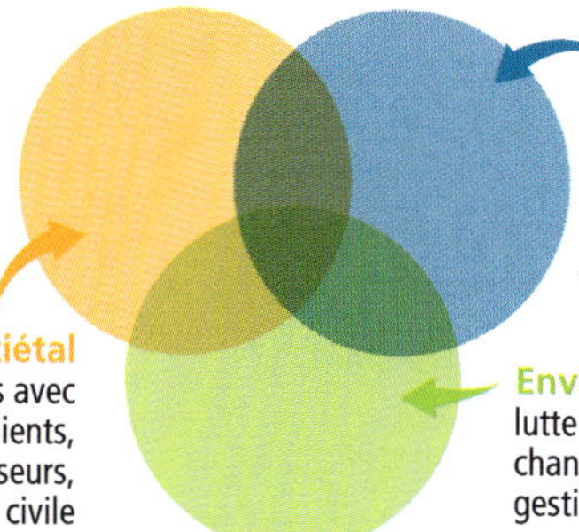

Source : Insee Première n°1 421, novembre 2012.

8 Comprendre. Qui sont « les parties prenantes de l'entreprise » ?

9 Analyser. La démarche de RSE engagée par le groupe Casino va-t-elle à l'encontre des intérêts économiques et financiers de l'entreprise ?

10 Illustrer. Donnez deux exemples de mesures qui pourraient s'inscrire dans la démarche RSE du groupe Casino et contribuer à améliorer sa rentabilité.

DOC. 4 Culture d'entreprise et coopération

1 La décoration ludique, la cafétéria en libre accès et l'ambiance de camaraderie feutrée peuvent-elles seules expliquer l'attrait que ces géants du Net suscitent chez les 18-25 ans ? Non, mais celles-ci participent d'une « marque employeur très forte et alimentée par une foule d'utilisateurs conquis », selon l'analyse de Jean-Rémi Gratadour. [...] « Une philosophie de vie ». Rémunération compétitive, avantages en nature et valorisation de l'autonomie, Facebook et Google mettent l'accent sur « le traitement des salariés au niveau tant symbolique que matériel » [...]. C'est que la part de rêve offerte par Google et Facebook fait aussi écho à des aspirations profondes, celles d'une jeune génération à la recherche de cohérence entre valeurs individuelles et culture de l'entreprise. [...] Au-delà des dimensions matérielles et symboliques, ils proposent, « au niveau intime, une philosophie de vie, une vision de l'avenir qui suffit à beaucoup de jeunes diplômés en quête de sens ».

Paloma Soria, « Google et Facebook, employeurs de rêve », © LeMonde.fr, 19 avril 2017.

2 Le projet 20 % chez Google consiste à consacrer 20 % de son temps de travail à un autre projet que son activité principale. Cela peut être une nouvelle idée que l'on voudrait mettre en place ou simplement travailler dans une autre équipe et à d'autres fonctions que les siennes. De cette initiative sont nées des grandes innovations chez Google comme Google Maps, Google Arts and Culture.

Samson Lewin et Elisa Gilet, « La culture d'innovation en entreprise : l'exemple du projet 20% de Google », www.inside.intuiti.net, 22 mai 2018.

11 Définir. Proposez une définition de la culture d'entreprise. Illustrez la réponse à l'aide de l'exemple de Google.

12 Analyser. Montrez que le projet 20% de Google est dans l'intérêt commun des propriétaires de l'entreprise et de ses salariés.

FAIRE LE POINT

Associez les termes à leur définition.

1. Responsabilité sociétale des entreprises •	• Méthode consistant à associer à la prise de décision toutes les parties concernées par la décision.
2. Culture d'entreprise •	• Prise en compte par les entreprises, sur une base volontaire, des enjeux environnementaux, sociaux et éthiques dans leurs activités.
3. Démarche participative •	• Ensemble de connaissances, de normes, de valeurs partagées par les membres d'une entreprise et mises en avant par les dirigeants pour créer une identité et un sentiment d'adhésion.

À RETENIR

- Les différentes parties prenantes de l'entreprise ont intérêt à **coopérer**. Propriétaires comme dirigeants ont intérêt à assurer des conditions de travail favorables, à créer une identité commune autour de valeurs partagées et à favoriser la participation des salariés à la définition des règles communes pour renforcer l'implication des salariés et améliorer leur productivité.
- Cette **logique coopérative** peut même s'étendre à des acteurs extérieurs à l'entreprise par le biais de la responsabilité sociétale des entreprises.

SYNTHÈSE

Comment les entreprises sont-elles organisées et gouvernées ?

NOTIONS

Entreprise : organisation dont l'activité principale consiste à produire des biens et des services destinés à être vendus sur le marché.

Statut : ensemble des droits et des obligations attachés à une catégorie juridique d'entreprises (entreprise individuelle, SARL, société anonyme, Scop...).

Entrepreneur : terme employé, de façon assez large, pour désigner toute personne qui rassemble des ressources (du capital, du travail, des idées...) et les engage pour mener à bien un projet économique.

Gouvernance : mode de contrôle et d'organisation de la prise de décision dans les entreprises. Le terme se veut plus ouvert que celui de « gouvernement » qui implique une vision trop strictement centralisée.

Hiérarchie : désigne le fait que les positions sociales au sein d'un groupe sont interdépendantes et inégales. Les individus doivent diviser le travail entre eux mais certains sont mieux rémunérés et exercent une autorité sur d'autres.

Autorité : capacité, reconnue à un acteur, d'imposer l'obéissance aux autres.

Bureaucratie : modèle d'organisation rationnel qui obéit à plusieurs principes complémentaires : division hiérarchique et fonctionnelle des tâches, spécialisation selon les compétences, respect strict des règles formelles et préétablies, rapports d'autorité impersonnels attachés aux fonctions.

Partage de la valeur ajoutée : répartition de la valeur ajoutée entre la rémunération des salariés et le profit lié à l'exploitation de l'entreprise.

Conflits du travail : conflits entre employeurs (dirigeants, actionnaires) et travailleurs salariés. Ils concernent notamment le partage de la valeur ajoutée.

Grève : action collective qui consiste à cesser de façon collective le travail pour défendre des revendications. Le recours à la grève est un droit fondamental encadré par les règles du droit du travail.

Négociations collectives : discussions organisées entre les représentants des salariés et des employeurs pour définir ensemble des règles en matière de rémunération, de conditions de travail... Ces négociations peuvent être plus ou moins centralisées.

Coopération : des individus coopèrent lorsqu'ils concourent ensemble à la réalisation d'objectifs conçus comme communs alors que leurs intérêts ne sont pas spontanément convergents.

Responsabilité sociale des entreprises (RSE) : prise en compte par les entreprises, sur une base volontaire, des enjeux environnementaux, sociaux et éthiques dans leurs activités.

Culture d'entreprise : ensemble de connaissances, de normes, de valeurs partagées par les membres d'une entreprise et mises en avant par les dirigeants pour créer une identité et un sentiment d'adhésion.

1 Qu'est-ce qu'une entreprise et quelles sont les figures de l'entrepreneur ?

A. La diversité des entreprises

▶ Une **entreprise** est une organisation productive dont l'activité principale consiste à produire des biens ou des services destinés à être vendus sur le marché. Les entreprises sont très diverses, que ce soit par la taille ou par le **statut**.

B. Les figures de l'entrepreneuriat

▶ Le terme d'**entrepreneur** désigne tous ceux qui se lancent dans une entreprise. Il renvoie donc aussi bien à la figure de l'actionnaire qui investit ses fonds qu'à celle du dirigeant qui organise et coordonne la production. Joseph Schumpeter a mis en avant le rôle central de l'innovation dans la définition de l'entrepreneur.

2 Quelles sont les étapes du cycle de vie des entreprises ?

A. La création des entreprises

▶ Une entreprise est créée lorsqu'elle est juridiquement enregistrée auprès des autorités administratives du pays.

▶ C'est l'aboutissement d'un long processus qui passe par l'établissement d'un business plan, la recherche de financements et le choix du statut. Ce dernier est décisif car il définit les droits et les obligations des membres de l'entreprise.

B. Le développement des entreprises

▶ Une fois créées, les entreprises cherchent à développer leur activité : hausse du chiffre d'affaires, diversification, conquête de nouveaux marchés, implantation à l'étranger.

▶ Un tel développement passe par des investissements et des innovations, ce qui suppose de trouver des financements. Un changement de statut est souvent nécessaire pour s'ouvrir à d'autres possibilités de financement.

C. La disparition des entreprises

▶ Les entreprises peuvent disparaître, notamment si l'entreprise ne parvient pas à rester compétitive sur le marché face à ses concurrents.

▶ La survie des entreprises est inégale selon les secteurs et liée positivement à l'expérience du créateur ou encore au capital investi au départ. La disparition des entreprises contribue au renouvellement incessant du tissu productif dans un processus de « destruction créatrice » analysé par Joseph Schumpeter.

3 Comment est organisée la prise de décision au sein de l'entreprise ?

A. Des modes de **gouvernance** hiérarchiques

▶ L'organisation **hiérarchique** des entreprises consiste à définir les fonctions dans l'entreprise et à mettre en place des lignes verticales de commandement. Le subordonné n'obéit qu'à ses supérieurs hiérarchiques qui exercent l'**autorité** attachée à leur fonction.

▶ La **bureaucratie** est une forme d'organisation rationnelle caractérisée par plusieurs principes qui la rendent efficace. La firme unitaire et la firme multidivisionnelle sont adaptées à des marchés stables et unifiés où l'efficacité passe par la recherche d'économies d'échelle et la spécialisation des tâches.

B. Des modes de gouvernance plus horizontaux

▶ Des modes d'organisation plus horizontaux ont vu le jour pour répondre au besoin de flexibilité des firmes sur des marchés plus segmentés et instables. Une telle organisation se montre plus encline à l'innovation et exploite le potentiel de travailleurs mieux formés.

4 Comment sont conciliés les intérêts contradictoires entre les parties prenantes de l'entreprise ?

A. Un conflit d'intérêts entre propriétaires et managers

► Dans certaines entreprises, notamment les plus grandes sociétés, les dirigeants ne sont plus les propriétaires de l'entreprise mais de simples mandataires. Leurs intérêts ne convergent pas naturellement avec ceux des propriétaires (rentabilité financière).

► Pour conserver le contrôle sur la gestion de l'entreprise, les actionnaires peuvent imposer des règles de gouvernance qui incitent les dirigeants à agir selon leurs intérêts.

B. L'entreprise, lieu de conflits du travail institutionnalisés

► De même, actionnaires et dirigeants d'un côté, salariés de l'autre, ont des intérêts divergents dans le **partage de la valeur ajoutée**. Cela peut déboucher sur des **conflits du travail** : **grève**, manifestation, occupation de site de production... Ces conflits sont toutefois institutionnalisés, encadrés par des règles, ce qui permet une issue pacifique par des **négociations collectives**.

C. L'entreprise, lieu de coopération

► L'entreprise est aussi un lieu de **coopération**. Dirigeants et salariés ont un intérêt commun dans la réussite de l'entreprise, qui permet alors une amélioration de la situation de tous autour de la **responsabilité sociale**.

► Ainsi, les dirigeants peuvent avoir intérêt à offrir de bonnes conditions de travail, à laisser participer les salariés à la prise de décision ou encore à construire une identité commune autour d'une **culture d'entreprise**.

SCHÉMA BILAN

Organisation productive qui associe de multiples acteurs aux intérêts parfois divergents, l'entreprise est un lieu de coopération et de conflits.

1. Qu'est-ce qu'une entreprise et quelles sont les figures de l'entrepreneur ?	**2. Quelles sont les étapes du cycle de vie des entreprises ?**	**3. Comment est organisée la prise de décision au sein de l'entreprise ?**	**4. Comment sont conciliés les intérêts contradictoires entre les parties prenantes de l'entreprise ?**
But : la production marchande. Les entreprises diffèrent par leur **taille** ou encore leur **statut**.	Pour se développer, nécessité de se financer et éventuellement de changer de **statut**.	**Organisation hiérarchique** et **bureaucratique** pour les entreprises traditionnelles.	Conflits d'intérêts entre propriétaires et managers. **Conflits du travail** entre dirigeants et salariés notamment pour le **partage de la valeur ajoutée**.
Entrepreneur-innovateur, chef d'entreprise, actionnaire, auto-entrepreneur : des **figures de l'entrepreneuriat**.	Naissance et disparition dans un processus de destruction créatrice.	Des formes plus horizontales et participatives de **gouvernance** existent et se développent.	Institutionnalisation de ces conflits pour faciliter la **coopération** entre les parties prenantes de l'entreprise.

POUR ALLER PLUS LOIN

SES & CINÉMA

À Agen, l'usine Perrin, multinationale allemande, va fermer ses portes pour cause de délocalisation alors que, deux ans plus tôt, un accord d'entreprise avait été signé avec les 1 100 salariés, qui avaient accepté une baisse de leurs salaires.
Laurent Amédéo (Vincent Lindon) prend alors la tête d'un mouvement de grève : la guerre est déclarée.

Dans ce film, Stéphane Brizé montre ce conflit qui oppose salariés et dirigeants : les moments forts de la grève, les manifestations à Agen, le déplacement à Paris pour parler avec le conseiller social de l'Élysée, l'occupation du siège du Medef, le combat mené pour parlementer avec le patron allemand de l'entreprise, Martin Hauser.

À VOIR, À LIRE

Merci Patron !
François Ruffin, 2015 (1 h 24).
Dans ce film documentaire, François Ruffin cherche à rétablir le dialogue entre le richissime Bernard Arnault, à la tête du groupe de luxe LVMH, et les travailleurs qu'il a licenciés au fil des ans.

Histoires d'innovation. Découvrez en BD les secrets des entrepreneurs qui réussissent
Séverine Le Loarne-Lemaire et Roger Brunel, Pearson, 2018.
Grace à cette bande-dessinée, découvrez tous les secrets de la réussite entrepreneuriale ainsi que les enjeux et les outils au service de l'innovation.

EXERCICES

1. Évaluer ses connaissances

Corrigés des exercices p. 372

Vrai ou faux ?

	V	F
1. Les entreprises peuvent être classées selon des critères économiques et juridiques.	☐	☐
2. Dans une entreprise individuelle, il peut y avoir plusieurs propriétaires du capital social.	☐	☐
3. Joseph Schumpeter parle de destruction créatrice pour désigner la destruction de biens et services par des catastrophes naturelles.	☐	☐
4. On compte plus de grandes entreprises que de micro-entreprises en France, aujourd'hui.	☐	☐
5. L'organisation d'une firme multidivisionnelle est une organisation hiérarchique.	☐	☐
6. Les différentes parties prenantes de l'entreprise ont toujours des intérêts similaires.	☐	☐
7. Le mode de gouvernance des sociétés coopératives est démocratique.	☐	☐
8. Les relations de pouvoir s'exercent toujours du haut vers le bas de la hiérarchie au sein de l'entreprise.	☐	☐
9. La gouvernance, aujourd'hui, accorde plus d'importance à l'autonomie des individus.	☐	☐
10. L'entreprise n'est jamais un lieu de coopération.	☐	☐

2. Lire un tableau statistique à double entrée

Savoir-faire 13, p. 358

Le statut d'auto-entrepreneur selon le niveau de diplôme

Niveau de diplôme le plus élevé	Part dans l'ensemble des immatriculations	Part des auto-entrepreneurs ayant démarré en activité de complément dans l'année
Sans diplôme qualifiant	19,1	34,2
CAP, BEP	18,9	40,0
Baccalauréat	20,6	48,0
Diplôme du 1er cycle du supérieur	12,8	54,3
Diplôme des 2e ou 3e cycles du supérieur	28,6	52,4
Ensemble	100,0	46,5

Source : Insee, enquête « Auto-entrepreneurs immatriculés en 2014 », *Insee Première*, n° 1 615, 2016.

Questions

1. Faites une phrase avec la donnée entourée.
2. Comparez la part des diplômés des 2e ou 3e cycles du supérieur et celle des sans diplôme qualifiant dans l'ensemble des immatriculations des entreprises. Comment expliquez-vous cet écart ?
3. Montrez que le niveau de diplôme joue également sur la nature de leur activité (auto-entreprise en tant qu'activité principale ou secondaire).

3. Interpréter une série chronologique

Savoir-faire 11, p. 355

Répartition de la valeur ajoutée en France depuis 1970
(en % de la valeur ajoutée)

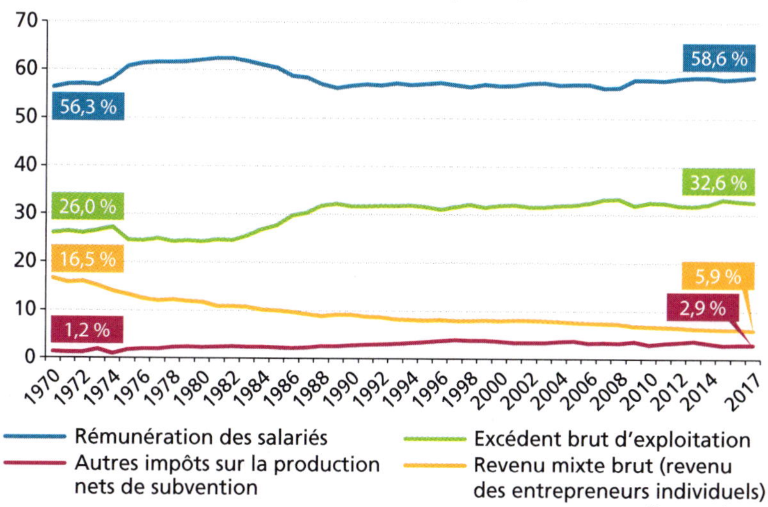

Source : Insee.

Questions

1. Quelles sont les parts de la rémunération des salariés et de l'excédent brut d'exploitation dans la valeur ajoutée en 2017 ?
2. Quelle a été l'évolution des parts respectives des salaires et des profits dans la valeur ajoutée depuis 1970 ? Pourquoi ces parts suivent-elles une évolution inverse ?
3. Comment l'entreprise peut-elle utiliser l'excédent brut d'exploitation ?
4. Supposons que la part de la rémunération du travail passe de 59 % à 54 % et que, dans le même temps, la valeur ajoutée de l'entreprise passe de 100 000 euros à 113 000 euros. Comment la rémunération des salariés évolue-t-elle ?
5. Comment expliquer que les intérêts des propriétaires du capital et ceux des salariés au sein de l'entreprise soient à la fois convergents et divergents ?

EXERCICES

Entraînement à l'oral. Jeux de rôles

4. La prise de décision au sein d'une entreprise

CAS PRATIQUE

1 Jeu de rôle en binôme

Travaillez en binôme avec votre voisin de classe. L'un de vous deux est actionnaire d'une grande surface, l'autre est directeur général de cette entreprise (et ne possède pas d'action) et travaille directement avec les salariés.

L'actionnaire souhaite ouvrir l'entreprise jusqu'à 22 h 30 pour optimiser le capital fixe. Le dirigeant n'est pas d'accord.

Dans le cadre d'un débat, confrontez vos opinions.

2 Jeu de rôle : groupe de huit élèves

Le conseil d'administration de votre entreprise décide de mettre en place le travail le dimanche.

Chacun des huit élèves choisit l'un des personnages suivants : actionnaire, président-directeur-général, directeur des ressources humaines, directeur financier, manager, chef d'atelier, ouvrier, délégué syndical.

Chaque élève liste les arguments pour ou contre le travail le dimanche selon la fonction occupée et ses intérêts

Débattez avec les autres membres de l'entreprise au cours de plusieurs phases (réunions, conflit éventuel, négociations...) de l'annonce de la mesure à la résolution du conflit éventuel, donnant lieu à un compromis.

5. Une faillite d'entreprise

CAS PRATIQUE

Jeu de rôle en binôme

Une entreprise connaît une forte chute de son chiffre d'affaires à la suite de l'arrivée d'un nouvel entrant sur le marché, très innovant. C'est une illustration du processus de « destruction créatrice » décrit par Joseph Schumpeter. Il faut annoncer la nouvelle du dépôt de bilan de l'entreprise à l'ensemble de ses salariés et les licenciements économiques associés.

- Vous représentez soit le chef d'entreprise, soit le délégué syndical.

L'entrepreneur réfléchit à un plan de sauvegarde de l'emploi. Il peut s'agir par exemple de reconversions ou d'emplois dans une autre entreprise travaillant dans le même secteur, présentant le même type d'emploi.

- Élaborez une fiche de préparation de la réunion présentant le bilan, puis les mesures envisagées.

Imaginez le dialogue avec le délégué syndical.

MÉTHODE VERS LE BAC

Préparer le grand oral

Parler en continu devant un auditoire est une compétence dont vous aurez besoin pour le grand oral, et aussi plus tard dans votre vie professionnelle.

15 conseils pour réussir son oral

Préparez votre message

1 Respectez les consignes qui vous ont été données.

2 Décidez du message que vous voulez transmettre.

3 Faites une liste du vocabulaire en lien avec le sujet que vous traitez. Choisissez les termes et expressions que vous allez employer. Veillez à utiliser un lexique riche et varié.

4 Trouvez des formulations riches et percutantes.
Sélectionnez par exemple une ou deux citations inspirantes en lien avec votre sujet.

5 Préparez une fiche avec vos notes : introduction, plan et idées principales, mots-clés, conclusion.

Travaillez votre élocution

6 Inspirez-vous de conférences de personnalités.
Visionnez des conférences très vivantes, souvent passionnantes sur le site TED.com.

7 Répétez votre discours à voix haute, à l'aide votre fiche de notes, pour bien la connaître, sans avoir à la lire.

8 Chronométrez-vous pour être sûr(e) que votre discours n'est ni trop long ni trop court.

9 Filmez-vous avec un portable ou une tablette pour vérifier votre posture et votre élocution. Vous pouvez ainsi vous améliorer.

Le Jour J

10 Saluez les membres du jury et installez-vous calmement.

11 Soignez votre posture : tenez-vous bien droit(e) pour montrer que vous êtes sûr(e) de vous. N'oubliez pas de sourire !

12 Respirez ! Avant de prononcer le tout premier mot, prenez une profonde inspiration.

13 Regardez vos auditeurs. Prenez votre temps. Faites des pauses pour créer du suspense.

14 Insistez sur certains mots : les idées importantes que vous voulez transmettre doivent être mises en valeur.

15 À la fin de votre discours, remerciez le jury pour son écoute attentive.

11 TUTORIELS VIDÉO

Bien respirer, maîtriser sa voix et gérer son stress

1 et 2 La respiration ventrale et costale
3 La résonance
4 La lecture à voix haute
5 La respiration complète
6 L'élocution et l'articulation
7 La relaxation
8 La lecture - Exercice
9 Le journal télévisé - Exercice
10 L'interview - Exercice
11 Conclusion

vidéo
www.lienmini.fr/ses-1-031

VERS LE BAC Épreuve de spécialité

Partie 1 Mobilisation de connaissances et traitement de l'information (10 points)

• **Document** **L'importance du statut juridique dans la croissance de l'entreprise et sa pérennité**

Taux de pérennité à 5 ans des entreprises de la cohorte 2010 en Hauts-de-France selon différentes caractéristiques

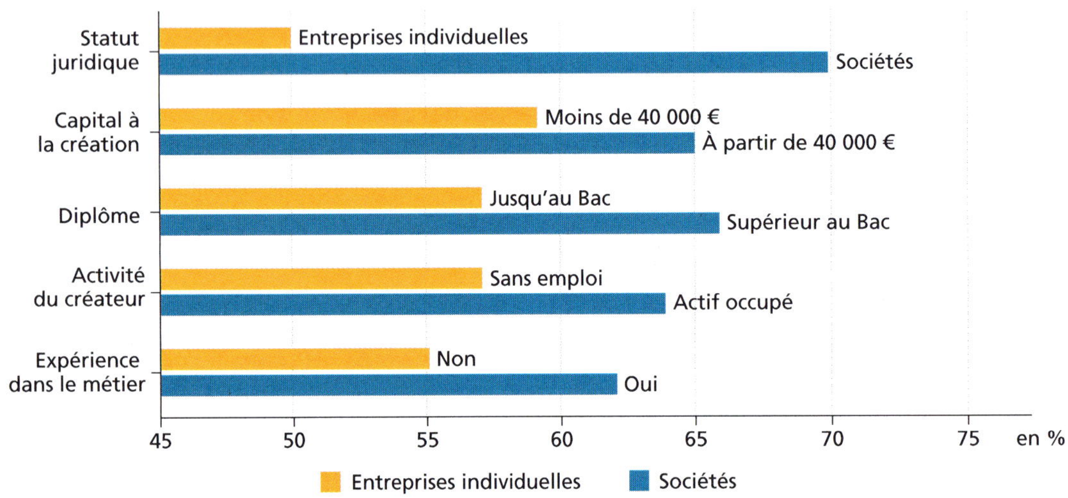

Note : la survie de l'entreprise à 5 ans est liée à différents facteurs : le statut juridique de l'entreprise (entreprise individuelle ou société), le capital à la création (c'est-à-dire les apports financiers dont l'entreprise dispose à sa création), le niveau de diplôme du créateur de l'entreprise, l'activité du créateur de l'entreprise (sans emploi lors de la création ou bien actif occupé, c'est-à-dire exerçant déjà un emploi au moment de la création), expérience ou non de création d'entreprises antérieurement.

Lecture : environ 50 % des entreprises individuelles créées lors du 1re semestre 2010 en région sont encore actives 5 ans après leur création.

Source : Insee, 2010.

• **Questions**

1. En quoi le mode de gouvernance est-il un enjeu important pour une entreprise ?
2. Faîtes trois phrases avec des données du graphique.
3. Quels sont les facteurs qui influencent la réussite des entreprises créées ? Expliquez votre réponse.

CONSEILS

- Vous devez bien connaître la notion de gouvernance et savoir qu'il existe différentes gouvernances.
- Vous pouvez vous interroger sur l'adéquation entre la spécificité d'une entreprise et son mode de gouvernance.
- Rappelez-vous les différences entre une entreprise individuelle et une société.
- Interrogez-vous sur le lien entre statut juridique et capital à la création. Cherchez des explications entre les facteurs évoqués (statut, diplôme, capital, etc.) et la pérennité des entreprises.

Partie 2 Raisonnement appuyé sur un dossier documentaire (10 points)

Sujet **À l'aide de vos connaissances et du dossier documentaire, vous montrerez que les intérêts entre les différentes parties prenantes de l'entreprise ne sont pas toujours convergents.**

Doc. 1

Concilier les intérêts des dirigeants et ceux des actionnaires lors d'une opération en capital-investissement n'est pas toujours aisé. […]
Avec d'un côté des actionnaires désireux de disposer d'un retour sur investissement, de l'autre des dirigeants engagés dans un processus énergivore où ils doivent à la fois concilier les intérêts de leurs actionnaires, les attentes des futurs propriétaires et leur propre situation, sans oublier les intérêts du groupe.

Faire coïncider les intérêts des deux parties
[…] Isabelle Cheradame, avocate associée chez Scotto. […] « D'un côté, le propriétaire veut vendre au prix le plus haut, il aura donc un discours positif sur sa société. De l'autre, les acquéreurs souhaitent le prix le plus bas et vont chercher à tempérer les points forts évoqués par le vendeur. Le dirigeant se retrouve quant à lui entre les deux parties, ses actionnaires majoritaires pouvant l'inciter à avoir une présentation de la société plus valorisante tout en lui promettant un exit bonus… » Un dilemme que le dirigeant doit résoudre tout en préservant les intérêts de la société, l'une de ses principales obligations légales. En effet le prix trop élevé de rachat de l'entreprise entrainerait potentiellement une dette plus conséquente à rembourser.

LBO[1] : « Concilier les intérêts des actionnaires et des dirigeants », Communiqué avec Scotto Partners, www.brefeco.com, 9 octobre 2018.

1. LBO (*leveragebuy out*) : type de rachat d'une autre entreprise.

CONSEILS
- Identifiez les intérêts des actionnaires et ceux des dirigeants dans le cadre de cette opération d'achat d'une autre entreprise.
- Expliquez en quoi ils peuvent être contradictoires et les tensions que cela peut amener.

Doc. 2 Partage des bénéfices des sociétés coopératives

En croissance de 6,4 %, le CA (chiffre d'affaires) agrégé du Mouvement [réseau des sociétés coopératives] est désormais proche des 5 milliards d'euros.
Fin 2017, le résultat net agrégé des sociétés coopératives s'élève à près de 180 millions d'euros, en croissance de 23,1 % en un an.

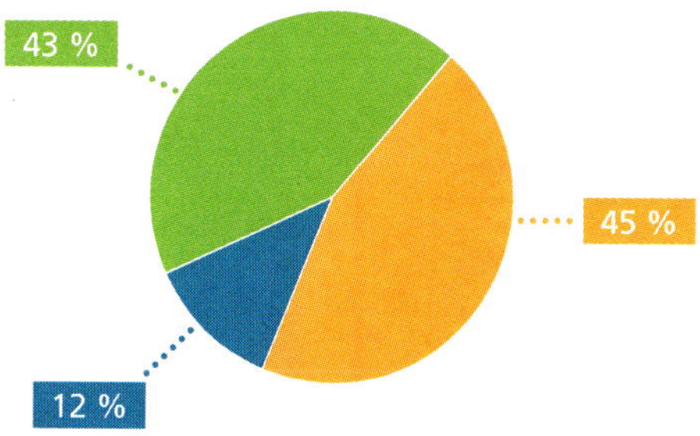

Source : www.les-scop.coop/sites/fr/les-chiffres-cles/

CONSEILS
- À l'aide de vos connaissances, identifiez les caractéristiques de la gouvernance des sociétés coopératives.
- Montrez que la participation des salariés constitue une part importante de l'ensemble.

S'ENTRAÎNER

Étape 1 Analyser le sujet

▶ Définissez les notions présentes dans le sujet : intérêts des parties prenantes, entreprise. On vous demande ici de montrer avec des arguments illustrés par des exemples que les parties prenantes peuvent avoir des intérêts contradictoires, selon le type d'entreprise.

Étape 2 Analyser les documents

▶ Lisez les conseils donnés en marge des deux documents proposés.

Étape 3 Organiser ses connaissances pour répondre au sujet

▶ Récapitulez les idées que vous souhaitez dégager dans un tableau en mobilisant vos connaissances personnelles et en y associant les informations tirées des documents.

▶ Faites un plan. Par exemple, vous pouvez montrer que les intérêts des actionnaires et des dirigeants ne sont pas nécessairement les mêmes mais que tout dépend aussi du type d'entreprise et des moyens mis en œuvre dans l'entreprise pour atténuer ces éventuels conflits.

VERS LE BAC

Dissertation

Sujet En quoi l'entreprise est-elle un lieu de coopération et de conflit ?

Doc. 1 Participation des salariés à la vie sociale de leur établissement

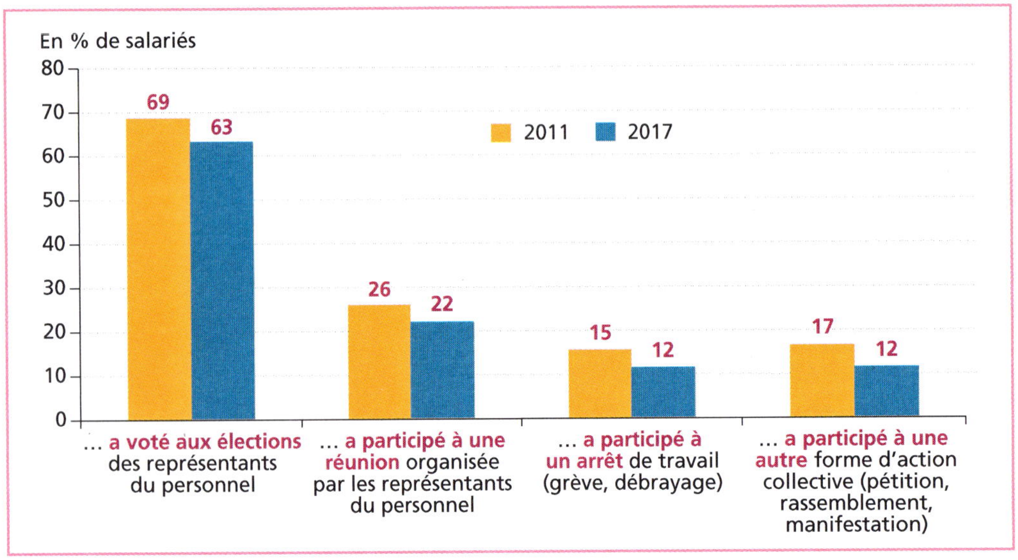

Lecture : en 2011, 69 % des salariés a voté à des élections de représentants du personnel au cours des trois années précédant l'enquête.
Champ : salariés des établissements de 11 salariés ou plus des secteurs marchand et associatif (hors agriculture) ayant au moins 15 mois d'ancienneté ; France métropolitaine.

Source : Dares, enquêtes « Relations professionnelles et négociations d'entreprise » (*Réponse*) 2011 et 2017, volet « salariés ».

CONSEILS

- Il faut bien prendre en compte les différentes informations qu'apporte ce document : il caractérise la participation des salariés selon les formes de participation, mais montre également une évolution entre deux dates.
- Utilisez les outils statistiques (coefficient multiplicateur par exemple) pour comparer des données chiffrées intéressantes à relever.

Doc. 2 Entreprises ayant déclaré au moins une grève et nombre de jours de grève pour 1 000 salariés de 2005 à 2016[1]

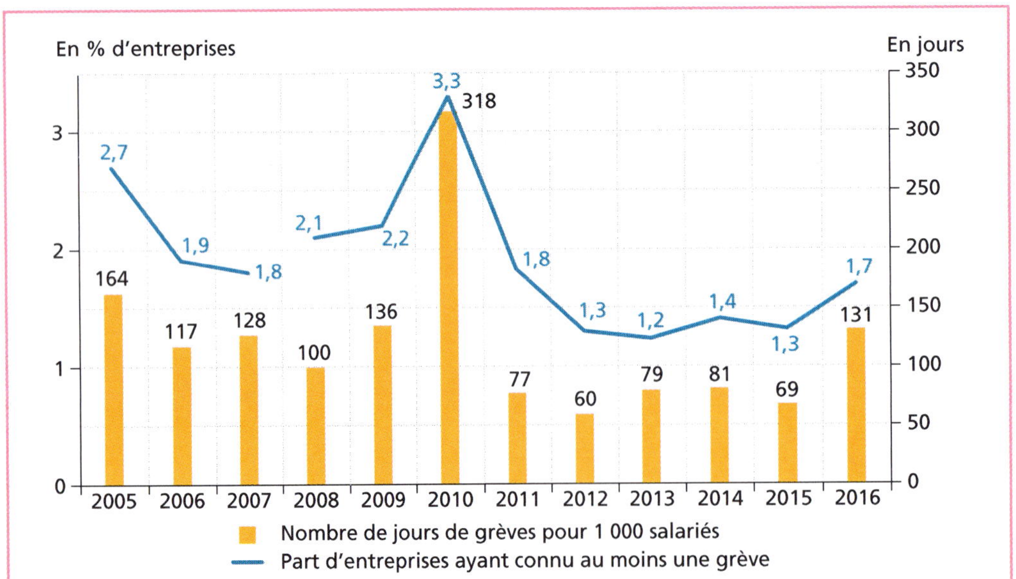

1. À partir des données 2008, la pondération de l'enquête a été revue, d'où une rupture de série.

Lecture : en 2016, 1,7 % des entreprises a connu au moins une grève et le nombre de journées non travaillées pour fait de grève rapporté aux effectifs salariés équivaut à 131 jours pour 1 000 salariés.
Champ : entreprises de 10 salariés ou plus du secteur marchand (hors agriculture) en France métropolitaine.

Source : Dares, enquête Acemo « Dialogue social en entreprise ».

CONSEILS

Il est possible sur ce document d'identifier des périodes, et de mettre en évidence les conséquences de la crise économique de 2008 à 2010. Mettez ce document en relation avec le document 1.

Doc. 3

Estimant avoir été exclus des discussions sur la transition énergétique, les énergéticiens ont l'opportunité de se rattraper avec le débat public sur la programmation pluriannuelle de l'énergie qui s'est ouvert au mois de mars. L'occasion pour le groupe EDF de s'interroger aussi sur la place qu'il entend occuper à l'avenir sur ce marché. Dans cette optique, le PDG, Jean-Bernard Lévy, a décidé d'organiser « Parlons Énergies». Cette vaste concertation interne invite les 100 000 collaborateurs du groupe à nourrir la stratégie de l'entreprise. « Notre volonté est de donner la parole aux agents et aux salariés qui sont les mieux placés pour dire si l'orientation choisie est tenue ou si elle pourrait être ajustée », explique Philippe Méchet, conseiller de Jean-Bernard Lévy et pilote stratégique du projet. Depuis le mois de janvier et jusqu'à fin avril, des réunions hebdomadaires d'une demi-journée sont organisées partout en France. « À chaque fois, ce sont près de 200 personnes représentant les différents métiers et filiales du groupe qui sont invitées à s'exprimer sur la transition énergétique et sur la façon dont EDF peut faire évoluer son business model », précise Philippe Méchet. Au final, soixante sessions animées par une communauté de 160 salariés « dialogueurs » auront permis de réunir plus de 12 000 collaborateurs. Les autres étant conviés à s'exprimer sur une plate-forme de contribution en ligne qui compte à ce jour près de 20 000 inscrits. À l'issue de ces quatre mois de consultation, la direction s'appuiera sur les synthèses des 60 réunions et des avis partagés en ligne pour décider des chantiers à mettre en oeuvre. « Fin juin, les projets retenus feront l'objet d'une réunion du comex [comité exécutif, NDLR] plus longue qu'à l'accoutumée. Par ailleurs, concernant les idées écartées, la direction générale prendra le temps d'expliquer aux collaborateurs les raisons de ce choix », souligne Philippe Méchet, précisant :« Nous nous devons de rendre des comptes aux salariés, nous ne pouvons pas les décevoir. »

Julie Le Bolzer, « Chez EDF, la parole des collaborateurs vient nourrir la stratégie »,
© *Les Échos*, 9 avril 2018.

CONSEILS
- Identifiez les informations apportées par ce texte et la forme de participation des salariés à la prise de décision de l'entreprise.
- Faites le lien avec la problématique de la gouvernance et ses évolutions, et avec la notion de coopération.

Doc. 4 **Part des sociétés menant au moins une action RSE**[1]

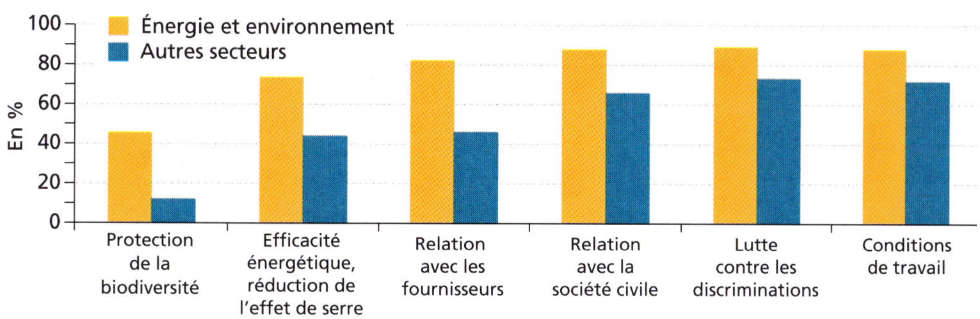

1. RSE : responsabilité sociale des entreprises.

Lecture : 88 % des sociétés de l'énergie et de l'environnement mènent au moins une action de lutte contre les discriminations, contre 74% des sociétés des autres secteurs d'activité.
Champ : sociétés de 50 salariés ou plus, hors sociétés agricoles, financières et d'assurance, France.

Source : Insee, enquête sur les entreprises et le développement durable 2011.

CONSEILS
Interrogez-vous sur les objectifs des entreprises qui mènent des actions de RSE et montrez que cette démarche définit une nouvelle forme de performance.

S'ENTRAÎNER À LA DISSERTATION

Étape 1 Analyser le sujet
- Repérez les notions au programme, coopération et conflit, et définissez chaque terme.
- Cherchez les liens entre les notions. Essayez de reformuler la question posée.

Étape 2 Analyser les documents
- Identifiez la source et la nature de chacun des documents. Identifiez l'information principale et essayez de l'intégrer à un raisonnement. Les documents traitent ici du conflit social, à travers différentes formes de moyens, et montrent une évolution au cours des années. Ils montrent aussi qu'une coopération existe, à la fois entre les salariés via les instances représentatives du personnel et entre dirigeants et salariés via la concertation.

Étape 3 Organiser ses connaissances pour répondre au sujet
- Il faut intégrer les arguments dégagés dans les documents et les connaissances dans un raisonnement cohérent.
- Le propos doit être structuré autour d'une introduction, d'un développement comportant deux ou trois parties (comprenant elles-mêmes au moins deux sous-parties chacune), une conclusion.
- Le plan doit intégrer les notions de coopération et de conflit au sein de l'entreprise. Il faut aussi montrer que les conflits peuvent se résoudre par la négociation. Évitez un plan : 1/ L'entreprise, lieu de conflits ; 2/ L'entreprise lieu de coopération.

SAVOIR FAIRE 1

Proportion, pourcentage de répartition : calcul, lecture, interprétation

Qu'est-ce qu'une proportion et comment la calculer ?

On utilise les proportions afin de comparer une donnée à une autre donnée qui sert alors de référence. Le calcul est le suivant :

$$\frac{\text{Donnée 1}}{\text{Donnée 2}} \times 100$$

donnée à analyser → Donnée 1

donnée de référence → Donnée 2

× 100 : *pour obtenir directement le résultat en %*

Une proportion s'exprime généralement en %, qui est une autre manière d'écrire un nombre décimal. Par exemple, si le résultat du calcul est 0,51 alors cela équivaut à 51 % (on multiplie le résultat par 100).

> Une proportion peut être supérieure à 100%, lorsque que la donnée à analyser est supérieure à la donnée de référence.

Exemple

Sur le marché automobile, en octobre 2018 en France, 29 479 véhicules de marque Renault neufs ont été immatriculés, contre 18 780 pour la marque Citroën, selon le Comité des Constructeurs Français d'Automobile (CCFA).

Calcul

$$\frac{\text{Immatriculations de véhicules Citroën}}{\text{Immatriculations de véhicules Renault}} = \frac{18\,780}{29\,479} = 0{,}637 = 63{,}7\ \%$$

Lecture

En octobre 2018, selon le CCFA, le nombre de véhicules neufs de marque Citroën immatriculés en France représentait 63,7 % du nombre de véhicules neufs de marque Renault immatriculés sur la même période.

Qu'est-ce qu'un pourcentage de répartition et comment le calculer ?

Les pourcentages de répartition sont un type particulier de proportions. La donnée à analyser est un sous-ensemble de la donnée de référence. Le calcul est le suivant :

$$\frac{\text{Sous-ensemble (donnée 1)}}{\text{Ensemble (donnée 2)}} \times 100$$

donnée 2 ⊃ *donnée 1*

× 100 : *pour obtenir directement le résultat en %*

> Un pourcentage de répartition est toujours compris entre 0 et 100 %. La valeur de l'ensemble ne peut pas être inférieure à la valeur du sous-ensemble.

Exemple

Selon le CCFA, en octobre 2018, 173 798 véhicules particuliers ont été immatriculés, parmi lesquels 34 692 de marque Peugeot.

Calcul

$$\frac{\text{Immatriculations de véhicules Peugeot}}{\text{Total des immatriculations}} = \frac{34\,692}{173\,698} = 0{,}1997 = 19{,}97\ \%$$

Lecture

En octobre 2018, selon le CCFA, 19,97 % des véhicules particuliers neufs immatriculés en France étaient de marque Peugeot.

EXERCICE D'APPLICATION

Nombre de véhicules particuliers vendus en France par type d'énergie en 2016 et 2017

	2016	2017
Essence	883 125	1 004 310
Diesel	1 050 413	998 124
Hybrides	58 385	81 547
Électriques	21 752	24 910
Autres	1 489	1 803
Total	**2 015 164**	**2 110 694**

Source : Comité français des constructeurs automobiles, 2018.

1 Calculez en % la part des véhicules diesel parmi l'ensemble des véhicules vendus en 2017. Rédigez une phrase avec le résultat obtenu.

2 Complétez la phrase suivante :
« Les véhicules électriques vendus en 2016 représentent ... % des véhicules vendus en 2017. »

SAVOIR FAIRE 2

Coefficient multiplicateur : calcul, lecture, interprétation

Qu'est-ce qu'un coefficient multiplicateur et comment le calculer ?

Un coefficient multiplicateur permet de comparer deux données en établissant un rapport entre elles. Il permet de répondre à la question : « Par combien faut-il multiplier une donnée pour obtenir une autre donnée ? »

donnée à analyser → $\frac{\textbf{Donnée 1}}{\textbf{Donnée 2}}$ ← *donnée qui sert de base à la comparaison*

Comparer des données dans le temps

Un coefficient multiplicateur peut permettre de comparer deux données dans le temps. Dans ce cas, la donnée à analyser correspond à la donnée chronologiquement la plus récente.

Exemple

Selon la Loi de financement de la Sécurité sociale 2018 (LFSS 2018), les dépenses du régime général de Sécurité sociale pour la branche maladie devraient atteindre 223,8 milliards d'euros en 2021, alors qu'elles étaient de 168,3 milliards d'euros en 2014.

Calcul

$$\frac{\text{Dépenses de la branche maladie en 2021}}{\text{Dépenses de la branche maladie en 2014}} = \frac{223{,}8}{168{,}3} = 1{,}33$$

Lecture

Selon la LFSS 2018, les dépenses du régime général de Sécurité sociale de la branche maladie vont être multipliées par 1,33 entre 2014 et 2021.

Comparer des données à une même date, mais sur un périmètre différent (géographique, catégorie d'acteurs…)

Un coefficient multiplicateur peut permettre de comparer deux données à une même date. Dans ce cas, la donnée à analyser correspond généralement à la donnée la plus élevée.

Exemple

Selon la LFSS 2018, les dépenses du régime général de Sécurité sociale pour la branche vieillesse sont en 2018 de 133,6 milliards d'euros, contre 49,7 milliards d'euros pour la branche famille.

Calcul

$$\frac{\text{Dépenses de la branche vieillesse}}{\text{Dépenses de la branche famille}} = \frac{133{,}6}{49{,}7} = 2{,}69$$

Lecture

Selon la LFSS 2018, les dépenses du régime général de Sécurité Sociale pour la branche vieillesse sont 2,69 fois supérieures aux dépenses pour la branche famille.

EXERCICE D'APPLICATION

Recettes du régime général de la Sécurité sociale (en milliards d'euros)

	2014	2015	2016	2017	2018
Maladie	161,8	167,4	194,6	201,9	209,9
Accident du travail/ maladie professionnelle	12,3	12,6	12,6	12,8	12,6
Famille	56,3	52,8	48,6	49,9	51
Vieillesse	115,6	120,1	123,7	126,2	133,9

Source : Loi de financement de la Sécurité sociale 2018.

1 Par quel coefficient les recettes de la branche vieillesse ont-elles été multipliées entre 2014 et 2018 ?

2 Complétez la phrase suivante :
« En 2018, les recettes de la branche maladie sont … fois supérieures à celles de la branche accident du travail/maladie professionnelle. »

SAVOIR FAIRE 3

Taux de variation : calcul, lecture, interprétation

Qu'est-ce qu'un taux de variation et comment le calculer ?

Un taux de variation permet d'exprimer en pourcentage l'évolution d'une donnée, généralement entre deux dates. Pour calculer ce taux, il est nécessaire de disposer de la valeur initiale et de la valeur finale de la donnée que l'on souhaite analyser. Le calcul est alors le suivant :

$$\frac{\text{Valeur finale} - \text{Valeur initiale}}{\text{Valeur initiale}} \times 100$$

Pour avoir le résultat en %

Un taux de variation s'exprime généralement en %, qui est une autre manière d'écrire un nombre décimal. Par exemple, si le résultat du calcul est 0,51 alors cela équivaut à 51 % (on multiplie le résultat par 100).

Un taux de variation peut être supérieur à 100 %. Il peut également être négatif (dans le cas où la donnée étudiée diminue).

Exemple

Selon la Banque centrale européenne (BCE), la masse monétaire mesurée par l'agrégat M3 était de 9 369 milliards d'euros pour la zone euro en octobre 2008 et elle atteignait 12 272 milliards d'euros en octobre 2018.

Calcul

$$\frac{\text{M3 en 2018} - \text{M3 en 2008}}{\text{M3 en 2008}} = \frac{12\,272 - 9\,369}{9\,360} = 0{,}309, \text{ soit } 30{,}9\ \%$$

Lecture

Selon la BCE, entre octobre 2008 et octobre 2018, la masse monétaire mesurée par M3 a augmenté de 30,9 %.

Quels sont les liens entre taux de variation et coefficient multiplicateur ?

Il est possible de transformer un taux de variation en coefficient multiplicateur et réciproquement.

- **Pour transformer un taux de variation en coefficient multiplicateur, on applique la formule suivante :**

$$\frac{\text{Taux de variation exprimé en \%}}{100} + 1$$

Par exemple, M3 a été multiplié par 1,309 entre octobre 2008 et octobre 2018.

$$\frac{30{,}9}{100} + 1$$

- **Pour transformer un coefficient multiplicateur en taux de variation, on applique la formule suivante :**

(Coefficient multiplicateur – 1) × 100.

Par exemple, M3 a augmenté de 30,9 % entre octobre 2008 et octobre 2018.

(1,309 – 1) × 100

EXERCICE D'APPLICATION

Composition de M1 en zone euro depuis octobre 2008

(en milliards d'euros)	Dépôts à vue	Billets et pièces en circulation
oct. 2018	7 047	1 154
oct. 2017	7 010	1 151
oct. 2016	6 952	1 144
oct. 2015	6 916	1 137
oct. 2014	6 892	1 134
oct. 2008	3 283	711

Source : Banque centrale européenne, 2018.

1 Calculez le taux de variation du montant des dépôts à vue entre octobre 2008 et octobre 2018. Rédigez une phrase avec le résultat obtenu.

2 Sans l'aide de votre calculatrice, donnez le coefficient multiplicateur correspondant à ce taux de variation.

3 Par quel coefficient le montant des pièces et billets en circulation a-t-il été multiplié entre octobre 2008 et octobre 2018 ?

4 Sans l'aide de votre calculatrice, donnez le taux de variation correspondant à ce coefficient multiplicateur.

SAVOIR FAIRE 4

Taux de variation cumulé : calcul, lecture, interprétation

Qu'est-ce qu'un taux de variation cumulé et comment le calculer ?

Un taux de variation cumulé permet de déduire une évolution globale en pourcentage à partir de plusieurs évolutions annuelles, elle-même exprimées en pourcentage ou sous la forme de coefficient multiplicateur.

Pour calculer le taux de variation cumulé, il est nécessaire de disposer des taux de variation de chaque période, et de convertir ces taux de variation en coefficient multiplicateur. SAVOIR-FAIRE 3

Taux de variation cumulé = [(produits des coefficients multiplicateurs de chaque période) - 1]

Un taux de variation cumulé s'exprime généralement en %, qui est une autre manière d'écrire un nombre décimal. Par exemple, si le résultat du calcul est 0,51 alors cela équivaut à 51 % (on multiplie le résultat par 100).

Attention, faire la somme des taux de variation de chaque période aboutit à obtenir un résultat faux.

Comment procéder ?

Le tableau ci-dessous donne le taux de croissance du montant mensuel moyen de la retraite globale du régime général d'un retraité en France :

	2014-2015	2015-2016	2016-2017
Taux de croissance économique	0,8 %	0,8 %	1,8 %

Source : Caisse nationale d'assurance vieillesse (CNAV), 2018.

Pour calculer le taux de croissance cumulé sur les 3 périodes, c'est-à-dire la hausse de montant mensuel moyen de la retraite, on procède ainsi :

- **Étape 1** : conversion des taux de variation en coefficients multiplicateurs.

	2014-2015	2015-2016	2016-2017
Taux de croissance économique	0,8 %	0,8 %	1,8 %
Coefficient multiplicateur	1,008	1,008	1,018

- **Étape 2** : application de la formule.

Calcul

Taux de variation cumulé = [(1,008 x 1,008 x 1,018) –1]
= 0,034, soit 3,4 %.

Lecture

Selon la CNAV, le montant mensuel moyen de la retraite globale a augmenté de 3,4 % entre 2014 et 2017.

EXERCICE D'APPLICATION

La dette publique de la France a suivi l'évolution suivante depuis 2014.

	2014	2015	2016	2017
Dette publique (en milliards d'euros)	2 149,7	2 198,4	2 228,6	2 291,7
Évolution (en %)				
Coefficient multiplicateur				

Source : Eurostat, 2018.

1 Reproduisez et complétez le tableau

2 Calculez le taux de variation cumulé de la dette publique française entre 2014 et 2017.

3 Calculez le taux de variation de la dette publique entre 2014 et 2017. Le résultat vous paraît-il cohérent avec votre précédent calcul ?

SAVOIR FAIRE 5

Indice simple : calcul, lecture, interprétation

Qu'est-ce qu'un indice simple ?

Un indice simple permet de comparer différentes données à une même date - indice simple de répartition - ou une même grandeur à des dates différentes - indice de variation.

Comment calculer, lire et interpréter un indice simple de répartition ?

Pour calculer un indice de répartition, on attribue à la donnée de base, A, la valeur d'indice 100 et on « convertit » les autres données (par exemple la donnée B) par rapport à cette base en appliquant une « règle de 3 ».

$$\text{Indice de B} = \frac{\text{Valeur de B}}{\text{Valeur de A}} \times 100$$

Exemple

Surface agricole couverte par l'agriculture biologique en 2017 (en % de la surface agricole totale)

Pays	Surface agriculture bio	Indice base 100 = UE à 28
France	5,99	85,2
Allemagne	6,82	97,01
Espagne	8,73	124,2
UE 28 pays	7,03	100

Source : Eurostat, 2018.

Il faut toujours préciser la base de référence dans une phrase de lecture d'un indice simple.

Calcul

Dans cet exemple, on choisit comme base la donnée correspondant à l'ensemble des pays de l'UE. On lui attribue donc la valeur 100. On « convertit » ensuite les autres valeurs. Ainsi, l'indice de la surface couverte par l'agriculture biologique en France, base 100 pour l'UE à 28 pays en 2017, est de :

$$\frac{5{,}99}{7{,}03} \times 100 = 85{,}2.$$

Lecture

L'indice de la surface couverte par l'agriculture biologique en 2017 en France est de 85, base 100 pour l'UE à 28 pays.

Comment calculer lire et interpréter un indice de variation ?

Un indice de variation mesure l'évolution d'une variable à partir d'une année de référence l'« année 1 » par exemple, à laquelle on attribue la valeur d'indice 100. Le calcul des indices sur les autres années relève là de l'application d'« une règle de 3 » :

$$\text{Indice de l'année 2} = \frac{\text{Valeur de l'année 2}}{\text{Valeur de l'année 1}} \times 100$$

Exemple

Évolution de la surface agricole couverte par l'agriculture biologique (en % de la surface agricole totale)

	2010	2017
Surface agricole bio	2,9	5,99
Indice base 100 en 2010	100	206,6

Source : Eurostat, 2018.

Calcul

L'indice de 206,6 a été calculé de la façon suivante :

$$\frac{5{,}99}{2{,}9} \times 100 = 117{,}2.$$

Lecture

Selon Eurostat, sur une base 100 en 2010, la part de la surface agricole couverte par l'agriculture biologique atteint l'indice 206,6 en 2017. Cette part a donc été multipliée par 2,066, ou encore elle a augmenté de 106,6 % entre 2010 et 2017.

EXERCICE D'APPLICATION

Déchets générés par les ménages et entreprises dans les pays de l'UE (en millions de tonnes)

Année	Déchets générés	Indice base 100 en 2008
2008	2 427	100
2010	2 464	
2012	2 492	
2014	2 515	
2016	2 535	

1 Complétez le tableau en calculant les indices pour chaque année.

2 Rédigez une phrase avec la valeur de l'année 2016.

3 Quel est le taux de variation en % des quantités de déchets générés au sein de l'UE entre 2008 et 2016 ? Donnez le résultat sans l'aide de votre calculatrice.

Source : Eurostat, 2018.

SAVOIR FAIRE 6 Indice synthétique : lecture et interprétation

Qu'est-ce qu'un indice synthétique ?

Un indice synthétique est un indice composé de plusieurs indices simples, que l'on pondère selon leur importance. Il permet de calculer l'évolution dans le temps d'un ensemble de valeurs en faisant la synthèse de l'évolution de chaque valeur élémentaire.

Comment lire et interpréter un indice synthétique ?

La lecture et l'interprétation d'un indice synthétique sont proches de celle d'un indice simple.
Si la valeur de l'indice est supérieure à 100, cela signifie que la valeur moyenne des indices simples qui le composent a augmenté. Cela ne signifie pas que tous les indices simples qui le composent ont augmenté : certains ont pu baisser, d'autres augmenter fortement.
La variation de l'indice synthétique va donc dépendre à la fois de la variation des indices simples, mais aussi de leurs poids respectifs.

Exemple
Si l'on cherche à étudier l'évolution des prix dans le secteur de la restauration rapide, on se heurte à plusieurs difficultés. Il va falloir :
• **synthétiser plusieurs évolutions** (prix des sandwichs, prix des boissons, prix des desserts) ;
• **prendre en compte le poids de chaque élément** dans le chiffre d'affaires de la restauration rapide. Si les sandwichs représentent 60 % du chiffre d'affaires et les boissons et desserts 20 %, alors une variation du prix des sandwichs aura plus d'impacts sur l'évolution des prix dans le secteur de la restauration rapide.
Pour réaliser cette étude, on passe par le calcul et l'analyse d'un indice synthétique.

EXERCICE D'APPLICATION

L'indice des prix à la consommation
L'Insee calcule un indice synthétique qui permet d'analyser comment ont évolué en moyenne les prix des biens consommés par les ménages sur une période donnée : c'est l'indice des prix à la consommation (IPC). Voici les pondérations que retient l'Insee pour le calcul de cet indice.

Biens consommés	Pondération
Alimentation et restauration	23,8 %
Logement (loyer, eau, gaz, fioul, électricité)	14,0 %
Santé	9,0 %
Transports (automobile, carburants, transports)	10,6 %
Habillement	5,3 %
Ameublement	6,4 %
Autres	30,9 %

Source : Insee, 2018.

Voici l'évolution de l'IPC base 100 en 2015 :

Source : Journal Officiel, 2018.

1 Rédigez une phrase avec la valeur entourée.

2 Entre 2015 et juillet 2018, quelle est l'augmentation en pourcentage des prix à la consommation ?

3 Peut-on dire que tous les prix ont augmenté en France depuis 2015 au même rythme ? Pourquoi ?

SAVOIR FAIRE 7

Moyenne arithmétique simple et pondérée : calcul, lecture, interprétation

Qu'est-ce qu'une moyenne et comment la calculer ?

Lorsqu'on étudie une série de données statistiques, il peut être intéressant de connaître la valeur qu'aurait chacune des données de la série si elles étaient toutes égales. C'est à cela que sert une moyenne.

• On dit que la moyenne est **simple** lorsque chaque donnée n'est pas affectée par un poids, une pondération, un coefficient particulier.
La moyenne est alors la somme des valeurs divisées par le nombre de valeurs.

$$\textbf{Moyenne simple} = \frac{\textbf{Somme des valeurs de chaque donnée}}{\textbf{Nombre de données}}$$

• On dit que la moyenne est **pondérée** lorsque que le calcul tient compte d'un poids, d'une pondération, d'un coefficient différent pour chaque valeur de la série.

Pour calculer une moyenne pondérée, on fait la somme de chaque donnée multipliée par son coefficient, puis on divise le total par la somme des coefficients.

$$\textbf{Moyenne pondérée} = \frac{\textbf{Somme des valeurs de chaque donnée multipliée par son coefficient}}{\textbf{Somme des coefficients}}$$

Exemple
On dispose des informations suivantes sur les notes de Manuel en sciences économiques et sociales au sein d'une classe de lycée :

	Devoir n° 1	Devoir n° 2	Devoir n° 3
Note de Manuel	13/20	17/20	12/20

Calcul

La moyenne de Manuel en sciences économiques et sociales est de :

$$\frac{13 + 17 + 12}{3} = 14$$

En calculant sa moyenne, Manuel a omis de prendre en compte le fait que les coefficients de chaque devoir étaient différents :
- les devoirs n° 1 et n° 3 ont un coefficient de 4 ;
- le devoir n° 2 a un coefficient de 1.

La moyenne pondérée de Manuel est de :

$$\frac{13 \times 4 + 17 \times 1 + 12 \times 4}{4 + 1 + 4} = 13$$

EXERCICE D'APPLICATION

L'entreprise UniRéso, spécialiste des réseaux sociaux numériques à usage professionnels, a développé un système d'évaluation de ses salariés comportant 4 critères pondérés et notés sur 5.
Voici le résultat des évaluations de deux de ses salariés :

		Notes /5	
Critères	Pondération	Samia	Joana
Performance commerciale	0,5	1	4
Esprit d'équipe	0,1	5	2
Innovation	0,1	5	1
Respect des délais	0,3	2	5

1 Calculez la moyenne simple de Samia et Joana selon cette grille d'évaluation.

2 Calculez la moyenne pondérée des deux salariées.

3 Comment peut-on expliquer l'écart de résultats entre les moyennes simples et pondérées des deux salariées ?

SAVOIR FAIRE 8 Médiane : lecture et interprétation

Qu'est-ce une médiane ?

La médiane d'une série statistique est la valeur qui sépare la série étudiée en deux effectifs égaux, ce qui signifie que la moitié des données de la série sera inférieure à la médiane, et que l'autre moitié sera supérieure à la médiane.

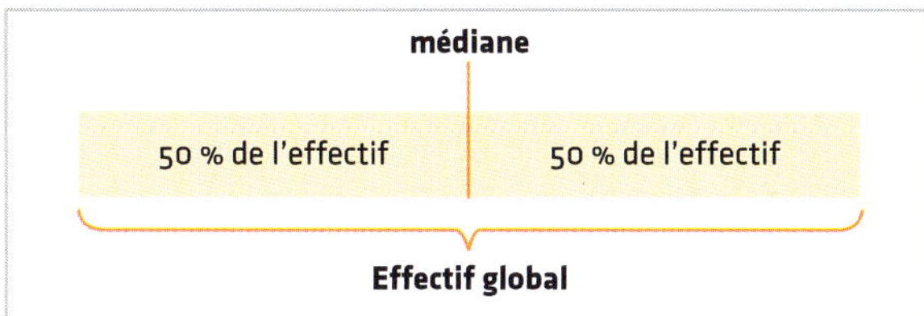

Exemple
Pour déterminer la médiane, il faut commencer par ordonner par ordre croissant la série statistique. Par exemple, voici les dépenses mensuelles liées à la culture pour différents ménages :

	Ménage 1	Ménage 2	Ménage 3	Ménage 4	Ménage 5	Ménage 6	Ménage 7
Dépenses liées à la culture	15	30	35	60	100	120	200

Calcul
Pour déterminer la médiane, il faut trouver la valeur qui sépare l'effectif de 7 ménages en deux parties égales. Il y a 7 ménages dans cette population. La médiane correspond aux dépenses du ménage 4 : 3 ménages dépensent moins de 60 euros mensuellement pour la culture, 3 ménages dépensent plus…

Lecture
La dépense mensuelle médiane pour la culture dans cette population est donc de 60 : 50 % des salariés dépense moins de 60 euros par mois.

Attention à ne pas confondre médiane et moyenne. La dépense moyenne est ici de 80 euros par mois.

EXERCICE D'APPLICATION

Âge médian aux différentes étapes de la vie adulte (en années)

	Génération 1948-1957		Génération 1958-1967		Génération 1968-1977		Génération 1978-1988	
	Femmes	Hommes	Femmes	Hommes	Femmes	Hommes	Femmes	Hommes
Fin des études	16,5	16,8	17,8	17,5	19,3	19,2	19,8	19,7
Premier travail	17,3	16,8	18,6	17,7	20,0	19,3	19,9	19,6
Première relation amoureuse importante	19,0	21,0	18,9	21,2	18,8	20,8	18,4	20,2
Premier départ du foyer parental	19,5	21,0	19,5	20,8	20,1	21,5	19,6	20,9
Première cohabitation	21,4	23,5	21,9	24,5	22,7	25,4	22,5	24,9
Premier enfant	23,8	27,0	26,6	29,8	28,2	31,5	nr[1]	nr[1]

1. L'âge médian n'est pas renseigné pour la génération 1978-1988 car plus de la moitié des personnes n'ont pas encore d'enfant au moment de l'enquête.
Champ : France métropolitaine, personnes âgées de 25 à 65 ans en 2013.
Source : Ined-Insee, Épic, 2013-2014.

1 Rédigez une phrase avec la donnée entourée, sans utiliser le terme de médiane.

2 Est-il juste de dire que les femmes de la génération 1968-1977 achèvent leurs études en moyenne à 19,3 ans ?

SAVOIR FAIRE 9

Valeur nominale, valeur réelle : lecture et interprétation

Quelle est la différence entre une valeur réelle et une valeur nominale ?

Lorsque la production (ou une autre grandeur de même type) exprimée en euros (ou dans une autre monnaie) augmente entre deux périodes, cette augmentation peut avoir deux explications :
- **les quantités produites ont augmenté ;**
- **les prix ont augmenté.**

Lorsqu'on calcule une valeur réelle, on cherche à faire abstraction de la variation des prix. L'objectif est de répondre à la question : comment la production aurait-elle évolué si les prix n'avaient pas évolué, s'ils étaient restés constants ?

La valeur nominale ne permet pas de faire cette distinction entre l'effet d'une variation des prix et l'effet d'une variation des quantités produites.

Comment passer d'une valeur nominale à une valeur réelle ?

Exemple

Une entreprise produisant des livres constate l'évolution de ses ventes et de ses prix de vente :

	2015	2016	2017	2018
Nombre de livres vendus	900	1 000	1 000	1 300
Prix de vente unitaire	8	10	12	12
Chiffre d'affaires	7 200	10 000	12 000	15 600

• Entre 2016 et 2017, la hausse du chiffre d'affaire s'explique exclusivement par un **effet prix** (hausse des prix).

• Entre 2017 et 2018, la hausse du chiffre d'affaires s'explique exclusivement par un **effet quantité** (hausse des quantités vendues).

• Entre 2015 et 2016, la hausse du chiffre d'affaires provient à la fois d'une **hausse des prix** et d'une **hausse des quantités vendues**. Le chiffre d'affaires a augmenté de 2 800 euros, mais on ne sait pas quelle est la part de l'effet prix et celle de l'effet quantité.

Calcul

Pour distinguer effet prix et effet quantité, il faut calculer la valeur réelle du chiffre d'affaires en 2016 en appliquant la formule suivante :

$$\text{Valeur réelle} = \frac{\text{Valeur nominale}}{\text{Coefficient multiplicateur des prix}}$$

$$= \frac{\text{Valeur nominale}}{\text{Indice des prix}} \times 100$$

Dans l'exemple, les prix ont été multipliés par 1,25 (10/8) de 2015 à 2016.

On a donc :

$$\text{Chiffre d'affaires réel en 2016} = \frac{10\,000}{1{,}25} = 8\,000.$$

Lecture

Si les prix étaient restés stables entre 2015 et 2016, le chiffre d'affaires aurait atteint 8 000 euros.

Du PIB nominal au PIB réel en France en 2017

D'après les comptes nationaux établis par l'Insee, le PIB nominal s'élève en France à 2 291,7 milliards d'euros en 2017.

L'indice des prix, base 100 en 2016, est de 100,7 en 2017.

Le PIB réel est donc égal à :

$\frac{2\,291{,}7}{100{,}7} \times 100$, soit 2 275,77 milliards d'euros.

Pourquoi utiliser une valeur réelle ?

En science économique, les analyses se réalisent souvent sur des variables exprimées en valeur réelle.

Par exemple, lorsqu'on étudie l'évolution du PIB, on cherche à savoir s'il correspond à une variation des quantités produites : l'analyse se fait donc en valeur réelle.

Quelques synonymes

« PIB réel » est synonyme de « PIB en volume » ou « PIB en euros constants ».

« PIB nominal » est synonyme de « PIB en valeur » ou de « PIB en euros courants ».

Taux d'intérêt nominal et taux d'intérêt réel

Le taux d'intérêt réel permet de connaître le coût réel d'un financement ou la rémunération réelle d'un placement, en neutralisant l'effet de la hausse des prix.

Exemple

Une somme de 100 placée au taux nominal de 5 % sur un an permet de bénéficier d'un capital de 105 à la fin de l'année. Mais le pouvoir d'achat de ce gain de 5 euros peut avoir été réduit par une hausse des prix sur la période.

Calcul

Si les prix ont, dans le même temps, augmenté de 3 %, le pouvoir d'achat des 105 euros est de :

$$\frac{105}{1,03} = 101,94.$$

Lecture

Le taux d'intérêt réel est donc de 1,94 %.

On peut approcher la valeur du taux d'intérêt réel lorsque les taux sont bas par la formule suivante :

Taux d'intérêt réel = Taux d'intérêt nominal – Taux de variation des prix.

Soit : 5% – 3% = 2%.

Comme on ne connaît pas à l'avance l'évolution des prix, on peut aussi utiliser le taux de variation anticipée des prix.

EXERCICE D'APPLICATION

Taux d'intérêt nominal à long terme en France en 2017 (en %)

	2008	2009	2010	2011	2012	2013	2014	2015	2016	2017
Taux d'intérêt nominal à long terme	4,23	3,65	3,12	3,32	2,54	2,20	1,67	0,84	0,47	0,81
Taux d'inflation (variation des prix)	2,8	0,1	1,5	2,1	2,0	0,9	0,5	0,0	0,2	1,0

Source : Insee, 2018.

1 Un ménage cherche à placer une somme en 2009 au taux d'intérêt nominal indiqué ci-dessus : le taux d'intérêt réel lui sera-t-il favorable ?

2 Une entreprise cherche à financer un projet d'investissement en 2017 au taux d'intérêt nominal indiqué ci-dessus : le taux d'intérêt réel lui sera-t-il favorable ?

SAVOIR FAIRE 10

Représentation graphique de diagrammes de répartition : lecture et interprétation

Qu'est-ce qu'un diagramme de répartition ?

Un diagramme de répartition est un graphique qui permet de représenter la répartition des différentes composantes d'un ensemble.
Les diagrammes de répartition prennent principalement deux formes :

- Diagramme circulaire

Répartition de l'encours de financement des sociétés non financières en France (en octobre 2018)

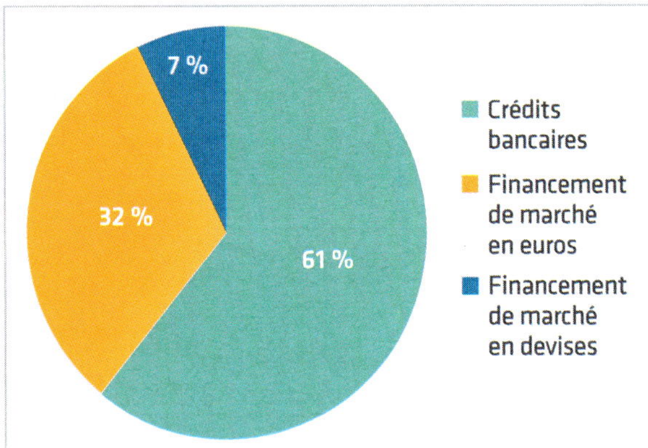

- Diagramme en bâtons empilés

Répartition de l'encours de financement des sociétés non financières en France (en octobre 2018)

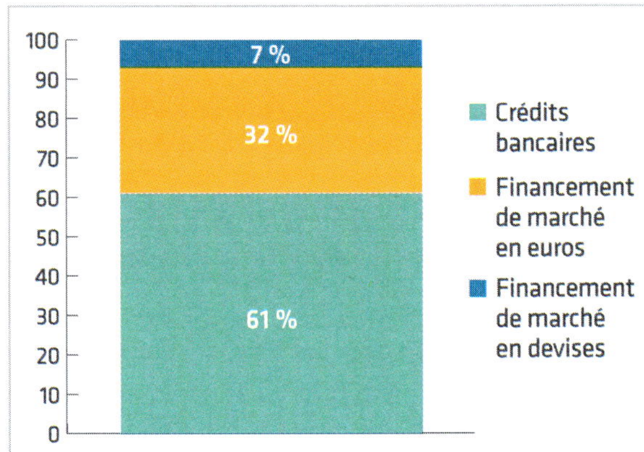

Source : Banque de France, 2018.

Comment interpréter un diagramme de répartition ?

Lors de l'analyse d'un diagramme de répartition, il est nécessaire d'être particulièrement attentif à l'ensemble qui est représenté. Ici, l'ensemble est indiqué dans le titre.

On dira donc : « Les crédits bancaires représentent 61 % de l'encours de financement des sociétés non financières en France en octobre 2018. »

EXERCICE D'APPLICATION

Répartition du vote des cadres au premier tour de l'élection présidentielle 2017

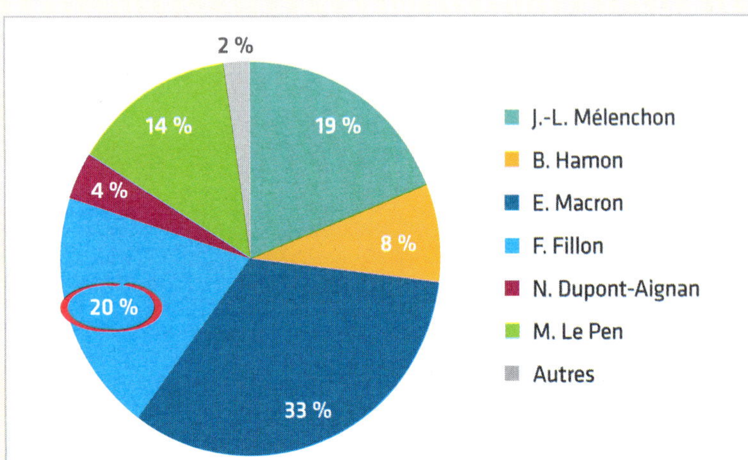

Source : Sondage IPSOS-STERIA, 23 avril 2017.

1 Rédigez une phrase avec la donnée entourée.

2 Quelle est, en %, la part des salariés n'ayant pas voté pour les candidats qualifiés pour le second tour (M. Le Pen et E. Macron) ?

SAVOIR FAIRE 11 Représentation graphique de séries chronologiques : lecture et interprétation

Qu'est-ce qu'une série chronologique ?

Une série chronologique permet de déterminer l'évolution d'une variable au cours du temps et peut se présenter sous la forme d'un graphique ou d'un tableau.

Pour analyser une série chronologique, il faut repérer les éléments suivants :
- **le titre** du document, afin d'identifier la variable étudiée dans la série ;
- **la source** des données présentes dans la série ;
- **l'unité** dans laquelle les données sont présentées ;
- **la période** étudiée ;
- **l'évolution générale** de la variable sur l'ensemble de la période ;
- **les phases homogènes** d'évolution de la variable (phases de croissance/phases de décroissance).

Exemple

Évolution des taux d'intérêt directeur de la Banque centrale européenne entre 2008 et 2018

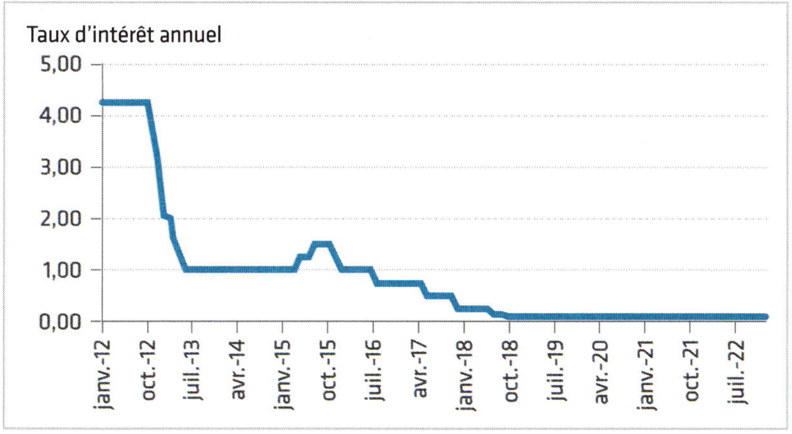

Lecture

Cette série chronologique est représentée par un graphique qui montre l'évolution des taux directeurs de la Banque centrale européenne entre 2008 et 2018. Le graphique est construit à partir des données fournies par la BCE.
En janvier 2008, le taux d'intérêt directeur fixé par la BCE lors des opérations principales de refinancement était de 4,25 %.

Interprétation

D'une façon générale, le taux d'intérêt directeur a diminué entre 2008 et 2018, passant de 4,25% à 0 % fin 2018. Cette baisse s'est réalisée en plusieurs phases distinctes. La baisse est rapide entre juin 2008 et mai 2009 : le taux d'intérêt passe de 4,25 % à 1 %, soit une baisse de 3,25 points. Après une phase de stabilité, voire de légère remontée de mai 2009 à fin 2011, le taux a diminué lentement mais de façon quasi continue pour atteindre 0 % en mars 2016.

EXERCICE D'APPLICATION

Évolution du taux d'autofinancement[1] des sociétés non financières de 1950 à 2017

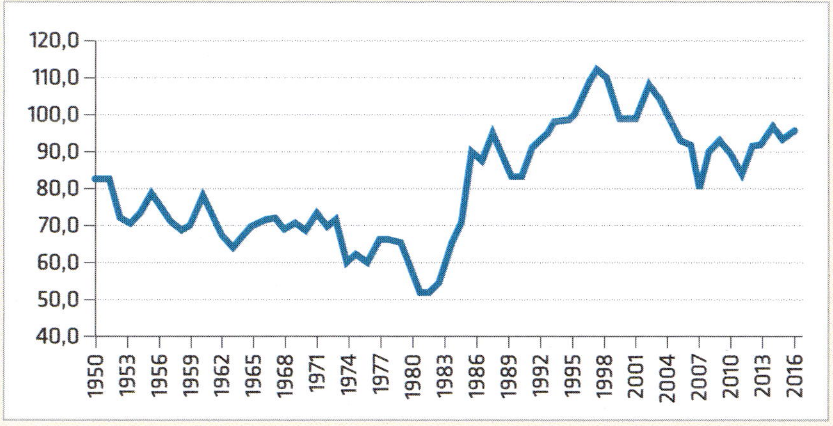

1. Taux d'autofinancement = épargne brute / FBCF.

Source : Insee, 2018.

1 Décrivez cette série chronologique.

2 Rédigez un paragraphe présentant l'évolution du taux d'autofinancement depuis 1950.

SAVOIR FAIRE 12

Représentation graphique de fonctions simples (offre, demande, coût) et interprétation de leurs pentes et de leurs déplacements

Comment représenter et interpréter les courbes d'offre et de demande ?

Les courbes d'offre et de demande permettent de représenter graphiquement les liens entre quantités offertes ou demandées et prix d'un bien ou d'un service.

La forme des courbes d'offre et de demande

Dans le cas général et si on fait l'hypothèse que tous les autres facteurs affectant l'offre et la demande sont stables :

- la courbe d'offre est une fonction croissante du prix, ce qui signifie qu'une hausse des prix entraîne une hausse des quantités offertes ;
- la courbe de demande est une fonction décroissante du prix, ce qui signifie qu'une hausse des prix entraîne une baisse des quantités demandées.

La pente des courbes d'offre et de demande nous renseigne sur la sensibilité des producteurs et des consommateurs à une variation des prix : plus la pente est faible, plus cette sensibilité est élevée.

Une variation des prix entraîne une variation plus ou moins forte des quantités offertes ou demandées selon la pente de la courbe

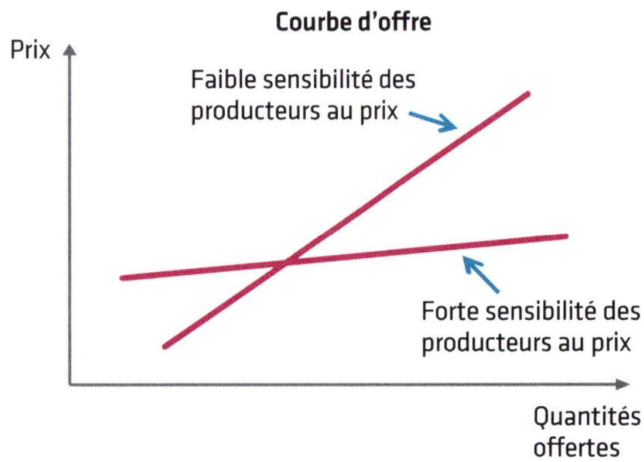

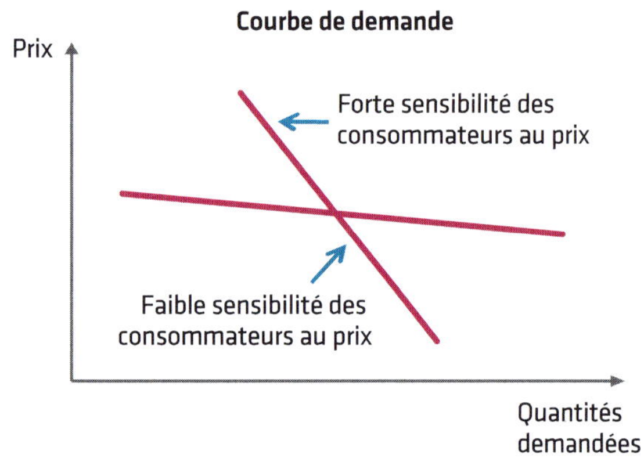

Par convention, les prix figurent en ordonnée et les quantités en abscisse.

Le prix et les quantités d'équilibre

L'équilibre du marché est graphiquement donné par le point d'intersection entre les courbes d'offre et de demande.

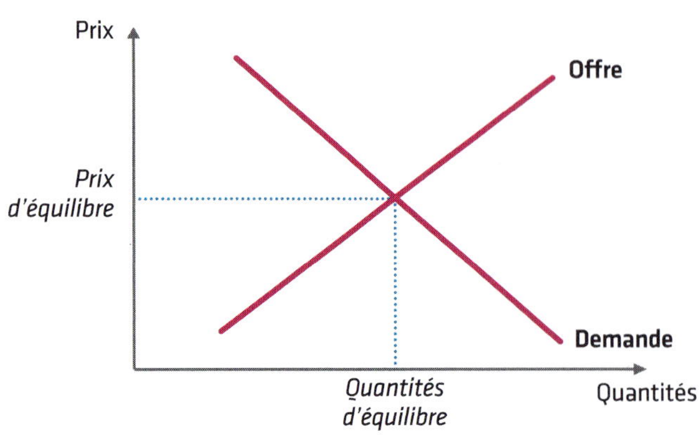

Les déplacements des courbes d'offre et de demande
Les quantités offertes ou demandées à prix donné peuvent varier en cas d'une modification de la situation des producteurs (par exemple une évolution des coûts de production) ou des consommateurs (par exemple une évolution des revenus). Dans ce cas, la courbe d'offre ou de demande se déplace :
- vers la droite, si les quantités offertes ou demandées à chaque niveau de prix augmentent ;
- vers la gauche, si les quantités offertes ou demandées à chaque niveau de prix diminuent.

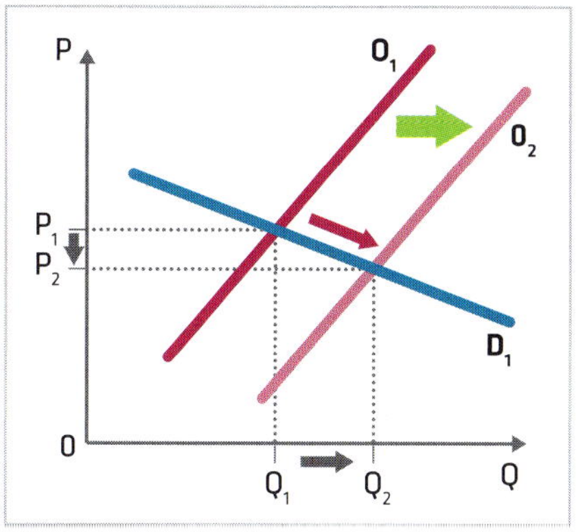

Exemple
Déplacement vers la droite de la courbe d'offre

Ce graphique représente le passage d'une situation 1 à une situation 2. Dans la situation 2, l'offre à chaque niveau de prix augmente, la courbe d'offre se déplace vers la droite, ce qui entraîne une hausse des quantités d'équilibre et une baisse du prix d'équilibre sur le marché.

Comment représenter et interpréter les courbes de coûts moyen et marginal ?

Le **coût moyen** représente le coût par unité produite alors que le **coût marginal** représente le coût de la dernière unité produite.
Ces deux courbes sont étudiées par les économistes car elles permettent d'analyser le comportement du producteur et, notamment, de déterminer le niveau de production qui maximise son profit pour un prix donné.

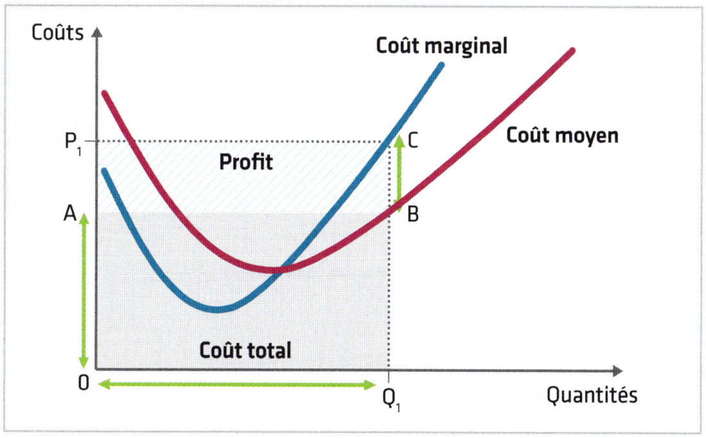

Ce graphique montre que :
- la courbe de coût marginal est d'abord décroissante, puis croît à partir d'un certain niveau de production. C'est l'effet de la loi des rendements décroissants ;
- la courbe de coût marginal coupe la courbe de coût moyen en son minimum : tant que le coût de la dernière unité produite est inférieur au coût moyen des unités précédemment produites, alors le coût moyen baisse ;
- Pour un niveau de prix P_1, le niveau de production atteint Q_1 : tant que le prix est supérieur au coût marginal, produire une unité supplémentaire génère du profit pour le producteur, il a donc intérêt à produire cette unité ;
- le coût total (ABQ_1O) se déduit en multipliant le coût moyen par les quantités produites ;
- le profit (P_1CBA) est égal au chiffre d'affaires (quantités produites x prix de vente) moins le coût total.

EXERCICE D'APPLICATION

On dispose des informations suivantes sur un marché :

Prix	Quantités offertes	Quantités demandées
1	10	30
2	15	25
3	20	20
4	25	15
5	30	10

1 Représentez graphiquement les courbes d'offre et de demande et indiquez sur le graphique le prix et les quantités d'équilibre.

2 Le gouvernement décide d'accorder une nouvelle prestation sociale aux consommateurs. Le niveau de demande à chaque niveau de prix augmente de 10 %. Représentez graphiquement la nouvelle situation : que constatez-vous ?

SAVOIR FAIRE 13 Tableau à double entrée : lecture et interprétation

Qu'est-ce qu'un tableau à double entrée et comment l'interpréter ?

Un tableau à double entrée sert à croiser des données de variables différentes pour essayer de déterminer un lien entre elles.

Exemple

Dettes et déficits publics en zone euro entre 2014 et 2017

	2014	2015	2016	2017
PIB (en millions d'euros)	10 259 695	10 520 039	10 789 787	11 168 356
Déficit public (en millions d'euros)	253 404	213 577	159 015	98 925
Déficit public (% du PIB)	2,5	2	1,5	0,9
Dette publique (en millions d'euros)	9 334 844	9 462 000	9 601 613	9 685 501
Dette publique (% du PIB)	91,9	89,9	89	86,7

Source : Eurostat, 2018.

Comment interpréter un tableau à double entrée ?

■ **Interpréter un tableau à double entrée suppose de lire et d'analyser :**

• **le titre :** il donne une indication sur la comparaison à établir entre les données du tableau.
Ici, les données relatives à l'évolution de la dette et des déficits publics en zone euro de 2014 à 2017.

• **la source :** elle permet de contextualiser le tableau.
Ici, les données proviennent d'Eurostat, l'organisme statistique de l'Union européenne.

• **l'unité :** cela permet d'éviter de faire des erreurs d'interprétation.
Le tableau comporte deux unités distinctes : millions d'euros, % du PIB.

• **les titres des colonnes et des lignes :** on peut lire le tableau verticalement ou horizontalement.
Verticalement, on lit les années, la période sur laquelle sont restituées les données.
Horizontalement, on lit l'évolution des indicateurs économiques de finance publique et du PIB.

■ **On peut effectuer plusieurs interprétations à partir de ce tableau.**

• La zone euro est en croissance économique continue depuis 2014 ; un calcul rapide permet de montrer que le PIB a augmenté de 8,9 % sur la période.

• Dans le même temps, dette et déficit publics sont en recul : exprimés en % du PIB, ces indicateurs baissent respectivement de 5,2 et 1,6 points.

EXERCICE D'APPLICATION

Données sur les recettes publiques en 2017 (en % du PIB)

Pays	Recettes fiscales totales	Impôts sur revenus, bénéfices et gains en capital	Cotisations de sécurité sociale	Impôts sur le patrimoine
France	46,2	10,9	16,8	4,4
Royaume-Uni	33,3	11,9	6,4	4,2
Allemagne	37,5	12,2	14,2	1
États-Unis	27,1	12,4	6,3	4,2
Moyenne OCDE	34,2	11,4	9,3	1,9

Source : OCDE, 2018.

1 Rédigez une phrase avec la donnée entourée.

2 Ces affirmations sont-elles vraies ou fausses ?

a. En Allemagne, les impôts sur le patrimoine s'élèvent à 1 milliard d'euros.

b. Les cotisations de Sécurité sociale représentent 16,8 % du PIB en France en 2017.

c. En moyenne pour les pays de l'OCDE en 2018, les recettes fiscales totales représentent 34,2 % du PIB.

SAVOIR FAIRE 14 Travailler l'oral

Pourquoi travailler l'oral ?

Le travail de l'oral apparaît nécessaire pour trois raisons principalement.

• La maîtrise de l'oral est une des compétences à acquérir en vue de l'obtention du baccalauréat.

• Une des épreuves à coefficient élevé est une épreuve d'oral au bac.

• L'entrée sur le marché du travail et, plus généralement, la capacité à mener une carrière professionnelle nécessitent d'être capable de transmettre clairement des idées orale ment.

Quels conseils pour un oral réussi ?

Les situations au cours desquelles vous aurez à vous exprimer oralement varieront, mais un certain nombre de conseils généraux sont applicables en toutes circonstances.

• **Adaptez votre niveau de langue à la situation :** le langage scolaire, le langage familier, le langage professionnel... Chaque situation exige d'utiliser un vocabulaire et une syntaxe adaptés.

• **Soyez attentif à votre auditoire :** un oral est avant tout une situation d'interaction avec un public. Portez le regard sur l'auditoire (ce qui implique de ne pas lire un texte écrit) et, si nécessaire, adaptez votre oral à ses réactions. Écoutez très attentivement les questions du jury s'il y en a.

• **Surveillez votre posture :** le positionnement de votre corps et de vos mains donnent de nombreuses informations à l'auditoire. Veillez à ce que votre posture générale renvoie une image d'implication et, le plus possible, de sérénité.

• **Gérez votre temps :** dans la plupart des situations, vous devrez respecter un temps imparti. Par exemple, l'épreuve orale finale du baccalauréat dure 20 minutes. Il est donc essentiel de gérer ce temps, en se gardant bien d'avoir un débit de parole trop rapide ou une élocution défaillante.

• **Préparez votre oral pour mieux gérer votre stress :** un oral réussi est avant tout un oral dans lequel vous montrez que vous maîtrisez votre sujet. Cette maîtrise est une condition importante pour gérer votre stress car elle vous permettra de vous sentir en confiance.

Comment travailler l'oral ?

Là encore, pas de recette unique, mais une variété d'exercices à mettre en place régulièrement.

Objectif	Proposition d'exercices
Améliorer la fluidité de l'oral et travailler la précision du langage	• Sélectionnez dans votre manuel de SES un schéma de synthèse sur un chapitre que vous maîtrisez bien. • Sans notes, présentez oralement ce schéma en expliquant les mécanismes à un camarade et en veillant à être particulièrement attentif à la précision du vocabulaire. • Demandez à votre camarade de repérez vos tics de langage éventuels (« euh », « voilà »...).
Travailler la posture et l'élocution	• Sélectionnez un texte assez long dans votre manuel de SES (document, synthèse de chapitre...). • Lisez plusieurs fois ce texte afin de bien le comprendre. Filmez-vous en train de lire ce texte à voix haute, en essayant de détacher le regard le plus possible du texte lui-même. • Analysez votre posture générale : élocution, articulation, position des mains, position du dos...
Améliorer la réactivité face à un jury	• Choisissez avec un de vos camarades un thème du programme de SES vous permettant de construire un débat (*les marchés sont-ils efficaces ? le vote est-il un choix individuel ?*). • Préparez des arguments sur une thèse de ce débat et engagez le débat avec votre camarade. • Soyez particulièrement attentif à maintenir le niveau de langue, à respecter l'interlocuteur (pas d'interruption de paroles), à la clarté et à l'esprit de synthèse de votre argumentation. Une variante de l'exercice peut consister à partir d'un débat d'actualité (politique, sportive, musicale) plutôt que d'un thème du programme.

MÉTHODE GÉNÉRALE VERS LE BAC

Aborder l'épreuve

Les exemples donnés sont tirés du programme de 1re.

En quoi consiste l'épreuve de spécialité ?

• **Cette épreuve dure 2 heures et comporte 2 parties, chacune évaluant des compétences différentes.**

- **La 1re partie** (sur 10 points) repose sur la mobilisation des connaissances et le traitement de l'information.
Il peut s'agir soit d'un exercice conduisant à une résolution graphique soit d'une étude d'un document statistique, comme un tableau ou un graphique.
On évalue vos capacités à utiliser des données chiffrées, à résoudre des cas pratiques simples ou à présenter un document et à en tirer les informations essentielles.
- **La 2e partie** (sur 10 points) s'appuie sur un dossier documentaire de deux documents de nature différente : un document de nature statistique de 65 données maximum et un texte de 2 000 signes maximum.
Vous devez traiter le sujet à l'aide de vos connaissances et des documents en développant un raisonnement structuré.

• **Chaque partie de l'épreuve porte sur des questions différentes et au moins sur deux champs du programme** (science économique, sociologie et science politique, regards croisés).

Les étapes de l'épreuve de spécialité

Partie 1 Mobilisation des connaissances et traitement de l'information (10 points)

> Pour la mobilisation de connaissances, on peut vous demander :

• d'expliquer la signification d'une notion (donc de donner les principales caractéristiques qui la définisse).

Exemple *Quelles sont les fonctions économiques de la monnaie ?*

• d'illustrer une notion par un exemple (en montrant bien qu'il s'applique à la notion).

Exemple *Donnez un exemple de situation d'asymétrie d'information.*

• d'expliciter un mécanisme sociologique ou économique précis.

Exemple *Comment la socialisation secondaire contribue-t-elle à l'identité des individus ?* **=>** Il faut rédiger une réponse précise, complète, bien structurée, et sans élément hors sujet (n'allez pas au-delà de la question, sinon vous perdrez des points).

> Concernant le traitement de l'information, vous pouvez être amené à traiter :

• soit une **étude de document** : il s'agit d'un document statistique (tableau, graphique) et vous devez répondre aux questions posées en utilisant les connaissances acquises dans le cadre du programme. Il vous faut pour cela : .

- **présenter le document** en indiquant sa nature (tableau, graphique), son auteur, sa source, sa date de publication, son champ, la période couverte. Puis indiquez ce que présente le document, quel est son objet.
- **répondre aux questions posées** : vos réponse doivent s'appuyer sur les informations tirées du document. Mais, pour lire et comprendre le document, vous avez besoin de vos connaissances personnelles. Il faut être rigoureux et procéder avec méthode.

• soit un **exercice conduisant à une résolution graphique** : il s'agit d'un nouveau type d'exercice pour lequel vous devez vous entraîner, notamment en traitant les cas pratiques de ce manuel.
L'exercice proposé doit conduire à la **réalisation d'un graphique**. Il peut s'agir, par exemple, à l'aide de fonctions d'offre et de demande, de trouver les quantités et le prix d'équilibre, d'étudier l'effet d'une taxe ou du déplacement des courbes d'offre et de demande sur cet équilibre. Il peut aussi s'agir de données chiffrées avec lesquelles on vous demande de réaliser un graphique et de l'analyser.
Dans tous les cas, vous devez prendre l'habitude de manier des chiffres et des fonctions simples, d'être capable de faire des calculs qui ne nécessitent pas de machine à calculer.
Étudiez bien les savoir-faire proposés en fin de manuel et les nombreuses questions qui renvoient à ces savoir-faire.

de spécialité

Partie 2 Raisonnement s'appuyant sur un dossier documentaire (10 points)

• Il s'agit de répondre à une question, en présentant un raisonnement structuré, c'est-à-dire construit sous la forme de quelques paragraphes, précédé d'une introduction, et achevé par une conclusion.

Exemple *À l'aide de vos connaissances et du dossier documentaire, vous expliquerez comment la politique monétaire peut favoriser l'activité économique.*

• Le traitement du sujet doit s'appuyer sur les deux documents et sur vos connaissances personnelles.

Étape 1 Analyser le sujet

• Définissez les termes ou expressions essentiels du sujet.

Exemple « politique monétaire » et « activité économique ».

• **Notez** au brouillon les connaissances personnelles suscitées par ces notions, et reliez-les entre elles.

Dans l'exemple précédent *: baisse du taux directeur de la Banque centrale → hausse des crédits accordés par les banques de second rang → hausse de la production et reprise de l'activité économique.*

Étape 2 Analyser les documents

• **Repérez** la source, la date de publication, le champ, la période couverte et le titre.

- Pour un document statistique, **vérifiez** que votre lecture est correcte en écrivant une phrase au brouillon avec une ou deux données. Puis entourez les données importantes.
- Pour un texte, **soulignez** les passages utiles. **Explicitez** certains éléments en notant des ajouts dans la marge, notamment les notions connues utilisées dans le texte.
- Pour un schéma, explicitez le mécanisme exprimé par chaque flèche.

• **Mettez en relation** les documents entre eux et avec vos connaissances.

Étape 3 Organiser ses connaissances pour répondre au sujet

• Le **développement** doit prendre la forme de quelques paragraphes organisés logiquement. Ne faites pas un unique bloc (sans paragraphes), ou un catalogue de petits arguments. Regroupez par paragraphe les informations tirées des documents et les connaissances personnelles.

• Au brouillon, vous pouvez exprimer vos **arguments** sous la forme de **schémas** d'implication.

Étape 4 Rédiger

1. L'introduction

- Partez d'une accroche (exemple concret, fait tiré de l'actualité). Définissez les notions clés du sujet.
- Puis énoncez le sujet (enjeux) et annoncez la structure du raisonnement (l'idée centrale de chaque paragraphe, dans l'ordre suivi).
- Sautez une ligne.

2. Le développement

- Rédigez chaque paragraphe, en commençant par énoncer l'argument principal, puis en explicitant les mécanismes, et en les illustrant par des exemples.
- Sautez une ligne.

3. La conclusion

- Faites un rapide résumé du raisonnement. Le sujet vous pose une question : il faut donc bien penser à y répondre !
- La rédaction d'une ouverture n'est pas imposée, mais il est souhaitable d'en proposer une, en faisant le lien avec votre accroche ou avec une question proche du sujet.

MÉTHODE GÉNÉRALE VERS LE BAC

Aborder la

En quoi consiste l'épreuve de dissertation ?

La dissertation consiste à répondre à la question posée par le sujet et à construire une **argumentation** à partir d'une **problématique**. Elle exige de reformuler le libellé du sujet de manière à faire apparaître un ou plusieurs enjeux.

Le sujet s'accompagne d'un dossier de 3 ou 4 documents de nature variée (textes, tableaux, graphiques, schémas), et **factuels**, c'est-à-dire contenant des exemples, des chiffres, mais pas de connaissances théoriques. Il faut impérativement s'appuyer sur des éléments tirés des documents, mais aussi sur les **connaissances théoriques** étudiées en cours.

La dissertation est une **démonstration** : vous êtes évalué sur votre capacité à utiliser les notions économiques et sociales apprises, à rédiger un texte argumenté, répondant à la problématique du sujet.

Les étapes de la dissertation

Étape 1 Analyse détaillée du sujet (durée indicative : 20 minutes)

> Définir les expressions ou termes importants

Exemple *« Les jeunes forment-ils un groupe social ? »* => Définir « groupe social » et « les jeunes ».

> Comprendre le libellé du sujet

• Le libellé peut imposer de faire une **analyse** : étudier des mécanismes, étudier des causes, étudier des conséquences.

Exemple *« Comment les pouvoirs publics peuvent-ils agir sur l'activité économique ? »* => Présenter les grands moyens d'intervention (politique budgétaire/monétaire, de relance ou de freinage de la demande).

• Le libellé peut imposer de mener une discussion, un **débat**.

Exemple *« Le partage des risques est-il toujours bénéfique dans une sociétés ? »* => Apporter une réponse nuancée : la prise en charge des risques économiques et sociaux est indispensable mais comporte des freins au changement.

• Le libellé peut imposer l'étude d'une **interdépendance**, de **relations réciproques**.

Exemple *« Vous analyserez les relations entre le contrôle social et la déviance ».* => Montrer que le contrôle social résulte de la déviance (il se modifie sous l'effet des transformations de la déviance), et que la déviance résulte du contrôle social (étiquetage d'un individu comme déviant quand une institution définit une norme et sanctionne le comportement de cet individu).

> Comprendre le problème posé

• Les enjeux du sujet peuvent être **implicites**.

Exemple *« Vous analyserez les effets d'une taxe sur l'équilibre du marché et le comportement des agents économiques. »* => S'interroger sur les effets positifs et négatifs pour la collectivité de l'instauration d'une taxe.

• Les enjeux peuvent être plus **explicites**.

Exemple *« Faut-il interdire les monopoles ? »*

• Dans tous les cas, il faut **justifier** que le problème se pose.

Exemple *Dans le sujet précédent, il faut montrer que les monopoles ont un pouvoir de marché et qu'ils fixent des prix supérieurs à ceux du marché concurrentiel mais, que dans certains cas, le monopole est justifié (monopole naturel ou d'innovation par exemple).*

Étape 2 Analyse des documents et mobilisation des connaissances (durée indicative : 45 minutes)

> Analyser les documents en fonction du sujet posé

Repérez la source, sa date de publication, son champ, la période couverte, et le titre.
Pour un **document statistique**, vérifiez, sur une ou deux données, que votre lecture est correcte. Entourez les données importantes.
Pour un **texte**, soulignez les passages utiles. Explicitez certains éléments en notant des ajouts dans la marge.
Pour un **schéma**, explicitez chaque flèche.

dissertation

> Mobiliser les connaissances

• Les **notions** utiles

Exemple *« Comment les entreprises peuvent-elles renforcer leur pouvoir de marché ? »* => Notions utiles : monopole, oligopole, concurrence monopolistique.

• Les **mécanismes**

Exemple *Sur le sujet précédent, les dépenses de recherche permettent d'aboutir à des innovations de produit, qui placent l'entreprise en monopole temporaire.*

• Les **théories**

Exemple *« La hausse des dépenses publiques peut-elle relancer l'activité économique ? »* => Mobiliser les analyses du multiplicateur et de l'effet d'éviction.

• Des **exemples**, des **faits**, non contenus dans les documents

Exemple *Sur le sujet précédent, la crise de 2008, le financement des dépenses publiques par l'emprunt ou par l'impôt et ses conséquences, exemple de la Grèce.*

Étape 3 Classer les idées et faire un plan (durée indicative : 30 minutes)

Notez les deux ou trois grandes parties en laissant de la place entre chaque partie. Exprimez les titres de chaque partie sous la forme d'une phrase que vous reprendrez dans votre annonce de plan en introduction.

Dans l'espace laissé entre les grandes parties, construisez **deux ou trois sous-parties** dans chaque partie. Notez, pour chaque sous-partie, les idées principales, les mécanismes, les exemples.

Exemple

« La Banque centrale doit-elle lutter contre l'inflation ? »

I. Face aux effets négatifs de l'inflation, la Banque centrale doit intervenir en augmentant le taux directeur

A. Les effets négatifs de l'inflation à court et à long terme

B. L'action de la Banque centrale par la hausse du taux directeur

Étape 4 Rédiger la dissertation (durée indicative : 2 heures 15 minutes)

1. L'introduction

Il faut justifier les enjeux soulevés par le sujet, donc le plan choisi. Commencez par une accroche, un exemple concret, ou un fait tiré de l'actualité. Puis définissez les notions du sujet et reformulez-le. Enfin, annoncez le plan.

Exemple *« La banque centrale doit-elle lutter contre l'inflation ? »* => Montrer que la lutte contre l'inflation a été, jusqu'à une période récente, une priorité de la BCE mais que cet objectif peut entrer en contradiction avec d'autres objectifs comme la croissance et la lutte pour l'emploi.

2. Le développement

Suivez votre plan détaillé, en reprenant chaque titre comme première phrase, en explicitant les idées et les mécanismes, en illustrant par un ou des exemples. Ne vous contentez pas d'affirmer, ou de constater. La dissertation est une démonstration, il faut donc impérativement dérouler les mécanismes explicatifs. Rédigez une courte transition entre chaque grande partie.

3. La conclusion

Elle comporte deux parties :

- le bilan (en quelques lignes, résumez votre travail, afin de répondre clairement à la question posée) ;
- l'ouverture (en quelques lignes, ouvrez votre questionnement sur un sujet proche, mais suffisamment différent du sujet posé).

Étape 5 Relecture (durée indicative : 10 minutes)

Corrigez les fautes d'orthographe et de grammaire. Elles peuvent vous coûter des points et donnent une mauvaise impression au correcteur.

MÉTHODE GÉNÉRALE VERS LE BAC

Préparer le

Qu'est-ce que le grand oral ?

1

Le grand oral : la présentation d'un projet

→ Le projet est adossé à 1 ou 2 disciplines de spécialité

→ Préparation du projet dès l'année de 1re

2

La durée

20 minutes

3

Le déroulement en 2 parties

→ **1re partie**
Présentation du projet (10 minutes)

→ **2e partie**
Échange avec le jury, composé de deux professeurs (10 minutes)

4

Les compétences évaluées

→ Savoir s'exprimer dans un français correct.

« **C'est une compétence essentielle pour les études, pour la vie personnelle et professionnelle.** »

www.education.gouv.fr

→ Savoir analyser en mobilisant les connaissances acquises au cours de sa scolarité, notamment scientifiques et historiques.

Les étapes jusqu'au jour J

Étape 1 Choisir son sujet

Votre sujet est en lien avec les disciplines de spécialité que vous avez choisies.

Étape 2 Se documenter et organiser ses idées

Utilisez toutes les ressources à votre disposition :
- Ressources « papier » : ouvrages spécialisés, essais, romans, articles de journaux…
- Recherches sur Internet
- Interviewer des spécialistes

Étape 3 Préparer sa présentation

Organisez vos idées :
- Annonce du sujet et du plan dans l'introduction
- Développement des idées, illustrées par des exemples
- Conclusion

Étape 4 S'entraîner à l'oral

• Utilisez les tutoriels disponibles dans le manuel : voir p. 339.
• Mémorisez les grandes étapes de votre présentation.

grand oral

Grille d'évaluation de la prise de parole

	Non acquis	En cours	Aquis	Commentaire
Qualité de la langue				
Correction syntaxique				
Richesse lexicale				
Capacité à nuancer				
Précision lexicale disciplinaire				
Aisance oratoire				
Maîtrise du débit				
Authenticité de la parole				
Maîtrise de la voix				
Qualité des contenus				
Maîtrise du sujet présenté				
Respect du plan annoncé				
Capacité à enchaîner les idées				
Pertinence disciplinaire				
Capacité d'analyse				
Capacité de synthèse				
Références culturelles				
Qualité de l'interaction avec le jury				
Capacité à comprendre les questions du jury				
Capacité à converser avec le jury				
Respect du jury et des consignes données				
Personnalité des candidats				
Originalité de la présentation				
Conviction du candidat				
Engagement du candidat dans le projet				
Expression de l'opinion personnelle				

MÉTHODE VERS LE BAC Comment travailler

La préparation des épreuves du baccalauréat entamée au cours de la classe de 1re doit évidemment être intensifiée dès le début de la Tle. Étant donné le coefficient de l'épreuve à l'examen, les SES requièrent de travailler de façon soutenue. Il est indispensable de se ménager des temps libres afin de travailler de manière efficace.

1 S'organiser : un emploi du temps personnel, précis et réaliste

• Afin de travailler efficacement, organisez-vous en distinguant le travail quotidien du travail de révision ou de préparation d'un devoir sur table.

A Organiser son travail quotidien

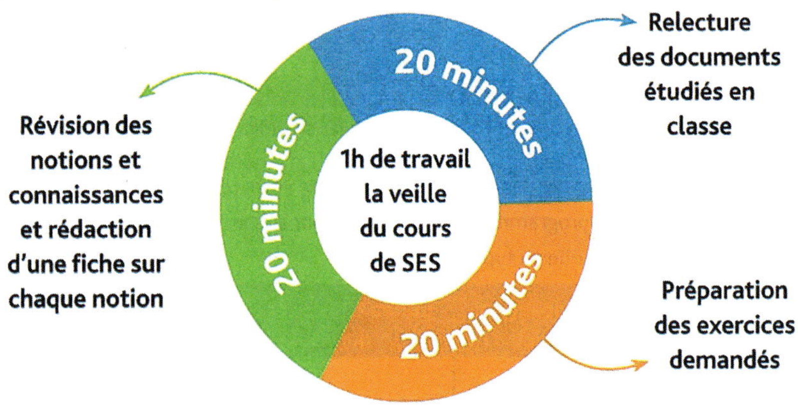

CONSEILS

• Entre chaque tâche, vous pouvez vous dégourdir les jambes et envoyer un texto, mais ne perdez pas plus de 3 minutes afin de rester mobilisé et songez que le travail d'autres disciplines vous attend.

B Préparer un devoir sur table et réviser pour le bac

• Le week-end qui précède un devoir sur table, par exemple, **consacrez une à deux heures à la révision du ou des chapitres sur lesquels vous serez évalués.** Retravaillez les cours et les exercices ainsi que les fiches correspondantes.

• Le travail régulier permet au **travail de révision de fin d'année** en vue de l'examen d'être plus efficace et rapide.

• **Récompensez-vous** à chaque objectif de travail atteint (activité détente, plaisir gustatif, etc.). Vous contribuez ainsi à maintenir votre motivation.

• Sachez **vous détendre** afin de gérer votre stress. **Tant qu'il est en dessous d'un certain seuil, votre stress ne doit pas être en soi une inquiétude.** Il est une réaction normale en situation d'évaluation ; des études scientifiques ont prouvé que le stress était un dopant intellectuel naturel et sain.

2 Apprendre et réfléchir

• Comme toutes les disciplines, les sciences économiques et sociales (SES) nécessitent d'**apprendre les notions et concepts de l'économie, de la sociologie, de la science politique.** Les termes et expressions employés ont des sens bien précis que vous devez connaître : cela ne s'invente pas.

• Pour apprendre, comprendre et retenir le sens des notions de SES, **utilisez votre cours mais aussi l'actualité.** Les questions d'actualité, en effet, aident à construire la structure des paragraphes argumentés de la partie 2 de l'épreuve de spécialité, ou à formuler les problématiques et les plans des dissertations.

• **On donne du sens aux connaissances et à la réflexion en établissant des liens :** entre les notions, entre les auteurs et courants de pensée rencontrés, entre les documents étudiés en classe et des évènements de l'actualité, ou des articles lus.

• Vous devez **vous approprier les notions, les concepts, les mécanismes, les analyses.** Par exemple, en refaisant les graphiques, vous les assimilerez mieux.

CONSEILS

• Exercez-vous à faire des plans sur des sujets pris dans votre manuel.
• Relisez et retravailler des devoirs anciens, à la fois pour une question de méthodologie et pour une question de contenu.

pour réussir en SES ?

3 Apprendre à mémoriser

A Construire des fiches personnelles

- L'**écriture d'une fiche aide à la mémorisation** des connaissances et des notions qui y figurent.
- **Soignez et classez vos prises de notes.** Soignez les cahiers ou les feuilles sur lesquels vous prenez vos notes de cours ainsi que les fiches cartonnées ou fichiers informatiques sur lesquels vous travaillez à la maison : plus ils seront clairs, plus vous aurez plaisir à les relire.
- Vous devez aussi faire l'effort de **classer vos notes et vos dossiers** pour ne pas perdre de temps à rechercher un cours ou une correction de devoir.

B Révisions de fin de chapitre et auto-évaluations

- En fin de chapitre, en plus de la relecture de vos notes et de vos fiches, entraînez-vous avec les exercices d'auto-évaluation proposés dans le manuel.
- N'hésitez pas à aller sur le site de l'INSEE « apprendre avec les statistiques » www.statapprendre.education.fr/insee/
- Parmi les thèmes proposés, vous pouvez consulter : « marché, prix, entreprise, monnaie, financement, investissement, épargne ». Vous pouvez faire sur chaque thème des QCM qui sont aussi en auto-évaluation, avec correction et réponses immédiates.

SOYEZ CURIEUX DE L'ACTUALITÉ ÉCONOMIQUE ET SOCIALE

Les SES sont une discipline ouverte sur le monde contemporain, qui vous permet d'acquérir les clés dont vous avez besoin pour mieux comprendre les enjeux économiques, sociaux et politiques.

Comment s'informer sur l'actualité et la comprendre ?

▶ Disposer d'un **dictionnaire de Sciences économiques et sociales**

▶ Consulter au CDI des revues comme *Sciences humaines*, *Alternatives économiques*, *Challenge*.

▶ Lire des articles dans des **grands quotidiens** : *Le Monde*, *Les Échos*, etc.

▶ Lire des articles dans des **magazines** hebdomadaires : *Le Point*, *L'Express*, *L'Observateur*, etc. On trouve aussi des informations dans les journaux gratuits comme *20 minutes* ou *Métro*.

▶ Recourir à **certaines émissions radiophoniques ou télévisées** de qualité : *C dans l'air* sur France 5, *On n'arrête pas l'éco* sur France Inter, *L'économie en question* sur France Culture, etc.

▶ Consulter des **sites fiables : des sites institutionnels** (www.insee.fr ; www.ined.fr ; ec.europa.eu/eurostat ; www.banquemondiale.org), les **sites des pouvoirs publics, de journaux,** etc. Méfiez-vous des sites personnels qui véhiculent des informations de deuxième main et dont la fiabilité est parfois insuffisante.

VERS LE BAC

Épreuve de spécialité

Sujet 1

Partie 1 Mobilisation de connaissances et traitement de l'information (10 points)

- **Question :** Quelles sont les caractéristiques du modèle social français ?

- **Étude de document**

À l'aide du document, vous caractériserez l'évolution du prix des micro-ordinateurs en France entre 1988 et 2008.

Évolution de l'indice des prix des micro-ordinateurs en France entre 1988 et 2008 (base 100 en 1988)

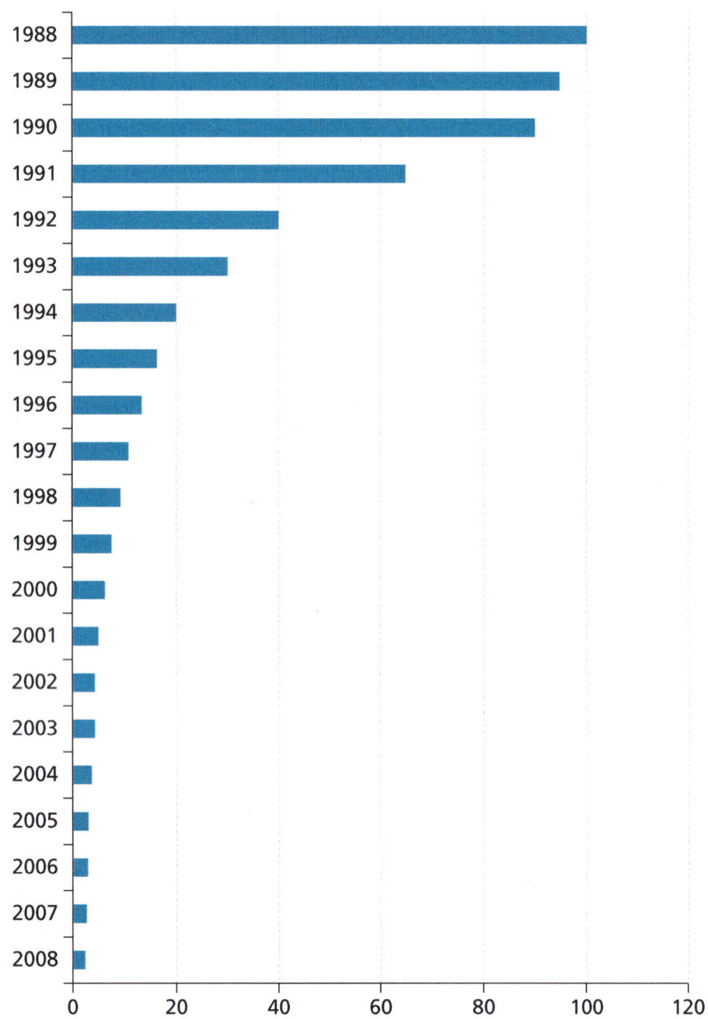

Sources : Insee ; www.greenit.fr.

Partie 2 Raisonnement appuyé sur un dossier documentaire (10 points)

Sujet À l'aide de vos connaissances et du dossier documentaire, vous analyserez l'influence de la socialisation secondaire sur les trajectoires des individus.

Doc. 1 Intensité de la pratique religieuse à l'âge adulte en fonction de la pratique religieuse durant l'enfance

Pratique religieuse durant l'enfance	Part de ceux qui vont plusieurs fois par semaine à un office religieux (en %)	Part de ceux qui ne vont jamais ou presque à un office religieux (en %)
Faible	14	76
Moyenne	25	19
forte	61	6

Lecture : les adultes qui avaient une pratique religieuse faible durant l'enfance sont 14 % à aller plusieurs fois par semaine à un office religieux.

Source : Pierre Brechon, « La transmission des pratiques et croyances religieuses d'une génération à l'autre », revue de l'OFCE, n° 156, 2018.

Doc. 2

En 2007, Arthur a quitté Nice, sa ville natale, pour étudier le chinois et le japonais à l'Institut national des langues et civilisations orientales à Paris. S'il s'est déjà « un peu politisé tout seul » par des lectures, aucun véritable engagement n'a encore ponctué son parcours.

« Je ne connaissais rien. Je suis arrivé à Paris, je ne connaissais personne. Je ne savais pas quoi foutre, j'étais dans ma chambre de bonne minable, je sortais plus de chez moi. J'allais même plus à la fac. Et, à un moment, il y a une copine qui m'appelle : "Il y a une assemblée générale à Jussieu, tu veux venir ?" Et je fais : "Je ne sais pas, c'est quoi une assemblée générale ?" [Rires.] Du coup j'y suis allé et j'ai trouvé ça marrant. J'étais là : "Waouh ! Le truc de fou, j'ai jamais vu ça de ma vie !" [Je connaissais aussi] un mec qui était à la FA, la Fédération anarchiste. Et à un moment donné, il y a eu le mouvement étudiant contre la réforme LRU. Il m'a dit : "Vas-y, tu veux venir ? On fait des trucs dans la fac." J'ai commencé à traîner là-bas, j'ai rencontré des gens là-bas, je me suis un peu impliqué. Et c'est là où j'ai rencontré les Va-nu-pieds, les gens avec qui je squatte. »

Colin Robineau, « S'engager corps et âme. Socialisations secondaires et modes de production du militant « autonome », Agora débats/jeunesses, n°80, 2018.

VERS LE BAC

Épreuve de spécialité

Sujet 2

Partie 1 Mobilisation de connaissances et traitement de l'information (10 points)

• **Question :** Montrez que dirigeants d'entreprise et actionnaires peuvent avoir des intérêts divergents.

• **Exercice**

La salle de sport« Urban Fitness » souhaite moderniser ses installations en procédant à l'acquisition de nouveaux équipements sportifs auprès de « Fitform », fabricant de matériel de musculation.

Ces équipements coûtent 100 000 euros.

« Urban Fitness » va les financer à hauteur de 20 % avec ses fonds propres et le reste en sollicitant un prêt auprès de sa banque « Crédit Général ».

Veuillez noter que l'entreprise « Fitform » domicile également ses comptes au « Crédit Général ».

1. Expliquez ce qu'est un bilan comptable.
2. Représentez dans les bilans de l'entreprise « Urban Fitness » et de la banque « Crédit Général » l'opération de crédit.
3. Pourquoi dit-on, dans une telle opération, que ce sont les crédits qui font les dépôts ?
4. Représentez dans les bilans de « Crédit Général » et « Urban Fitness » le règlement de la commande d'équipements sportifs à l'entreprise « Fitform ».

Partie 2 Raisonnement appuyé sur un dossier documentaire (10 points)

Sujet **À l'aide de vos connaissances et du dossier documentaire, vous montrerez que les nouvelles sociabilités numériques contribuent au lien social.**

Doc. 1 **Proportion d'individus qui utilisent les réseaux sociaux sur Internet pour les activités suivantes** (en %)

Champ : individus de 12 ans et plus participant à des réseaux sociaux.

Source : CREDOC, Enquête sur les « Conditions de vie et les Aspirations » sur la diffusion des technologies de l'information pour le CGE et l'ARCEP, juin 2012.

Doc. 2

Les amitiés virtuelles sont loin d'être les relations nombreuses et superficielles que certains détracteurs d'Internet voyaient se substituer aux amitiés profondes et réfléchies que les individus peuvent construire dans la vie réelle. « Avoir des amis virtuels », d'une part, se fonde sur les interactions sociales entretenues par les individus sur Internet, d'autre part, s'inscrit dans la durée (de quelques mois à presque dix ans). Internet est un moyen supplémentaire de rencontre et d'échange. Il n'y a pas de substitution, puisque ce sont dans l'ensemble des personnes plutôt sociables qui ont aussi des amis virtuels, et pour les quelques rares exceptions à la règle, Internet leur permet au moins une vie sociable qu'ils n'avaient pas. Internet est dans tous les cas un moyen d'élargir les contacts possibles et son horizon, de sortir de son isolement. Il peut répondre à un besoin de trouver des partenaires de jeu, de rencontrer physiquement de nouvelles personnes, ou simplement d'échanger sur des thèmes particuliers. […] Au final, trois logiques d'action peuvent être décrites. Une première logique transparaît, que l'on pourrait qualifier d'expressive, les amitiés virtuelles répondant à un besoin d'exprimer ses opinions, ses goûts, ses sentiments, son « vécu ». Une seconde logique, instrumentale, fait apparaître Internet comme un moyen de faire des rencontres, de compter sur les autres, d'apprendre d'eux et de solutionner des problèmes. La troisième logique, évasive, répond à un besoin d'évasion de la vie quotidienne, par le jeu, la régulation des tensions de la vie réelle : Internet peut aider à tenir le coup dans les périodes difficiles.

Virginie Lethiais et Karine Roudaut, « Les amitiés virtuelles dans la vie réelle », *Réseaux*, 2010/6, n°164.

CHAPITRE 1 P. 33

EXERCICE 1

Vrai ou faux ?

1. Vrai - 2. Faux - 3. Faux - 4. Vrai - 5. Faux - 6. Faux - 7. Vrai - 8. Faux - 9. Faux - 10. Faux

CHAPITRE 2 P. 59

EXERCICE 1

Vrai ou faux ?

1. Faux - 2. Faux - 3. Vrai - 4. Faux - 5. Faux - 6. Vrai - 7. Vrai - 8. Faux - 9. Vrai - 10. Vrai

CHAPITRE 3 P. 83

EXERCICE 1

Vrai ou faux ?

1. Faux - 2. Vrai - 3. Vrai - 4. Faux - 5. Vrai - 6. Faux - 7. Vrai - 8. Faux - 9. Faux - 10. Vrai

CHAPITRE 4 P. 109

EXERCICE 1

Vrai ou faux ?

1. Faux - 2. Faux - 3. Faux - 4. Faux - 5. Vrai - 6. Vrai - 7. Vrai - 8. Vrai - 9. Faux - 10. Vrai

CHAPITRE 5 P. 135

EXERCICE 1

Vrai ou faux ?

1. Faux - 2. Vrai - 3. Faux - 4. Faux - 5. Faux - 6. Vrai - 7. Vrai - 8. Faux - 9. Vrai - 10. Vrai

CHAPITRE 6 P. 163

EXERCICE 1

Vrai ou faux ?

1. Faux - 2. Vrai - 3. Faux - 4. Faux - 5. Faux - 6. Faux - 7. Vrai - 8. Faux - 9. Vrai - 10. Vrai

CHAPITRE 7 P. 193

EXERCICE 1

Vrai ou faux ?

1. Vrai - 2. Faux - 3. Vrai - 4. Faux - 5. Faux - 6. Faux - 7. Vrai - 8. Faux - 9. Vrai - 10. Faux

CHAPITRE 8 P. 221

EXERCICE 1

Vrai ou faux ?

1. Vrai - 2. Vrai - 3. Faux - 4. Vrai - 5. Vrai - 6. Vrai - 7. Vrai - 8. Faux - 9. Faux - 10. Faux

CHAPITRE 9 P. 245

EXERCICE 1

Vrai ou faux ?

1. Faux - 2. Vrai - 3. Faux - 4. Faux - 5. Vrai - 6. Faux - 7. Faux - 8. Vrai - 9. Vrai - 10. Faux

CHAPITRE 10 P. 277

EXERCICE 1

Vrai ou faux ?

1. Faux - 2. Vrai - 3. Vrai - 4. Faux - 5. Vrai - 6. Faux - 7. Faux - 8. Vrai - 9. Faux - 10. Vrai

CHAPITRE 11 P. 305

EXERCICE 1

Vrai ou faux ?

1. Faux - 2. Faux - 3. Faux - 4. Vrai - 5. Vrai - 6. Vrai - 7. Vrai - 8. Vrai - 9. Faux - 10. Faux

CHAPITRE 12 P. 337

EXERCICE 1

Vrai ou faux ?

1. Vrai - 2. Faux - 3. Faux - 4. Faux - 5. Faux - 6. Faux - 7. Vrai - 8. Faux - 9. Vrai - 10. Faux

LEXIQUE

Les mots **surlignés** correspondent aux notions du programme.

A

Abstention électorale : ensemble des électeurs inscrits qui n'ont pas voté lors d'une élection, mesuré par le taux d'abstention.

Abus de position dominante : pratique consistant, pour une entreprise, à utiliser son pouvoir de marché pour imposer des conditions déloyales aux consommateurs ou aux autres producteurs.

Actif du bilan : tout ce que possède l'entreprise. On distingue : l'actif immobilisé (fonds de commerce, bâtiments et biens d'équipement, immobilisations financières), l'actif circulant (stocks, créances clients), la trésorerie (disponibilités bancaires).

Action : titre de propriété d'une partie du capital d'une entreprise qui donne droit à des dividendes et à voter sur les décisions du conseil d'administration lors de l'assemblée générale des actionnaires.

Action collective : ensemble des actions entreprises par un groupe pour parvenir à des objectifs communs.

Aléa moral : situation dans laquelle l'agent non informé ne peut pas observer ou contrôler le comportement de l'agent informé. Celui-ci peut en profiter pour adopter un comportement inadéquat ou risqué.

Allocation des ressources : affectation des ressources rares entre des usages alternatifs. En économie de marché, elle dépend des choix d'une multitude d'agents décentralisés en situation de concurrence.

Assistance : mécanisme de protection contre un risque engendrant le versement de prestations sans exiger une cotisation préalable, (financement par l'impôt).

Assurance : mécanisme de protection contre un risque conditionnant le versement de prestations à une cotisation préalable.

Asymétrie d'information : situation d'échange dans laquelle une partie dispose d'informations que l'autre n'a pas. La présence de ces asymétries perturbe les règles du marché.

Attitude face au risque : individus n'ayant pas tous la même attitude vis-à-vis du risque. On distingue trois types d'attitude : aversion au risque ou risquophobie (fait de redouter les risques liés à une activité sociale) ; neutralité au risque ; goût pour le risque ou risquophilie.

Autofinancement : part de l'épargne qui finance l'investissement d'une entreprise.

Autorité : capacité, reconnue à un acteur, d'imposer l'obéissance aux autres.

B

Banque : institution financière permettant le financement intermédié. Les banques collectent l'épargne des agents, ce qui leur permet de faire des prêts. Elles créent aussi de la monnaie scripturale en accordant des crédits.

Banque centrale : c'est la « banque des banques », qui refinance les banques de second rang, dans un système bancaire hiérarchisé.

Banques de dépôts : banques qui gèrent essentiellement des dépôts à court terme et font des prêts à court terme.

Barrière à l'entrée : avantage technique, financier ou institutionnel qui rend difficile, voire impossible, l'entrée de nouveaux concurrents et protège les firmes déjà installées sur le marché.

Besoin de financement : différence entre l'épargne et l'investissement lorsque l'épargne est inférieure à l'investissement.

Bien collectif : bien non rival (la consommation d'un agent n'empêche pas celle des autres) et non excluable (il est impossible d'en empêcher l'accès).

Bien commun : bien rival (le bien consommé par un agent n'est plus disponible pour les autres) et non excluable (il est impossible d'en empêcher l'accès).

Bilan : document comptable présentant l'état du patrimoine de l'entreprise à une date donnée.

Bourdieu, Pierre (1930-2002) : sociologue français, qui explique la transmission du statut social entre les parents et les enfants par le capital culturel et le capital social.

Bourse : marché financier sur lequel s'échangent des actions et des obligations. Les nouveaux titres sont vendus sur le marché primaire et revendus sur le marché secondaire.

Brevet : titre de propriété industrielle qui offre à son détenteur le droit d'exploiter son innovation et empêche les autres producteurs de l'exploiter sans son autorisation. En France, le brevet est délivré par l'Institut national de la propriété intellectuelle (INPI) pour une durée maximale de 20 ans, à partir de la date du dépôt.

Bureaucratie : mode d'organisation par des règles formelles. C'est un droit interne. Les relations au sein de l'organisation sont médiatisées par des règles impersonnelles déterminées à l'avance. Toutes les organisations peuvent être des bureaucraties, y compris les entreprises.

C

Capacité de financement : un agent dégage une capacité de financement quand ses investissements sont inférieurs à son épargne.

Capital financier : argent placé auprès d'une banque ou d'une Caisse d'épargne qui le prête à des entreprises ou à des administrations.

Capital fixe : ou capital technique ou capital productif. Il s'agit de l'ensemble des moyens de production durables.

Carrière déviante : les déviants peuvent entrer dans une carrière de déviant. Ils transgressent une norme, puis s'ils en prennent l'habitude, ils s'approprient des manières de faire et d'être, propres à un groupe déviant.

Cartel : entente entre plusieurs entreprises pour limiter la concurrence.

Chiffre noir de la délinquance : différence entre la délinquance « réelle », par essence non mesurable, et la délinquance mesurée par les statistiques pénales.

Chômage : situation dans laquelle se trouve un individu qui n'a pas d'emploi, qui en recherche un et qui est immédiatement disponible pour l'occuper, selon le BIT (Bureau international du travail). La définition de Pôle emploi est plus large que celle du BIT. Compte tenu de la complexité du marché du travail, il n'existe pas un « vrai » chiffre du chômage.

Citoyenneté : statut qui donne des droits civiques. La citoyenneté donne aussi des devoirs : respect des lois, paiement des impôts, intérêt pour les affaires publiques.

Coefficient multiplicateur : valeur d'arrivée / valeur de départ.

Cohésion sociale : désigne le fait que les membres d'un groupe partagent des croyances, des normes et des valeurs.

Communication politique : ensemble des techniques auxquelles recourent les responsables politiques pour séduire et obtenir le soutien de l'opinion publique.

Compte de résultat : document comptable qui retrace l'activité de l'entreprise sur une période donnée, généralement l'année civile. Les flux sont classés : en produits, avec un signe « + », et en charges, avec un signe « – ».

Concentration : regroupement d'entreprises, souvent par fusion d'entreprises existantes.

Concurrence imparfaite : ensemble des situations de marché dans lesquelles au moins une hypothèse de la concurrence parfaite n'est pas respectée.

Concurrence monopolistique : structure de marché caractérisée par un grand nombre de firmes, la libre entrée et sortie du marché, et l'existence de biens différenciés.

Concurrence pure et parfaite : modèle basé sur les hypothèses suivantes : les entreprises et les consommateurs sont des « preneurs de prix » ; l'information sur le marché est parfaite ; les biens sont homogènes et les entreprises ne se font concurrence que par les prix ; les agents sont libres d'entrer et de sortir du marché ; les facteurs de production sont mobiles.

Conflit : opposition ouverte entre deux personnes ou deux groupes et qui est chargée de sentiments négatifs (frustration, colère, anxiété, rancœur, peur, etc.). Dans le monde du travail, la grève est un exemple de conflit.

Conflits du travail : conflits entre employeurs (dirigeants, actionnaires) et travailleurs salariés. Ils concernent notamment le partage de la valeur ajoutée.

Conjoncture : situation à court terme d'une économie nationale.

Consommation finale des ménages : consommation des ménages comportant les achats supportés par les ménages et les dépenses de consommation individualisables, non supportées par les ménages.

Consommations intermédiaires : biens et services incorporés dans la production.

Contrôle social : assure la conformité aux normes. Le non-respect des normes entraîne une sanction de la part du groupe et la conformité aux normes entraîne une gratification.

Contrôle social formel/informel : le contrôle social peut être formel, par rapport aux normes formelles, définies par le droit, ou informel, par rapport aux normes informelles, constituées par les coutumes.

Coopération : des individus coopèrent lorsqu'ils concourent ensemble à la réalisation d'objectifs conçus comme communs alors que leurs intérêts ne sont pas spontanément convergents.

Cotisations sociales : prélèvements obligatoires sur les revenus du travail, à la charge des salariés et des entreprises, versés aux administrations de Sécurité sociale et finançant les revenus d'assurance.

Coût marginal : coût de la dernière unité produite ou rapport entre la hausse du coût total et la hausse des quantités produites.

Coût moyen : coût par unité produite ou rapport entre le coût total et les quantités produites.

Coût total : somme des coûts fixes (indépendants du volume produit) et des coûts variables.

Coûts de transaction : coûts liés au fait que, pour acheter sur le marché, il faut conclure un contrat. Une entreprise peut donc préférer internaliser la tâche pour éviter de recourir au marché.

Création monétaire : les crédits accordés par les banques aux agents non financiers, ménages, entreprises, État, extérieur, sont à l'origine de la création de monnaie scripturale.

Crise financière : dysfonctionnement du système financier pouvant se répercuter sur l'économie réelle.

Croissance : hausse à long terme du PIB.

Culture d'entreprise : ensemble de connaissances, de normes, de valeurs partagées par les membres d'une entreprise et mises en avant par les dirigeants pour créer une identité et un sentiment d'adhésion.

D

Décile : valeur frontière entre deux groupes représentant chacun 10 % de la population étudiée.

Défaillances du marché : situations dans lesquelles le marché ne parvient pas à allouer de façon optimale les ressources.

Déficit budgétaire : différence entre les recettes et les dépenses de l'État lorsque les recettes sont inférieures aux dépenses.

Déficit public : un pays connaît un déficit lorsque ses dépenses publiques sont supérieures à ses recettes.

Déflation : situation économique de baisse des prix et de la production.

Délinquance : forme particulière de déviance, lorsque les normes transgressées sont des normes juridiques (lois).

Demande globale : demande des agents économiques (ou somme de la consommation finale, des consommations intermédiaires, de l'investissement et des exportations). La demande globale est une fonction décroissante du niveau général des prix.

Démocratie : type de régime politique dans lequel le pouvoir est détenu ou contrôlé par le peuple, et qui respecte un principe d'égalité entre les citoyens.

Démocratie d'opinion : c'est un mode de fonctionnement du pouvoir politique dans lequel les décisions sont prises pour plaire au plus grand nombre (en se servant des sondages pour mesurer l'opinion publique).

Démocratie représentative : dans une démocratie, le peuple dispose du pouvoir, mais ne peut se charger de la gestion quotidienne des affaires publiques ; la démocratie représentative organise un système de délégation du pouvoir à des personnes élues en fonction de leur appartenance politique.

Dépenses publiques : dépenses effectuées par l'État, les administrations de Sécurité sociale et les collectivités territoriales.

Dépression : situation de crise profonde caractérisée par une baisse de la production et des prix et un fort taux de chômage.

Déséquilibre extérieur : différence entre les exportations et les importations de biens et de services. Il se manifeste soit par un excédent (exportations supérieures aux importations), soit par un déficit (exportations inférieures aux importations).

Désinflation : ralentissement de la hausse des prix.

Destruction créatrice : concept forgé par Joseph A. Schumpeter pour décrire la dynamique d'évolution du système capitaliste sous l'effet des vagues incessantes d'innovations. Celles-ci provoquent conjointement l'apparition de nouveaux biens, secteurs, entreprises et emplois, et la destruction d'anciens biens.

Dette publique : dette de l'État, des administrations de Sécurité sociale et des collectivités territoriales.

Déviance : non-respect d'une norme sociale qui est sanctionné. Il faut deux critères, la transgression et la sanction, pour définir la déviance. La déviance est un concept plus large que celui de délinquance. Le droit étant une forme particulière de normes sociales, la délinquance est un cas particulier de déviance.

Discrimination : on parle de discrimination lorsque le fait d'être étiqueté (en tant que « femme », que « noir », qu'« homosexuel », etc.) implique un certain nombre de désavantages (dans l'accès à l'emploi, au logement, par exemple). Les discriminations peuvent être volontaires et conscientes, mais celui qui discrimine n'en a pas toujours conscience : il se contente d'appliquer des préjugés aux autres personnes. Par exemple, les postes à temps partiel ne sont presque jamais proposés à des hommes.

Diversification : réduction du risque global lié à une activité (agriculture, investissements boursiers) en le répartissant sur plusieurs domaines en partie indépendants.

Dividendes : rémunération des actionnaires qui dépendent des bénéfices réalisés par l'entreprise, de la part des bénéfices distribués et du nombre d'actions détenues par l'actionnaire.

Division du travail : au sein de l'entreprise désigne la séparation et la spécialisation des tâches de production entre les différents acteurs.

Droits de propriété : droits donnant à leur titulaire les droits exclusifs de détenir et d'utiliser un bien, d'en recevoir les revenus et autres fruits, de le transformer, de le vendre ou de le donner.

Droits sociaux : domaines où l'État doit garantir aux individus des droits, comme le droit au travail, à la protection sociale, à la santé, à l'éducation, à un niveau de vie décent ou le droit à l'accès à la culture.

Durkheim, Émile (1858-1917) : français, fondateur de l'école française de sociologie. Pour lui, le sociologue doit prendre de la distance vis-à-vis de ses représentations spontanées de la société et analyser les faits sociaux comme des « choses ».

E

Échange marchand : transaction volontaire entre deux agents, impliquant la cession d'un bien ou d'un service en contrepartie d'un autre.

Échantillons représentatifs : constitués de quelques milliers de personnes ayant exactement les mêmes caractéristiques que celles de la population, caractéristiques connues lors des recensements. Ces échantillons sont utilisés pour mener des enquêtes par sondage.

Économies d'échelle : situation dans laquelle le coût unitaire de production baisse lorsque la quantité produite (l'échelle de production) augmente.

Effet d'éviction : lorsque la hausse des dépenses publiques se fait au détriment des ménages (hausse de l'épargne en prévision de futures hausses d'impôt) et des entreprises (quand les emprunts de la puissance publique augmentent le taux d'intérêt).

Emprunt : crédit accordé à un agent qui doit rembourser la somme empruntée à l'échéance convenue et verser des intérêts pendant la durée de l'emprunt.

Enquête : travail de collecte de données sur le terrain. Ces données peuvent être de nature qualitative (la réalité est décrite par des mots) ou quantitative (la réalité est décrite par des chiffres).

Enquête de victimation : on demande aux enquêtés de déclarer s'ils ont été victimes d'actes de délinquance dans l'année écoulée et de combien d'actes ils ont été victimes.

Entente : accord entre entreprises sur un marché qui vise à s'accorder sur le prix de vente et/ou les quantités vendues.

Entrepreneur : toute personne qui rassemble des ressources (du capital, du travail, des idées...) et les engage pour mener à bien un projet économique.

Entreprise : organisation dont l'activité principale consiste à produire des biens et des services destinés à être vendus sur le marché.

Entreprise individuelle : entreprise qui n'est détenue que par une seule personne, ou personne physique, par opposition à la société, qui est une personne morale.

Entretien : méthode qualitative pour collecter des données. L'entretien peut être plus ou moins directif.

Épargne : pour un ménage, différence entre le revenu disponible brut et la consommation. Pour une entreprise, différence entre l'excédent brut d'exploitation d'une part et les revenus distribués aux prêteurs et aux actionnaires plus les impôts sur le revenu et le patrimoine d'autre part.

État : forme d'organisation politique détenant le monopole de la violence légitime sur un territoire et sa population. Il s'exprime à travers des organes politiques et administratifs (en particulier gouvernement, Parlement, administration).

État-providence : on parle d'État-providence quand les fonctions de l'État assurent, en plus des fonctions régaliennes, des fonctions de protection sociale.

ETI : Entreprise de taille intermédiaire. Effectifs compris entre 250 et 4 999 salariés, et chiffre d'affaires inférieur à 1,5 milliard d'€, ou total du bilan inférieur à 2 milliards d'€.

Étiquetage : certains groupes, en instituant des normes, identifient des pratiques comme déviantes, on dit qu'ils « étiquettent » des actes et des individus déviants.

Excédent brut d'exploitation (EBE) : différence entre les produits d'exploitation et les charges d'exploitation ; ou ce qui reste à l'entreprise pour rémunérer les apporteurs de capitaux et investir.

Exportations : ventes de biens et de services à l'extérieur ou au reste du monde.

Exposition au risque : probabilité différentielle, pour un individu ou un groupe social, de voir un risque se réaliser.

Externalité : une répercussion négative ou positive de l'activité économique d'un agent sur le bien-être d'autres agents, sans compensation monétaire.

F

Facteurs de production : ressources utilisées par le producteur pour produire, et non détruites au cours du processus de production. Il s'agit du travail, du capital, de la terre.

Fait social : concept introduit par Émile Durkheim. Est un fait social toute manière d'agir (pratique), de penser (représentation) et de sentir (sentiment) qui remplit trois caractéristiques : elle est extérieure (elle existe au niveau du groupe), contraignante (l'individu seul ne peut changer la morale collective) et dotée d'un certain degré de généralité (elle a une certaine fréquence).

FBCF : Formation brute de capital fixe. Achat de biens de production.

Filiale : entreprise dont le capital est détenu à plus de 50 % par une société.

Financement direct : financement sur les marchés (monétaire pour le court terme, financier pour le long terme). Les agents à besoin de financement émettent des titres (titres de créances négociables, valeurs mobilières) achetés directement par les agents à capacité de financement.

Financement indirect : financement de l'économie par des intermédiaires financiers. Les établissements de crédit comme les banques collectent les dépôts du public ou vendent des titres sur les marchés financiers. Ces ressources leur permettent de faire des prêts aux agents qui ont des besoins de financement.

Firme multinationale : entreprise possédant au moins une unité de production à l'étranger.

Flux : ensemble d'opérations (ex : création et destruction monétaire) enregistrées au cours d'une année.

Fonctions de la monnaie : intermédiaire des échanges, unité de compte, réserve de valeur.

Formation brute de capital fixe : achat de biens de production durables.

Formes de la monnaie : monnaie fiduciaire (pièces ou monnaie divisionnaire, billets) et monnaie scripturale (dépôts à vue monétaires des agents économiques sur leur compte bancaire).

Fusion-acquisition : opération de concentration d'entreprises qui découle soit d'un rapprochement entre entreprises auparavant indépendantes, soit d'un rachat d'une entreprise par une autre.

G

Gains à l'échange : la spécialisation permise par l'échange génère des gains de productivité qui permettent à tous les agents économiques d'obtenir davantage de biens et services qu'en situation d'autarcie.

Genre : processus par lequel un groupe accorde une valeur différente aux différents sexes et aux sexualités, et les encadre par des normes. Le genre n'est pas un synonyme de sexe (qui relève de l'état-civil), mais signifie que la catégorisation des sexes et des sexualités hiérarchise ceux-ci.

Gouvernance : mode de contrôle et d'organisation de la prise de décision dans les entreprises.

Grande entreprise : effectifs supérieurs à 4 999 salariés et chiffre d'affaires supérieur à 1,5 milliard d'€, ou total du bilan supérieur à 2 milliards d'€.

Grève : action collective qui consiste à cesser de façon collective le travail pour défendre des revendications. Le recours à la grève est un droit fondamental encadré par les règles du droit du travail.

Groupe : ensemble d'entreprises juridiquement indépendantes, mais contrôlées financièrement par une (ou des) société(s).

Groupe d'appartenance : groupe qui dicte à l'individu le rôle que les autres attendent de lui.

Groupes de pairs : personnes qui ont des caractéristiques communes. Cela peut être le groupe d'amis par exemple.

Groupe de référence : groupe dont l'individu choisit de jouer le rôle. Il est différent de son groupe d'appartenance. On attend d'un garçon de café qu'il se comporte comme tel car celui-ci appartient au groupe professionnel des « garçons de café ». Mais il peut souhaiter devenir une star de cinéma : il alignera son comportement sur ce rôle-là.

Groupe primaire : groupe dans lequel les relations se font en face-à-face et où l'intimité est forte, par exemple : la famille, les amis, etc.

Groupe secondaire : groupe où les relations sont impersonnelles et indirectes, par exemple : l'entreprise, où les individus peuvent être interchangeables et où l'intimité entre les membres est relativement faible.

Groupe social : désigne un ensemble d'individus dans lequel les individus qui en font partie se reconnaissent et qui est reconnu par ceux qui lui sont extérieurs. Il ne suffit pas que plusieurs personnes soient ensemble pour former un groupe : il faut qu'elles se pensent comme éléments d'un ensemble et soient perçues par les autres comme telles.

H

Hiérarchie : une hiérarchie désigne le fait que les positions sociales au sein d'un groupe sont interdépendantes et inégales. Les individus doivent diviser le travail entre eux mais certains sont mieux rémunérés et exercent une autorité sur d'autres.

Hyperinflation : hausse des prix supérieure à 50 % par mois (soit plus de 12 875 % par an).

I

Identité sociale : ensemble des caractéristiques d'un individu qui font qu'il se perçoit, et/ou qu'il est perçu par les autres, comme spécifique.

Identification politique (ou partisane) : phénomène par lequel un individu s'identifie et soutient un parti ou un camp politique.

Importations : achats de biens et de services à l'extérieur ou au reste du monde.

Impôts : prélèvements obligatoires, versés à l'État et aux collectivités territoriales, pour financer les dépenses publiques de ces administrations. Les impôts peuvent être directs ou indirects, proportionnels ou progressifs.

Incitation : action qui donne une récompense aux individus s'ils modifient leur comportement.

Individualisation : processus qui conduit les membres d'une société à se considérer comme autonomes par rapport à leurs groupes d'appartenance.

Inflation : augmentation générale et durable des prix, mesurée par l'indice des prix à la consommation. Elle provient d'un déséquilibre macroéconomique entre l'offre et la demande globales : excès de demande sur le marché des biens et services ou hausse des coûts de production.

Information asymétrique (ou asymétrie d'information) : situation d'échange dans laquelle l'une des parties dispose de plus d'informations que l'autre.

Innovation : mise en œuvre d'un nouveau produit, d'un nouveau procédé de production, d'une nouvelle méthode de commercialisation ou d'une nouvelle méthode organisationnelle.

Instances de socialisation : groupes au contact desquels les individus intériorisent les valeurs et les normes qu'ils doivent respecter.

Institution : ensemble des règles qui encadrent les interactions humaines. Pour exister et fonctionner, le marché exige notamment que les droits de propriété soient bien définis et protégés.

Institutions marchandes : fixent les règles du jeu et protègent les droits des individus tout en leur imposant des contraintes. Pour fonctionner correctement, les marchés ont besoin d'institutions marchandes.

Intérêts : rémunération des prêteurs qui dépend du montant du capital financier prêté et du taux d'intérêt.

Investissement : achat d'un bien de production.

K L

Keynes, John Maynard (1883-1946) : économiste anglais qui, pendant l'entre-deux-guerres, révolutionne la pensée économique en montrant que les situations de sous-emploi et de chômage durable sont possibles. La relance de la demande par l'intervention de l'État (politique budgétaire, politique monétaire) est nécessaire pour sortir de ces situations.

Liens sociaux : ensemble des relations nouées par une personne.

Loi des rendements factoriels décroissants : quand un facteur de production augmente alors que les autres restent fixes, la production augmente, mais de moins en moins vite.

M

Main invisible : expression d'Adam Smith (*Recherche sur la nature et les causes de la richesse des Nations*, 1776) montrant que, dans une économie de marché, la poursuite par chacun de son intérêt personnel conduit à une situation d'intérêt général.

Manager : cadre salarié ayant des fonctions de direction.

Marché : permet la rencontre de l'offre et de la demande, et la formation des prix.

Marché concurrentiel : marché sur lequel se rencontrent un grand nombre d'offreurs et de demandeurs qui échangent librement des biens homogènes dans un contexte de parfaite transparence de l'information.

Marché des fonds prêtables : représentation simplifiée du marché financier sur lequel se forme le taux d'intérêt par confrontation entre une offre et une demande de fonds prêtables.

Marché financier : marché de capitaux sur lequel des agents économiques s'échangent des titres.

Marché monétaire : marché du financement à court terme. Il est accessible aux entreprises et aux banques qui peuvent émettre des titres de courte durée.

Masse monétaire : ensemble des disponibilités monétaires détenues à un moment donné par les agents économiques et qui peuvent être rapidement mobilisées et converties en moyens de paiement. Elle comprend la monnaie au sens strict (monnaie fiduciaire et monnaie scripturale), la quasi-monnaie (comme les dépôts sur les livrets A) et les titres de créances négociables émis par les institutions financières.

Maximisation du profit : le profit est maximum quand la recette marginale est égale au coût marginal. En concurrence pure et parfaite, la recette marginale est égale au prix de vente.

Médiane : valeur qui partage une série statistique en deux parties d'effectif égal.

Ménage : au sens de l'Insee, ensemble des personnes qui vivent sous le même toit.

Mise à l'agenda : le fait, pour le pouvoir politique, de considérer certains problèmes comme devant être traités en priorité.

Mobilisation : ensemble des actions qui mènent à l'action collective. La mobilisation est le processus de création d'un groupe conscient de ses objectifs communs.

Modèle : représentation volontairement simplifiée de la réalité pour comprendre le plus clairement possible le phénomène étudié.

Monnaie : actif liquide qui peut être utilisé immédiatement et sans coût comme moyen d'échange.

Monnaie fiduciaire : les pièces et les billets. Elle est basée sur la confiance dans les autorités qui l'émettent, car sa valeur propre est déconnectée de sa valeur réelle.

Monnaie scripturale : monnaie dématérialisée, constituée par les dépôts à vue dans les banques. Elle circule de compte en compte par un jeu d'écritures au moyen de supports variés (chèques, cartes bancaires) et représente plus de 80 % de la masse monétaire au sens strict (monnaie fiduciaire + monnaie scripturale).

Monopole : structure de marché caractérisée par l'existence d'un seul offreur face à une multitude d'acheteurs.

Monopole d'innovation : situation de monopole qui découle de l'innovation d'un producteur qui lui confère une avance décisive sur ses concurrents, éventuellement protégée par un brevet.

Monopole institutionnel : situation de monopole qui découle d'une protection réglementaire qui réserve le marché à un seul producteur.

Monopole naturel : situation de monopole qui découle « naturellement » du jeu de la concurrence et de la sélection des firmes les plus efficaces. L'existence d'économies d'échelle offre un avantage décisif au plus gros producteur qui finit par évincer tous ses concurrents.

Monopsone : dans le cas symétrique où un seul acheteur fait face à un grand nombre de vendeurs, on parle d'un monopsone, et d'un oligopsone lorsqu'un petit nombre d'acheteurs fait face à un grand nombre de vendeurs.

Moyenne : somme des valeurs prises par la variable observée, divisée par le nombre d'observations. La moyenne peut être simple ou pondérée. Pour calculer une moyenne pondérée, on affecte à chaque valeur de la variable observée un coefficient de pondération correspondant à la fréquence de la valeur observée dans la série.

Multiplicateur : notion keynésienne, variation plus forte du revenu national que la variation des dépenses publiques.

Mutualisation : répartition d'un risque de façon solidaire au sein d'un groupe ou d'une société.

N

Négociations collectives : discussions organisées entre les représentants des salariés et des employeurs pour définir ensemble des règles en matière de rémunération, de conditions de travail...

Normes : règles, officielles ou non, explicites ou implicites, qui prescrivent ou interdisent certains comportements sous peine de sanction.

Normes juridiques : les normes juridiques sont une forme de normes sociales ; elles sont définies par le législateur (lois, décrets). Ce sont des règles écrites dans le droit.

Normes sociales : règles qui permettent la vie en société et prescrivent ou interdisent des comportements.

O

Obligation : titre de créance d'une partie d'un emprunt effectué par une entreprise sur le marché financier. Il donne droit à des intérêts.

Offre et demande : « toutes choses égales par ailleurs », la demande est une fonction décroissante du prix et l'offre une fonction croissante du prix. L'offre et la demande d'un bien, d'un service ou d'un facteur de production peuvent être représentées par une courbe ou une droite. Pour un prix donné, les courbes d'offre et de demande se déplacent à gauche ou à droite pour des motifs variés : nouvelles préférences des consommateurs, hausse de leurs revenus, évolution des coûts de production des producteurs, etc.

Offre électorale : partis et candidats présents lors d'une élection et entre lesquels les électeurs doivent choisir.

Oligopole : structure de marché caractérisée par un petit nombre de vendeurs en situation d'interaction stratégique.

Opinion publique : ce concept, qui a évolué au cours du temps, désigne ce que pense la majorité de la population sur un sujet en particulier. Elle peut être mesurée notamment à l'aide des sondages.

P

Partage de la valeur ajoutée : répartition de la valeur ajoutée entre la rémunération des salariés et le profit lié à l'exploitation de l'entreprise.

Participation électorale : ensemble des électeurs inscrits qui ont voté lors d'une élection, mesuré par le taux de participation.

Passager clandestin : tout comportement qui consiste à s'approprier les résultats d'une action collective sans y avoir participé, et donc sans en avoir supporté les coûts.

Passif du bilan : origine des ressources de l'entreprise. On distingue : les capitaux propres (capital social, réserves, résultat de l'exercice), les dettes financières à long terme, les dettes fournisseurs liées à l'activité et, éventuellement, les crédits bancaires à court terme (trésorerie négative).

PIB : voir Produit intérieur brut.

PIB nominal : PIB mesuré aux prix de l'année en cours.

PIB réel : PIB nominal / indice des prix.

PME : Petite et moyenne entreprise. En France, pour être classée PME, il faut un effectif de moins de 250 salariés, et un chiffre d'affaires inférieur à 500 millions d'euros, ou un total du bilan inférieur à 43 millions d'euros.

Politique budgétaire : politique économique conjoncturelle dont l'objectif est d'agir sur l'activité économique en modulant les dépenses et les recettes pour relancer ou freiner l'activité économique.

Politique de la concurrence : ensemble des interventions des autorités publiques pour maintenir un degré suffisant de concurrence sur les marchés. Elle comprend la surveillance des pratiques des entreprises et la régulation des formes de concentration.

Politique monétaire : politique économique qui agit sur l'économie en faisant varier l'offre de monnaie et le taux d'intérêt.

Population active : chômeurs + population ayant un emploi.

Pouvoir d'achat : quantité de biens et de services que l'on peut acheter avec le revenu disponible ou : (Revenu disponible / Indice des prix) x 100.

Pouvoir de marché : capacité, pour une entreprise, d'influencer le prix du marché et de le fixer au-delà de son niveau de concurrence parfaite.

Précarité : situation de vulnérabilité et d'incertitude face à l'avenir.

Prélèvements obligatoires : impôts et cotisations sociales.

Preneurs de prix : sur un marché concurrentiel, aucun acteur n'est en mesure d'influencer le prix de marché qui s'impose aux agents économiques, preneurs de prix.

Prestations sociales : transferts financiers (retraites) ou en nature (remboursement de soins de santé) pour réduire la charge financière des risques économiques et sociaux.

Prêteur en dernier ressort : en cas d'insuffisance de liquidités, la Banque centrale intervient en approvisionnant le marché monétaire en liquidités, en rachetant des titres pour les monétiser, et en baissant son taux d'intérêt directeur.

Prévention : fait de chercher à se prémunir contre la réalisation d'un risque.

Prix et quantité d'équilibre : le prix qui se fixe sur un marché concurrentiel est un prix tel que l'offre égale la demande.

Prix plafond : prix inférieur au prix d'équilibre.

Prix plancher : prix supérieur au prix d'équilibre.

Prix relatif : prix d'un bien par rapport à un autre bien. Si un DVD coûte 16 € et une place de cinéma 8 €, le prix relatif d'un DVD équivaut à deux places de cinéma.

Production : tout ce qui est produit par les agents économiques.

Production marchande : production de biens et services marchands, vendus sur un marché.

Production non marchande : production de services non marchands, non vendus sur un marché, ou vendus à un prix couvrant moins de la moitié du coût de production.

Productivité : mesure l'efficacité des facteurs de production.

Productivité du travail : rapport entre la production et le volume de travail. Elle dépend de la technologie, du niveau de formation des travailleurs et du volume de capital dont disposent les travailleurs.

Produit intérieur brut : agrégat mesurant la richesse produite par une Nation sur un an, sommes des valeurs ajoutées des différents agents économiques.

Professions et Catégories Socioprofessionnelles (PCS) : classement de la population selon plusieurs critères comme le statut d'activité ou la qualification.

Profit : rémunération du (ou des) propriétaire(s) du capital. Il existe plusieurs définitions du profit : excédent brut d'exploitation (ou profit lié à l'exploitation) ; profit comptable (égal à la différence entre tous les produits et toutes les charges). Le profit est généralement assimilé à l'excédent brut d'exploitation ou profit lié à l'exploitation. Le résultat net ou le bénéfice est le profit comptable de l'entreprise.

Protection sociale : ensemble des mécanismes et des dispositifs qui permettent aux individus d'être protégés selon une logique d'assurance et / ou d'assistance en percevant des revenus de transfert.

Q R

Quota de permis d'émission de CO_2 : attribution aux entreprises d'un volume de CO_2 que les entreprises peuvent revendre sur le marché des droits à polluer.

Rareté : situation dans laquelle les ressources sont limitées par rapport aux besoins. La rareté impose de faire des choix.

Rationnement : système mis en place par l'administration en contexte de pénurie. Les ressources rares sont allouées prioritairement à certaines catégories sociales (aux plus pauvres), ou sur une base égalitaire. Le rationnement peut prendre différentes formes : tickets de rationnement, file d'attente, loterie.

Récession : ralentissement ou baisse du PIB d'un pays.

Recette marginale : recette égale à l'augmentation de la recette totale pour une unité supplémentaire vendue (ou rapport entre la hausse de la recette totale et la hausse des quantités vendues).

Recette moyenne : recette égale à la recette totale divisée par le nombre d'unités vendues.

Recette totale : recette égale au volume de production vendue multiplié par le prix de vente.

Rendements d'échelle : hausse de la production quand les deux facteurs de production, le travail et le capital, augmentent. Les rendements d'échelle peuvent être : croissants si la production augmente plus vite que les facteurs de production ; constants si la production augmente au même rythme que les facteurs de production ; décroissants si la production augmente moins vite que les facteurs de production.

Rente : surplus de revenu qui découle d'une situation privilégiée (accès à une ressource, protection juridique, avantage technologique...).

Réseau : ensemble des personnes avec lesquelles un individu est en contact.

Réseaux sociaux : désignent les différentes relations que les individus entretiennent entre eux et la façon dont elles se structurent. Ces différentes relations peuvent permettre de comprendre les comportements des individus.

Responsabilité sociale des entreprises (RSE) : prise en compte par les entreprises, sur une base volontaire, des enjeux environnementaux, sociaux et éthiques dans leurs activités.

Résultat net comptable : solde final du compte de résultat, qui peut être un bénéfice ou une perte.

Résultat net ou bénéfice : solde du compte de résultat de l'entreprise, différence entre tous les produits et toutes les charges.

Revenus d'assistance : revenus venant en aide aux plus démunis, financés par l'impôt.

Revenus d'assurance : revenus permettant de mutualiser les risques de l'existence, comme le risque maladie ou le risque vieillesse, financés essentiellement par des cotisations sociales.

Revenus de transfert : prestations sociales financées par des cotisations sociales et par l'impôt.

Revenus de transferts en espèces : revenus de transferts effectivement reçus par les bénéficiaires comme les retraites ou les allocations chômage.

Revenus de transferts en nature : revenus de transferts sous forme de remboursement aux ménages ou de services fournis gratuitement ou partiellement gratuits (remboursement de médicaments, de consultations médicales, services hospitaliers...).

Revenu disponible brut : revenus primaires – prélèvements obligatoires (impôts directs et cotisations sociales) + revenus de transferts.

Revenu mixte : revenu des indépendants. Il rémunère le capital et le travail.

Revenus primaires : revenus rémunérant les facteurs de production, salaire pour le travail, profit pour le capital, revenu mixte pour les indépendants.

Risque économique et social : évènement aléatoire (accident, maladie, vieillesse, chômage) qui affecte la position sociale, économique et financière des individus et peut être pris en charge collectivement.

Rôles : attentes de la société pour que nous nous comportions d'une certaine façon, en rapport avec ce que nous sommes socialement. Ces attentes et ces normes constituent les rôles que nous devons jouer.

S

SA : Société anonyme. Elle permet de rassembler des capitaux importants. En cas de faillite de la société, les actionnaires ne perdent que leurs apports.

Salaire : rémunération du travail des salariés.

Salaire net : salaire brut moins les cotisations sociales, à la charge du salarié.

SARL : Société à responsabilité limitée, créée en 1925 en France. La responsabilité des associés est limitée à leurs apports (à la différence de l'entreprise individuelle).

Sélection adverse : situation dans laquelle l'agent non informé propose un prix qui conduit à sélectionner les produits de mauvaise qualité.

Sentiment de compétence politique : sentiment que les individus ont de connaître et comprendre la vie politique et de pouvoir légitimement donner leur opinion sur les débats politiques.

Service : un service est immatériel. Il correspond à « la mise à disposition d'une capacité technique ou intellectuelle ».

Smith, Adam (1723-1790) : fondateur du courant libéral. Pour A. Smith, les échanges marchands permettent d'augmenter la richesse des Nations et la poursuite par chacun de son intérêt personnel conduit, grâce à la « main invisible », à une situation d'intérêt général.

Sociabilité : activité par laquelle les individus créent et entretiennent des contacts avec d'autres personnes.

Sociabilités numériques : formes de sociabilité qui s'appuient sur les outils numériques (emails, SMS, réseaux sociaux...).

Socialisation : processus par lequel l'individu intériorise les valeurs, les normes et les comportements qui sont attendus de lui dans son groupe. Cette intériorisation permet à l'individu de construire sa personnalité, son identité et de vivre en société.

Socialisation anticipatrice : lorsque les individus souhaitent rejoindre un groupe social particulier, ils vont alors chercher à en adopter les normes et comportements propres par avance.

Socialisation conjugale : apprentissage de valeurs et de normes qui se produit à l'occasion de la vie quotidienne en couple. L'individu modifie alors partiellement son identité et ses habitudes.

Socialisation de renforcement : socialisation secondaire qui renforce les normes, valeurs et rôles précédemment acquis.

Socialisation de transformation : socialisation secondaire pouvant amener à des transformations importantes des individus.

Socialisation différentielle : désigne le fait qu'au sein d'une même société, les individus ne sont pas tous socialisés de la même façon : garçons et filles sont, par exemple, traités de façon différente.

Socialisation familiale : socialisation effectuée au sein de la famille.

Socialisation politique : apprentissage de valeurs et de normes qui orientent la perception que l'individu a du pouvoir politique, ses attitudes politiques (comme le fait de se sentir de gauche ou de droite) et ses comportements politiques (comme le fait de voter ou non, de participer à une manifestation).

Socialisation primaire : apprentissage pendant l'enfance des valeurs et des normes générales de la société globale et des groupes dans lesquels vit l'individu.

Socialisation professionnelle : apprentissage des valeurs et des normes propres à un métier, au contact des partenaires de travail. Cet apprentissage permet à l'individu d'être et de se sentir membre d'un groupe professionnel.

Socialisation secondaire : apprentissage, après l'enfance, de nouvelles valeurs et normes quand l'individu entre en contact avec des groupes nouveaux (amis, conjoint, univers professionnel, par exemple), et qui peut plus ou moins fortement transformer son identité.

Société : entreprise détenue par plusieurs personnes ou par une ou plusieurs sociétés. Les sociétés sont des personnes morales.

Solde budgétaire : différence entre les dépenses et les recettes de l'État.

Solde commercial : différence entre les exportations et les importations de biens.

Solde courant : solde de la balance courante.

Solde public : différence entre les dépenses et les recettes des administrations.

Solidarité : pratiques d'entraide et valeurs qui encouragent ces pratiques. La solidarité peut être privée (notamment la famille) ou publique (notamment l'État-providence). La solidarité est un facteur de cohésion sociale.

Solidarité mécanique/organique : formes de solidarité distinguées par Durkheim. La solidarité mécanique repose sur la ressemblance des individus. La solidarité organique, caractéristique des sociétés modernes, repose sur la complémentarité et l'interdépendance des individus.

Sondage d'opinion : enquête par questionnaire qui vise à recueillir l'opinion des individus sur un sujet précis. Un sondage est réalisé sur un échantillon représentatif déterminé par des techniques rigoureuses.

Statut : ensemble des droits et des obligations attachés à une catégorie juridique d'entreprises (entreprise individuelle, SARL, société anonyme, Scop...).

Stéréotype : généralisation sur le comportement d'une catégorie de personne.

Stigmatisation : lorsqu'un groupe dominant impose une identité péjorative à un autre, on dit qu'il le stigmatise. Cela passe par des accusations de déviance, des ragots dévalorisants...

Stock : mesure une grandeur économique (ex : la masse monétaire), à une date donnée.

Surplus de la collectivité : somme des surplus du consommateur et du producteur. Ce surplus mesure les gains à l'échange.

Surplus du consommateur : différence entre le prix maximal que le demandeur est prêt à payer (ce prix maximal correspond à son utilité marginale) et le prix qu'il paye effectivement sur le marché.

Surplus du producteur : différence entre le prix que perçoit l'offreur sur le marché et le prix minimal auquel il est prêt à céder sa production (ce prix minimal correspond à son coût marginal).

Syndicat de salariés : association qui regroupe des salariés pour la défense d'intérêts communs.

T

Taux d'autofinancement : rapport entre l'épargne des entreprises et le montant de leurs investissements.

Taux d'inscription : mesure du nombre d'électeurs inscrits sur les listes électorales par rapport à l'ensemble des électeurs potentiels.

Taux d'intérêt : pourcentage d'une somme prêtée que le débiteur doit payer annuellement à son créancier en rémunération du service rendu. Les taux d'intérêt peuvent être fixes ou variables.

Taux d'intérêt directeur : taux fixé par la Banque centrale qui influence le taux sur les marchés interbancaire et monétaire, et les taux pratiqués par les banques commerciales.

Taux d'intérêt nominal : pourcentage de la somme prêtée que chaque année le débiteur (le créancier) verse à (reçoit de) son créancier (débiteur) jusqu'au remboursement de la dette.

Taux d'intérêt réel : taux d'intérêt nominal - taux d'inflation, ou taux d'intérêt nominal - taux d'inflation anticipée.

Taux d'intérêt sur le marché interbancaire : taux d'intérêt auquel les banques se refinancent sur le marché interbancaire qui est un compartiment du marché monétaire.

Taux de chômage : rapport entre le nombre de chômeurs et la population active.

Taux de marge : rapport entre l'excédent brut d'exploitation et la valeur ajoutée.

Taux d'épargne : (épargne / valeur ajoutée) × 100.

Taux de variation : (Va - Vd / Vd) x 100 (Va = valeur d'arrivée ; Vd = Valeur de départ).

Taxe forfaitaire : impôt dont le montant est identique pour tous quel que soit le niveau de revenu du contribuable.

Taxe sur la valeur ajoutée (TVA) : impôt sur la consommation, indirect et proportionnel à la dépense.

U V W

Utilité marginale : augmentation de la satisfaction retirée, par exemple, d'une unité supplémentaire consommée.

Utilité totale : satisfaction totale qu'un individu retire d'une activité ou de la consommation d'un bien.

Valeur : principe qu'un groupe reconnaît comme un idéal à atteindre.

Valeur ajoutée : valeur qu'une entreprise ou une administration ajoute aux biens et aux services qu'elle a consommés pour produire. Différence entre la valeur de la production et celle des consommations intermédiaires (pour ne pas compter deux fois les mêmes choses). La valeur ajoutée mesure la contribution propre de l'entreprise à la production du pays.

Valeur/volume : une grandeur en valeur est exprimée aux prix de l'année considérée (ou à prix courants). Une grandeur en volume est exprimée aux prix d'une année de base (ou à prix constants). Volume = Valeur / Indice des prix.

Volatilité électorale : changements du comportement électoral d'une élection à une autre. La volatilité électorale peut désigner des mouvements entre les partis politiques ou entre la participation et l'abstention électorale.

Vote intermittent (ou l'abstention intermittente) : consiste à voter à certaines élections mais pas à d'autres.

Weber, Max (1864-1920) : sociologue allemand qui essaie de comprendre les actions économiques par l'étude des valeurs et des normes des sociétés.

CRÉDITS PHOTOGRAPHIQUES

p. 11 : René Mattes/Hemis.fr ; Jin Lee/Bloomberg/Getty Images – **p. 12** : Bertrand Gardel/Hemis.fr – **p. 13** : Getty Images – **p. 15** : Sorbis/Shutterstock ; Martin Bureau/AFP; Uniquely India/Getty Images – **p. 16** : Grady Klein et YoramBauman, *L'économie en BD Microéconomie*, Eyrolles, 2014 – **p. 17** : Apeloga AB/Turnervisual/Jordan Lye/Getty Images – **p. 18** : Getty Images – **p. 19** : Getty Images ; Anouchka/John Hooten/EyeEm/Getty Images – **p. 21** : Valerio Pennicino/UEFA/UEFA/Getty Images – **p. 22** : Daniel Thierry/ Photononstop/Getty Images – **p. 24** : Luke Sharrett/Bloomberg/Getty Images ; Bachrach/Getty Images – **p. 28** : Extreme-Photographer/Orbon Alija/Getty Images – **p. 29** : Sol de Zuasnabar Brebbia/Getty Images – **p. 32** : Economics Games ; Ampersand ; Maud Hopsie/Claire Fumat/Humanoids Inc./Humanoides Associés – **p. 34** : Stefano Politi Markovina/Getty Images – **p. 39** : Jvphoto/Alamy Stock Photo/Hemis.fr – **p. 40** : Neil Baylis/Alamy Stock Photo/Hemis.fr – **p. 41** : Aurel/Iconovox – **p. 42** : Bettmann/Getty Images – **p. 43** : http://www.grandmaine.com – **p. 46** : Mevans/Getty Images – **p. 48** : DR – **p. 49** : Professor Robert S. Pindyck – **p. 51** : Rambaud/Alpaca/Andia.fr – **p. 53** : Martin Schutt/dpa-Zentralbild/dpa/Getty Images – **p. 54** : Sorbetto/Getty Images – **p. 55** : Patrick Kalandyk/Photononstop – **p. 58** : Pumpernickel Films ; Éditions Odile Jacob ; © https://ncase.me/trust/ – **p. 60** : Etude GAFAnomics/New Economy, New Rules, FABERNOVEL (2014) – **p. 65** : Peter Essick/Getty Images – **p. 67** : Jes Aznar/Getty Images – **p. 69** : Orléans métropole/La Fabrique de Com – **p. 70** : Matthieu Colin/Hemis.fr ; Manuel Cohen/Aurimages – **p. 74** : Remy Gabalda/AFP ; Stephane Audras/REA; Bénard/Andia.fr – **p. 76** : Coll Personnelle ; Coll Personnelle – **p. 79** : Vytautas Kielaitis/Shutterstock – **p. 82** : Atelier Hakatah.com ; Mars Films; Extrait de Fumée, poussière et pollution, et toi dans tout cela/Dauphin, 2017/ Simona Bassano di Tufillo – **p. 84** : Renaud Bouchez//Signatures ; Rsdphotography/Alamy Stock Photo/Hemis.fr – **p. 89** : Kristy Sparow/Getty Images ; Tommy – **p. 90** : Alain Le Bot/Photononstop – **p. 91** : Cyril Marcilhacy/Item – **p. 99** : Miguel Candela/SOPA Images/LightRocket/Getty Images – **p. 100** : Fine Art Images/Heritage Images/Getty Images – **p. 105** : Chappatte in NZZ am Sonntag, Zurich www.chappatte.com – **p. 108** : Direction du Budget/capture d'écran du jeu Cyber-Budget ; Régie Sud Audiovisuel; Liquidations à la grecque, Petros Markaris, © Éditions du Seuil, 2012, Points Policiers, 2013 – **p. 117** : Abramovich Eitan/AFP ; Rodho – **p. 119** : Joan Cros Garcia/Corbis/Getty Images – **p. 121** : Leemage/Bridgeman – **p. 126** : Arne Dedert/Picture Alliance/Getty Images – **p. 134** : European Central Bank 2019 ; Columbia Pictures/BBQ_DFY/Aurimages ; Maud Hopsie/Claire Fumat/Humanoids Inc./Humanoides Associés – **p. 136** : Ricardo Infante/Getty Images ; Getty Images – **p. 143** : Mindy Schauer/Orange County Register/Getty Images – **p. 144** : Xavier Arnau/Getty Images – **p. 146** : SelectStock/Getty Images – **p. 147** : Getty Images – **p. 148** : Akira designs/Shutterstock – **p. 149** : Maskot/Getty Images – **p. 151** : Ma famille recomposée/Ma P'tite Famille/Auteure Bénédicte Magdeleine Vincent/Illustration Nathalie Jomard Mise en page couverture : Bérangère Renault Editeur : Éditions First, 2010 – **p. 152** : Vstock LLC/Hero Images/Getty Images – **p. 153** : Lucas Barioulet/AFP – **p. 154** : Jochen Sands/Getty Images – **p. 155** : Jacques Marie/AFP – **p. 156** : Maskot/Getty Images – **p. 157** : Arne Dedert/picture alliance/Getty Images – **p. 158** : Mehdi Fedouach/AFP – **p. 159** : Diego Aranega – **p. 162** : Le Livre de Poche ; Prod DB/AllPix/Aurimages ; L'Arabe du futur 4 de Riad Sattouf, Allary Éditions, 2018 – **p. 164** : Grégory Picout/Fédération Française Handisport ; Les Éditions La Découverte – **p. 171** : Caiaimage/TomMerton/Getty Images – **p. 177** : Dave King/Getty Images – **p. 179** : Carlton Beener/Worldofwarcraft.com – **p. 181** : https://www.jeuneetbenevole.org – **p. 182** : Daniel Sambraus/Getty Images – **p. 183** : © Fête des Voisins/Immeubles En Fête – **p. 185** : Filo/Getty Images/Getty Images – **p. 187** : Jesus Solana/Getty Images – **p. 188** : Brunor – **p. 189** : Jacques Demarthon/AFP – **p. 192** : Apollo Films ; Création Silenzio ; Librio/Fred Vargas/Edmond Baudoin – **p. 199** : Florence Durand/SIPA ; Plantu – **p. 200** : The Briddgeman Art Library/ Bibliothèque des Arts Décoratifs, Paris, France / Archives Charmet / Bridgeman Giraudon – **p. 201** : Maud Hopsie/Claire Fumat/Humanoids Inc./Humanoides Associés – **p. 202** : Maskot/Getty Images – **p. 203** : Christophe Lehenaff/Photononstop ; Nicolas Daumas/EyeEm/Getty Images – **p. 204** : Getty Images – **p. 205** : Santé Publique france ; Francisco Tamagno/Musée de la Bière Département de la Meuse – **p. 206** : Sophie Bassouls/Sygma/Getty Images – **p. 207** : Capture d'écran http://heartymagazine.com – **p. 208** : HADJ/SIPA ; Lasserpe/Iconovox – **p. 209** : Getty Images – **p. 210** : Prod DB/AllPix/Aurimages – **p. 211** : George Clerk/Getty Images – **p. 213** : Nicolas Tavernier/REA ; LP/infographie – **p. 215** : MI/DICOM/J. Rocha – **p. 220** : Fuji Television Network/GAGA/AOI Promotion / BBQ_DFY/Aurimages ; Les riches au tribunal de M. et M. Pinçon-Charlot et E. Lecroart © Éditions SEUIL-DELCOURT, 2018; Univers Poche – **p. 229** : Stéphane de Sakutin/AFP – **p. 230** : Leemage/Corbis/Getty Images – **p. 232** : Universal History Archive/Getty Images – **p. 233** : Jean-Christophe Verhaegen/AFP ; Maska Rad/Getty Images – **p. 234** : Farabola/Leemage/Bridgeman – **p. 236** : Deligne – **p. 237** : Philippe Geluck – **p. 238** : Agip/Leemage/Bridgeman – **p. 239** : Plantu – **p. 244** : David Nathan-Maister/SSPL/Getty Images ; SunsetBox/AllPix/Aurimages ; coll. Agence Martienne – **p. 251** : Deligne – **p. 253** : Bruno Amsellem/Divergence – **p. 254** : BNF ; Godong/Getty Images – **p. 255** : Lasserpe/Iconovox – **p. 259** : http://www.vie-publique.fr/decouverte-institutions/citoyen/participation/voter/droit-vote/abstention-vote-blanc-vote-nul-quelles-differences.html – **p. 260** : Service Public.fr ; Sean Gallup/Getty Images – **p. 262** : Julie Lallouët-Geffroy – **p. 264** : DR/Château de Versailles ; Berth – **p. 267** : The Asahi Shimbun/The Asahi Shimbun via Getty Images – **p. 268** : Jocelyn Collages – **p. 272** : Christophe Morin/Bloomberg/Getty Images – **p. 273** : Gary Waters/Getty Images – **p. 274** : Sapin © Dargaud, 2019 – **p. 276** : capture extraite de la vidéo de présentation https://www.isoloir.net/ Tralalere 2019 ; Flash Film – **p. 285** : Sapeurs-Pompiers 06/T.Periolat ; Sidou/Illustrabank – **p. 286** : BSIP/UIG/Getty Images ; Pascal Guyot/AFP – **p. 288** : Fstop123/Getty Images – **p. 289** : Graiki/Getty Images – **p. 290** : Jetta Productions Inc/Getty Images – **p. 291** : ZERT/Getty Images – **p. 292** : Selva/Leemage/Bridgeman – **p. 293** : Eric Cabanis/AFP – **p. 294** : Assurance Maladie ; Alexander Ryumin/TASS/Getty Images – **p. 296** : Maico Presente/Getty Images – **p. 297** : Juergen Richter/LOOK-foto/Getty Images – **p. 298** : Detroit Publishing Co/Library of Congress ; Central Press/Hulton Archive/Getty Images – **p. 304** : Klésia ; ROUGE PRODUCTIONS/Pascal Colrat ; Musée national de l'Assurance maladie/Cpam 33 – **p. 306** : Olivier Morin/AFP – **p. 313** : Thomas Louapre/Divergence ; Communauté Paris-Saclay – **p. 314** : Andresr/Getty Images – **p. 315** : Nathan Alliard/Photononstop – **p. 320** : Jean-Sébastien Evrard/AFP ; Apic/Getty Images; Fabrice Dimier/Bloomberg/Getty Images – **p. 322** : TkKurikawa/Getty Images – **p. 323** : Zero Creatives/Getty Images – **p. 324** : Nicolas Laffont/45eNord.ca – **p. 325** : Jean-Philippe Charbonnier/RAPHO – **p. 326** : Hero Images/Getty Images – **p. 327** : Gabs « Réunions je me marre !!! », Eyrolles (2010) – **p. 328** : Ulrich Baumgarten/Getty Images – **p. 331** : Denis Charlet/AFP – **p. 332** : Tom Werner/Getty Images – **p. 336** : Nord-Ouest Films/BBQ_DFY/Aurimages ; Jour2Fête/Fakir; Histoires d'innovation. Découvrez en BD les secrets des entrepreneurs qui réussissent. Séverine Le Loarne-Lemaire (auteure) & Roger Brunel (illustrateur) Éditions Pearson – p. 338 : DNY59/Akindo/Getty Images

Responsable éditoriale : Aurélie Joubert-Mérandat
Éditrice : Vanessa Colnot
Direction artistique (maquette et couverture) : Primo & Primo
Maquettistes : Yves Tremblay, Sylvie Lavaud, IGS-CP à L'Isle-d'Espagnac (16)
Illustrateur (couverture) : Antoine Corbineau
Infographistes (intérieur) : Idix, Yves Tremblay
Iconographe : Marie-Laure Fior
Pour le numérique : pôle numérique Magnard (dga)
Podcasts produits par Nouvelles Écoutes et écrits par Étienne Tabbagh – **Réalisation** : Aurore Meyer Mahieu – **Coordination et montage** : Marine Raut, Cassandra De Carvalho – **Voix** : Sara Verhagen – **Mixage** : Thomas Decourt

Achevé d'imprimer en août 2019
par Bona en Italie
N° d'éditeur : 2019_0201
Dépôt légal : juin 2019

Éditions Magnard – 2019 – 5, allée de la 2e DB – 75 726 Paris Cedex 15.
ISBN : 978-2-210-11110-3